AF758662

BIBLIOTECA
DERECHO DEL TRABAJO Y DE LA SEGURIDAD SOCIAL

Christian Enrique Tamayo Melgar
Carlos Antonio Agurto Gonzáles
(Directores)

Sonia Lidia Quequejana Mamani
Benigno Choque Cuenca
(Coordinadores Generales)

RAMÓN ALFREDO AGUILAR

EL TRABAJO A TRAVÉS DE PLATAFORMAS DIGITALES ¿AUTÓNOMOS O SUBORDINADOS?

UNA VISIÓN DE DERECHO COMPARADO

EDICIÓN AL CUIDADO DE
CARLOS ANTONIO AGURTO GONZÁLES
SONIA LIDIA QUEQUEJANA MAMANI
BENIGNO CHOQUE CUENCA

editorial jurídica venezolana

Ediciones Olejnik

El trabajo a través de Plataformas Digitales
¿Autónomos o subordinados?
Una visión de Derecho Comparado

© Ramón Alfredo Aguilar
© Ediciones Olejnik
Huérfanos 611, Santiago-Chile
E-mail: contacto@edicionesolejnik.com
Web site: http://www.edicionesolejnik.com

Esta obra fue realizada con la colaboración en investigación de la
Abogado y Comunicadora Social Mitchaelle Henríquez

Primera edición en Ediciones Olejnik: 2021

ISBN: 978-956-407-071-1

Diseño de Carátula: Ena Zuñiga
Diagramación: Janett Ruiz Rebaza

Reservados todos los derechos. Ni la totalidad ni parte de la presente edición de este libro puede reproducirse o transmitirse por ningún procedimiento electrónico ni mecánico, incluyendo fotocopia, grabación magnética o cualquier almacenamiento de información y sistema de recuperación, sin la autorización escrita de los titulares del "Copyright".

La primera edición de Ediciones Olejnik fue impresa en Argentina, 2021

La reimpresión en coedición entre Ediciones Olejnik y Editorial Jurídica Venezolana fue impresa por Lightning Source, an Ingram Company, para Editorial Jurídica International Inc., 2021

Mientras que el debate sobre los límites del derecho laboral nos encerraba dentro en un pensamiento binario (el asalariado contra la independencia) y un derecho constante (el que no se centra en el contenido del derecho laboral sino tan sólo en su área de aplicación), el debate sobre la zona gris tiene el mérito de romper con el pensamiento en blanco y negro y de abrir camino a un nuevo tipo de derecho laboral. Por otro lado, nos aprisiona en el dilema inherente a cualquier reconocimiento legal de una "forma atípica de empleo": reconocerla es favorecer su desarrollo; no reconocerla es abandonar a los trabajadores "atípicos" a su suerte.

ALAIN SUPIOT*

* Supiot, A. (1999) Trabajo Asalariado y Trabajo Independiente. Informe para el VI Congreso europeo de derecho de trabajo (Varsovia, 13 al 17 de septiembre de 1999). Traducción del francés de Antoni Pycinski y Margarita Vilar-Alonso. Disponible en: https://ishareslide.net/document/alain-supiot-trabajo-asalariado-y-trabajo-independiente-doc [Consulta: 2020, marzo 27].

ÍNDICE

Agradecimiento:

A Colombia, su Gobierno y su gente, por acoger a tantos compatriotas en este difícil momento. Con humildad presentamos este trabajo que parte del análisis de sus leyes, doctrina y jurisprudencia laborales, esperando sirva de aporte en la concepción y desarrollo del novedoso tema objeto de estudio.

Dedicatoria:

A la memoria de mi hermano Fernando Alberto Albán Salazar, a él, a todos los mártires, presos políticos, exiliados y migrantes venezolanos, víctimas de la dictadura, a sus familiares y a quienes resisten en Venezuela en espera de la reinstauración de la democracia y la reconstrucción del país. Dios bendiga a Venezuela.

A la memoria de la insigne jurista, amiga y tutora académica María Candelaria Dominguez.

Bogotá, agosto de 2021

A MODO DE INTRODUCCIÓN

Desde los años ochenta (80's) del siglo XX se ha venido advirtiendo sobre la huida del Derecho del Trabajo o la deslaboralización de las prestaciones personales de servicio, generados a partir del surgimiento o creación de nuevos modelos de negocios en los que, a pesar de prestarse un servicio de manera personal (*intuito personae*) a cambio de una remuneración, parece desdibujarse la figura de la subordinación, elemento característico y -hasta ahora- fundamental para la caracterización de la relación de trabajo. Al mismo tiempo, se ha venido criticando o advirtiendo la insuficiencia de la noción de subordinación como elemento calificador de la relación laboral, dando paso a la utilización concurrente de otros criterios como la ajenidad o la inserción del trabajador en el ámbito organizativo de la empresa ajena, y muy especialmente, creando mecanismos procesales para procurar la correcta calificación, tales como: la presunción de laboralidad y el principio de primacía de la realidad sobre las formas y apariencias (que en algunos países incluso poseen rango constitucional), así como, la utilización del test o haz de indicios, aplicado en varias jurisdicciones y sistematizado con ánimos de universalización en la *Recomendación sobre la relación de trabajo, 2006 (núm. 198) de la OIT*[1], complementado por la doctrina y por decisiones de tribunales de distintos países.

Los enunciados instrumentos, que se examinarán más adelante, sirven y deben ser utilizados para la correcta calificación jurídica o caracterización de las relaciones de prestación de servicios personales remuneradas, a fin de determinar la existencia de una relación de trabajo o, por el contrario, la vinculación a través de otras formas de negocios jurídicos o contratos regidos por el Derecho Civil o Comercial, o incluso, en los países que así lo contemplan, la determinación de figuras intermedias.

Se distingue así, entre trabajadores subordinados, dependientes o asalariados, de una parte, y de la otra, trabajadores autónomos o independientes, y en algunas legislaciones, los *parasubordinados* (Italia), autónomos económicamente

---

1 Organización Internacional del Trabajo [OIT] (2006, junio 15) R198 Recomendación sobre la relación de trabajo [núm. 198] (2006, junio 15). Disponible en: https://www.ilo.org/dyn/normlex/es/ f?p=NORMLEXPUB:55:0::NO::P55_TYPE,P55_LANG,P55_DOCUMENT,P55_NODE:REC,es,R198,%2FDocument [Consulta: 2019, junio 20]

dependientes (España, Francia y Alemania), o *workers* (Reino Unido). La necesidad de esta calificación que generalmente debe ser resuelta por los jueces del trabajo surge regularmente a raíz de dos distintas circunstancias, bien ante las posibles situaciones de encubrimiento de la relación de trabajo a través de simulación de formas contractuales civiles, mercantiles o de otra índole, lo que constituye prácticas ilícitas -de fraude a la ley- que se han empleado desde el surgimiento mismo del Derecho del Trabajo para eludir las normas protectoras y de orden público que implican obligaciones y cargas para los empleadores; o bien, ante las denominadas zonas grises, de frontera u objetivamente ambiguas, en las que las características propias de la relación de trabajo no aparecen tan evidentes, en tanto las condiciones de la vinculación muestran significativos rasgos de autonomía o independencia, generando opacidad o exclusión de alguno de los elementos constitutivos de la relación de trabajo (prestación "personal" del servicio, salario o subordinación). Por demás, también debe considerarse que, no toda relación de prestación de servicios personales debe ostentar forzadamente carácter laboral, y precisamente por ello, se han creado las referidas herramientas y elementos de caracterización.

Esta huida del Derecho del Trabajo y la crisis de la noción de subordinación se han venido observando y denunciando desde finales del siglo XX, iniciando con el uso generalizado de formas de tercerización o triangulación de las relaciones (outsourcing); el auspicio de las pequeñas y medianas empresas (PYMES); la promoción y financiamiento de los "emprendedores" (pequeños empresarios independientes); además de otras formas de participación "societaria" en las empresas, asociaciones cooperativas, franquicias; así como, el desarrollo legal de regulación o reconocimiento de prestaciones de servicios independientes (corredores de bolsa, de seguros, agencias comerciales, etc.), y especialmente en Colombia, el patológico caso del "contrato de prestación de servicios"; surgiendo ahora, a inicios del siglo XXI, uno de los mayores retos, derivado de la globalización, la existencia de empleadores y trabajadores transnacionales (sin fronteras) y las nuevas formas de negocios derivadas del uso de la Tecnología de la Información y Comunicaciones (TIC), la denominada "Economía Colaborativa". Esta última modalidad, ha dado lugar a intercambio de bienes y servicios a través del uso de plataformas tecnológicas, entre sujetos completamente desconocidos, en relaciones triangulares o cuadrangulares, por intermedio de una aplicación móvil (*app*) o de cualquier dispositivo a través del uso de internet, sin la necesidad de puestos de trabajo, horarios, jornadas, ni otros caracteres típicos del modelo industrial o Ta*ylorista*, sobre y respecto al cual se ha construido históricamente la normativa laboral.

Se trata de un fenómeno en plena expansión y de constante crecimiento e innovación, inacabado, "disruptivo", perteneciente al "internet de las cosas", que se ubica en la "Cuarta Revolución Industrial" o "Industria 4.0"; y que desafía las concepciones económicas, culturales y legales preexistentes, exigiendo regulación -o cuando menos entendimiento- en torno a cuestiones como: la seguridad o responsabilidad de las transacciones; aspectos fiscales o tributarios de las operaciones; libre competencia; licenciamiento para el desarrollo de determinadas actividades comerciales o profesionales; protección a los consumidores (garantías sobre la calidad de bienes y servicios); protección y manejo de datos de los usuarios; reputación digital; caracterización de los usuarios prestadores de servicios, sus posibles derechos laborales (incluida la libertad sindical), y por supuesto, el tratamiento de su protección y seguridad social, entre otros.

En el aspecto laboral, podría hablarse de "plataformas orientadas a la intermediación del trabajo humano"[2], lo que ha generado a nivel global una seria discusión doctrinaria y jurisprudencial - incluso en el plano legislativo- sobre la caracterización que debe darse a la vinculación entre los usuarios prestadores de servicios y las plataformas digitales que intermedian o los conectan con los usuarios clientes o consumidores. Se centra el debate -por ahora- en los conductores de transporte urbano privado de pasajeros (servicio similar al de los taxis convencionales), en los repartidores, *riders* o domiciliarios que prestan servicios de encomiendas o entregas a domicilio, y en quienes realizan microtareas en línea; sin embargo, existen muchos otros servicios personales que se prestan con intermediación de plataformas tecnológicas, y sus diversas categorías. Modalidades del mismo fenómeno que, requiere revisión, calificación, y posiblemente regulación legislativa.

La presente obra se enfocará -con intención de generalidad- en la revisión de las modalidades más comunes (y hasta ahora controvertidas) de prestación de servicios personales con intermediación de plataformas digitales (taxistas y repartidores), destacando las características de los modelos de negocios desarrollados en la "Economía de Plataformas", que permitirían en los casos concretos abordar la calificación jurídica de estas formas de vinculación; repasaremos la noción de relación de trabajo, sus elementos y formas de determinación a través de los instrumentos propios del Derecho del Trabajo desarrollados en distintos países, iniciando por la actual legislación colombiana; expondremos síntesis crítica y comparativa de la jurisprudencia de diversos países y legislaciones americanas y europeas; de los pronunciamos de los organismos internacionales o multinacionales (ONU, Unión Europea, OIT), y las principales posturas doctrinarias iberoamericanas; realizaremos ejercicios de revisión a través del test de indicios o test de laboralidad sobre las modalidades controvertidas; incluyendo, por supuesto, nuestra posición sobre el tema y algunas consideraciones sobre la seguridad social de estos "trabajadores digitales". En palabras del Plan Nacional de Desarrollo (PND) 2018-2022 de la República de Colombia (art. 205), procuraremos formular propuestas respecto a *"la forma de vinculación correspondiente de los actores del sector y el acceso y aporte a la segu-*

2 Gonçalves Zipperer, A. (2019) A Intermediação de Trabalho Via Plataformas Digitais. Repensando o Direito do Trabalho a partir das novas realidades do século XXI. [Traducción libre] Brasil: LTR Editora.

ridad social integral para las personas que presten sus servicios a través de las aplicaciones y plataformas tecnológicas"[3].

Como quiera que la idea de la obra es presentar el panorama más amplio posible, se expondrán y analizarán propuestas de solución formuladas por la doctrina contemporánea; siempre en la conciencia de que el trabajo humano debe ser fuente para la consecución de una vida digna para el trabajador y su familia, con garantías mínimas de sustentabilidad y desarrollo personal, indistintamente de la condición de subordinación o autonomía, u otras fórmulas intermedias que se adopten.

3 Ley 1955 por el cual se expide el Plan Nacional de Desarrollo 2018-2022 "Pacto por Colombia, Pacto por la Equidad" (2019, mayo 25). Diario Oficial No. 50964 del 25 de mayo de 2019.

CAPÍTULO I

La Economía de Plataformas. Nomenclatura. Definición. Ventajas y retos regulatorios

Durante la última década las plataformas digitales han tenido un auge vertiginoso a escala mundial en la generación de ingresos, flexibilización de oportunidades para su obtención y la creación de novedosos tipos de empleo. De allí que, modernamente se haga referencia a la "Economía de Plataformas" para englobar esa gran variedad de actividades económicas y sociales que son facilitadas por estos mecanismos propios de la tecnología de la información y comunicaciones (TIC), permitiendo y auspiciando el intercambio de bienes y servicios, directamente entre proveedores y consumidores, de manera ágil, segura y a menor costo.

En Colombia, la norma del artículo 205 de la Ley 1955 de 2019 (Plan Nacional de Desarrollo 2018-2022), contempla un mandato de: (i) "Caracterización" de las condiciones de prestación de servicios a través de plataformas digitales; (ii) Definición de la "forma de vinculación" entre los actores del sector; y (iii) Delineamiento de las modalidades, acceso y aporte al Sistema de Seguridad Social.

Este mandato se inscribe en la necesidad global de entender e incentivar el desarrollo de la denominada "Economía Colaborativa", entendida como "*un sistema económico basado en el uso compartido de bienes o servicios infrautilizados de forma gratuita o mediando un precio, directamente por particulares, a través de plataformas en línea*"[4]; lo que permite diariamente millones de intercambios de bienes y servicios, de forma segura, a más bajo costo, conectando directamente a proveedores y consumidores, capitalizando la adopción generalizada de manifestaciones de la tecnología de la información y comunicaciones.

Aunque la denominación "Economía Colaborativa" está en discusión o ha sido criticada, según verificamos más adelante, es ampliamente utilizada a nivel

---

4 Rachel Botsman y Roo Rogers citados por: Moreno Díaz, J. M. (2019) Las nuevas formas de representación colectiva en la economía colaborativa. Revista Internacional y Comparada de Relaciones Laborales y Derecho del Empleo [Revista en línea], Volumen 7, N° 2, abril-junio de 2019. ADAPT University Press. p. 209. Disponible en: http://ejcls.adapt.it/index.php/rlde_adapt/article/view/680 [Consulta: 2019, julio 20].

mundial, incluso por organismos multilaterales, por lo que la usaremos con el mismo alcance o denotación que "*Sharing Economy*" y "Economía de Plataformas".

Se trata de un fenómeno que ha experimentado un significativo y rápido crecimiento en los últimos años, "*tanto en lo que se refiere a los usuarios como al volumen de las operaciones y los ingresos, lo que ha replanteado la forma en que se suministran los productos y se prestan los servicios y constituye en numerosos sectores un desafío para los modelos económicos ya establecidos*"[5].

> La novedad de la llamada economía colaborativa radica en el aprovechamiento de las posibilidades abiertas por las tecnologías informáticas que emergen a finales del siglo XX y principios del siglo XXI, aprovechamiento que permite reducir muy considerablemente las asimetrías informativas y los costes de transacción que afectan a dichas actividades, incrementar la escala en la que se llevan a cabo y realizarlas de formas distintas a las hasta ahora conocidas[6].

Esto ha producido un impacto en la forma de hacer negocios en sectores tradicionales, potenciándolos, en especial, por la intervención masiva de "particulares", que ahora entran a participar en el mercado de intercambio de bienes y servicios, como proveedores o prestadores, pero sin pertenecer a una estructura comercial o empresarial clásica, generando nuevas fuentes de ingresos o empleos, disminuyendo considerablemente los precios en favor de los consumidores y aumentando las ganancias de los proveedores y prestadores de servicios, ello, por efecto de la disminución de los costos de intermediación y cadena de distribución.

> La causa principal del surgimiento de la economía colaborativa es, como ya se ha dicho, el espectacular progreso experimentado por las tecnologías de la información, que ha posibilitado abaratar exponencialmente las actividades de obtención, almacenamiento, procesamiento y comunicación de información que los interesados han de llevar a cabo para colaborar en la producción y consumo de bienes y servicios, intercambiándolos o compartiéndolos.
>
> (...)
>
> La reciente crisis económica también ha coadyuvado al florecimiento de la economía colaborativa. El deterioro de las condiciones económicas en

---

5 Agenda Europea para la economía colaborativa (2017/2003(INI)) (2017, junio 15). Resolución del Parlamento Europeo. [Transcripción en línea] Disponible en: http://www.europarl.europa.eu/ doceo/document/TA-8-2017-0271_ES.pdf [Consulta: 2019, septiembre 16].

6 Doménech Pascual, G. (2015) La Regulación de la Economía Colaborativa (El caso «Uber contra el taxi»). Revista Ceflegal (CEF), núms. 175-176 (agosto-septiembre 2015), p. 65. Disponible en: https://roderic.uv.es/bitstream/handle/10550/54302/112244.pdf?sequence=1 [Consulta: 2021, febrero 26].

> la mayoría de los países occidentales y las estrecheces resultantes han servido de potente estímulo para que mucha gente invente, desarrolle, ponga en marcha o participe en actividades de economía colaborativa, a fin de obtener ingresos o disfrutar de bienes o servicios a los que no podrían acceder en modo alguno o en condiciones tan favorables en el marco de los sistemas tradicionales[7].

En el mismo sentido, Botsman (2013) destaca el aporte de las plataformas digitales como espacio para el intercambio comercial:

> Las tecnologías sociales, móviles y basadas en la ubicación nos permiten conectar de manera eficiente y cada vez más segura a las personas que tienen esta disposición de inactividad (bienes, servicios o habilidades) con aquellos que la desean. Es un recurso masivo sin explotar de "riqueza" y los beneficios son enormes: menos desperdicio, menores costos, valores de vecindad, emprendimiento y ganancias financieras. Y sí, esta es una gran oportunidad comercial. No pretendamos lo contrario (...) La capacidad de aprovechar está en todas partes, aunque no siempre es fácil de ver: asientos vacíos en automóviles; casas de vacaciones sin usar o habitaciones libres; wifi infrautilizado; espacios de oficinas desocupados; habilidades latentes y capital; y, por supuesto, los bienes de consumo infrautilizados.[8]

Esta transformación de los modelos de negocios o de intercambio han generado a nivel mundial cuestionamientos sobre la aptitud de las regulaciones vigentes para tratar diversos aspectos: fiscales, de protección al consumidor, libre competencia, protección de datos, caracterización de las actividades o sus actores, seguridad social de los prestadores de servicios, entre otros.

Ello evidencia la necesidad de regular aspectos de la economía de plataformas, pues los cambios sociales y tecnológicos han alterado las bases fácticas sobre las que se asentaba la normativa actual. Parece dudoso o poco conveniente "*aplicar disposiciones jurídicas preexistentes que fueron dictadas con el propósito de regular actividades diferentes, en un contexto tecnológico y social igualmente distinto. Al tiempo, a falta de nueva normativa, no existe otra alterativa que aplicar la existente*"[9]. Agréguese la

---

7 Doménech Pascual, G. (2015) La Regulación de la Economía Colaborativa..., Ob. Cit., pp. 66-67.

8 Botsman, R. (2013, noviembre 21) The Sharing Economy Lacks a Shared Definition. Fasrcompany. [Traducción libre]. Disponible en: https://www.fastcompany.com/3022028/the-sharing-economy-lacks-a-shared-definition [Consulta: 2019, septiembre 5].

9 Doménech Pascual, G. (2015) La Regulación de la Economía Colaborativa..., Ob. Cit., p. 70.

complejidad de intentar regular procesos que se encuentran en pleno desarrollo y en constante modificación.

En cuanto a la necesidad de regulación se han pronunciado a nivel global, la Organización de las Naciones Unidas[10], el Parlamento de la Unión Europea[11], la Comisión Federal de Comercio de los EEUU[12], y la Organización Internacional del Trabajo (OIT)[13]. Los organismos internacionales o multilaterales, coinciden en que "podrían" ser necesarias medidas reglamentarias para proteger a los consumidores, promover la seguridad pública y lograr objetivos gubernamentales legítimos; pero al mismo tiempo, reconocen que la regulación de las plataformas puede frenar o ahuyentar la inversión e innovación, atentando contra las nuevas fuentes de empleo, y privar a los consumidores y a los países de los beneficios de la nueva economía. Lo que sí parece quedar claro, es la inconveniencia de regular estos nuevos modelos a través de las normas que rigen a las empresas y negocios tradicionales, y se aboga, en todo caso, por disminuir cargas y controles sobre estas últimas, para que puedan competir con los nuevos formatos de negocio.

Se reconoce, además, que *"la innovación disruptiva tiende a producir mercados dinámicos y en evolución, lo que complica la tarea de ajustar las regulaciones"*[14]. Por ello, obra prudente la legislación colombiana (del artículo 205 del Plan Nacional de Desarrollo), que, por ahora, no ordena la regulación legislativa o reglamentaria de las plataformas digitales, sino que, se preocupa por el aspecto laboral y social, enfocándose en la caracterización de las plataformas, de sus actores, y la seguridad social de las personas naturales que prestan servicios a través, o con intermediación de aquellas, tarea nada sencilla si se considera que se trata de circunstancias novedosas, además, en constante expansión, cambios y evolución.

---

10 Organización de las Naciones Unidas [ONU] (2019, junio). Desarrollo digital: Oportunidades y desafíos. Conferencia de las Naciones Unidas sobre Comercio y desarrollo. Ginebra. Disponible en: https://unctad.org/meetings/es/SessionalDocuments/tdb66_d5_es.pdf [Consulta: 2020, octubre 9].

11 Agenda Europea para la economía colaborativa (2017/2003(INI)) (2017, junio 15)..., Ob. Cit.

12 Comisión Federal de Comercio de los Estados Unidos (2016, noviembre) The "Sharing" Economy: Issues Facing Platforms, Participants & Regulators: A Federal Trade Commission Staff Report (November 2016) [Traducción libre]. Disponible en: https://www.ftc.gov/reports/sharing-economy-issues-facing-platforms-participants-regulators-federal-trade-commission [Consulta: 2019, octubre 29].

13 Organización Internacional del Trabajo [OIT] (2019). Las plataformas digitales y el futuro del trabajo. Cómo fomentar el trabajo decente en el mundo digital. Oficina Internacional del Trabajo. Ginebra: OIT. Disponible en: https://www.ilo.org/wcmsp5/groups/public/---dgreports/---dcomm/---publ/documents/publication/wcms_684183.pdf [Consulta: 2019, septiembre 8].

14 Comisión Federal de Comercio de los Estados Unidos (2016, noviembre) The "Sharing" Economy.... Ob. Cit.

Tal es la complejidad, que ni siquiera existe consenso respecto a la denominación del fenómeno, que inició bajo la idea de *"economía colaborativa"*, como lo denomina la Unión Europea, buena parte de la doctrina y las propias empresas de plataformas, pero que, actualmente y debido a los cambios y desarrollo del negocio (principalmente económicos), ha devenido en otras denominaciones, como *"uber economy"*, *"gig economy"*, *"economía de plataformas"*, *"per to per"*, entre otros. Preliminarmente, nos parece acertado, o cuando menos aceptable, distinguir entre economía colaborativa y economía bajo demanda, aun cuando, en la práctica no siempre resulta fácil la separación:

> La economía colaborativa la conforman aquellos modelos de producción, consumo o financiación que se basan en la intermediación entre la oferta y la demanda entre iguales (peer to peer, P2P y bussiness to bussiness, B2B); o de particular a profesional (P2B). Este tipo de modelo se orienta a aprovechar los bienes y recursos existentes e infrautilizados pudiendo existir o no una contraprestación monetaria entre los usuarios (Adigital y Sharing España, 2017). Los servicios que se encuadran en la economía colaborativa usualmente no tienen un fin de lucro, sino que su objetivo es compartir gastos buscando utilizar, compartir, intercambiar, o invertir los recursos o bienes entre los usuarios para cubrir los costos que genera el uso de un bien infrautilizado o la realización de una actividad específica.
>
> La economía bajo demanda, en cambio, se constituye por modelos de consumo y provisión de servicios que se basan en la intermediación entre la oferta y la demanda, habitualmente de profesional a consumidor (B2C). La prestación de servicios se origina en base a las necesidades del usuario que demanda y se adapta a sus preferencias. Normalmente tiene ánimos de lucro y genera un beneficio para el usuario-proveedor de bienes y servicios (...)[15]

Por su parte, la prestación de servicios a través de las plataformas ha recibido el nombre de trabajo *"on demand"* o *"crowdworking"*, denominación última que incluso admite subclasificaciones como online vs offline[16]. También se habla de Plataformas "verticales" y "horizontales"[17], en una clasificación que pretende incidir en los aspectos laborales y la calificación de la prestación de servicios.

---

15 Madariaga, J. y otros. (2019) Economía de plataformas y empleo: ¿Cómo es trabajar para una app en Argentina? [Publicación en línea]Buenos Aires: CIPPEC-BID - OIT. Disponible en: https://publications.iadb. org/es/economia-de-plataformas-y-empleo-como-es-trabajar-para-una-app-en-argentina [Consulta: 2020, Septiembre 26].

16 Para el tema véase: Todolí Signes, A. (2017) El trabajo en la era de la economía colaborativa. La clasificación jurídica de trabajadores y autónomos y los efectos de la reputación online en la economía de las plataformas virtuales. Valencia (España): Tirant lo Blanch. Y Gonçalves Zipperer, A. (2019) A Intermediação de Trabalho... *Ob. Cit.*

17 Calvo, citado por Rosenbaum Carli, F. (2020) El trabajo en la economía de plataformas y el derecho del trabajo. Tripalium. Justicia Social y Trabajo Decente, Volumen

Todo esto, sin obviar que en realidad estamos dentro de un sector más amplio y general, conocido como TIC (tecnología de la información y comunicaciones), que a su vez se enmarca en la "Sociedad de la Información", en lo que se ha denominado la Cuarta Revolución Industrial o Industria 4.0. Avancemos de lo general a lo específico.

I.1. CUARTA REVOLUCIÓN INDUSTRIAL. LA SOCIEDAD DE LA INFORMACIÓN Y LA TECNOLOGÍA DE LA INFORMACIÓN Y COMUNICACIONES (TIC)

I.1.1. Cuarta Revolución Industrial o Economía 4.0

Para el entendimiento del fenómeno objeto de estudio, es preciso ubicarnos en el contexto económico, tecnológico, social y cultural en que se desarrolla, para lo cual es menester verificar, cuando menos resumidamente, su evolución, sin obviar la correspondiente referencia con el sector laboral. Aunque no existe consenso respecto a si nos encontramos ya en la Cuarta Revolución Industrial, o en el desarrollo de la Tercera (Economía 3.0)[18], podemos distinguir la evolución a que refiere:

La ***Revolución Industrial*** (siglos XVIII y XIX), comenzó con la invención de la máquina de vapor y la aplicación de su fundamento a otras tantas máquinas e industrias (principalmente en el uso del algodón), implicando una revolución de los modelos productivos en diferentes sectores económicos (textil, minería, siderurgia, transporte), pasando a la *"mecanización, división del trabajo, acortamiento de tareas y tiempos, trabajo en cadena, nuevas exigencias de formación profesional de los trabajadores, destrucción de empleos, [y] masificación"*[19]. Al conformarse nuevas formas de producción se pasó de los campos y talleres a la fábrica[20], a la masificación del trabajo subordinado prestado por un salario[21], a la conglomeración de importantes cantida-

---

II, número 1 - 2020, p. 53-79. Disponible en: https://tripaliumsite.files.wordpress.com/2020/01/revista-tripalium-nro.-1-2020-3.pdf [Consulta: 2020, mayo 30].

18 Entre otros: Rodríguez-Piñero Royo, M. C. (2016, septiembre 7) El Trabajo 3.0 y la Regulación Laboral: por un enfoque creativo en u Tratamiento Legal. Trabajo, Persona, Derecho y Mercado. Nuevos retos del mercado laboral: pobreza en el trabajo, economía colaborativa y envejecimiento. Disponible en: http://grupo.us.es/iwpr/2016/09/07/el-trabajo-3-0-y-la-regulacion-laboral-por-un-enfoque-creativo-en-su-tratamiento-legal/ [Consulta: 2019, diciembre 10].

19 Palomeque, M. y Álvarez, M. (2009). Derecho del Trabajo. Decimoséptima edición. Madrid: Editorial Universitaria Ramón Areces, p. 46.

20 "La expresión *revolución industrial* denomina el proceso de transición de un fase primitiva y todavía inmadura del capitalismo a otra posterior en que el sistema realiza, sobe la base del maquinismo y del cambio técnico, su específico proceso de producción fundado en la unidad colectiva a gran escala, la fábrica". Ibidem. p. 46.

21 "Ante hombres teóricamente libres, el dinero era el único factor de aglutinamiento de brazos para la producción común. El salario constituyó el nuevo medio de dominación, No ya más el señor feudal, quien usaba de su dominio para hacer trabajar a su

des de personas en los centros de trabajos (fabricas) y en las urbes, el trabajo de mujeres y niños, a quienes bajo el sistema de libre mercado se les pagaba menos por su labor; y con todo ello, la generalizada explotación de la naciente clase trabajadora, la hoy trillada pero realista situación de *"explotación del hombre por el hombre"*. Este cambio de la economía que se extendió a nivel casi universal conllevó a la postre al cambio de los sistemas políticos, a la concepción del Estado, que pasó del sistema liberal al Estado de Derecho, y luego de fuertes luchas sociales y políticas, dio nacimiento al Derecho del Trabajo[22] y al reconocimiento de los Derechos Sociales en las modernas Constituciones.

La ***segunda revolución industrial*** se identifica con el uso de la electricidad y la invención de la "línea de producción", los modelos fordista y taylorista, que perfeccionaron la producción en masa, desarrollada principalmente en el siglo XX, destacando el modelo fordista como el *"de las grandes empresas industriales de producción en masa, basada en una especialización estrecha de las tareas y competencias, y sobre una organización piramidal del trabajo"*[23]:

> Este era el modelo que predominó en Europa, conocido por politólogos y sociólogos como el "modelo de capitalismo del estado de bienestar". A pesar de las variantes las características básicas suponen un trabajo asalariado a tiempo completo, con un contrato de carácter no temporario y realizado esencialmente por hombres adultos. En el mismo existía un alto grado de subordinación y de control disciplinario por parte del empleador, con un alto grado de estabilidad y de compensaciones en prestaciones de seguridad social y de garantías para el trabajador[24].

La ***tercera revolución industrial*** corresponde a la denominada "revolución digital", la creación y uso de las computadoras, primero limitada a las grandes empresas (macrocomputadoras: *my friend*) en la década de 1960, computación personal

---

siervo, pero al menos se sentía obligado para con él en virtud de ese mismo dominio. No más el artesano, que también explotaba al oficial y al aprendiz, pero a lo menos les proporcionaba elementos para aspirar a una posición independiente. En lo adelante sólo existiría el empresario, el capitalista, el arrendatario de servicios, que pagaría al obrero el precio fijado por su trabajo en forma idéntica a como pagaba al agricultor el precio de la materia prima. El trabajador sería sólo un reglón en los costos de producción". Caldera, R. (1960) Derecho del trabajo. 2da edición. Buenos Aires: Librería El Ateneo, p. 32.

22 Martín Valverde, A., Rodríguez-Sañudo, F. y García Murcia, J. (2011) Derecho del Trabajo. Vigésima Edición. Madrid: Tecnos, p. 75.

23 Supiot, A. (1998, junio) Informe final sobre las transformaciones del trabajo y los cambios del Derecho del Trabajo en Europa. Traducción por: Sandra Goldflus. Disponible en: https://www.rau.edu.uy/universidad/inst_derecho_del_trabajo/informesupiot.htm [Consulta: 2020, marzo 15].

24 Ibidem.

(1970), y finalmente Internet (1990). La llamada "Sociedad Postindustrial", caracterizada por *"1) la transición de la producción de bienes a la economía de los servicios; 2) la preeminencia de la clase de profesionales y técnicos; 3) el carácter central del conocimiento teórico, generando innovación y las ideas directivas en las que se inspira la colectividad; 4) la gestión del desarrollo técnico y el control normativo de la tecnología; y 5) la creación de una nueva tecnología intelectual"* [25].

Por estarse desarrollando la economía de plataformas precisamente a partir del uso de la internet, podría considerarse que el fenómeno en estudio forma parte de la llamada tercera revolución o Industria 3.0, sin embargo, es tal la magnitud de los cambios y la fuerza disruptiva del nuevo fenómeno, que gran cantidad de autores consideran que estamos en presencia de una auténtica revolución, la ***cuarta revolución industrial***, que vino a cambiar los modelos preestablecidos, y por ello, ha convertido en obsoletas algunas reglas y concepciones:

> Schwab, fundador del Foro Económico Mundial, apoya su convicción de que la tercera revolución ya sería superada por otra distinta por tres razones: 1. La velocidad de los acontecimientos, ya que a diferencia de las anteriores la cuarta revolución estaría sucediendo a un ritmo exponencial y no lineal; 2. La amplitud y profundidad que combinaría varias tecnologías, que conducirían a cambios de paradigma sin precedentes de la economía, los negocios y el trabajo; 3. El impacto sistémico, ya que implica la transformación de sistemas enteros entre países, industrias, empresas y sociedad. (...)
>
> La cuarta revolución comenzó a principios del siglo XX al XXI y también se basa en la revolución digital. Se caracteriza por un internet ubicuo y móvil, sensores más pequeños y baratos, inteligencia artificial y aprendizaje automático (o aprendizaje automático)[26].

Esta cuarta revolución, se fundamenta en el desarrollo de las tecnologías de la información y comunicaciones, en el "Internet de las cosas" (IoT)[27], y se identifica con la denominada "Industria 4.0".

> El término industria 4.0 se refiere a un nuevo modelo de organización y de control de la cadena de valor a través del ciclo de vida del producto y a lo largo de los sistemas de fabricación apoyado y hecho posible por las tecnologías de la información. El término industria 4.0 se utiliza de

---

25 Véase: Gonçalves Zipperer, A. (2019) A Intermediação de Trabalho ... *Ob. Cit.* p. 35.

26 Ibidem, p. 36.

27 El "internet de las cosas" (IoT) entendido como una *"relación entre las cosas (servicios de productos, lugares, etc.) y personas que se hace posible a través de diversas plataformas y tecnologías conectadas"*. Jeremy Rifkin, citado por Gonçalves Zipperer, A. (2019) A Intermediação de Trabalho ... *Ob. Cit.*, p. 40.

manera generalizada en Europa, si bien se acuñó en Alemania. También es habitual referirse a este concepto con términos como "Fábrica Inteligente" o "Internet industrial". En definitiva, se trata de la aplicación a la industria del modelo "Internet de las cosas" (IoT). Todos estos términos tienen en común el reconocimiento de que los procesos de fabricación se encuentran en un proceso de transformación digital, una "revolución industrial" producida por el avance de las tecnologías de la información y, particularmente, de la informática y el software.[28] (Subrayado nuestro).

En esta industria basada en la informática, la posibilidad de acceso a través de una computadora o de un *smartphone,* permite conectar directamente y en tiempo real a los solicitantes de servicios y a las personas dispuestas a prestarlos, de generar confianza entre desconocidos y de crear nuevos puestos de trabajo, incluso masificando oficios antes considerados marginales, modificando otros existentes, y permitiendo la realización de tareas de forma independiente, desde casa o en cualquier lugar donde la persona se encuentre. Ya no es necesario vincularse formalmente a una empresa, cumplir horarios o jornadas. Incluso las tareas que forman parte de un todo pueden ejecutarse por separado, fuera del ámbito físico del requirente o contratante, por personas ubicadas en diversas partes del mundo. Todo a través del uso de las TIC's y dentro de la Sociedad de la Información.

I.1.2. Las plataformas digitales de intermediación como parte de la Sociedad de la Información y el sector TIC y su influencia sobre aspectos jurídicos laborales

Las plataformas digitales "*son entidades que actúan como agentes intermediarios en mercados bilaterales o de varios lados, permitiendo que múltiples demandantes y oferentes se pongan en contacto entre sí*"[29].

Desde el punto de vista tecnológico, las plataformas digitales "*son sistemas electrónicos de información alojada en un servidor y a la que puede accederse desde dispositivos computarizados de diversa índole, como ordenadores, tablets o smartphones, entre otros*"[30].

28 Del Val Román, J. L. (2016) Conferencia de Directores y Decanos de Ingeniería Informática, Industria 4.0: la transformación digital de la industria, España, p. 3. Disponible en: http://coddii.org/wp-content/uploads/2016/10/Informe-CODDII-Industria-4.0.pdf [Consulta: 2019, septiembre 23).

29 Observatorio para el Análisis y Desarrollo Económico de Internet [ADEI] (2018, marzo). Plataformas digitales: una oportunidad para la economía española. [Documento en línea]. Disponible en: http://observatorioadei.es/publicaciones/Nota-tecnica-ADEI_Plataformas-digitales-(1).pdf [Consulta: 2020, octubre 19].

30 Todolí, A., Sánchez, J. y Kruithof, A. (2019) El treball en plataformes digitals a la Comunitat Valenciana, p. 49. Disponible en: http://www.labora.gva.es/documents/166000883/166282936/ Informe+trabajo+en+plataformas+digitales+2019.pdf/1dcbb6c3-dfa8-44cb-a732-202170d2b09c [Consulta: 2021, marzo 16].

Al operar al mismo tiempo como intermediarios e infraestructura, inmersas en la sociedad de la información y dentro del sector de las tecnologías de la información y las comunicaciones (TIC) están en condiciones de registrar, extraer, analizar y aprovechar todos los datos relacionados con las acciones de los usuarios de la plataforma y de sus interacciones en línea. Por ello, su crecimiento está relacionado con la capacidad que tengan para recopilar y analizar datos digitales, pero sus intereses y su comportamiento dependen en gran medida de la forma en que esos datos se moneticen para generar ingresos.

El texto de la Constitución Política colombiana[31], dentro de los derechos sociales, económicos y culturales, expresamente dispone:

> **Artículo 71.** La búsqueda del conocimiento y la expresión artística son libres. Los planes de desarrollo económico y social incluirán el fomento a las ciencias y, en general, a la cultura. El Estado creará incentivos para personas e instituciones que desarrollen y fomenten la ciencia y la tecnología y las demás manifestaciones culturales y ofrecerá estímulos especiales a personas e instituciones que ejerzan estas actividades. (subrayado nuestro)

Con lo cual queda consagrado a nivel constitucional el incentivo y fomento al desarrollo de la ciencia y la tecnología, así como el necesario estímulo a las actividades que la integran, dentro de las que obviamente destacan las tecnologías de la información y las comunicaciones (TIC). Este sector, además, se vincula legislativamente[32] a otros derechos constitucionales como la libertad de expresión, dar y recibir información[33], y la educación[34]. De su parte, la Ley 1341 colombiana de 2009 (modificada por Ley 1978 de 2019[35]), en su artículo 6, define: *"Las Tecnologías de la Información y las Comunicaciones (en adelante TIC), son el conjunto de recursos, herramientas, equipos, programas informáticos, aplicaciones, redes y medios, que permiten la compilación, procesamiento, almacenamiento, transmisión de información como: voz, datos, texto, vídeo e imágenes".* De lo que resulta ostensible que nos encontramos frente a un fenómeno, o desarrollo de negocios que cuenta con regulación legislativa y administrativa especializada, que posee características propias, así como principios y reglas previstos en el ordenamiento jurídico.

---

31 Constitución Política de la República de Colombia (1991, julio 4) Gaceta Constitucional N° 114 (2° ed publicada en Gaceta Constitucional N° 116, del 20 de julio de 1991). [Transcripción en Línea]. Disponible en: http://servicios.infoleg.gob.ar/infolegInternet/anexos/25000-29999/25552/texact.htm [Consulta: 2019, agosto 2].

32 Ley 1341 de 2009 (2009, julio 30). Diario Oficial N° 47.426 del 30 de julio de 2009.

33 Artículo 20, Constitución Política de la República de Colombia (1991, julio 4) ..., Ob. Cit.

34 Artículo 67, Ibidem.

35 Ley 1978 de 2019, por la cual se moderniza el sector de las Tecnologías de la Información y las Comunicaciones (TIC) (2019, julio 25). Diario Oficial N° 51.025 del 25 de julio 2019.

Más aún, nos encontramos ante un *"sector"* de la vida económica, industrial, social y cultural del país, como claramente lo caracteriza la misma Ley 1341 colombiana de 2009:

> **Artículo 9.- EL SECTOR DE LAS TECNOLOGÍAS DE LA INFORMACIÓN Y LAS COMUNICACIONES.** El sector de Tecnologías de la Información y las Comunicaciones está compuesto por industrias manufactureras, comerciales y de servicios cuyos productos recogen, procesan, crean, transmiten o muestran datos e información electrónicamente.
>
> Para las industrias manufactureras, los productos deben estar diseñados para cumplir la función de tratamiento de la información y la comunicación, incluidas la transmisión y la presentación, y deben utilizar el procesamiento electrónico para detectar, medir y/o registrar fenómenos físicos o para controlar un proceso físico.
>
> Para las industrias de servicios, los productos de esta industria deben estar diseñados para permitir la función de tratamiento de la información y la comunicación por medios electrónicos, sin afectar negativamente el medio ambiente. (Subrayado nuestro).

La misma ley crea entidades públicas de administración como la Agencia Nacional del Espectro (ANE); Comisión de Regulación de Comunicaciones (CRC); reestructura el Fondo de Tecnologías de la Información y las Comunicaciones (FONTIC) y establece regímenes de protección al usuario de los proveedores de redes y servicios de las tecnologías de la información y las comunicaciones, así como infracciones y sanciones. Este marco normativo del sector de las Tecnologías de la Información y las Comunicaciones se complementa con el Decreto Único Reglamentario 1078 de 2015[36]. Adicionalmente, encontramos otras leyes estatutarias, sobre protección de datos financieros (Ley 1266 de 2008[37]); protección de datos personales (Ley 1581 de 2012[38]); y derecho de acceso a la información pública nacional (Ley 1712 de 2014[39]).

Estamos ubicados en la "Sociedad de la Información", el derecho a la información, que dio origen al sector cuaternario de la economía: el sector de la informática, que se añade a los tres anteriores (agricultura, industria y servicio)[40], dando paso

36 Rincón Rodríguez, F. (2018) Derecho en la era de las TIC. Bogotá: Eco Ediciones, p. 47.

37 Ley Estatutaria 1266 de 2008 (2008, diciembre 31) Diario Oficial N° 47.219 del 31 de diciembre de 2008

38 Ley Estatutaria 1581 de 2012 (2012, octubre 18). Diario Oficial N° 48.587 de 18 de octubre de 2012.

39 Ley 1712 (2012). Diario Oficial N° 49.084 del 6 de marzo de 2014.

40 El derecho a la información se presenta hoy como un derecho típico de la sociedad tecnológica, cuyo sistema nervioso está constituido por los medios de comunicación

luego, a los que se conoce como Industria 4.0. Al respecto, la citada Ley 1341 colombiana de 2009 refiere:

> **Artículo 3. SOCIEDAD DE LA INFORMACIÓN Y DEL CONOCIMIENTO.** El Estado reconoce que el acceso y uso de las Tecnologías de la Información y las Comunicaciones, el despliegue y uso eficiente de la infraestructura, el desarrollo de contenidos y aplicaciones, la protección a los usuarios, la formación de talento humano en estas tecnologías y su carácter transversal, son pilares para la consolidación de las sociedades de la información y del conocimiento.

En resumen, **la Economía de Plataformas, forma parte de la Industria 4.0, se desarrolla a través de las TIC, y pertenece a la Sociedad de la Información y el Conocimiento.**

Aunque parezca de Perogrullo verificar estas nociones y referencias al derecho o regulación de las TIC, consideramos que es completamente necesario e insoslayable determinar que se trata de hechos jurídicos (sector de la vida nacional e internacional) que poseen una regulación especializada afín a su naturaleza. De allí que su análisis y estudio, aún en asuntos relacionados con el derecho laboral o de la seguridad social, no puede realizarse exclusivamente desde una aislada perspectiva *ius laboralista*, pues la informática y telecomunicaciones implican un espectro mucho más amplio, quizá universal u omnipresente, que forzosamente debe ser estudiado y revisado desde sus propios umbrales jurídicos y realidades prácticas, concatenado a otros ámbitos jurídicos -también de orden constitucional- como la protección de los consumidores, derecho a acceso a los bienes y servicios, garantía de calidad, la libre competencia, así como al derecho de acceso a la información y datos personales.

Conscientes de ello, muchos países, incluidos los que conforman la Unión Europea, han dictado normas relativas a los servicios propios de la sociedad de la información[41], con lo que se reafirma que estos nuevos servicios o negocios ve-

---

de masas, en su doble aspecto de derecho a informar y a ser informado. Este aspecto dual del derecho adquirió su importante significado porque la comunicación humana ha alcanzado su cuarte fase de desarrollo, que dio origen al sector cuaternario de la economía: el sector de la informática, que se añade a los tres anteriores (agricultura, industria y servicio). Frosini citado por: Rincón Rodríguez, F. (2018) Derecho en la era...*Ob. Cit.*, p. 48.

41 Actualmente vigente la Directiva (UE) 2015/1535 del Parlamento Europeo y del Consejo, de 9 de septiembre de 2015, por la que se establece un procedimiento de información en materia de reglamentaciones técnicas y de reglas relativas a los servicios de la sociedad de la información, que derogó, a partir del 7 de octubre de 2015, la Directiva 98/34 y la sustituyó. Directiva (UE) 2015/1535 del Parlamento Europeo y del Consejo Europeo, por la que se establece un procedimiento de información en materia de reglamentaciones técnicas y de reglas relativas a los servicios de la sociedad de la

rificados con el uso de las Tecnología de la Información y Comunicaciones (TIC), corresponden a un sector productivo distinto a los preexistentes y son objeto de especial regulación. Aspecto de significativa importancia al momento de calificar a las empresas de plataformas digitales y determinar su actividad productiva y económica, pues tal calificación incide directamente en la regulación de aspectos fiscales, de licenciamiento de actividades, libre competencia, y también, por supuesto, en los laborales (especialmente para quienes adoptan como principal indicio de laboralidad, la inserción del prestador de servicio en la organización de empresa ajena).

Desde ya debe dejarse claro que, la informática y las tecnologías asociadas se encuentran actualmente presente en todos los sectores de la vida humana, y en prácticamente, todas sus manifestaciones, sociales, culturales, académicas, recreacionales, bélicas, asistenciales y, por supuesto, en las productivas y comerciales. Sin embargo, tal presencia, no convierte a las empresas de tecnología (y entre ellas a las plataformas digitales de intermediación de bienes y servicios) en negocios de alimentos, mascotas, ejercicio físico, entretenimiento, inmobiliarios, venta de vehículos, de salud, ni de conexión social o de parejas. El negocio del tipo de plataformas que analizamos es la "intermediación" o interconexión a través de la tecnología, la creación, desarrollo y explotación de mecanismos tecnológicos para el intercambio de bienes, servicios, u otras interrelaciones (sociales, por ejemplo), sin que la actividad comercial, profesional, recreativa o social, desplegada por los usuarios, pueda confundirse con la desarrollada por la plataforma, aun cuando éstas reciban ganancias (porcentajes o comisiones) derivados de la actividad desplegada, o cuando dispongan determinadas condiciones para la realización de la operación, o la prestación de los servicios.

De confundirse la explotación y desarrollo de la tecnología con la actividad de los usuarios (personas naturales o jurídicas, comercios o particulares), calificando a las plataformas que intermedian servicios personales, como pertenecientes al sector productivo en el que se desarrollan dichos servicios (conductores de transporte urbano, repartidores, peluqueros, entrenadores personales, personal de seguridad, paseadores de perros, cuidadores de personas, servicios domésticos, alquiler de inmuebles, venta de bienes nuevos o usados, diseño gráfico, lavandería, transcriptores, citas de pareja, pornografía etc.), se podría concluir -absurdamente- que ninguna plataforma tecnológica pertenece al sector de la Sociedad de la Información, a pesar que se trata de servicios prestados "*normalmente a cambio de una remuneración, a distancia, por vía electrónica y a petición individual de un destinatario de servicios*"[42], pues siempre existirá

información (2015, septiembre 9). [Transcripción en Línea]. Disponible en: https://eur-lex.europa.eu/legal-content/ES/TXT/PDF/?uri=CELEX:32015L1535&from=-DA [Consulta: 2019, Julio 20].

42 Definición de la mencionada Directiva (UE) 2015/1535 del Parlamento Europeo y del Consejo, del 9 de septiembre de 2015, por la que se establece un procedimiento de información en materia de reglamentaciones técnicas y de reglas relativas a los servicios de la sociedad de la información. Ob. Cit.

la posibilidad de que el servicio prestado o bien intercambiado, en *su esencia material* corresponda a otra área o sector (comercial, industrial, financiero, agrícola, educativo, turístico, asistencial, social, u otros); lo que conducirá a la desnaturalización o desaparición (por absorción) del sector de la Tecnología de la Información y Comunicación, suprimiendo la identidad y entidad de las plataformas.

Para mejor entendimiento, podemos manejar ejemplos clásicos, como las actividades o servicios de transporte, seguridad, limpieza, o los servicios públicos (aseo, electricidad, acueducto, gas, internet, etc.), que pueden ser prestados a cualquier empresa, institución, hogar o persona, que pague por ellos, y están presentes en las diversas actividades, pero no se confunden con la actividad productiva, comercial o personal de quien recibe o utiliza dichos servicios. Igual ocurre con las plataformas digitales, están presentes en la actividad diaria de millones de personas, naturales o jurídicas, públicas o privadas, pero su carácter o naturaleza (y su actividad productiva) es el desarrollo y explotación de la Tecnología de la Información y Comunicaciones (TIC).

En la actualidad las TIC están presentes en prácticamente todas las actividades del quehacer humano, sin que se les pueda confundir o refundir con las actividades que apoya o las que sirve. Aunque más adelante volveremos sobre este aspecto al revisar los indicios de laboralidad y las contradictorias decisiones al respecto dictadas por el Tribunal de Justicia de la Unión Europea (TJUE), por ahora podemos presentar, a título de ejemplo, la plataforma *Mercadolibre.com*, a través de la cual se venden todo tipo de productos nuevos y usados, y al mismo tiempo se arriendan bienes, y se ofrecen y prestan servicios personales (cobrándose siempre la plataforma una comisión o porcentaje por su intermediación). Es tal la variedad de intercambios que resultaría imposible calificar a dicha plataforma como perteneciente a algún sector productivo, profesional o comercial, distinto al de intermediación a través de la tecnología. Otros ejemplos, las populares plataformas de interacción social (*facebook, twitter, Instagram*), que, aunque obtengan ganancias por publicidad, o manejo de datos (información), en definitiva, no podrían calificarse dentro de un sector distinto al de la tecnología de la información y comunicaciones.

En conclusión, las empresas de plataformas de intermediación o intercambio pertenecen al sector de la Sociedad de la Información, de la Tecnología de la Información y Comunicaciones (TIC). Calificarles de otra manera implica desconocer su carácter y esencia, desnaturalizarlas o privarlas de identidad. Circunstancia que debe tenerse presente en materia laboral al pretender calificar la actividad de los prestadores de servicios y confundirla o refundirla con la naturaleza del negocio desarrollado o intermediado por las plataformas.

I.2. IMPACTO SOCIOECONÓMICO Y BENEFICIO DE LAS PLATAFORMAS DIGITALES

Las plataformas digitales son un fenómeno de tendencia creciente en los últimos años. Aunque internacionalmente no abundan estudios estadísticos públicos que permitan trazar su evolución, es cada vez más evidente su importancia en el proceso económico productivo moderno.

Según datos del más reciente informe publicado por la Organización Internacional del Trabajo en 2021[43], los líderes en el manejo y desarrollo de la economía digital son Estados Unidos y China, países que ya para 2019 generaban ingresos anuales estimados de unos US$ 1.010.000 millones de dólares derivados de las empresas de plataformas y concentraban el mayor porcentaje de inversión en el sector[44]. Así lo confirma, igualmente un informe de 2019 de la Organización de las Naciones Unidas (ONU)[45]:

> (...) Esos dos países representan, por ejemplo, el 75 % de todas las patentes relacionadas con las tecnologías de cadenas de bloques, el 50 % del gasto mundial en la Internet de las cosas y más del 75 % del mercado mundial de la computación en la nube dirigida al público. Además, lo que es quizá más extraordinario, representan el 90% de la capitalización de mercado de las 70 plataformas digitales más grandes del mundo.

Según datos proporcionados por la ONU[46], para 2019 las estimaciones del volumen de la economía digital oscilaban entre el 4,5 % y el 15,5 % del PIB mundial. En cuanto al valor añadido generado en el sector de las TIC, los Estados Unidos y China representaban en conjunto casi el 40 % del total mundial. Gracias a eso el empleo en el sector en todo el mundo pasó de 34 millones de trabajadores en 2010 a 39 millones en 2015, siendo los servicios informáticos los que representan la mayor parte (38%).

Además de la creación de nuevas fuentes de empleos y beneficios para los consumidores a escala mundial, y su constante crecimiento e innovación, las plataformas digitales generan sustanciales inversiones tanto nacionales como extranjeras

---

43 Organización Internacional del Trabajo [OIT] (2021). World Employment and Social Outlook. The role of digital labour platforms in transforming the world of work. [Traducción libre] Ginebra: OIT. Disponible en: https://www.ilo.org/global/topics/decent-work/lang--es/index.htm [Consulta: 2021, febrero 24].

44 Según datos suministrados por la OIT, alrededor del 96 por ciento de la inversión en plataformas digitales de trabajo se concentra en Asia (56 000 millones de dólares), América del Norte (46 000 millones de dólares) y Europa (12 000 millones de dólares), frente al 4 por ciento en América Latina, África y los Estados Árabes (4000 millones de dólares). Organización Internacional del Trabajo [OIT] (2021). World Employment and Social Outlook.., Ob. Cit, p 137.

45 Organización de las Naciones Unidas [ONU] (2019). Informe sobre la economía digital 2019. Creación y captura de valor: repercusiones para los países en desarrollo. Disponible en: https://unctad.org/es/system/files/official-document/der2019_overview_es.pdf [Consulta: 2020, octubre 19]

46 Ibidem.

que, además, producen significativas ganancias. Lo que de manera directa impacta en el producto interno bruto (PIB) y en los ingresos fiscales. ***"Se ha estimado que cinco sectores clave de la economía compartida generaron 15.000 millones de dólares en ingresos en todo el mundo en 2013, y que generarán 335.000 millones de dólares en 2025"***[47]. En Colombia, tan solo la empresa Uber, pagó en el año 2018, 34.000.000.000,00 pesos por concepto de IVA[48].

Estudios disponibles realizados por países o por región ofrecen algunos indicadores más puntuales sobre el comportamiento de las plataformas digitales dentro de sus economías.

En este sentido, la encuesta de Katz y Krueger (2016)[49] indica que en Estados Unidos sólo el 0,5% del total de la fuerza laboral genera ingresos mediante plataformas digitales como Uber o TaskRabbit. De ellas, cuatro de cada seis se crearían a través de Uber (alrededor de 400.000 de los 600.000 trabajadores a finales de 2015).

> En la Unión Europea, el documento "The Impact of the Collaborative Economy on the Labour Market" (De Groen & Maselli, 2016) estimó que, dentro de los países que la comprenden, había a finales de 2015 unos 100.000 trabajadores activos en la economía de plataformas, o un 0,05% del total de los empleados en Europa, de los cuales unos 60.000 eran conductores de Uber. Además, el estudio de McKinsey (2016) indica que, en promedio, solo el 15% de los trabajadores independientes de Estados Unidos usó plataformas para encontrar trabajo, el equivalente a un 3,5%-4% de la fuerza laboral total. Por su parte, un análisis de JP Morgan Chase Co. Institute (2016) sobre las cuentas corrientes de sus clientes a finales de 2015 estimó que el 1% generaba ingresos de algún tipo de plataforma online en un mes determinado y que tan sólo el 4% había participado en una de estas plataformas durante un período de tres años. A su vez, el mismo estudio indica que el crecimiento interanual en el porcentaje de adultos que obtienen ingresos a través de plataformas digitales superó el 60% en todos los meses entre 2014 y 2015. Otro relevamiento de trabajadores independientes realizado por la firma consultora MBO Partners (2014) encontró que el 9% de estos trabajadores (un total de 2,7 millones de personas aproximadamente) usa plataformas bajo demanda para encontrar oportunidades laborales. En 2016

---

47 Comisión Federal de Comercio de los Estados Unidos (2016, noviembre) The "Sharing" Economy... *Ob. Cit.*

48 Impuesto al Valor Agregado.

49 Datos suministrados por Madariaga, J. y otros. (2019) Economía de plataformas y empleo: ¿Cómo es trabajar para una app en Argentina? [Publicación en línea] Buenos Aires: CIPPEC-BID - OIT. Disponible en: https://publications.iadb.org/es/economia-de-plataformas-y-empleo-como-es-trabajar-para-una-app-en-argentina [Consulta: 2020, Septiembre 26].

la encuesta "Crowd work in Europe" (Huws U. et al, 2016), liderada por la Universidad de Hertfordshire, encontró una participación significativa en países como Reino Unido, Suecia, Alemania, Austria o los Países Bajos en la venta de objetos de segunda mano. Finalmente, el reciente estudio de Freelancers Union y Upwork (2017) es el más detallado acerca de cómo los freelancers encuentran sus trabajos. Destaca que un 59% de los freelancers estadounidenses ha encontrado oportunidades de trabajo de manera online y que los millennials que se incorporan ahora como cuentapropistas tienden a hacerlo directamente a través de plataformas digitales. [50]

En Colombia, un estudio de Fedesarrollo[51] (realizado entre diciembre de 2019 y marzo de 2020), evidenció que el número de prestadores de servicios de plataformas de transporte y domicilios se acerca a los 200 mil (0.9% de la población ocupada); así mismo, los resultados señalan que aproximadamente 3549 firmas de comercio y servicios de más de 10 trabajadores realizan ventas de bienes y servicios por internet, y cerca de 3 millones de personas utilizan internet para comprar bienes y servicios en las principales centros urbanos del país.

En Argentina, un estudio efectuado en 2018[52] con personas que trabajan para distintas plataformas digitales revela que el 61,3% de los trabajadores encuestados (de una población de 600 personas) sostiene que su trabajo en la plataforma es su principal fuente de ganancias, más de la mitad (51,8%) posee simultáneamente otras ocupaciones por las que recibe ingresos, siendo que el 21,9% de ellos se desempeña en dos o más plataformas de manera simultánea; y alrededor de la mitad de las personas encuestadas no cuentan con los derechos laborales propios del sistema laboral argentino (57,8% obra social y 45,4% aportes jubilatorios).

En el caso de España, los resultados de un estudio sobre los servicios ofrecidos por las plataformas digitales de *delivery*[53], evidencian que, en 2019 el número de perfiles de clientes finales de estas plataformas fue 1,4 veces superior al del año anterior, los pedidos superaron los 36 millones, y son más de 64.500 los acuerdos de colaboración que mantienen con restaurantes y comercios de diferentes ciuda-

---

50 Ibidem

51 Fernández, C. y Benavides, J. (2020) Las plataformas digitales, la productividad y el empleo en Colombia. Fedesarrollo. Disponible en: https://www.repository.fedesarrollo.org.co/bitstream/ handle/11445/3962/ Repor_Julio_2020_Fern%c3%a1ndez_y_Benavides.pdf?sequence=10&isAllowed=y [Consulta: 2020, octubre 19].

52 Madariaga, J. y otros. (2019) Economía de plataformas...Ob. Cit.

53 Asociación Española de la Economía Digital [Adigital] (2020, septiembre) Importancia económica de las plataformas digitales de *delivery* y perfil de los repartidores en España. Disponible en: https://www.adigital.org/media/importancia-economica-de-las-plataformas-digitales-de-delivery-y-perfil-de-los-repartidores-en-espana.pdf [Consulta: 2020, octubre 19].

des españolas. Asimismo, el número de perfiles de repartidores dados de alta en las plataformas digitales de *delivery* en España se sitúa en torno a los 29.300. Esto se traduce en una contribución económica estimada en 250 millones de euros, con un impacto total en la economía en términos de Valor Agregado Bruto (VAB) por encima de los 700 millones de euros y el mantenimiento de más de 15.300 empleos, tanto directos como indirectos e inducidos. Entendemos que estos números se habrían incrementado en 2020, por y a pesar de la pandemia.

Otros datos interesantes derivados de este estudio son: el perfil de los trabajadores que colaboran con este tipo de plataforma es el de hombres, jóvenes, y nacidos en América Latina (inmigrantes); uno de cada tres repartidores encuestados sostiene que la colaboración con las plataformas ha sido su primer trabajo; más de la mitad de ellos contaba con experiencia en la actividad de reparto; y la mayoría de ellos manifiesta trabaja para las plataformas porque los ingresos que obtienen son equiparables a las retribuciones de otras actividades comparables.

Finalmente, los resultados de un estudio de la Organización Internacional del Trabajo (OIT) [que se encuentra contenido en el mencionado informe de 2021 publicado por esta organización internacional], basado en 12000 encuestas efectuadas entre 2017 y 2020 a trabajadores de plataformas digitales de 100 países, a representantes de 70 empresas de distintos tipos, 16 empresas de plataformas y 14 asociaciones de trabajadores de plataformas, revela los siguientes hallazgos[54]:

- ✓ La mayoría de los trabajadores de estas plataformas digitales son menores de 35 años con un alto nivel de estudios, en particular en los países en desarrollo.
- ✓ Aunque las mujeres encuentran trabajo en estas plataformas digitales, solo representan cuatro de cada diez trabajadores en las plataformas *on line* y uno de cada diez trabajadores en las plataformas de geolocalización. Los sectores de taxis y entregas a través de las plataformas digitales son en gran parte dominados por hombres.
- ✓ Hay una penetración limitada de las plataformas digitales en las zonas rurales, en particular en los países en desarrollo. La gran mayoría de los encuestados (84%) en este tipo de plataformas labora en zonas urbanas o suburbanas.
- ✓ En algunos países, las plataformas de reparto a través de plataformas digitales son una importante fuente de oportunidades de trabajo para los migrantes, principalmente en los países desarrollados. Particularmente Argentina y Chile, presentan una alta proporción de trabajadores migrantes a través de plataformas digitales en el sector de *delivery* (más del 70 por cien-

54 Organización Internacional del Trabajo [OIT] (2021). World Employment and Social Outlook.., Ob. Cit, pp. 137-192.

to), debido a la gran afluencia de refugiados venezolanos y otros migrantes en sus mercados laborales nacionales.

✓ Los dos principales factores de motivación para trabajar en las plataformas digitales *on line* son: la complementariedad de ingresos que supone y la preferencia o necesidad de trabajar desde casa o de gozar de flexibilidad laboral; mientras que en las plataformas digitales de geolocalización son: la falta de oportunidades de empleo alternativas, la flexibilidad laboral y la mayor remuneración en comparación con otros empleos disponibles.

✓ La mayoría de los conductores y repartidores de las plataformas digitales de geolocalización trabajan jornadas largas y de alta intensidad: los primeros, un promedio de 65 horas semanales y 59 los segundos.

✓ Desde el inicio de la pandemia del COVID-19, la oferta de trabajo en las plataformas aumentó significativamente, mientras que la demanda de trabajo disminuyó, desplazándose hacia tareas relacionadas predominantemente con el desarrollo de software y la tecnología. La demanda de trabajo en las cinco principales plataformas *on line* procede en gran medida de los países desarrollados, mientras que la oferta de mano de obra procede en su mayoría de los países en desarrollo.

✓ En términos generales, las empresas utilizan las plataformas digitales por tres razones: para agilizar los procesos de contratación; para reducir costos y mejorar la eficiencia; y para acceder al conocimiento y buscar la innovación.

✓ Los trabajadores de las plataformas tienen acceso limitado o nulo a la licencia pagada por enfermedad y prestaciones por enfermedad o a prestaciones por desempleo. Sólo una pequeña proporción de los trabajadores tienen cobertura de seguridad social.

Con relación a los beneficios generados por esta nueva forma de oferta, intermediación y demanda de bienes y servicios, la Resolución del Parlamento Europeo, del 15 de junio de 2017, sobre una **Agenda Europea para la economía colaborativa** (2016/2003(INI))[55] destacó:

(...)

G. Considerando que la economía colaborativa **ofrece a los jóvenes, los migrantes, los trabajadores a tiempo parcial y los ciudadanos de edad avanzada la posibilidad de acceder al mercado laboral**;

H. Considerando que los modelos de la economía colaborativa pueden impulsar la participación de las mujeres en el mercado laboral y la

55 Agenda Europea para la economía colaborativa (2017/2003(INI)) (2017, junio 15). Resolución del Parlamento Europeo...*Ob. Cit.*

economía ofreciendo oportunidades de formas flexibles de emprendimiento y empleo;

(...)

Consideraciones Generales

(...)

2. Considera que, si se desarrolla de forma responsable, la economía colaborativa brinda importantes oportunidades a los ciudadanos y a los consumidores, que se benefician de una **mayor competencia, servicios personalizados, mayores posibilidades de elección y precios más bajos**; subraya que, en este sector, el crecimiento está impulsado por los consumidores, lo que les permite ejercer un papel más activo;

(...)

6. Reconoce, al mismo tiempo, que la economía colaborativa puede tener un impacto significativo en los modelos empresariales regulados tradicionales en muchos sectores estratégicos, como el del transporte, el alojamiento, la restauración, los servicios, la venta minorista y las finanzas; comprende los desafíos asociados a la existencia de normas jurídicas diferentes para agentes económicos similares; considera que la economía colaborativa confiere poder a los consumidores, ofrece nuevas oportunidades de empleo y puede facilitar el cumplimiento de las obligaciones fiscales, pero destaca, no obstante, **la importancia de garantizar un alto nivel de protección de los consumidores, de respetar plenamente los derechos de los trabajadores y de velar por el cumplimiento de las obligaciones fiscales**; reconoce que la economía colaborativa afecta tanto a los entornos urbanos como a los rurales;

7. Destaca la falta de claridad entre emprendedores, consumidores y autoridades por lo que respecta a la aplicación, en algunos ámbitos, de las normativas vigentes y, por lo tanto, la necesidad de abordar las «zonas grises», y manifiesta su preocupación por el riesgo de fragmentación del mercado único; es consciente de que, si no se regula debidamente, esta evolución podría dar lugar a una situación de inseguridad jurídica en cuanto a las normas aplicables y a las limitaciones en el ejercicio de los derechos individuales y la protección de los consumidores; considera necesario que la normativa se adecúe a la era digital y está profundamente preocupado por el impacto negativo de la inseguridad jurídica y la complejidad de las normas en las empresas europeas de reciente creación y las organizaciones sin ánimo de lucro que participan en la economía colaborativa;

(...)

16. Subraya que los requisitos de acceso al mercado para las plataformas colaborativas y los prestadores de servicios deben estar justificados y ser necesarios y proporcionados, como prevén los Tratados y el Derecho derivado, así como simples y claros; hace hincapié en que esta evaluación debe tomar en consideración si la prestación de servicios la efectúan profesionales o particulares, **de forma que los requisitos jurídicos para los particulares que prestan servicios de manera ocasional («pares») sean menos rigurosos,** al tiempo que se garantizan normas de calidad y un elevado nivel de protección de los consumidores y se toman en consideración las diferencias sectoriales;

(...)

18. Insta a la Comisión a que colabore con los Estados miembros para ofrecer nuevas orientaciones sobre el establecimiento de criterios eficaces que permitan establecer una distinción entre «pares» (particulares que ofrecen servicios de manera ocasional) y profesionales, lo que es esencial para el correcto desarrollo de la economía colaborativa; señala que estas orientaciones deben aportar claridad y seguridad jurídica y tener en cuenta, entre otras cosas, las diferentes legislaciones de los Estados miembros y sus realidades económicas, como el nivel de ingresos, las características de los sectores, la situación de las microempresas y las pequeñas empresas y el fin lucrativo de la actividad; opina que el establecimiento de una serie de principios y criterios generales a escala de la Unión y una serie de umbrales a escala nacional podría ser la manera de proceder, e insta a la Comisión a que realice un estudio sobre esta cuestión;

(...)

21. Pide que se adopten medidas destinadas a asegurar el uso total y el continuo respeto de las normas en materia de protección de los consumidores por parte de los proveedores de servicios ocasionales, de forma igual o comparable a la de los proveedores de servicios profesionales;

(...)

23. **Destaca la necesidad de una mayor claridad en relación con la protección de los consumidores en caso de litigio, y pide a las plataformas colaborativas que velen por el establecimiento de sistemas efectivos para los procedimientos de reclamación y la resolución de litigios, simplificando el modo en que los consumidores pueden ejercer sus derechos;**

24. Subraya que los modelos empresariales de la economía colaborativa se basan fundamentalmente en la reputación, y destaca que la trans-

parencia es esencial a este respecto; considera que, en muchos casos, los modelos empresariales de la economía colaborativa confieren poder a los consumidores y les permiten asumir un papel activo, apoyado por la tecnología; destaca que siguen siendo necesarias normas para proteger a los consumidores en la economía colaborativa, especialmente cuando los mercados estén dominados por determinados agentes, la información sea asimétrica o no haya competencia ni posibilidad de elección; subraya la importancia de garantizar que los consumidores reciban información adecuada sobre el régimen jurídico aplicable a cada transacción y los consiguientes derechos y obligaciones jurídicas; (Resaltados y subrayados nuestros).

Por su parte, la doctrina española ha referido:

(...) [L]a economía colaborativa, la 'on demand economy' y todas las nuevas formas de intervenir en el mercado a través de plataformas virtuales, presentan grandes ventajas para la sociedad. La posibilidad de crear un mercado entre particulares antes inexistente sin duda aumentará la competencia en el mercado; la posibilidad para los empresarios de ofrecer sus productos y servicios a una comunidad mucho mayor; la posibilidad de conectar oferta y demanda de trabajo de forma rápida y barata; el aumento de la trasparencia en el mercado gracias a los sistemas de evaluación online, etc. Todo lleva a una mejora de la eficiencia[56].

La utilidad social de este tipo de intercambio es indiscutible en una era en la que la escasez de tiempo para realizar gestiones o comparar a pie de calle se ha convertido en su principal valedor. Esto es consecuencia de una mejora de la intermediación entre oferta y demanda de bienes y servicios en tanto que reduce las asimetrías y los costes de transacción que afectan a dichas actividades, permite la explotación de economías de red y reduce los niveles de infrautilización de recursos[57].

Luego de una evaluación de los distintos eslabones que forman parte del proceso podríamos resumir las siguientes ventajas o beneficios:

I.2.1. Para los Consumidores

Las plataformas digitales elevan el bienestar de los consumidores, al reducir los costes de adquisición de bienes y servicios, brindar servicios personalizados,

---

56 Todolí Signes, A. (2017) El trabajo en la era... *Ob. Cit.* p.148.

57 Vallecillo Gámez, M. R. (2017, marzo 23) Economía colaborativa y laboralidad: los cabos sueltos entre el vacío legal y la dudosa legalidad, p 2. Disponible en: https://www.ilo.org/madrid/fow/trabajo-y-la-produccion/WCMS_548607/lang--es/index.htm [Consulta: 2019, agosto 2].

ofrecer mayores posibilidades de elección y ahorros de tiempo en el proceso de compra.

Los sistemas de valoración o evaluación por parte del usuario permiten descentralizar las transacciones y generar sistemas de confianza basada en la estimación entre los propios productores y consumidores.

Gracias a las plataformas, "*muchos usuarios particulares encuentran una vía sencilla para obtener ingresos complementarios a los derivados de su actividad laboral a partir de la venta de objetos que ya no necesitan, del alquiler temporal de activos infrautilizados (vehículos, viviendas, espacios de trabajo, etc.), o de la prestación de servicios de forma esporádica o compatible con su actividad principal, ya sea profesional o estudiantil*"[58].

I.2.2. Para las empresas

Desde un punto de vista económico-empresarial el intercambio comercial a través de las plataformas digitales aporta un potencial enorme en la reducción de costos de coordinación y transacción, que reducen la asimetría informativa entre los individuos involucrados.

> El uso de estas herramientas facilita cambios en la organización de las cadenas de valor, en los modelos de gestión de las organizaciones y, en consecuencia, en la organización del trabajo, virando hacia esquemas que se denominan de 'plataformización' de las empresas y consecuentemente del trabajo (Kilpi, E. 2016).
>
> Primero, las plataformas digitales pueden llegar con relativa facilidad a una gran cantidad de agentes equipados digitalmente, con una mayor eficiencia de costos en comparación con las intermediaciones humanas tradicionales. Así, es más costoso internalizar un recurso, que conectarse a él a través de una plataforma (Kilpi, E. 2016). Además de la reducción de costos de búsqueda, los sistemas de pago digital han mejorado la viabilidad y la seguridad de las transacciones comerciales. Existen medios para evaluar a priori la calidad (y la confiabilidad) de la transacción por ambas partes. Las múltiples calificaciones y revisiones vinculadas a las cuentas de los usuarios legitiman y resuelven el problema de la confianza entre los agentes anónimos-independientes. Las plataformas permiten a los usuarios-proveedores construir su propio capital reputacional a partir de la valoración de los usuarios-clientes respecto de la calidad del servicio prestado (y viceversa), generando así un registro de desempeño y antecedentes dentro de la plataforma. Segundo, las plataformas

58 Observatorio para el Análisis y Desarrollo Económico de Internet [ADEI] (2018, marzo). Plataformas digitales…Ob. Cit.

> vuelven viables intercambios económicos de baja rentabilidad. De esta forma, da lugar al fenómeno conocido como 'gig-economy' o 'economía de la changa'. La tecnología hace posible que el modelo de firma con empleados en una elaborada jerarquía de funciones especializadas pueda dar paso a organizaciones más sencillas que dependan de una red flexible de recursos y proveedores externos. Tercero, las plataformas implican un nuevo modelo de negocio que desafía la estructura de mercado tradicional. Un punto importante que hay que tener en cuenta en todas estas plataformas es el esquema triangular de relaciones que se genera entre: la plataforma tecnológica, el usuario-proveedor y el usuario-consumidor[59].

Ello demuestra que, para el tejido empresarial constituyen una potente herramienta de creación de valor como medio publicitario (a través del marketing digital), canal de ventas y de apertura internacional (internacionalización). Asimismo, como palanca para la mejora de la eficiencia mediante la generación de economías de escala, la reducción de los costes operativos y de transacción y la modernización de la estructura organizativa, lo que significa que *"la transformación de todos los sectores y mercados a través de la digitalización puede fomentar la producción de bienes y servicios de mayor calidad a un costo reducido*[60].

Además, la disponibilidad de las plataformas las 24 horas del día todos los días del año, reduce los problemas de comunicación relacionados, por ejemplo, con las diferencias horarias entre países, lo que constituye un canal de comunicación rápido sin obstáculos de tiempo o espacio.

También ha permitido a las empresas tradicionales la modernización de su estructura organizativa, en virtud de que han encontrado en las plataformas digitales *"una fuente de inspiración para acometer cambios organizativos y aprovechar las ventajas de este modelo de negocio, reforzando así sus ventajas competitivas"*[61]

I.2.3. Para los trabajadores y el mercado laboral

Para los trabajadores las plataformas digitales han democratizado, flexibilizado y facilitado las formas de trabajar y obtener ingresos:

> La incidencia de las formas atípicas en los mercados de trabajo y la influencia de las plataformas digitales presentan ventajas para trabajadores y empresas en el corto plazo. Entre las ventajas para los trabajadores

59 Madariaga, J. y otros. (2019) Economía de plataformas…Ob. Cit.

60 Organización de las Naciones Unidas [ONU] (2019). Informe sobre la economía…Ob. Cit.

61 Observatorio para el Análisis y Desarrollo Económico de Internet [ADEI] (2018, marzo). Plataformas digitales…Ob. Cit.

> se destaca: (i) democratizar la posibilidad de generar ingresos, en tanto descentraliza la propiedad del capital; (ii) flexibilizar las formas de cómo y cuándo generar ingresos; (iii) facilitar el acceso al trabajo, por ejemplo, a residentes de zonas alejadas de los núcleos urbanos, personas con movilidad reducida, enfermas o aquellas que deben cuidar de sus familiares (Rodríguez Fernández, 2017). En particular, una mayor parte de la población puede disfrutar de los rendimientos de "propietarios" en lugar de "arrendatarios", a través de microempresas que se encuentran con sus clientes a través de plataformas en lugar de trabajar como empleados a tiempo completo. (Sundararajan, 2017)[62].

Además de ofrecer oportunidades de empleo y de expansión de la actividad, han incrementado la posibilidad de acceso al mercado laboral de jóvenes, migrantes y ciudadanos de edad avanzada (pensionados o jubilados), mientras que también ha permitido completar las jornadas laborales de aquellos que trabajan a tiempo parcial y desearían hacerlo a tiempo completo (trabajadores ocupados involuntarios o subempleados).

Otros elementos beneficiosos para el mercado laboral serían: el impulso a la participación de las mujeres, ofreciendo oportunidades de formas flexibles de emprendimiento y empleo; la práctica de formas de autoempleo, autonomía o independencia, no posibles bajo los esquemas tradicionales; y la complementación de ingresos a personas que cuentan con empleos de baja remuneración o personas que gozan de la pensión de vejez; con lo cual se "*estarían reduciendo las barreras de entrada al mercado laboral, posibilitando que los profesionales de colectivos vulnerables puedan acceder a una fuente de ingresos flexible de forma ágil y sencilla*"[63]. Añádase, la previamente señalada particularidad de que en muchos casos implica para los prestadores de servicios mayor remuneración comparado con otros empleos disponibles

I.2.4. Para el mercado en general

Las plataformas digitales han tenido profundo impacto en las empresas y sectores económicos productivos, al reorganizar los mercados y los emprendimientos de trabajo, afectando a la competencia y desafiando modelos regulatorios, alterando así las reglas del juego de la economía global[64].

Su significativo impacto sobre los modelos empresariales tradicionales en muchos sectores estratégicos, como el del transporte, el alojamiento, restaurantes, los

---

62 Ibidem.

63 Asociación Española de la Economía Digital [Adigital] (2020, septiembre) Importancia económica...Ob. Cit.

64 Kenney y Zysman (2016) citados por la Organización Internacional del Trabajo [OIT] (2021). World Employment and Social Outlook.., Ob. Cit, p. 39.

servicios, la venta minorista y las finanzas, ha incentivado un mayor auge y crecimiento de dichos sectores, de manera que "*[l]os mercados pueden transformarse con nuevas tecnologías; nuevos productos, servicios o modelos de negocio; o nuevas fuentes de suministro*"[65].

> *La posibilidad de crear un mercado entre particulares antes inexistente sin duda aumentará la competencia en el mercado; la posibilidad para los empresarios de ofrecer sus productos y servicios a una comunidad mucho mayor; la posibilidad de conectar oferta y demanda de trabajo de forma rápida y barata; el aumento de la trasparencia en el mercado gracias a los sistemas de evaluación online, etc. Todo lleva a una mejora de la eficiencia*[66].

Adicionalmente, presentan una mayor flexibilidad para ambos lados del mercado: los usuarios pueden adaptar el consumo a sus necesidades, así como convertirse en productores, cuando desean ofrecer algún bien o servicio a través de la misma plataforma. Asimismo, las empresas pueden adaptar su oferta en función de la demanda, y ajustar o explotar de manera mucho más eficiente sus recursos.

En el comercio minorista global, las plataformas de comercio electrónico han tenido un auge tremendo al ofrecer precios más competitivos que las tiendas físicas, ya que son capaces de reducir los costos relacionados con el alquiler de locales y la contratación de personal. Esto hizo que en 2019 se valorizaran en unos US$ 4,25 billones de dólares[67] (ejemplos más exitosos de estos modelos incluyen Alibaba, Amazon y Flipkart), lo que se exacerbó tras el cierre de miles de empresas minoristas con la pandemia del COVID-19. Así lo demuestra un estudio realizado en los países nórdicos que indica que los ingresos por comercio electrónico se triplicaron en el período 2008-2018, y hubo un aumento del 27% en los ingresos primer trimestre de 2020[68].

Además, pequeños empresarios de comercio minorista (pymes) han encontrado en las plataformas de comercio electrónico una oportunidad para acceder a una base de clientes más grande mediante la venta de sus productos a través éstas.

> (...) Por ejemplo, el 60% de los productos vendidos en Amazon son de terceros (1,7 millones de pymes) (Bezos 2020). Mientras que permitiendo

65 Comisión Federal de Comercio de los Estados Unidos (2016, noviembre) The "Sharing" Economy... Ob. Cit.

66 Todolí Signes, A. (2017) El trabajo en la era...Ob. Cit., p. 148.

67 Cifras brindadas por un estudio de Grand View Research (2020), citadas por la Organización Internacional del Trabajo [OIT] (2021). World Employment and Social Outlook.., Ob. Cit., p. 41.

68 Rolandsson (2020), citado por la Organización Internacional del Trabajo [OIT] (2021). World Employment and Social Outlook.., Ob. Cit., p. 41.

el acceso a una base de clientes más grande, las plataformas también tienden a cobrar diferentes tipos de honorarios a vendedores externos por cada unidad vendida. En 2018, se estimó que los vendedores de terceros pagaron a Amazon US$ 39.700 millones en honorarios; su tasa de referencia oscila entre el 6% (computadoras personales) y 45% (accesorios para dispositivos Amazon)[69].

Las formas de comercio de la industria manufacturera, agrícola y financiera, principalmente, también han sufrido importantes transformaciones con las plataformas de comercio electrónico. Las empresas digitales de manufactura (como Laserhub, Tao-factory o Xometry) han permitido ampliar la relación o conectar con proveedores o clientes. En la industria agrícola ha permitido, además, la incorporación de herramientas digitales y tecnologías de software de gestión de granjas (como Agricolus), de sensores para recopilar datos en tiempo real y sistemas de monitorización integrados para crear condiciones de siembra, riego, fertilización y la cosecha[70] o están conectando a los agricultores con los mercados (como Agri Marketplace); mientras que el sector financiero, la entrada de empresas como Apple, Alphabet (incluye Google) y Ant Group en el sector de los servicios financieros, y el auge de plataformas de pago como PayPal, Paytm, Venmo o TransferWise, han tenido un impacto notable en el sector bancario tradicional[71].

Hasta aquellas plataformas digitales que además de proporcionar video servicios de *streaming* a particulares y empresas han servido como plataformas de redes sociales, no sólo han creado oportunidades para que los creadores de contenido ganen ingresos con la publicación de vídeos, sino que también se están convirtiendo en plaza para la industria publicitaria. Ejemplo de ello lo tenemos con YouTube, que en tres años generó más de US$ 34.000 millones de dólares en ingresos publicitarios[72].

De la misma manera, el auge de las plataformas digitales está dando lugar a la competencia entre plataformas, y entre plataformas y empresas, estableciendo una posición dominante en el mercado con plataformas como Amazon en el sector minorista online o Uber en el sector del taxi, lo que ha representado para las pymes nuevas oportunidades de expansión y desafíos económicos[73].

---

69 Organización Internacional del Trabajo [OIT] (2021). World Employment and Social Outlook.., Ob. Cit., pp. 41-42

70 Jayne, Yeboah y Enrique (2017), citado por la Organización Internacional del Trabajo [OIT] (2021). World Employment and Social Outlook.., Ob. Cit. p. 42.

71 N.L. Johnson (2020), citado por la Organización Internacional del Trabajo [OIT] (2021). World Employment and Social Outlook.., Ob. Cit. pp. 42-43.

72 Alejandro, A. (2020), citado por la Organización Internacional del Trabajo [OIT] (2021). World Employment and Social Outlook.., Ob. Cit., p. 39.

73 Organización Internacional del Trabajo [OIT] (2021). World Employment and Social Outlook.., Ob. Cit., p. 126.

La acelerada expansión de las plataformas digitales ha sido clave en la reconfiguración de la estructura económica de muchos sectores y mercados, y en la modificación de los patrones y hábitos de consumo, hecho que se ha visto reforzado en 2020 por la crisis derivada de la pandemia del COVID-19, en un momento en el cual las medidas de aislamiento y distanciamiento social han alterado hábitos de conducta y hasta los medios de intercambio de bienes y servicios.

Es tal el atractivo económico de esta nueva forma de economía, que empresas tradicionales no asociadas al sector, han invertido en éste miles de millones de dólares[74], lo que hace prever que se trata, no solo de negocios rentables, sino también, con ánimo de permanencia en el tiempo.

En fin, son múltiples los beneficios que provienen de la economía colaborativa, pero para su desarrollo se plantean interrogantes y destaca la necesidad de regular aspectos fiscales, de protección al consumidor, protección de datos, libre competencia, licenciamiento de actividades, esclarecimiento de las condiciones laborales (particular o profesional; dependiente o autónoma) y sobre seguridad social de los prestadores de servicios. Sobre estos dos últimos aspectos trata la presente obra.

I.3. LAS PLATAFORMAS DIGITALES DE INTERCAMBIO DE BIENES Y SERVICIOS

I.3.1. Definición y alcance

Como se refirió supra, este modelo de negocios inició bajo la designación de "Economía Colaborativa" como lo denomina buena parte de la doctrina, algunas sentencias de ámbito internacional y las propias empresas de plataformas. Así, el consumo colaborativo:

> (...) se define como 'la manera tradicional de compartir, intercambiar, prestar, alquilar y/o regalar redefinida a través de la tecnología y las comunidades'. En palabras de Rachael Botsman y Roo Rogers: "Ahora vivimos en un mundo global donde podemos imitar a los intercambios que antes tenían lugar cara a cara, pero a una escala y de una manera que nunca habían sido posibles. La eficiencia de Internet, combinada con la capacidad de crear confianza entre extraños ha creado un mercado de

74 *"Las empresas tradicionales también están proporcionando financiación a los mercados de economía compartida: asociarse, invertir o adquirir plataformas de economía compartida. Desde principios de 2015, General Motors hizo una inversión de 500 millones de dólares en Lyft, valorando el capital social de Lyft en 5.500 millones de dólares, y Apple invirtió 1.000 millones de dólares en Didi Chuxing, la plataforma de transporte de alquiler más grande de China. Hotelier Hyatt ha comprado una participación en la plataforma británica de alojamiento OneFineStay, mientras que Expedia pagó 3.900 millones de dólares para adquirir el sitio de alojamiento HomeAway"*. Ibidem.

> intercambios eficientes entre productor y consumidor, prestador y prestatario, y entre vecino y vecino, sin intermediarios".[75]

Quizá la noción más aceptada de "Economía Colaborativa" es, la previamente citada, que la define como "*un sistema económico basado en el uso compartido de bienes o servicios infrautilizados de forma gratuita o mediando un precio, directamente por particulares, a través de plataformas en línea*".[76]

Como se ha referido previamente, a pesar del uso generalizado de esta terminología, la misma ha sido objeto de censura por considerarla engañosa o cuando menos superada por la realidad económica, que en la mayoría de los casos ya no se fundamenta en la "colaboración" o simplemente en "compartir" entre iguales (*peer to peer*) sin intermediación de los mercados; apreciándose ahora diferenciadamente, la generación de auténticos intercambios comerciales o de prestación de servicios, de carácter oneroso o patrimonial, a través de un intermediario que también percibe ganancias por su gestión de "conexión" entre los usuarios. Una suerte de comisionista, intermediario, o agente comercial.

En efecto, por un lado, el concepto de economía colaborativa se circunscribe a aquella actividad que consiste en intercambiar o compartir bienes -tangibles o intangibles (gastos, tiempo, espacios, hobbies, etc.)-, mediante la utilización de las nuevas tecnologías y la digitalización, siendo necesario para ser considerada como tal, que la actividad no esté basada en un ánimo de lucro, o al menos, que se encuentre inspirada en principios de la economía social[77].

Sin embargo, "*así como no todo mercado para el uso temporal de bienes y servicios puede ser considerado en sentido estricto como Economía Colaborativa, no toda plataforma que interviene en dicho mercado merece el calificativo de colaborativa*"[78].

Con relación a la señalada terminología, se sostiene:

> Y ello debido a que se está generalizando el uso de uno, el de "economía colaborativa", que no es precisamente preciso ni pacífico. No es preciso porque esta denominación surge para nombrar a una rea-

---

75 Cañigueral Bagó, A. (2014, mayo 29) Introducción al consumo colaborativo. Disponible en: https://es.slideshare.net/rotiaton/introduccion-al-consumo-colaborativo-pdfalbert [Consulta: 2019, octubre 11].

76 R. Botsman y R. Rogers citados por Moreno Díaz, J. M. (2019) Las nuevas formas de..., Ob. Cit., p. 209.

77 Rosenbaum, F. (2020, octubre). El trabajo mediante plataformas digitales y sus problemas de calificación jurídica. Tesis de Doctorado. Universidad de Salamanca, España, p. 56-57. Disponible en: https://gredos.usal.es/bitstream/handle/10366/145436/Rosenbaumcarli%2c%20Federico.pdf?sequence=1&isAllowed=y [Consulta: 2021, marzo 16].

78 Ibidem, p. 58.

> lidad más concreta, caracterizada no tanto por aspectos tecnológicos sino por una determinada filosofía o visión de las relaciones sociales y económicas. La "economía colaborativa" (sharing economy), supone originalmente una nueva forma de organizar las relaciones económicas sin la mediación de los mercados y de los mecanismos jurídicos de intercambio tradicionales. Apoyándose a veces en soportes tecnológicos, se basa en relaciones de confianza, sin el uso de medios de cambio. Y no es pacífico porque los defensores de este modelo reniegan de su uso para referirse a otras cuestiones en las que falta este elemento. La verdad es que si se analizan muchas de las manifestaciones a las que hoy se llama con este nombre, se comprueba que en las más de las ocasiones no hay una verdadera colaboración, así entendida, sino un mero intercambio económico de servicios por su retribución. En estos casos la referencia a lo colaborativo se entiende por la conexión directa entre prestador y usuario, sin necesidad de intermediación de empresas o mercados. Ignorando que la red no deja de ser un mercado, uno particular en el que los intercambios se facilitan y la utilidad de los mediadores se reduce[79]. (Subrayado nuestro).

Sin obviar la pertinencia de estas observaciones, y recordando que el fenómeno en estudio tiene multiplicidad de manifestaciones, en la presente obra continuamos utilizando el término en cuestión, por ser el de mayor y común uso, empleando también como sinónimos o para describir el mismo formato de interacción, otros de uso generalizado: "Economía de Plataformas"[80], o *"Sharing Economy"*.

En el mismo sentido, y utilizando la marca "Uber" en alegoría a las demás plataformas, muchos artículos académicos o informativos refieren a la *"ubereconomy"*,

---

79 Rodríguez-Piñero Royo, M. C. (2016, septiembre 7) El Trabajo 3.0...*Ob. Cit.*

80 La colaboración o interacción entre pares representa algo diferente de "compartir" y estos términos son evidentemente diferentes del significado asociado con el concepto de "bajo demanda". Al mismo tiempo, el concepto de 'colaboración' no se relaciona típicamente con un mercado, donde se facilita el uso de bienes y servicios. Sin embargo, las principales plataformas de outsourcing de hecho constituyen transacciones de mercado estándar que se describirían mejor como "alquilar" en lugar de "compartir". Por lo tanto, proponemos el término 'economía de plataforma', ya que el fenómeno subyacente es el uso de plataformas en línea, lo que disminuye los costos de transacción de la subcontratación laboral y el acceso temporal a bienes y servicios. Drahokoupil, J. y Fabo, B. (2016, julio 14) The platform economy and the disruption of the employment relationship. ETUI Policy Brief N° 5/2016. European Economic, Employment and Social Policy. Disponible en: https://www.etui.org/Publications2/Policy-Briefs/European-Economic-Employment-and-Social-Policy/The-platform-economy-and-the-disruption-of-the-employment-relationship [Consulta: 2019, octubre 14].

incluso se ha acuñado la expresión ***"Uber somos todos"***.[81] Por otra parte, como quiera que la mayoría de personas con acceso a un *smartphone*, tableta o computadora personal, se ha servido de la tecnología de las plataformas, para solicitar un bien o servicio, o para ofrecerlo, o ambas cosas, y como propio de la "neolengua" que surge de las revoluciones o procesos inéditos, se ha dado cabida al uso del vocablo: "***prosumidor***"[82] *"que empieza a utilizarse para designarnos a todos como productores de datos y consumidores de servicios a través de estas plataformas"*. *"Si en el viejo paradigma -capitalista- ambas facetas de la persona, productor y consumidor, permanecían separadas contractualmente, en el nuevo tenderían a refundirse. Rifkin habla por ello del* 'último trabajador' *(asalariado) en favor del nuevo 'prosumidor'"*[83]. Igualmente, en el mismo ambiente digital, se hace referencia a la generación de contendido en las redes sociales:

> *Si bien la llamada Web 1.0 permitió la masificación y comercialización de Internet, la Web 2.0 da un paso más allá y permite al destinatario de la información participar también en su generación. «Con la aparición de la Web 2.0 el usuario se convierte en intérprete y apoderado de sus propios contenidos, ya que los crea él mismo, los publica y los modifica a su antojo. La Web 2.0 trae consigo la incautación de las tecnologías por parte de los usuarios a través de las prácticas sociales consensuadas». Es justamente en este ambiente donde se han desarrollado blogs, wikis, podcasts, foros, comunidades de contenido, microblogging y, desde luego, las redes sociales, como manifestaciones de los llamados «social*

---

81 "UBER somos todos porque el modelo de empleo que puede generarse a partir de la eclosión de estas factorías on-line puede terminar afectando a la conformación del mercado de trabajo de una forma tan intensa que terminemos todos también afectados como trabajadores, empresarios y sociedad". Rodríguez Fernández, M. L. (2017). Plataformas, microworkers y otros retos del trabajo en la era digital. Conferencia Nacional OIT "El futuro del trabajo que queremos", Madrid, 28 de marzo de 2017. Disponible en: https://www.ilo.org/wcmsp5/groups/public/---europe/---ro-geneva/---ilo-madrid/documents/article/ wcms_548596.pdf [Consulta: 2019, abril 20].

82 "Asistimos de esta forma al nacimiento de nuevos modelos económicos en los que las TIC permiten compartir, ceder bienes o prestar servicios de forma temporal, sin apenas trabas administrativas, satisfaciendo una necesidad de y por sujetos que pueden intervenir tanto en calidad de proveedores como en calidad de usuarios, habiéndose acuñado al efecto el término de *prosumidor*". Guerrero Vizuete, E. (2018) La economía digital y los nuevos trabajadores: un marco contractual necesitado de delimitación. Revista Internacional y Comparada de relaciones laborales y derecho del empleo [Revista en línea]. Volumen 6, núm.1, enero-marzo de 2018, ADAPT University Press, p. 198. Disponible en: http://ejcls.adapt.it/index.php/rlde_adapt/article/view/556 [Consulta: 2019, septiembre 8].

83 Molina Navarrete, C. (SF) Derecho y trabajo en la era digital: ¿"Revolución Industrial 4.0" O "Economía Sumergida 3.0"?, p. 5. Disponible en: https://www.ilo.org/wcmsp5/groups/public/---europe/---ro-geneva/---ilo-madrid/documents/article/wcms_548619.pdf [Consulta: 2019, agosto 8].

media», en cuyo ambiente los consumidores de contenido, comienzan también a producirlo[84]. (subrayado nuestro).

Aunque se trate de otro tipo de plataformas, se consiguen elementos comunes, como la masificación, universalidad, accesibilidad, y la confusión de roles, generados por el elemento interacción, precisamente posible por la intermediación que prestan, organizan y hasta regulan las plataformas con el uso de la tecnología.

Todas estas aplicaciones y plataformas digitales influyen decisivamente en el mercado de trabajo, desde el momento en que constituyen el soporte tecnológico utilizado a los efectos de permitir intercambiar bienes o servicios. *"De todos modos, cabe aclarar que la actividad en si misma considerada, es decir, el intercambio de esos bienes o servicios no representa el elemento novedoso aludido. Por el contrario, lo que sí es novedoso es el auge de estos instrumentos tecnológicos de las aplicaciones y las plataformas digitales, que permiten crecer y potenciar dicha actividad de intercambio"*[85], o en pocas palabras, su masificación.

En definitiva, no parece apropiado limitar el alcance de esta nueva forma de vida, de negocios, de trabajo, de relaciones, pues además de su novedad y permanente expansión creativa, -por ahora- parece infinito.

I.3.2. Principales modalidades. Primera aproximación a los elementos de la relación de trabajo

Se reconoce en este tipo de negocios, tres (3) principales modalidades o sistemas: 1)Basado en compartir (alquilar) bienes o productos (subutilizados), o modelo *peer to peer* (P2P), como por ejemplo, los vehículos (*BlaBlaCar*) o los inmuebles (*airbnb*); 2)Redistribución *"de bienes usados o adquiridos, de donde ya no se necesitan hacia algún lugar o alguien que sí los necesitan (ej. Mercados de intercambio y de segunda mano). En algunos mercados los productos pueden ser gratuitos (Freecycle), en otros se intercambian (thredUP) o se venden (eBay). Con el tiempo, Redistribuir puede convertirse en la quinta 'R', junto con Reducir, Reutilizar, Reciclar y Reparar"*[86]; y 3)Intercambio de *"bienes menos tangibles como tiempo, espacio, habilidades y dinero (ej. alquiler entre particulares). Estos intercambios tienen lugar principalmente a nivel local o de barrios, donde se comparten espacios para trabajar (Citizen Space), jardines (Landshare) o espacio para aparcar (ParkatmyHouse)"*[87].

---

84 Madrid Martínez, C. (2020) Redes sociales y protección de usuarios. Una mirada desde el Derecho Internacional Privado venezolano. Revista Venezolana de Legislación y Jurisprudencia, N° 13. Caracas: RVLJ, p. 207.

85 Rosenbaum, F. (2020, octubre). El trabajo mediante plataformas digitales..., Ob. Cit., p. 50.

86 Cañigueral Bagó, A. (2014, mayo 29) Introducción al consumo... *Ob. Cit.* p. 7.

87 Ibidem.

La mayor complejidad y cambio del esquema inicial, se presenta en las operaciones que no se realizan exclusivamente entre pares (particulares), y se identifican más con una operación de consumo "comerciante-consumidor" (B2C), que bien puede encuadrar en la figura del comercio electrónico, o en aquellas en que el "producto" no es puramente un bien que se adquiere o alquila, sino que incluye la prestación personal de un servicio humano. Es en estos supuestos, donde mayormente se ha rechazado la terminología (Economía Colaborativa) y se han propuesto denominaciones, como *"uber economy"*, *"git economy"*, o *"economía de plataformas"*, entre otros. Mientras que la prestación de servicios a través de las plataformas ha recibido el nombre de trabajo *"on demand"*[88] o *"crowdworking,* denominación última que incluso admite subclasificaciones como, online vs. offline[89].

Para Todolí (2019), "[l]o que diferencia la economía colaborativa —de las otras dos formas de *'on demand economy'*— será que centra su mercado en el bien compartido, siendo la prestación del servicio, del sujeto propietario del bien, una cuestión accesoria".[90] Sin embargo, aún bajo estas premisas los límites entre una y otra siguen siendo muy difusos, pues quien alquila un vehículo o transporta pasajeros presta un bien de significativo valor, al tiempo que presta un servicio personal, que en algunos casos también podría calificarse de marginal, si se toma en cuenta que el propietario del bien podría subcontratar a otro conductor. Sin el vehículo sería imposible prestar el servicio, lo que podría llevar a calificar la prestación del servicio personal como marginal o complementaria. En los casos de viajes compartidos (*BlaBlaCar*) se considera que los puestos vacíos en el vehículo de quien igualmente realizará un viaje implican el alquiler (compartido) de un bien "infrautilizado", pero contrariamente, se pretende que al contratarse expresamente un traslado -servicio

---

88 Esta terminología es criticada por Gonçalves Zipperer, por considerar que *"incluso antes de las plataformas en línea, en la economía tradicional, no se presta ningún servicio sin una solicitud previa del solicitante o que hay demanda para ello"*, pues no considera el término válido para distinguir entre modelos de negocio antiguos y nuevos. Citando a Todolí, considera que en todo caso sería mejor la de nominación de *"trabajo a la carta"*. Gonçalves Zipperer, A. (2019) A Intermediação de Trabalho...*Ob. Cit.*, p. 46-47.

89 Si se ha definido la economía colaborativa como empresas que buscan explotar bienes infrautilizados, difícilmente esto será aplicable a la prestación de servicios. (...) cuando hablamos de prestación de servicios difícilmente se puede hablar de colaboración entre particulares, puesto que el sujeto que realiza la prestación no está poniendo en el mercado un bien infrautilizado (esencia de la economía colaborativa) sino ofreciendo su tiempo a cambio de dinero –como cualquier profesional o trabajador–. Todolí Signes, A. (2019, enero) El futuro del trabajo: nuevos indicios de laboralidad aplicables a empresas digitales. Revista de Treball, Economia, i Societat, N° 92. Disponible en: http://www.ces.gva.es/sites/default/files/2019-09/art9_0.pdf [Consulta: 2019, septiembre 10]. Véase también: Todolí Signes, A. (2017) El trabajo en la era... *Ob. Cit.*

90 Todolí Signes, A. (2017) El trabajo en la era... *Ob. Cit.*, p. 7.

particular de transporte- (*Uber, Cabify, Didi, Beat,* etc.), ya no se trataría de economía colaborativa sino de una pura prestación de servicios. Quizá, sea éste, uno de los principales puntos en discusión para determinar la naturaleza jurídica del negocio, pues como hemos referido, aún en este supuesto, el vehículo jamás podría considerarse como accesorio del servicio. Para el tema que nos interesa, lo relevante es saber si se trata de una prestación de servicios subordinada o bajo dependencia, lo que se complejiza cuando también se está "compartiendo" o comercializando (arrendado) un bien propiedad del prestador y que éste cuenta con singular autonomía para decidir si presta o no el servicio y cuándo ponerse a disposición de los consumidores. En la misma perspectiva, pero con relación a los modelos que, en principio, sólo intercambian bienes, se ha sostenido:

> Algunas plataformas de bienes físicos pueden tener importantes consecuencias en el mercado laboral. Considere el ejemplo de Airbnb, una plataforma importante que permite a los usuarios alquilar sus residencias privadas (como un todo o incluso una sola habitación en una casa habitada); a primera vista, dicha plataforma tiene muy poca relevancia para el mercado laboral. Sin embargo, Airbnb mismo admitió que, de hecho, muchos de sus usuarios no utilizan la plataforma para complementar sus ingresos alquilando ocasionalmente su casa, sino alquilando varias unidades de vivienda deshabitadas como una especie de mini hotel. Tal arreglo requiere varias formas de trabajo: limpieza, contabilidad y mantenimiento, que puede ser proporcionado por el propio propietario, pero en la práctica a menudo se subcontrata a otra persona, que a su vez podría ser alguien que realiza el trabajo o ser un intermediario[91].

Otros ejemplos de muy difícil delimitación serían, el de la empresa o plataforma que dio origen al llamado *Crowdsourcing,*[92] ***iStockphoto,*** que no posee ningún fotógrafo en nómina, sino que dispone de una larga lista de fotógrafos —profesionales y aficionados— que realizan el trabajo por una mínima parte de lo que lo haría una empresa convencional. Podría decirse que se intercambia (vende) un bien o producto (las imágenes o fotografías), pero sin duda alguna, estos productos no tendrían ningún valor sin el arte, sentido de oportunidad, técnica y perspectivas del fotógrafo, quien ostensiblemente realiza una "prestación de servicio personal". También, algunas plataformas de reciente aparición, como ***Only-***

91 Drahokoupil, J. y Fabo, B. (2016, julio 14) The platform economy and the disruption of the employment relationship. ETUI Policy Brief N° 5/2016. European Economic, Employment and Social Policy. [Traducción libre] Disponible en: https://www.etui.org/Publications2/Policy-Briefs/European-Economic-Employment-and-Social-Policy/The-platform-economy-and-the-disruption-of-the-employment-relationship [Consulta: 2019, octubre 14] .

92 Cuya traducción literal sería "abastecimiento de multitudes".

Fans, *"una especie de red social o plataforma para monetizar contenidos, con el objetivo de compartir material inédito con los seguidores (fans) del creador, el cual no pueden dar a conocer por medio de otras plataformas"*[93]. Por ejemplo, contenido pornográfico, producido por el usuario "creador". *"Mensualmente los fans pagan una cuota al creador, la cual es marcada por él mismo, con la intención de poder acceder siempre a su contenido. De esta manera,* ***el creador de contenidos recibe el 80% del pago de las suscripciones logradas en su perfil de OnlyFans.*** *El resto se lo queda la plataforma. Además, existen otros añadidos como enlaces referidos a productos de los que los creadores se llevan un 5% del pago de por vida"*[94].

Las plataformas de intercambio en menor o mayor medida implican siempre una actividad personal por parte de quien pretende una contraprestación, por lo que, se requerirá mucho más que una simple clasificación para determinar si esa prestación de servicios comporta la calificación de laboral.

Con relación a las plataformas que intermedian principalmente prestación de servicios personales, la doctrina iberoamericana usa con frecuencia el término inglés compuesto ***"Crowdsourcing"***, que traducido literalmente significaría algo como "multitud" (crowd) de "abastecimiento" (sourcing), aunque esta última se identifica o usa mayormente en el vocabulario laboral, en forma combinada, "outsourcing", para hacer referencia al trabajo externalizado o tercerizado. En definitiva, el primer vocablo haría referencia a la externalización de tareas o trabajos ofrecidos a un mercado abierto de trabajadores o "multitud".

Según informe de la Organización Internacional del Trabajo (OIT) del año 2019[95], existen dos tipos de plataformas laborales: las plataformas en línea, en las cuales el trabajo se terceriza mediante convocatorias abiertas a una audiencia geográficamente dispersa (una modalidad también conocida como *crowdwork*) que se dedican a la asignación de microtareas o crowdsourcing *on line*; y las aplicaciones (o apps) móviles con geolocalización, en las que el trabajo se asigna a individuos situados en zonas geográficas específicas[96], lo que constituye la modalidad de crowdsourcing off line. Tales denominaciones fueron ligeramente modificadas en el informe de 2021 de la OIT a: "plataformas web en línea" (*Online web-based labour platforms*), donde las tareas se realizan en línea y remotamente por los trabajadores, y "plataformas basadas en la ubicación" (*location-based platforms*), donde las tareas se realizan por individuos según la ubicación física. Las primeras incluyen microtareas, plataformas independientes basadas en concursos, de programación competi-

---

93 El Farandi (2020, mayo 25) ¿Cómo ganar miles de dólares publicando fotos en OnlyFans?. Disponible en: https://www.elfarandi.com/2020/05/25/como-ganar-dolares-publicando-fotos-onlyfans/ [Consulta: 2020, mayo 26].

94 Ibidem.

95 Organización Internacional del Trabajo [OIT] (2019). Las plataformas digitales... Ob. Cit., p. 17.

96 *Crow working off line.*

tiva y de consulta médica, mientras que las segundas incluyen las que ofrecen taxi, reparto, servicios domésticos, asistenciales y a domicilio[97].

En cuanto a la diversidad de servicios intermediados, reseña Todolí (2019):

> La economía colaborativa permite actualmente intercambios que hace unos años eran impensables. Quién podría imaginar lo sencillo que resulta ahora irse de vacaciones a cualquier ciudad del mundo quedándose en casa de un completo desconocido (Airbnb) o tener acceso al coche de otra persona por unos días o una semanas (Drivy) e incluso ir a comer a casa de un extraño y compartir la cena con otros desconocidos (Chefly), compartir gastos de gasolina en un viaje entre ciudades con un desconocido (Bla Bla Car) acceder a su ropa y accesorios (StyleLend) o a su plaza de parquin (Parquo). Por otra parte, gracias a las plataformas virtuales es muy sencillo ofrecer tus servicios como limpiador de casas (Getyourhero), cuidador de personas dependientes (CUIDUM), profesor particular (Sharing academy) o para realizar pequeñas tareas como electricista, pintor, fontanero (Etece), entre otras. Cualquier ciudadano puede, con un "click", contratar a alguien para que le traiga cualquier cosa desde cualquier lugar (Postmates), para que vaya a su casa y empaquete y envíe sus cosas (Shyp), para que recoja su ropa sucia, la lave y se la devuelva a casa (Washio), pasee a su perro (Wag), le traiga comida a casa (Muchery) o bebidas (Drizly), entre muchas otras. No es de extrañar que la revista Wall Street Journal el año pasado sacara un artículo titulado "Hay un Uber para todo"[98].

I.3.2.1. Las Plataformas de Microtareas, *Crowdworking o Plataformas Web en línea*

Conforme al previamente referido informe de la OIT:

> *Las plataformas dedicadas a la asignación de microtareas son plataformas digitales que brindan a empresas y a otros clientes acceso a una fuerza de trabajo extensa y flexible (o crowd) para llevar a cabo tareas generalmente de poca envergadura que pueden ser realizadas a distancia haciendo uso de una computadora y de Internet. Se trata de tareas diversas que van desde la identificación, transcripción y anotación de imágenes hasta la moderación de contenidos y la recopilación y el procesamiento de datos, pasando por la transcripción de audio y video, y la traducción. En las plataformas, los clientes publican paquetes de tareas que deben ser completados, mientras que los trabajadores seleccionan tareas y reciben un pago por cada tarea que realizan. El pago que reciben los*

---

97 Organización Internacional del Trabajo [OIT] (2021). World Employment and Social Outlook.., Ob. Cit, p. 43.

98 Todolí Signes, A. (2017) El trabajo en la era...*Ob. Cit.* p.5.

trabajadores corresponde al precio indicado por el cliente menos la comisión que cobran las plataformas[99].

En estas plataformas, los usuarios contratante y contratado pueden situarse en distintas localidades, e incluso en diferentes países, y las tareas normalmente son esporádicas y de corta duración, con amplia flexibilidad en cuanto al horario, pues lo realmente relevante (y remunerado) es el resultado. Según el informe, los prestadores de servicios acuden a esta modalidad de trabajo a distancia, "*on demand*", para "*complementar la remuneración recibida por otros trabajos*" y debido a la "*preferencia por trabajar en casa*", lo que permite combinar estas actividades con otras labores o trabajos, con la actividad del hogar, y/o el cuidado de otras personas. Siendo relevante la flexibilidad de horarios y la posibilidad de trabajar en horas no convencionales[100].

Las actividades realizadas con mayor frecuencia consisten en contestar encuestas y participar en experimentos; consultar contenido en sitios web; recopilar datos; y transcripción. También actividades de creación de contenido y edición, así como, tareas relacionadas con el entrenamiento de inteligencia artificial. "*La mayoría de las microtareas son sencillas y repetitivas y no suelen coincidir con los elevados niveles de estudios de los trabajadores de las plataformas*"[101].

Se identifica como ícono de este tipo de plataformas a la empresa *Amazon Mechanical Turk (MTurk)*, que se identifica a sí misma, como:

> *[U]n mercado de crowdsourcing que facilita a las personas y las empresas la externalización de sus procesos y trabajos a una fuerza de trabajo distribuida que puede realizar estas tareas virtualmente. Esto podría incluir cualquier cosa, desde la realización de una simple validación e investigación de datos hasta tareas más subjetivas como la participación en encuestas, la moderación del contenido y mucho más. MTurk permite a las empresas aprovechar la inteligencia colectiva, las habilidades y los conocimientos de una fuerza de trabajo global para optimizar los procesos empresariales, aumentar la recopilación y el análisis de datos y acelerar el desarrollo del aprendizaje automático*[102].

Como aspectos negativos de esta prestación de servicios, los resultados de las encuestas realizadas por la OIT entre 2015 y 2017, cuyos resultados están plasmados en el Informe de 2019 revelan: la ocurrencia de rechazo de los trabajos ya realizados y consecuentemente su falta de pago, aunado a la imposibilidad de apelar o

---

99 Organización Internacional del Trabajo [OIT] (2019). Las plataformas digitales…*Ob. Cit.* Resumen Ejecutivo. p. XV.

100 Ibidem. p. XV - XVI.

101 Ibidem.

102 Amazon *Mechanical Turk* [*MTurk*] (2020) [Página Web en línea] [Traducción libre]. Disponible en https://www.mturk.com/ [Consulta: 2020, mayo 15].

reclamar por los rechazos "injustificados"; la imposibilidad de evaluar al cliente o conocer su reputación, mientras que los prestadores de servicios si son evaluados y calificados (reputación en línea); y las dificultades de comunicarse con los solicitantes y las plataformas. Además de estos aspectos, que pudiéramos considerar operativos, existen otras circunstancias negativas, de fundamental interés social: la remuneración percibida es generalmente inferior al salario mínimo (por horas), y los trabajadores no cuentan con sistemas de seguridad o protección social (salvo que provengan de otras fuentes de trabajo o de familiares).

A pesar de estas precarias condiciones, se reconocen ventajas de la modalidad:

> Para empezar (sic) hay una cierta coincidencia en los análisis de que esta clase de empresas y trabajos online permiten acceder al empleo a colectivos que tienen difícil acceso al trabajo entendido en sentido más clásico. Residentes de zonas alejadas de los núcleos urbanos, personas con movilidad reducida o enfermas o aquellas (me niego a hablar de mujeres, aunque casi siempre sean ellas) que deben cuidar de sus familiares pueden encontrar en las plataformas on-line una forma de acceso al empleo, aunque sea de esta manera tan poco convencional. Solo necesitan una buena conexión a internet y una tarjeta de crédito. Sin embargo, no siempre se trata de un buen empleo. Hay ya dispersos por el mundo cientos de miles de "*microworkers*", pendientes en todo momento de si entra o no una petición de trabajo en la plataforma on-line en la que están registrados para realizar una milésima parte de la función o tarea en que antes consistía un trabajo y cobrar, por tanto, una milésima parte de un salario. (...)
>
> Una segunda ventaja que siempre se advierte cuando se habla del trabajo virtual es la autonomía en la organización del tiempo y el espacio y la posibilidad de conjugar el trabajo y la vida personal. Es claro que la posibilidad de trabajar en cualquier lugar, incluido el propio domicilio del trabajador, y hacerlo en los momentos y por la duración que el mismo estime oportuno, configura una forma de trabajar mucho más libre que la que se realiza en los locales de la empresa y durante una jornada pautada de acuerdo con estándares más clásicos[103].
>
> Además, existe la ventaja de que los trabajadores reciben el importe en su totalidad, sin descuentos para la plataforma que cobra a los solicitantes de servicio para la intermediación, a diferencia de lo que sucede

103 Rodríguez Fernández, M. L. (2017). Plataformas, microworkers y otros retos del trabajo en la era digital. Conferencia Nacional OIT "El futuro del trabajo que queremos", Madrid, 28 de marzo de 2017, p. 9-10. Disponible en: https://www.ilo.org/wcmsp5/groups/public/---europe/---ro-geneva/---ilo-madrid/documents/article/wcms_548596.pdf [Consulta: 2019, abril 20].

en la gran mayoría de las plataformas que intermedian los servicios fuera de línea.[104]

Esta flexibilidad es principalmente apreciada por los jóvenes[105], y aprovechada por quienes no cuentan con tiempo, disponibilidad o capacidad (física) para acudir a un puesto de trabajo o laborar una jornada completa, pero en algunos casos puede implicar un exceso de trabajo en horas extras no remuneradas, además de afectar en la conciliación que debe existir entre el trabajo y la vida familiar[106]. Estas últimas circunstancias, vinculadas al descontrol o exceso en las jornadas laborales, el coste de los recursos utilizados en casa (electricidad, espacios, equipos, etc.) y la perturbación de la vida familiar, se han puesto de manifiesto y están siendo actualmente objeto de estudio, a raíz de la masificación acelerada, desordenada y, si se quiere, forzada, del "teletrabajo" por motivo de la pandemia generada por el Covid-19 en los años 2020 y 2021[107].

Por la similitud del modelo de negocio, aunque su denominación resuene antagónica o cuando menos antónima, incluimos en este mismo acápite, las ***"macro-tareas"***, apenas mencionadas en una sola oportunidad en el referido informe de la OIT, *"definidas como aquellas que llevan más tiempo y habitualmente implican un conjunto de habilidades superiores a las que requieren las microtareas"*[108], pero sin incluirlas como objeto de su estudio y conclusiones.

---

104 Gonçalves Zipperer, A. (2019) A Intermediação de Trabalho ...*Ob. Cit.*, p. 71.

105 Hitlin, Paul, citado por Gonçalves Zipperer, A. (2019) A Intermediação de Trabalho ...*Ob. Cit.*, p. 71

106 "De ahí que, salvo para algunos trabajadores más jóvenes que parecen disfrutar con esta forma de mezclar vida y trabajo, la digitalización exija tener una fuerte disciplina por parte del trabajador para no borrar las fronteras entre trabajo y vida cotidiana o una intervención normativa al estilo francés que regule el "derecho a la desconexión" e imponga por imperativo legal los márgenes de dicha frontera". Rodríguez Fernández, M. L. (2017). Plataformas, microworkers y otros retos... *Ob. Cit.*, p. 11-12

107 Para el tema, entre otros: Chávez Pena, M. N. (2020) Algunos aspectos de la regulación del teletrabajo en América Latina. Tripalium Justicia Social y Trabajo Decente [Revista en línea] Vol. II, No. 2- 2020, p 58-76. Disponible en: https://tripaliumsite.files.wordpress.com/2020/05/e-revista-tripalium-nro.-2-2020-2.pdf [Consulta: 2020, mayo 19]; Rojo, E. (2020, marzo 17) El trabajo a domicilio (en versión clásica y moderna). La aplicación del Convenio núm. 177 y la Recomendación núm. 184 de la OIT (y referencias a la normativa española y al acuerdo europeo). [Blog] Disponible en: http://www.eduardorojotorrecilla.es/2020/03/el-trabajo-domicilio-en-version-clasica.html?m=1 [Consulta: 2020, mayo 19]; y Rosenbaum Carli, F. (2020, mayo 10). El teletrabajo: una regulación justa con adecuada protección. [Blog] Disponible en: https://federicorosenbaum.blogspot.com/2020/05/el-teletrabajo-una-regulacion-justa-con.html?m=1 [Consulta: 2020, mayo 12].

108 Organización Internacional del Trabajo [OIT] (2019). Las plataformas digitales... *Ob. Cit.*, p. 90.

La contratación de las ***"macrotareas"*** se verifica de manera similar a las ***"microtareas"***. La diferencia estriba en el requisito de habilidades específicas y en la complejidad del trabajo que, en principio, no forma parte o integra a otro mayor, realizado por muchos. Se *"ofrece en la plataforma un gran trabajo completo, buscando a un individuo para hacerlo. Un ejemplo es Upwork"*[109]. Citando a Gonçalves Zipperer (2019):

> En este caso, el servicio de plataforma está muy cerca de una agencia de trabajadores en línea, ya que el solicitante publica un proyecto en la plataforma que buscará entre los registrados en todo el mundo, indicaciones entre las que más se ajustan a las habilidades necesarias para cumplir con la tarea, e incluso puede enviar sugerencias para que el solicitante tome la decisión. Martin Risak llama a este tipo de trabajo un "mercado free-lancer". (...)
>
> El solicitante analiza perfiles, propuestas y puede entrevistar a los candidatos a través de la plataforma que también proporciona soporte para el intercambio de información, conversaciones y archivos. El pago se realiza por la plataforma que solo se libera cuando el solicitante lo permite. Los servicios se realizan en línea y a menudo entre personas de diferentes países.
>
> El cliente/solicitante accede a la plataforma y "publica" una propuesta indicando lo que quiere y cuánto quiere pagar. A partir de ahí decenas de trabajadores ofrecen sus soluciones ya listas para el proyecto. A continuación, el cliente elige un único ganador que recibe el pago.
>
> El candidato debe demostrar que dominó el diseño gráfico, el análisis estadístico o cualquier habilidad requerida por el concurso (tales plataformas están normalmente destinadas al diseño gráfico, como la creación de logotipos). Los logros son más importantes que las credenciales académicas. Cuando el concurso haya terminado, es poco probable que haya algún otro contacto con ese solicitante. (...)
>
> El mercado también se extiende a actividades más grandes como la ingeniería y la decoración. En estos casos, la propuesta son proyectos de decoración o renovación: el cliente, el solicitante elige lo que quiere decorar o reformar, envía el plan del lugar, elige cuánto quiere pagar y cuándo quiere recibir el proyecto. La comunidad de creadores reúne los proyectos y los pone a disposición, para que el cliente pueda elegir el que más le guste.[110]

---

109 Gonçalves Zipperer, A. (2019) A Intermediação de Trabalho... *Ob. Cit.*, p. 64

110 Ibidem, pp. 64-65.

I.3.2.2. Las Plataformas de trabajo basadas en la ubicación (geolocalización) o *Crowdsourcing off-line*

En la actualidad, los debates judiciales y doctrinales se verifican principalmente en torno a la calificación o caracterización jurídico-laboral del trabajo prestado con intermediación de plataformas a través de aplicaciones móviles (*apps*) con uso de geolocalización, siendo este formato el que popularmente se identifica con la noción de "Economía Colaborativa". Por tal circunstancia, en la presente obra nos enfocamos principalmente a la revisión de dicha modalidad, sin obviar que el trabajo *on line* (microtareas y macrotareas), también se presta con intermediación de plataformas tecnológicas, debido a lo cual, la mayoría de las consideraciones y conclusiones que se presentan, son comunes a ambas modalidades.

La doctrina española ha simplificado las características generales de la "Economía Colaborativa", que se identifica con las aquí denominadas plataformas basadas en la ubicación, así:

> "[P]ueden destacarse las siguientes características comunes a las actividades que forman parte del concepto de economía colaborativa (y que se enuncian aquí a título meramente ilustrativo y sin ánimo de hacer estas características omnicomprensivas del sinnúmero de plataformas existentes en la actualidad):
>
> (i) La contratación y prestación del servicio conlleva la participación de tres partes diferenciadas: el usuario, la plataforma y el profesional o proveedor. En concreto, el funcionamiento puede describirse como sigue: un usuario accede a una aplicación informática, normalmente en soporte móvil, por medio de la cual solicita la prestación de un servicio por parte de un determinado profesional.
>
> (ii) El uso de internet permite conectar, a una gran velocidad y con un coste de transacción mínimo o nulo, a la demanda y oferta de trabajo/servicios por un tiempo limitado, de forma que se garantiza a los consumidores o usuarios unos altos niveles de disponibilidad y flexibilidad.
>
> (iii) El gran número de demandantes y oferentes de servicios, que fácilmente se contactan (e incluso generan) a nivel global gracias al uso de internet, permite aprovecharse de los beneficios propios de las economías de escala.
>
> (iv) El carácter intersectorial de dichas actividades, esto es, que no se circunscribe a un único sector de la economía, sino que tiene reflejos y desarrollos en distintos ámbitos de actividad (transporte, limpieza, logística, etc.).
>
> (v) La existencia de un sistema que se ha dado en denominar "reputación online" permite identificar a las personas que interactúan en la plataforma, así como generar una mayor confianza a los usuarios

> de esta y en los profesionales que desempeñan el trabajo, gracias a lo cual se reducen considerablemente los problemas de información asimétrica del mercado.
>
> Como era de esperar, teniendo en cuenta las peculiaridades productivas y organizativas de la nueva realidad económica a la que hacemos referencia, el modo en el que los profesionales prestan los servicios en el marco de las plataformas virtuales suele estar desligado o al menos tener un difícil encaje jurídico dentro de los parámetros clásicos de tiempo, lugar y modo de realización del trabajo que típicamente se encuentran en las relaciones tradicionales de prestación de servicios[111].

En el componente subjetivo, se insiste, por regla general participan tres sujetos: 1) Los "clientes", consumidores o solicitantes, que son empresas o particulares que requieren que se realice en su beneficio una prestación de servicios; 2) Las personas naturales u oferentes (también denotados "profesionales" según la doctrina española) que están dispuestos a prestar el servicios y cuentan con los medios para ello; y 3) Las plataformas virtuales que a través de la tecnología manejan la información (de ambas categorías de usuarios) y "conectan" o intermedian entre aquellos, percibiendo un pago o comisión. Ahora bien, la regla general enunciada es la participación de dos (2) partes o usuarios que interaccionan a través de la plataforma (tercera parte), sin embargo, también se encuentran modelos de negocio, que involucran más de dos partes usuarias, como ocurre, por ejemplo, en el caso de las *apps* o aplicaciones de encomiendas o repartos, en las que la plataforma permite a comercios locales ubicados en importantes ciudades del mundo, ofertar sus productos a través de la aplicación y, en su caso, si los consumidores finales así lo solicitan, intermedian en el transporte y entrega de los productos al cliente final. A través de la plataforma diferentes negocios locales con los que se mantienen acuerdos comerciales ofrecen una serie de productos y servicios. El consumidor final puede solicitar la compra de tales productos a través de un mandato que confiere a un tercero (repartidor), utilizando la plataforma y abonando el costo del producto y el transporte, y la plataforma le "conecta" con un repartidor que acude al establecimiento, adquiere el producto, y lo lleva hasta su destino. En este formato participan cuatro (4) partes: el comercio (oferente de productos); el cliente (requirente del producto); la plataforma (intermediaria); y el repartidor.

El otro modelo que nos ocupa es el de transporte urbano de pasajeros, exactamente igual al clásico servicio de taxis[112], con el añadido de que la conexión entre

111 Martínez Escribano, A. (SF) Repensando el derecho del trabajo: el impacto de la economía colaborativa. Disponible en: https://forelab.com/wp-content/uploads/repensando-dcho-trabajo-impacto-eco-colaborativa-alejandra-mtnez.pdf [Consulta: 2019, octubre 2].

112 En la mayoría de los países la prestación de servicios públicos de transporte (taxi) requiere de licencia gubernamental y otros requisitos para la lícita realización de la

el taxista y el pasajero se realiza por intermedio de la aplicación informática, quien cobra un precio (comisión) por sus servicios.

Otra de las características propias de estas modalidades está constituida por dos aspectos de inminente carácter tecnológico y, otro, de importante naturaleza comercial.

Tecnológicos: 1) el uso de la geolocalización, que sirve para ubicar y conectar a los usuarios (consumidores y prestadores de servicios -y en su caso, comercios) ateniendo a su proximidad geográfica, y 2) el uso de algoritmos para realizar la asignación de los servicios, establecer su costo o precio, e incluso para evaluar el desempeño de los prestadores de servicios[113].

En el aspecto comercial o de libre competencia: partiendo de la caracterización formulada por las plataformas, que califican a los prestadores de servicios como "autónomos" no se prevé "exclusividad", circunstancia que efectivamente se materializa en la práctica como se ha constatado -entre otros en los resultados de un estudio realizado en Argentina en 2018[114] y en la mayoría de las decisiones judiciales que más adelante se analizan. Es decir, un mismo usuario puede utilizar varias plataformas, incluso aquellas que compitan comercialmente entre sí, pudiendo estar conectado al mismo tiempo a dos o más plataformas, y prestar servicios a todas o cualquiera de ellas según su voluntad y en atención a condiciones de mercado (mayor oferta, mejores precios, incentivos, etc.), por supuesto, distribuyendo el tiempo, también a su conveniencia.

Como se ha referido, bajo este modelo de negocios, pueden prestarse diversidad de servicios, tales como: transporte de personas, mensajería, reparto a domicilio, lavandería, entrenadores personales, cuidado de mascotas, capacitación o asesoría académica, catering, organización de eventos, guías turísticos, cocina a domicilio, incluso, la prostitución, entre otros.

Las representaciones más características de este tipo de plataformas las tenemos en las empresas de servicios de transporte urbano de personas (como *Beat, Bolt, Careem, Grab, Gojek, Little, Ola* y, la precursora, Uber) y en las de servicio de reparto de comida y mercancía (plataformas de *delivery* como: *Deliveroo, Glovo, Foodora, Jumia Food, Rappi, Swiggy y Zomato*). Las primeras, que facilitan los servicios de transporte conectando a los clientes que buscan un viaje con transportistas que ofrecen

---

actividad, pero en esencia, el servicio prestado por los choferes de Uber u otras plataformas es el mismo que el de los taxis. Precisamente, la excesiva regulación de unos y la flexibilidad de los segundos, ha dado lugar a conflictos, pero sin que ello, pueda interferir en el ámbito laboral que analizamos.

113 Organización Internacional del Trabajo [OIT] (2021). World Employment and Social Outlook.., Ob. Cit, p. 61.

114 Datos suministrados por Madariaga, J. y otros. (2019) Economía de plataformas…Ob. Cit.

sus servicios a través de la plataforma, teniendo un tiempo de espera aproximado, un tarifa estimada y duración del viaje, y a su vez la capacidad para rastrear a su conductor y su viaje en tiempo real a través de la aplicación móvil[115]; mientras que las segundas, facilitan transacciones para que los productos puedan llegar del negocio a los clientes por intermedio de la gestión de la plataforma y usando los servicios prestados por el repartidor.

> Plataformas basadas en la ubicación, como el taxi y las plataformas de reparto, han creado un fácil acceso a los servicios para consumidores individuales (...) y están siendo cada vez más utilizados en muchos países por las PYME, restaurantes y empresarios individuales. La creciente dependencia de estas plataformas se debe a la competencia, la necesidad de ampliar la base de datos de clientes para hacer frente a un mercado transformador así como las preferencias de los consumidores. Algunos negocios tradicionales que han comenzado a utilizar plataformas de entrega incluyen los sectores de restaurantes y de comercio minorista.[116].

Son estas formas de prestación de servicios personales (*offline* o con geolocalización) las que actualmente constituyen objeto de dudas sobre la naturaleza jurídico-laboral, en miras a calificar a los prestadores como trabajadores subordinados y por ende amparados por la tuitiva normatividad laboral, o diferenciadamente, como trabajadores autónomos o independientes, regidos por sus respectivos contratos de Derecho Civil o Comercial. Acaso, podría también pensarse, de *lege ferenda*, en una tercera categoría, especial o atípica, sujeta a novedosa calificación y regulación: el "*trabajador digital*". O quizá, las ya existentes categorías intermedias: "trabajador autónomo económicamente dependiente (TRADE)", prevista en España y Francia, los *parasubordinados* en Italia, o los "*workers*" en el Reino Unido.

I.3.2.3. Plataformas verticales y plataformas horizontales

Una reciente clasificación, en nuestro criterio, creada para justificar la caracterización de los usuarios prestadores de servicios como trabajadores dependientes o subordinados, es la que pretende diferenciar las plataformas de intercambio de servicios con base en la mayor o menor intervención de éstas en el mercado. Así, se sostiene:

> Calvo se refiere a las **plataformas horizontales**, como aquellas que están abiertas al comercio de una amplia gama de productos y servicios, creando simplemente un espacio virtual en el que las partes pueden actuar de manera libre, intercambiar y negociar sus condiciones, en cuyo

115 Organización Internacional del Trabajo [OIT] (2021). World Employment and Social Outlook ...., Ob. Cit, p. 75.

116 Ibidem, p 114.

caso su actividad se circunscribiría a los servicios de la sociedad de la información, en tanto que fomenta la concurrencia de ofertantes y requirentes, 'cuyas características personales y profesionales sí son valoradas y entran en concurso y competencia entre sí'. Por otro lado, las **plataformas verticales** están profundamente integradas al mercado, y construyen una organización productiva auténtica, fijando los precios del servicio subyacente, señalan sus condiciones básicas de formas de prestación, impidiendo individualizar a los prestadores del servicio, y 'cuando, en definitiva, el poder organizativo de la plataforma hace que lo que solicitemos no sea realmente el servicio de un concreto prestador, seleccionado en función de sus características específicas, sino **un servicio identificado incluso por y con la misma plataforma'**[117]. (Subrayado y resaltado nuestro)

Como indicamos previamente, y en tal sentido lo refiere Rosenbaum (2020), esta clasificación pretende distinguir entre plataformas con miras a concluir que unas (las horizontales) pertenecen a la sociedad de la Información y Comunicaciones, mientras que las otras (verticales) pertenecen a otros sectores productivos. El mismo Rosenbaum (2021) insiste en que para calificar la existencia de la relación de trabajo debe comenzarse por definir o calificar el tipo de plataforma de que se trate:

> Tal conclusión devendría del hecho de tratarse de una empresa de tecnología dedicada a brindar servicios propios de la sociedad de la información, sin incidencia alguna sobre el servicio subyacente ni sobre el prestador del mismo. En otras palabras, sin existir imposiciones, instrucciones, directrices u otro tipo de manifestaciones en relación al objeto trabajo. Por contraposición, la empresa dejará de ser intermediaria cuando ofrece algo más que simplemente poner en contacto al usuario con el prestador de un servicio.[118]

Tal pretendida calificación adolece de sentido, no existe. Las TIC son y existen para incidir, reforzar, asistir, facilitar, conectar, potenciar, las otras áreas económicas, sociales, culturales, asistenciales, etc. No existen plataformas que no intervengan o regulen la acción o conducta de los usuarios, ni siquiera las de redes sociales.

Los problemas de esta clasificación son fundamentalmente dos: el primero, parece creada *ad-hoc* para el Derecho del Trabajo y, específicamente, para la carac-

---

117 Rosenbaum Carli, F. (2020) El trabajo en la economía de plataformas... *Ob. Cit.*, p. 62.

118 Rosenbaum Carli, F. (2021, abril 15) Dos nociones para delimitar la laboralidad del trabajo mediante plataformas digitales: autonomía y ajenidad (Duas noções para delimitar a laboralidad e do trabalho através das plataformas digitais: autonomia e alienação), p.21 . Teoría Jurídica Contemporánea, Vol. 6. Disponible en: https://revistas.ufrj.br/index.php/rjur/article/view/e41538/24118 [Consulta: 2021, julio 1].

terización de los prestadores de servicios como trabajadores subordinados; y en segundo lugar, no presenta claros límites entre las dos categoría que pretende separar, de manera que en esencia, todas las plataformas que cobren por su intermediación, podrían encajar en la segunda calificación (verticales), en la medida que establecen precios (cuando menos el de su intermediación), pues generalmente son quienes perciben *ab initio* el pago completo del producto o servicio (aunque luego lo transfieran al vendedor o prestador), y todas hacen esfuerzos para potenciar su marca y competir con otras que intermedian los mismos bienes y servicios. Además, como es natural, todas pretenden incidir sobre los servicios que prestan o sobre sus usuarios, al tiempo que imponen "términos y condiciones".

En el mismo sentido, obsérvese que, quien ingresa a las plataformas, por ejemplo, *Amazon.com* o *Mercadolibre.com*, lo hace buscando un producto o un servicio, no a un "concreto" proveedor o prestador de servicios, y quien ingresa a *AirBandB*, busca un inmueble en determinada zona geográfica, no un inmueble o un arrendador en particular, de allí que, como concluimos, esta clasificación conllevaría en la mayoría de los casos a calificar a todas las plataformas como "verticales", y por consecuencia, a su infundada exclusión de la *Sociedad de la Información*. Por lo que la calificación o separación no es tal.

Según señalamos en el acápite I.1.2., consideramos que las plataformas en general pertenecen a la Sociedad de la Información y las Comunicaciones, en los términos de la legislación colombiana, antes citada, y también de la normativa de la Unión Europea, pues se basan en la prestación de servicios "*normalmente a cambio de una remuneración, a distancia, por vía electrónica y a petición individual de un destinatario de servicios*"[119]. La forma en que la plataforma potencie sus marcas, o sus métodos de inserción en el mercado, son mecanismos propios de la libre competencia de la actividad comercial, que, por buscar ganancias o mayores rendimientos, no muta su identidad, basada principalmente en el uso de la tecnología. Taxis, repartidores, recaderos, peluqueros, fontaneros, casamenteros, "acompañantes", y otros tantos oficios, han existido desde hace mucho tiempo, y podrían existir sin las plataformas, lo que éstas han potenciado a partir de la tecnología son los canales para un mayor y mejor acceso e intercambio, una ampliación de los mercados, entre servidores y demandantes del servicio (la masificación).

En tal sentido se ha pronunciado el Tribunal de Justicia de la Unión Europea (TJUE), al calificar a la plataforma *AirBnB*, como perteneciente al sector de sociedad de la información y comunicaciones, y no al sector inmobiliario, al destacar que: "*en modo alguno resulta indispensable para llevar a cabo la prestación de servicios de alojamiento, ni desde el punto de vista de los arrendatarios ni del de los arrendadores que recurran a él, puesto que ambos disponen de otros muchos cauces, algunos de los cuales existen desde hace mucho tiempo, como las agencias inmobiliarias, los anuncios clasificados en papel o en*

119 Definición de la mencionada Directiva (UE) 2015/1535 del Parlamento Europeo y del Consejo, de 9 de septiembre de 2015, Ob Cit.

formato electrónico o incluso los sitios web de alquiler de inmuebles"[120]. Lo mismo puede predicarse de los servicios de transporte urbano de pasajeros o de los repartidores a domicilio.

I.3.3. Las Plataformas Digitales y el uso de algoritmos

Dentro de la economía de plataformas -o *gig economy*- las plataformas digitales se estructuran como modelo de negocios que ofrecen a los consumidores productos o servicios de forma rápida, directa, y barata, permitiendo la interconexión entre sujetos, facilitando el cumplimiento inmediato de las necesidades de los usuarios y reduciendo de manera significativa los costes de transacción -incluyendo los laborales-. Y para ello se valen del desarrollo de procesos automatizados que utilizan algoritmos[121], para la toma de decisiones relacionadas con las transacciones, el control de su funcionamiento y la gestión de la mano de obra[122].

> Esos algoritmos se pueden incorporar en una máquina automática, en un programa de ordenador o en una serie de instrucciones basadas en fórmulas estadísticas o matemáticas. Las técnicas estadísticas y lógicas se esfuerzan por formalizar una serie de reglas de decisión, en suma, en efectuar cadenas de cálculos que permitan el análisis de múltiples variables seleccionando, de entre ellas, la mejor.
>
> El uso de los algoritmos se está generalizando como un método objetivo y eficiente de asignación de tareas e, incluso, de selección del personal. La firma Xerox ha puesto en manos de un software la decisión de nuevas incorporaciones; de igual modo, empresas como GapJumpers o Gild ofrecen herramientas para esos mismos fines. Algunos estudios han subrayado que "los seres humanos son muy buenos en especificar lo que se necesita para un determinado puesto y obtener información de los candidatos, pero son muy malos en la ponderación de los resultados". Pero, sin perjuicio de estos y otros usos, el protagonismo de estas tecnologías se ha desarrollado en el ámbito de las plataformas profesionales de ser-

---

120 Tribunal de Justicia de la Unión Europea, Gran Sala (2019, diciembre 19) Asunto C-390/18. Disponible en: http://curia.europa.eu/juris/document/document.jsf?docid=221791&doclang=es [Consulta: 2020, octubre 13].

121 Concebidos como un "*conjunto ordenado y finito de operaciones que permite hallar la solución de un problema*". Real Academia Española [RAE] (2019). Diccionario de la lengua española. España: Edición Tricentenario. Disponible en: https://dle.rae.es/ [Consulta: 2019, agosto 10].

122 Sanguineti, W. (2020) El test de laboralidad y los trabajos de la gig economy. Trabajo y Derecho. Nueva Revista de actualidad y relaciones laborales, N° 69. España: Wolters Kluwer, p. 3. Disponible en: https://wilfredosanguineti.files.wordpress.com/2020/09/el-test-de-laboralidad-y-la-gig-economy-td-69-wsanguineti.pdf [Consulta: 2020, diciembre 10].

vicios y en su uso como instrumento de determinación de las concretas actividades a desarrollar.[123]

Para efectos de este trabajo es relevante la influencia de las plataformas digitales sobre los aspectos jurídicos laborales, por lo cual nos enfocaremos en el uso de los algoritmos para la gestión de la mano de obra, que ocurre cuando *"los trabajos humanos se asignan, optimizan y evalúan mediante algoritmos y datos rastreados"* [124]

> Las plataformas digitales de trabajo utilizan algoritmos para la asignación de tareas o la adecuación de clientes y trabajadores, lo que ha ido transformando un proceso tradicional de recursos humanos que normalmente implicaba la interacción humana. Si bien las prácticas tradicionales de recursos humanos basan la selección de personal en gran medida en los niveles de formación y la experiencia, la selección algorítmica suele venir determinada por indicadores como las puntuaciones, las reseñas de clientes o consumidores, los índices de cancelación o aceptación de trabajos y los perfiles de los trabajadores. En las plataformas en línea basadas en la web, el proceso de asignación algorítmica también puede tener en cuenta los planes de suscripción del trabajador.[125]

Las plataformas utilizan algoritmos para adecuar los trabajadores a los clientes mediante un proceso en el que resultan decisivas las puntuaciones que reciben los trabajadores. Por medio de los algoritmos las plataformas valoran, evalúan y califican el rendimiento y el comportamiento de los prestadores de servicios utilizando una serie de parámetros, como las reseñas y las opiniones de los clientes[126]. Estas valoraciones se determinan a su vez de forma algorítmica con arreglo a una serie de criterios, como los índices de aceptación y rechazo que, en la práctica, limitan la capacidad y libertad de los trabajadores para rechazar trabajos[127], con base en

---

123 Mercader Uguina, J. R. (2017, julio 11) El nuevo modelo de trabajo autónomo en la prestación de servicios a través de plataformas digitales. Diario La Ley, N° 9. Editorial Wolters Kluwer. Disponible en: https://diariolaley.laleynext.es/Content/Documento.aspx?params=H4sIAAAAAAAEAMtMSbF1CTEAAiNTQyMzQ7Wy1KLizPw8WyMDQ3MDc0MjAGCFBL4hAAAAWKE [Consulta: 2019, octubre 16].

124 Organización Internacional del Trabajo [OIT] (2019). Las plataformas digitales y el futuro del trabajo…,Ob. Cit, p. 10.

125 Organización Internacional del Trabajo [OIT] (2021). World Employment and Social Outlook... Resúmen ejecutivo, Ob. Cit, p.4.

126 Las plataformas digitales y los algoritmos laborales: un debate necesario (2021, marzo 23). Sintetia. Disponible en: https://www.sintetia.com/plataformas-digitales-y-algoritmos-laborales/ [Consulta: 2021, junio 16].

127 *"Un número considerable de conductores de taxi y repartidores que trabajan mediante estas aplicaciones indicó que no podía rechazar o cancelar trabajos porque ello afectaba a sus niveles de calificación y, en consecuencia, la plataforma podía reducirles el acceso al trabajo, quitarles*

lo cual, muchos laboralistas pretenden ver en estos mecanismos una forma o medio para la subordinación.

Estos instrumentos tecnológicos son usados para medir la velocidad y la atención de los trabajadores de las plataformas en la realización de la tarea asignada, de manera tal que, si la calidad de su trabajo queda por debajo de los estándares establecidos, ello puede significar que no se les encomiende ninguna tarea o a veces incluso sean desincorporados (desactivación de su cuenta)[128].

> También es posible identificar la existencia de una nueva tendencia a que los algoritmos absorban muchas funciones organizacionales que los gerentes tradicionalmente realizan. En ese sentido, el código de computadora puede realizar una variedad de tareas de supervisión, desde lo mundano hasta lo sofisticado: asignar tareas a los trabajadores, acelerar los procesos de trabajo, determinar el tiempo y la duración de los descansos, monitorear la calidad, clasificar a los empleados, etc. Asimismo, a través del mismo se pueden tomar decisiones cruciales en el lugar y sobre los empleados individualizados, en relación a lo que deben hacer en tiempo real. De ese modo, las prácticas laborales que solían ejecutarse a través de la burocracia -y otros regímenes de control organizacional- se comienzan a integrar a los programas informáticos. Por su parte, los trabajadores son dirigidos por mandatos programados en los algoritmos, que reemplazan los esquemas externos tradicionales llevados a cabo por los gerentes.[129]

En virtud de que los algoritmos están codificados por programadores humanos basados en un conjunto de normas e instrucciones, su uso puede en algunos casos exacerbar o ampliar los sesgos preexistentes o crear otros nuevos y propiciar prácticas discriminatorias. Esto indica que la supervisión relegada a los algoritmos podría conllevar al surgimiento de situaciones de trato injusto, en caso de rechazar automáticamente el trabajo que difiera a lo programado -aunque sea correcto-, lo que implica el riesgo de que se rechace un trabajo bien hecho[130], sien-

---

bonificaciones, cobrarles multas o incluso darlos de baja. El rechazo de trabajos o las calificaciones bajas son comunes en las plataformas digitales de trabajo, aunque en muchas ocasiones los trabajadores consideran que los motivos de los rechazos no siempre están justificados". Organización Internacional del Trabajo [OIT] (2021). World Employment and Social Outlook… Resúmen Ejecutivo, Ob. Cit, p.8.

128 Organización Internacional del Trabajo [OIT] (2021). World Employment and Social Outlook.., Ob. Cit, p. 61.

129 Rosenbaum, F. (2020, octubre). El trabajo mediante plataformas digitales…, Ob. Cit., pp. 46-47.

130 Organización Internacional del Trabajo [OIT] (2019). Las plataformas digitales y el futuro del trabajo…,Ob. Cit, p. 80.

do lo más preocupante que no haya ningún mecanismo por el cual el trabajador pueda saber por qué fue rechazada la tarea y que, además, sea difícil impugnar la decisión[131].

Möhlmann y Zalmanson (2017)[132] definen cinco características de la gestión mediante algoritmos: (1) seguimiento continuo de la conducta de los trabajadores; (2) constante evaluación del desempeño de los trabajadores mediante la revisión de los clientes, pero también mediante la aceptación o el rechazo del trabajo por parte del cliente; (3) implementación automática de decisiones, sin que intervenga un ser humano; (4) interacción de los trabajadores con un "sistema" en lugar de seres humanos, privándolos de cualquier oportunidad de hacer comentarios, conversar o negociar con su supervisor (algo típico de trabajos que no tienen que ver con Internet); y (5) poca transparencia. Hacen hincapié en esta última característica haciendo referencia tanto a las prácticas comerciales competitivas que impiden que las plataformas revelen cómo funcionan los algoritmos, pero también a la naturaleza adaptable de los algoritmos, que modifican las decisiones según los datos recopilados, por lo que "*generalmente las compañías no se sienten motivadas a revelar los criterios en los que se basan sus algoritmos, y a veces ellas mismas no pueden explicar del todo los resultados, generando muy poca transparencia para quienes son gestionados con algoritmos*"[133].

El tema de los algoritmos no es exclusivo de las plataformas de prestación de servicios, y es resulta tan polémico que en muchos países se ha intentado regular el derecho de las personas a conocer cómo estos datos determinan las decisiones que las afectan. Es el caso de la Unión Europea, que a través del Reglamento Europeo de Protección de Datos (2016)[134] reguló el uso datos personales con efectos jurídicos importantes para la toma de decisiones sin intervención humana mediante mecanismos de inteligencia artificial; y más recientemente (en 2021) y de forma más específica hacia las plataformas digitales, la reforma de la Ley del Estatuto de los Trabajadores[135] en España, en un intento por garantizar los derechos laborales de

---

131 La mayoría de los trabajadores de las plataformas no conoce mecanismos formales para presentar quejas o buscar ayuda en estos casos.

132 Citados en el informe de la OIT de 2019: Organización Internacional del Trabajo [OIT] (2019). Las plataformas digitales y el futuro del trabajo…, Ob. Cit, p. 10.

133 Ibidem, p 10.

134 Reglamento (UE) 2016/679 del Parlamento Europeo y del Consejo del 27 de abril de 2016, relativo a la Protección de las Personas Físicas en lo que respecta al tratamiento de datos personales y a la libre circulación de estos datos (2016, abril 27) [Transcripción en línea]. Disponible en: https://www.ugr.es/universidad/normativa/reglamento-ue-2016679-parlamento-europeo-consejo-27-abril-2016-relativo-proteccion-personas-fisicas-lo-que-respecta-tratamiento-datos-personales-libre-circulacion-estos-datos [Consulta: 2021, junio 10].

135 Real Decreto-ley 9/2021, de 11 de mayo, por el que se modifica el texto refundido de la Ley del Estatuto de los Trabajadores, aprobado por el Real Decreto Legislativo

las personas dedicadas al reparto en el ámbito de plataformas digitales, incluyó la obligación por parte de las plataformas digitales de informar a los trabajadores que lo requieran acerca de "*los parámetros, reglas e instrucciones en los que se basan los algoritmos o sistemas de inteligencia artificial que afectan a la toma de decisiones que pueden incidir en las condiciones de trabajo, el acceso y mantenimiento del empleo, incluida la elaboración de perfiles*" [136].

Por otra parte, a escala jurisdiccional nos encontramos con sentencias como la del Tribunal Ordinario (laboral) de Bolonia, Italia, de fecha 31 de diciembre de 2020[137], en la cual el tribunal, sin calificar el carácter laboral o no de las relaciones, se pronunció acerca del efecto discriminatorio de los algoritmos en el trabajo de los repartidores, cuestionando la "licitud del algoritmo" de clasificación (o de ranking) utilizado, al no estar claros los criterios de los que se vale la plataforma para decidir cómo efectúa la asignación y distribución de encargos a sus repartidores. Caso en el cual, además de ordenar la eliminación de sus efectos de cara al futuro, concluyó lo siguiente:

> El sistema de perfilación del *rider* adoptado por la plataforma Deliveroo, basado sobre los dos parámetros de la reputación o confianza y la participación, al tratar del mismo modo a quien no participa por motivos fútiles y a quien no participa porque hace huelga (o porque está enfermo, o lesionado, o asiste a un menor enfermo, etc.), discrimina en concreto a este último, marginándolo del grupo prioritario y por lo tanto reduciendo significativamente sus futuras ocasiones de acceso al trabajo. [138]

2/2015, de 23 de octubre, para garantizar los derechos laborales de las personas dedicadas al reparto en el ámbito de plataformas digitales (2021, mayo 12). Noticias Jurídicas. Disponible en: https://noticias.juridicas.com/ base_datos/Laboral/697401-rd-ley-9-2021-de-11-may-modifica-el-texto-refundido-de-la-ley-del-estatuto.html [Consulta: 2021, mayo 20].

136 Artículo 64.4, literal d) de la reforma de la Ley el Estatuto de los Trabajadores.

137 Fallo que será analizado en el acápite IV.2.- Diversidad de soluciones judiciales y legislativas en el ámbito internacional. Derecho comparado, específicamente en la sección correspondiente a Italia (IV.2.10) . Véase también: Baylos, A. (2021, enero 5). El algoritmo no es neutral. No permite ejercer derechos fundamentales a los trabajadores de plataformas [Blog]. Disponible en: https://baylos.blogspot.com/2021/01/el-algoritmo-no-es-neutral-no-permite.html [Consulta: 2021, enero 22]; y Oliva León, R. (2021, enero 6) ¿Es discriminatorio el algoritmo de Deliveroo que rankea a sus riders? Disponible en: https://www.algoritmolegal.com/tecnologias-disruptivas/es-discriminatorio-el-algoritmo-de-deliveroo-que-rankea-a-sus-riders/ [Consulta: 2021, enero 22].

138 Tribunale Ordinario di Bologna (2020, diciembre 31). N° 2949/2019. [Traducción libre]. Disponible en: http://www.bollettinoadapt.it/wp-content/uploads/2021/01/Ordinanza-Bologna.pdf [Consulta: 2021, enero 21].

En este contexto, la OIT continúa promoviendo como objetivo el diálogo social entre las partes interesadas (plataformas digitales de trabajo, los trabajadores de plataformas, y sus representantes y gobiernos) para promover la transparencia y la rendición de cuentas en materia de programación de algoritmos para los trabajadores y las empresas[139]; y en la misma línea, autores como Rosenbaum (2020, octubre) han propuesto la necesidad de recurrir a la "negociación de los algoritmos" con base en ese diálogo social, con el fin de perseguir un abordaje del mundo del trabajo con "el hombre al mando", y asegurar que cada decisión empresarial que potencialmente afecte a los trabajadores sea validada por los humanos[140].

El problema se presenta en que las empresas se muestran reacias a dar a conocer sus algoritmos o cómo funcionan, porque alegan que eso constituye un secreto industrial, cuyo derecho forma parte de su propiedad intelectual. Al respecto, Goncalves Zipperer y Pallotta (2021) plantean que, más allá de la discusión en torno a la infracción de la propiedad intelectual, así como "*es posible verificar el sesgo algorítmico de los datos que se utilizan como base para la toma de decisiones, igualmente sería posible ubicar en la programación insertada en este algoritmo patrones matemáticos que se utilizan para la evaluación de la base de datos y la toma de decisiones automatizadas con cierto sesgo, que pueden ser discriminatorios o incluso intencionados*"[141]; lo cual se lograría al manipular una base de datos ficticia que sería sometida al algoritmo investigado con el fin de confirmar la práctica en forma sostenida. Proponen así la posibilidad de que un patrón de algoritmos pueda ser utilizado como prueba para oponer en juicio y demostrar su influencia en la toma de decisiones laborales, permitiendo verificar, o no, la presencia de rastros de poder directivo en la programación de los algoritmos de las plataformas tecnológicas intermedias a través de la manipulación de la base de datos en lugar de la propia programación algorítmica[142].

---

139 Organización Internacional del Trabajo [OIT] (2021). World Employment and Social Outlook.., Ob. Cit, p. 10.

140 Rosenbaum, F. (2020, octubre). El trabajo mediante plataformas digitales…, Ob. Cit., p. 47

141 Goncalves Zipperer, A. y Pallotta, M. (2021, mayo 17) Breves considerações sobre a perícia judicial no algoritmo na Justiça no Trabalho. Revista Legal Consultant. [Traducción libre]. Disponible en: https://www.conjur.com.br/2021-mai-17/opiniao-pericia-judicial-algoritmo-justica-trabalho [Consulta: 2021, junio 16].

142 Esto es planteado por Goncalves Zipperer y Pallotta como alternativa, a propósito de un fallo del Juzgado Regional de Trabajo de la I Región (RJ) que denegó una medida cautelar interpuesta por una empresa de intermediación de transporte que atacaba una decisión que determinaba la actuación de peritaje técnico judicial en un algoritmo utilizado por la plataforma judicial a los efectos de determinar la subordinación. En la decisión, el tribunal carioca entendió, entre otros aspectos, que el secreto defendido por el peticionario cede al interés social público y que la prueba pericial debía estar relacionada con el análisis de las instrucciones, criterios y algoritmos insertados en el código fuente de la aplicación.

I.3.3.1. Algoritmos y subordinación

El algoritmo podría entenderse como un conjunto o sistemas de parámetros que en muchas formas ayuda a distribuir el trabajo, establecer precios, conectar clientes y consumidores y verificar calificaciones, entre otras múltiples e infinitas funciones, todas reducidas a la "automatización de los procesos", vale decir, sin la permanente intervención y toma de decisiones humanas. De allí que, el uso de algoritmos mal podría ser utilizado para concluir una forma de subordinación, por dos razones: en primer lugar, la subordinación -como se verá más adelante- conlleva a una suerte de sujeción personal del trabajador frente o por debajo del empleador o sus representantes, una sumisión reverencial, lo que contiene un alto grado de subjetividad y emocionalidad, de allí las reglas sobre probidad, respeto, lealtad y autoridad; lo que ha forzado la necesidad de regular modernamente otras situaciones, como las relativas al acoso (laboral o sexual), que precisamente puede derivar tanto de la necesidad de conservar el puesto de trabajo (dependencia económica), como de la situación emocional propia de la subordinación. Diferenciadamente, los algoritmos implican reglas del negocio, desprovistas de esos elementos subjetivos, son parámetros objetivos que regulan la relación para mejorar la calidad del servicio y premiar la productividad, lo que en términos del Derecho del Trabajo implicaría -de ser aplicable- la desaparición de los despidos injustificados. Los algoritmos constituyen la objetivación de las reglas del juego, y al deshumanizarlas, las alejan bastante de cualquier concepción preexiste en el Derecho Laboral, pues no guardan relación con un "poder" que ejerza la plataforma sobre el prestador del servicio, ni el sometimiento de la voluntad de este ante aquella.

La segunda razón, también se vincula con lo inmediatamente dicho: los algoritmos son propios de la tecnología de la información y comunicaciones, son propios de las plataformas digitales, regulan e impactan tanto en consumidores como en proveedores (comercios) o prestadores de servicios; incluso en las redes sociales y especialmente en la comercialización o marketing. Podría decirse que, queramos o no, todos estamos sujetos a los algoritmos, seamos o no prestadores de servicios.

Añadidamente, el cumplimiento de los compromisos contraídos es propio de todo contrato como principal fuente de las obligaciones, más aún en los bilaterales o sinalagmáticos, y las sanciones o consecuencias del incumplimiento también son propias de este tipo de contratos, sin que necesariamente implique subordinación[143], de manera que los algoritmos (perfectos o imperfectos, justos o injustos, discriminatorios o no), constituyen un mecanismo objetivo de control y cumplimiento de las reglas del juego, de las obligaciones asumidas por los "usuarios". De allí que, por ejemplo, redes sociales como *twitter o Facebook* puedan suspender (bloquear) a usuarios o borrar mensajes por su contenido o el vocabulario que utilizan, sin que a nadie se le ocurra pensar que, por ello, exista subordinación

143 Ver críticas a la noción de subordinación en acápite III.2.3.1.

entre los usuarios y la plataforma; tal y como ocurrió notoriamente con el expresidente de los EEUU, Donald Trump, a quien estas redes (ambas pertenecientes a la misma corporación económica) le suspendieron permanentemente las cuentas, tras un video que subiera el 6 de enero de 2021 incitando a sus seguidores a no aceptar la derrota electoral luego de que un grupo de ellos irrumpiera en el Capitolio para defender su supuesta victoria en los comicios presidenciales celebrados el 3 de noviembre de 2020 (el motivo del bloqueo de la cuenta fue "riesgo de mayor incitación a la violencia")[144].

Debe insistirse, la "forma de ser" de las plataformas digitales es una realidad bastante lejana a otras actividades humanas previas, de allí que, puede constituir un grave desatino pretender visualizarlas o caracterizarlas bajo la óptica binaria del Derecho del Trabajo, o con herramientas obsoletas o inadecuadas.

Si bien puede intentar controlarse su uso o las reglas que comportan, incluso a través de la contratación colectiva (gremial) como se propone más adelante, no cabe dudas que forman parte de un fenómeno al que mal podrían aplicarse las normas clásicas del Derecho del Trabajo. Es éste quien debe adaptarse a las nuevas realidades, sin pretender encajar las nuevas tecnologías y sus innovaciones dentro del alcance de normas y reglas que no podrían aplicarse ni siquiera por vía de la analogía.

144 Para más información al respecto, ver: Twitter suspende a Trump permanentemente por el "riesgo de mayor incitación a la violencia" (2021, enero 8). BBC News Mundo. Disponible en: https://www.bbc.com/mundo/55597855 [Consulta: 2021, junio 29]; Godoy, J.D. y Laborde, A. (2021, enero 9) Twitter suspende permanentemente la cuenta de Trump ante el riesgo de "incitación a la violencia". El país (España). Disponible en: https://elpais.com/tecnologia/2021-01-08/twitter-suspende-permanentemente-la-cuenta-de-trump.html [Consulta: 2021, junio 29]; y Fung. B. (2021, enero 8) Twitter suspende la cuenta de Trump permanentemente. Disponible en: https://cnnespanol.cnn.com/2021/01/08/twitter-suspende-la-cuenta-de-trump-de-manera-permanente/ [Consulta: 2021, junio 29].

CAPÍTULO II

La Prestación de servicios a través de plataformas digitales conforme a la legislación colombiana. ¿Contrato de trabajo o trabajador independiente?

II.1. ESTADO ACTUAL DE LA LEGISLACIÓN LABORAL COLOMBIANA

En esta obra realizaremos análisis de la caracterización del trabajo digital, en primer lugar, desde la perspectiva del Derecho del Trabajo colombiano, su normativa, doctrina y jurisprudencia; seguidamente formulamos análisis desde la perspectiva de los instrumentos internacionales, jurisprudencia americana y europea, y la doctrina iberoamericana. Debe precisarse que, aun cuando la noción colombiana de contrato de trabajo y sus elementos, es similar -prácticamente la misma- a la de otros países latinoamericanos, lo que debería permitir un análisis unitario o general[145], lo cierto es que, la propia doctrina colombiana y alguna extranjera reconocen un grave atraso en la legislación nacional, aunado a cierta obsolescencia y contradicciones en su desarrollo jurisprudencial, en especial en el tema de la determinación de existencia de contratos de trabajo.

La Constitución Política, inscrita en la tendencia neoconstitucional, instituye a la República de Colombia como un Estado Social de Derecho, consagra Derechos Sociales y prevé especial protección al trabajo, insertando en su texto fundamentales principios y garantías propios del Derecho del Trabajo, siguiendo la tendencia universal que apunta a su constitucionalización; sin embargo, fundadamente, la doctrina censura y denuncia el atraso y la flexibilización del Derecho del Trabajo

---

145 *"(...) [E]l proceso de formación histórica y cultural de los países latinoamericanos, y, más específicamente, el proceso de formación de sus sistemas jurídicos, particularmente del sistema jurídico laboral y el papel de las fuentes que han influido en la elaboración de este sistema, determinó factores comunes que pueden ser detectados en general en el grupo de países, los cuales permiten hacer ciertos análisis globales sobre América Latina"*. Hernández Álvarez, O. (2006) Tendencias tradicionales y emergentes en el derecho laboral en América Latina. Evolución y tendencias recientes del Derecho del Trabajo y de la Seguridad Social en América. Patricia Kurcyb Villalobos (Coordinadora). México: Unam, pág. 287.

en Colombia, presentes en la normativa legal vigente (en contraste a la existencia de expresos mandatos constitucionales), conformando circunstancias que afectan el tema que nos ocupa. En tal sentido destacamos:

II.1.1. Mora legislativa en la expedición del Estatuto del Trabajo

El artículo 53 Constitucional contiene enunciación (*numerus apertus*) de principios y garantías constitucionales en relación al trabajo, tales como, igualdad de oportunidades para los trabajadores; remuneración mínima vital y móvil, proporcional a la cantidad y calidad de trabajo; estabilidad en el empleo; irrenunciabilidad a los beneficios mínimos establecidos en normas laborales; principio de favor en la aplicación de las normas o fuentes de derecho; primacía de la realidad sobre las formas o apariencias; garantía a la seguridad social, la capacitación, el adiestramiento y el descanso necesario; protección especial a la mujer, a la maternidad y al trabajador menor de edad; entre otros. A su vez, contempla un claro mandato para que el Congreso expida el *estatuto del trabajo* (sic) que ha de incluir los citados principios y derechos (y otros contemplados en el texto constitucional) y, como es lógico suponer, ampliarlos y determinar su forma de implementación. Lo que, además, debe hacerse a través de una Ley Estatutaria, por tratarse de la regulación de Derechos Fundamentales[146].

Ahora bien, desde la entrada en vigencia de la Constitución en el año 1991 y hasta el presente (a 30 años), el Congreso de la República no ha cumplido con el mandato constitucional de expedir el referido Estatuto del Trabajo, es decir, la legislación ordinaria no ha desarrollado los citados principios o garantías fundamentales, que ante tal omisión, se han aplicado de manera exclusiva (pero no suficiente) por vía judicial, principalmente en la resolución de acciones de amparo o tutela constitucional. Sin duda alguna, *"[l]a no expedición del Estatuto del Trabajo acorde con lo dispuesto por el artículo 53 de la Constitución Política de Colombia, es una omisión legislativa absoluta que lesiona la Constitución y que -por el contenido de la disposición omitida-, transgrede inevitable y continuamente derechos fundamentales de los asociados"*[147].

Al respecto, sostiene Enrique Martínez (2019) que, *"el ordenamiento del trabajo navega en una verdadera laguna ideológica, hasta tanto no se expida el estatuto general del trabajo"*[148], que además tendría finalidad integradora de la dispersa normativa

---

146 Art. 152, lit. a, Constitución Política de la República de Colombia.

147 Calderón Ortega, M. A. (2014) Estado de cosas inconstitucional por omisión en la expedición del estatuto del trabajo en Colombia. Revista Academia & Derecho 5 (8) (71-97) Enero - Junio de 2014. Cúcuta: Universidad Libre Colombia, Seccional Cúcuta. Disponible en: http://www.unilibrecucuta.edu.co/ojs/index.php/derecho/article/view/80 [Consulta: 2019, noviembre 11]

148 Martínez Sánchez, E. (2019) Introducción a la simulación laboral. Bogotá: Grupo Editorial Ibáñez, p.44

laboral. El mismo autor, en relación a la determinación de existencia de la relación de trabajo y su encubrimiento a través de figuras simulatorias, vincula esta mora legislativa con la adopción social del "síndrome simulatorio", causado por *"el reiterado desinterés de la rama legislativa para asumir el expreso mandato constitucional surgido de la Carta del 91, para expedir el estatuto del trabajo, indispensable reforma que de ejecutarse daría lugar para introducir efectivos mecanismos protectores de la realidad de la relación laboral"*[149].

Desde una perspectiva de Derecho Constitucional, Calderón (2014), sostiene que: *"la consecuencia jurídica más relevante del incumplimiento del artículo 53 de la Constitución Colombiana, es la vulneración masiva, constante y reiterada de la Constitución por la inaplicación de sus preceptos, la inobservancia de su fuerza vinculante, y la afectación directa o indirecta de derechos fundamentales constitucionales"*[150]. Lamentablemente, el ordenamiento jurídico, y específicamente la Constitución Política, no dispone algún mecanismo o acción judicial concreta para corregir esta violación constitucional omisiva o mora legislativa, al tiempo que la Corte Constitucional ha concluido que: *"carece de competencia para pronunciarse acerca de la constitucionalidad o inconstitucionalidad de una omisión legislativa absoluta"*, entendiendo que, ésta ocurre cuando el Congreso *"se abstiene de expedir una norma encaminada a ejecutar un deber concreto establecido por el constituyente"*[151]. Lo que lleva a la citada autora a plantear la *"necesidad de que la Corte Constitucional colombiana declare, frente a dicha omisión, la existencia de un* ***Estado de Cosas Inconstitucional****; declaratoria que pemitir[ía] una orden exigible al Congreso de la República, para que dé cumplimiento a la disposición omitida"*[152]. Esta figura, es una creación jurisprudencial (no está contemplada en la legislación), y procura:

> Buscar remedio a situaciones de vulneración de los derechos fundamentales que tengan un carácter general -en tanto que afectan a multitud de personas-, y cuyas causas sean de naturaleza estructural -es decir que, por lo regular, no se originan de manera exclusiva en la autoridad demandada y, por lo tanto, su solución exige la acción mancomunada de distintas entidades.
>
> En estas condiciones, la Corte ha considerado que dado que miles de personas se encuentran en igual situación y que si todas acudieran a la tutela podrían congestionar de manera innecesaria la administración de justicia, lo más indicado es dictar órdenes a las instituciones oficiales

149 Ibidem. p.18.

150 Calderón Ortega, M. A. (2014) Estado de cosas inconstitucional...*Ob. Cit.*, p.78.

151 Corte Constitucional (1999, febrero 10). Sentencia C-067/99. [MP: Martha Sachica]. En igual sentido: Corte Constitucional (2009, mayo 5). Sentencia C-314/09. [MP: Nilson Pidilla].

152 Calderón Ortega, M. A. (2014) Estado de cosas inconstitucional... *Ob. Cit.* p. 73.

competentes con el fin de que pongan en acción sus facultades para eliminar ese estado de cosas inconstitucional (Sentencia T-153, 1998)[153].

Parece bastante optimista pero plausible esta propuesta de la doctrina, en especial si se considera que la propia Corte Constitucional en sentencia T-025-04[154], al describir los requisitos de procedencia para la declaración del "Estado de Cosas Inconstitucional", incorporó como uno de los motivos, la *"no expedición de medidas legislativas"*, sin embargo, hasta la fecha, esa Corporación no ha dictado decisiones con órdenes directamente dirigidas al Congreso de la República[155]. Por lo que persiste la mora legislativa y el vacío legal de regulación de fundamentales aspectos del Derecho del Trabajo, entre ellos, los relativos a los mecanismos procesales o sustantivos para la determinación de existencia de la relación de trabajo. Obviamente la natural solución al problema planteado sería el dictado del esperado Estatuto del Trabajo por parte del Cuerpo Legislativo nacional.

II.1.2. Flexibilización del Derecho del Trabajo. Deslaboralización de la prestación de servicios personales

Otro aspecto de relevante influencia sobre el tema que abordamos está representado por la "flexibilización" sufrida por el Derecho del Trabajo en Colombia, a través de la reforma legal de 1990, y de posteriores legislaciones. Se trató de un proceso iniciado en Europa en los años ochenta del siglo XX, y que atacaba al Derecho del Trabajo, considerando que las normas laborales producían rigidez en el mercado de trabajo, *"que determinaban situaciones insostenibles, especialmente en condiciones de dificultades económicas y de cambios tecnológicos. Tales rigideces, sostienen los autores de este planteamiento, estorban el crecimiento de la economía y el aumento del empleo, al punto que la normativa que las sostiene, en lugar de ser beneficiosa para los trabajadores, como teóricamente pretende ser, les resulta perjudicial, por lo cual debe ser flexibilizada dicha normativa"*[156]. Estas ideas fueron posteriormente acogidas en Latinoamérica, donde, además, fueron forzadas las reformas dentro del marco de las políticas de ajuste acordadas por los gobiernos con los organismos financieros internacionales[157].

---

153 Ibidem. p. 84.

154 Corte Constitucional (2004, enero 22). Sentencia T-025-04 [MP: Manuel José Cepeda Espinosa].

155 Al no existir un mecanismo expreso para solventar la mora legislativa, cualquier decisión que dicte la Corte Constitucional podría ser acusada de arbitraría o dictada en abuso de poder. Adicionalmente, el mayor problema podría presentarse en las consecuencias (no reguladas) del desacato de la posible orden que se dicte, en caso de contumacia por parte del órgano parlamentario. Vale decir, en la ejecución de la decisión.

156 Hernández Álvarez, O. (2006) Tendencias tradicionales... Ob. Cit., p. 306.

157 Con la caída del muro de Berlín en 1989 y la nueva coyuntura política de un mundo unipolar, el Consenso de Washington determinó el conjunto de políticas que los paí-

Previamente, se dictó la Ley 79 de 1988, **por la cual** "*se actualiza la Legislación Cooperativa*", dando expansión y uso generalizado del trabajo asociado a través de Cooperativas, lo que permitió que gran cantidad de trabajadores fueran "forzados" a asociarse, adquiriendo la condición de independientes y perdiendo la protección y derechos propios de la normativa laboral. Lo que luego requirió la intervención de la jurisdicción para desenmascarar gran cantidad de casos de uso fraudulento de esta figura para encubrir verdaderas relaciones de trabajo[158]. La figura, incluso fue abiertamente criticada por el maestro español Ojeda Avilés (2016) en visita realizada a Colombia:

> Quisiera compartir al respecto una amarga experiencia que sufrí en la querida Colombia hace no muchos años, cuando la Confederación de Trabajadores de Colombia me invitó a dar una conferencia en su Congreso, al cabo de la cual se me preguntó entusiásticamente por mi opinión sobre las cooperativas obreras como alternativas a las empresas capitalistas. Aunque traté de explicarlo de la forma más clara posible, creí necesario advertir de las desviaciones de esas cooperativas que, al menos en España, se estaban convirtiendo con frecuencia en vehículos para pagar mal y con pobre seguridad social a los "socios", mientras que la habitual carencia de financiación les hacía llevar una vida lánguida y menesterosa. Los rostros felices de los sindicalistas, llegados de todas partes de Colombia, fueron cambiando a medida que les expresaba la cruda realidad, para tornarse sombrías cuando terminé mi breve exposición.[159]

Con mayor peso e influencia en todo el ámbito de la legislación laboral, se verificó la reforma del Código Sustantivo del Trabajo (1990), respecto a la cual se ha precisado:

---

ses tercermundistas debían adoptar para lograr el desarrollo en el marco del panorama mundial.

La nueva realidad marcó para Colombia la necesidad de adecuar las normas laborales a la situación socio-económica, con el objeto de hacer viable la economía mundial. De esa manera el gobierno del presidente César Gaviria puso en marcha una serie de medidas conocidas como apertura económica, que debía armonizarse con reformas laborales que hicieran compatible el ordenamiento laboral con la nueva realidad económica. Jaramillo Jassir, I. D. (2010) Presente y futuro del derecho del trabajo: breve historia jurídica del Derecho del Trabajo en Colombia. Opinión Jurídica, Volúmen 9, N° 18, julio-diciembre 2010, pp. 57-74. Medellín (Colombia), p. 63.

158 Entre otras, véase: Corte Suprema de Justicia, Sala de Casación Laboral [CSJ-SCL] (2006, diciembre 6). Sentencia Rad. 25713. [MP: Gustavo José Gnecco Mendoza].

159 Ojeda Avilés, Antonio, en prólogo a la obra de: Villasmil Prieto, H. y Carballo Mena, C. A. (2016) Recomendación 198 OIT sobre la Relación de Trabajo. Caracas: UCAB, p. 17.

> En 1990, la Ley 50 de la República de Colombia modificó el Código Sustantivo de Trabajo. La reforma favoreció la contratación precaria; flexibilizó la jornada de trabajo y el concepto de salario, creando la figura del "salario integral", que permite que los trabajadores que devenguen más de diez salarios mínimos puedan convenir en una cantidad única como remuneración total que comprenda todos los beneficios adicionales aplicables a la generalidad de los trabajadores; eliminó la estabilidad absoluta a que tenían derecho los trabajadores después de diez años de servicios y reformó las llamadas "cesantías", compensación por antigüedad de servicios que con anterioridad a la Ley 50 se pagaban con el salario que el trabajador tuviese en el momento de la terminación de la relación laboral y que ahora serán pagadas con el salario de cada año a través de unos fondos privados. Asimismo, Colombia aprobó una legislación que favorece parcialmente, y sin renunciar al control gubernamental, el sistema privado de seguridad social. (...) Doce años después, en diciembre de 2002, el Congreso colombiano aprobó la Ley 789, que, al tiempo que profundiza algunas medidas de flexibilización laboral (entre otras disposiciones se reduce el tiempo de la jornada que se considera nocturna, el porcentaje de recargo por trabajo en los días feriados y de descanso, la indemnización por despido sin causa en los contratos por tiempo indeterminado; asimismo, se establece un límite temporal a la indemnización por falta de pago de los beneficios laborales y se establece un régimen de aprendizaje que comprende condiciones de contratación precaria, algunas de las cuales desaparecen al disminuir el porcentaje nacional de desempleo), desarrolla un sistema de protección social que comprende políticas orientadas a mejorar la calidad de vida de los colombianos, especialmente los más desprotegidos, procurándoles el derecho a la salud, a la pensión y al trabajo[160].

La doctrina colombiana[161] también destaca como signos principales de este proceso de flexibilización: la eliminación de estabilidad reforzada respecto de los trabajadores con más de 10 años de servicio; la creación del Régimen de Liquidación Anual de Cesantías, en sustitución del sistema de cálculo retroactivo pagada con base en el último salario; la posibilidad de contratación a término fijo por períodos inferiores a 1 año; la definición conceptual del salario y regulación jurídica de los pactos de exclusión salarial; la introducción de la figura del salario integral; y la eliminación de la presunción de laboralidad de la prestación personal del servicio cuando se suscriben contratos civiles o comerciales.

---

160 Hernández Álvarez, O. (2006) Tendencias tradicionales y emergentes..., Ob. Cit., p. 307.

161 Jaramillo Jassir, I. D. (2010) Presente y futuro del derecho... Ob. Cit., p. 63-67.

Para nuestro tema de estudio, subrayamos que en la referida reforma (preconstitucional) de 1990, a través de la modificación del artículo 24 del Código Sustantivo del Trabajo (CST)[162], se alentó el uso de una figura paralela al contrato laboral, de supuesta naturaleza civil o comercial (con carácter de trabajador autónomo o independiente) a la que se dio presunción de validez, trasladando la carga probatoria al trabajador accionante, desvirtuando así la presunción de laboralidad dispuesta en el mismo artículo 24. Norma que, absurda y contradictoriamente, contenía dos presunciones antagónicas. La disposición en referencia preveía:

> **Artículo 24. Presunción.** Se presume que toda relación de trabajo personal está regida por un contrato de trabajo.
>
> No obstante, quien habitualmente preste sus servicios personales remunerados en ejercicio de una profesión liberal o en **desarrollo de un contrato civil o comercial**, pretenda alegar el carácter laboral de su relación, **deberá probar que la subordinación jurídica** fue la prevista en el literal b) del artículo 1o. de esta ley y no la propia para el cumplimiento de la labor o actividad contratada". (Resaltado y subrayado nuestros).

Afortunadamente, aunque ocho (8) años después, obró la actuación de la Corte Constitucional para declarar inexequible (inconstitucional) el segundo párrafo de la norma, por contrariar el precepto constitucional de primacía de la realidad sobre las formas o apariencias y la presunción de laboralidad prevista en el mismo artículo 24 CST. Al respecto, la Corte Constitucional, sentenció[163]:

> El empleador, para desvirtuar la presunción, debe acreditar ante el juez que en verdad lo que existe es un contrato civil o comercial y la prestación de servicios no regidos por las normas de trabajo, sin que para ese efecto probatorio sea suficiente la sola exhibición del contrato correspondiente. Será el juez, con fundamento en el principio constitucional de la primacía de la realidad sobre las formalidades establecidas por los sujetos de las relaciones laborales (art. 53 CP.), quien examine el conjunto de los hechos, por los diferentes medios probatorios, para verificar que ello es así y que, en consecuencia, queda desvirtuada la presunción.
>
> Esto, desde luego, no significa que desaparezcan las posibilidades de contratos civiles o comerciales, o con profesionales liberales, desde luego, mientras no constituyan apenas una fórmula usada por quien en realidad es patrono y no contratante para burlar los derechos reconocidos en la Constitución y la ley a los trabajadores.

---

162 Originalmente publicado en Diario Oficial No 27.622, del 7 de junio de 1951, con múltiples reformas.

163 Corte Constitucional (1998, noviembre 12). Sentencia C-665/98 [MP: Hernando Herrera].

> La Carta Política establece en cabeza de todos los trabajadores, sin discriminación alguna, una especial protección del Estado, y les garantiza el ejercicio pleno y efectivo de un trabajo en condiciones dignas y justas, así como un trato igual. Por lo tanto, cuando a un reducido sector de trabajadores que prestan sus servicios personales remunerados en forma habitual, en desarrollo de un contrato civil o comercial, y pretenden alegar la subordinación jurídica, al trasladársele la carga de la prueba de la subordinación, se produce ciertamente, dentro del criterio de la prevalencia de la realidad sobre la forma, una discriminación en relación con el resto de los trabajadores, colocando a aquellos, en una situación más desfavorable frente al empleador, no obstante que la Constitución exige para todos un trato igual. Se declarará la inexequibilidad del inciso segundo del artículo 2o. de la Ley 50 de 1990, en el entendido de que dicha norma es violatoria del derecho a la igualdad con respecto a los trabajadores que en la realidad han prestado sus servicios bajo la continuada dependencia o subordinación del empleador, y que en forma evidente han reunido los presupuestos propios de la relación de trabajo, lo que deberá ser examinado y decidido por el juez laboral en el correspondiente juicio.

No obstante, esta trascendente decisión y otras de las Altas Cortes, el referido contrato de prestación de servicios continúa siendo utilizado hoy en día tanto en el sector público como en el sector privado, fraudulenta y masivamente, para disimular la existencia de auténticas relaciones de trabajo; circunstancia que viene siendo denunciada por la doctrina colombiana[164], pero sin que aún se logre la proscripción de dicho mecanismo simulatorio en la práctica cotidiana. Cabe advertir, que cuando menos en Colombia, algunas plataformas digitales que intermedian servicios de reparto o encomienda utilizan esta fórmula contractual para vincularse con los repartidores.

Pero el proceso de flexibilización no sólo se dio en la reforma de 1990, pues, aún con posterioridad a la promulgación y entrada en vigencia de la Constitución Política de 1991 se dictaron otras leyes tendentes a la flexibilización y deslaboralización:

---

164 Véase al respecto: Martínez Sánchez, E. (2019) Introducción a la simulación...*Ob. Cit.*; Dueñas Quevedo, C. C. (2017) El contrato de trabajo: ¿realidad o ficción? Derecho laboral para el nuevo tiempo (5-32). Construcción conjunta. Ana María Muñíz Segura (Coordinadora). Bogotá: Universidad de Los Andes-Temis; Sierra, J. A. (2017) ¿Es el Estado un ejemplo de acatamiento de la Ley laboral? Derecho laboral para el nuevo tiempo. Construcción conjunta. Ana María Muñíz Segura (Coordinadora). Bogotá: Universidad de Los Andes-Temis; y Bohórquez Yepes, C. y Conrado Imitola, R. (2009) El contrato de prestación de servicios de la administración pública. Bogotá: Universidad Católica de Colombia; entre otros.

> En Colombia, desde la década de los noventa, y en sus años siguientes, existe una profundización en las débiles figuras de trabajo tercerizado que hasta la época podrían reconocerse en el panorama laboral del país. De manera precisa, el punto de expansión se da, más que en la Constitución de 1991, con la expedición de diversa normatividad, entre la que se incluye la Ley 454 de 1998 y normas subsecuentes y el Decreto 4588 de 2006, el cual sustituye al Decreto 468 de 1990, que es la materia normativa vigente para las CTA (Cooperativas de Trabajo Asociado).
>
> En el siguiente aparte se busca dar precisión sobre los contenidos de las normas mencionadas, y otras adicionales, que marcaron la ruta de lo que puede ser, para unos, la adaptación del mercado laboral a las necesidades de producción que requería el país o, para otros, la precarización de la condición laboral, debido a la flexibilización que pone a tambalear el derecho fundamental al trabajo, establecido en la Carta Política.[165] (Subrayado y entre paréntesis nuestros).

II.1.3. Noción de subordinación e inestabilidad en la aplicación de la presunción de laboralidad

Otro elemento por considerar para la determinación de la existencia del contrato de trabajo en Colombia está constituido por la utilización por parte de la doctrina y la jurisprudencia de una connotación bastante restringida -quizá vetusta- de la subordinación, que además en términos de la legislación, según se verá seguidamente, exige una condición de permanencia o continuidad de dicha subordinación a lo largo del vínculo de prestación de servicios.

Así mismo, apreciamos que si bien la Sala de Casación Laboral y el Consejo de Estado, hacen mención y "aplicación" de la presunción de laboralidad prevista en el artículo 24 del CST, no son pocos los casos en que tal aplicación resulta meramente nominal y no sustancial, en tanto que, aunque se comienza aclarando que corresponde al accionado (pretendido empleador) la carga de la prueba de la autonomía e independencia del accionante (pretendido trabajador), seguidamente, se determina que no logró el accionante demostrar la subordinación, incurriendo en una motivación contradictoria e infringiendo el precepto legal en que se sustentan. A modo de ejemplo, podemos citar un extracto de la siguiente sentencia:

> Finalmente, para la Sala no hay error jurídico del Tribunal en lo que concierne a la presunción de contrato de trabajo del artículo 24 del C.S.T., porque lo cierto es que el fallador no desconoció dicha presunción así

165 Almanza Junco, J. E. (2018). Intermediación y tercerización laboral: relaciones contractuales y cumplimiento de los derechos mínimos laborales irrenunciables del trabajador. Derecho laboral en Colombia. Colección jus laboral N° 8. Bogotá: Universidad Católica de Colombia, p. 173-174.

> como la inversión de la carga de la prueba en cabeza del contratante, por cuanto lo que encontró acreditado es que del conjunto de pruebas arrimadas al plenario no se acreditaba el ejercicio del poder subordinante por la sociedad demandada, pues no constaban las órdenes por parte de ésta, de modo tal que, al haber encontrado fácticamente demostrado el Tribunal que no se había dado en la relación contractual la dependencia propia de un contrato de trabajo, mal puede endilgársele error jurídico en cuanto a que no aplicó la presunción de contrato de trabajo, toda vez que, de acuerdo con la amplísima jurisprudencia de esta Corporación, ésta es de carácter legal y admite, en el caso particular, que se demuestre que la relación se desarrolló y se ejecutó dentro del marco de la autonomía y la independencia[166].

Como se aprecia, la Sala Laboral inicia reconociendo la aplicación de la presunción de contrato de trabajo (que impone al supuesto empleador accionado, demostrar que los servicios se prestaron con autonomía e independencia), empero, al analizar los hechos, refiere que no se demostró la subordinación o la dependencia propia de un contrato de trabajo, es decir, exige al accionante la carga de demostrar la subordinación (que previamente declara presumida). En el mismo sentido, el Consejo de Estado, ha decidido:

> Del análisis comparativo de las dos modalidades contractuales –contrato de prestación de servicios y contrato de trabajo- se obtiene que sus elementos son bien diferentes, de manera que cada uno de ellos reviste singularidades propias y disímiles, que se hacen inconfundibles tanto para los fines perseguidos como por la naturaleza y objeto de los mismos.
>
> En síntesis, el elemento de subordinación o dependencia es el que determina la diferencia del contrato laboral frente al de prestación de servicios, ya que en el plano legal debe entenderse que quien celebra un contrato de esta naturaleza, como el previsto en la norma acusada, no puede tener frente a la administración sino la calidad de contratista independiente sin derecho a prestaciones sociales; a contrario sensu, **en caso de que se acredite la existencia de un trabajo subordinado o dependiente** consistente en la actitud por parte de la administración contratante de impartir órdenes a quien presta el servicio con respecto a la ejecución de la labor contratada, así como la fijación de horario de trabajo para la prestación del servicio, se tipifica el contrato de trabajo con derecho al pago de prestaciones sociales, así se le haya dado la denominación de un contrato de prestación de servicios independiente. (…)

---

166 Corte Suprema de Justicia, Sala de Casación Laboral [CSJ-SCL] (2014, octubre 22). Sentencia SL 14481-2014. [MP: Rigoberto Echeverri].

> Así las cosas, para demostrar la desnaturalización del contrato de prestación de servicios, **la parte demandante debe comprobar** la actividad personal, la permanencia, **la continua subordinación o dependencia del trabajador respecto del empleador**, que faculta a éste para exigirle el cumplimiento de órdenes, en cualquier momento, en cuanto al modo, tiempo o cantidad de trabajo, e imponerle reglamentos, la cual debe mantenerse por la duración del contrato; y una retribución del servicio[167]. (Resaltado y subrayado nuestro).

En sentido similar al de la Sala Laboral el Consejo de Estado establece las diferencias entre el contrato de prestación de servicios y el contrato de trabajo, fundando la principal distinción en el elemento subordinación, sin embargo, no aplica correctamente la presunción de laboralidad prevista en el artículo 24 CST. Por el contrario, pareciere aplicar la parte de la norma que fue declarada inconstitucional por la Corte Constitucional y que establecía la presunción de existencia del contrato de prestación de servicios, y exigía que el trabajador desvirtuara dicha presunción probando la subordinación o dependencia. El CE exige que se demuestre la ***"desnaturalización"*** del contrato de prestación de servicios, y expresamente impone al accionante (prestador de servicios) que "demuestre" la actividad personal, la permanencia, la continua subordinación o dependencia del trabajador respecto del empleador, negando así, toda aplicación a la presunción de laboralidad del art. 24 del CST.

Debe tenerse claro, como lo han reseñado otras decisiones de la Corte Constitucional, y de los mismos Consejo de Estado y Sala de Casación Laboral que, probada la prestación de servicios personales (que deriva del propio contrato de prestación de servicios celebrado), y afirmada en juicio la existencia de una relación de trabajo, *ipso iure*, opera la presunción de existencia del contrato de trabajo, y es el contratante accionado quien tiene la carga de argumentar y probar los elementos que evidencien la autonomía e independencia con que actúa el accionante[168]. Caso contrario, debería, sin más, declararse la vinculación laboral con sus consecuencias. *"[P]robada la prestación personal del servicio, la subordinación se presume"*[169]. Conformación procesal que, lamentablemente, no siempre es atendida por las Altas Cortes en sus fallos, como se ha puesto de manifiesto.

Por otra parte, y también con relación a la noción de subordinación, se aprecia que aun cuando la mayoría de las decisiones son congruentes en el manejo de cier-

---

167 Consejo de Estado, Sala de lo Contencioso Administrativo, Sección Segunda [CE-SCA] (2018). Sentencia 04117/18. [MP: Rafael Suárez Vargas].

168 *"...al actor le basta con probar la prestación o la actividad personal, para que se presuma el contrato de trabajo y es a la empleadora a quien le corresponde desvirtuar dicha presunción con la que quedó beneficiado el operario"*. Corte Suprema de Justicia, Sala de Casación Laboral [CSJ-SCL] (2004, agosto 2) Sentencia Rad. 22259. [MP: Luis Osorio López].

169 Corte Suprema de Justicia, Sala de Casación Laboral [CSJ-SCL] (2012, abril 24). Sentencia Rad. 39600. [MP: Jorge Burgos Ruiz].

tos indicios -que se destacan más adelante-, en algunas otras, no sólo se soslaya la utilización de la presunción de laboralidad, trasladando la carga de la prueba al accionante (pretendido trabajador), sino que incluso se pone en duda la suficiencia de los principales indicios que se utilizan en otras decisiones de la misma Corporación. En tal sentido, resulta bastante opuesta a los postulados generalmente admitidos, la decisión de fecha 13 de abril de 2005, que concluyó:

> En cuanto a los errores uno y dos que comportan la reclamación del actor en punto al elemento de la subordinación jurídica, la cual, en sentir del censor se presentó durante el ejercicio de las labores para las cuales fue contratado, pues, las pruebas acusadas conducen a esta conclusión en tanto de su apreciación y/o correcta estimación quedan demostrados hechos que así lo permiten inferir, entre los cuales destaca los siguientes: **1) Que al actor se le impuso un horario de trabajo; 2) Su permanencia en las instalaciones de la empresa para la realización de las labores contratadas; 3) Era sujeto pasivo de las instrucciones impartidas durante el desempeño de sus tareas como la solicitud de cronograma de actividades y de planeación estratégica; 4) Fue designado como representante de la Cámara de Comercio ante otros organismos gubernamentales y, 5) Concedía permisos y vacaciones a los empleados del Centro de Conciliación.**
>
> Son hechos que en sentir de la Sala, no permiten establecer que la conclusión del Tribunal respecto de la **inexistencia de la referida subordinación** constituya un error evidente de hecho originado en la apreciación de las pruebas denunciadas y que pueda conducir al quiebre de la sentencia gravada, pues debe anotarse que la existencia de un contrato civil de prestación de servicios profesionales en ningún caso implica la veda total de instrucciones o el ejercicio de control y supervisión del contratante sobre el contratista, ni que la delegación de actividades que impliquen representación del empleador conlleve indefectiblemente a concluir que se está en presencia de un contrato de trabajo[170]. (Resaltado y subrayado nuestro).

La citada decisión cuestiona o niega carácter constitutivo a condiciones o circunstancias clásicamente consideradas como características de un régimen de subordinación, especialmente, cuando son concurrentes, como en el caso concreto lo constató la misma decisión. Afortunadamente, en la mayoría de las decisiones estudiadas no se incurre en estos desatinos.

II.1.4. No utilización de la *Recomendación sobre la relación de trabajo, 2006 (núm. 198) de la OIT*

La Organización Internacional del Trabajo (OIT) fue creada al final de la Primera Guerra Mundial, en reconocimiento de que la *"paz no puede ser fundada sino*

---

170 Corte Suprema de Justicia, Sala de Casación Laboral [CSJ-SCL] (2005, abril 13). Sentencia Rad. 23721. [MP: Carlos Isaac Nader].

sobre la base de la justicia social"[171], dando nacimiento a un Derecho del Trabajo universal, que vino a contrarrestar la existencia de *"condiciones de trabajo que implican para un gran número de personas la injusticia, la miseria y las privaciones, lo que engendra un tal descontento que la paz y la armonía universales son puestas en peligro"*, disponiendo como sus primeros objetivos:

> [M]ejorar esas condiciones: por ejemplo, en lo que concierne a la reglamentación de las horas de trabajo, a la fijación de una duración máxima de la jornada y de la semana de trabajo, al reclutamiento de la mano de obra, la lucha contra la desocupación, la garantía de un salario que asegure condiciones de existencia convenientes, la protección de los trabajadores contra las enfermedades generales o profesionales y los accidentes resultantes del trabajo, la protección de los niños, de los adolescentes y de las mujeres, las pensiones de vejez y de invalidez, la defensa de los intereses de los trabajadores ocupados en el extranjero, la afirmación del principio de la libertad sindical, la organización de la enseñanza profesional y técnica y a otras medidas análogas.

Con fundamento en estos principios se han erigido las normas del Derecho del Trabajo en el mundo occidental, para alcanzar, en esencia, los mismos objetivos de justicia social, acceso al empleo, trabajo decente, condiciones dignas, remuneración suficiente, seguridad social, formación profesional y libertad sindical, constituyendo en el Siglo XXI una de las principales preocupaciones del organismo, el tema de la correcta caracterización de las relaciones de trabajo, lo que ha dado lugar al dictado de instrumentos con tal finalidad. No obstante, hasta donde conocemos, en Colombia las Altas Cortes (y los tribunales de instancia) no hacen uso de alguna forma sistemática del test o haz de indicios, omitiendo mención y aplicación de la *Recomendación sobre la relación de trabajo, 2006 (núm. 198) de la OIT,* a pesar que dicho instrumento forma parte de las fuentes formales del derecho colombiano, conforme a la previsión del artículo 19 del CST[172], y que, además, en nuestro criterio, incluso podría formar parte del Bloque de Constitucionalidad[173].

---

171 Tratado de Versalles (1919, junio 28) [Transcripción en Línea]. Disponible en: https://www.dipublico.org/1729/tratado-de-paz-de-versalles-1919-en-espanol/ [Consulta: 2019, diciembre 10].

172 Artículo 19. Normas de aplicación supletoria. Cuando no haya norma exactamente aplicable al caso controvertido, se aplican las que regulen casos o materias semejantes, los principios que se deriven de este Código, la jurisprudencia, la costumbre o el uso, la doctrina, los Convenios y Recomendaciones adoptados por la Organización y las Conferencias Internacionales del Trabajo, en cuanto no se opongan a las leyes sociales del país, los principios del derecho común que no sean contrarios a los del Derecho del Trabajo, todo dentro de un espíritu de equidad. (Subrayado nuestro).

173 Véase acápite V.3. Sobre el carácter vinculante o aplicación obligatoria de la R198 Recomendación sobre la relación de trabajo, 2006 (núm. 198) de la OIT.

Hasta ahora, no apreciamos que la jurisprudencia colombiana haya hecho uso de este valioso instrumento contentivo de un catálogo de indicios y principios que, analizados en cada caso concreto, permiten de manera coherente y sistemática la determinación de existencia o no de contratos de trabajo. El instrumento pone de relieve los signos de la subordinación o dependencia requeridos por el legislador (prestación personal de servicio y ajenidad) y su contraste con los signos de autonomía, para examinar las relaciones que conforman las denominadas "zonas grises", o aquellas donde se ha pretendido disimular la contratación laboral, encubriéndolas formalmente bajo el manto de otras figuras lícitas, tales como, los contratos de prestación de servicios, de agencia comercial, cuentas en participación, cooperativas de trabajo asociado, u otras formas de tercerización, etc. La misma Recomendación es apenas mencionada por algunos autores patrios contemporáneos, como José Sierra[174], Enrique Martínez[175], y las coautoras, Laura Orjuela, Diana Segura y Sandra Tovar[176], pero sin hacer análisis de sus postulados ni proponer su uso por la rama judicial. Afortunadamente, la obra de los expertos foráneos, Humberto Villasmil y César Carballo, con relación al contenido y aplicación de esta recomendación ha sido recientemente publicada en Colombia por la Universidad Libre en formato electrónico de acceso público[177], según hemos citado previamente.

II.1.5. No utilización de la noción de Ajenidad

Aun cuando las Altas Cortes han hecho uso de determinados indicios propios del elemento ajenidad, como, por ejemplo, la propiedad de las herramientas o la asunción de riesgos, en general, no se ha verificado por la doctrina y jurisprudencia colombiana la construcción y uso de este elemento inmanente e inseparable de la

---

174 Sierra, J. A. (2017) ¿Es el Estado un ejemplo… Ob. Cit. p. 49-50. El autor cita los indicadores previstos en el párrafo 13 de la Recomendación y concluye que están presentes en las contrataciones de "prestación de servicios" realizadas por la administración pública, pero no realiza discriminación ni sustento fáctico de su conclusión.

175 Martínez Sánchez, E. (2019) Introducción a la simulación…Ob. Cit. Este autor al final de su muy completa obra sobre la simulación laboral, incluye el texto íntegro de la Recomendación 198 de la OIT, empero, al presentar sus propios indicios de simulación, que sustenta en la obra de Luis Muñoz Sabaté, no hace uso de los indicios contemplados en la Recomendación.

176 Orjula Albarracín, L., Segura Castañeda, D. y Tovar Reyes, S. (2012) Fraude al contrato de trabajo: análisis a las cooperativas de trabajo asociado, empresas de servicios temporales, outsourcing y otras tipologías de contratación civil o comercial. Bogotá: Universidad Externado de Colombia, p. 165-166. Las autoras resumen algunos considerando de la Recomendación y sus objetivos, pero omiten mención y análisis de los indicios de laboralidad.

177 Nos referimos a: Villasmil Prieto, H. y Carballo Mena, C. A. (2019) Recomendación 198 OIT sobre la relación de trabajo. Bogotá: Universidad Libre. Disponible en: https://repository.unilibre.edu.co/handle/10901/19129 [Consulta: 2020, abril 4].

noción de la relación de trabajo, donde, por antonomasia la prestación de servicios se realizada "por cuenta ajena". Al cual nos referimos más adelante.

II.2. EL CONTRATO DE TRABAJO EN LA LEGISLACIÓN COLOMBIANA

II.2.1. Constitucionalización del Derecho del Trabajo y sus implicaciones interpretativas

En relación al trabajo, la Constitución Política de Colombia, entre otros derechos y garantías dispone:

> **Artículo 1.** Colombia es un Estado social de derecho, organizado en forma de República unitaria, descentralizada, con autonomía de sus entidades territoriales, democrática, participativa y pluralista, fundada en el respeto de la dignidad humana, en el trabajo y la solidaridad de las personas que la integran y en la prevalencia del interés general.
>
> **Artículo 25.** El trabajo es un derecho y una obligación social y goza, en todas sus modalidades, de la especial protección del Estado. Toda persona tiene derecho a un trabajo en condiciones dignas y justas". (Subrayado nuestro)
>
> **Artículo 26.** Toda persona es libre de escoger profesión u oficio. La ley podrá exigir títulos de idoneidad. Las autoridades competentes inspeccionarán y vigilarán el ejercicio de las profesiones. Las ocupaciones, artes y oficios que no exijan formación académica son de libre ejercicio, salvo aquellas que impliquen un riesgo social.
>
> Las profesiones legalmente reconocidas pueden organizarse en colegios. La estructura interna y el funcionamiento de éstos deberán ser democráticos. La ley podrá asignarles funciones públicas y establecer los debidos controles. (Subrayado nuestro)
>
> **Artículo 53.** El Congreso expedirá el estatuto del trabajo. La ley correspondiente tendrá en cuenta por lo menos los siguientes principios mínimos fundamentales:
>
> Igualdad de oportunidades para los trabajadores; remuneración mínima vital y móvil, proporcional a la cantidad y calidad de trabajo; estabilidad en el empleo; irrenunciabilidad a los beneficios mínimos establecidos en normas laborales; facultades para transigir y conciliar sobre derechos inciertos y discutibles; situación más favorable al trabajador en caso de duda en la aplicación e interpretación de las fuentes formales de derecho; primacía de la realidad sobre formalidades establecidas por los sujetos de las relaciones laborales; garantía a la seguridad social, la capacitación, el adiestramiento y el descanso necesario; protección especial a la mujer, a la maternidad y al trabajador menor de edad.

> El estado garantiza el derecho al pago oportuno y al reajuste periódico de las pensiones legales.
>
> Los convenios internacionales del trabajo debidamente ratificados, hacen parte de la legislación interna.
>
> La ley, los contratos, los acuerdos y convenios de trabajo, no pueden menoscabar la libertad, la dignidad humana ni los derechos de los trabajadores. (Subrayado nuestro).

La Constitución Política desde su preámbulo evidencia un contenido axiológico de garantías a *"la vida, la convivencia, el trabajo, la justicia, la igualdad, el conocimiento, la libertad y la paz, dentro de un marco jurídico, democrático y participativo que garantice un orden político, económico y social justo"* (subrayado nuestro); pasando en su artículo 1, a definir a Colombia como un ***"Estado social de derecho"***, organizado en forma de República, *"fundada en el respeto de la dignidad humana, en el trabajo y la solidaridad de las personas que la integran y en la prevalencia del interés general"* (Subrayado nuestro). Coherente con estos lineamientos teleológicos y axiológicos, dedica su Título II a la enunciación de los derechos y garantías, incluyendo derechos fundamentales (Capítulo 1) y derechos sociales (Capítulo 2), entre los que destacamos a fines de este estudio: el derecho a la igualdad material y protección especial *"de personas que por su condición económica, física o mental, se encuentren en circunstancia de debilidad manifiesta"* (art. 13); la protección del trabajo ***en todas sus modalidades*** (art. 25); la libertad de escogencia de profesión u oficio (art. 26); el derecho a la libertad sindical -sindicación, negociación colectiva y huelga- (arts. 39, 55 y 56); la igualdad entre hombres y mujeres con especial protección a la maternidad (art. 43); el derecho a la seguridad social universal, solidaria, e irrenunciable, con protección integral para las personas de la tercera edad, y gratuidad de los servicios médicos a niños menores de un año (arts. 46, 48 y 50); y, la protección a la Salud como servicio público (art. 49). En el mismo sentido, en una norma aparentemente programática dispone la intervención Estatal para *"dar pleno empleo a los recursos humanos y asegurar, de manera progresiva, que todas las personas, en particular las de menores ingresos, tengan acceso efectivo al conjunto de los bienes y servicios básicos"* (art. 334)

Adicionalmente, en alusión directa a la conformación del Derecho del Trabajo, en su artículo 53 la CP contempla un mandato al legislador para la expedición del Estatuto del Trabajo, disponiendo un catálogo de principios *"mínimos fundamentales"*, aún no recogidos o regulados por el referido Estatuto, habida cuenta de la exagerada y sostenida mora legislativa en su expedición, previamente denunciada *supra*. Adviértase desde ya que, a pesar de la ausencia de desarrollo legislativo de estos principios mínimos, éstos, por su rango Constitucional y su contenido axiológico (no programático) constituyen verdaderos y fundamentales derechos subjetivos laborales y procesales en favor de los trabajadores, de inmediata y obligatoria aplicación por parte de los jueces y demás operadores jurídicos.

La misma Carta Fundamental, preceptúa la prevalencia en el orden interno de los Derechos Humanos reconocidos en tratados y convenios internacionales ratificados por el Congreso (art. 93), y reconoce **otros derechos y garantías inherentes a la persona humana** (*numerus apertus*) aunque no estén expresamente consagrados en su texto (art. 94).

En cohesión y armonía con estos derechos individuales y sociales, la CP también reconoce o garantiza el Derecho de propiedad privada (art. 58), la libertad económica y la iniciativa privada, la libre competencia económica (libertad de mercado) y a la Empresa como base del desarrollo (art. 333); conformando lo que la Corte Constitucional ha denominado el *"tríptico económico"* de la Carta Política, integrado por el trabajo, la propiedad privada y la libertad de empresa[178]. En tal sentido, se sostiene que: *"[l]a unidad normativa de la Constitución y su interpretación sistemática permiten vincular directamente las disposiciones que conforman la llamada 'Constitución Económica' - Título XII del Régimen Económico y de la Hacienda Pública - con el principio fundamental del Estado social de derecho y la efectividad de los derechos constitucionales, en especial, los derechos sociales, económicos y culturales (CP arts. 42 a 77)"*[179].

Todas esta normativa constitucional dispone "principios", que obligan a una interpretación armónica o sistemática del resto del ordenamiento jurídico en materia de Derecho del Trabajo o de la Seguridad Social, bien los entendamos como normas programáticas o directrices (*norma que estipula la obligación de perseguir determinados fines"*), o bien los entendamos *"en el sentido de norma que expresa los valores superiores de un ordenamiento jurídico (y que son el reflejo de una determinada forma de vida), de un sector del mismo, de una institución, etc."*[180] De manera que, cualesquiera análisis, interpretaciones, o soluciones jurídicas que se apliquen para la resolución de la problemática que nos ocupa, siempre debe pasar por la revisión y contraste de estos principios que irradian al resto del ordenamiento. En palabras de Atienza y Ruiz (1991):

> Pues bien, los principios cumplen con esta función explicativa al menos en estos dos sentidos. En primer lugar, por su capacidad para sintetizar una gran cantidad de información: la referencia a unos pocos principios nos permite entender cómo funciona una institución jurídica en el con-

178 *"La persona es el sujeto de la Constitución y, como condición de la dignidad humana, la Carta es portadora de derechos y deberes (Título II). El trabajo es justamente uno de ellos (artículo 25), con un carácter de derecho-deber y, como todo el tríptico económico de la Carta -propiedad (art. 58), trabajo (art. 25), empresa (art. 333)-, cumple una función social"*. Corte Constitucional (1992, mayo 29). Sentencia C-221/92 [MP: Alejandro Martínez Caballero].

179 Corte Constitucional (1992, junio 24). Sentencia T-426/92. [MP: Eduardo Cifuentes Muñoz].

180 Atienza, M. y Ruiz Manero, J. (1991) Sobre principios y reglas. Cuadernos de Filosofía del Derecho. N° 10, p 104. Disponible en: http://www.cervantesvirtual.com/nd/ark:/59851/bmcbk1q1 [Consulta: 2019, octubre 20].

> junto del ordenamiento jurídico, y en relación con el sistema social. Los principios son -como las leyes científicas- enunciados que hacen posible una descripción económica de una determinada realidad (en este caso, el Derecho), y cumplen por tanto una función didáctica -en sentido amplio- de una gran importancia. Pero, en segundo lugar -y esto es aún más importante- los principios nos permiten también entender el Derecho -o los diferentes Derechos- no como un simple conjunto de pautas, sino como un conjunto ordenado, esto es, como un conjunto dotado de sentido. Por ello, conocer los principios de una institución o de un determinado Derecho permite incluso, hasta un cierto punto, predecir cuáles son las soluciones a los problemas jurídicos fijadas en disposiciones específicas. Esta doble capacidad de los principios para presentar de una manera breve y ordenada un sector de (o todo) un ordenamiento jurídico no es ni más ni menos que lo que suele llamarse sistematización del Derecho. Y como ésta es la función principal que, se supone, ha de realizar la ciencia jurídica, queda claro que los principios juegan aquí un papel fundamental.[181]

Estas nociones básicas pero fundamentales relativas al alcance e importancia de los citados principios constitucionales deben tenerse presente en todo momento para el correcto entendimiento de los temas que se estudian en esta obra, cuya interpretación y análisis, por supuesto, debe superar la exégesis normativa y la simple repetición de conceptos o definiciones.

II.2.2. Las normas del Código Sustantivo del Trabajo

La existencia de principios fundamentales de rango constitucional irradian al resto del ordenamiento jurídico[182] forzando una interpretación y aplicación de la normativa legal o su legal conforme a los valores dispuestos por la CP, e incluso a resolver situaciones con o por aplicación directa de aquellos principios, especialmente cuando éstos no han sido desarrollados legislativamente, como en efecto ocurre en Colombia respecto a muchos derechos laborales como consecuencia de la mora legislativa en la expedición del Estatuto del Trabajo. Ahora bien, esa interpretación sistemática e integradora tiene como fundamento estos y otros principios constitucionales -explícitos e implícitos- y al mismo tiempo, se inserta dentro del

---

181 Ibidem, p.114.

182 "(...) los valores o principios ius fundamentales no valen únicamente para la relación entre el Estado y el ciudadano, sino mucho más allá de eso, 'para todos los ámbitos del derecho'. Esto lleva a un 'efecto de irradiación (*Ausstrahlungswirkung*)' de los derechos fundamentales sobre todo el sistema jurídico; los derechos fundamentales se vuelven ubicuos". Alexy R. (2009) Derechos fundamentales, ponderación y racionalidad. Revista Iberoamericana de Derecho Procesal Constitucional, N° 11, enero-junio 2009, p. 3-14.

marco contextual la noción de Estado Social de Derecho, también consagrado constitucionalmente; lo que requiere del interprete el manejo y conocimiento de dichos principios en su sentido teleológico, axiológico e histórico, desentrañando el por qué y el para qué de los mismos, incluyendo la revisión e inteligencia de su génesis y talante universal. No se trata, por ahora, de interpretar o entender cada principio en sí mismo o individualmente, ni de verificar un análisis normativo de los preceptos que los contienen. Se trata de asimilar las razones y valores que dieron paso al neo constitucionalismo, y que justifica la previsión de un Estado Social de Derecho como mecanismo que en definitiva procura la paz social y el bienestar común, sin desmedro del sistema de libertades económicas o la economía de mercado.

En este contexto, revisamos las respectivas normas del Código Sustantivo del Trabajo (CST)[183]:

> **Artículo 5. Definición de trabajo**. El trabajo que regula este Código es toda actividad humana libre, ya sea material o intelectual, permanente o transitoria, que una persona natural ejecuta conscientemente al servicio de otra, y cualquiera que sea su finalidad, siempre que se efectúe en ejecución de un contrato de trabajo.
>
> **Artículo 11. Derecho al trabajo**. Toda persona tiene derecho al trabajo y goza de libertad para escoger profesión u oficio, dentro de las normas prescritas por la Constitución y la Ley.
>
> **Artículo 22. Definición.**
>
> 1. Contrato de trabajo es aquel por el cual una persona natural se obliga a prestar un servicio personal a otra persona, natural o jurídica, bajo la continuada dependencia o subordinación de la segunda y mediante remuneración.
> 2. Quien presta el servicio se denomina trabajador, quien lo recibe y remunera, {empleador}, y la remuneración, cualquiera que sea su forma, salario. (Subrayado nuestro)
>
> **Artículo 23. Elementos esenciales.**
>
> 1. Para que haya contrato de trabajo se requiere que concurran estos tres elementos esenciales:
>   a. La actividad personal del trabajador, es decir, realizada por sí mismo;
>   b. **La continuada subordinación o dependencia** del trabajador respecto del empleador, que faculta a éste para exigirle el cumpli-

183 Código Sustantivo del Trabajo (1951, junio 7). Diario Oficial N° 27.622. [Transcripción en Línea]. Disponible en: https://www.ilo.org/dyn/travail/docs/1539/Codigo%20Sustantivo%20del%20Trabajo% 20Colombia.pdf [Consulta: 2019, Agosto 3].

miento de órdenes, en cualquier momento, en cuanto al modo, tiempo o cantidad de trabajo, e imponerle reglamentos, **la cual debe mantenerse por todo el tiempo de duración del contrato.** Todo ello sin que afecte el honor, la dignidad y los derechos mínimos del trabajador en concordancia con los tratados o convenios internacionales que sobre derechos humanos relativos a la materia obliguen al país; y

c. Un salario como retribución del servicio.

2. Una vez reunidos los tres elementos de que trata este artículo, se entiende que existe contrato de trabajo y no deja de serlo por razón del nombre que se le dé ni de otras condiciones o modalidades que se le agreguen.

Artículo 24. Presunción. Se presume que toda relación de trabajo personal está regida por un contrato de trabajo.

Artículo 28. Utilidades y pérdidas. El trabajador puede participar de las utilidades o beneficios de su {empleador}, pero nunca asumir sus riesgos o pérdidas.

Artículo 34. Contratistas independientes.

1o) Son contratistas independientes y, por tanto, verdaderos {empleadores} y no representantes ni intermediarios, las personas naturales o jurídicas que contraten la ejecución de una o varias obras o la prestación de servicios en beneficios de terceros, por un precio determinado, asumiendo todos los riesgos, para realizarlos con sus propios medios y con libertad y autonomía técnica y directiva. Pero el beneficiario del trabajo o dueño de la obra, a menos que se trate de labores extrañas a las actividades normales de su empresa o negocio, será solidariamente responsable con el contratista por el valor de los salarios y de las prestaciones e indemnizaciones a que tengan derecho los trabajadores, solidaridad que no obsta para que el beneficiario estipule con el contratista las garantías del caso o para que repita contra él lo pagado a esos trabajadores. (...) (En todas las normas, subrayado y resaltado nuestro).

Las citadas normas constitucionales y legales dan cuenta de la protección que concede la legislación colombiana al Derecho del Trabajo, la libertad de trabajar y la definición de lo que se concibe como relación de trabajo dependiente, incluyendo la presunción de existencia del contrato de trabajo, el principio de primacía de la realidad sobre las formas o apariencias, y el principio de favor para la aplicación de la norma más beneficiosa. También enseñan estas normas los elementos definitorios del contrato de trabajo, que lo diferencian de otras prestaciones de servicios de carácter personal que pueden presentarse en el ámbito profesional, civil, mercantil o incluso familiar.

II.2.3. La Noción de contrato o relación de trabajo. Sus elementos

La doctrina clásica de Derecho del Trabajo colombiano[184], e incluso algunas contemporáneas, parecen mantener las históricas disertaciones respecto a las nociones de contrato de trabajo y relación de trabajo, entendiendo está última como cualquier forma de prestación de servicio personal en favor de otra persona (gratuita u onerosa, subordinada o autónoma), es decir, prescindiendo de los otros elementos que califican el "contrato de trabajo"[185], en una suerte de relación género y especie. Para esta posición, *"[c]onforme a la ley, la jurisprudencia y la doctrina, se puede afirmar que en todo contrato de trabajo subyace una relación laboral, contrario censu, no toda relación laboral constituye un contrato de trabajo. Así, para que se entienda de mejor forma, se debe considerar que el contrato de trabajo es una especie dentro del género de las relaciones laborales"*[186]. Estas nociones, tienen fuente en la clásica contraposición de las teorías contractualista y relacionista, y adicionalmente se ven sustentadas en la lectura exegética de las confusas y vetustas normas del CST, que parecen tratar como diferentes a ambos conceptos, como se aprecia en los artículos 5[187] y 24[188] del referido código. Especialmente, en la última norma mencionada, que utiliza la expresión "relación de trabajo" para referir a la "prestación personal de servicios".

González Charry (1998) en su clásica obra[189], aclara y explica que los q*ue la ley colombiana llama "elementos del contrato de trabajo" no son tales, sino más bien, "elementos de la relación de trabajo", y que el contrato como acto jurídico requiere la concurrencia de requisitos diferentes de los que caracterizan esta relación.* El mismo autor dedica un capítulo de su obra a la "Relación de Trabajo", con lo que asume la relevancia de la

---

184 González Charry, G. (1998) Derecho Laboral Colombiano. Volumen 1, 9ª edición. Bogotá: Ediciones Doctrina y ley Ltda.

185 "Una relación laboral es aquella por la que una persona natural realiza una labor o presta un servicio en favor de otra persona, ya sea esta natural o jurídica. Dicha prestación puede ser ejecutada en forma gratuita u onerosa. Por otra parte, la manera en que se cumple la determinada labor puede estar sujeta a las órdenes de alguien o puede, por el contrario, no estar sujeta a ninguna orden y realizarse de forma autónoma. La realidad de estas circunstancias determina si se está frente a la figura de un contrato de trabajo o si, por el contrario, se trata de otra clase (especie) de relación laboral". Vallecilla Baena, L. F. (2018) La relación laboral y el contrato de trabajo. Derecho Laboral en Colombia. Colección jus laboral N° 8. Bogotá: Universidad Católica de Colombia, p. 36.

186 Ibidem.

187 **Art. 5. Definición de trabajo**. El trabajo que regula este Código es toda actividad humana libre, ya sea material o intelectual, permanente o transitoria, que una persona natural ejecuta conscientemente al servicio de otra, y cualquiera que sea su finalidad, siempre que se efectúe en ejecución de un contrato de trabajo.

188 **Art. 24. Presunción.** Se presume que toda relación de trabajo personal está regida por un contrato de trabajo.

189 González Charry, G. (1998) Derecho Laboral Colombiano..., Ob. Cit.

noción y patentiza su utilización. De su parte, el Profesor Iván Jaramillo (2010), al referir el contenido de los artículos 23 y 34 del CST, concluye:

> Las normas trascritas no permiten dilucidar con facilidad en qué escuela se matricula el código colombiano ya que inicialmente se hace referencia al contrato de trabajo, pero a renglón seguido se enlistan los elementos constitutivos del mismo que son propiamente los de la relación de trabajo. Esto se debe a la influencia en los redactores de las normas del Código colombiano de la doctrina mexicana, en cabeza del maestro Mario de la Cueva, que a su vez está inspirada en la escuela alemana y su teoría de la relación de trabajo, de manera que a pesar de que en principio Colombia adopta la tesis contractualista, no deja de lado la tesis de la relación de trabajo en armonía con la influencia de la doctrina mexicana en los países de América Latina. En conclusión, a pesar de que formalmente se nominó contrato de trabajo el vínculo que une al trabajador con el empleador, sustancialmente se privilegió la teoría de la relación de trabajo.[190] (Subrayado nuestro).

Siguiendo a la mayoría de la doctrina y legislación latinoamericana, e incluso la nomenclatura de la Organización Internacional del Trabajo (OIT), en esta obra preferimos utilizar la noción de "Relación de Trabajo":

> La relación de trabajo es una noción jurídica de uso universal con la que se hace referencia a la relación que existe entre una persona, denominada «el empleado» o «el asalariado» (o, a menudo, «el trabajador»), y otra persona, denominada el «empleador», a quien aquélla proporciona su trabajo bajo ciertas condiciones, a cambio de una remuneración. Es mediante la relación de trabajo, independientemente de la manera en que se la haya definido, como se crean derechos y obligaciones recíprocas entre el empleado y el empleador. La relación de trabajo fue, y continúa siendo, el principal medio de que pueden servirse los trabajadores para acceder a los derechos y prestaciones asociadas con el empleo en el ámbito del derecho del trabajo y la seguridad social. Es el punto de referencia fundamental para determinar la naturaleza y la extensión de los derechos de los empleadores, como también de sus obligaciones respecto de los trabajadores[191]. (Subrayado nuestro).

---

190 Jaramillo Jassir, I. D. (2010) Presente y futuro del derecho…,Ob. Cit., p.62.

191 Organización Internacional del Trabajo [OIT] (2006). La relación de trabajo. Informe presentado a la Conferencia Internacional del Trabajo, 95° reunión, 2006. Ginebra: OIT. Disponible en: https://www.ilo.org/public/spanish/standards/relm/ilc/ilc95/pdf/rep-v-1.pdf. [Consulta: 2019, junio 2].

Sin embargo, en respeto de la tradición doctrinaria y jurisprudencial, y de la nomenclatura legislativa colombiana, usamos indistintamente y como sinónimos los términos: contrato de trabajo, relación de trabajo y relación laboral.

Respecto a los elementos del contrato de trabajo, la doctrina colombiana[192] destaca lo siguiente:

- **Actividad Personal.** El literal A, del artículo 22, del Código Sustantivo de Trabajo, se refiere al elemento de la prestación personal del servicio como "la actividad personal del trabajador, es decir, realizada por sí mismo". Es indispensable que la prestación personal del trabajador exista sin la posibilidad de que su actividad sea suplida por un tercero, o sea, es tan importante este elemento, que la muerte del trabajador es causal de terminación del contrato de trabajo. Cuando no existe prestación personal, no hay contrato de trabajo. De hecho, cuando se habla de prestación personal, se hace relación al elemento intuitu personae, es decir, que se busca que la prestación solo deba ser proporcionada por esta persona y no se pueda trasladar esa actividad a nadie más.
- **La continuada subordinación o dependencia**

  (...)

  El elemento de la subordinación es el centro medular sobre el cual giran la gran mayoría de conflictos jurídicos relacionados con los contratos de trabajo. Esto tiene explicación en que es este elemento el que esencialmente separa las relaciones de trabajo amparadas por las garantías de la legislación individual de trabajo, de las que no se encuentran amparadas o de aquellas de naturaleza diferente a la laboral.

  La subordinación supone, en primera medida, la facultad que tiene el empleador de dar órdenes al trabajador acerca del cómo, cuándo, cuánto y dónde hacer respecto a su trabajo. En segunda medida, supone la posibilidad que tiene el empleador de imponer reglamentos y sanciones, es decir, implica una capacidad disciplinaria.

  La subordinación comporta un fenómeno jurídico compuesto de una serie de situaciones que evidencian su existencia, entre las cuales el profesor chileno Eduardo Caamaño propone las siguientes:

  La continuidad y permanencia de los servicios prestados; la obligación de asistencia del trabajador; el cumplimiento de un horario de trabajo; la sujeción a instrucciones u órdenes; la ausencia de riesgos económicos vinculados a los resultados de la actividad empresarial;

---

192 Jaramillo Jassir, I. D. (2010) Presente y futuro del derecho...*Ob. Cit.*, p. 44-49.

> la concurrencia al lugar de trabajo; la supervigilancia o supervisión directa; la inserción en la organización del empleador, la retribución a través de un salario, el hecho que el material y los equipos utilizados para desempeñar el trabajo no sean de propiedad del trabajador, etc. (Subrayado nuestro).

- **La remuneración o salario.** El literal c, del artículo 23, del Código Sustantivo de Trabajo, sitúa como tercer elemento del contrato de trabajo una remuneración o salario en retribución del servicio prestado: "Un salario como retribución del servicio".

  El legislador ha destinado todo un título del Estatuto Laboral para regular el salario, al ser un derecho que goza de una especial protección por parte del sistema jurídico. La naturaleza del salario es la de ser la forma en la que el empleador retribuye al trabajador por su servicio, por lo que forman parte integrante de aquel todas las sumas que recibe el trabajador en contraprestación de su labor.

Resulta claro que al igual que en la noción casi universal, el elemento diferenciador o calificador del contrato de trabajo es la subordinación, y en tal sentido se ha referido:

> El poder subordinante se concreta en el sometimiento del trabajador a las órdenes o imposiciones del empleador y se constituye en el elemento esencial y objetivo del contrato de trabajo, conforme desde antaño lo concibió el legislador colombiano en el artículo 1° de la ley 6ª de 1945 al consagra que "'[h]ay contrato de trabajo entre quien presta un servicio personal bajo la **continuada dependencia de otro** mediante remuneración, y quien recibe tal servicio", y tal como lo repitiera el Código Sustantivo del Trabajo al señalar que en el contrato de trabajo concurren la actividad personal de trabajador, el salario como retribución del servicio prestado y la continuada subordinación de este respecto de su empleador que lo faculta para "**exigirle el cumplimiento de órdenes, en cualquier momento, en cuanto al modo, tiempo o cantidad de trabajo, e imponerle reglamentos**, la cual debe mantenerse por todo el tiempo de duración del contrato"[193]. (Resaltado y subrayado nuestros).

Sobre el tema, la doctrina latinoamericana[194] ha precisado:

---

193 Dueñas Quevedo, C. C. (2017) El contrato de trabajo... *Ob. Cit.*, p. 7-8.

194 Ermida Uriarte, O. y Hernández Alvarez, O. (2016) Crítica de la Subordinación. Estudios Jurídicos en homenaje al doctor Néstor del Buen Lozano. Patricia Kurcyb Villalobos y Carlos Puig Hernández (coordinadores). México: UNAM.

> Es, en efecto, cierto que de todos los contratos civiles o mercantiles nacen obligaciones, al menos para una de las partes contratantes y que la parte que se obliga subordina su conducta al contrato, en el sentido de que debe dar cumplimiento a la obligación asumida mediante el mismo. Pero en el contrato del trabajo, la subordinación no significa solamente que el trabajador está obligado a prestar el servicio al cual se comprometió, sino que debe prestarlo con sujeción personal al poder directivo del empleador, lo cual crea, en la relación de trabajo, un sometimiento jerárquico de la persona del trabajador a la persona del empleador que no se produce en los contratos civiles y mercantiles.

El elemento "subordinación" ha sido utilizado por la Corte Constitucional[195], para deslindar el contrato de prestación de servicios del contrato de trabajo:

> El elemento de subordinación o dependencia es el que determina la diferencia del contrato laboral frente al de prestación de servicios, ya que en el plano legal debe entenderse que quien celebra un contrato de esta naturaleza, como el previsto en la norma acusada, no puede tener frente a la administración sino la calidad de contratista independiente sin derecho a prestaciones sociales; a contrario sensu, en caso de que se acredite la existencia de un trabajo subordinado o dependiente consistente en la actitud por parte de la administración contratante de impartir órdenes a quien presta el servicio con respecto a la ejecución de la labor contratada, así como la fijación de horario de trabajo para la prestación del servicio, se tipifica el contrato de trabajo con derecho al pago de prestaciones sociales, así se le haya dado la denominación de un contrato de prestación de servicios independiente.

Este mismo requisito o componente de subordinación/dependencia, conformador del contrato de trabajo, ha sido previsto por la mayoría de los ordenamientos latinoamericanos[196], a los que referiremos al formular nuestro análisis bajo la perspectiva derecho comparado.

---

195 Corte Constitucional (1997, marzo 19). Sentencia C-154/97. [MP: Hernando Herrera].

196 Artículo 22 de la Ley de Contrato de Trabajo (N° 20.744) de Argentina; artículo 1 del Decreto Supremo 23570 de Bolivia; artículo 3 de la Consolidación de las Leyes del Trabajo de Brasil; artículo 7 del Código del Trabajo de Chile; artículo 18 del Código del Trabajo de Costa Rica; artículo 8 del Código del Trabajo de Ecuador; artículo 17 del Código de Trabajo de El Salvador; artículo 18 del Código de Trabajo de Guatemala; artículo 19 del Código de Trabajo de Honduras; artículo 20 de la Ley Federal del Trabajo en México; artículo 19 del Código del Trabajo de Nicaragua; artículo 62 del Código de Trabajo de Panamá; artículo 18 del Código del Trabajo de Paraguay; artículo 4 de la Ley de Productividad y Competitividad Laboral de Perú; artículo 2.1 de la Ley de Transformación y Flexibilidad Laboral de Puerto Rico; artículo 1 del Código del Trabajo de República Dominicana; y artículo 55 de la Ley Orgánica del Trabajo, los Trabajadores y las Trabajadoras de Venezuela.

II.2.4. Principales indicios de subordinación en la Jurisprudencia Colombiana

Como se criticó en los acápites II.1.3[197] y II.1.4[198] la jurisprudencia colombiana, en la práctica, ha negado en ocasiones la aplicación de -o ha aplicado incorrectamente- la presunción de laboralidad prevista en el artículo 24 del CST; no ha hecho uso ni mención de la Recomendación 198 OIT sobre la Relación de Trabajo; y tampoco ha creado alguna forma sistemática de indicadores o indicios para establecer la subordinación. No obstante, aun sin un formato sistemático o sin proponer un catálogo de indicios, la jurisdicción colombiana ha determinado y utilizado reiteradamente múltiples indicadores de la existencia del contrato de trabajo (principalmente referidos a la subordinación y la prestación del servicio de forma personal), y diferenciadamente, también ha definido rasgos característicos de la autonomía o independencia, como elementos contrastantes.

Estos indicios, análogos a algunos propuestos en el párrafo 13 de la Recomendación 198 de la OIT sobre la relación de trabajo (2006), se han aplicado principalmente para determinar la subordinación y distinguir entre el tan abusado contrato de prestación de servicios y el contrato de trabajo, y también respecto al "trabajo asociado" (cooperativas) u otras formas que puedan constituir relaciones objetivamente ambiguas (el alquiler de taxis para ser operado por un tercero, por ejemplo). Siempre, con sustento en la presunción de laboralidad prevista en el artículo 24 del CST y en aplicación del principio de primacía de la realidad dispuesto por el artículo 53 de la Constitución Política (contrato realidad). En tal sentido, podemos destacar:

1. Las nociones básicas relativas al ***cumplimiento de órdenes o instrucciones***:

> Al remitirse la Sala a las pruebas calificadas que aparecen denunciadas, al contrario de lo sostenido por el Juez Colegiado, de su correcta apreciación se encuentran signos suficientes e indicativos de subordinación o dependencia laboral, cuales son la obligación de cumplir órdenes o instrucciones de trabajo, entre ellas el suministro de información y elaboración de reportes semanales siguiendo los procedimientos diseñados por la demandada, la asistencia a reuniones de trabajo o de ventas, la asignación de clientes o prospectos, la adjudicación de un territorio o zona determinada, el acatamiento de directrices o sometimiento a reglamentos, la autorización de gastos para poder desarrollar las funciones de ventas, y la ejecución de tareas específicas; las que no fueron establecidas en la sentencia atacada por razón de la equivocada valoración de los medios probatorios[199]. (Subrayado y cursivas nuestro).

197 Limitada concepción de la noción de subordinación y de la presunción de laboralidad.

198 No utilización de la *Recomendación sobre la relación de trabajo, 2006 (núm. 198) de la OIT.*

199 Corte Suprema de Justicia, Sala de Casación Laboral [CSJ-SCL] (2009, abril 28). Sentencia Rad. 33849. [MP: Luis Javier Osorio López].

En el mismo sentido se ha establecido:

Se acredita con dichos documentos la ausencia de autonomía e independencia en los servicios prestados por el demandante, contrario a lo afirmado por el Tribunal, toda vez que la demandada era quien: (i) le daba las instrucciones de cómo, donde y cuando se practicaban las encuestas teniendo el demandante la obligación de acatarlo, (ii) le suministraba los formatos o minutas de encuestas, en los que no tenía injerencia o participación alguna el actor, (iii) técnicamente era quien diseñaba las encuestas, las tabulaba, revisaba si estaban bien ejecutadas, hasta el punto que no cancelaba las que no cumplían con los parámetros ordenados. En ese orden de ideas, la labor del actor se limitaba a hacer las preguntas y colocar las repuestas, obedeciendo los parámetros establecidos por la demandada para tal efecto[200].

2. La ***asunción de gastos o viáticos proveídos por el contratante*** y la ***posibilidad de ejercer medidas disciplinarias o sancionatorias***:

(IV) La autorización de gastos del Director de Operaciones Ricardo López B. con destino al "Personal en Ventas" de la compañía, en el que se relaciona expresamente a la actora como integrante de esa fuerza de trabajo, ello con el fin de cumplir con la "Atención a clientes y prospectos", para lo cual se fijan los montos de los "Gastos por Kilómetro recorrido o taxis y parqueadero" por cada visita de clientes o prospectos que se realice y el procedimiento para la presentación de la respectiva cuenta de gastos, en la que se hace la advertencia a dicho personal de que 'No sobra mencionar la importancia de manejar adecuadamente estos recursos que la Compañía pone a nuestra disposición y cualquier desviación inadecuada tendrá que ser sancionada ejemplarmente'.[201]

3. La ***inclusión del prestador de servicios en la organización comercial de la empresa y la asignación de un territorio para prestar el servicio***, remuneración y evaluaciones:

(...) se incluye a la demandante como integrante de la organización comercial, al igual que a la Sra. Pérez, y se discriminan las 'responsabilidades principales' del departamento de ventas, su territorio, su remuneración y las evaluaciones; como también el escalafón, según

200 Corte Suprema de Justicia, Sala de Casación Laboral [CSJ-SCL] (2009, julio 22) Sentencia Rad. 35501. [MP: Eduardo López Vilegas].

201 Corte Suprema de Justicia, Sala de Casación Laboral [CSJ-SCL] (2009, abril 28) Sentencia Rad. 33849. Ob. Cit.

el tiempo de experiencia: para el nivel asociado, es de 1 a 3 años de experiencia en ventas[202].

4. *Cumplimiento de horario*:

   Por otra parte, la prueba testimonial en la que también se soporta la decisión, y que examina esta Sala en razón a la equivocada valoración de los medios calificados, como se acaba de exponer, justamente, como lo anotó el ad quem, refieren a la ocurrencia de que la actora '(...) cumplía horarios, que tenía jefe, elementos asignados por la demandada y una remuneración mensual por comisiones', lo que corrobora una vez más la subordinación laboral.[203]

5. ***Uso de las instalaciones del contratante, asignación de carnet de la empresa, suministro de herramientas de trabajo, control de ingreso y de salida.***

   (...) tales declarantes dan cuenta de los servicios personales que ejecutó la actora como digitadora en las instalaciones designadas por la empresa demandada para tal fin, que tenía un carnet para poder ingresar, y que se les suministraba elementos de trabajo como el computador y otras herramientas para el cumplimiento de las tareas a desarrollar en la oficina, y si bien manifestaron que no se cumplía un horario de trabajo como tal, narran que a la accionante se le controlaba su ingreso y salida, aun cuando aludieron que lo era por razones de seguridad del edificio donde se prestaba el servicio, lo cual para la Sala no logra dejar sin piso lo certificado por el propio empleador en el documento ya analizado de fl. 14 sobre el sometimiento de 'un horario comprendido de 8 A.M. a 5 P.M'.[204]

6. La ***exigencia de "disponibilidad", o que el prestador de servicios labore en días de descanso o feriados*** (salvo que el contrato esté dirigido para laborar en tales días), constituye una señal de subordinación:

   En efecto, en principio, la realización de actividades laborales en días de descaso(sic) obligatorio, se pregona de quienes en desarrollo del contrato de trabajo deben laborar, por decisión de su empleador, en los días que para tal finalidad tiene prevista la legislación laboral, esto es, por regla general, los días dominicales y festivos; por el contrario, quien tiene la condición de trabajador independiente bien puede

---

202 Corte Suprema de Justicia, Sala de Casación Laboral [CSJ-SCL] (2012, abril 24). Sentencia Rad. 39600. Ob. Cit.

203 Ibidem

204 Corte Suprema de Justicia, Sala de Casación Laboral [CSJ-SCL] (2016). Sentencia SL 6528-2016. [MP: Jorge Burgos Ruiz].

disponer de su tiempo libremente en dichos días, para descansar o trabajar según su propio criterio y sin incidencia ajena a su propio devenir, a menos que, el contrato de prestación de servicios esté específicamente dirigido para ser desarrollado en tales días. La disponibilidad laboral concertada por las partes en el contrato de prestación de servicios para trabajar en funciones propias del cargo durante los días de descanso obligatorio, son indicativos de subordinación jurídica, a menos que dicho contrato esté dirigido para ser desarrollado en tales días[205]. (Subrayado nuestro).

7. El ***desempeño de "cargos" en la estructura empresarial***:

   Respecto del primer grupo de documentos que denuncia el censor como equivocadamente apreciados y que aparecen enlistados en los numerales 1) a 8) del escrito de casación, y que el Tribunal los trajo a colación al señalar 'Por otro lado se vislumbra prueba documental consistente en turnos de disponibilidad, oficios, memorandos y cartas en la cual se dirigen al accionante como **coordinador de neurocirugía** (fs. 24, 57, 59, 60, 70, 72, 75 y 80)' (resalta la Sala); se tiene que a contrario de lo que extrajo dicho sentenciador, quien los consideró en su totalidad ajenos a una relación de trabajo, para la Sala demuestran que el actor todo el tiempo no fue un médico adscrito independiente como lo quiere hacer ver la parte demandada, sino que a partir del año 1995 tuvo otra condición la de 'Jefe' o 'Coordinador Departamento de Neurocirugía' de la Clínica Reina Sofía y luego como 'Coordinador Nacional de Neurocirugía' de Colsanitas, figurando en tal documental signos indicativos de subordinación o dependencia laboral[206]. (Subrayado nuestro).

8. ***Que la prestación de servicios haya iniciado como relación de trabajo*** y posteriormente se haya cambiado a otra figura no laboral:

   Con mayor razón, se muestra carente de buena fe la conducta de la demandada, si, aparte de simular una contratación con una cooperativa de trabajo asociado, las partes estuvieron vinculadas, inicialmente, a través de una relación laboral que estuvo vigente entre el 23 de julio de 1995 y el 30 de diciembre de 1995 (folios 184 a 186), e inmediatamente, sin solución de continuidad, el demandante suscribió un convenio de asociación a partir de 1 de enero de 1996 (folios 59 a 61), cumpliendo con el mismo objeto del contrato de trabajo que

205 Corte Suprema de Justicia, Sala de Casación Laboral [CSJ-SCL] (2017, agosto 16). Sentencia SL 13020-2017. [MP: Clara Dueñas Quevedo].

206 Corte Suprema de Justicia, Sala de Casación Laboral [CSJ-SCL] (2010, agosto 24). Sentencia Rad. 34393. [MP: Luis Javier Osorio López].

antes existió con la demandada, cuando existen diferencias sustanciales entre las dos modalidades contractuales, no sólo desde el punto de vista legal sino también en la forma como se ejecutan[207] (Subrayado nuestro).

De forma análoga, el Consejo de Estado ha establecido:

En este caso, se suprimieron 56 empleos de Auxiliar de Enfermería Nivel Auxiliar -Código 555, que hacían parte del "giro ordinario" de las labores de la E.S.E. Hospital Manuel Uribe Ángel de Envigado, para contratar, de forma permanente, las funciones inherentes a estos, a través de una Cooperativa de Trabajo Asociado. Para la Sala, este actuar constituye un claro proceso de "deslaboralización", pues, a pesar de que se utilizan formas asociativas legalmente válidas (Cooperativas de Trabajo Asociado), busca como finalidad modificar la naturaleza de los contratos estatales de prestación de servicios y falsear las relaciones de trabajo. Es necesario manifestar, en este punto, que el vínculo contractual para el desempeño de funciones permanentes y propias del objeto de la entidad contratante debe ser retirado de la dinámica laboral administrativa, no sólo porque desdibuja el concepto de contrato estatal, sino porque constituye una burla para los derechos laborales de los trabajadores al servicio del Estado[208].

9. La ***afinidad entre los servicios prestados por la accionante y la actividad empresarial***:

   En cualquier caso, tal reproche no tiene de donde asirse, pues la lectura desprevenida de la sentencia gravada permite concluir que el propósito del Tribunal al asentar que «el cargo desempeñado por la demandante hace parte de las labores normales y permanentes de dicha empresa», no era llamar a operar las reglas de la solidaridad, sino destacar que según su análisis, no podía dejarse de lado la afinidad entre los servicios prestados por la accionante y la actividad empresarial, desde la perspectiva de la relación de trabajo a término indefinido que halló demostrada[209].

---

207 Corte Suprema de Justicia, Sala de Casación Laboral [CSJ-SCL] (2010, mayo 25) Sentencia Rad. 35790. [MP: Gustavo José Gnecco Mendoza].

208 Consejo de Estado, Sala de lo Contencioso Administrativo, Sección Segunda [CE-SCA]. (2001, octubre 12). Sentencia Rad. 05001-23-31-000-2004-00724-01(2570-07). [MP: Luis Rafael Vergara Quintero].

209 Corte Suprema de Justicia, Sala de Casación Laboral [CSJ-SCL] (2020). Sentencia SL753-2020. [MP: Jorge Prada Sánchez].

Con relación a la ***prestación personal de servicios***, como elemento integrador de la contratación laboral, se ha contrastado la necesidad de prestación *intuito personae* del servicio, que se vería desvirtuada por la posibilidad de sustitución o subcontratación de otras personas, como elemento constitutivo y *sine qua non* del contrato de trabajo, desechando el carácter laboral de aquellos contratos en que el supuesto subordinado, se hace asistir por otras personas, las subcontrata o el servicio es prestado entre varios individuos[210].

II.2.5. Indicios de Autonomía para la Jurisprudencia Colombiana

En contraposición a lo indicios de subordinación, la jurisprudencia colombiana ha definido o distinguido rasgos propios de la autonomía o independencia:

1. Con fundamento en las normas que definen a los contratistas independientes (art. 34 CST), se ha considerado como indicio de autonomía o independencia ***la prestación del servicio con herramientas, equipos o medios propios del prestador de servicios***:

   > Por su parte, el contrato de prestación de servicios se caracteriza por la independencia o autonomía que tiene el contratista para ejecutar la labor convenida con el contratante, lo cual lo exime de recibir órdenes para el desarrollo de sus actividades; no obstante, este tipo de contratación no está vedado de la generación de instrucciones, de manera que es viable que en función de una adecuada coordinación se puedan fijar horarios, solicitar informes e incluso establecer medidas de supervisión o vigilancia sobre esas mismas obligaciones. Lo importante, es que dichas acciones no desborden su finalidad a punto de convertir tal coordinación en la subordinación propia del contrato de trabajo. Por otra parte, es preciso señalar que en los contratos de prestación de servicios, por lo general el contratista desempeña sus actividades con sus propias herramientas, equipos o medios; sin embargo, bajo ciertas y particulares circunstancias es posible que esa actividad autónoma e independiente se desarrolle en las instalaciones del contratante, con elementos de su propiedad necesarios para la ejecución de la labor encomendada.[211]

2. Reconoce que la exigencia de ***cumplimiento de determinadas normas técnicas, legales o reglamentarias, propias de la actividad que se desempeña, no necesariamente constituyen subordinación***:

210 Corte Suprema de Justicia, Sala de Casación Laboral [CSJ-SCL] (2014, junio 18). Sent. SL8434-2014. [MP: Clara Cecilia Dueñas Quevedo].

211 Corte Suprema de Justicia, Sala de Casación Laboral [CSJ-SCL] (2017, agosto 16). Sentencia SL13020-2017. Ob. Cit.

> Esas circunstancias, en ocasiones, puede dar a entender que el contratista de prestación de servicios está subordinado a la empresa contratante; de ahí que, se reitera, el juez está en la obligación de determinar, en cada caso en particular, si la imposición y correlativo cumplimiento de las funciones que debe desempeñar el demandante, son derivadas del sistema de salud o, por el contrario, son las propias del contrato de trabajo[212].

3. A pesar de ciertas imposiciones o exigencias comerciales, ha reconocido la independencia o autonomía de distribuidores de productos, ***con vehículos y personal propio, y asunción de riesgos***:

> (...) [D]an cuenta de la manera cómo se prestaba el servicio a la empresa por parte del accionante como distribuidor independiente, dan razones para llegar a concluir que en la contratación de las partes litigiosas no existió el elemento subordinación típico y necesario de una relación de tipo laboral, que la empresa trató al demandante como un particular con quien tenía un contrato distinto al laboral, realizando con independencia sus actividades como distribuidor o fletero, debiendo ser él quien asumiera los riesgos comerciales propios de quien se desempeña en un negocio propio e independiente, contratando sus ayudantes y disponiendo de su propio medio de transporte para ejercer a cabalidad el objetivo de la contratación, ahora, las directrices de que dan cuenta los testigos, dadas por la empresa en la ejecución de la comercialización de sus productos, no implican órdenes de carácter permanente para los fleteros, quienes gozan de autonomía e independencia en el desarrollo de su actividad para la empresa.[213](Subrayado nuestro).

II.2.6. Pronunciamiento de la justicia colombiana respecto a la laboralidad o no de los trabajadores de plataformas

Hasta el momento de publicación de estas líneas solo conocemos de una decisión dictada por los tribunales colombianos respecto a la calificación jurídica de trabajadores de plataformas, que de manera mediática y con un título bastante engañoso fue intitulada: *"Un paso importante en la lucha por los derechos en las plataformas digitales: se declara la relación laboral"*[214]. Se trata de la sentencia de

212 Ibidem.

213 Extracto de la sentencia del Juzgado superior, ratificada por la Corte Suprema de Justicia, Sala de Casación Laboral [CSJ-SCL] (2009, diciembre 1). Sentencia Rad. 33816. [MP: Francisco Ricaurte Gómez].

214 Amado Correa, A. M. (2020, octubre 14) Un paso importante en la lucha por los derechos en las plataformas digitales: se declara la relación laboral. Agencia de Información Laboral (AIL). Disponible en: https://ail.ens.org.co/opinion/un-paso-im-

fecha 18 de septiembre de 2020, dictada por el Juzgado Sexto Laboral de Pequeñas Causas de Bogotá[215] (caso Mercadoni), en la cual la juez determinó la presencia de los elementos contemplados en el artículo 23 del Código Sustantivo del Trabajo (actividad personal del trabajador, subordinación y salario), habida cuenta que el reclamante, a pesar de haber sido contratado por intermedio de una plataforma y recibir los pedidos por medios informáticos, en realidad cumplía con horarios y jornadas de trabajo, era permanentemente supervisado por otros empleados de la empresa que le giraban órdenes e instrucciones, e incluso laboraba en un mismo centro de trabajo (supermercado). A pesar de que el trabajo desempeñado estaba asociado al de los "domiciliarios", más bien podría asimilarse al de un almacenista, en este caso denominado "*picker*", cuyo trabajo consistía en permanecer en un supermercado para seleccionar los productos solicitados por los clientes y despacharlos al repartidor.

La misma decisión, aunque con muy escasa motivación, desechó la existencia de una relación laboral o contrato de trabajo por el período en que el mismo trabajador laboró en favor de la plataforma desempeñándose como repartidor (denominado "piloto"), cargo considerado autónomo motivado a que éstos tienen mayor independencia y flexibilidad horaria, a diferencia del "picker" que debía estar disponible en un determinado horario programado por la plataforma, para recibir las órdenes de compra y su posterior despacho a los usuarios de la aplicación.

> *El cargo de piloto si podría tener cierto grado de independencia ya que ellos deciden si toman o no la orden, lo que no pueden hacer lo pickers, pero varía radicalmente la función de quien debe entregarles la mercancía; además que quien recauda el dinero en este caso no es directamente el picker sino la plataforma, que luego se encarga de reconocer el valor de las comisiones o remuneración, y además, por el hecho que desde la plataforma se designen una serie de funciones para cumplir con el objeto de la compañía no son señales de dependencia sino una forma de controlar la cantidad y calidad del trabajo*[216].

Consideramos acertada la decisión en comentario, en tanto la labor del almacenista es una forma de trabajo "típico" donde la plataforma sólo era un mecanismo para trasmitir un listado de productos, pero sin autonomía por parte del trabajador respecto a horarios o jornadas o para rechazar servicios, sin uso de herramientas propias, ni asunción de riesgos, ni otras características propias del trabajo a través

---

portante-en-la-lucha-por-los-derechos-en-las-plataformas-digitales-se-declara-la-relacion-laboral/ [Consulta: 2021, marzo 6].

215 Decisión disponible en video a través de: Juzgado Sexto Laboral de Pequeñas Causas de Bogotá (2020, septiembre 18). Audiencia de sentencia laboral sobre Mercadoni [Video en línea]. Disponible en: https://www.youtube.com/watch?v=TOTUMOITG38 [Consulta: 2021, marzo 6].

216 Ibidem.

de plataformas *off line* o por geolocalización. También parece acertada la decisión al excluir de la relación de trabajo, el período en el cual se prestó servicios como repartidor (piloto), al constatar la autonomía o independencia con que se presta este servicio.

Otro aspecto interesante de esta decisión es que no condenó a la empresa al pago de la indemnización prevista en el artículo 65 del Código Sustantivo del Trabajo, ya que consideró que no existía ánimo defraudatorio en la forma de contratación. Con lo cual, también acertadamente, apreció que se trata de una zona gris o de un aspecto que refleja ambigüedad o dudas respecto a su calificación.

En conclusión, hasta ahora, la jurisdicción colombiana ha considerado a los repartidores a través de plataformas como autónomos, aunque, obviamente, la muestra utilizada -de un solo caso y mínima motivación- no pueda considerarse como significativa.

II.3. PROPUESTA DE CARACTERIZACIÓN DE LA PRESTACIÓN DE SERVICIOS A TRAVÉS DE PLATAFORMAS DIGITALES CONFORME A LA LEGISLACIÓN, DOCTRINA Y JURISPRUDENCIA COLOMBIANAS

Verificadas -resumidamente- las precisiones de orden normativo, doctrinario y jurisprudencial que rigen en el ordenamiento jurídico colombiano, pasamos a denotar las características generales o comunes de la prestación de servicios a través de plataformas digitales, con especial referencia a las que hasta ahora han representado mayor notoriedad o conflictividad a nivel internacional, específicamente las que conectan o intermedian servicios de transporte urbano de personas (*Uber, Didi, Beat*, etc.) y las de reparto o encomiendas (*Rappi, Uber, Beat, Glovo, Deliveroo*, etc.). No obstante, antes, precisamos verificar tres (3) advertencias:

En primer lugar, en todos estos casos, por existir una prestación personal de servicios, debe aplicarse la presunción de existencia de contrato de trabajo, prevista en el citado artículo 24 del Código Sustantivo del Trabajo, por lo que, en el supuesto de acciones judiciales, la carga de demostrar que existe autonomía o independencia será por cuenta de la empresa (plataforma) accionada.

En segundo término, resulta impertinente o ineficaz alegar que en los respectivos contratos o "términos y condiciones" se haya acordado el carácter de "autónomo", "independiente", "contratista", "socio", "colaborador", o que se haya suscrito un "contrato de prestación de servicios", pues, en atención al citado principio constitucional de *primacía de la realidad sobre formalidades establecidas por los sujetos de las relaciones laborales* (contrato realidad), lo relevante no es el *nomen iuris* o texto del contrato, sino las condiciones efectivas o reales de prestación de los servicios y vinculación entre las partes, que deben ser alegadas y probadas por el demandado en cualidad de supuesto empleador.

Por último, considérese que las apreciaciones que se hacen en la presente obra son de carácter general, y por consecuencia, no necesariamente resultan aplicables a todos los contratos o vinculaciones con plataformas digitales, pues para hacer una valoración específica y objetiva, siempre será necesario revisar por separado y de forma individual las características propias de cada contrato, e incluso, las de cada vinculo personal en concreto.

Parafraseando doctrina española previamente referida[217], algunas sentencias extranjeras que más adelante se citan, y partiendo de la experiencia común o máximas de experiencia, podemos insistir y profundizar en las características generales o comunes de la vinculación entre las plataformas y sus usuarios (oferentes y requirentes de servicios) de la siguiente manera:

1) Los prestadores de servicio eligen libremente la jornada y los horarios en los que prestan sus servicios, así como el volumen de servicios prestados. Las plataformas no imponen o exigen que los prestadores de servicios laboren un mínimo de horas o realicen determinado número de servicios, tampoco, que se presenten o mantengan a disposición durante períodos determinados. No obstante, algunas plataformas prevén una serie de incentivos en aras a que los profesionales presten servicios en determinadas horas y días, o alcancen determinado volumen de servicios.

2) Los prestadores de servicio deben utilizar sus propias herramientas o material de trabajo y sufragar los gastos necesarios para desarrollar la actividad, que variarán en función del servicio que intermedia la plataforma. Todos deben poseer un *smartphone* y contar (colocar a disposición y usar) con la herramienta principal para la prestación del servicio: bicicleta, moto, o vehículo; además de sufragar los gastos de mantenimiento, repuestos, servicios, lubricantes y combustible, de ser el caso.

3) Los pedidos de los usuarios consumidores, pueden ser libremente aceptados o rechazados por los profesionales. Los oferentes de servicios no sólo deciden cuándo trabajar y durante qué lapso, además, aun estando conectados pueden decidir qué servicios aceptan y cuáles no. Incluso, después de haber aceptado o tomado un servicio, pueden rechazarlo (cancelarlo). Sin embargo, el constante rechazo de servicios y la cancelación de servicios previamente aceptados, puede dar lugar a la desconexión temporal o definitiva del usuario prestador de servicios por parte de la plataforma.

4) En los respectivos contratos de "prestación de servicios", "asociación" o "de transporte", se fijan las condiciones económicas, según las cuales, los prestadores de servicio perciben el importe fijado unilateralmente por la plataforma y abonado por el usuario, una vez deducido un porcentaje que cobra la plataforma como contraprestación por su gestión de intermediación. Excepcionalmente pudiera haber plataformas con una política distinta en cuanto al abono del importe al prestador de servicio, pues según

217 Martínez Escribano, A. (SF) Repensando el derecho…Ob. Cit., p.7-8.

informaciones de prensa, la empresa Rappi, entrega a los repartidores el 100% del importe pagado por los usuarios consumidores[218]. Existe, cuando menos, una plataforma de intermediación de servicios de transporte urbano (inDriver.com)[219], que ofrece la posibilidad de negociar o regatear el precio del servicio entre el usuario y el transportista.

5) La empresa (plataforma) puede sin previo aviso proceder a terminar con efecto inmediato el contrato de prestación de servicios en caso de vulneración de sus obligaciones por parte del proveedor.

6) La terminación puede producirse, entre otras causas, como consecuencia de (i) no efectuar los servicios una vez aceptados; (ii) no contar con el equipo necesario para realizar el servicio; (iii) mostrar un comportamiento irrespetuoso hacia los clientes o la plataforma. En el caso de Uber, el contrato prevé la posibilidad de que la compañía "desactive" a los prestadores de servicio por cualquier motivo de forma unilateral, lo cual implica que no puedan acceder a la plataforma por un tiempo determinado o indefinido. En concreto, se contempla la posibilidad de que la compañía desactive a los prestadores de servicio en caso de que no obtengan una mínima puntuación en las evaluaciones realizadas por los clientes o no alcancen un mínimo de servicios en un determinado periodo específico.

7) La Plataforma no controla ni supervisa el desarrollo del trabajo por parte del oferente.

8) En algunas plataformas, los prestadores de servicio reciben preliminarmente una serie de guías, sugerencias o recomendaciones acerca de la forma de desarrollar correctamente el servicio.

9) Existe un sistema de geolocalización que permite la monitorización en tiempo real de la posición del proveedor y de los demandantes de servicios, que sirve para asignar o solicitarle servicios, y también para estimar el costo, considerando la distancia, tráfico, y demanda, todo conforme al uso de algoritmos.

10) Los prestadores de servicio pueden suscribir, mantener y ejecutar, paralelamente, contratos similares con otras compañías, incluyendo expresamente competidores directos de la misma.

---

218 Sebastian Ruales, Director Comercial de Rappi LatAm, indicó en entrevista con el Diario Portafolio que: "*los ingresos por un pedido son en su totalidad de los Rappitenderos, ya que la compañía no toma un porcentaje del domicilio*". En: Diario Portafolios (2019, julio 18). Rappitenderos no son empleados de Rappi, son usuarios. Disponible en: https://www.portafolio.co/negocios/empresas/entrevista-voceros-de-rappi-colombia-531671 [Consulta: 2019, julio 18].

219 https://indriver.com/es/city

11) Todos los usuarios, solicitantes de servicios y prestadores, están sometidos a un sistema de calificación y reputación *on line*.

12) Los usuarios prestadores de servicios asumen los riesgos propios de la actividad, como la pérdida o daños físicos de los vehículos, teléfonos, productos encomendados, responsabilidad civil por daños personales o a terceros, y sanciones por infracciones de las leyes de tránsito.

A pesar de que hasta ahora la jurisprudencia colombiana no ha verificado mención o uso directo del test de indicios propuesto por la OIT, al que nos referiremos más adelante, las diferentes decisiones judiciales se fundamentan en la comprobación, en cada caso concreto, de circunstancias fácticas que permitan establecer la dependencia o subordinación como elemento característico y diferenciador del contrato de trabajo, y por contraste, la determinación de elementos que den cuenta de la autonomía o independencia, que debe ser demostrada por la parte accionada. Por supuesto, como elemento fundamental de la relación de trabajo y base de la presunción legal de laboralidad, en los procesos judiciales, muchas veces, la discusión y las decisiones orbitan respecto a la constatación de la prestación personal (*intuito personae*) del servicio, en contraste con la posibilidad de sustitución o subcontratación de otras personas.

Considerando la revisión hasta ahora realizada del ordenamiento jurídico colombiano, los fundamentos doctrinales y, especialmente, su jurisprudencia, se aprecia que la prestación de servicios a través de plataformas -por regla general y en los casos bajo análisis- resalta claramente la independencia o autonomía con que actúan los usuarios prestadores de servicios, lo que parece desvirtuar, con pragmática simplicidad, la presunción de existencia de contrato de trabajo. Dicha autonomía, está claramente manifestada por: la libertad de horario y jornada (conexión y desconexión), libertad en la aceptación o toma de servicios, incluso la posibilidad de "cancelar" un servicio ya previamente aceptado; libertad que es contraria a la noción de subordinación. Así mismo, la provisión (y seguramente propiedad) de las principales herramientas de trabajo (vehículo, *smartphone*, etc.), la asunción de costos asociados a la operación y de riesgos, hacen cuenta de su "independencia" o condición de "autónomos". Si bien la legislación laboral permite que un mismo trabajador labore para varios empleadores[220], no creemos que dicha previsión legal se refiera a que en un mismo lugar y en un mismo tiempo el "trabajador" pueda escoger en favor de cuál empleador laborar, como ocurre con los conductores de transporte privado de personas o de reparto y entregas, que en cuestión de horas, o minutos, pueden optar -entre varias- por el uso de determinada plataforma, que le ofrezca mayor cantidad de clientes, mejores precios, cobre menor comisión, u ofrezca mejores bonificaciones, o incluso compartir estas actividades con otro trabajo asalaria-

220 Coexistencia de contratos prevista en el artículo 26 del Código Sustantivo del Trabajo.

do o independiente[221]. Estos usuarios no asumen ningún tipo de exclusividad, y pueden prestar servicios paralelamente a través de dos o más plataformas (incluso las que compiten entre sí).

El tema de la exclusividad obra relevante en la legislación laboral colombiana, pues en aquellos casos en los cuales expresamente el Código Sustantivo del Trabajo, permite la calificación de trabajos como "independientes" (agentes de seguros[222] y colocadores de apuestas[223]), ha proscrito las cláusulas de exclusividad, lo que permite concluir que, para el legislador la exclusividad es un indicio claro de dependencia.

En el mismo sentido, tómese en cuenta que por definición legal (ex artículo 34 Código Sustantivo del Trabajo), ostentan la condición de contratistas independientes, aquellos que prestan servicios ***"asumiendo todos los riesgos, para realizarlos con sus propios medios y con libertad y autonomía técnica y directiva"***. Más allá de la literalidad de las cláusulas incluidas en los contratos entre las plataformas y los usuarios, no cabe duda que, en la realidad, quién asume los riesgos es el prestador de servicios, quien en su condición de proveedores de las herramientas e insumos, asume los riesgos asociados a su condición de propietario, conductor, o mandatario, incluido, los posibles daños, pérdida o robo del vehículo, *smartphone*, o de la encomienda, daños a terceros (responsabilidad civil) y daños físicos a su propia persona. Lo que ostensiblemente implica asunción de riesgos, que en ningún caso son asumidos por la plataforma, por el otro usuario solicitante del servicio, ni en su caso, por el comercio que expende productos. Igualmente se aprecia la libertad ya antes referida, de trabajar o no trabajar, decidiendo el operario, cómo, cuándo, y

221 Resulta más precisa la legislación dominicana, que al igual que la colombiana y otras más, perite expresamente que se presten servicios para más de un empleador, pero, precisa -como es lógico - que debe realizarse ***"en horarios de trabajo diferentes"***. Véase: artículo 9 Código de Trabajo de República Dominicana.

222 **Artículo 97**. Agentes independientes. Son agentes independientes las personas que, por sus propios medios, se dedican a la promoción de pólizas de seguros y títulos de capitalización, sin dependencia de la compañía de seguros o la sociedad de capitalización, en virtud de un contrato mercantil.

En este evento no se podrán pactar cláusulas de exclusividad que le impidan al agente colocador celebrar contratos con varias compañías de seguros o sociedades de capitalización. (Subrayado nuestro).

223 **Artículo 97-A.** Colocadores de apuestas permanentes. Los colocadores de apuestas permanentes, al igual que los agentes colocadores de pólizas de seguros y títulos de capitalización, podrán tener el carácter de dependientes o independientes. Son colocadores de apuestas dependientes los que han celebrado contratos de trabajo para desarrollar esa labor, con una empresa concesionaria. Son colocadores de apuestas independientes las personas que por sus propios medios se dediquen a la promoción o colocación de apuestas permanentes, sin dependencia de una empresa concesionaria, en virtud de un contrato mercantil. En este evento no se podrán pactar cláusulas de exclusividad. (...) (Subrayado nuestro).

dónde prestará servicios, así como la autonomía para decidir la forma de prestarlo (qué clientes atender, qué ruta tomar, y cuál plataforma utilizar conforme a su mejor entendimiento y aprovechamiento del mercado). El usuario no se "somete" a órdenes o imposiciones de la plataforma ni del otro usuario consumidor, mucho menos lo hace de manera "continuada" y "por todo el tiempo" que dure el vínculo, como exige la norma del citado artículo 23 CST.

En el caso específico de los **repartidores, *riders* o domiciliarios**, debe advertirse que, en las diversas empresas o plataformas varían las formas de contratación y las modalidades de servicios, de manera que la vinculación y características puede variar en aspectos que resultan fundamentales para la determinación de la subordinación o, contrariamente, la autonomía. En el caso de España, algunas plataformas han establecido el pacto previo de franjas horarias para la prestación del servicio, y otras incluso han previsto lapsos de disponibilidad pagados por la plataforma en caso de no asignarse servicios; supuestos en los cuales, ha de revisarse detenidamente la operación real ejecutada, para poder definir si existe o no la autonomía que vislumbramos, pues las enunciadas prácticas más bien apuntan a la subordinación. Como advertimos previamente, en el caso colombiano, existe cuando menos una empresa de plataforma que celebra con sus repartidores contrato de prestación de servicios, lo que por sus características, *per se* podría hacer inferir alguna forma de subordinación.

A diferencia de los casos españoles, la mayoría de plataformas colombianas de servicios de reparto o encomienda, no exigen franjas horarias, ni mínimo de servicios, ni exclusividad, por lo que resulta fácil preconizar la concluida autonomía:

> La creación de un marco de prestación enormemente flexible y que libera de condicionantes la prestación de servicios para otras empresas, o incluso la puesta en marcha de competiciones con las demás personas que trabajan simultáneamente en la misma tarea (first served base), representan una transformación de los patrones clásicos de dependencia. <u>En las nuevas formas de prestación de servicios, lo propio es el trabajo de dimensión plural desarrollado por un mismo prestador de servicios para varias empresas</u>. No hay, pues, desde luego trabajos en exclusiva hasta el punto de que lo propio de estas actividades en la prestación de servicios para una pluralidad de empresas, incluso, del propio sector de actividad.[224] (Subrayado nuestro)

Como aspecto de la dialéctica propia de cualquier análisis jurídico (científico), apreciamos que de las mismas características antes enunciadas, podrían resaltar algunos vestigios de subordinación, como el hecho de que el precio del servicio es fijado por la plataforma unilateralmente, la posibilidad de "desconectar" a los

224 Mercader Uguina, J. R. (2017, julio 11) El nuevo modelo de trabajo autónomo..., Ob. Cit.

conductores o repartidores por bajas calificaciones, cerrar la sesión si rechazan un determinado número de viajes o entregas (después de aceptadas), o proporcionar una ruta sugerida para cada viaje. Así expresadas y aglutinadas las mencionadas circunstancias, podían apuntar a elementos propios del trabajo subordinado, sin embargo, todo contrato bilateral existen cargas u obligaciones para ambas partes, y por ello, la posibilidad de penalización (cláusulas penales) o de resolución del contrato[225] (*exceptio non adimpleti contractus*[226]), propias de todo contrato sinalagmático, de naturaleza civil o mercantil. En este caso, las "sanciones" de suspensión o exclusión del uso de la plataforma, están previstas para ambas categorías de usuario (consumidores y prestadores de servicios), y son propias de las reglas o cláusulas de los contratos en donde se asumen cargas y obligaciones, como consecuencias del incumplimiento de esas condiciones. Por demás, **son típicas del uso de cualquier plataforma, incluidas las redes sociales[227], sean o no de prestación de servicios**, por lo que mal pueden definir este tipo de contratación o constituir formas de subordinación "laboral". Sólo a modo de ejemplo, son bien conocidos los casos de disputas entre los usuarios y las plataformas por causa de la suspensión de "cuentas". Entre ellos podemos mencionar como el de Durand-Baïssas contra Facebook, seguido en Francia, donde además se discutió preliminarmente el tema relativo a los derechos de los usuarios (principalmente con respecto a la posibilidad de "desconexión") y la jurisdicción escogida en el contrato de "términos y condiciones"[228]. También, destacan recientes casos de dos usuarios en Alemania cuyos comentarios fueron eliminados y sus cuentas bloqueadas temporalmente por Facebook[229], situa-

---

225 Artículo 1.546 Código Civil colombiano.

226 Excepción de contrato no cumplido, prevista en el artículo 1609 del Código Civil. "El contenido de esta cláusula refleja los más elementales parámetros de equidad, simetría y buena fe que deben ser entendidos como elementos connaturales a las obligaciones contractuales bilaterales, prescribiendo lo que es el producto de un análisis basado en la justicia material de las relaciones contractuales: si una de las partes de una relación bilateral no está en posición de cumplir las obligaciones contractuales, ¿cómo puede exigirle a la otra el cumplimiento de la prestación debida?" Corte Constitucional (2009, agosto 6) Sentencia T-537/2009 [MP: Humberto Antonio Sierra Porto].

227 Las redes sociales son "(...)*aquellos servicios de la sociedad de la información que ofrecen a los usuarios una plataforma de comunicación a través de Internet para que estos generen un perfil con sus datos personales, facilitando la creación de redes con base en criterios comunes y permitiendo la conexión de unos usuarios con otros y su interacción*". Gill Antón, citado por Madrid Martínez, C. (2020) Redes sociales y protección de usuarios. Una mirada desde el Derecho Internacional Privado venezolano. Revista Venezolana de Legislación y Jurisprudencia, N° 13, p.207. Caracas: RVLJ.

228 Para el tema de los derechos de los usuarios y la jurisdicción véase: Madrid Martínez, C. (2020) Redes sociales y protección... *Ob. Cit.*

229 Facebook eliminó los comentarios de estos usuarios y bloqueó temporalmente sus cuentas debido a que hicieron comentarios despectivos contra musulmanes e inmigrantes, lo que fue considerado por la plataforma como una violación a sus "términos y condiciones". Para profundizar más sobre el caso ver: Facebook muss vor dem

ción por la cual el Tribunal Federal de Justicia (BGH) germana declaró ineficaces los términos y condiciones generales de la plataforma y sentenció lo siguiente:

> El III. El Senado Civil de la Corte Federal de Justicia decidió hoy que los términos y condiciones de Facebook del 19 de abril de 2018 sobre la eliminación de las publicaciones de los usuarios y el bloqueo de cuentas en caso de violaciones a los estándares de comunicación establecidos en las condiciones son ineficaces. Esto se aplica en cualquier caso porque el proveedor demandado no se compromete al mismo tiempo a informar al usuario con anticipación de la eliminación de su publicación al menos de forma retroactiva y de un bloqueo previsto de su cuenta de usuario, para informarle del motivo y para darle la oportunidad de responder con una nueva decisión posterior.
>
> (...)
>
> "El III. El Senado civil de la Corte Federal de Justicia condenó al demandado a reactivar las aportaciones suprimidas del demandante. Además, condenó a la demandada a no bloquear a la demandante para que no volviera a publicar su publicación ni suprimirla.
>
> Debido a sus términos de uso y estándares comunitarios, el demandado no tenía derecho a eliminar las contribuciones de los demandantes y bloquear sus cuentas de usuario. (...)
>
> Esta consideración muestra que el acusado tiene fundamentalmente derecho a estipular que los usuarios de su red cumplan con ciertos estándares de comunicación que van más allá de los requisitos de la ley penal (por ejemplo, insulto, difamación o sedición). Puede reservarse el derecho de eliminar publicaciones y bloquear la cuenta de usuario en cuestión si se violan los estándares de comunicación. Sin embargo, **para un equilibrio basado en intereses de los derechos básicos en conflicto y, por lo tanto, la preservación de la idoneidad en el sentido de la Sección 307 (1), oración 1 BGB, el demandado se compromete en sus términos y condiciones a informar al usuario en cuestión sobre la eliminación de una publicación, al menos de forma retroactiva y a través de una**

Löschen informieren (2021, julio 29) [Traducción libre] Tagesschau. Disponible en: https://www.tagesschau.de/inland/bgh-facebook-111.html [Consulta: 2021, agosto 2]; Deppe, G. (2021, julio 29). Facebook darf Konto nicht einfach sperren Konto nicht einfach sperren. Tagesschau. Disponible en: https://www.tagesschau.de/inland/facebook-hassrede-107.html [Consulta: 2021, agosto 2]; y BGH: Facebook-Regeln zu Löschung und Sperrung wegen "Hassrede" unwirksam (2021, Julio 29) [Traducción libre]. Mainzer-medien Institut. Disponible en: https://www.mainzer-medieninstitut.de/bgh-facebook-regeln-zur-loeschung-und-sperrung-wegen-hassrede-unwirksam/ [Consulta: 2021, agosto 2].

> **notificación para informar el bloqueo previsto de su cuenta de usuario con antelación, para informarle del motivo y para darle la oportunidad de responder, a lo que sigue una nueva decisión.**
>
> Las reservas de eliminación y bloqueo en los términos y condiciones del demandado no cumplen con estos requisitos. Por lo tanto, el demandado no tenía derecho a eliminar las contribuciones de los demandantes y bloquear sus cuentas de usuario. Debe restaurar las publicaciones y debe abstenerse de bloquear las cuentas de usuario y eliminar las publicaciones cuando se publiquen nuevamente. La correspondiente solicitud de amparo por parte de la parte demandante fracasó en el trámite III ZR 192/20 por las peculiaridades del curso del proceso en el mismo[230]. (Subrayado y resaltado nuestros)

En estos casos, aunque se discutió sobre las posibilidades de "bloqueo" o desincorporación de los usuarios de la plataforma, los conflictos no tenían ninguna implicación laboral, sino que referían precisamente al cumplimiento de obligaciones (términos y condiciones) de las partes en una relación contractual inherente a las plataformas de interacción en general, y no, un tema de "subordinación".

En el mismo ámbito, se aprecia que la mayoría de plataformas de interacción poseen sistemas de reputación *on line*, lo que apunta a la protección de los demás usuarios. Por otra parte, esa calificación de los usuarios de las plataformas no las realiza su dueño o administrador, sino que la realizan los otros usuarios consumidores de bienes y/o servicios (también sujetos a calificación), quienes, precisamente por mandato legal tienen derecho a calificar y a conocer de las calificaciones, pues sin duda, tales mecanismos forman parte de la garantía (constitucional) a acceder a servicios de calidad[231]. Reitérese que los usuarios consumidores también son calificados y pueden ser sujetos de exclusión de las plataformas, sin que pueda pensarse que ello implica subordinación.

En cuanto a la fijación "unilateral" del precio del servicio, en nuestro criterio tal característica en nada implica subordinación o sometimiento a órdenes o instrucciones, en primer lugar porque la fijación no es "arbitraria" ni especulativa por parte de la plataforma, ya que el precio se fija a través de métodos objetivos (medios tecnológicos: algoritmos), que consideran distancia, tiempo (tráfico) y condiciones de mercado (oferta y demanda), en beneficio del equilibrio económico de ambos usuarios; y en segundo lugar, porque no se trata de una imposición, sino de una oferta "previa"

---

230 Bundesgerichtshof zu Ansprüchen gegen die Anbieterin eines sozialen Netzwerks, die unter dem Vorwurf der "Hassrede" Beiträge gelöscht und Konten gesperrt hat (2021, julio 27) [Traducción libre] Bundesgerichtshof. Disponible en: https://www.bundesgerichtshof.de/SharedDocs/Pressemitteilungen/DE/2021/2021149.html [Consulta: 2021, agosto 2].

231 Artículos 365 a 370 Constitucionales.

que puede (o no) ser aceptada por cada uno de los usuarios (oferente y solicitante), quienes siempre tienen la opción de rechazarla (no tomar el servicio), y comparar u optar por los precios ofrecidos por otras plataformas, o utilizar mecanismos tradicionales (no electrónicos). Como se ha mencionado previamente, existen plataformas que permiten la negociación directa del precio entre el usuario y el transportista. Nótese adicionalmente, que el precio del servicio no es apropiado por la plataforma, éstas sólo cobran un porcentaje a modo de comisión (inferior al percibido por el prestador de servicios), y en consecuencia le convendría "imponer" mayores precios para obtener mayores ganancias, precisamente lo contrario de un empleador, que ganará más si sus trabajadores devengan menos. Entonces la fijación del precio del servicio no pareciera obedecer a una imposición en ventaja de la plataforma frente al débil jurídico, sino a condiciones de mercado que favorecerán al prestador de manera directa y principal, y a la plataforma como comisionista o intermediaria.

Por demás, estos aspectos, como se ha indicado, son típicos de todas las plataformas tecnológicas de intercambio que funcionan en base a *algoritmos*, se vinculan con la ley de la oferta y la demanda, y con el sistema de reputación *on line*, siendo comunes a la sociedad de la información, independientemente del producto que se intercambie, e incluso para intercambios gratuitos o no onerosos, por lo que, conforme a su naturaleza, no guardan relación con un "poder" que ejerza la plataforma sobre el prestador del servicio, ni el sometimiento de la voluntad de éste ante aquella. También y solo como ejemplo, se puede verificar, por lo menos en el caso del transporte urbano de personas, que el servicio de taxis (autónomos por excelencia), tampoco son los conductores quienes fijan el precio, pues desde el siglo pasado, y a través de la tecnología se han regulado las tarifas a través del "taxímetro", sin que nadie haya pensado que el taxista que maneja su propio vehículo sea un subordinado. En el caso de Colombia, y con relación al transporte público, la Ley 15 de 1959, dispone la solidaridad del propietario del vehículo y de la empresa de transporte, respecto de los choferes "asalariados", con lo que puede verificarse la diferencia o separación entre el chofer "propietario" y el que presta servicios de manera subordinada[232], indistintamente que el precio de los servicios se estipule con uso de la tecnología.

Como ha referido la jurisprudencia previamente citada, el cumplimiento de ciertas reglas o normas propias de la actividad que se desarrolla, no implica subordinación.

---

232 Recordemos que sólo hacemos un ejercicio de analogía, pues el servicio de taxis sólo puede ser prestado por empresas autorizadas, lo que cuando menos, en el caso colombiano, debido al limitado número de autorizaciones por cada ciudad, ha permitido que dichas empresas cobren elevadas cantidades de dinero a los propietarios de taxis para "asociarse", lo que ostensiblemente constituye una situación monopólica y de limitación al derecho al trabajo. Circunstancia que, también ha generado confrontación entre dichas empresas y el gremio de taxistas, en contra de los particulares que prestan servicios de transporte de personas a través de plataformas.

En el mismo ejemplo del servicio de taxis, dada su similitud con el transporte urbano privado de pasajeros, que se presta con vehículos propios y con la intermediación de plataformas, recuérdese que muchas veces los taxistas se asocian a cooperativas o formas de trabajo asociado, que implican organización de horarios, turnos, zonas geográficas, y aportes económicos a dichas cooperativas, pero sin que ello les arrebate su condición de autónomos asociados, en tanto -y he aquí posiblemente el elemento más relevante- son dueños de su propio medio de producción, asumen los riesgos respectivos, y no reciben órdenes o supervisión, más allá de los compromisos que voluntariamente asumen para beneficiarse de la inserción en la cooperativa (incluso pueden poseer más de un vehículo y hasta arrendarlos para su explotación). Igual ocurre en el caso de los distribuidores de cerveza o gaseosas, que prestan servicios con sus propios vehículos y personal, aunque deben cumplir con algunas obligaciones propias del acuerdo comercial (rutas, no competencia o exclusividad, precios, uso de insignias, uniformes, etc.), continúan siendo autónomos en tanto son propietarios de los medios de producción, asumen riesgos y deben pagar los productos al fabricante, además de las cargas fiscales o impositivas propias de la actividad ejecutada[233].

En los casos de los conductores y repartidores "de plataformas", se dan condiciones similares a las referidas, pero con mayor margen de autonomía, pues como se ha dicho, no existe exclusividad, horarios, jornadas, ni rutas, e incluso, el profesional escoge o decide qué servicios prestar y cuáles no, con cuál plataforma trabajar, cómo, cuándo y dónde.

Para culminar, debemos insistir en que la obligación de cumplir lo pactado es intrínseca a todo contrato o negocio jurídico, y en sí misma no entraña la continuada subordinación que exige reiteradamente en distintas disposiciones el Código Sustantivo del Trabajo para establecer la existencia del contrato de trabajo[234]. En tal sentido, la Sala Laboral de la Corte Suprema de Justicia colombiana, ha establecido:

> Igualmente, la presencia de ciertas condiciones en la prestación de un servicio, como la continuidad y la obligación de cumplir lo pactado, vistas de manera aislada, no determinan necesariamente la existencia de la subordinación laboral, dado que las hay comunes para contratos de distinta naturaleza; por demás, el cumplimiento o ejecución de una tarea pactada no es exclusivo del contrato de trabajo, pues es connatural a todo convenio, en el que se acuerde una obligación de hacer, cualquiera

233 Para profundizar sobre el tema ver: Carballo Mena, C. A. y Villasmil Prieto H. (2000). El objeto del Derecho del Trabajo (estudio sobre el trabajo por cuenta ajena y bajo dependencia de otro, a propósito de la sentencia N° 98-546 del 16-3-2000, dictada por la Sala Social del Tribunal Supremo de Justicia). Las fronteras del Derecho del Trabajo. Caracas: UCAB.

234 Véase artículos 22, 23, 98.

> que sea el área del derecho que gobierne la materia del contrato celebrado entre las partes.
>
> Ahora bien, no desconoce la Sala que el contratista se comprometió a cumplir el objeto del contrato, para lo cual debía observar la descripción y características del servicio. No obstante, en este caso específico no podría atribuírsele al Tribunal un desacierto evidente en la valoración de las estipulaciones contractuales, porque lo anterior apenas constituye una asignación de tareas o funciones, sin que de ellas pueda desprenderse de manera cierta la subordinación pregonada por el censor, pues para que ello ocurra deberá aparecer demostrado que el demandante desarrollo sus labores, en cumplimiento de *órdenes de la accionada en cuanto a modo, tiempo o cantidad*, que es en últimas, lo que no encontró acreditado el ad quem.[235] (Subrayado, cursivas y resaltado nuestro).

La citada decisión, ubica a la "subordinación" en el cumplimiento de "órdenes" relativas al modo, tiempo, o cantidad de trabajo, nada de lo cual deriva de las modalidades en estudio, donde dichas condiciones son dispuestas libremente por el prestador de servicios. En el mismo sentido, en la mayoría de las sentencias extranjeras, que más adelante se citan, se ha verificado que, a pesar de darse algunas recomendaciones, e incluso alguna inducción previa a la prestación de los servicios, hasta ahora no se han impuesto medidas disciplinarias a los prestadores en razón del incumplimiento de dichas recomendaciones, si no, por el incumplimiento reiterado de la principal obligación que es prestar los servicios después de aceptados.

Concluimos: en el estado actual de la legislación colombiana, su doctrina y su jurisprudencia, en términos generales, no encontramos características propias de la prestación de servicios a través de plataformas digitales que permitan inferir el elemento subordinación. Por el contrario, resulta relativamente fácil u obvio, demostrar la independencia y autonomía con que actúan los usuarios prestadores de servicios, que contundentemente desvirtuarían la presunción de laboralidad prevista en el CST.

---

235 Corte Suprema de Justicia, Sala de Casación Laboral [CSJ-SCL] (2014, junio 18). Sentencia SL8434-2014. Ob. Cit.

CAPÍTULO III

Fundamentos para la caracterización de la relación de trabajo en diversos ordenamientos jurídicos internacionales. Derecho comparado

En el capítulo precedente nos hemos inclinado por considerar el carácter autónomo o independiente de los trabajadores que prestan servicios a través del uso o asistidos por plataformas digitales, conforme a los parámetros propios del ordenamiento jurídico colombiano y su desarrollo doctrinal y jurisprudencial. Insistiendo sin embargo en que la casuística de cada relación puede llevar a disimiles conclusiones, como ocurrió respecto a la vinculación entre un mismo trabajador y una misma plataforma que fue calificada de distinta manera dependiendo del cambio de condiciones verificado en el tiempo, en el citado caso Mercadoni[236]. Ahora bien, por tratarse de una situación global, respecto a la cual, prácticamente todos los Estados deben tomar posición y posiblemente acciones (gubernativas, legislativas y/o judiciales), estimamos insoslayable analizar la problemática desde una perspectiva global, utilizando directrices internacionales que también pueden y deben ser aplicadas en Colombia. Para ello, se hace necesario revisar las nociones de trabajador asalariado, de trabajador independiente, los elementos que las diversas legislaciones consideran como constitutivos de la relación de trabajo, la crisis de la noción de subordinación, otros posibles criterios de cualificación, y el reconocimiento de algunas figuras intermedias entre el trabajo asalariado y el autónomo. Todo ello como necesaria base teórica o conceptual que permitirá la posterior caracterización (genérica)[237] del trabajo prestado con intermediación de plataformas digitales.

---

236 Ver acápite IV.2.- Diversidad de soluciones judiciales y legislativas en el ámbito internacional. Derecho Comparado, específicamente la sección IV.2.6 referida a Colombia.

237 Como se ha señalado en este mismo párrafo y se reitera en varios pasajes de esta obra, cualquier caracterización que se realice desde el punto de vista doctrinal, jurisprudencial, o hasta legislativo, siempre podrá ser rebatida debido a las condiciones específicas que presente cada vinculación o relación.

III.1. LA BASE DEL PROBLEMA. LA CONCEPCIÓN BINARIA: ASALARIADO VS. AUTÓNOMO

Siguiendo a Carballo Mena (2016), podemos destacar que, en la mayoría de los ordenamientos jurídicos,

> (...)[I]mpera un sistema binario de regulación del trabajo humano por cuya virtud se ofrece amplia tutela a aquél que se desarrolla en la esfera de la relación de trabajo, mientras que, de modo general, se dejan libradas a la autonomía de la voluntad de las partes y, en gran medida, excluidas del sistema de seguridad social, a las restantes modalidades de prestación de servicios al margen de la relación de trabajo[238].

El mismo autor, citando parte de la Recomendación 198 de la OIT, refiere:

> (...)[L]a relación de trabajo, independientemente de la caracterización que merezca en la esfera de cada ordenamiento jurídico, constituye "el principal medio de que pueden servirse los trabajadores para acceder a los derechos y prestaciones asociadas con el empleo en el ámbito del derecho del trabajo (sic) y la seguridad social". (Entre comillas de la cita)

Esta acertada afirmación, por una parte, nos recuerda la esencial importancia que reviste contar con mecanismos jurídicos adecuados para distinguir entre aquellos trabajadores protegidos o amparados por el Derecho del Trabajo (asalariados o subordinados), y los otros, autónomos o independientes, desprovistos de dicha protección. Contrapuestas situaciones de tutela y desprotección que, como refiere Carballo, incluso se extienden al ámbito de la seguridad social.

En la presente obra, nos enfocamos en el intento de contribuir a establecer la correcta calificación de los trabajadores que prestan servicios a través de plataformas digitales, empero, no podemos ser ajenos a las advertidas y fatales consecuencias de escoger entre dos criterios, que indefectiblemente nos llevará a situar a los trabajadores dentro o fuera de la tutela del ordenamiento laboral, a la radical calificación de: protegido o desprotegido.

Debido a esta limitación y forma de exclusión subjetiva que hasta ahora presenta el Derecho del Trabajo puede resultar tentadora -casi irresistible- la inclinación a calificar a la mayoría de trabajadores como asalariados, "amparados o protegidos", pues al estudiar la historia y fundamentos axiológicos y teleológicos del Derecho del Trabajo, es imposible no impregnar el espíritu de ese ahínco de protección. Empero, como propone la misma Recomendación 198 de la OIT, *la "protección de los trabajadores vinculados por una relación de trabajo <u>no debería interferir en las verdaderas relaciones civiles y comerciales</u>"*[239], en especial, si consideramos como

238 Carballo Mena, C. A. (2016). Relación de Trabajo. La técnica del test de laboralidad. Caracas: UCAB, p.9.

239 Organización Internacional del Trabajo [OIT] (2006, junio 15) R198 Recomendación... Ob. Cit.

principio que también informa el Derecho del Trabajo, la necesidad de creación y preservación de las fuentes y puestos de empleo, siempre que éstas den oportunidad de subsistencia digna a los trabajadores (sean subordinados o independientes). Acaso, el enfoque adecuado, podría apuntar a la regulación de figuras especiales de trabajo, o formas intermedias, o quizá, dirigirse a mecanismos de protección universal, a sistemas de seguridad social que de manera eficaz incluyan y amparen a los trabajadores autónomos. Sobre esto, volveremos más adelante.

Por ahora, baste poner de relieve la importancia radical que en la actualidad requiere distinguir entre una y otra categoría de trabajadores, recordando que, en sus acepciones más populares, "trabajar" implica *"ocuparse en cualquier actividad física o intelectual"*, *"tener una ocupación remunerada en una empresa, una institución, etc."*, o *"ejercer determinada profesión u oficio"*[240]. De allí que, todo aquél que desarrolla una actividad física, intelectual, o combinación de ambas, a cambio de una remuneración, debe tenerse como "trabajador", y que la adjetivación, como subordinado, dependiente, o contrapuestamente, como autónomo, independiente; derivará de calificar dicha prestación de servicios como una "relación de trabajo", al concurrir las características que cada ordenamiento jurídico atribuya a esta figura. De inmediato, la tarea parece ser caracterizar a los trabajadores de plataformas en una de las alternativas preexistentes, pero sin dejar de advertir que el derecho no puede ser ajeno a las realidades surgidas de las nuevas tecnologías y formas de vinculación, que por "atípicas" podrían requerir de diferenciado tratamiento.

III.2. TRABAJADOR ASALARIADO, SUBORDINADO O DEPENDIENTE. ELEMENTOS CLÁSICOS DE LA RELACIÓN DE TRABAJO EN LA LEGISLACIÓN IBEROAMERICANA

Las nociones de trabajador (empleado o asalariado), de empleador, y de relación de trabajo (o contrato de trabajo) son inescindibles, en cuanto los dos primeros, constituyen los elementos subjetivos de la vinculación sinalagmática que conocemos como relación de trabajo. De allí que, al definir o delinear las características de la relación de trabajo, y hallarse estas presentes en una vinculación de prestación de servicios personales, cada uno de los sujetos, adquirirá las respectivas calificaciones de, trabajador (subordinado) y empleador.

La mayoría de los ordenamientos jurídicos latinoamericanos, y de otros países, atribuyen a la relación de trabajo los mismos elementos que el ordenamiento colombiano; vale recordar, la prestación personal de servicios (realizar actos, ejecutar obras) a cambio de una remuneración (salario), y bajo la subordinación o dependencia de quien paga por el servicio o de quien éste delegue (empleador). "Los *factores* más usuales para calificar la prestación del trabajador en el marco del contrato de trabajo son, por tanto, *dependencia y subordinación* o trabajo realizado

240 Real Academia Española [RAE] (2019). Diccionario de la lengua española. Ob. Cit. Parr. 8. Subrayado nuestro.

bajo la *dirección, autoridad, supervisión o control* del empleador, o bajo las *órdenes o instrucciones del empleador*, o *dadas* por cuenta de éste"[241]. En definitiva, la prestación personal de servicios, por una remuneración y bajo "subordinación" o "dependencia", que en términos generales se tratan como sinónimas[242]. Sobre lo cual, también hemos referido en el acápite II.2.4.

III.2.1. La prestación personal de servicios

El elemento fundante, y del cual deriva la presunción de existencia del contrato o relación de trabajo ex artículo 24 CST, es la ***prestación personal de servicios***, enunciada en el inciso 1.a. del artículo 23 *eiusdem* (*actividad personal del trabajador, es decir, realizada por sí mismo*), de lo cual deriva que el trabajador (empleado u obrero) no puede ser sustituido por otro sin previo consentimiento del patrono, que labora sin necesidad de concurrencia de otra persona, y sin que esté obligado a ofrecer o prestar un sustituto. Se trata de un contrato y de obligaciones *personalísimas, intuito personae* o infungibles, que deben ser cumplidas por el deudor en atención a sus caracteres personales o profesionales, y que, por aquella misma naturaleza se extinguen con la muerte del trabajador[243]. Excepcionalmente, algunas legislaciones, como la colombiana (art. 89 CST) y la venezolana (artículo 209 DLOTTT[244]), prevén la posibilidad de que los trabajadores que prestan servicios en sus hogares o fuera de la sede de la empresa (denominados en algunas legislaciones "a domicilio"), puedan hacerse asistir por sus familiares[245]. Con mayor amplitud, el artículo 6 del

---

241 Organización Internacional del Trabajo [OIT] (2006). La relación de trabajo... *Ob. Cit.*, Párr. 78.

242 *"Los términos dependencia y subordinación se utilizan, según los diversos ordenamientos jurídicos, como sinónimos o expresiones diferenciadas, 'en cuyo caso el control caracteriza la subordinación y la dependencia es caracterizada como dependencia económica' (OIT, 2008, p.35)'. (...) La aludida sinonimia dependencia-subordinación, atiende estrictamente al significado propio de tales voces: mientras dependencia alude a la 'subordinación a un poder mayor' (Real Academia Española, p. 471), la subordinación refiere a la 'sujeción al orden, mando o dominio de alguien (Real Academia Española p. 1388)' "*. Carballo Mena, C. A. (2016). Relación de Trabajo...*Ob. Cit.*, p.48.

243 Domínguez Guillén, M. C. (2017) Curso de Derecho Civil III Obligaciones. Caracas: RVLJ, p. 88 y 487.

244 Decreto con Rango, Valor y Fuerza de Ley Orgánica del Trabajo, los Trabajadores y las Trabajadoras [DLOTTT](2012, mayo 7) (Gaceta Oficial N° 6.076 Extraordinario). [Transcripción en Línea]. Disponible en: https://oig.cepal.org/sites/default/files/2012_leyorgtrabajo_ven.pdf [Consulta: 2019, agosto 7].

245 "La ausencia de supervisión patronal directa, consecuencia de que el servicio es prestado en la casa de habitación del trabajador, legitima la relajación del analizado presupuesto de personalidad de los servicios; de tal forma que la ejecución de actividades por parte de los familiares del trabajador, coadyuvando al cumplimiento de las obligaciones laborales de éste, e incluso sustituyéndolo eventual e intermitentemente sin autorización patronal, no afectan la relación jurídica trabada entre patrono

Código del Trabajo de Nicaragua, prevé la posibilidad de que el trabajador se haga asistir por otros, *"por necesidad implícita de la naturaleza del servicio u obra a ejecutar"*, caso en el cual, el "subcontratado" o asistente pasa a considerarse como trabajador del empleador, previo consentimiento expreso o tácito de éste.[246] En igual sentido el artículo 10 de Código de Trabajo de El Salvador, prevé la designación de sustitutos o el empleo de uno o más auxiliares, previa comunicación y aprobación del empleador, formalizándose así los respectivos contratos de trabajo "directamente" entre éste y aquellos. Los casos colombiano y venezolano constituyen auténticos supuestos de excepción a la regla de prestación personal de servicios, en cambio, los casos de Nicaragua y El Salvador, en realidad no son una excepción, sino que, permiten reconocer nuevas relaciones de trabajo con los trabajadores que son insertados por el trabajador primario, quien actuaría como una especie de intermediario al solicitar la asistencia o sustitución por otro trabajador. En estos casos, el trabajador o trabajadores asistentes o sustitutos con la aceptación expresa o tácita del empleador, pasan a vincularse con éste en nuevas relaciones de trabajo, diferenciadas de la originalmente existente.

A pesar de aquellos casos de excepción (Venezuela y Colombia) u otros que expresamente dispongan algunas legislaciones, es requisito fundante para la existencia del trabajo subordinado la prestación personal del servicio. De allí que, la posibilidad de que, a voluntad del trabajador el servicio sea prestado por un sustituto, delegado o subcontratado, constituye un claro indicio de que se está en presencia de otro tipo de negocio, y no, de un contrato de trabajo. En otras palabras, esa posibilidad es un claro elemento de autonomía o independencia del contratado, que lo sustraería del ámbito de la relación de trabajo.

Cabe agregar, con fundamento en la tesis contractualista, que la existencia de un contrato de trabajo implica indefectiblemente la obligación por parte del trabajador de prestar sus servicios en las condiciones que se pacten, normalmente impuestas o exigidas por el patrono o empleador, de allí que, como se verá en el acápite IV.2.1, conforme a la jurisprudencia alemana resulta inconcebible la existencia de un contrato de trabajo si en sus términos u cláusulas no existe el compromiso u obligación contractual de trabajar (prestar determinados servicios personales) por parte del contratado o supuesto trabajador. Este razonamiento, por demás irrefutable, podría tener un efecto determinante en la calificación jurídica de los trabajadores que prestan servicios a través de plataformas digitales, en tanto que, por regla general, éstos en ninguna parte del contrato o en su vinculación con las plataformas se

---

y trabajador, ni engendran -necesariamente- nuevas relaciones de trabajo". Villasmil, citado por Carballo Mena, C. A. (2016). Relación de Trabajo... *Ob. Cit.*, p.37.

246 Sin duda alguna esta despersonalización de la actividad puede prestarse para atacar el elemento fundante de la existencia de la relación de trabajo, pudiendo confundir al trabajador "principal" con las figuras de contratista o intermediario, al tiempo que genera complejidad para la determinación del salario real y los beneficios que corresponderían a cada trabajador individualmente considerado (principal y asistente).

obligan o comprometen a prestar un servicio o a estar a disposición de la plataforma u otros usuarios, sino que, deciden autónomamente dónde y cuándo ponerse a disposición para recibir ofertas para prestar servicios. Ni la plataforma ni los otros usuarios-consumidores pueden en ningún momento "exigir" a los prestadores de servicios que se "conecten" y laboren. Esta circunstancia, pareciera ir más allá de constituir un indicio de independencia o autonomía, impactando en la noción misma del contrato de trabajo, si se advierte que la principal obligación de un "trabajador" sería trabajar, y tal, no existe en esta modalidad de negocio digital.

III.2.2. El Salario

El trabajo es remunerado a través del ***Salario***, al cual nos hemos referido en el capítulo anterior. Tanto el trabajo subordinado, en el marco de una relación de trabajo, como el trabajo autónomo, son en esencia remunerados, en tanto que, la contraprestación dineraria por el servicio es propia de los contratos sinalagmáticos de naturaleza onerosa. Por ello, en principio, la remuneración no es un elemento definitorio del tipo de relación que vincula a las partes, en tanto esa remuneración constituirá "salario", sí y solo sí, se determina que ha sido pagada en el contexto de una relación de trabajo. Las partes pueden celebrar distintas categorías de contratos, civiles o comerciales, que generan "ganancias" o contraprestaciones dinerarias (u otros beneficios susceptibles de valoración económica) para quien presta servicios personales, pudiendo denominar dichas contraprestaciones de forma acorde al supuesto contrato celebrado: utilidades, honorarios, participación, comisión, etc.; empero, aquella remuneración, indistintamente de cómo se la haya denominado, será tenida o considerada como "salario", luego de que se califique la vinculación como laboral. Por lo que, este elemento en vez de calificar la existencia de la relación de trabajo más bien parece depender de su previa determinación. En palabras de De La Cueva (2011): *"[E]l salario, si bien en el campo de la teoría es un elemento constitutivo de la relación, en la vida de ella aparece a posteriori, como una consecuencia de la prestación del trabajo"*[247]. No obstante, la forma (tiempo, modalidad, cuantía) de pago de la remuneración, las proporciones en que se distribuye el producto del trabajo (frutos económicos) y/o la comparación entre lo devengado por los subordinados y lo devengado por los independientes, pueden constituir indicios de laboralidad o de autonomía, según se revisará más adelante.

III.2.3. La Subordinación o dependencia

Como se ha expuesto, al igual que en la legislación colombiana, en la mayoría de los países iberoamericanos, y otros del mundo[248], el elemento definitorio o

---

247 De La Cueva, M. (2011) El nuevo derecho mexicano del trabajo. Vigésima segunda Edición. México: Editorial Porrúa, p.204.

248 "Las leyes de Benin, Burkina Faso, Congo, Gabón, Níger y Rwanda, entre otros países, como también el Código del Trabajo de Portugal, establecen que el trabajo reali-

calificador de la relación o contrato de trabajo, es ***la subordinación o dependencia***, al punto que, constituye precisamente el ejemplo dado por la Recomendación 198 OIT (párr. 12), como condición que determina la existencia de una relación de trabajo[249].

Revisemos los elementos calificadores que utilizan las legislaciones iberoamericanas:

Argentina, a través de los artículos 21 y 22 de La Ley de Contrato de Trabajo[250], define de manera casi idéntica el contrato de trabajo y la relación de trabajo, haciendo alusión a la "dependencia".

Bolivia, por medio de la Ley General del Trabajo[251], y especialmente del Decreto Supremo No. 28699 de 2006[252], exige la *"relación de dependencia y subordinación del trabajador respecto al empleador"*.

Brasil, conforme al Decreto-Ley No. 5452 (01-05-1943) Codificación de las Leyes del Trabajo[253], en sus artículos 2° y 3° define respectivamente a emplea-

---

zado en el marco del contrato de trabajo se hace bajo la *dirección y autoridad* del empleador. Otras variantes de estos *factores* figuran en Finlandia, donde la ley se refiere al trabajo realizado bajo la *dirección y supervisión* del empleador; en Bahrein y Qatar, bajo la *dirección o supervisión* del empleador; en Túnez, bajo la *dirección y control* del empleador, y en Marruecos, bajo la *dirección* del empleador. En Angola y Botswana se dice que hay contrato de trabajo cuando el trabajo es realizado bajo las *órdenes* del empleador; en Eslovenia, *de acuerdo con las instrucciones y bajo el control* del empleador". Organización Internacional del Trabajo [OIT] (2006). La relación de trabajo... *Ob. Cit.*, Párr. 77.

249 "12. A los fines de la política nacional a que se hace referencia en la presente Recomendación, los Miembros pueden considerar la posibilidad de definir con claridad las condiciones que determinan la existencia de una relación de trabajo, por ejemplo, la subordinación o la dependencia". R198 Recomendación sobre la relación de trabajo [núm. 198] (2006, junio 15) [Transcripción en línea]. Disponible en: https://www.ilo.org/dyn/normlex/es/f?p=NORMLEXPUB:55:0::NO::P55_TYPE, P55_LANG,P55_DOCUMENT,P55_NODE:REC,es,R198,%2FDocument [Consulta: 2019, abril 19].

250 Ley de Contrato de Trabajo (N° 20.744 - Decreto 390/1976) (1976, mayo 13) [Transcripción en Línea]. Disponible en: http://servicios.infoleg.gob.ar/infolegInternet/anexos/25000-29999/25552/texact.htm [Consulta: 2019, Agosto 2].

251 Ley General del Trabajo (1939, mayo 24).[Transcripción en Línea]. Disponible en: https://www.ilo.org/dyn/natlex/docs/SERIAL/46218/38399/F-707688237/BOL46218.pdf [Consulta: 2019, Agosto 2].

252 Decreto Supremo (N° 28699) (2006, mayo 1°). [Transcripción en Línea]. Disponible en: https://www.derechoteca.com/gacetabolivia/decreto-supremo-28699-del-01-mayo-2006 [Consulta: 2019, Agosto 2].

253 Codificación de las Leyes del Trabajo (Decreto-ley N° 5452) (1943, mayo 1°) [Transcripción en Línea] [Traducción libre]. Disponible en: http://www.planalto.gov.br/ccivil_03/Decreto-Lei/Del5452.htm [Consulta: 2019, Agosto 2].

dor y trabajador, disponiendo la presunción de "dependencia", como elemento característico.

Chile, conforme al artículo 3° del Código del Trabajo[254], define al trabajador por prestar servicios *"bajo dependencia o subordinación"*.

Colombia, como se ha referido previamente, los artículos 22 y 23 del CST exigen la *"continuada subordinación o dependencia del trabajador respecto del empleador, que faculta a éste para exigirle el cumplimiento de órdenes, en cualquier momento, en cuanto al modo, tiempo o cantidad de trabajo, e imponerle reglamentos, la cual debe mantenerse por todo el tiempo de duración del contrato"*.

Costa Rica, el artículo 18 del Código del Trabajo[255], define el contrato de trabajo, y prevé la condición de prestación de servicios a otra persona, *"bajo la dependencia permanente y dirección inmediata o delegada de ésta"*, y en su artículo 195 hace referencia al trabajo *"en forma subordinada"*.

Cuba, el artículo 9 del Código del Trabajo[256], define al trabajador que *"labora con subordinación"*, y el artículo 20 al definir el contrato de trabajo dispone que el trabajador se obliga a *"observar las normas de disciplina"*.

Ecuador, el artículo 8 del Código del Trabajo[257] utiliza la expresión "bajo su dependencia"; en igual sentido, el artículo 17 del Código del Trabajo[258] de **El Salvador**.

Guatemala, el artículo 18 del Código del Trabajo[259] al definir el contrato individual de trabajo y al trabajador, prevé la prestación de servicios *"bajo la dependencia continuada y dirección inmediata o delegada"* del patrono.

---

254 Código del Trabajo (N° 37460)(2002, julio 31). [Transcripción en Línea]. Disponible en: https://www.ilo.org/dyn/natlex/docs/ELECTRONIC/63555/108891/F844337218/CHL63555.pdf [Consulta: 2019, Agosto 2].

255 **Código de Trabajo (1943, septiembre 15). [Transcripción en Línea]. Disponible** en: https://www.ilo.org/dyn/natlex/docs/WEBTEXT/44102/65002/s95cri02.htm [Consulta: 2019, agosto 3]

256 Código de Trabajo (2014, junio 17). [Transcripción en Línea]. Disponible en: https://www.ilo.org/dyn/natlex/docs/ELECTRONIC/96404/113996/F288013741/CUB96404.pdf [Consulta: 2019, agosto 2].

257 **Código de Trabajo (2005, diciembre 16) (Codificación de fecha 16 de diciembre de 2005) [Transcripción en Línea]. Disponible** en: http://www.oas.org/juridico/spanish/mesicic2_ecu_anexo12.pdf [Consulta: 2019, Julio 15].

258 Código de Trabajo (Decreto N° 15) (1972, junio 23) [Transcripción en Línea]. Disponible en: https://www.ilo.org/dyn/travail/docs/1742/Cod_Trab_ElSalv%5B1%5D.pdf [Consulta: 2019, agosto 2].

259 Código de Trabajo (1961, mayo 5). [Transcripción en Línea]. Disponible en: https://www.ilo.org/dyn/natlex/docs/ELECTRONIC/29402/107974/F1633513795/GTM29402.pdf [Consulta: 2019, agosto 2].

El Código del Trabajo[260] de **Honduras** en sus artículos 19 y 20, exige la *"continuada dependencia o subordinación"*; definiendo la dependencia continuada como: *(...) "[L]a obligación que tiene el trabajador de acatar órdenes del patrono y someterse a su dirección"*, y destacando la *"continuada subordinación o dependencia del trabajador respecto del patrono, que faculta a éste para exigirle el cumplimiento de órdenes, en cualquier momento, en cuanto al modo, tiempo o cantidad de trabajo, e imponerle reglamentos, la cual debe mantenerse por todo el tiempo de duración del contrato"*.

En **Nicaragua** el artículo 6 del Código del Trabajo[261], refiere a prestar servicio o ejecutar una obra, bajo la *"dirección y subordinación directa o delegada"* del empleador.

En **Panamá** se entiende por relación de trabajo, conforme al artículo 62 del Código del Trabajo[262], la prestación de un trabajo personal en "condiciones de subordinación jurídica o de dependencia económica" (subrayado nuestro). En tal sentido, la legislación panameña contempla las siguientes conceptualizaciones:

> **Artículo 64**. La subordinación jurídica consiste en la dirección ejercida o susceptible de ejercerse, por el empleador o sus representantes, en lo que se refiere a la ejecución del trabajo.
>
> **Artículo 65**. Existe dependencia económica en cualquiera de los siguientes casos: 1. Cuando las sumas que percibe la persona natural que preste el servicio o ejecute la obra constituyen la única o principal fuente de sus ingresos. 2. Cuando las sumas a que se refiere el ordinal anterior provienen directa o indirectamente de una persona o empresa, o como consecuencia de su actividad. 3. Cuando la persona natural que presta el servicio o ejecuta la obra no goza de autonomía económica, y se encuentra vinculada económicamente al giro de actividad que desarrolla la persona o empresa que pueda considerarse como empleador. En caso de duda sobre la existencia de una relación de trabajo, la prueba de la dependencia económica determina que se califique como tal la relación existente.

El artículo 17 del Código del Trabajo[263] de **Paraguay**, referido al contrato de trabajo, prevé como elemento vinculante entre el patrono y el trabajador, que el

260 Código del Trabajo (Decreto N° 189)(1959, juio 23) [Transcripción en Línea]. Disponible en: https://www.ilo.org/dyn/eplex/docs/8/Labour [Consulta: 2019, agosto 2].

261 **Código del Trabajo (1994, octubre 28) [Transcripción en Línea]. Disponible** en: https://www.ilo.org/dyn/natlex/docs/WEBTEXT/45784/65050/S96NIC01.htm [Consulta: 2019, agosto 2].

262 Código de Trabajo (1972, abril 2) [Transcripción en Línea]. Disponible en: https://www.ilo.org/dyn/natlex/docs/WEBTEXT/42679/67564/S9 [Consulta: 2019, agosto 2].

263 Código del Trabajo (Ley núm. 213) (1993, octubre 29) [Transcripción en Línea]. Disponible en: https://www.ilo.org/dyn/natlex/docs/WEBTEXT/35443/64905/S93PRY01.htm [Consulta: 2019, agosto 2]

último ejecute la obra o preste sus servicios al primero "*bajo la dirección o dependencia de éste y por su cuenta*".

En **Perú,** la Ley de Productividad y Competitividad Laboral[264], se extiende en su artículo 9 a describir lo que entiende por subordinación, e incluye dentro de ésta el *ius variandi* que asiste al empleador, en los siguientes términos:

> **Subordinación:**
>
> **Artículo 9**. Por la subordinación, el trabajador presta sus servicios bajo dirección de su empleador, el cual tiene facultades para normar reglamentariamente las labores, dictar las órdenes necesarias para la ejecución de las mismas, y sancionar disciplinariamente, dentro de los límites de la razonabilidad, cualquier infracción o incumplimiento de las obligaciones a cargo del trabajador.
>
> El empleador está facultado para introducir cambios o modificar turnos, días u horas de trabajo, así como la forma y modalidad de la prestación de las labores, dentro de criterios de razonabilidad y teniendo en cuenta las necesidades del centro de trabajo.

En **Puerto Rico**, además **de la subordinación se toman en cuenta otros elementos, que más adelante se comentan.** La Ley de Transformación y Flexibilidad Laboral de 2017[265], al definir el contrato de trabajo, hace referencia a los servicios "*prestados por cuenta ajena y dentro del ámbito de la organización y bajo la dirección directa del patrono*" (Subrayado nuestro).

En **República Dominicana** el Código del Trabajo[266] dispone en su artículo 1° la obligación del trabajador de actuar bajo la dependencia y dirección inmediata o delegada del empleador, mientras que, en sus Principios (III) y en el artículo 309, refiere expresamente a la subordinación.

En la República Oriental del **Uruguay** no existen un código de trabajo ni ley de contrato de trabajo que defina la relación de trabajo o determine sus elementos, y por ello, la respectiva construcción se viene verificando a través de la doctrina y

---

264 Ley de Productividad y Competitividad Laboral (Decreto Supremo N° 003-97-TR) (1997, marzo 27) [Transcripción en Línea]. Disponible en: https://www.ilo.org/dyn/natlex/docs/ELECTRONIC/95420/ 112319/F-253524255/PER95420.pdf [Consulta: 2019, agosto 2].

265 Ley de Transformación y Flexibilidad Laboral (Ley N° 4) (2017, enero 26) [Transcripción en Línea]. Disponible en: http://www.lexjuris.com/LexLex/Leyes2017/lexl2017004.pdf [Consulta: 2019, agosto 2].

266 Código de Trabajo (Ley 16-92) (1992, mayo 29) [Transcripción en Línea]. Disponible en: https://www.ilo.org/dyn/natlex/docs/ELECTRONIC/29744/61886/F1357132 319/DOM29744.pdf [Consulta: 2019, agosto 3].

la jurisprudencia[267], con especial utilización de la Recomendación 198 OIT, a la cual incluso se le considera como parte del Bloque de Constitucionalidad[268].

En **Venezuela**, la Ley del Trabajo de 2012 (DLOTTT)[269], en sus artículos 35, 40 y 55 relativos, respectivamente, a las definiciones de trabajador, empleador y contrato de trabajo, utiliza como elemento caracterizador, la "dependencia". Aunque las leyes anteriores, hacían expresa alusión al trabajo "por cuenta ajena", según se precisa más adelante.

De acuerdo con la revisión previa, los países latinoamericanos utilizan como criterio o elemento característico de la relación de trabajo, la prestación de servicios bajo subordinación o dependencia, términos que se usan en conjunto, o como sinónimos. Algunos de dichos ordenamientos definen o precisan rasgos de dicha subordinación, dirigiéndose principalmente al deber de obediencia del trabajador y someterse a la dirección del empleador, y la posibilidad de éste de imponer ordenes, reglas, organizar el trabajo, en cualquier momento, en cuanto al modo, tiempo o cantidad de trabajo, e incluso, imponer medidas disciplinarias o sanciones. Cierta normativa, como se ha referido del caso colombiano, exige que la subordinación o dependencia se manifiesten de manera continuada y/o se mantengan *"por todo el tiempo de duración del contrato"*, lo que pareciere hacer más rígida la posibilidad de que se concrete este requisito. Se incluye dentro de los elementos propios de la subordinación, el *ius variandi*, es decir, la posibilidad que tiene el empleador de modificar unilateralmente las condiciones de trabajo (siempre con ciertos límites o requisitos).

En el caso de **Panamá**, alternativamente a la subordinación jurídica, se incluye la dependencia "económica", criterio que, a pesar de repuntar recientemente en su consideración por parte de la doctrina, entendemos ya superado[270]. Coincidimos con quienes piensan que no puede considerarse la dependencia económica *"por si*

267 Rosenbaum, F. Comunicación personal. Correo-e. Junio 10, 2020.

268 Tribunal de Apelaciones de Trabajo de Primer Turno (2020, junio 3). Sentencia DFA-0012-000111/2020020. Disponible en: https://drive.google.com/file/d/1G4a-Poe2ml88gedRnPI937qRdN-7SvaAE/view [Consulta: 2020, junio 6].

269 Decreto con Rango, Valor y Fuerza de Ley Orgánica del Trabajo, los Trabajadores y las Trabajadoras [DLOTTT](2012, mayo 7) Ob. Cit.

270 "Ni la subordinación técnica, representada por la sujeción a instrucciones del patrono para ejecución de las labores, ni la de orden económico, que se manifiesta en la dependencia pecuniaria de quien presta un servicio respecto a quien lo retribuye, son verdaderamente decisivas para calificar de *trabajador* a quien ejecuta obras o servicios por cuenta ajena. Tan sólo la subordinación *jurídica*, expresada en el deber de sometimiento continuado, aunque temporal del trabajador a una voluntad diferente a la suya, coloca a este dentro del campo de aplicación de la legislación del Trabajo". (Cursivas de la cita). Alfonzo Guzmán, R. (1996) Nueva Didáctica del Derecho del Trabajo. 12° edición. Caracas: Melvin, p 66.

sola y de manera absoluta, un criterio univoco para determinar el ámbito de aplicación del derecho del Trabajo"[271]. **Más aun, la condición económica de uno de los contratantes en definitiva es un elemento extraño al contrato y**, por consecuencia, insuficiente para calificarlo; al tiempo que *"se dan casos de personas que prestan de manera verdaderamente autónoma una actividad laboral que, de alguna forma, depende económicamente de una empresa, pero que se desarrolla en condiciones tales que no permiten afirmar la existencia de una relación de trabajo"*[272], como ocurre con singular frecuencia con el ejercicio de algunas profesiones liberales. En algunos países europeos (España, Francia y Alemania) el elemento o característica de dependencia económica, más bien ha servido para dar concepción legal a una tercera categoría de trabajadores (trabajadores autónomos económicamente dependientes), y ha influido en la creación de los *"parasubordinados"* en Italia, según se aborda más adelante.

Es importante precisar que algunos de los citados ordenamientos, específicamente, en los casos de Bolivia[273], Costa Rica[274], Ecuador[275], El Salvador[276], Honduras[277],, México[278], Paraguay[279] y Puerto Rico[280], junto a la subordinación o dependencia, o inclusive, sustituyendo a éstas como elemento caracterizador, se incorpora el trabajo ***"por cuenta ajena"***, y en el caso de Puerto Rico, se prevé también la condición de que el servicio se preste ***"dentro del ámbito de la organización"* del patrono**; características de la relación de trabajo, que vendrían a complementar, integrar, o quizá, a sustituir, la noción de subordinación. Y que para el tema que nos ocupa, adquieren significativa relevancia, especialmente para incluir dichas características en mayor o menor grado, como indicios de la existencia de la relación de trabajo.

En **España**, según las decisiones judiciales que más adelante se revisan, los elementos caracterizadores por excelencia son, precisamente, el trabajo por cuenta ajena o "ajenidad" y la *"inserción del prestador de servicios dentro del ámbito de la organización"* del patrono. En tal sentido, el artículo 1° del Estatuto de los Trabajadores, define la condición de trabajador por la prestación de servicios *"retribuidos por cuenta ajena y dentro del ámbito de organización y dirección de otra persona, física o jurídica, denominada empleador o empresario"*; con lo cual, sin prescindir de la noción

---

271 Ermida Uriarte, O. y Hernández Álvarez, O. (2016) Crítica de la Subordinación... Ob. Cit. p.289

272 Ibidem.

273 Artículo 2 Decreto Supremo N° 28.699.

274 Por interpretación a contrario del artículo 184 del Código del Trabajo.

275 Artículos 10 y 348 del Código del Trabajo.

276 Por interpretación a contrario del artículo 209 del Código del Trabajo.

277 Artículo 402 del Código del Trabajo.

278 Artículo 254 del Código del Trabajo.

279 Artículo 17 Código del Trabajo.

280 Artículo 2.1. Ley de Transformación y Flexibilidad Laboral.

de subordinación (incluida en la "dirección de otra persona"), incorpora las otras citadas características.

En **Portugal,** el artículo 11 del Código del Trabajo[281], define el contrato de trabajo, incluyendo como características la prestación de actividad a otra persona o personas, a cambio de una remuneración *"en el marco de su organización y bajo su autoridad"* (Subrayado nuestro); conjugando la subordinación con la inserción en el ámbito organizativo empresarial.

III.2.3.1. La crisis de la noción de subordinación

La subordinación o dependencia ha sido desde el inicio de la ciencia del Derecho del Trabajo y su manifestación objetiva a través de las legislaciones el elemento que caracteriza la relación o contrato de trabajo, diferenciándolo de otros tipos contractuales. En primer término, históricamente hablando, el contrato de trabajo se deslindó de los contratos de obra y de arrendamiento de servicios[282], propios de la legislación civil, cuyo divorcio o desmembramiento dio origen a la nueva ciencia y rama del Derecho.

El Derecho del Trabajo nace para proteger al hombre mismo, su libertad, su integridad física y psicológica, acaso, su dignidad, que se ven comprometidas al limitar su voluntad y someterla a la de otro (empleador). Obviamente, en la historia que precede a la revolución industrial, también el trabajo se daba a modo de subordinación, pues las fuentes principales eran la esclavitud y la servidumbre (bajo el sistema feudal), pero al verificarse la creación, masificación y auto identificación de la naciente clase obrera, la "lucha de clases" y conquistarse los primeros logros luego de un proceso de severos conflictos, se pasó a considerar los derechos de estos "trabajadores" de fábricas, minas, e incluso del campo, diferenciándolos de la clásica forma de trabajo de los artesanos, que prestaban servicios en sus propios talleres, y que incluso llegaron a formar gremios, con auténticas formas de organización empresarial. Diferenciándose también y principalmente, de las múltiples manifestaciones del sistema feudal, y por supuesto, de la esclavitud.

El trabajo en la fábrica, y luego en las diversas actividades industriales y de servicios, por la modelación derivada del naciente Derecho del Trabajo y su ulterior desarrollo a lo largo del siglo XX, dio lugar a las formas de "trabajo

---

281 Lei N° 7/2009, Código do Trabalho (2009, febrero 12) [Transcripción en Línea] [Traducción libre]. Disponible en: https://dre.pt/application/dir/pdf1sdip/2009/02/03000/0092601029.pdf [Consulta: 2020, mayo 31].

282 Conocieron los romanos otras formas incipientes de trabajo por cuenta propia o independiente, prestados con libertad, a través de contratos de arrendamiento de obra (*locatio conductio operis*) cuyo producto era una obra o producto singular, y el arrendamiento de servicios (*locatio conductio operarum*) en el que se cedía el trabajo (el quehacer) y no el producto, en lo que constituye el antecedente más remoto del contrato de trabajo. Palomeque, M. y Álvarez, M. (2009). Derecho del Trabajo... *Ob. Cit.*, p.42.

típico": en un puesto de trabajo, a jornada completa y con duración indefinida, el modelo fordista o industrial. Donde el cumplimiento de una jornada, la ocupación de una tarea específica y dentro de una estructura organizativa, generalmente jerárquica o piramidal, bajo las órdenes o instrucciones del empleador, u otros empleados representantes de éste, y también las posibles consecuencias disciplinarias del incumplimiento de las pautas establecidas, dan cuenta de la "subordinación" o "dependencia" del empleado, determinado la existencia de la relación de trabajo, y dando paso a todo el aparataje tuitivo del Derecho del Trabajo, incluyendo de forma directa (históricamente fundacional) a la libertad sindical, y añadidamente, la seguridad social, dependiente *ab initio*, aún hasta hoy en muchos sistemas, de la condición de asalariado (financiado por los aportes de empleadores y trabajadores).

Sin embargo, a lo largo del tiempo, como reacción a un sistema especialmente diseñado para proteger a una parte de la relación contractual (hipo suficiente o débil jurídico), gravando a la otra con obligaciones "mínimas" e inexcusables, con cargas y costos asociados, desde siempre se han presentado conflictos en la calificación de la relación y de los sujetos, inicial y principalmente, por la búsqueda por parte de los beneficiarios de los servicios (empleadores) de mecanismos defraudatorios, utilizados y forzados para enmascarar la relación laboral a través de la simulación de otras formas contractuales civiles o mercantiles (contrato de honorarios profesionales, cuentas en participación, arrendamiento de silla, cooperativas, franquicias, etc.). Esto, ha hecho necesaria la determinación judicial de aquellos casos en que, efectivamente se está frente a una relación de naturaleza mercantil o civil, o, por el contrario, aquellos donde la realidad demuestra que se trata de una relación de trabajo encubierta. Situaciones en la que, conforme a la legislación de la mayoría de los países citados, el elemento diferenciador estaría conformado por la subordinación o dependencia del prestador del servicio.

Por otra parte, también se hace necesaria esa determinación o distinción, en aquellos contratos o vinculaciones donde el uso de la tecnología, la forma de desarrollar y distribuir el trabajo, y/o los niveles de autonomía del prestador de servicios, sitúan estas vinculaciones en las denominas zonas grises, de fronteras o casos objetivamente ambiguos, a los que nos referiremos en el acápite IV.3.3, relaciones en las que, precisamente el elemento subordinación, la más de las veces, pudiera resultar desdibujado, de poca claridad, y que, por consecuencia, somete a escrutinio la suficiencia de este elemento caracterizador.

En una especie de relación causa y efecto, o de retroalimentación, la fuga del derecho del trabajo, bien a través de mecanismos defraudatorios (simulación), del auge de los emprendimientos, empresas unipersonales, los efectos de la educación y la mejor formación del prestador de servicios, la reducción del tiempo de trabajo y las nuevas formas de organización del trabajo "fuera" de la empresa, han generado una fuerte (y real) inclinación hacia la autonomía y la forma de prestar los servicios, en claro debilitamiento del elemento subordinación.

Sumado a lo anterior, agréguese que la jurisprudencia, como en el caso colombiano, si bien ha delimitado hechos y circunstancias como propios del trabajo bajo subordinación (seguir órdenes, cumplir horarios, prestar el servicio en la sede de la empresa, poder disciplinario), en otras decisiones, contrariamente, ha advertido que esos mismos elementos pueden estar presentes en contratos de distinta índole (no laboral). Contradicción que no es exclusiva de la jurisprudencia colombiana, sino que, se ha generado prácticamente en la generalidad de los países, derivada de un razonamiento lógico y ajustado a la realidad fáctica y jurídica: la subordinación se presenta como nota característica de cualquier tipo de contrato, y más exactamente, de las obligaciones jurídicas en general, que implican el deber de cumplir una prestación y la potestad del acreedor de exigirla.

Así, calificada doctrina ha desarrollado significativos esfuerzos para explicar la complejidad de utilizar la noción de subordinación para diferenciar el contrato de trabajo de otros contratos prestacionales; y al mismo tiempo, tratar de explicar qué tipo o modalidad de subordinación es la que caracteriza la relación de trabajo:

> Toda obligación impone un estado de dependencia del deudor con respecto a su acreedor, en virtud del cual aquél debe cumplir la prestación esperada por éste o, en su defecto, pagarle los daños y perjuicios. En los contratos sinalagmáticos perfectos, de derechos y obligaciones correlativas e interdependientes, ambas partes son, simultáneamente, acreedores y deudores. En el contrato de trabajo, que es de la indicada especie, tan subordinado está el patrono al trabajador, como éste respecto de aquél, con la particularidad que la sumisión del empleador por efecto de algunas obligaciones de ejecución continuada (V. gratia, la de crear y mantener las condiciones de seguridad e higiene), es de mayor duración -por ser ininterrumpida en el tiempo e, inclusive, por preceder a la celebración del contrato de trabajo-, que la propia obligación de trabajar, de ejecución periódica o interrumpida por los descansos legales obligatorios.
>
> (...)
>
> Precisamente por no advertir que toda obligación, cualquiera que fuere su naturaleza, crea una situación de dependencia del deudor frente a su acreedor, **nuestra jurisprudencia laboral ha visto subordinación y contratos de trabajo en todos los contratos civiles y mercantiles de actividad personal, y derogado de hecho el vasto complejo normativo y doctrinario civil sobre esas clases de negocio jurídicos**. Para los ojos poco atentos, la subordinación está en la sujeción a órdenes o instrucciones de quien recibe el servicio, sin percatarse de que quien desea construir su casa de habitación, por ejemplo, traza pautas obligatorias al ingeniero o arquitecto contratista de la obra sobre el estilo, disposición de los ambientes, número de habitaciones, material deseado, etc. De

> aceptarse como bueno tal concepto de subordinación, esos contratistas civiles vendrían a ser trabajadores en todo caso.
>
> Las instrucciones, órdenes y reglamentaciones obligatorias del empleador son, únicamente, efectos del estado de subordinación, pero no la causa de éste. En rigor, la subordinación del trabajador se origina en su obligación de trabajar por cuenta ajena, y de permanecer personalmente a disposición de su patrono con el fin de prestarle el servicio en las condiciones fijadas por el contrato o por la Ley (sic). Como efecto del derecho correlato de dicha obligación, el patrono dicta las órdenes e instrucciones, que son el signo externo del estado de subordinación[283]. (Subrayado y resaltado nuestro).

Alfonzo Guzmán (1996), expone con nitidez el problema, y no sólo lo ejemplifica, sino que pone de manifiesto la tendencia de calificar erróneamente toda prestación de servicios como de naturaleza laboral; para luego describir la subordinación propia de la relación "laboral", con la connotación de que el trabajador asalariado debe "permanecer personalmente a disposición" del empleador, lo que denota una especie de conexión "personal" de sumisión, un deber general de obediencia, casi reverencial.

En atención al mismo fenómeno, Ermida y Hernández (2016), señalan:

> Es, en efecto, cierto que de todos los contratos civiles o mercantiles nacen obligaciones, al menos para una de las partes contratantes y que la parte que se obliga subordina su conducta al contrato, en el sentido de que debe dar cumplimiento a la obligación asumida mediante el mismo. Pero en el contrato del trabajo, la subordinación no significa solamente que el trabajador está obligado a prestar el servicio al cual se comprometió, sino que **debe prestarlo con sujeción personal al poder directivo del empleador**, lo cual crea, en la relación de trabajo, un sometimiento jerárquico de la persona del trabajador a la persona del empleador que no se produce en los contratos civiles y mercantiles. Justamente, son este sometimiento personal del trabajador a la autoridad jerárquica del empleador y las desigualdades económicas las que dificultan que a través del libre ejercicio de la autonomía de la voluntad aquél pueda negociar con éste sus condiciones de trabajo de una manera equitativa, circunstancias que justifican histórica e ideológicamente el nacimiento y la existencia del derecho del trabajo como una disciplina jurídica especializada que tiende a dar adecuada tutela a ese trabajador jurídicamente dependiente y económicamente desigual. [284] (Subrayado y resaltado nuestros).

283 Alfonzo Guzmán, R. (1996) Nueva Didáctica… Ob. Cit., p. 61 - 63.

284 Ermida Uriarte, O. y Hernández Álvarez, O. (2016) Crítica de la Subordinación... Ob. Cit., p. 275.

Con este enfoque, los citados autores, además de asomar o sumar el elemento de la dependencia económica, proponen una subordinación que va más allá del objetivo acatamiento de órdenes o instrucciones, una suerte de sumisión espiritual o subjetiva, que denominan "sujeción personal". Con esto, al igual que Alfonzo Guzmán, crean una nota de sumisión y disposición persona a persona, de un nivel jerárquico, que ostensiblemente posee un alto componente subjetivo o psicológico, que en nuestro criterio, podría resultar de difícil probanza en el contexto de un proceso judicial, más aún, si la vinculación se limita a la conexión de las partes a través de mecanismos digitales (prácticamente impersonales). Quizá por tal complejidad o dificultad, los mismos autores de manera premonitoria, concluyen:

> En efecto, las nuevas tecnologías —y especialmente la automatización y la informática— estarían generando una nueva forma de organización del trabajo sobre la base de un reducido número de trabajadores estables, altamente calificados y bien remunerados que trabajan en el establecimiento de la empresa a tiempo completo, y con el recurso a un alto número de trabajadores periféricos e inestables, que son requeridos para tareas y por periodos cortos. Esta misma situación se produciría también, no por efecto de las nuevas tecnologías de avanzada —no tan generalizadas en nuestros países— sino simplemente por el afán de lucro y de competitividad que pone a las empresas a dieta, reduciéndolas al mínimo posible y expulsando a la mayoría del ámbito de la subordinación y/o del derecho laboral[285]. (Subrayado nuestro).

En el mismo sentido, y como preámbulo a su análisis y alabanza de las virtudes de la Recomendación 198 de la OIT para abordar la determinación de la Relación de trabajo, Saturno (2009), explica:

> Mayor fue la complicación del problema cuando se comenzó a comprender que la subordinación, más que un elemento exclusivo de la relación y del contrato de trabajo, era, en realidad, un componente común de todo contrato de prestación de servicios, porque es lógico que quien contrata una labor sea quien -de una forma u otra- dicte las pautas bajo las cuales ésta se ejecutará o, lo que es lo mismo, controle o supervise los servicios que se le van a brindar a su favor y, por ende, a quien vaya a prestarlos.
>
> La complejidad del problema aumentó con la aparición de nuevas y múltiples modalidades de contratos prestacionales civiles y mercantiles, surgidos como consecuencia del desarrollo comercial y tecnológico, los

285 Ibidem, p. 279-280.

cuales -parecidos al contrato de trabajo- también suponen la subordinación de una de las partes frente a la otra[286].

Al igual que Alfonzo Guzmán, este autor refiere el ejemplo de los contratos de obra, por el control que ejerce el dueño sobre el constructor o constructores aunque éstos sean auténticos contratistas autónomos, e incluye otros ejemplos, como las franquicias comerciales donde *"el franquiciado normalmente está obligado a cumplir con los estándares de calidad y todas las demás directrices técnicas (know how) que hayan sido definidas por el franquiciador; incluso, éste último está normalmente facultado para controlar y vigilar el cumplimiento de las obligaciones derivadas del contrato a través de visitas periódicas y aleatorias de supervisión"*; y del contrato de concesión mercantil, en el que, *"el concesionario, normalmente, se compromete a comercializar los productos del concedente solo dentro de un área geográfica determinada previamente, además de abstenerse de vender productos de la competencia; todas manifestaciones inequívocas de subordinación o dependencia"*[287]. En estos supuestos existe subordinación, pero no estamos en presencia de una relación de trabajo.

Con la misma preocupación, en el ámbito europeo, el Informe Supiot (1998) ha señalado:

> La tendencia general en la jurisprudencia, al menos en los últimos años, ha sido de evitar que la autonomía dada a ciertos trabajadores asalariados en la ejecución de sus trabajos, no permitan excluirlos del campo de aplicación del derecho del trabajo. Esta política jurisprudencial condujo a una evolución de la noción de subordinación. Según ella no resulta más solamente de la sumisión a las órdenes dentro de la ejecución propiamente dicha del trabajo, sino también **de la integración del trabajador en una organización colectiva del trabajo haciendo sus tareas por y para otro.** Este ensanchamiento del criterio de la subordinación ha redundado en un manejo más incierto y sobre todo más complejo. De modo que un trabajador que tiene cierta autonomía dentro de la ejecución de su trabajo por ser calificado su contrato, hará necesario que se ahonde para ver si no existen otros indicativos relevantes de su eventual estado de subordinación. No se busca que se encuentren todos los índices, pero se induce que cuantos más existan mayor posibilidad de que exista una línea de subordinación[288].

---

286 Saturno Troccoli, G. (2009) La Recomendación 198 de la OIT: las zonas grises o de frontera. Revista Derecho del Trabajo, Número 7 (extraordinaria). Caracas: Fundación Universitas, p. 748-749.

287 Ibidem.

288 Supiot, A. (1998, junio) Informe final sobre las transformaciones... Ob. Cit.

Supiot (1998), ante la aparente insuficiencia del elemento subordinación, reseña la inclusión y uso de otras características o elementos que servirían para determinar la relación laboral, y que se estarían usando en los tribunales de algunos países de la Unión Europea. Elementos que revisaremos seguidamente.

Para concluir con este punto, apreciamos la calificada opinión de Carballo Mena (2001), quien, de manera más radical, cuestiona la idoneidad de la subordinación o la dependencia para definir la relación de trabajo:

> La subordinación, confrontada con las nuevas modalidades del trabajo desata intensas preocupaciones, de signo -paradójicamente- contrario:
>
> De un lado, quienes la estiman insuficiente para imprimir laboralidad a ciertas manifestaciones de trabajo con altos niveles de autonomía, desplegadas por trabajadores de elevada cualificación técnica y, las más de las veces, de ejecución desconcentrada. Desde una perspectiva contraria, quienes advierten una exagerada dilatación del concepto de subordinación que laboraliza, prácticamente, toda modalidad de prestación personal de servicios.
>
> En realidad, la paradoja se diluye al advertir que ambas circunstancias derivan de una misma concepción errada, esto es, atribuirle a la subordinación o dependencia la condición de rasgo definitorio y denotativo del contrato de trabajo[289]. (Subrayado nuestro).
>
> En el mismo sentido crítico, Rosenbaum (2021, abril 15) resta valor a la noción de subordinación como elemento definitorio, y refiriendo a los prestadores de servicios a través de plataformas digitales, aprecia la subordinación, pero ya no como acciones materializadas o efectivamente existentes (órdenes, instrucciones, control, disciplina), sino, más bien, en una suerte de "estado latente"[290]:
>
> Ello sugiere la idea de que razonablemente se deduzca que este elemento deba ser considerado como un efecto potencial del contrato de trabajo, en el sentido de identificarlo abstractamente con un estado de latencia, en tanto que en la generalidad de los casos podrá ser ejercido por quien se atribuye la calidad de empleador, o eventualmente encontrarse hibernado y a la expectativa de su ulterior manifestación.

Hemos comentado como de difícil probanza la "sujeción personal", anímica o emocional, propuesta por algunos autores; complejidad que se exacerba, si lo que

289 Carballo Mena, C. A. (2001) Delimitación del Contrato de Trabajo. Caracas: UCAB, p. 30.

290 Rosenbaum Carli, F. (2021, abril 15) Dos nociones para delimitar la laboralidad..., Ob. Cit., p 15.

se quiere es demostrar un poder "latente", es decir, que no necesariamente se manifiesta o exterioriza. Quienes pregonan la laboralidad de los prestadores de servicios a través de plataformas digitales, precisamente han echado mano a este argumento y pretenden "ver" esa subordinación "latente" en los sistemas de reputación y el uso de algoritmos, aunque en la práctica no impliquen órdenes o instrucciones, cumplimiento obligatorio de horarios o jornadas, ni la aplicación "efectiva" de sanciones. Tal argumentación nos resulta arredra.

Consideramos que la subordinación o dependencia continúan siendo el principal elemento definitorio de la relación de trabajo (además de ser lo opuesto a la autonomía), pero, sumado o conjugado con los signos de "ajenidad", que hermanados representan los rasgos propios de la prestación de servicios por cuenta ajena, a que nos referimos seguidamente, que diferencian a empleados o asalariados de los trabajadores autónomos, y que en el ámbito de una relación sinalagmática, y como consecuencia de la sujeción o sometimiento de la voluntad de una parte en favor de la otra comprometiendo su propia libertad, y la aplicación de la teoría de los riesgos (responsabilidad objetiva), dan lugar a la protección del Derecho del Trabajo, según proponemos en el acápite siguiente.

III.2.4. La Ajenidad como elemento constitutivo de la relación de trabajo

> La ajenidad –en el contexto de la relación de trabajo- refiere a la circunstancia de que el prestador de servicios no ostenta la titularidad de los medios de producción, razón por la cual se encuentra extrañado de las decisiones relativas a la conjugación de los mismos, de la apropiación originaria de los réditos o frutos que se generen, y consecuentemente de los riesgos que esta (sic) entrañe dicha actividad empresarial[291]

Es connatural a la relación de trabajo que los servicios físicos y/o intelectuales que presta el trabajador se verifiquen en favor de otra persona natural o jurídica (empleador) que, como contraprestación remunera económicamente dichos servicios y se beneficia o aprovecha el fruto de los mismos. De allí que, este elemento de trabajo "por cuenta ajena", o en situación de "ajenidad", es propio de la relación o contrato de trabajo, indistintamente de que la ley lo incluya o no en su definición. Tal naturaleza o característica, en ocasiones, se puede inferir de la definición que haga la legislación respecto de alguna de las partes (patrono o trabajador), como

---

291 Carballo Mena, C. A. (2020, mayo). Indicios de la relación de trabajo y empresas digitales. Ensayo sobre la ceguera. Trabajo y Derecho 65/2020 (mayo), N° 65, Editorial Wolters Kluwer, p. 3. Disponible en: http://blog.pucp.edu.pe/blog/maestriaderechodeltrabajo/wp-content/uploads/sites/471/2020/07/Art%C3%ADculo-Indicios-de-la-Relaci%C3%B3n-del-Trabajo-y-Empresas-Digitales.-Ensayo-sobre-la-Ceguera.pdf [Consulta: 2021, marzo 10].

ocurre en Ecuador, al definir al empresario o empleador, persona "*por cuenta u orden de la cual se ejecuta la obra o a quien se presta el servicio*"[292], o al establecer obligaciones o prohibiciones, como en la legislación mexicana que, prohíbe a los trabajadores "*[e] l consumo de bebidas embriagantes, y su tráfico durante el desempeño de sus labores, **por cuenta ajena a la empresa***"[293]; la legislación panameña que, prohíbe a la trabajadora en uso de licencia de gravidez "*prestar servicios por cuenta ajena*"[294]; y la hondureña al prohibir que el trabajador subordinado preste servicio "por cuenta ajena" a favor de otras personas[295].

Así mismo, observamos que, aún los ordenamientos que no incluyen expresamente o de forma directa la noción de trabajo "por cuenta ajena", si se incluyen, indirectamente o por interpretación a contrario, al definir el trabajo de los independientes o autónomos que trabajan "*por cuenta propia*"[296].

La importancia jurídica de la noción, al igual que el estudio de la subordinación, se concentra en la connotación de esta característica o los elementos que la conforman; en definir si se trata de otro rasgo de la relación de trabajo distinto a la subordinación; si la sustituye como elemento definitorio, forma parte de ella, o si ambos se conjugan.

Para Carballo Mena (2020, mayo) existe una ligazón entre los conceptos de ajenidad y subordinación "*toda vez que aquel que suministre materiales, instrumentos o herramientas para la ejecución de una determinada obra o servicio, aspire apropiar los réditos que de ello deriven, y deba –consecuentemente- soportar los riesgos asociados a dicho emprendimiento, tenderá –en salvaguarda de sus propios intereses- a dirigir, vigilar y disciplinar el modo en que es ejecutado el trabajo y utilizados los medios por él provistos*[297]. Igualmente destaca que en ordenamientos jurídicos donde no ha sido tipificada la ajenidad como presupuesto de la relación de trabajo, como ocurre en Latinoamérica, ésta se ha establecido por vía jurisprudencial, a partir de los indicios que demuestran la existencia del vínculo jurídico.

Saturno (2009) destaca el por qué y para qué del uso de la noción de ajenidad:

> [L]a falta de un criterio objetivo que permitiese determinar con absoluta claridad el alcance de la subordinación laboral, las múltiples y variadas manifestaciones con que se presenta en la práctica y el hecho de que otras modalidades contractuales de prestación de servicios (civiles o mercantiles), de alguna manera, la involucren entre sus elementos, ha obligado

---

292 Art. 10 Código del Trabajo de Ecuador.

293 Art. 254 Ley Federal del Trabajo de México.

294 ART. 109 Código del Trabajo de Panamá.

295 Arts. 354 y 402 del Código del Trabajo de Honduras.

296 Art. 194b del Código del Trabajo de Costa Rica; art. 209 Código del Trabajo de El Salvador.

297 Carballo Mena, C. A. (2020, mayo). Indicios de la relación de trabajo..., Ob. Cit., p. 3.

a la doctrina y a la jurisprudencia a replantear el tema, añadiendo a la ajenidad como un rasgo esencial y definitorio de la relación de trabajo.[298]

El mismo autor pone de manifiesto que la prestación del servicio "*por cuenta ajena*" y el término "*ajenidad*" son tan propios de la relación de trabajo y de la ciencia del Derecho del Trabajo (orbita en torno al contrato de trabajo) que:

> Etimológicamente la palabra ajeno proviene del latín alienus, de alius, que significa otro o perteneciente a otra persona. Por su parte, ajenidad, en general, significa «cualidad de las relaciones laborales por cuenta ajena, en contraposición a trabajo autónomo».
>
> Es interesante destacar que este término fue incluido en la Vigésima Segunda Edición (2001) del Diccionario de la Lengua Española de la Real Academia Española. Más interesante aún, es que el significado de la palabra sea, precisamente, el atributo que identifica a las relaciones laborales, con lo que el término e incorporó a la lengua española, sin duda, de la mano del Derecho del Trabajo.
>
> El mismo Diccionario, al definir el significado de la expresión «por cuenta ajena» lo hace señalando: «Dicho de una persona: Que trabaja como asalariada».[299]

Según entendemos, cuando menos en el ámbito iberoamericano, el desarrollo de la noción de ajenidad se verificó inicialmente en España, en tanto, el citado Estatuto de los Trabajadores, en su artículo 1° define la condición de trabajador por la prestación de servicios "*<u>retribuidos por cuenta ajena</u> y dentro del ámbito de organización y dirección de otra persona, física o jurídica, denominada empleador o empresario*". Con lo cual, sin prescindir de la noción de subordinación (incluida en la "dirección de otra persona"), incorporó la "ajenidad", que a la postre ha venido siendo definida por la doctrina y jurisprudencia de ese país, y acogida en otros países iberoamericanos, como se ha precisado en el acápite III.1.1.3, específicamente, en los ordenamientos jurídicos de, Bolivia[300], Costa Rica[301], Ecuador[302], El Salvador[303], Honduras[304],, México[305], Paraguay[306] y Puerto Rico[307].

---

298 Saturno Troccoli, G. (2009) La Recomendación 198 de la OIT…Ob. Cit., p. 753.

299 Ibidem, pp. 750-751.

300 Artículo 2 Decreto Supremo N° 28.699

301 Por interpretación a contrario del artículo 184 del Código del Trabajo.

302 Artículos 10 y 348 del Código del Trabajo.

303 Por interpretación a contrario del artículo 209 del Código del Trabajo.

304 Artículo 402 del Código del Trabajo.

305 Artículo 254 del Código del Trabajo.

306 Artículo 17 Código del Trabajo.

307 Artículo 2.1. Ley de Transformación y Flexibilidad Laboral.

El elemento de trabajo por cuenta ajena también estuvo incluido en la legislación venezolana, prácticamente desde su nacimiento (Reglamento de las disposiciones de la Ley del Trabajo, sobre Riesgos profesionales de 13 de agosto de 1928)[308] y en las subsiguientes leyes del trabajo, hasta que, sin mayor explicación[309], fue suprimida en la "reforma" del año 2012 (DLOTTT)[310]. No obstante, la añeja y permanente presencia de la noción de trabajo por cuenta ajena en el ordenamiento venezolano, el elemento "ajenidad" no apareció o fue desarrollado por la doctrina venezolana sino hasta el año 2000, a propósito de su utilización por la Sala de Casación Social el Tribunal Supremo a partir del mismo año[311]. En el caso venezolano, este amplio distanciamiento temporal (más de 70 años) entre la definición legal[312] del trabajo "por cuenta ajena", típico o propio del contrato de trabajo y la aparición del criterio de "ajenidad" evidencia que éste último es un constructo moderno de la doctrina y jurisprudencia, que viene a complementar el elemento subordinación; sin que tal elaboración posterior o tardía, en nuestro criterio, reste de forma alguna importancia a la institución, que más bien consideramos fundamental.

El desarrollo o implementación de la noción de ajenidad también se encuentra presente en la Recomendación 198 de la OIT que, aunque no menciona el trabajo por cuenta ajena ni usa el término ajenidad, en varios de los indicios o indicadores propuestos (pár. 13), apunta a los caracteres que según la doctrina y jurisprudencia singularizan este elemento de la relación laboral.

Pero ¿qué es la ajenidad?

Para Carballo Mena (2016), la ajenidad:

> (...) [R]efiere a la circunstancia de que el prestador de servicios no ostenta la titularidad de los medios de producción, razón por la cual, bajo

---

308 Carballo Mena, C. A. (2016). Relación de Trabajo... Ob. Cit, p. 53.

309 Carballo Mena considera que la razón de ser de la eliminación legal de la noción de trabajo "por cuenta ajena" deviene de razones ideológicas, pero precisa que, a pesar de esa supresión, la ajenidad *"seguirá ostentando la condición de fundamento jurídico y ético de la dependencia, y los indicadores que se asocian a la misma resultarán relevantes para desentrañar la naturaleza jurídica de las modalidades de prestación de servicios que entrañen ambigüedades objetivas"*. En: Carballo Mena, C. A. (2016). Relación de Trabajo... *Ob. Cit.*, p. 62.

310 Respecto a la inconstitucionalidad de este Decreto-Ley, véase: Aguilar Camero, R. A. (2014) Constitución, potestades administrativas y derechos fundamentales en la Ley Orgánica del Trabajo, los Trabajadores y las Trabajadoras (LOTTT). Caracas: Funeda. Disponible en: https://www.academia.edu/42342906/Constituci%C3%B3n_Potestades_Administrativas_y_Derechos_Fundamentales_en_la_Ley_Org%C3%A1nica_del_Trabajo_LOTTT_ [Consulta: 2019, marzo 30]

311 Carballo Mena, C. A. y Villasmil Prieto H. (2000). El objeto del Derecho del Trabajo..., Ob. Cit.

312 En el año 1928 de incluyó por vía reglamentaria, y a partir de 1936 a través de la ley.

el modelo capitalista, se encuentra extrañado de las decisiones relativas a la combinación de dichos factores de la producción, de los riesgos que esta actividad entraña y de los réditos o frutos que se generen. Es en esa esfera contextual en la que se verifica entonces el trabajo humano en condiciones de subordinación o dependencia, como uno más de los factores de la producción que el patrono combina para alcanzar los fines que estima relevante[313].

En esta explicación, que compartimos, se engloban las tres principales manifestaciones típicas o indicadores de la ajenidad: la propiedad de los medios de producción en manos del empleador, que a su vez deriva la potestad de ordenación por éste de dichos medios -incluido el trabajo humano- y justifica la subordinación (correlativos poder de mando y deber de obediencia); la apropiación de los frutos o ganancias derivados de la actividad; y la asunción de las pérdidas y riesgos propios del proceso productivo[314]. Para la doctrina española, el trabajo es por cuenta ajena *"en el sentido que la utilidad patrimonial del trabajo se atribuye a persona distinta del propio trabajador, a saber, al empresario. Los bienes o servicios producidos por el trabajador no le reportan a éste un beneficio económico directo, sino que tal beneficio corresponde al empresario"*[315]. En consecuencia, la contraprestación salarial que deriva inmediatamente de la prestación del trabajo *"es independiente de las satisfacciones o beneficios que la prestación procure al empresario"*[316], lo que implica que el trabajador subordinado, devenga su salario indistintamente de que el empleador obtenga o no los beneficios esperados, pues es este último quien asume los riesgos de la actividad.

Por ello, aún en los supuestos de los salarios pactados a destajo o por comisión, el empleador está obligado a garantizar al trabajador cuando menos el salario mínimo fijado conforme a la ley[317]. Por la misma razón, las comisiones causadas por

---

313 Carballo Mena, C. A. (2016). Relación de Trabajo… *Ob. Cit.*, p.62.

314 "La doctrina científica, al interpretar la noción legal de 'ajenidad', esto es, al analizar la naturaleza del trabajar por cuenta ajena, ha adoptado básicamente dos posiciones: la que explica tal ajenidad como un trabajar sin asumir los riesgos del trabajo (ajenidad en los riesgos), y la que la explica como un trabajar sin apropiarse de los frutos del trabajo (ajenidad en los frutos). Montoya Melgar, A. (2008) Derecho del Trabajo. Vigésima Novena Edición. Madrid: Editorial Tecnos, p. 37.

315 Ibidem, p.38.

316 Alonso Olea, M. y Casas Baamonde, M. (2005) Derecho del Trabajo. Vigesimotercera Edición. Madrid: Thomson Civitas, p. 66. En el mismo sentido: Martín Valverde, A., Rodríguez-Sañudo, F. y García Murcia, J. (2011) Derecho del Trabajo…Ob. Cit., p. 181.

317 Así lo establece jurisprudencia de países como Venezuela, donde el Tribunal Supremo de Justicia (TSJ) ha sostenido reiteradamente el criterio de que la parte fija del salario mixto nunca podrá ser inferior al salario mínimo legal: "*…conforme al criterio reiterado de esta Sala de Casación Social, así como la doctrina fijada por la Sala Constitucional para el caso en concreto, en los casos de trabajadores con salario mixto, la porción fija de éste, jamás puede ser inferior al mínimo establecido por el Ejecutivo Nacional, todo de conformidad*

ventas se deben al empleado vendedor, aún en caso de que el cliente comprador no haya pagado con posterioridad el producto, ya que dicha mora o incumplimiento corren por cuenta del empleador[318].

Con profusa claridad se han esbozado los rasgos de la ajenidad, así:

> (...) [S]i la subordinación es predicable de todo contrato- que como tal es un negocio jurídico que sobrepone dos planos: uno deudor, que implica un deber u obligación y otro, acreedor, el del derecho cuya satisfacción se exigirá- no puede ser que ella sirva para tipificar un solo contrato (el del trabajo) que, por más especial que sea, no deja de pertenecer al género. Por eso mismo, ha dicho antes y mejor el profesor Montoya Melgar, "la subordinación vuelve a cabalgar sobre la ajenidad". Ésta, perfila índices y síntomas que probablemente contribuyan a reubicar la subordinación, categoría útil sin duda, siempre y cuando se le entienda un corolario de la ajenidad y no al revés[319].

Tres son las expresiones o consecuencias más emblemáticas de la ajenidad:

a) La ajenidad en los frutos: el contrato de trabajo es el título de la apropiación a priori o ab initio del resultado o del producto del trabajo

---

con lo establecido en los artículos 129 de la Ley Orgánica del Trabajo de 1997 y 130 de la Ley Orgánica del Trabajo, de los Trabajadores y de las Trabajadoras 2012, en virtud de que el salario mínimo, es una obligación del patrono vigente a lo largo de toda la duración de la relación de trabajo, en aras de garantizar el derecho al salario mínimo vital y el derecho a la subsistencia digna, reconocidos por nuestra Constitución -artículo 91-. Las leyes sustantivas laborales permitieron y permiten la estipulación libre del salario, señalando que no podía ser menor al salario fijado como mínimo, por tal razón que cuando se esté en presencia de un salario mixto, el empleador, debe garantizar que en ningún caso, el trabajador o trabajadora perciba un salario inferior al fijado como mínimo por la autoridad competente, con independencia de la clase de salario que las partes libremente hayan acordado (Subrayado nuestro). Sala de Casación Social del Tribunal Supremo de Justicia (2018, junio 1°). Sentencia N° 447. Caso Gustavo Arzola Mejías contra Administración Condominio Centro Comercial Concresa y otro. Disponible en: http://historico.tsj.gob.ve/decisiones/scs/junio/211877-0447-1618-2018-17-663.HTML [Consulta: 2021, junio 29]. También ver: Sala de Casación Social del Tribunal Supremo de Justicia (2009, octubre 1°). Sentencia N° 1.438. Caso Carlos Chirinos contra Desarrollos Hotelco, C.A.

318 *"Debe distinguirse entre la causación del salario, que opera por la prestación misma del servicio en las* condiciones convenidas, y la exigibilidad de aquél que opera al momento de consolidarse la venta y/o el recaudo." Corte Suprema de Justicia, Sala de Casación Laboral [CSJ-SCL] (1986, junio 16). Sentencia SL 0159. [MP: Germán Valdés Sánchez], reiterada en Corte Suprema de Justicia, Sala de Casación Laboral [CSJ-SCL] (2018, mayo 9). Sentencia SL1655-2018. [MP: Giovanni Francisco Rodríguez].

319 Villasmil Prieto, H.(2007). Relaciones Laborales: en tiempo presente. Caracas: UCAB, p. 64-65.

puesto a disposición de otro (ajeno). Que la apropiación sea originada explica lo inoficioso de un acto traslativo, ex post, de la propiedad sobre el producto del servicio rendido por cuenta de otro.

b) La ajenidad en el riesgo: la empresa, y sus frutos, perecen, en su caso, para el empleador, porque al él corresponde la utilidad o renta del servicio que apropia.

c) La ajenidad es la ordenación de los factores de producción (el Ius variandi en su sentido estricto). El poder del empleador, el derecho que tiene de ordenar los factores de la producción- incluido el trabajo- y en deber de obediencia del trabajador tiene su título en el contrato de trabajo. La ordenación y la modalidad del servicio que se apropia se explica por el poder del empleador para ordenar los factores de la producción. En ese sentido, que el servicio se preste bajo condiciones de subordinación y de dependencia es un corolario de una de las manifestaciones de la ajenidad.

El punto tendrá, entre otros tantos, un trasfondo procesal y, particularmente, probatorio muy relevante. En efecto, si la subordinación se diluyese hasta hacerse casi imperceptible, situación común dada la ambigüedad real o aparente de muchas de las relaciones laborales, no se justifica concluir en la inexistencia del contrato de trabajo. **El caso está en demostrar la ajenidad a través de la prueba de sus manifestaciones, síntomas o indicios, los cuales no operan, ni se muestran de igual manera, o intensidad, ni mucho menos ocurren siempre**."[320] (Cursivas de la cita. Subrayado y resaltado nuestros).

Por interpretación a contrario, como explica Rosenbaum (2020, octubre), el trabajo por cuenta propia exige la existencia de una organización auténtica e independiente, en donde la persona aporte sus propios medios productivos, escoja libremente cuándo trabajar, cuánto trabajar y cómo trabajar, y se apropie de los resultados y frutos de su actividad, asumiendo los riesgos empresariales. Resultando tales elementos diametralmente opuestos al concepto de ajenidad, que es característico y esencial en la actividad reglada por el Derecho del Trabajo[321].

Para nosotros la ajenidad es connatural al trabajo asalariado, y constituye un elemento propio y constitutivo de la relación de trabajo, que coexiste, y hasta se entrelaza con la subordinación, para conformar el mismo fenómeno jurídico. Sin embargo, no coincidimos con la idea de que la subordinación sea un corolario de la ajenidad, ni creemos, por tanto, que este elemento sustituya o desplace a la subordinación y dependencia como medio de distinción de la relación de trabajo, antes

---

320 Ibidem.

321 Rosenbaum, F. (2020, octubre). El trabajo mediante plataformas digitales…Ob. Cit., p. 273.

bien, para determinar esa existencia, no puede prescindirse de ninguno, sin perjuicio que, en cada caso concreto, indistintamente, alguno se manifieste con mayor presencia o notoriedad que otro.

A pesar de la simplicidad de los elementos antes descritos, al igual que ocurre con la subordinación, la ajenidad por sí sola no permite distinguir o diferenciar el contrato de trabajo de otras formas de vinculación que también entrañan actuación por cuenta ajena, como el contrato de mandato o la representación comercial, por ejemplo, en los que, será la subordinación (o sus indicios) los que impondrán la nota distintiva.

Como sucede con la subordinación, también se ha criticado la sobrevaloración de la noción de ajenidad, y en tal sentido se ha señalado:

> La importancia en doctrina del concepto ajenidad depende del valor jurídico y práctico que se le atribuya como elemento complementario de la dependencia o, más bien, sustitutivo de esta, por ser considerado más adaptable a nuevas situaciones jurídicas, económicas y sociales, originadas por la expansión de los mercados y la influencia de la tecnología en el desarrollo de la empresa. Según los acólitos de la nueva corriente, en esos supuestos que la realidad contemporánea parece evidenciar cada vez con más frecuencia, los criterios tradicionales de dependencia o subordinación aparecen desdibujados y de difícil aprehensión, como lo demuestran las vacilaciones de la doctrina y la jurisprudencia. Alúdese con ello a los casos más atípicos de empleo causados por la transformación del sistema productivo, como son los conocidos con los nombres de "parasubordinado", o "cuasilaboral" por la indecisa autonomía de quienes así se vinculan, y a los comprendidos habitualmente en las denominadas zonas grises del derecho del trabajo, en que la actividad personal de concesionarios, franquiciados, agentes de negocio, encuestadores de empresas de investigación de mercados, distribuidores de refrescos y de otros sujetos del moderno tráfico mercantil, se desarrolla en condiciones difusas de subordinación[322].

Alfonzo Guzmán (2005) acertadamente crítica que la apropiación de los frutos por parte del empleador derive del contrato de trabajo, e igualmente pone de manifiesto diversos ejemplos de trabajo por cuenta ajena que al prescindir del elemento subordinación o dependencia, deben quedar excluidos del ámbito del Derecho del Trabajo. En tal sentido, precisa:

> Ninguna especie de contrato de trabajo engendra derechos reales: el patrono no adquiere, mediante un contrato de esa naturaleza, un derecho de propiedad sobre una cosa presente o futura que el trabajador se obli-

322 Alfonzo Guzmán, R. (2005) Otras Caras del Prisma Laboral. Caracas: Melvin, p. 95-96.

ga a transferirle, sino un derecho a la actividad personal del trabajador, que su empresa o faena necesita.

Dentro del marco del Derecho del Trabajo, y también fuera de él, existen personas que prestan servicios en beneficio ajeno, pero no son trabajadores; sin embargo, carecen también de derechos sobre el producto de su trabajo y son igualmente ajenos a la dirección y a los riesgos de la empresa de sus respectivos contratantes: sirven de ejemplo, el intermediario y el contratista.

Hay un dilatado grupo de nuevas ocupaciones cuyos titulares son, a veces, personas naturales cuya actividad no se halla claramente dependiente de reglas de otra voluntad (concesionarios, franquiciados, agentes de comercio, profesionales liberales, trabajadores autónomos, etc.). Todos ellos devendrían sujetos de derecho del trabajo, aun en contra de la intención que sus contratos civiles y mercantiles evidencian, si se prescinde de la subordinación como elemento diferenciador.

De nada sirve jurídicamente predicar que los trabajadores son ajenos ab initio al producto de su esfuerzo, a la dirección de la empresa y los mercados, si previamente no se determina quienes, en todo el extenso catálogo de personas que prestan a otro su servicio, son, legalmente, trabajadores. Vale decir que, antes de ser confirmada la dependencia, es imposible técnicamente inferir si son aplicables, o no, los efectos de la ajenidad; esto es, si el prestador de servicios es extraño, desde el inicio del contrato, al producto de su trabajo, a los riesgos del mercado y a la dirección de la empresa.

En otra forma dicho, si la subordinación supone la aplicación de una razonamiento lógico inductivo para poner de manifiesto al sujeto tutelado por la ley laboral (pues se vale de hechos que obran como indicios ciertos y concordantes que prueban su existencia y, con ello, la condición de trabajador de quien presta a otro sus servicios personales), la ajenidad procede de modo inverso, inútil al señalado fin, ya que sólo después de conocida la situación jurídica de quien trabaja por cuenta ajena, sería dable deducir de ella los efectos que la nombrada teoría predica[323].

Siguiendo a Alfonzo Guzmán (2005), debemos insistir en que, existen otros contratos prestacionales[324] en los que se actúa por cuenta ajena, pero que al no in-

323 Ibidem. pp. 96-99.

324 Al utilizar la expresión contratos "prestacionales", nos referimos a *"las diversas modalidades de contrato de prestación o actividad, es decir, aquellos que involucran una prestación personal de servicios"; todo ello,* en los términos que refiere la doctrina laboral. Véase: Carballo Mena, C. A. y Villasmil Prieto H. (2000). El objeto del Derecho del Trabajo...*Ob. Cit.* p. 80. No corresponde este uso, al sentido científico jurídico del término

cluir el elemento subordinación, por obrar el prestador con autonomía, se desvirtúa la existencia de la relación de trabajo. Quizá por ello, la Recomendación 198 OIT, incluye algunos indicios de ajenidad y otros típicos de la dependencia o subordinación, pues, es en conjunto que generan la convicción sobre la naturaleza laboral del vínculo. En el derecho mexicano se desechó la prestación de servicios *"en beneficio de otro"* como elemento definitorio de la relación de trabajo, *"porque las prestaciones de servicios regidas por el derecho privado, poseen las mismas características"*[325], con lo cual, prácticamente se formula la misma crítica que al elemento subordinación. Como un claro ejemplo, podemos referir el de las profesionales liberales: el abogado mandatario que labora para una empresa, y atiende procesos judiciales en los que ésta se encuentra involucrada, realiza sus labores en nombre y por cuenta de su patrocinada, quien recibirá los frutos o consecuencias de la actuación del abogado, es decir, asume las ganancias y/o las pérdidas, y adicionalmente la empresa deberá remunerar la labor prestada. Esta prestación remunerada de servicios bien puede ser de carácter independiente (profesional autónomo), si el abogado cuenta con una oficina (propia o arrendada por él), utiliza sus propios elementos de trabajo (computadora, papelería, personal asociado o asistentes), negocia sus honorarios, no cumple horarios, y además atiende o puede atender a otros clientes. Caso contrario, si las mismas labores de representación o asesoría jurídica, las presta el abogado, en la sede de la empresa, con los equipos de ésta, con cumplimiento de horario y por una remuneración fija, ostensiblemente existiría subordinación o dependencia, y estaremos en presencia de un trabajador asalariado[326].

En nuestro criterio, **para que exista relación de trabajo, deben concurrir: (i) la prestación personal del servicio; (ii) el salario; (iii) la subordinación o dependencia, y (iv) la ajenidad**. Indistintamente que la ley precise o no que el trabajo se preste "por cuenta ajena" o "en beneficio de otro", pues, dicha mención resulta

---

"prestación", utilizado en la Teoría General de las Obligaciones, referido al objeto de cualquier obligación, que a su vez puede tener por objeto o contenido, dar, hacer o no hacer. Al respecto véase: Domínguez Guillén, M. C. (2017) Curso de Derecho Civil III... *Ob. Cit.* pp. 53-54. *"El objeto de la relación obligatoria es la prestación o conducta a la que se obliga el deudor, a saber, la prestación debida y por contrapartida lo que el acreedor está facultado a requerir. El objeto de la obligación es la prestación. Se alude así a objeto o prestación. Desde la época romana el objeto de la obligación es la prestación. La conducta debida por el obligado se denomina técnicamente prestación. El objeto inmediato o directo de la obligación lo constituye la actividad personal del deudor y las cosas o los servicios constituyen contenido u objeto de la prestación"*.

325 De La Cueva, M. (2011) El nuevo derecho mexicano... *Ob. Cit.* pp. 199-200.

326 Pretendiendo defender la posición de asignar a la ajenidad el rango definitorio de las relaciones de trabajo, y frente a ejemplos como el aquí manejado (del mandatario), Saturno Troccoli (2009, Ob. Cit. p. 752-753) ha sostenido que tienen significados distintos el trabajo "por cuenta ajena" y la gestión o labor "en nombre ajeno", sin advertir que la diferencia entre una y otra actividad, sólo tendrá significación jurídica efectiva, dependiendo de si se verifican con autonomía o bajo subordinación.

innecesaria, en tanto que, en el contrato de trabajo siempre habrá un prestador de servicios personales, y otra persona natural o jurídica que aprovecha esos servicios y, por consecuencia, los remunera, al tiempo que, por mandato de la legislación civil, el contratante es objetivamente responsable de los hechos del dependiente[327], vale decir, asume los riesgos de la actividad desarrollada en su favor (por su cuenta). Por el contrario, si el servicio se presta por cuenta, riesgo y beneficio del propio trabajador, entonces se trata de un autónomo o independiente. Por ello, coincidimos con Ermida y Hérnandez (2016) en que:

> En el contrato de trabajo, el trabajador presta sus servicios por cuenta del patrono, es decir, por cuenta ajena. Forma parte de la esencia del contrato de trabajo la convención, asumida aún antes de que el trabajador preste sus servicios personales, de que el producto de los mismos nace ya de propiedad del patrono, quien, además, asume los riesgos del trabajo. (…)
>
> No obstante, lo expresado anteriormente, creemos conveniente observar que la discusión, en ocasiones planteada con el ánimo de excluir la validez del criterio de la subordinación, acerca de si ésta tiene una dimensión autónoma o si es una consecuencia de la ajenidad, puede no ser esencial, pues lo cierto es que **subordinación y ajenidad parecieran constituir dos caras de la misma moneda**[328]. (Cursivas y resaltado nuestro).

---

327 Artículo 1322 Código Civil Colombiano. "Se trata pues de un caso de **responsabilidad objetiva** porque la culpa del dueño no es de ninguna manera necesaria. Constituye un factor objetivo porque no se admite la posibilidad de demostrar diligencia patronal o del principal. De allí que se afirme que se presenta más que como una simple presunción, más bien como una atribución legal de responsabilidad objetiva que tiene su fundamento en el deber de garantía implícito en quien delega en otro la actividad que ejecuta en su nombre". Domínguez Guillén, M. C. (2017) Curso de Derecho Civil III…*Ob. Cit.*, p. 663.

328 Ermida Uriarte, O. y Hernández Álvarez, O. (2016) Crítica de la Subordinación… *Ob. Cit.*, p. 286. En el mismos sentido Carballo sostiene: "La ligazón entre ajenidad y subordinación resulta trascendente, toda vez que aquel que suministre materiales, instrumentos o herramientas para la ejecución de una determinada obra o servicio, aspire apropiar los réditos que de ello deriven, y deba -consecuentemente- soportar los riesgos asociados a dicho emprendimiento, tenderá -en salvaguarda de sus propios intereses- a dirigir, vigilar y disciplinar el modo en que es ejecutado el trabajo y utilizados los medios por él provistos.

Esto último explica que en ordenamientos jurídicos donde la ajenidad no ha sido tipificada como presupuesto o condición de la relación de trabajo -como es el caso común en América Latina- se reconozcan, no obstante, por vía jurisprudencial, sus más típicas manifestaciones -fijación de precios, suministro de instrumentos, máquinas o herramientas, apropiación originaria de réditos trabajo, o asunción de riesgos- como relevantes indicios de existencia de aquel vínculo jurídico". Carballo Mena, C. A. (2020, mayo). Indicios de la relación de trabajo…, Ob. Cit. p 3.

III.2.5. La inserción en la organización empresarial como elemento constitutivo de la relación de trabajo. Críticas a esta noción

Otro elemento o característica que ha sido propuesto para definir o distinguir la relación o contrato de trabajo, y que ha sido positivizado en algunas legislaciones iberoamericanas, es la ***"inserción del trabajador en la organización empresarial" (ajena).*** En algunas definiciones del contrato de trabajo o del trabajador, se ha incluido la prestación de servicios *"por cuenta ajena y dentro del ámbito de la organización y bajo la dirección directa del patrono"* (Puerto Rico); *"por cuenta ajena y dentro del ámbito de organización y dirección de otra persona, física o jurídica, denominada empleador o empresario"* (España); y *"en el marco de su organización y bajo su autoridad"* (Portugal).

Se trata de otra característica común a muchas relaciones de trabajo, especialmente las típicas, en la que el prestador de servicios se amolda dentro de la estructura organizativa de otro, con lo cual, se ponen de manifiesto los elementos propios de la ajenidad (organización del trabajo, propiedad de los medios de producción y ajenidad en los frutos y en los riesgos), y se fundamenta la subordinación, al someterse el trabajador a las reglas, ordenes e instrucciones propios de la organización en que se inserta. Pareciere que poco o nada distinto aporta este elemento, más allá de intentar agrupar los otros elementos característicos.

Originalmente en España este elemento de fuente legal se asimiló o conjugó con la subordinación o dependencia[329]. Por ejemplo, apreciamos que para el año 1985, el maestro Alonso Olea, incluía este elemento dentro de la noción de ajenidad:

> Por cuenta ajena: Es decir, que el trabajador se inserta en una unidad donde se articulan los factores de la producción bajo la dirección y orientación de otro, del ajeno (empleador). Por eso, bajo la perspectiva del Derecho del Trabajo, la empresa es, sobre todo, actividad en procura de la producción de bienes o la prestación de servicios[330]. (Subrayado nuestro).

Sin embargo, la noción se ha ido ampliando hacia la literalidad de que el trabajador preste servicios en el ámbito productivo desarrollado y organizado por el empleador. En tal sentido se señala:

---

329 "Los servicios se prestan dentro del ámbito de organización y dirección de quien paga los salarios. Tal es la formulación moderna en el ET de lo que tradicionalmente se ha llamado subordinación o dependencia del trabajador al empresario, entendida, como se debe, en el sentido de obediencia o sometimiento a las órdenes e instrucciones del empresario para la ejecución del contrato [art. 5,c) ET], que va más allá del deber de cumplir propio de todo obligado: el trabajo, en efecto, ha de realizarse bajo "bajo la dirección del empresario", como insiste el art. 21.1". Alonso Olea, M. y Casas Baamonde, M. (2005) Derecho del Trabajo... *Ob. Cit.*, p. 67.

330 Alonso Olea, citado por Carballo Mena, C. A. y Villasmil Prieto H. (2000). El objeto del Derecho del Trabajo… *Ob. Cit.*, p. 83.

> En una primera fase, fue entendida por los tribunales como sujeción estricta a las órdenes de otra persona; pero con el paso del tiempo se ha contemplado más bien como inserción en el "círculo rector y organizativo del empresario (...)
>
> Esta nueva dimensión, acogida en el artículo 1.1. ET, le **ha otorgado mayor flexibilidad y ha permitido incorporar a la legislación laboral a trabajadores intelectuales, a profesionales con alto grado de independencia técnica, o a personas que trabajan previo encargo del cliente o con libertad de horario,** siempre que desarrollen su trabajo dentro del ámbito de organización y dirección de otra persona (...para reportero gráfico), esto es, dentro de la "programación" del trabajo hecha por la empresa (para encuestadores)"
>
> Al configurarse como mera inserción del trabajador en un círculo de dirección y programación ajena, la nota de subordinación también está formulada en la ley con alto nivel de abstracción que hace necesaria en muchos casos la utilización de indicios o hechos indiciarios para comprobar su concurrencia[331]. (Resaltado y subrayado nuestro).

La figura en comentario se viene utilizando especialmente en países europeos, ya desde algún tiempo, para extender la laboralización a casos donde la subordinación aparece poco marcada o diluida, pero sin que, hasta ahora, hayamos podido precisar una definición doctrinal o jurisprudencial que brinde una connotación diáfana de este elemento, o que a través de explicaciones racionales, la individualice o diferencie de las nociones de subordinación y ajenidad, con las cuales desde siempre se le confunde o vincula[332].

---

331 Martín Valverde, A., Rodríguez-Sañudo, F. y García Murcia, J. (2011) Derecho del Trabajo... Ob. Cit., p.182.

332 Así lo observamos, por ejemplo, en el caso de la sentencia del Tribunal Supremo de Justicia español, de fecha 23 de septiembre de 2020: "*Este Tribunal define la dependencia o subordinación como la integración «en el ámbito de organización y dirección del empresario (es decir, la ajenidad respecto a la organización de la propia prestación laboral) [...] cristalización de una larga elaboración jurisprudencial en la que se concluyó que no se opone a que concurra esta nota de la dependencia la 'autonomía profesional' imprescindible en determinadas actividades» (sentencia del TS de 19 de febrero de 2014, recurso 3205/2012). La dependencia es la «situación del trabajador sujeto, aun en forma flexible y no rígida, a la esfera organicista y rectora de la empresa» (por todas, sentencias del TS de 8 de febrero 2018, recurso 3389/2015; 1 de julio de 2020, recurso 3585/2018; y 2 de julio de 2020, recurso 5121/2018). Es decir, la dependencia o subordinación se manifiesta mediante la integración de los trabajadores en la organización empresarial*". Tribunal Supremo de Justicia de España (2020, septiembre 23). Recurso N° 4746/2019. Disponible en: https://drive.google.com/file/d/1EDfop5btBkBrJni38HgMamJiCkCUIJTi/view?s=03 [Consulta: 2020, octubre 1°].

Destacamos que, la mayoría de las legislaciones iberoamericanas revisadas, no contemplan esta exigencia o elemento como conformador de la relación de trabajo, y los países que lo incluyen, según se ha citado, lo hacen en conjunción (o confusión) con la subordinación o dependencia, al exigir que el trabajo se preste bajo la dirección o autoridad de otra persona. A lo que debe agregarse que, el referido elemento más bien parece formar parte de una de las manifestaciones de la ajenidad, específicamente la *"ajenidad en la organización de los factores de producción que bien podría expresarse como integración del prestador de servicios en la organización del beneficiario"*[333], tal y como le refiere Carballo Mena (2016), quien, en su texto más prolijo[334] sobre la determinación de la relación de trabajo, pareciere considerar este elemento como una suerte de "sub-indicio", o como se ha dicho, como indicador de la ajenidad [335]:

> Al igual que las restantes manifestaciones de ajenidad contempladas en el listín de indicadores del test de laboralidad (inversiones, suministros de herramientas, materiales y maquinarias; asunción de ganancias y pérdidas por la persona que ejecuta el trabajo o presta el servicio; y propiedad de los bienes e insumos con los cuales se verifica la prestación de servicios), la integración de prestador de servicios en la organización del beneficiario, en el contexto del DLOTTT, será asociada al presupuesto de dependencia o subordinación, toda vez que en una tal circunstancia impondrá al prestador de servicios someterse a las directrices que el beneficiario estime adecuadas para propender al óptimo desenvolvimiento de su organización productiva.[336] (Subrayado nuestro)

El mismo autor, precisa en elocuente cita:

> (...)[L]a determinación de si el trabajador está sometido a las sujeciones en la organización general de su actividad mediante el dato del cumplimiento del trabajo en el marco de un servicio organizado por el empleador, es una manifestación de que **la "integración" supone la subordinación** y, por eso, solo conserva un valor indiciario de la existencia de esta"[337]. (Subrayado y resaltado nuestros)

---

333 Carballo Mena, C. A. (2016). Relación de Trabajo... *Ob. Cit.*, p. 136 y 140.

334 Cuidadoso o esmerado.

335 Adviértase que el mismo autor, con posterioridad, en la publicación de su obra en Colombia (2019), y con mayor ahínco, es sus textos relativos a la caracterización del trabajo a través de plataformas tecnológicas, ha mutado radicalmente su criterio, para dar valor preponderante a este indicio, como se pondrá de manifiesto al revisar las doctrinas sobre el tema.

336 Carballo Mena, C. A. (2016). Relación de Trabajo... *Ob. Cit.*, p. 137.

337 Rivas, citado por Carballo Mena, C. A. (2016), Ibidem.

No podemos dejar de advertir que el reputado ius laboralista venezolano al estudiar el trabajo a través de plataformas digitales ha dado un importante giro en torno a la importancia de este elemento, que recientemente ha pasado a ser considerado por él como fundamental y sobre el cual se sustenta prácticamente para desechar los otros elementos del test de laboralidad contenido en la Resolución 198 de la OIT y acogerse al test ABC de origen norteamericano[338]. Así, el experto en determinación de la relación de trabajo ha ampliado la concepción e importancia del elemento "integración del trabajador en la organización de la empresa":

> La «integración del trabajador en la organización de la empresa», como indicio de la existencia de una relación de trabajo - ex párr. 13.a de la Recomendación sobre la relación de trabajo, 2006 (núm. 198) OIT- supone reconocer que dicho sujeto es ajeno a los poderes de organización del proceso productivo, queda extrañado de estrategias de mercado, clientela y fijación de precios, exhibe apenas la condición de factor que otro combina para alcanzar los fines -generalmente lucrativos- que estime valiosos, y carece -por tanto- de organización empresarial propia[339].

Este nuevo enfoque argumentativo que amplía la denotación del elemento, sin embargo, continúa esbozándolo como un "sub indicio" de la ajenidad, por lo que, como hemos dicho, por sí solo no en suficiente para delimitar o constituir la relación o contrato de trabajo, ni es en esencia un elemento *sine qua non* para que exista la relación de trabajo; tampoco es exclusivo del contrato de trabajo, por lo que, constituye otro "indicador"[340], que puede o no estar presente, debiendo conjugarse (siempre) con otros que confirmen que la inserción en la organización, también comporta formas de subordinación y ajenidad, por lo que, insistimos en la inocuidad de este elemento por su falta de entidad o independencia conceptual y práctica.

De su parte la Jurisprudencia alemana, aún en la actualidad, concibe la integración como manifestación de los poderes del empleador, es decir, vinculada a la subordinación:

---

338 Así lo demuestra la obra de Carballo Mena, Vestigios del trabajo dependiente a propósito del escrutinio judicial de Uber Technologies, INC y Dinamex Operations West, INC, publicada en el año 2019, que se cita más adelante.

339 Carballo Mena, C. A. (2020, mayo). Indicios de la relación de trabajo...Ob. Cit., p 8.

340 "En algunos sistemas jurídicos se recurre a determinados *indicadores* para averiguar si existen o no los *factores* pertinentes que permiten determinar la existencia de una relación de trabajo. Entre esos *indicadores* figuran el grado de integración en una organización, quién supervisa las condiciones de trabajo, el suministro de herramientas, materiales y maquinaria, el dictado de cursos y si la remuneración se paga en forma periódica y si constituye una proporción importante de los ingresos del trabajador". Organización Internacional del Trabajo [OIT] (2006). La relación de trabajo...*Ob. Cit.*, Párr. 28.

> La relación laboral es una obligación permanente basada en el intercambio de trabajo y remuneración. El servicio contratado debe prestarse en el marco de una organización laboral especificada por terceros. La integración en una organización de trabajo externa es particularmente típica para el empleado. Todo aquel que presta sus servicios en el marco de una organización del trabajo determinada por un tercero es un empleado. Esta integración resulta esencialmente del ejercicio del derecho a dar instrucciones en cuanto al contenido, ejecución, tiempo, duración y ubicación de la actividad (BAG, sentencia de 17 de abril de 2013 - 10 AZR 668/12, y sentencia de 29 de agosto de 2012 - 10 AZR 499 / 11, ambos juris. De acuerdo con el § 84 párrafo 1 oración 2 HGB, aquellos que son esencialmente libres para organizar sus actividades y determinar sus horas de trabajo son autónomos[341]. (Subrayado nuestro).

Como se aprecia, se trata de un concepto jurídico indeterminado, cuya denotación ha venido mutando en la jurisprudencia y doctrina española, para dar amplitud o flexibilidad a la noción de contrato de trabajo, y abarcar- a veces forzadamente- ciertas vinculaciones que no contemplan claramente la nota de subordinación y ajenidad. Mientras que en Alemania se continúa asociando a la subordinación, siendo además descartada en los casos en que el trabajador es libre para organizar sus actividades y horas de trabajo.

La *"integración del trabajador en la organización de la empresa"*, como lo concibe el párrafo 13ª de la Recomendación 198 de la OIT, constituye un mero indicio de existencia de la relación de trabajo, especialmente aplicable -en nuestro criterio- a los casos de relaciones triangulares o tercerización, o del uso de personas jurídicas para encubrir la relación de trabajo (sociedades unipersonales, cooperativas, etc.), situaciones en las que, sumado o conjugado a los indicios de subordinación y ajenidad, pueden formar la convicción para el levantamiento del velo corporativo y la declaración de la existencia de un contrato de trabajo entre quien presta el servicio y quien se beneficia directamente de esa prestación. Se insiste, siempre acompañado del elemento subordinación, y como carácter propio de la ajenidad.

Como quiera que este elemento está siendo utilizado en algunas jurisdicciones (especialmente la española) -con carácter "principal" o determinante- en la resolución de controversias sobre la caracterización del trabajo a través de plataformas digitales, y a los fines de cumplir con nuestro objetivo de dar a este tema la mayor cobertura dentro del estudio de derecho comparado, profundizamos en su correcto alcance. En tal sentido, considérese:

---

341 Tribunal Regional de Múnich (2019, diciembre 4). Sentencia N° 146/19 [Traducción libre] Disponible en: https://www.gesetze-bayern.de/Content/Document/Y-300-Z-BECKRS-B-2019-N-30311?hl=true&AspxAutoDetectCookieSupport=1 [Consulta: 2020, octubre 13].

1. Como se contempla en la Resolución 198 de la OIT, se trata de "un indicio", consecuentemente, por sí solo no puede evidenciar la existencia de la relación de trabajo. Aun en las legislaciones en que se inserta como elemento de la relación o contrato de trabajo, se le contempla en conjunto a la subordinación, por lo que, también puede ser contrarrestado con la prueba de la autonomía o independencia con que se ejecute la labor.

2. Se trata de un concepto indeterminado, que inicialmente fue entendido como sinónimo o fuente de la subordinación, al permitir al empleador dar órdenes e instrucciones que deben ser acatadas por el trabajador. Igualmente, se le incluyó en la noción de ajenidad. Posteriormente, se ha dirigido su comprensión a la inserción fáctica en la actividad productiva de la empresa, o en su estructura organizativa, como lo han precisado sentencias colombianas, supra citadas, en la que se consideró la asignación de un cargo gerencial dentro de una institución médica, como un elemento de subordinación[342], o destacar *que "el cargo desempeñado por la demandante hace parte de las labores normales y permanentes de dicha empresa"*[343], de donde se derivó el elemento prestación de servicios y la presunción de laboralidad, que en el caso concreto no pudo ser desvirtuada por la parte accionada. Respecto al uso de este atributo como caracterizador, en países como Francia y España, precisa Supiot (1999):

   > La primera es la de la integración en un servicio organizado, que **implica el control por el beneficiario de la prestación no sobre la ejecución del trabajo sino sobre las condiciones de esta ejecución**. Esas condiciones pueden afectar el tiempo (existencia de limitaciones de horario, obligación de respuesta a las convocatorias etc.), el lugar (es el beneficiario el que determina este lugar, que se trate de un establecimiento, de un trayecto o de un sector de actividad) o los medios de trabajo (el beneficiario detiene las herramientas, la documentación, el local necesario a la prestación etc.). Esta noción de integración en un servicio organizado fue aplicada en primer lugar en materia de seguridad social, antes de extenderse al derecho laboral. Permitió reconocer la calidad de asalariados a los trabajadores que disfrutan de cierta independencia en la ejecución de sus tareas, tales como los profesores, los médicos, los agentes comerciales, etc.
   >
   > Otra noción desarrollada por la **jurisprudencia francesa** es la de participación en la empresa ajena. Esta noción es un test negativo, que consiste en averiguar por un lado que el trabajador no emplea

342 Corte Suprema de Justicia, Sala de Casación Laboral [CSJ-SCL] (2010, agosto 24). Sentencia Rad. 34393…Ob. Cit.

343 Corte Suprema de Justicia, Sala de Casación Laboral [CSJ-SCL] (2020). Sentencia SL753-2020…Ob. Cit.

asalariados, ni tiene su propia clientela, y por otro lado que no corre los riesgos de la empresa. **En este momento es preciso subrayar que esos indicios, positivos o negativos, no substituyeron el criterio de la subordinación, pues sirven solamente para ponerlo en marcha.**

El mismo tipo de evolución encontramos en **Alemania**, donde se utiliza la noción de "dependencia personal" (personlicher Abhángigkeit) para distinguir el asalariado (Arbeitnehmer) del trabajador independiente (Selbstangiger), la jurisprudencia y la doctrina elaboraron un sistema muy similar al sistema francés. La verificación de la dependencia se realiza por una parte de manera positiva, averiguando si el trabajador está integrado en una organización productiva controlada por persona ajena (arbeitsorganisatorische Abhángigkeit), y por otra parte de manera negativa, asegurándose de que no trabaja por su propia cuenta, que no accede a las oportunidades de ganancias y pérdidas, que no dispone de su propio equipo y de su clientela etc. Volvemos a encontrar aquí las dos ideas de integración en un servicio organizado y de participación en la empresa ajena, reuniendo cada una de ellas, como en el sistema francés, un listado abierto de indicios[344]. (Subrayado y resaltado nuestros, paréntesis de la cita).

Como se concluye en el numeral precedente, se trata de un "indicio" que sirve para evidenciar la subordinación, y que, al mismo tiempo, depende de la presencia o no la ajenidad, para poder demostrar la existencia de la relación de trabajo.

3. Tratándose de un concepto indeterminado, cuya conformación se ha vislumbrado de manera diferente a lo largo del tiempo, tanto en su estructuración como en su uso (como mero indicio o, como criterio principal), se hace necesario plantear las distintas connotaciones que pueden darse a la *"integración del trabajador en la organización de la empresa"*:

   i. Como sujeción a las órdenes y supervisión propios de la organización empresarial. Caso en el cual, es simplemente un sinónimo o manifestación clásica de la subordinación;

   ii. Como ocupación de un cargo o puesto definido o integrado en la estructura organizativa de la empresa. Como se ha citado en la jurisprudencia colombiana, la ocupación de un cargo específico dentro de la estructura empresarial.

   iii. Como realización de actividades propias o inherentes al proceso productivo de la empresa. La ejecución por el prestador de servi-

344 Supiot, A. (1999) Trabajo Asalariado y Trabajo Independiente…Ob. Cit., p.24-25.

cios de *"las labores normales y permanentes de dicha empresa"*, dentro del curso normal del negocio de la entidad contratante, o la dependencia entre el trabajo ejecutado y la actividad habitual del contratante[345]. Lo que permitiría incluir labores realizadas extramuros y con bajos rasgos de subordinación, como es el caso del trabajo a domicilio, el teletrabajo o el realizado a través de formas de tercerización.

iv. Como la sujeción o adaptación del prestador de servicios a los poderes de organización del proceso productivo, siendo extraño a las estrategias de mercado, clientela, fijación de precios, y asunción de riesgos. Caso en el cual, se trataría de una simple manifestación de los elementos clásicos de ajenidad o trabajo por cuenta ajena.

4. Según se ha referido, en España, donde se incluye legislativamente el elemento en la definición del contrato de trabajo, al inicio la doctrina le entendió conforme a la primera (i) y cuarta (iv) connotaciones referidas en el numeral anterior (sinónimo o en conjunción a la subordinación y ajenidad), sin embargo, posteriormente, la jurisprudencia, se ha inclinado, con poca claridad, hacia las otras dos connotaciones (ii y iii), a lo que, puede oponerse que la lectura sistemática del ordenamiento español, pareciere indicar cosa distinta. En efecto, la ley especial que regula a los trabajadores autónomos, "Estatuto del Trabajo Autónomo" (ETA)[346], define (art. 1.1.) al trabajador autónomo como *"aquella persona física que realiza de forma habitual, personal, directa, por cuenta propia y fuera del ámbito de dirección y organización de otra persona, una actividad económica o profesional a título lucrativo"*. Con lo cual, junto a otros elementos, el autónomo presta sus servicios "fuera del ámbito de dirección y organización de otra persona", lo cual entendemos como que, la actividad se preste sin subordinación o dependencia, en tanto que el mismo Estatuto prevé la posibilidad de que lo servicios del autónomo se presten en los *"centros de trabajo de las empresas para las que presten servicios"*[347], lo que permite entender que la expresión no ha sido originalmente utilizada por el legislador español para denotar participación o inserción en el proceso productivo.

345 Esta parece ser la lectura que de este indicio da el referido Test ABC norteamericano, al que nos referimos al analizar la jurisprudencia. Ver acápite IV.2.- Diversidad de soluciones judiciales y legislativas en el ámbito internacional. Derecho Comparado, específicamente la sección IV.2.8 referida a los Estados Unidos de Norteamérica.

346 Estatuto del Trabajo Autónomo (Ley N° 20/2007) (2007, julio 11). [Transcripción en línea]. Disponible en: https://www.boe.es/buscar/pdf/2007/BOE-A-2007-13409-consolidado.pdf [Consulta: 2019, agosto 10].

347 Num. 3 y 4, artículo 8 ETA.

5. La tercera connotación (iii) "realización de actividades propias o inherentes al proceso productivo de la empresa", como referimos previamente, tendría significativo uso como elemento indiciario en los casos de relaciones triangulares o tercerización, o del uso de personas jurídicas para encubrir la relación de trabajo (sociedades unipersonales, cooperativas, etc.), pero siempre requiriendo de la concurrencia de otros indicios de ajenidad y subordinación.

6. Para que se conforme este indicio, desde la perspectiva de la realización de actividades propias o inherentes al proceso productivo de la empresa (iii), además, se requerirá previamente la determinación, no siempre sencilla, de calificar y describir la actividad productiva de la empresa, y los oficios que se consideran forman parte principal del proceso productivo. Lo que podría llevar, injustamente, a la exclusión de trabajadores que, aun estando subordinados al empleador, no participen directamente en la fase "productiva", como, por ejemplo, los celadores, personal de limpieza, chóferes (en empresas distintas a la de transporte), programadores, contadores, abogados, etc., vale decir, las actividades auxiliares o marginales al proceso productivo (principal). Contraria, y también inadecuadamente, podría implicar la calificación como trabajadores asalariados, de auténticos autónomos, que participen en el proceso productivo. En tal sentido, Ermida y Hernández (2016) explican:

   Esta concepción sostiene que la inserción en la organización empresarial es el hecho que otorga al trabajador, no sólo su condición de tal, sino que le proporciona la titularidad de los deberes y derechos que dentro de esta organización corresponde a los trabajadores y que, además, le hace sujeto de la especial tutela proporcionada por el derecho del trabajo.

   (...)

   En efecto, la teoría institucional no hace caso omiso de la subordinación del trabajador, sino que, por el contrario, al fundamentarla en la incorporación del trabajador en una estructura institucional en la cual prevalece la autoridad jerárquica del empresario, refuerza su intensidad, la convierte, según palabras de Perone, en un "integral vínculo de sujeción personal, una relación de señorío, donde las limitaciones de la libertad personal, ínsitas en cualquier obligación, se resuelven en una completa sumisión a la empresa". Por otra parte, la inserción en la organización empresaria, si bien es un elemento propio de la relación de trabajo, no es exclusivo de la misma, ya que el empresario incorpora al desarrollo del quehacer empresarial, no sólo la labor de sus propios trabajadores, sino también la actividad, continua pero autónoma, de colaboradores, que aún no siendo trabajadores, están incorporados al cumplimiento de esa actividad económica organizada que es la empresa, de tal manera que la misma no puede cumplir con los objetivos a que está destinada sin la participación de tales personas. Y si ello siempre ha sido así, lo es más en la nueva realidad empresarial, en la cual son cada vez más frecuentes las tercerizaciones contractuales o desarticulaciones organizacionales, muchas de las cuales apuntan, precisamente, a colocar al trabajador real o ficticiamente fuera de la organización. Por todo ello el criterio de la inserción no resulta particularmente hábil para solucionar los nuevos fenómenos[348]. (Subrayado nuestro).

El Informe Supiot (1998), aunque parece proclive al uso de este criterio, reconoce su insuficiencia:

Otra posible vuelta para ampliar el campo de aplicación del derecho del trabajo, consiste en substituir el criterio de subordinación jurídica por la integración de terceros a la empresa. Aunque la idea no es nueva, podrá ser enfocada para hacer de esta integración el criterio principal de la relación de trabajo asalariado.

Este criterio de trabajo realizado para un tercero no cuenta con la unanimidad. Esto especialmente porque de esta forma se incluirían trabajadores en esta categoría que nada tienen que ver y que quedarían englobados como por ejemplo los trabajadores free lance. Esta debilidad podrá transformarse en una fuerza para los que proponen extender las fronteras del asalariado para mantener en el seno del derecho del trabajo a las relaciones que se tejen dentro y alrededor de las empresas en red. Podemos dudar de todas formas que un criterio único sea suficiente algún día para caracterizar el trabajo asalariado. Esto no es un fundamento en sí pero si una construcción jurídica a la que siempre se vuelve[349].

7. En la misma línea argumentativa, se debe insistir en que muchos profesionales autónomos (con herramientas y recursos propios, sin horarios, ni exclusividad, incluso con su propio personal), pueden desarrollar actividades inherentes al proceso productivo del contratante, sin que tal vinculación pueda ser calificada de laboral si no presenta rasgos de subordinación, y especialmente de ajenidad. Tal es el caso de los ingenieros o arquitectos "contratistas" en las construcciones de obras civiles, quienes, lejos de ser trabajadores, más bien pueden ser calificados como patronos, en caso de subcontratar trabajadores para el desarrollo de la obra. Aunque la actividad

348 Ermida Uriarte, O. y Hernández Álvarez, O. (2016) Crítica de la Subordinación… *Ob. Cit.*, p. 287-288.

349 Supiot, A. (1998, junio) Informe final sobre las transformaciones… *Ob. Cit.*

desarrolla sea propia, inherente, necesaria y hasta imprescindible para el proceso productivo principal del contratante, si se realiza con herramientas propias, y asumiendo los riesgos, desvirtúa el elemento ajenidad, y excluye la calificación laboral de la relación. Igual puede ocurrir con un médico que sea llamado a realizar una específica prestación profesional (intervención quirúrgica u opinión médica) por un centro asistencial; o un abogado que sea contratado por una firma para la elaboración de un específico dictamen dentro de su especialidad o para seguir un proceso judicial en concreto; en ambos supuestos, las gestiones son inherentes a los procesos productivos del contratante o beneficiario de los servicios, empero, si no hay horarios, jornadas, los profesionales realizan su gestión con cierta independencia técnica, y prestan los mismos servicios en favor de otras personas o entidades (sin exclusividad), no existiría relación de trabajo.

Lo mismo puede predicarse con relación a los distribuidores de gaseosas o cervezas que ejecutan su actividad con vehículos, capital y empleados propios, quienes ostensiblemente ejecutan la misma empresa (actividad) que las grandes distribuidoras dueñas de las marcas o comercializadoras de los productos, pero que mantienen su independencia debido a la ajenidad (en los riesgos, herramientas y frutos)[350].

La propias legislaciones laborales o mercantiles, contemplan ejemplos de trabajadores independientes, que realizan actividades propias del proceso productivo de empresas con las que se relacionan, como el caso de los contratos de cuentas en participación, de agencia comercial, la distribución de productos, la comercialización, los colocadores de apuestas permanentes, agentes colocadores de pólizas de seguros y títulos de capitalización, que siempre que ejecuten la actividad con sus

350 Así lo demostraron en su momento, Carballo Mena y Villasmil Prieto cuando, a propósito de la sentencia N° 98-546 del caso Distribuidora Polar, S.A. -DIPOSA- de fecha 16 de marzo del 2000 (Sala Social del TSJ de Venezuela), expresaron con muy contundentes argumentos las razones por las cuales los distribuidores de cerveza y/o gaseosas debían ser considerados como trabajadores autónomos o independientes. Para profundizar sobre el tema ver: Carballo Mena, C. A. y Villasmil Prieto H. (2000). El objeto del Derecho del Trabajo…, Ob. Cit. Tal fue el impacto de estas críticas y el peso de la realidad que, con posterioridad las Salas Social y Constitucional del TSJ venezolano enmendó el entuerto a través de "conciliaciones" y cambio de criterio. Véase: Sala de Casación Social del Tribunal Supremo de Justicia (2004, noviembre 23). Sentencia N° 1448. Caso Rafael Agustín Valera Rodríguez vs Distribuidora Polar S.A. Disponible en: http://historico.tsj.gob.ve/decisiones/scs/marzo/61-160300-98546.HTM [Consulta: 2021, julio 10]; y Sala Constitucional del Tribunal Supremo de Justicia (2006, diciembre 12). Sentencia N° 2234. Exp. 05-2073. Caso Rafael Agustín Valera Rodríguez vs Distribuidora Polar S.A. (Recurso de Revisión). Disponible en: http://historico.tsj.gob.ve/decisiones/scon/diciembre/2234-121206-05-2073.HTM [Consulta: 2021, julio 10].

propios medios, asuman riesgos y no mantengan exclusividad, serán calificados como independientes[351].

8. Por último, pero no menos importante, el criterio en comentario, requiere de la existencia de ***una empresa y una organización***, por lo que no serviría para calificar las relaciones de trabajo que se preste fuera de ese contexto, como la contratación de personal doméstico o de servicios personales o familiares (aseadores, cocineros, cuidadores, choferes, jardineros, enfermeros particulares, guardaespaldas, otros), así como los prestados a entidades sin fines de lucro, o en asistencia de otros trabajadores autónomos, lo que se convertiría en fuente de conflictividad, aunque se aplique una noción bastante ampliada del concepto de empresa[352].

   En conclusión, el referido criterio, además de encontrarse inacabado doctrinaria y jurisprudencialmente, solo constituye un indicio, que por sí solo no es elemento definitorio ni principal, menos aún, constitutivo de la relación de trabajo. Como ha sido entendido desde su inclusión en la legislación europea y se ha destacado por la doctrina citada, no posee entidad propia, pues al final, resulta en la conjunción de los elementos de ajenidad y subordinación, obrando muchas veces como un comodín utilizado para caracterizar -erróneamente- relaciones como de índole laboral, cuando en realidad no lo son.

III.3. TRABAJADOR AUTÓNOMO O INDEPENDIENTE

La crisis que viene sufriendo el Derecho del Trabajo (deslaboralización, flexibilización, insuficiencia de la noción de subordinación, etc.), parece incrementarse ante la presencia de nuevas formas de trabajo a través o por intermedio de plataformas digitales, donde los servicios se prestan con un alto nivel de autonomía y sin mayor sujeción a ordenes o instrucciones. Tal crisis deviene de la ya referida concepción binaria del trabajo humano, dividido entre, asalariados, subordinados o dependientes, de una parte, y de otra, los autónomos o independientes.

Sostenemos que esta calificación tendría poca relevancia, si al mismo tiempo no implicara la "protección" de la primera categoría a través de todo el andamiaje de principios y normas tuitivas e imperativas (irrenunciables, de orden público y de garantías mínimas) del Derecho del Trabajo; y la "desprotección" de la segunda

351 Véase artículos 97 y 97-A del Código Sustantivo del Trabajo colombiano.

352 La jurisprudencia colombiana ha encontrado diferencia entre el empleador o patrono, y la empresa: "el patrono es el sujeto de la actividad y la empresa la unidad un objeto de esa actividad. En otras palabras, en nuestro régimen de derecho laboral, los patronos o personas titulares de la unidad de explotación económica son causa diferente del objeto o unidad sobre la que recae la actividad de todas las personas". Corte Suprema de Justicia, Sala de Casación Laboral [CSJ-SCL] (2002, mayo 21). Sentencia Rad. 17690. [MP: Germán Valdés Sánchez].

categoría, regida por el principio de autonomía de la voluntad propio del Derecho Privado (civil o comercial).

El Derecho del Trabajo nacido y desarrollado -hasta ahora- para la protección del asalariado, prácticamente ha dejado a su suerte la otra modalidad de trabajo (independiente), lo que ha urgido la búsqueda de mecanismos para diferenciar a una u otra categoría de trabajadores, para brindar o negar el amparo de las normas de protección. Por ello, además de definir la caracterización de los trabajadores asalariados, resulta necesario también, definir los caracteres propios del trabajo independiente, aunque en una definición simplista o tautológica, bastaría con decir que son autónomos quienes no reúnan las características para ser calificados como asalariados.

Tanto trabajadores asalariados como independientes realizan actividades personales (físicas y/o intelectuales) con una finalidad de lucro, hallándose la diferencia, en el caso de los independientes, en la no concurrencia de los caracteres de subordinación y ajenidad, o incluso, en la flexibilización del carácter *intuito personae* de la prestación. En contraposición al trabajo por cuenta ajena, el independiente labora "por cuenta propia", aun cuando el servicio lo reciba otra persona, en tanto, organiza su forma de trabajo (lugar, tiempo o modo), opera con sus propios medios y herramientas, y asume los riesgos de su actividad. La autonomía así definida es el corolario de la independencia, y el elemento que, en caso de dudas o conflicto, una vez demostrado, excluye la presunción de laboralidad y determina el carácter de trabajador independiente.

El trabajo autónomo implica generalmente la asunción por parte del trabajador de la obligación de producir un determinado resultado. *"Esta obligación, por tanto, está forzada a extinguirse en el momento exacto de su ejecución y a la consiguiente satisfacción del interés del contratante"*[353]. La problemática surge cuando la prestación de servicios se verifica de manera continuada o permanente, de donde surge la necesidad de verificar si, a pesar de esa continuidad, el prestador de servicios mantiene su independencia.

Al respecto, la OIT ha referido:

> 23. Toda persona puede ofrecer sus servicios en virtud de una relación de trabajo bajo las órdenes de un empleador y por una remuneración o en virtud de una relación independiente de índole civil o comercial y mediante un pago. Cada una de esas modalidades responde a ciertas características que varían de un país a otro, con base en las cuales es posible determinar si la prestación de un servicio se realiza según una relación de trabajo o una relación civil o comercial.

353 Pinto y Silva, O. (2002) Trabajo parasubordinado. Revista de la Facultad de Derecho, Universidad de São Paulo, N° 97, pp. 195-203. [Traducción libre]. Disponible en: http://www.revistas.usp.br/rfdusp/article/view/67540 [Consulta: 2020, marzo 15].

(...)

25. Existen a la vez relaciones contractuales civiles o comerciales en virtud de las cuales las empresas pueden procurarse los servicios de trabajadores independientes conforme a arreglos y condiciones que no son los de una relación de trabajo. Desde hace algunos años, es cada vez más frecuente la utilización de trabajadores según esas modalidades contractuales. Desde un punto de vista jurídico, esas modalidades operan fuera del marco de la relación de trabajo[354].

Por su parte, algunas de las citadas leyes del trabajo, definen las características del trabajo independiente, mientras otras, califican determinadas prestaciones de servicios como independientes, para excluirlas de su ámbito de aplicación. Entre las que definen a los independientes o autónomos, encontramos:

El Código del Trabajo de **Brasil**, en su artículo 442-B, especifica que *"la contratación del autónomo, cumplida por él todas las formalidades legales, con o sin exclusividad, de forma continuada o no, quita la calidad de asalariado (...[355])"(Subrayado nuestro).*

En **Chile**, el artículo 3c) del Código del Trabajo, define al trabajador independiente como *"aquel que en el ejercicio de la actividad de que se trate no depende de empleador alguno ni tiene trabajadores bajo su dependencia"*[356] *(Subrayado nuestro).*

En **Costa Rica**, en materia de seguros contra riesgos en el trabajo, se excluye a *"los trabajadores que realicen actividades por cuenta propia, entendidos como los que trabajan solos o asociados, en forma independiente, y que no devengan salario"*[357] *(Subrayado nuestro);*

En **El Salvador**, al definir los sindicatos de trabajadores independientes, preceptúa que es "el constituido por **trabajadores empleados por cuenta propia** y que no empleen a ningún trabajador asalariado, excepto de manera ocasional"[358] *(Subrayado nuestro).*

En una definición bastante tautológica, en **Venezuela** se precisa que: *"[t]rabajador o trabajadora no dependiente o por cuenta propia es aquel o aquella que en el ejercicio de la actividad que realiza en el proceso social de trabajo, no depende de patrono alguno o patrona alguna"*[359] *(Subrayado nuestro).*

De estas definiciones legales, resaltan algunas características o elementos propios del trabajador autónomo. De carácter elemental, realizar actividades por

354 Organización Internacional del Trabajo [OIT] (2006). La relación de trabajo...*Ob. Cit.*, Párr. 23 y 25.

355 Ley de Contrato de Trabajo (N° 20.744 - Decreto 390/1976) (1976, mayo 13)...Ob. Cit.

356 Código del Trabajo (N° 37460)(2002, julio 31)... Ob. Cit.

357 Artículo 194b) Código de Trabajo.

358 Artículo 209 Código de Trabajo.

359 Artículo 36 DLOTTT.

"cuenta propia", es decir no trabajar bajo ajenidad, por consecuencia, asume la organización de su trabajo, usa sus propios medios y herramientas, y apropia los frutos; también se destaca la "no dependencia", con lo cual se descarta el elemento subordinación. La legislación de Costa Rica refiere que puede trabajar solo o asociado, mientras que la Chilena, exige que *"no tenga trabajadores bajo su dependencia"*, circunstancia última, que no se utiliza para distinguirlos de los trabajadores asalariados (que tampoco tienen trabajadores bajo su dependencia), sino, más bien para distinguirlos en pureza de la figura de los "intermediarios" a los que referimos en este mismo acápite.

Por su parte, en **Ecuador**, la norma del artículo 239 Constitucional[360] reconoce y protege el trabajo autónomo de los jóvenes, realizado "por cuenta propia" en espacios públicos (permitido por ley y otras regulaciones), con la peculiaridad de prohibir *"toda forma de confiscación de sus productos, materiales o herramientas de trabajo"*. Se trata del reconocimiento desde la perspectiva constitucional de una forma de trabajo informal, que a su vez incluye las características propias de los trabajadores autónomos, la prestación de servicios con sus propios productos, materiales y herramientas, e incluso, la asunción de riesgos (pérdida o confiscación), que intentas ser prevenidos por la misma norma.

Para **Alemania**, la clave para identificar al trabajador por cuenta propia está en la libertad que tiene el individuo prestador del servicio de organizar su actividad y determinar su horario laboral. Así lo plantea el artículo 84 del Código de Comercio al establecer que un *"agente comercial es alguien que, como comerciante independiente, está constantemente encargado de mediar negocios para otro empresario (empresario) o concluirlos en su nombre. Quienes son esencialmente libres para organizar sus actividades y determinar su horario de trabajo son independientes"*[361](...)

Francia, por su parte, se basa en la presunción de que no es empleado quien se encuentra registrado ante el Registro de Comercio y Empresas o ante el Registro de Agentes Comerciales creado por los autoempredres o microemprendedores, tal y como lo expone el artículo L-8221-6 I del Código del Trabajo:

> **Artículo L-8221-6 I**: Se presume que no están vinculados al empresario por un contrato de trabajo en el ejercicio de la actividad que da lugar al registro o a la inscripción: 1° Las personas físicas inscritas en el Registro Mercantil, en el Registro Mercantil, en el Registro de Agentes Comer-

---

360 Constitución de la República de Ecuador (1997, enero 16) (1997, febrero 13). [Transcripción en Línea]. Disponible en: https://www.ilo.org/dyn/natlex/docs/SERIAL/82263/89945/F253880992/Constitucion%20de%20Ecuador%202008.pdf [Consulta: 2020, junio 9].

361 Codigo de Comercio (Handelsgesetzbuch) (1897, mayo 10). [Transcripción en Línea] [Traducción libre]. Disponible en: https://www.gesetze-im-internet.de/hgb/__84.html [Consulta: 2020, septiembre 30].

ciales o en las asociaciones de recaudación de las cotizaciones a la Seguridad Social y de los subsidios familiares para la recaudación de las cotizaciones de los subsidios familiares[362] (...).

En el caso de **Italia**, el artículo 2222 del Código Civil "define la prestación de trabajo independiente por la ausencia de vínculo de subordinación (*senza vincolo di subordinazione*)"[363]. Adicionalmente, permite que el prestador del servicio conserve su estatus de autónomo así haga uso de auxiliares o sustitutos, mientras él asuma personalmente su tarea, sus ayudantes se encuentren bajo su dirección y responsabilidad y el servicio contratado lo permita (artículo 2232)[364].

En **España**, como se ha citado en el acápite precedente, está en vigencia una Ley especial que regula a los trabajadores autónomos, el "Estatuto del Trabajo Autónomo" (ETA)[365], que claramente define (art. 1.1.) al trabajador autónomo como *"aquella persona física que realiza de forma habitual, personal, directa, por cuenta propia y fuera del ámbito de dirección y organización de otra persona, una actividad económica o profesional a título lucrativo"*. Destacan, la prestación personal y directa del servicio; que sea por cuenta propia, en contraposición a la ajenidad (propiedad de los materiales, herramientas, organización, y asunción de riesgos y frutos); y fuera del ámbito de dirección y organización de otra persona, lo cual entendemos en el sentido que, la actividad se preste sin subordinación o dependencia. Como se expuso en el acápite precedente, la expresión *"ámbito de dirección y organización de otra persona"*, posee varias connotaciones, y en este contexto, consideramos refiere al sometimiento a órdenes e instrucciones y/o al poder disciplinario, habida cuenta que el mismo Estatuto prevé la posibilidad de que los servicios de estos autónomos se presten en los *"centros de trabajo de las empresas para las que presten servicios"*[366], lo que permite entender que la expresión no ha sido utilizada para denotar participación o inserción en el proceso productivo.

Otras legislaciones en revisión, según indicamos al comienzo de este acápite, no definen o delimitan las características de los trabajadores independientes, sino que, califican determinadas prestaciones de servicios, oficios o acti-

---

362 Código del Trabajo (Code du Travail) (1910, con varias reformas) (última reforma Decreto N° 2019-1509 del 30 de diciembre de 2019) [Transcripción en Línea] [Traducción libre]. Disponible en: https://www.legifrance.gouv.fr/codes/texte_lc/LEGITEXT000006072050/2020-09-30/ [Consulta: 2020, septiembre 29].

363 Supiot, A. (1999) Trabajo Asalariado y Trabajo Independiente... *Ob. Cit.*, p. 8.

364 Código Civil (Real Decreto N° 262) (1942, marzo 16) [Transcripción en línea][Traducción libre] Disponible en: http://www.notarfor.com.ar/codigo-civil-italia/index.php [Consulta: 2020, octubre 3].

365 Estatuto del Trabajo Autónomo (Ley N° 20/2007) (2007, julio 11)...Ob. Cit.

366 Num. 3 y 4, artículo 8 ETA.

vidades como independientes, para excluirlas de su ámbito de aplicación[367], o establecen parámetros para calificar una determinada actividad como subordinada o como independiente. Al respecto la OIT ha señalado:

> En algunos casos, la legislación específica si un cierto tipo de trabajo queda excluido de su ámbito de aplicación o si no da lugar a un contrato de trabajo, de acuerdo con las condiciones en las cuales se ha realizado. En Chile, por ejemplo, se considera que el trabajador a domicilio tiene un contrato de trabajo si su actividad no es discontinua o esporádica; en cambio, los servicios prestados por personas que realizan oficios o ejecutan trabajos directamente al público, o aquellos que efectúan en forma discontinua o esporádica trabajo a domicilio, no dan origen al contrato de trabajo, como tampoco los servicios que preste un alumno o egresado de una institución de educación superior o de la enseñanza media técnico-profesional, durante un período determinado, a fin de dar cumplimiento al requisito de práctica profesional, aun cuando la empresa en la cual realice dicha práctica le proporcione alimentación y transporte o una asignación compensatoria de dichos beneficios. La legislación mexicana incluye disposiciones similares relativas a los trabajadores a domicilio. La Ley de Contrato de Trabajo, de Finlandia, estipula que la aplicación de dicha ley no puede ser obviada simplemente por el hecho de que el trabajo sea realizado en el hogar del trabajador o en un lugar escogido por éste, o que sea realizado utilizando útiles o maquinarias del propio empleado.[368]

De lo dicho se desprende que la mayoría de las legislaciones no definen a los trabajadores independientes, cuya caracterización se realiza más bien, por contraposición a los elementos de la relación de trabajo, y de allí que se revise la autonomía (excluyente de la subordinación) y muy especialmente los elementos propios de la ajenidad, para distinguir si se labora "por cuenta propia" o "por cuenta ajena". También se considera la posibilidad o no de contratar o subcontratar a otros trabajadores (el elemento *intuito personae*), como carácter esencial de la relación de trabajo.

III.3.1. Características del trabajador autónomo o independiente

La Real Academia Española (RAE), define "autónomo" como aquel "que *trabaja por cuenta propia*"[369], lo que nos lleva a pensar en alguien que realiza

367 "Otras leyes prescriben que ciertas formas de empleo no representan una relación de trabajo". Organización Internacional del Trabajo [OIT] (2006). La relación de trabajo…*Ob. Cit.*, Párr. 27.

368 Ibidem. Párr. 107.

369 Real Academia Española [RAE] (2019). Diccionario de la lengua española…Ob. Cit.

una labor de forma independiente, desenvolviéndose en su profesión o en áreas que se sean de interés económico, con manejo de sus horarios y condiciones de trabajo.

Y aunque sus características parecieran ser distintivas de las del trabajador dependiente o subordinado, en la práctica, la comparación o análisis de la existencia de elementos propios de la relación laboral, y los que le excluyen para apuntar a la independencia o autonomía, los test o haz de indicios aplicados por algunas naciones, y el test propuesto por la Recomendación 198 OIT, generalmente presentan características o rasgos ambivalentes, en el sentido que un mismo indicio, dependiendo de la forma en que se manifieste, puede servir para identificar rasgos de subordinación o, contrapuestamente, de autonomía. Sin embargo, y para efectos didácticos, pudiéramos hacer referencia al *"Código de Prácticas: criterios principales para determinar la condición jurídica de empleado o de trabajador independiente"*[370], de **Irlanda**, que contiene expresamente rasgos (no necesariamente concurrentes) que caracterizan a los trabajadores independientes:

> Por regla general, será considerado «trabajador independiente» o «por cuenta propia» toda persona que:
>
> - sea propietaria de su propio negocio; [propiedad en los medios de producción]
> - esté expuesta a riesgos financieros por el hecho de que debe soportar el costo; [propiedad en los riesgos]
> - debe rehacer todo trabajo mal hecho o de inferior calidad realizado en virtud de un contrato; [propiedad en los riesgos]
> - asuma la responsabilidad por las inversiones y la gestión de la empresa; [propiedad en la organización y en los riesgos]
> - pueda beneficiarse pecuniariamente de la bondad de la gestión, programación y correcta realización de los trabajos que se le hayan encomendado; [propiedad de los frutos]
> - ejerza el control sobre los trabajos que hay que realizar y sobre cuándo y cómo se llevan a cabo, y determine si debe intervenir personalmente en tales cometidos; [autonomía y propiedad en la organización]
> - tenga toda libertad para contratar más personal, con arreglo a condiciones fijadas por ella misma, para realizar trabajos a cuya realización se haya comprometido; [no prestación "personal de los servicios", exclusión del carácter intuito personae]

370 Organización Internacional del Trabajo [OIT] (2006). La relación de trabajo… *Ob. Cit.*, Párr. 130.

- pueda ejecutar trabajos o servicios de la misma índole para más de una persona o negocio simultáneamente; [autonomía o independencia, no exclusividad]
- proporcione los materiales necesarios para realizar el trabajo; [propiedad de los medios de producción]
- proporcione el equipo y las máquinas necesarios para realizar el trabajo, con excepción de pequeñas herramientas o equipo propio del oficio de que se trate (lo cual no debe considerarse como indicio seguro de que quien aporte tales herramientas y equipos trabaja por su propia cuenta); [propiedad de los equipos y herramientas de trabajo]
- disponga de locales fijos donde funcione su razón social y donde pueda depositar materiales y equipos y otros pertrechos; [propiedad de los medios de producción]
- calcule el costo del trabajo y fije el precio; [autonomía y organización del trabajo]
- disponga de sus propios contratos de seguros; (propiedad o asunción de riesgos]
- ejerza control sobre las horas de trabajo realizadas para llevar a cabo el cometido. [organización del trabajo y autonomía].

(Lo agregado entre corchetes, es añadido nuestro).

Estas notas o características no son taxativas ni requieren concurrir para determinar la condición de independencia, e igual que cualesquiera indicios, no basta con la presencia o ausencia de uno solo de ellos para calificar o descartar la existencia de un trabajador autónomo. Corresponde al juez sopesar la concurrencia de varios de estos, para formar la convicción de la independencia o autonomía afirmada. Consideramos que los enunciados elementos evidencian razonablemente las características definitorias del trabajo por cuenta propia, no asalariado o independiente.

En el mismo sentido, la legislación de **Puerto Rico**, a través del citada Ley de Transformación y Flexibilidad Laboral, dispone una presunción (entendemos que, *iuris et iure*) de independencia en los siguientes términos:

Artículo 2.3.-Presunciones: Contratista Independiente

Existirá una presunción incontrovertible de que una persona es contratista independiente si:

(a) posee o ha solicitado un número de identificación patronal o número de seguro social patronal;

(b) ha radicado planillas de contribuciones sobre ingresos reclamando tener negocio propio;

(c) la relación se ha establecido mediante contrato escrito;

(d) se le ha requerido contractualmente tener las licencias o permisos requeridos por el gobierno para operar su negocio y cualquier licencia u autorización requerida por ley para prestar los servicios acordados; y

(e) cumple con tres (3) o más de los siguientes criterios:

(1) Mantiene control y discreción sobre la manera en que realizará los trabajos acordados, excepto por el ejercicio del control necesario por parte del principal para asegurar el cumplimiento con cualquier obligación legal o contractual.

(2) Mantiene control sobre el momento en que se realizará el trabajo acordado, a menos que exista un acuerdo con el principal sobre el itinerario para completar los trabajos acordados, parámetros sobre los horarios para realizar los trabajos, y en los casos de adiestramiento, el momento en que el adiestramiento se realizará.

(3) No se le requiere trabajar de manera exclusiva para el principal, a menos que alguna ley prohíba que preste servicios a más de un principal o el acuerdo de exclusividad es por un tiempo limitado;

(4) Tiene libertad para contratar empleados para asistir en la prestación de los servicios acordados;

(5) Ha realizado una inversión en su negocio para prestar los servicios acordados, incluyendo entre otros:

(i) la compra o alquiler de herramientas, equipo o materiales;

(ii) la obtención de una licencia o permiso del principal para acceder al lugar de trabajo del principal para realizar el trabajo acordado; y

(iii) alquilar un espacio o equipo de trabajo del principal para poder realizar el trabajo acordado.

En los casos en que no sea de aplicación la presunción establecida en los párrafos precedentes de este Artículo, la determinación de si existe una relación de empleo o una de contratista independiente, se realizará a base de los criterios comúnmente aceptados (*common law test*), reconociendo la importancia de mantener certeza en cuanto a la relación establecida a base de lo expresado por las partes en su contrato y el grado de control directo que se mantenga sobre la manera en que se realizan las labores, salvo que se disponga de otra manera en una ley especial. A los fines de mantener certeza en cuanto a la naturaleza de la relación

> y fomentar la gestión y espíritu empresarial, no se utilizará la llamada prueba de realidad económica (*economic reality test*), salvo en aquellas relaciones en que una ley de Puerto Rico o legislación promulgada por el Congreso de los Estados Unidos de América aplicable a Puerto Rico y que reglamenta el mismo asunto, expresamente requiera el uso de la prueba de realidad económica u otra prueba.

La legislación borinqueña, en primer término, da respeto a la consideración propia o voluntaria del prestador de servicios que se autocalifique como independiente al inscribirse o registrarse como tal ante las autoridades fiscales o de seguridad social, u obtener licencias para determinadas actividades comerciales. En esto, se asimila a la citada legislación francesa, con la diferencia que la europea dispone una presunción *iuris tantum*. También considera signos propios de la autonomía, como la no exclusividad, o no cumplimiento de horario o control sobre el momento en que se realizará el trabajo; por último, acoge los signos típicos del trabajo por cuenta propia (no ajenidad), como la organización del trabajo, la contratación de personal, propiedad de herramientas, equipo o materiales, alquilar espacios o equipos de trabajo, entre otros.

III.3.2. Trabajadores independientes y "Contratistas"

La mayoría de las legislaciones no definen el trabajo independiente, sin embargo, excluyen a determinadas categorías "especiales" de trabajo o actividad, o determinados oficios, que se califican legalmente como autónomos o independientes. Posiblemente el caso más típico o concurrente es el de los "contratistas", persona natural o jurídica que, por cuenta y riesgo propio, presta servicios o ejecuta obras a favor de un tercero, para lo cual, a su vez, utiliza o emplea trabajadores. Cuando se trata de una persona natural, el contratista bien podría confundirse o asimilarse a un trabajador asalariado o dependiente, en cuanto presta servicios personales, por una remuneración y sigue órdenes o instrucciones del contratante o beneficiario de las obras o servicios. Sin embargo, el hecho de utilizar los servicios de otras personas (trabajadores), rompe el carácter *intuito personae*, y la utilización de equipos, materiales o insumos propios, junto a la asunción de riesgos y ganancias, desechan el elemento ajenidad, lo que demuestra su carácter independiente.

El contratista es considerado autónomo y adicionalmente adquiere la condición de empleador de los trabajadores que laboren en su beneficio, aunque a su vez exista un beneficiario final (contratante), quien, por regla general, no tendrá vínculo o responsabilidad laboral respecto a dichos trabajadores, salvo en los casos que dispone la ley[371]. El contratista ejecuta las obras o servicios con sus propios elementos

371 Las legislaciones en estudio atribuyen responsabilidad subsidiaria o solidaria al contratante o beneficiario de la obra, cuando las labores o actividades productivas desarrolladas por el contratista son de la misma naturaleza que las desarrolladas por el beneficiario.

humanos, materiales e inmateriales. En tal sentido, lo disponen, el artículo 100 del Código de Trabajo de Bolivia[372]; el artículo 34.1 del CST de Colombia[373]; artículo 5° del Código de Trabajo de Guatemala[374], artículo 89 del Código del Trabajo de Panamá[375]; artículo 9 del Código del Trabajo de Nicaragua[376]; el previamente transcrito artículo 2.3 de la Ley de Transformación y Flexibilidad Laboral; artículo 12 del Código de Trabajo de República Dominicana[377]; y artículo 49 de la Ley del Trabajo (LOTTT) de Venezuela[378].

Como se ha destacado en el acápite precedente, estas características de los contratistas coinciden y sirven para la caracterización de otros trabajadores independientes en general, al punto que legislaciones como la borinqueña y neogranadina, refunden en un mismo término: "contratista independiente".

III.3.3. El trabajador independiente y la noción de empresario o emprendedor

Acabamos de referirnos a la figura del "contratista", quien, como se ha visto, se identifica con el concepto de empleador al contratar trabajadores a su servicio y contar con medios y organización propia, lo que, lo diferencia del simple "intermediario" que contrata a otros por cuenta y en favor del auténtico empleador, y

372 *"No se aplicará lo prescrito en los incisos precedentes, cuando se trate de contratistas o intermediarios no vinculados de ninguna manera con el beneficiario del servicio, vale decir, de aquellos que tengan su propia infraestructura física, administrativa y financiera, totalmente independiente de quien en cuyo provecho se realice la obra o se preste el servicio, y que por tal razón proporcionen el servicio de intermediación a varias personas, naturales o jurídicas no relacionados entre sí por ningún medio.(…)"* Subrayado nuestro.

373 *"Son contratistas independientes y, por tanto, verdaderos {empleadores} y no representantes ni intermediarios, las personas naturales o jurídicas que contraten la ejecución de una o varias obras o la prestación de servicios en beneficios de terceros, por un precio determinado, asumiendo todos los riesgos, para realizarlos con sus propios medios y con libertad y autonomía técnica y directiva (…)"*. Subrayado nuestro.

374 *"No tiene carácter de intermediario y sí de patrono, el que se encargue, por contrato, de trabajos que ejecute con equipos o capitales propios"*. Subrayado nuestro.

375 *"No serán considerados como intermediarios, sino como empleadores, los contratistas, subcontratistas y demás empresas establecidas que contraten los servicios de los trabajadores para la ejecución de los trabajos, en beneficio directo de terceros, con capital, equipo, dirección y elementos propios"*.Subrayado nuestro.

376 *"Tienen el carácter de empleadores los contratistas, subcontratistas y demás empresas que contratan a trabajadores para la ejecución de trabajos en beneficio de terceros, con capital, patrimonio, equipos, dirección u otros elementos propios"*. Subrayado nuestro.

377 No son intermediarios, sino empleadores, los que contratan obras o partes de obras en beneficio de otro para ejecutarlas por cuenta propia y sin sujeción a éste.

378 *"Son contratistas las personas naturales o jurídicas que mediante contrato se encargan de ejecutar obras o servicios con sus propios elementos o recursos propios, y con trabajadores y trabajadoras bajo su dependencia"*. Subrayado nuestro.

que muchas veces, siendo persona natural, a su vez podría también ser calificado como trabajador dependiente o subordinado. Y es que, tanto contratista como intermediario, ejecutan actividades a favor del dueño de la obra o beneficiario del servicio, siendo la posesión de una estructura u organización empresarial (medios, materiales y herramientas propias, asunción de riesgos), lo que diferencia a una y otra figura.

Recordamos estas nociones a fines de poner de manifiesto la similitud y muchas veces coincidencia entre la figura de empresario o "emprendedor", con la figura de trabajador independiente, pues sin duda, en la mayoría de las ocasiones quien adopta o se comporta como empresario o desarrolla un negocio propio, por pequeño o incipiente que sea (emprendedor), ostentará la calificación de trabajador independiente o autónomo, por cuanto y en tanto, trabaja "por cuenta propia". Por interpretación a contrario, pareciere que, quien preste servicios a otras personas y no reúna los requisitos para ser considerado empresario, podría ser calificado como trabajador subordinado o dependiente. Sin embargo, ambas premisas, a pesar de ser lógicas, no son absolutas ni siempre se corresponden con la realidad. Por sí sola, la condición de "empresario" de una persona natural no lo convierte en trabajador independiente, ni todo aquél que no encuadre en la noción empresarial, debe forzadamente ser calificado como trabajador asalariado.

Las figuras en referencia no pueden calificarse con relación a la relación laboral, por su sola denominación o consideras en abstracto, sino que, como siempre, será necesario recurrir al principio de primacía de la realidad y verificar los signos de subordinación y ajenidad que se hallen presentes.

La noción de empresario o emprendedor que referimos generalmente coincide con la formalidad de poseer, ser accionista o partícipe de una figura societaria formal, pero también incluye otras formas menos estructuradas, siempre que impliquen una inversión de fondos, organización, herramientas, asunción de riesgos, cargas fiscales, y la más de las veces, la contratación de personal a su cargo. La regla general es que quién adopta o desarrolla esta forma de trabajo empresarial o de emprendimiento de un negocio propio, sería un trabajador independiente, y quien no posea esas condiciones, podría ser considerado como trabajador subordinado. Más o menos esta es la construcción que ha diseñado la Ley de Transformación y Flexibilidad Laboral de Puerto Rico, en la norma supra citada.

No obstante, esta equiparación o identificación entre empresario y trabajador independiente, no debe ser "automática", ni servirá siempre como elemento para la correcta caracterización. Tal equiparación o integración de figuras (empresario = independiente / No empresario = dependiente) ha permitido en la práctica forense, arribar a dos extremos que desnaturalizan la noción de relación de trabajo. Uno, calificando como autónomos a quienes realmente son trabajadores asalariados, y otro, calificando como subordinados a auténticos independientes. Tener claridad en ese aspecto resulta de relevante importancia para abordar el tema de los trabajadores a través de plataformas, por la circunstancia de que alguna doctrina e incluso decisiones judiciales pretenden erradamente que todo el que no posee la cualidad de empresario o "estructura empresarial" debe ser considerado asalariado (subordinado). Veamos.

Por una parte, pensar que todo el que posea una empresa, *per se*, es un trabajador autónomo, puede permitir prácticas defraudatorias o de simulación que excluiría a auténticos trabajadores subordinados de la protección del Derecho del Trabajo. Precisamente, el uso de personas jurídicas en las que el trabajador figura como socio, asociado o partícipe ha sido frecuente para enmascarar prestaciones de servicios subordinadas y por cuenta ajena. Lo que se facilita aún más, en las legislaciones que permiten la creación de empresas "unipersonales", donde -como su nombre lo indica- participa una sola persona, que a la postre, podría ser la única que desarrolla la prestación personal de servicios u obras objeto de la sociedad de comercio y del supuesto contrato de obra o servicios que se celebra con dicha empresa. Igual ha ocurrido con las cooperativas de trabajo asociada, en las que se contrata con la persona jurídica asociativa, que se supone posee una organización propia y socios que ejecutan la prestación de servicios de manera autónoma. Estos casos, inicialmente lícitos, pueden devenir en contrarios a la ley, cuando los prestadores de servicios sólo prestan su fuerza física o intelectual, pero no disponen de autonomía, y por el contrario laboran en condiciones propias de subordinación (cumplen horarios, reciben órdenes directas, pueden ser disciplinados, o realizan las mismas funciones que otros empleados del beneficiario del servicio), y/o la actividad se realiza por cuenta ajena (con equipos, herramientas y materiales del beneficiario, y sin asunción de riesgos o ganancias). En tales circunstancias, no obstante la existencia formal de un "empresario" en realidad lo que existe es un trabajador asalariado.

En el otro extremo, encontramos a quienes pretenden calificar como trabajador subordinado o dependiente a todo aquél que preste servicios personales y no califique como empresario, no posea una estructura organizativa o no cuente con trabajadores a su servicio. Si bien las enunciadas características, pueden ser indicios de que se está frente de un trabajador subordinado, no en todos los casos esa sería la conclusión correcta, que siempre dependerán de la presencia o no de los rasgos propios de la subordinación y ajenidad. Existen diversas categorías de prestadores de servicios, que no poseen una estructura empresarial (formal), pero que, sin embargo, mantienen su autonomía y trabajan por cuenta propia, siendo por consecuencia trabajadores autónomos o independientes.

Por ejemplo, el individuo que por su juventud (insipiencia en su emprendimiento), por su personalidad, porque así lo ha decidido, o porque la ley no le exige otra cosa, puede que no adopte una figura societaria o profesional, o no verifique ningún registro formal que lo califique como empresario, también es posible que no necesite o no cuente con recursos para pagar la contratación de personal que lo asista; o que, por desconocimiento o por su situación económica no cumpla con deberes tributarios o parafiscales; sin embargo, a pesar de no ser "empresario", o no poseer estructura organizativa, no necesariamente lo convierte en subordinado, ni tampoco califica a quienes reciben sus servicios como patronos o empleadores.

De ser así, se excluirían erradamente (y convertirían siempre en trabajadores dependientes) a los profesionales que prestan por cuenta propia sus servicios por honorarios profesionales, en favor de diferentes clientes (abogados, médicos, contadores públicos, diseñadores gráficos, programadores, otros), quienes no son económicamente "empresarios" ni necesariamente cuentan con una estructura organizativa, sede física, ni empleados a su cargo; también excluiría a otros independientes, que desarrollan oficios por su cuenta y que tampoco poseen una organización, sede propia o empleados a su cargo, pero que definitivamente laboran "por cuenta propia" y con sus propios medios y herramientas, como por ejemplo: plomeros (fontaneros); electricistas y técnicos de electrodomésticos; enfermeras o cuidadores personales y "acompañantes", que laboran a domicilio; los mecánicos automotrices y hasta de bicicletas que prestan servicios en espacios públicos o en sus propias casas; quienes hacen mantenimiento de equipos de aire acondicionado, fumigación; revendedores de productos por catálogo; agentes de seguros o corredores de apuestas que trabajan por su cuenta (que el propio CST define como independientes); o los taxistas y transportistas que prestan servicios con vehículos de su propiedad, entre otros.

En definitiva, la identificación o caracterización del prestador de servicios como "empresario", como apuntan algunos indicios, definitivamente sirve para calificar su condición de "independiente" y excluir la existencia de un contrato de trabajo, empero, como se ha dicho, existen otros independientes que no necesariamente encuadran en la figura de empresario o emprendedor, sin que eso cambie su morfología de trabajador por cuenta propia (autónomos o independientes). En el caso de la legislación colombiana, por ejemplo, se regula expresamente el contrato de prestación de servicios en favor de la administración pública[379], que cuando es celebrado con una persona natural, se diferencia del contrato de trabajo principalmente, por la no presencia del elemento subordinación[380], sin que se exija al prestador de servicios, la condición de "empresario". Lo que califica al trabajador independiente, es precisamente su autonomía (no subordinación) y el trabajar por cuenta propia (no ajenidad), no la circunstancia formal de contar con una empresa, organización, o empleados a su servicio. Cabe en este sentido evocar la regla, en muchos países constitucionalizada, de primacía de la realidad sobre las formas o apariencias, que debe prevalecer, no sólo en favor del trabajador (dependiente), sino para apreciar una auténtica caracterización de la relación en cada caso concreto.

---

379 Artículo 32 de la Ley 80 de 1993, por la cual se expide el Estatuto General de Contratación de la Administración Pública (1993, octubre 28). Diario Oficial N° 41.094 del 28 de octubre de 1993.

380 Bohórquez Yepes, C. y Conrado Imitola, R. (2009) El contrato de prestación de servicios...Ob. Cit., p. 36.

III.4. FÓRMULAS INTERMEDIAS. PARASUBORDINADOS Y TRABAJADORES AUTÓNOMOS ECONÓMICAMENTE DEPENDIENTES

Ante la diversidad de condiciones y características de las múltiples vinculaciones o relaciones que involucran la prestación de servicios personales subordinados el Derecho Laboral ha recurrido a la regulación diferenciada de algunas relaciones de trabajo, reconociendo categorías, profesiones u oficios que reciben tratamiento "especial" en los textos legales, como ocurre, por ejemplo, con los empleados de servicio doméstico, la gente de mar, el trabajo de menores, mineros, artistas, deportistas profesionales, funcionarios públicos[381], miembros de las fuerzas armadas o policiales, etc. Relaciones respecto de las cuales se regulan de manera diferenciada algunos aspectos, condiciones o beneficios, como los inherentes a estabilidad o inamovilidad, horarios, jornadas, formas de protección, higiene y seguridad en el trabajo, e incluso, los alcances y límites de la libertad sindical (sindicación, negociación colectiva y huelga). Sin embargo, a pesar de las diferentes condiciones, beneficios, cargas, límites o beneficios que distinguen o permiten regular separadamente a estas categorías o subcategorías especiales de trabajadores, éstos continúan conformado o poseyendo la condición de subordinados o asalariados, y por consecuencia, por regla general gozan en menor o mayor medida de la protección del Derecho del Trabajo, en tanto que, en la fórmula binaria "asalariado - autónomo", encuadran en la primera noción.

Por otra parte, ante la fragilidad de la noción de subordinación y con la idea de extender algunos mecanismos de protección legal o beneficios a trabajadores que prestan servicios de forma que puede considerarse autónoma, pero con rasgos de dependencia (económica) y/o ajenidad, y en consideración de la continuidad o carácter permanente del vínculo, algunas legislaciones han optado por la creación (quizá reconocimiento) de una tercera categoría de trabajadores, que podría calificarse como intermedia. Se trata del trabajo prestado de manera autónoma, de forma más o menos permanente en el tiempo y en provecho de un principal beneficiario-pagador, lo que, convierte al prestador de servicio en económicamente dependiente de éste. Esta forma de vinculación posee características tanto del trabajo subordinado como del trabajo autónomo, pues los trabajadores laboran por cuenta propia y con rasgos propios de la autonomía (libertad de horario, herramientas propias, no exclusividad) y, al mismo tiempo, se integran de alguna forma a la empresa y son "económicamente dependientes", en el sentido de que prestan sus servicios casi exclusivamente para una sola empresa o cliente y perciben de éste la totalidad o la mayor parte de sus ingresos.

---

381 Respecto al carácter de "trabajadores" de los funcionarios públicos y sus derechos laborales, nos hemos pronunciado en: Aguilar Camero, Ramón A. (2014) El carácter jurídico laboral de la función pública. La necesidad de reconocimiento de garantías constitucionales de tipo laboral en favor de los funcionarios públicos». Revista de Derecho Funcionarial. N° 11. Caracas: Funeda. Disponible en: https://www.amsabogados.com.ve/images/publicaciones/Ramon_Alfredo_Aguilar_el_caracter_juridico_laboral_de_la_funcion.pdf [Consulta: 2020, mayo 20].

Tal y como lo define la Organización Internacional del Trabajo (OIT), son "*trabajadores que prestan trabajo o prestan servicios a otras personas dentro del marco legal de un contrato civil o mercantil, pero que de hecho son dependientes o integrados en la empresa para la que realizan la obra o prestan el servicio en cuestión.*"[382]

Sobre el tema, Perulli (2002)[383] afirma que este tipo de trabajo se sitúa en medio del camino entre el trabajo por cuenta ajena y el trabajo autónomo (la llamada zona gris). En el mismo sentido, en el informe de 2006[384] contenido en el Libro Verde de la Comisión de Comunidades Europeas, se indica que "*(...) esta categoría de trabajadores no tiene contrato de trabajo. Es posible que no estén sujetos a las leyes laborales, porque ocupan una ´zona gris' entre el derecho laboral y el derecho comercial*".

En contraposición, Rueda Rodríguez (2016)[385], en un análisis bien fundando en la lógica, sostiene que este tipo de labor no podría estar en la zona gris del Derecho del Trabajo, en virtud de que se trata de una categoría con características propias que la definen en una posición intermedia entre el trabajo autónomo y el subordinado. Para este autor, pertenece a la llamada zona gris lo que está en duda, mientras que en estos casos ya se habría definido una posición, la intermedia.

Estas formas intermedias no están reguladas en la mayoría de las legislaciones, que se limitan a la clásica distinción entre asalariados (subordinados, dependientes) y autónomos (independientes), sin embargo, la manifestación de estos casos "atípicos" cada vez resulta más común en el campo laboral y productivo donde

---

382 Organización Internacional del Trabajo [OIT] (2003) El alcance de la relación laboral. Informe V. Conferencia Internacional del Trabajo. 91° Reunión, Ginebra. Disponible en: http://www.ilo.org/public/english/standards/relm/ilc/ilc91/pdf/repv.pdf [Consulta: 2020, octubre 6].

383 En el estudio titulado "*Trabajo económicamente dependiente (parasubordinación): aspectos jurídicos, sociales y económicos*" (2002, octubre), encomendado por la Comisión de Empleo y Asuntos Sociales del Parlamento Europeo. Vease: Parlamento Europeo (2003, junio 19). Trabajo económicamente dependiente (trabajo parasubordinado). Ponencia presentada ante la Comisión de Empleo y Asuntos Sociales del Parlamento Europeo que resume el estudio sobre el Trabajo Económicamente Dependiente (trabajo parasubordinado) elaborado por el profesor Adalberto Perulli (2002, octubre), Bruselas. Disponible en: https://silo.tips/download/parlamento-europeo-comision-de-empleo-y-asuntos-sociales [Consulta: 2020, Octubre 2].

384 Se trata del informe titulado "*Modernizar la legislación laboral para abordar desafíos del siglo XXI*" (2006, noviembre 22), que forma parte del Libro Verde de la Comisión de Comunidades Europeas. Disponible en: https://eur-lex.europa.eu/legal-content/ES/TXT/HTML/?uri=CELEX:52006DC0708& from=PT [Consulta: 2020, Octubre 2].

385 Rueda Rodríguez, A. (2016) El Trabajo Autónomo: Un análisis comparado de Italia y España. Revista Internacional y Comparada de Derechos Laborales y Derecho de Empleo [Revista Electrónica] Volumen 4, núm. 2, abril-junio, p 12-13. Escuela Internacional de Alta Formación en Relaciones Laborales y de Trabajo de Adapt. Disponible en: file:///C:/Users/mitch/Downloads/383-791-1-PB.pdf [Consulta: 2020, Octubre 2].

prevalecen relaciones con vínculos menos estrechos entre quien solicita el servicio y quien lo presta, y de variedad de oficios en los que las personas no están sujetas a una relación de trabajo subordinado pero brindan una colaboración continua y coordinada a las empresas o clientes. Lo que ha dado lugar a la concepción o reconocimiento de los trabajadores ***"parasubordinados"*** en Italia y los ***"autónomos económicamente dependientes"*** en España; mientras que la doctrina hace referencia a figuras similares en Alemania, Francia y el Reino Unido.

III.4.1. Italia. Los parasubordinados

En el caso de Italia, *"las relaciones de trabajo parasubordinadas encuentran un primer reconocimiento en el sistema legal italiano con el art. 409, n. 3, del Código de Procedimiento Civil en ese país, modificado por la Ley núm. 533/1973, que amplió la disciplina del agente de representación comercial y de otras relaciones colaborativas que resultan del trabajo coordinado continuo, incluso sin subordinación"*[386]; pues reconoce por primera vez las relaciones colaborativas que toman la forma de un desempeño laboral continuo y coordinado de carácter personal, aunque no subordinado.

Ello se complementa con las normas contenidas en el Código Civil Italiano, referidas al contrato de obra (*contratto d'opera*), específicamente el artículo 2222, que delimita el trabajo parasubordinado a partir del contrato de obra, como aquel contrato en el cual una persona se obliga ante otra a cumplir la realización de una obra o un servicio, mediante trabajo prevalentemente propio y sin ningún vínculo de subordinación ante el comitente.

De allí que, este tipo de trabajadores laboren por cuenta propia por una tarifa, no tienen una subordinación jurídico-laboral al empleador y presten servicios casi exclusivamente para una sola empresa o cliente.

> Se afirma que el trabajo parasubordinado participa de las notas propias del trabajo autónomo, pero con características especiales (...). Los indicadores que se utilizan para su definición son: el que se trate de un trabajo personal y continuado en el tiempo, donde la actividad esté coordinada con las tareas ejercitadas para el cliente o 'empleador' y donde el trabajador parasubordinado lo es para un único cliente teniendo de él su única fuente principal de ingresos.[387]

Según entendemos, la legislación italiana no define a los "parasurbodinados", sino que les dio reconocimiento y una primera forma de protección al atribuir competencia para conocer de sus reclamaciones y conflictos a los tribunales laborales,

---

386 Gonçalves Zipperer, A. (2019) A Intermediação de Trabalho...Ob. Cit., p. 115.

387 González-Posada, E. (2003, julio 15). El Trabajo Parasubordinado. El País (España). Disponible en: https://cincodias.elpais.com/cincodias/2003/07/15/empresas/1058361284_850215.html [Consulta: 2020, Septiembre 30].

y a posteriori, la jurisprudencia ha ido reconociendo determinados derechos laborales, pero sin separar a éstos de su condición de autónomos. Así parece haber ocurrido en el caso de los trabajadores de plataforma en sentencia recientemente producida por la Casación Civil italiana, que más adelante se analiza[388].

En relación a esta "categoría" de trabajadores, Ermida y Hernández (2016)[389] explican:

> *La existencia de personas que sin estar sujetas a una relación de trabajo subordinado prestan una colaboración continua y coordinada a la empresa y que, por razones fácticas y de desnivel económico, contratan sus servicios con ésta en condiciones de inferioridad, ha suscitado, desde tiempo atrás, el interés de los estudiosos del tema e, incluso, de algunas legislaciones. Contratos civiles o mercantiles, como el de obras, prestación de servicios profesionales, transporte, mandato, comisión, agencia, etc., pueden dar lugar a situaciones como la descrita, en la cual, quien contrata con la empresa, aún no estando en un sentido técnico jurídicamente subordinado a la misma, se encuentra en una situación de inferioridad que impide el ejercicio de una efectiva libertad negocial. Esta situación de debilidad contractual de los trabajadores autónomos que ejercen una colaboración continua y coordinada con la empresa, ha sido objeto de un particular tratamiento por parte de la doctrina italiana, que ha desarrollado el concepto de parasubordinazione, para referirse a esta particular situación, la cual fue objeto de una específica tutela legislativa en la reforma del Código de Procedimiento Civil de 1973. Su artículo 409 n.3 sujetó la solución extrajudicial y el trámite judicial de los conflictos de los trabajadores autónomos que desarrollen una actividad prevalentemente personal de colaboración coordinada y continúa con la empresa, es decir los parasubordinati, a las mismas normas aplicables a los trabajadores subordinados. Esta norma tutelar, aun cuando de alcance parcial, por cuanto no pretende que todas las normas sustantivas del trabajo subordinado, es decir las del derecho del trabajo, se apliquen a los así llamados trabajadores parasubordinados, sino sólo algunas de ellas, ha dado lugar a un amplio desarrollo jurisprudencial y doctrinal alrededor de la idea de la parasubordinación.*

En opinión de Rueda Rodríguez (2016)[390], en virtud de que en Italia el trabajo autónomo encuentra regulación en la legislación civil, y es identificado directamente a través del *contratto d'opera*, su definición está ligada a las particularidades de este contrato; destacando además que el trabajo autónomo en Italia no contempla un único tipo de trabajo, sino más bien, una serie de disciplinas diferenciadas que transitan por el *contratto d'opera*, que tiene dos versiones: la primera, los libres profe-

---

388 Véase acápite IV.2.- Diversidad de soluciones judiciales y legislativas en el ámbito internacional. Derecho comparado .

389 Ermida, O. y Hernández, O. (2016) Crítica de la Subordinación… *Ob. Cit.*, p. 290.

390 Rueda Rodríguez, A. (2016) El Trabajo Autónomo… *Ob. Cit.*, p. 4.

sionistas (*liberi professionisti*), que son todos aquellos trabajadores que realizan una prestación de tipo intelectual y, la segunda, los trabajadores autónomos manuales (*lavoratori autonomi manuali*).

Con base en estas normas de la legislación civil italiana, Gonçalves Zipperer (2019)[391] agrupa como características de tales relaciones colaborativas: la continuidad, la coordinación y el carácter predominantemente personal del desempeño laboral.

La realización continua del trabajo se refiere tanto a la ejecución de la actividad como a la repetición de varias actividades singulares, con resultados conectados por un enlace de continuidad satisfecho cuando se completa el servicio. Ello se reconoce cuando la ejecución del trabajo continúa indefinidamente e implica recurrencia del desempeño laboral, así como cuando la relación laboral de la obra no finaliza con la ejecución de uno o más servicios ocasionales, sino que representa un conjunto de servicios que, en general, pueden ser considerados como la única colaboración.

La coordinación, por su parte, enfatiza el perfil organizacional de la relación laboral, porque indica el vínculo funcional entre el trabajo del proveedor y el contratista, ya que en la parasubordinación el desempeño del trabajo está coordinado y tiene un carácter puramente "funcional" más que "estructural".

En cuanto al último requisito, el carácter predominantemente personal del servicio, se considera un elemento decisivo, ya que la jurisprudencia se basa en ella para decidir si una relación está dentro del alcance de aplicación del art. 409 del CPC italiano. De manera que, la valoración jurisprudencial se realiza en base a evidencias concretas de que el aporte de la actividad personal del trabajador prevalece sobre el capital empleado, no solo en términos cuantitativos, sino también en términos de calidad, en términos de exclusividad y continuidad de la actividad realizada, en estricta dependencia funcional con las necesidades del cliente.

Pese a que un rasgo particular del trabajo autónomo es el carácter personal de la prestación, parte de la doctrina y jurisprudencia italiana coinciden en afirmar que no es necesario que la mencionada actividad sea físicamente desarrollada solo por el trabajador autónomo porque existen supuestos en que se sirve de colaboradores para llevar a cabo la explotación prevista[392]. Afirmación que parece provenir de la interpretación del artículo 2232 del Código Civil:

> **Artículo 2232.- Ejecución de la obra**
>
> El contratista debe realizar personalmente la tarea asumida. No obstante, podrá hacer uso, bajo su propia dirección y responsabilidad,

391 Gonçalves Zipperer, A. (2019) A Intermediação de Trabalho...*Ob. Cit.*, p. 117-118.

392 López Aniorte, M. (1996). Ámbito subjetivo del Régimen Especial de Trabajadores Autónomos. Pamplona (España): Aranzadi, p. 65.

de suplentes y auxiliares, si la colaboración de otros está permitida por contrato o por costumbre y no es incompatible con el objeto del servicio.[393]

Ello significa que a pesar de que el prestador del servicio deba realizar el trabajo contratado personalmente tiene permitido tener auxiliares o sustitutos, sin que ello signifique desnaturalizar la relación parasubordinada, mientras sea él mismo quien los supervise y la naturaleza propia del trabajo lo permita. La actividad, en estos casos, consistirá en la supervisión y gestión de las labores encomendadas, no quedando por ello invalidado el carácter personal y directo que caracteriza la prestación o actividad del trabajador autónomo. Por tanto, y a diferencia de lo que ocurre con el trabajo realizado por cuenta ajena, el trabajador por cuenta propia es sustituible, o lo que es lo mismo, la actividad de la cual es titular puede ser desarrollada por otras personas que contrate siempre y cuando subsista una participación en la explotación, lo que implica una forma de autonomía.

III.4.2. España. Los Autónomos Económicamente Dependientes

En España el trabajo de los autónomos ha sido regulado por una ley especial de 2007: el Estatuto del Trabajo Autónomo o Ley 20/2007 (LETA), antes referido[394], que incluye un nuevo tipo o subcategoría de trabajador autónomo, denominado "económicamente dependiente" (artículo 1.2.d), definido en el artículo 11 como *"aquéllos que realizan una actividad económica o profesional a título lucrativo y de forma habitual, personal, directa y predominante para una persona física o jurídica, denominada cliente, del que dependen económicamente por percibir de él, al menos, el 75% de sus ingresos por rendimientos de trabajo y de actividades económicas o profesionales".*

Esta ley especial también estipula (en el mismo artículo 11) que para ser considerado "trabajador autónomo económicamente dependiente", el individuo deberá reunir ciertos requisitos en el desempeño de su actividad como son: no podrá tener a su cargo trabajadores por cuenta ajena (una prohibición que es expresa), ni contratar o subcontratar una parte o toda la actividad que desempeña con terceros [elemento que lo diferencia del parasubordinado italiano], ya sea actividad contratada con el cliente del que depende económicamente, o bien, actividades que pudiera contratar con otros clientes; no deberá ejecutar su actividad de manera indiferenciada con los trabajadores que presten servicios bajo cualquier modalidad de contratación laboral por cuenta del cliente; deberá disponer de infraestructura productiva y material propios, necesarios para el ejercicio de la actividad e independientes a los de su cliente, cuando en dicha actividad sean relevantes económicamente; deberá desarrollar su actividad con criterios organizativos propios, sin perjuicio de las indicaciones técnicas que pudiese recibir de su cliente; y, por último, deberá

393 Código Civil (Real Decreto N° 262) (1942, marzo 16)...Ob. Cit.

394 Estatuto del Trabajo Autónomo (Ley N° 20/2007) (2007, julio 11)...Ob. Cit.

percibir una contraprestación económica en función del resultado de su actividad, de acuerdo con lo pactado con el cliente, asumiendo riesgo y ventura de aquélla. Y, además de reunir los requisitos anteriores, deberá ser reconocido legalmente como tal por un contrato de trabajo, el cual debe ser presentado de forma escrita y debe obligatoriamente ser inscrito en el registro de contratos de trabajadores autónomos económicamente dependientes. Partiendo de estas características, resulta fácil advertir que, cuando menos desde el punto de vista teórico esta categoría se corresponde casi a la perfección con las condiciones de la prestación de servicios a través de plataformas digitales.

Para Gonçalves Zipperer (2019) el concepto de "trabajador autónomo económicamente dependiente" es construido con la conjunción de un requisito positivo y otro negativo que no posee el concepto genérico de autónomo: "(...) [e]*l requisito positivo es la dependencia económica de un solo cliente que se materializa en el desempeño de su actividad directa y predominantemente para una persona física o jurídica - el cliente - de quien dependen económicamente recibir al menos el 75% de sus ingresos"*, mientras que *"(...) [e]l requisito negativo es la ausencia de empleados subordinados al trabajador que lo asistan en el trabajo (prohibición de contratar todo o parte de su actividad con terceros)"*. [395]

> La doctrina y el Parlamento Europeo suelan asimilar a los "trabajadores económicamente dependientes" con los "parasubordinados" para describir una categoría de trabajo que no es ni subordinado ni autónomo, pero que tiene como elementos comunes el trabajo personal, la continuidad, coordinación del trabajo y que los ingresos (en su totalidad o en su mayor parte) proceden de un único cliente. Sin embargo, desde el punto de vista científico apreciamos una singular diferencia, que estriba en que, el "trabajador autónomo económicamente dependiente", tal y como lo concibe la legislación española, es un tipo o categoría de trabajador autónomo, mientras que el "trabajo parasubordinado" como lo contempla la legislación y jurisprudencia italiana, corresponde a una categoría efectivamente intermedia entre el trabajo autónomo y el subordinado, lo que ha permitido a los jueces conceder o reconocer a estos últimos una serie de derechos similares a los de los subordinados.

Rueda Rodriguez (2016) también destaca elementos diferenciales entre los "parasubordinados" y los "autónomos económicamente dependientes" (TRADE) cuando afirma:

> De lo anterior podemos advertir que en España, el legislador ha creado una ley especifica que regula a este colectivo, en la cual brinda una definición precisa sobre quién es el trabajador autónomo, situación diversa

---

395 Gonçalves Zipperer, A. (2019) A Intermediação de Trabalho... *Ob. Cit.*, p.126-127.

a la que se presenta en Italia, pues el trabajo autónomo no contempla un tipo de disciplina unitaria, sino una serie de disciplinas diferenciadas que transitan por el contratto d'opera, sin embargo, a pesar de que en ambos países están regulado distintamente, se observa que el trabajo autónomo es caracterizado principalmente por la ausencia del vínculo de subordinación, por realizar una actividad con trabajo prevalentemente propio y por la heterogeneidad que presenta este tipo de trabajo, pues al estar compuesto por diversas situaciones es imposible pretender una uniformidad.[396]

(...)

Distinta es la situación del TRADE, pues ellos siempre deberán celebrar el contrato de forma escrita, pues, como ya lo hemos referido, éste es un requisito indispensable para el reconocimiento de su condición y de igual manera, a diferencia de los autónomos el contrato del económicamente dependiente, si no tuviese fijada la duración, se podrá presumir por tiempo indefinido, salvo prueba en contrario. Respecto al contenido del mismo se deberá establecer el régimen de descanso semanal y el correspondiente a los festivos, la cuantía máxima de la jornada de actividad y, en el caso de que la misma se compute por mes o año, su distribución semanal. En Italia, como anteriormente lo hemos descrito, el contrato del trabajador autónomo es el propiamente el contrato *d'opera*, regido por el Código Civil Italiano, [que] tiene dos versiones: la primera, los *liberi professionisti* y la segunda los *lavoratori autonomi manuali*. Este contrato debe ser por escrito y deberá contener la descripción detallada de la obra o servicio requeridos, el tiempo en que deberá entregar, etc., éste se podrá rescindir por causa justificada en cualquier momento, evitando siempre algún perjuicio para el cliente, siempre y cuando se reembolsen los gastos ya efectuados por la realización de la obra y pagando una compensación por el trabajo realizado; mientras que el contrato del trabajador parasubordinado no debe ser obligatoriamente escrito, sin embargo, esta formalidad se exige *ad probationem* de su existencia, pues en el supuesto de un litigio, la carga de la prueba la tendrá el cliente. El contenido de éste deberá contener los siguientes elementos: la duración, las indicaciones o el programa del proyecto de trabajo, la modalidad de pago, las indicaciones sobre las formas de la coordinación con del cliente y del trabajador (sin perjudicar su autonomía) y las indicaciones necesarias sobre la seguridad y salud del trabajador. Las partes podrán establecer en el contrato las causas de recisión del mismo. Por otra parte, sobre el tema de riesgos laborales y el de salud laboral en España será la administración pública quién asumirá

396 Rueda Rodríguez, A. (2016) El Trabajo Autónomo...*Ob. Cit.*, p. 5-6.

el papel activo, pues es ella quien deberá promover una cultura de prevención específica y adaptada a las peculiaridades de los trabajadores autónomos. De igual forma, se instituye que cuando en un mismo centro de trabajo desarrollen actividades, los trabajadores autónomos y los trabajadores de otras empresas se deberá regir por la Ley 31/1995, de 8 de noviembre, de la Prevención de Riesgos Laborales, mientras que en Italia la norma aplicable para los autónomos sobre este argumento es el Decreto Legislativo número 81/2008 titulado *Attuazione dell' articolo 1 della legge,* 3 agosto 2007, n. 123, *in materia di tutela della salute e della sicurezza nei luoghi di lavoro,* específicamente del artículo 21 al 26, en los que de forma general se establece que los trabajadores autónomos están obligados a utilizar herramientas de trabajo en perfecto estado y respetar todas la normas generales de seguridad.[397]

III.4.3. Otras figuras intermedias. Alemania, Francia y Reino Unido

En **Alemania**, el "*Arbeitnehmerähnliche Person" (persona similar a un trabajador) está regulado por el Código de Comercio:*

Artículo 84.

(1) Un agente comercial es alguien que, como comerciante independiente, está constantemente encargado de mediar negocios para otro empresario (empresario) o concluirlos en su nombre. Quienes son esencialmente libres para organizar sus actividades y determinar su horario de trabajo son independientes. (Subrayado nuestro)

(2) Cualquiera que, sin ser un trabajador por cuenta propia en el sentido del párrafo 1, esté constantemente encargado de mediar negocios para un empresario o concluir en su nombre se considera un empleado.[398]

Se trata de un trabajador autónomo en el sentido de no ser personalmente dependiente en la misma medida que los empleados, por no estar integrado en la organización de una empresa, pero que, al mismo tiempo, es dependiente económico de un cliente, pero con la libertad para organizar y determinar su tiempo y horario de trabajo.

La identificación del trabajador económicamente dependiente (que en Alemania se considera un trabajador autónomo y no una categoría intermedia entre él y el trabajador subordinado) se basa en los siguientes criterios: actividad realizada de forma personal y mediante una sencilla

397 Ibidem, p. 16.

398 Código de Comercio (Handelsgesetzbuch) (1897, mayo 10)...Ob. Cit.

> organización dirigido principalmente a un único cliente del que reciben al menos la mitad de sus ingresos, que se reduce a un tercio, en el caso de los periodistas, escritores o artistas[399].
>
> (...) Si bien las características de esta categoría de trabajadores están estipuladas en muchas de las disposiciones legislativas, no existe una definición general de la misma ni tampoco se pueden aplicar de manera generalizada los siguientes indicadores (que son particulares de Alemania): (i) la ausencia de independencia económica; (ii) la dependencia económica (la cual es distinta a la dependencia personal de los trabajadores subordinados); (iii) la necesidad de protección social (el cual es un indicador de la dependencia económica); (iv) el trabajo realizado en forma personal sin la ayuda de los trabajadores subordinados; (v) el trabajo realizado principalmente por una persona o cuando el trabajador depende de una sola entidad para obtener más de la mitad de la totalidad de sus ingresos.[400]

Esencialmente es un trabajador por cuenta propia pero que depende económicamente de un cliente (incluso si no es personalmente dependiente debido a la falta de integración en la organización de una empresa), sin empleados adicionales; no emplean a ningún trabajador con seguro obligatorio (aparte de los miembros de la familia); por lo que no realizan un trabajo de una manera propia de un empleado, es decir, ni están sujetos a las instrucciones del cliente ni se integran en la organización del trabajo de éste; y no actúan como empresarios en el mercado.

Las características antes mencionadas se aplican a los trabajadores a domicilio y agentes comerciales que por acuerdos contractuales o por el alcance de su actividad, solo pueden trabajar para un empresario. También se aplica a profesores y conferenciantes, como entrenadores de fitness, aeróbicos, de golf, de tenis y de conducción, así como a enfermeras, parteras y artistas en el sentido de la Ley de Seguro Social de Artistas (KSVG)[401].

En **Francia**, los *"travailleurs économiquement dépendants"* o trabajadores económicamente dependientes, pertenecen a una categoría de trabajadores autónomos,

---

399 Gonçalves Zipperer, A. (2019) A Intermediação de Trabalho... *Ob. Cit.*, p. 130.

400 Organización Internacional del Trabajo [OIT] (2008, marzo). Servicio de Diálogo Social, Legislación y Administración del Trabajo. La Relación de Trabajo: Una guía anotada a la Recomendación No. 198. Primera Edición. Ginebra: OIT, pp. 27-28. Disponible en: https://www.fim-musicians.org/wp-content/uploads/guia_198_es.pdf [Consulta: 2021, abril 19].

401 Ley para enmendar el seguro social y garantizar los derechos de los empleados del 19 de diciembre de 1998 (1999). [Documentos en línea] [Traducción libre]. Disponible en: https://ec.europa.eu/employment_social/soc-prot/missoc99/english/socprot/d.htm [Consulta: 2020, octubre 6].

y están vinculados al cliente por medio de un contrato denominado *"contrats de dependance à sujétion imparfaite"* (contratos de dependencia de sujeción imperfecta).

Su conceptualización se deriva de la interpretación del artículo L-8221-6 I del Código del Trabajo (*Code du Travail*), en el cual se presume que no es empleado quien se encuentra registrado ante el Registro de Comercio y Empresas o ante el Registro de Agentes Comerciales creado por los autoemprendedores o microemprendedores. Pero ha sido la doctrina y la jurisprudencia las que han delimitado sus elementos fundamentales.

Antonmattei y Sciberras (2008)[402] condensan como características principales las siguientes:

- Pertenecen a la categoría de trabajadores autónomos, siempre que trabajen por su cuenta y riesgo y no estén subordinados a un empleador
- Realizan su actividad personalmente
- Reciben al menos el 50% de sus ingresos de un único principal en el marco de una relación contractual de duración mínima de dos meses
- Realizan su servicio en el marco de una organización productiva dependiente de la actividad de su principal
- Para la actividad profesional del trabajador económicamente dependiente se aplica un contrato celebrado con un cliente o un principal.

Con respecto a la vinculación del trabajador económicamente dependiente con la existencia de un contrato la doctrina francesa es crítica al afirmar que con ello "*[s]e comprueba la fragilidad del trabajador económicamente dependiente especialmente cuando se rescinde el contrato, lo que le proporciona la mayor parte de sus ingresos. No nos sorprenderá encontrarnos entonces en situaciones de dependencia ya tratada por el legislador, reglas que imponen una notificación y compensación. Estos elementos deben componer un estatus de trabajador económicamente dependiente manteniendo el principio de compensación mínima (...)*"[403], con lo que se estaría reclamando para esta categoría de trabajadores el reconocimiento del derecho a la estabilidad.

En el **Reino Unido**, la Ley de Derechos Laborales [*Employment Rights Act - ERA*][404], en el Capítulo III, Sección 230, distingue entre el "empleado" ["*employee*"],

---

402 Antonmattei, P. y Sciberras, J. (2008, noviembre). El trabajador económico dependiente: ¿qué protección? Reporte para el Ministro de Trabajo, Relaciones Sociales, Familia y Solidaridad (Francia) [Traducción libre]. Disponible en: https://www.vie-publique.fr/sites/default/files/rapport/pdf/084000694.pdf [Consulta: 2020, octubre 2].

403 Antonmattei, P. y Sciberras, J. (2008, noviembre). El trabajador económico dependiente... *Ob. Cit.*, p. 10.

404 Ley de Derechos Laborales (Employment Rights Act ERA) (1996, con reformas del 2012) [Transcripción en Línea] [Traducción libre]. Disponible en: https://www.legislation.gov.uk/ukpga/1996/18 [Consulta: 2020, septiembre 30].

como aquel que trabaja bajo una relación de dependencia vinculada por un contrato de trabajo, y el "trabajador" [*"worker"*], que es el individuo que se compromete a realizar personalmente cualquier trabajo o servicio para otra persona o empresa con un vínculo contractual, expreso o implícito, oral o escrito.

> La legislación británica distingue entre tres categorías diferentes del ámbito de la legislación laboral. En primer lugar, un 'empleado' [*'employee'*], según se define en la Ley de Derechos Laborales de 1996, es una persona que trabaja con un "contrato de trabajo". En segundo lugar, en el decenio de 1970, la legislación británica amplió algunas leyes de protección del empleo a la categoría recientemente creada de "personas empleadas" introducida en la Ley de igualdad de remuneración de 1970, en partes de la Ley de discriminación sexual de 1975 y en la Ley de relaciones raciales de 1976, que son personas con cualquier otro contrato personal para ejecutar cualquier trabajo o labor (Freedland 2003, pags. 23), yendo claramente más allá de la definición de 'contrato de trabajo'. En tercer lugar, la legislación británica reciente ha intentado clasificar a los trabajadores autónomos dependientes hasta cierto punto estableciendo la categoría de 'trabajador' [*"worker"*] (Freedland 2003, págs. 22-26)".[405]

Tal diferenciación permite concebir al *"worker"* como un "trabajador por cuenta propia dependiente" *("Dependent self-employment worker")*, una figura intermedia entre el subordinado y el autónomo que se obliga a realizar su labor o prestar servicios personalmente a favor del otro que en virtud del contrato es su cliente.

Aunque este tipo de trabajadores formalmente son autoempleados, su fuente de ingresos depende económicamente de un solo empleador. Ello implica que pueden enfrentar dos formas de dependencia: una de naturaleza económica, debido a que estos trabajadores tienen un solo contratista y generan todos sus ingresos de esta relación comercial; y otra dependencia relacionada con el tiempo, el lugar y el contenido del trabajo.

Otro tema fundamental tiene que ver con la vinculación entre el prestador del servicio ("worker") y el cliente por medio de un contrato de falsa autonomía, cuya interpretación ante cualquier duda (en la determinación de si se trata o no de un contrato de un trabajador por cuenta propia dependiente, utilizando criterios como la subordinación, la asignación de riesgos y el grado de independencia), en el caso británico estaría definida por la aplicación de las reglas del *common law*.

---

405 Böheim, R. y Mühlberger, U. (2009, mayo 9) Autoempleo dependiente: trabajadores entre empleo y autoempleo en el Reino Unido. [Trabajo de Investigación] Disponible en: https://link.springer.com/article/10.1007/s12651-009-0014x#:~:text=The%20ILO%20(2003)%20defines%20dependent,service%20in%20question%E2%80%9D%20(p. [Consulta: 2020, octubre 6].

Una muestra de ello la encontramos en el caso *Gascoigne contra Addison Lee Ltd*, presentado ante el Tribunal Laboral de Londres y resuelto mediante sentencia N° 2200436/2016 de fecha 02 de agosto de 2017, en el cual el demandante, un mensajero en bicicleta para Addison Lee entre 2008 y 2017 (compañía que presta servicio de transporte ejecutivo y de mensajería), reclamaba el pago de una semana de vacaciones tomadas en 2016. A pesar de que el trabajador firmó un contrato con la empresa como contratista independiente, el juez de la causa, ante la evaluación de elementos como la subordinación, la asunción de riesgos, el control ejercido por el empleador sobre el desempeño del trabajador (las entregas eran controladas por un supervisor mediante un GPS), entre otros, encontró disparidad entre las condiciones de trabajo firmadas por el trabajador y cómo funcionaba su actividad diaria. Y en aplicación del principio de primacía de la realidad sobre las formas y apariencias determinó que se trataba de un "*worker*":

> Encuentro que la verdadera relación está más cerca de la redacción del sitio web en que: a. El demandado y el demandante trabajaron juntos en un equipo y bajo un contrato por el cual se esperaba que el demandante realizara el trabajo para el demandado, bajo su dirección, cuando se conectaba al sistema; y b) El demandado realizó el trabajo personalmente, y no porque Addison Lee fuera su cliente. (…) [N]o considero que el contrato de octubre de 2015 retrate correctamente la relación y es solo una fuente de muchas a tener en cuenta. (…) Es difícil desentrañar los diversos hilos que llevan a la conclusión de que el demandante era un "worker" del demandado. Esto se debe a que todos están relacionados entre sí."[406]

Otro ejemplo lo encontramos en la sentencia de fecha 13 de junio de 2018 de la Alta Corte de Justicia del Reino Unido, cuando ésta se pronunció sobre el caso de un plomero e ingeniero de calefacción que reclamaba a la empresa de plomería y refacciones Pimlico Plumbers Ltd & Anor por despido injustificado, deducción ilegal de su salario, adeudamiento de un período vacacional y discriminación por motivo de una discapacidad; confirmando la decisión del Tribunal de Apelaciones de considerarlo un "*worker*" [407].

Entre agosto de 2005 y abril de 2011 el plomero había prestado sus servicios para la empresa en virtud de dos acuerdos escritos redactados de manera confusa

406 London Labor Court (2017, agosto 2). Mr C Gascoigne v Addison Lee Ltd: 2200436/2016. [Traducción libre] Disponible en: https://www.gov.uk/employment-tribunal-decisions/mr-c-gascoigne-v-addison-lee-ltd-2200436-2016 [Consulta: 2020, octubre 8].

407 The Supreme Court (2018, junio 13). Pimlico Plumbers Ltd and another (Appeal) against Smith (Respondent). [Traducción libre] Disponible en: https://www.supremecourt.uk/cases/uksc-2017-0053.html [Consulta: 2020, noviembre 16].

(el segundo de los cuales reemplazó al primero en 2009). Luego de culminar la relación laboral por causas ajenas a éste, en agosto de 2011, interpone una demanda ante el Tribunal Laboral, que sentenció que no había sido un empleado con un contrato de trabajo y, por lo tanto, no tenía derecho a quejarse de despido improcedente. Sin embargo, acordó que él fue un "worker" en el sentido de la Ley de Derechos Laborales de 1996 y de las Regulaciones sobre el Tiempo de Trabajo de 1998, y que había estado en "empleo" a los efectos de la Ley de Igualdad de 2010, por lo cual fueron admitidas sus otras tres reclamaciones (deducción ilegal de su salario, adeudamiento de un período vacacional y discriminación por motivo de una discapacidad) y se instruyeron medidas para su consideración sustantiva en una fecha posterior. Ello fue apelado sin éxito por la empresa ante el **Tribunal de Apelación**, que confirmó el fallo de primera instancia, y por eso llevó el caso hasta la **Alta Corte de Justicia**.

Del fallo del máximo tribunal podemos destacar dos elementos del análisis que llevaron al juez a considerar al trabajador un "*worker*". El primero de ellos es la prestación de servicios de forma personal, sobre lo que indica que cuando el plomero se comprometió a prestar sus servicios para Pimlico Plumbers debía hacerlo personalmente, y en caso de no poder efectuar un trabajo ya cotizado "*cualquier derecho de sustitución estaba significativamente limitado por el hecho de que el sustituto tenía que provenir de las filas de aquellos vinculados a Pimlico en términos similares*"[408]. El segundo elemento fueron las particularidades de la relación laboral entre las partes: la constatación de que la empresa no era un cliente del trabajador, en virtud de que éste era libre de rechazar una oferta de trabajo en particular y era libre de aceptar trabajo externo si ninguno de los clientes de Pimlico le ofrecía trabajo; el hecho de que el trabajador asumió parte del riesgo financiero del trabajo y la forma de llevarlo a cabo sin supervisión de Pimlico; y el ejercicio por parte de la empresa de un estricto control sobre su vestimenta y sobre los aspectos administrativos de cualquier trabajo, imponiendo severas condiciones sobre cuándo y cuánto estaba obligado a pagarle, y el conjunto de convenios que restringían sus actividades laborales después del despido.

En ambos casos, los rasgos de subordinación combinados a los de autonomía, llevaron al juez a concluir en la existencia de la figura intermedia, la de "*worker*".

III.4.4. Derechos de los *Parasubordinados* y Autónomos Económicamente Dependientes

En cuanto a los derechos reconocidos a los trabajadores económicamente dependientes, tenemos que, en Italia existen disposiciones en los convenios colectivos que se aplican al trabajo económicamente dependiente con relación a [409]:

---

408 Ibidem.

409 Parlamento Europeo (2003, junio 19). Trabajo económicamente dependiente...*Ob. Cit.*, p.13.

- la forma del contrato (escrito);
- la duración de la relación contractual;
- las obligaciones contractuales;
- las horas de trabajo y el modo en el que se deben cumplir las obligaciones contraídas;
- la remuneración y la forma de pago;
- la salud y la seguridad en el trabajo;
- la suspensión de la relación laboral (por enfermedad, accidente, o razones familiares);
- la formación;
- la anulación del contrato;
- las obligaciones del trabajador;
- los derechos sindicales.

En lo que respecta a los beneficios de pensiones, la Ley de Reforma de las Pensiones (N° 335 de 1995) establece un fondo público especial de pensiones para los trabajadores parasubordinados. En el caso de los accidentes y enfermedades del trabajo, las leyes fueron ampliadas de manera que se otorgaran beneficios a esa categoría de trabajadores como parte de sus derechos. Y para efectos fiscales, los ingresos de estos trabajadores reciben el mismo trato que los ingresos de los trabajadores asalariados[410].

Por su parte, Alemania ha reconocido las consecuencias laborales y de derecho social de la clasificación de los trabajadores autónomos conocidos como *Arbeitsnehmerähnliche Personne*, en el sentido de que también necesitan protección social de una manera comparable a un empleado en términos de su posición social general. Por lo cual, el derecho germano ha tomado medidas para proteger su vulnerabilidad social, ampliando el ámbito de aplicación de algunas normas típicas de protección trabajo subordinado, "*en aspectos como el disfrute de las vacaciones, la protección de la seguridad, la protección contra el acoso sexual y la negociación colectiva*".[411]

Tal es el caso de la sentencia del 2006 del Tribunal Laboral regional de Colonia (LAG Cologne, Az. 14 [5] Sa 1343/05), en la cual se reconocieron derechos propios de un trabajador subordinado a un trabajador por cuenta propia al establecer un período de preaviso de 6 meses (previsto en la Sección 622 [2] BGB), motivado a la duración de la relación laboral con la empresa. Mientras que en otros casos se ha concedido a una persona independiente vacaciones teóricamente retribuidas y el pago

---

410 Organización Internacional del Trabajo [OIT] (2008, marzo). Servicio de Diálogo Social, Legislación ..., Ob. Cit., p 28.

411 Gonçalves Zipperer, A. (2019) A Intermediação de Trabalho... *Ob. Cit.*, p. 130.

continuado de la retribución en caso de enfermedad (en aplicación de la Sección 2, oración 2 BURLG); o la retribución continuada por ausencias de corta duración por enfermedad (en aplicación del artículo 616 (1) BGB) sin requerir la existencia de una relación laboral (BAG, sentencia de 29 de enero de 1992, Az. 7 ABR 25/91)[412].

De la misma forma, la reforma del Libro Sexto (VI) del Código Social alemán (SGB)[413], referente al Seguro de Pensión Estatutario, ha permitido que estos trabajadores estén protegidos por el seguro de pensión estatal, caso en el cual, el pago de las cotizaciones al seguro obligatorio se limitan al seguro de pensiones, aplicándolo a los "*cuasi autónomos, siempre que estén clasificados como autónomos a efectos fiscales*"[414]

En el Reino Unido, la legislación sobre el tiempo de trabajo, los niveles de salario mínimo, la discriminación por discapacidad, el trabajo a tiempo parcial y la protección contra las deducciones salariales no autorizadas, se ha extendido a la aplicación no solo de los empleados, sino en los casos de contratos suscritos como trabajador independiente cuando en la práctica se trate de un "*worker*". También la Ley de Relaciones Laborales de 1999 ha facultado al Secretario de Estado para conferir algunos o todos los derechos laborales a las categorías de trabajadores que no se benefician o no pueden beneficiarse actualmente de ellos.[415]

Tribunales británicos tienden a ver a los *worker* como una subcategoría de trabajadores autónomos que se benefician de derechos y protecciones, esencialmente en materia tributaria y protección social. Se les reconocen derechos como[416]:

---

412 Mencionado por De Günter, S. (2006, septiembre 04). "Trabajadores por cuenta propia": ¿períodos de notificación como para los empleados?[Traducción libre]. Wirtschaftswissen.de [Portal], Alemania. Disponible en: https://www.wirtschaftswissen.de/personal-und-arbeitsrecht/arbeitsgesetze/abmahnung-kuendigung/arbeitnehmeraehnliche-personen-kuendigungsfristen-wie-bei-arbeitnehmern/ [Consulta: 2020, octubre 2].

413 Código Social (SGB) Libro Sexto (VI) - Seguro de Pensión Estatutario (1989, diciembre 18)[Transcripción en Línea] [Traducción libre] Disponible en: https://www.gesetze-im-internet.de/sgb_6/__2.html [Consulta: 2020, octubre 10].

414 Comisión de Empleo y Asuntos Sociales de la Unión Europea (1999) [Documentos en línea] [Traducción libre]. Disponible en: https://ec.europa.eu/employment_social/soc-prot/missoc99/english/socprot/d.htm [Consulta: 2020, octubre 10].

415 Mencionado por Böheim, R. y Mühlberger, U. (2009, mayo 9) Autoempleo dependiente...Ob. Cit., al referirse a la situación de los trabajadores económicamente dependientes en el Reino Unido.

416 Extraído de Conseil National du Numérique (2020, julio). Travail à l'ère des plateformes. Mise à jour requise JUILLET 2020 [Traducción libre]. Disponible en: https://cnnumerique.fr/files/uploads/2020/2020.06.30_Rapport_Travailleurs_des_plateformes_VF.pdf [Consulta: 2020, noviembre 5] ; y Organización Internacional de Empleadores (2019, octubre) Documento de políticas de la OIE sobre las relaciones laborales y los contratistas independientes. Disponible en: https://www.ioe-emp. org/index.

- salario mínimo nacional garantizado;
- protección contra la retención arbitraria parcial o total del salario;
- acceso a un mínimo de vacaciones pagadas y descansos durante el horario laboral trabajo;
- la duración mínima legal de los periodos de descanso;
- no trabajar más de 48 horas de media por semana o negarse a este derecho si así lo eligen;
- protección contra la discriminación;
- igualdad de trato entre quienes trabajan a tiempo completo y quienes no lo hacen trabajar solo unas pocas horas y una protección equivalente a la de denunciantes: en caso de que sea necesario informar sobre métodos de trabajo fraudulento, por ejemplo.

Sin embargo, los *workers* no se benefician de la baja por enfermedad, asignaciones parentales, el derecho a recurrir en caso de despido improcedente y derecho de notificación en caso de rescisión del empleo.

En similar manejo, Francia ha permitido la interpretación extensiva del artículo L. 311-3 del Código de Seguridad Social, referido a la obligatoriedad de afiliación a la seguridad social del sistema general, a otros sujetos no incluidos dentro de la clasificación, interpretándolo extensivamente para ampliar el alcance personal del régimen general a aquellos profesionales cuya dependencia económica prima sobre la subordinación legal[417].

En España, por ser una categoría de trabajador autónomo, al "económicamente dependiente" se le reconocen los derechos genéricos de los trabajadores autónomos contemplados en el Estatuto del Trabajo Autónomo o Ley 20/20017 (LETA) como: el derecho a la no discriminación y garantía de los derechos fundamentales y libertades públicas (art. 6); la prevención de riesgos laborales (art. 8); la prohibición para los menores del ejercicio del trabajo autónomo (art. 9); el derecho a la contraprestación económica por sus servicios (art 10); el derecho a la sindicalización (art 19) y a la asociación profesional (art. 20); y el derecho a la protección social del trabajador por parte de la Seguridad Social (arts. 23 a 26). Aparte y de manera particular, la ley le concede al trabajador autónomo económicamente dependiente los siguientes derechos (art. 14):

- Derecho a una interrupción de su actividad anual por 18 días hábiles, sin perjuicio de que dicho régimen pueda ser mejorado mediante contrato entre las partes o mediante acuerdos de interés profesional.

---

php?eID=dumpFile&t=f&f=145800&token=16ec2e4df57dc6e48998119bf162583ac532a155 [Consulta: 2020, noviembre 11].

417 Así lo indica Antonmattei, P. y Sciberras, J. (2008, noviembre). El trabajador económico dependiente...Ob. Cit.

- Derecho a establecer en su contrato un régimen de descanso semanal y el de los días festivos, y al establecimiento de la cuantía máxima de su jornada laboral (en el caso de que la misma se compute por mes o año).
- Decidir voluntariamente la ejecución de la actividad por un tiempo superior al pactado contractualmente (no pudiendo exceder del incremento máximo establecido mediante acuerdo de interés profesional o del 30 por ciento del tiempo ordinario de actividad individualmente acordado).
- El derecho a tener un horario de actividad que permita conciliar la vida personal, familiar y profesional. Y aquella trabajadora autónoma económicamente dependiente víctima de la violencia de género tendrá derecho a adaptar su horario de actividad laboral a las necesidades vinculadas con el ejercicio efectivo de su protección o su derecho a la asistencia social integral.

Sin embargo, y a pesar de la existencia de una ley especial que regula los derechos del trabajador autónomo económicamente dependiente su aplicación ha tenido criterios vacilantes, y muchas veces poco coherentes con la normativa legal existente en cuanto al reconocimiento de los mismos y, al igual que ocurre en Italia con los parasubordinados, todavía existen problemas de interpretación en la jurisprudencia originadas por las fluctuaciones existentes sobre el tema (al otorgarles en algunos casos derechos propios de los trabajadores subordinados mientras que en otros no).

El único derecho que ha sido puesto en práctica efectivamente para los autónomos económicamente dependientes en España está relacionado con la Seguridad Social. Se trata de la creación y puesta en marcha del Régimen Especial de la Seguridad Social de los Trabajadores por Cuenta Propia o Autónomos [RETA] (ordenado por el art 23.2 de la LETA), en el que "*deben estar inscritas todas aquellas personas que realicen de forma habitual, personal y directa una actividad económica a título lucrativo, y siempre que el desempeño de esta actividad no esté sujeta a contrato de trabajo por ninguna empresa*"[418].

En definitiva, aunque nos parece acorde a la realidad, y por tanto necesario, el reconocimiento y regulación de estas categorías intermedias; encontramos su conceptualización en escasas legislaciones (o jurisdicciones) sin que exista claridad sobre su connotación (salvo el caso español que define con bastante precisión), y lo que es aún más grave, existe falta de certeza (o escasez) en cuanto al alcance de los derechos y beneficios laborales, sociales o de otra índole. Posiblemente, el mayor inconveniente esté en su consideración preliminar como autónomos, lo

418 Infoatónomos (2020, febrero 6). Seguridad Social de los Autónomos. Disponible en: https://www.infoautonomos.com/seguridad-social/que-es-el-reta/#:~:text=El%20RETA%20es%20el%20R%C3%A9gimen,de%20trabajo%20por%20ninguna%20empresa [Consulta: 2020, octubre 13].

que ha generado un lento avance a la concesión de otros derechos laborales, que posiblemente se conseguiría si se consolida la conciencia de que material y legalmente se trata de una nueva o tercera categoría "intermedia". Se trata de figuras jurídicas inacabadas.

III.4.5. Las figuras intermedias y los trabajadores de plataformas digitales. El trabajador "digital" o "por demanda"

Visto el tratamiento que se ha dado en Italia, España, Alemania, Francia y el Reino Unido a los *parasubordinados, workers* y trabajadores económicamente dependientes, podemos afirmar que hay un criterio más o menos uniforme en su consideración como una categoría que se encuentra en un punto intermedio entre el subordinado y el autónomo, por reunir las siguientes características: "*que se trate de un trabajo personal y continuado en el tiempo, donde la actividad esté coordinada con las tareas ejercitadas para el cliente o 'empleador' y donde el trabajador parasubordinado lo es para un único cliente teniendo de él su única fuente principal de ingresos.*"[419]

Este panorama nos conduce a pensar que las mencionadas legislaciones europeas lejos de la clasificación abstracta del trabajo económicamente dependiente dentro de una u otra categoría laboral clásica (subordinado o autónomo), en la práctica, intentan buscar vías para tratar de clasificar (y proteger) a aquellos trabajadores que prestan servicios de forma autónoma, pero con rasgos de dependencia (económica) y/o ajenidad, o en los que existen elementos de permanencia o estabilidad del vínculo. Sin embargo, hasta ahora, -como se ha dicho- en la mayoría de los países no quedan claros o bien definidos los derechos de estos trabajadores, mientras que, en España, que sí cuenta con una legislación al respecto, la jurisprudencia reciente prácticamente ha abolido la utilización de la figura respecto a los trabajadores de plataformas, a pesar que, cuando menos teóricamente aquella clasificación parecía la más adecuada en términos de la definición legal y las notas propias de este tipo de prestación de servicios. Por otra parte, para muchos autores - como se verá más adelante- la existencia de esta tercera categoría, en vez de solucionar la situación, ha sido fuente de nuevos conflictos, que ahora no implican la escogencia entre una y otra forma clásica de distinción (subordinado-autónomo) sino escoger entre tres figuras. Otros, como Valerio de Stefano[420] y Rosenbaum[421], consideran que *"las ca-*

419 González-Posada, E. (2003, julio 15). El Trabajo Parasubordinado...Ob. Cit.

420 De Stefano, V. (2016) The rise of the «just-in-time workforce»: On-demand work, crowdwork and labour protection in the «gig-economy». [Traducción libre] Serie Condiciones de Trabajo y Empleo No. 71. Organización Internacional del Trabajo (OIT). Disponible en: https://www.ilo.org/wcmsp5/groups/public/---ed_protect/---protrav/---travail/documents/publication/wcms_443267.pdf [Consulta: 2020, noviembre 12]

421 Rosenbaum, F. (2020, noviembre 6) La aprobación de la "Proposition 22" en California y el oxímoron que encierra: los trabajadores de aplicaciones considerados como contratistas independientes. Disponible en: https://federicorosenbaum.blogspot.

tegorías intermedias pueden constituir un obstáculo para lograr la protección laboral total cuando las relaciones laborales se disfrazan" [422], con lo cual, parecen defender la distinción binaria, y considerar las intermedias como mecanismos de disimulación o encubrimiento de las relaciones laborales (subordinadas).

En torno al tema, apreciamos la existencia de cuatro posturas[423]: 1) partidaria de mantener la situación actual, y por tanto no regular la nueva figura; 2) crear un nuevo tipo laboral intermedio con ciertas medidas de protección; 3) ampliar la noción de trabajo subordinado y, por tanto, incluir al parasubordinado en la categoría general del trabajo dependiente; y 4) romper el dualismo subordinado/autónomo, para aplicar los derechos sociales a todo tipo de actividad productiva.

Desde nuestra perspectiva, la primera y tercera opción lucen radicales y difícilmente sean soluciones a la problemática, una por no aportar nada frente a una problemática realmente existente y la otra, por representar en el fondo una radicalización del sistema actual, que tampoco abona a una solución. Por el contrario, la segunda y cuarta solución (no necesariamente excluyentes entre sí), proclives en ambos casos a la extensión de derechos (unos laborales, otros sociales) a esta categoría de trabajadores, pero sin implicar convertir en subordinados a quienes no lo son, se muestran más acordes a la realidad de las vinculaciones y a las necesidades protectoras del Derecho del Trabajo y al Derecho de la Seguridad Social. El asunto, desde la perspectiva filosófica ha sido previsto de manera impecable por Supiot, en el párrafo con el que hemos iniciado esta obra:

> Mientras que el debate sobre los límites del derecho laboral nos encerraba dentro en un pensamiento binario (el asalariado contra la independencia) y un derecho constante (el que no se centra en el contenido del derecho laboral sino tan sólo en su área de aplicación), el debate sobre la zona gris tiene el mérito de romper con el pensamiento en blanco y negro y de abrir camino a un nuevo tipo de derecho laboral. Por otro lado, nos aprisiona en el dilema inherente a cualquier reconocimiento legal de una "forma atípica de empleo": reconocerla es favorecer su desarrollo; no reconocerla es abandonar a los trabajadores "atípicos" a su suerte[424].

Sin dudas, se ha abierto el debate y las iniciativas legislativas y judiciales sobre estas fórmulas intermedias (hasta ahora "atípicas") ya utilizadas y en pleno desarrollo en varios países europeos, quedando de nuevo en evidencia la insuficiencia

---

com/2020/11/la-aprobacion-de-la-proposition-22-en.html?m= 1&s =03 [Consulta: 2020, noviembre 7].

422 Ibidem.

423 Tal y como lo destaca González-Posada, E. (2003, julio 15). El Trabajo Parasubordinado...Ob. Cit.

424 Supiot, Alain (1999) Trabajo Asalariado... Ob. Cit.

del Derecho del Trabajo (clásico) para regular las nuevas formas de vinculación y desenvolvimiento de las actividades productivas de la Economía 4.0. y sus novedosas maneras de desarrollar la prestación de servicios.

Para la caracterización del trabajo a través de plataformas digitales resulta de singular importancia el reconocimiento de estas figuras intermedias, que aún inacabas legalmente en cuanto a la definición de los derechos que comportan para el trabajador, cuando menos rompen con el claustro de la clasificación binaria y reconocen realidades que ameritan nuevas regulaciones. El trabajo a través de plataformas, como cualquier otro trabajo prestado con autonomía, corre el riesgo de ser excluido de la protección propia del Derecho del Trabajo[425], obligando al interprete a decidir entre la protección y la desprotección, con la tendencia o normal inclinación a pretender "laborizar"[426] vinculaciones que distan en mucho de las nociones de subordinación y ajenidad.

En nuestro criterio, los trabajadores de plataformas, cuando menos en términos conceptuales, subsumen perfectamente en la definición legal española de "autónomo económicamente dependiente", sin embargo, paradójicamente, en ese mismo país -que cuenta con una precisa definición legal- se ha suscitado un fuerte debate jurisdiccional que ha llevado a concluir en la existencia de "falsos autónomos", descartando lo que en el texto legal parecía no ameritar ninguna discusión, y declarando el carácter laboral (subordinado) de los repartidores que trabajan a través de las plataformas[427].

Apreciamos que la protección legal concedida en España a esa categoría intermedia de trabajadores puede resultar -o mejor dicho, resulta- insuficiente, pero la solución no puede ser abolirla o desconocerla jurisdiccionalmente, antes, por el contrario, podrían los juzgadores extenderles ciertos derechos laborales, como lo ha hecho la justicia italiana y alemana. Aclárese, sin embargo, que esta función corresponde principalmente al poder legislativo y no al judicial.

En Italia, la jurisprudencia no limitada por el texto de la ley, más bien parece saltarse la clasificación clásica y cada vez más avanza a reconocer derechos laborales, pero sin llegar a concluir en la igualación plena[428], lo que resulta absolutamente comprensible, si se precisa la gruesa dificultad de extender todos los derechos

425 No consideramos que el problema se circunscribe a los trabajadores de plataformas, sino en general a los autónomos, aunque en la actualidad aquellos se han hecho los más visibles.

426 Utilizamos esta expresión para referirnos a la caracterización forzada de algunas vinculaciones para calificarlas como de índole laboral.

427 Ver acápite IV.2.- Diversidad de soluciones judiciales y legislativas en el ámbito internacional. Derecho Comparado.

428 Más adelante se revisa inédita decisión de la Corte Suprema de Justicia italiana que recurrió a la creación de una nueva figura (la de las "colaboraciones **heteroorganizadas**"), pero con equiparación plena en cuanto los derechos laborales. Véase: acápite

laborales reconocidos para relaciones "típicas" a trabajadores que no cuentan ni con horario, ni jornada diaria o semanal, que pueden tener otros empleos, prestar el servicio de forma no personal y que, ni siquiera se han obligado formalmente a prestar servicios.

Siguiendo a Gonçalves Zipperer (2019), debe apreciarse y aceptarse que existen suficientes elementos para caracterizar separadamente al ***"trabajador de plataformas digitales"***[429], **"trabajador colaborativo"** o ***"trabajador de subcontratación múltiple (crowdsourcing)"***[430], definido por éste como *"esa persona trabajadora física, que insertada en una multitud de oferentes, conectados a la misma plataforma virtual, proporciona servicios individuales a diferentes solicitantes, totalmente virtuales o con contacto personal, de carácter oneroso, discontinuo y limitado al período de actividad, en una relación triangular intermediada en línea por dicha plataforma"*[431]. Otras posibles denominaciones: trabajador digital o trabajador por demanda.

El profesor brasilero abona su aporte poniendo de manifiesto las características de este tipo de prestación de servicios que la hacen incompatible con la noción de trabajador subordinado, y su regulación legal: *"[e]l hecho de que el trabajador pueda elegir libremente cuándo y durante cuánto tiempo trabajar (y a menudo dónde y cómo) es manifiestamente incompatible con la normativa vigente sobre horarios, periodos de descanso, ausencias justificadas y vacaciones"*[432]; y por otra parte, *"[l]a legislación sobre salario mínimo debe someterse a ajustes en un modelo de negocio en el que el trabajador elige cuántas horas trabajar, a menudo sin ningún control de la plataforma que intermedia el trabajo"*[433]; concluyendo que:

> No se ven nuevas formas de trabajo en la legislación actual sobre trabajo subordinado construido sobre hechos, elementos y paradigmas basados en el trabajo industrial vigente hasta la última década del siglo XX. Entonces es imperativo que las fuentes formales directas del Derecho Laboral sean adaptadas o se crean nuevas normas para contemplar esta realidad reciente.
>
> Añada a esto el hecho de que los cuasi-dependientes están excluidos de tantos otros derechos creados a su particularidad, que sólo pueden ser llevados a su protección legislativa con una interpretación de la valoración de los principios, incluidos los derechos de la personalidad, que es aún más grave"[434].

IV.2 Diversidad de soluciones judiciales y legislativas en el ámbito internacional. Derecho Comparado, específicamente la sección IV.2.10 correspondiente a Italia.

429 Gonçalves Zipperer, A. (2019) A Intermediação de Trabalho…Ob. Cit., p 152 -153.

430 Ibidem, p.159.

431 Ibidem, p.159.

432 Ibidem, p.161.

433 Ibidem, p.162.

434 Ibidem, p. 164.

Es importante destacar que, incluso algunos autores aparentemente convencidos de la "laboralidad" de los trabajadores de plataformas, al mismo tiempo, abogan por su regulación legal, como se aprecia en artículos de Baylos (2020)[435] y Sanguineti (2020)[436], lo que sin duda implica, o el reconocimiento de que se trata de una categoría singular, o que, resulta incierta la predicada laboralidad, en especial si se sostiene que: *"una ley que confirme la consideración plena de trabajadores de los riders vigorizará a su vez el combate contra el fraude de los falsos autónomos"*[437]. Es obvio que, persisten dudas y resulta insuficiente la regulación preexistente, lo que en sí mismo puede apoyar la posibilidad, acaso la necesidad, de reconocer una categoría intermedia, o la creación de una tipología especial.

La regulación de estas fórmulas intermedias, aun inacabas, dentro de las que bien encajarían los "trabajadores digitales", abrirá al Derecho del Trabajo a nuevas formas de prestaciones de servicios "atípicas", en constante modificación o invención, pero que, sin embargo, reclaman una regulación que sin deformar su naturaleza principalmente autónoma, reconozca y brinde protección a la situación de dependencia económica que también implican en la mayoría de los casos. Quizá, la solución requiera no sólo la reforma de las leyes laborales (en la ampliación de las garantías sindicales, normas sobre salario mínimo, o estabilidad, por ejemplo), sino especialmente, de las normas de la seguridad social (inscripción, cotización y cobertura obligatoria); y en otros aspectos, que generen "derechos", como el de la información (salarial, fiscal, social) a ser aportadas por las plataformas a los organismos estatales, o la retención y pago de las cotizaciones e impuestos; la portabilidad de la reputación digital; y otras normas que, garanticen la seguridad y lo derechos de los usuarios consumidores.

---

435 Baylos, A. (2020, Septiembre 23) No solo a los 'riders': el cerco a los falsos autónomos. La Nueva Tribuna (España). Disponible en: https://www.nuevatribuna.es/articulo/actualidad/riders-falsosautonomos-laboral-sindicatos-gobierno/20200922215650179413.amp.html?__twitter_impression =true&s=03 [Consulta: 2020, Septiembre 26].

436 Sanguineti, W. (2020, octubre 10) La Laboralidad de los riders: doctrina unificada por decisión unánime del Tribunal Supremo. [Blog] Disponible en: https://wilfredosanguineti.wordpress.com/2020/10/10/la-laboralidad-de-los-riders-doctrina-unificada-por-decision-unanime-del-tribunal-supremo/ [Consulta: 2020, octubre 13].

437 Baylos, A. (2020, Septiembre 23) No solo a los 'riders'...Ob. Cit.

CAPÍTULO IV

Revisión y análisis de Derecho Comparado sobre la caracterización jurisdiccional, legislativa, institucional y doctrinaria del trabajo a través de las plataformas digitales

Verificadas las nociones básicas sobre el tema que nos ocupa, pasamos seguidamente a la revisión analítica de las soluciones adoptadas en diferentes países occidentales respecto a la caracterización del trabajo a través de plataformas, poniendo de manifiesto las disimiles conclusiones y planteamientos connaturales a un tema tan controversial. Junto a las pocas previsiones legislativas nos enfocaremos principalmente en las resoluciones judiciales, la más de las veces desprovistas del carácter pacífico y de reiteración que se exige para considerar la existencia y posible carácter vinculante de un "precedente" jurisprudencial. También, por supuesto, haremos referencias a posiciones doctrinales de varias latitudes, con breve énfasis en los textos que consideramos de mayor envergadura sobre el tema en el ámbito iberoamericano. Previamente, formularemos a modo de introducción algunas consideraciones que mencionamos como "metajurídicas", quizá filosóficas -o con menor rimbombancia: "humanas"-, que permitirán contextualizar el asunto y preparar nuestras mentes, alertando el cuidadoso o precavido manejo que requiere la revisión de tan profusa información.

IV.1. ASPECTOS METAJURÍDICOS DE LA CARACTERIZACIÓN DE LAS RELACIONES DERIVADAS DE PRESTACIÓN DE SERVICIOS A TRAVÉS DE LAS PLATAFORMAS DIGITALES

El intercambio de bienes y servicios a través de plataformas digitales es un fenómeno disruptivo que ha cambiado la forma de interacción comercial, profesional, e incluso, social, a través del uso de las tecnologías de la información y comunicaciones (TIC). Dentro de este fenómeno de cambios de los modelos tradicionales se ha logrado la masificación de diversas actividades productivas y formas de prestación de servicios prexistentes, permitiendo el contacto directo entre los oferentes de esos servicios y los usuarios consumidores, quienes a su vez también pueden ofrecer otros bienes y servicios, dando lugar a la figura, ya comentada, de "**prosumidores**"[438].

Quizá, la característica más relevante de esta forma de prestación de servicios es la circunstancia de que los trabajadores no "pertenecen" a ninguna empresa, sino que, a su conveniencia pueden "conectarse" a una aplicación móvil (donde se han registrado previamente) en el horario, días, lugar y por el período que deseen. Además, también pueden decidir, sin limitaciones y sin exclusividad, con cuál plataforma o aplicaciones trabajar, inclusive -virtualmente- al mismo tiempo, aunque aquellas compitan entre sí. Por otra parte, el costo de los servicios es percibido en una proporción significativa (entre 70 y 100%) por los prestadores, quienes pagan una comisión a las plataformas por su intermediación. Si se puede hablar de una forma de trabajo "atípico", estamos seguros de que éste sería uno de los mejores ejemplos, y de allí la complejidad de su caracterización y la normal preocupación por que estas prestaciones personales se puedan calificar también como una forma de "trabajo decente"[439].

Dada la vigencia de normas y nociones laborales que pueden resultar vetustas para regular una nueva realidad tan compleja y dinámica, antes de revisar las diversas soluciones adoptadas hasta el momento en los diversos países consideramos pertinente poner de manifiesto algunas circunstancias que podríamos identificar como el contexto en el que se han desenvuelto esas diversas posiciones, así como, advertir sobre el "ambiente" y algunas realidades que también orbitan en torno a tan especial temática. Veamos.

1. Como se ha resaltado a lo largo de esta obra, el sistema binario "asalariado vs. autónomo" que concibe el Derecho de Trabajo como fuente para la protección de unos trabajadores y el práctico desamparo de otros ha venido degenerando la tendencia -principalmente judicial- de "laborizar" cualquier tipo de vínculo, en desconocimiento de otros negocios lícitos que no comprenden los elementos o características propias de la relación de trabajo[440]. Por ello, el *test* o haz de indicios se constituye en una herramienta

438 Véase acápite I.3.- Las Plataformas digitales de intercambio de bienes y servicios.

439 "*El trabajo decente sintetiza las aspiraciones de las personas durante su vida laboral. Significa la oportunidad de acceder a un empleo productivo que genere un ingreso justo, la seguridad en el lugar de trabajo y la protección social para las familias, mejores perspectivas de desarrollo personal e integración social, libertad para que los individuos expresen sus opiniones, se organicen y participen en las decisiones que afectan sus vidas, y la igualdad de oportunidades y trato para todos, mujeres y hombres*". Organización Internacional del Trabajo [OIT] (1999). Trabajo Decente. 87° reunión. Ginebra: OIT. Disponible en: https://www.ilo.org/global/topics/decent-work/lang--es/index.htm [Consulta: 2019, noviembre 10].

440 (...)"*Junto con esta respuesta normativa a la preocupación creciente de la falta de protección de los trabajadores que de hecho están en una relación de trabajo que puede ser ambigua o encubierta, ha habido también una sostenida tendencia en la jurisprudencia en el sentido de*

necesaria para determinar de la manera objetiva y motivada el verdadero carácter de una vinculación que implique la prestación de servicios personales. Lamentablemente (indistintamente de la conclusión abordada) la mayoría de las decisiones que se analizarán no han aplicado sistemáticamente el test propuesto por la Resolución 198 de la OIT ni otro semejante.

2. La revisión, estudio y determinación de existencia o no de una relación de trabajo se debe realizar de manera casuística. Si bien se puede emitir una opinión general sobre determinada forma de prestación de servicios a través de plataformas digitales, lo cierto es que lo decidido en determinado tribunal o jurisdicción no necesariamente resulta aplicable a otros casos aparentemente análogos, porque, aun pequeñas variaciones en las características de la vinculación pueden afectar radicalmente las conclusiones sobre la naturaleza o carácter legal del vínculo. De allí que, una clasificación o caracterización general parecería conveniente y aceptable sólo si proviene de una clara determinación legislativa o de acuerdos tripartitos, siempre respetando la posibilidad de su revisión conforme a las características reales de cada vinculación particular.

3. Al analizar las legislaciones y la jurisprudencia puede verificarse contradicciones y choques, entre las "políticas" públicas o normativas de la rama ejecutiva o legislativa, por un parte, y por otra, las tendencias o políticas asumidas por la rama judicial. Las primeras, intuimos que más influidas por cuidar la economía y los puestos de empleo, y la última, más proclive a la "protección" individual del trabajador, de allí que se hayan presentado roces o conflictos por esta razón en algunos países. En este mismo orden de ideas, apreciamos que incluso dentro de la rama judicial podrían observarse o presumirse la institucionalización de determinadas "políticas" en torno al tema, como parece haber ocurrido en España en favor de la laboralidad y en Brasil en pro de la autonomía.

4. Las conclusiones adoptadas en diversos países deben apreciarse dentro del contexto cultural, económico y regulatorio del país de que se trate, pues la calificación como trabajador subordinado o asalariado no tiene las mismas consecuencias legales y económicas en las distintas culturas y legislaciones. Como hemos advertido, puede tratarse de una cuestión de "política" gubernamental o judicial. Por ejemplo, en los Estados Unidos no se prevé -por regla general- la concesión de vacaciones remuneradas, ni pago de día de descanso, ni bonos navideños o utilidades, tampoco indemnizaciones por antigüedad o cesantía, de allí que utilizar un test mucho más flexible o amplio (como el test ABC que más adelante se comenta), y declarar que

---

aplicar el enfoque tradicional de la relación de trabajo a situaciones nuevas y complejas" (Subrayado nuestro). Organización Internacional del Trabajo [OIT] (2006). La relación de trabajo…, Ob. Cit., párr. 118.

los repartidores o los transportistas de plataformas son "asalariados" no traerá a los supuestos empleadores los altos costos que la misma calificación implicaría en otros países y legislaciones. Más bien, esa calificación implicará el cumplimiento de aportes a la seguridad social y de impuestos en cabeza de los trabajadores, lo que permitirá una mayor contribución fiscal y parafiscal[441], conveniente para los gobiernos (federal o estatal) y entidades recaudadoras. Manejamos este ejemplo, porque con tan marcadas diferencias en cuanto a las consecuencias económicas de la caracterización, más allá de las normas y del método que se utilice, no cabe dudas que la jurisprudencia norteamericana puede tener fundamentos culturales y fines económicos muy distintos a los de otros países y legislaciones. De allí que, se debe tener ponderación, o hasta prudencia, al tratar de "importar" criterios y conclusiones de una cultura jurídica a otra, o pretender hacer uso del simple argumento de autoridad[442].

5. La misma prudencia que recomendamos al analizar y comparar las decisiones judiciales entre países, debe tenerse respecto al estudio de la doctrina, pues resulta tan compleja la temática en cuestión y son tan severas las consecuencias de aceptar el carácter autónomo del trabajo a través de plataformas que resalta obvia la inclinación a la "laboralización", con cierta pérdida de objetividad y hasta de coherencia argumentativa (por lo menos en sentido cronológico). Así, importantes autores parecen haber cambiado de postura en muy corto plazo, e incluso observamos posiciones que consideramos contradictorias entre las obras de los mismos especialistas, a través de cambio de metodologías y hasta la propuesta de "nuevos" indicios de laboralidad, ello, principalmente, en apoyo de concluir en el carácter laboral de los prestadores de servicios. Respetamos estas posiciones y esfuerzos argumentativos para "avanzar" en el manejo del tema, empero, no podemos dejar de advertir las contradicciones que representan.

---

441 *"En los Estados Unidos, por ejemplo, las estimaciones hechas por el Departamento del Tesoro revelan que a raíz de la clasificación incorrecta de trabajadores dependientes (empleados) en calidad de trabajadores independientes se registraron pérdidas por valor de 2.600 millones de dólares anuales respecto de la recaudación de cotizaciones de seguridad social, el sistema MEDICARE de atención de la salud y el régimen federal de seguro de desempleo, así como una pérdida de 1.600 millones de dólares anuales en impuestos a la renta no pagados. En consecuencia, la protección es necesaria no sólo en provecho de los trabajadores y de las empresas, sino porque con esa protección también se amparan bienes públicos"*. Organización Internacional del Trabajo [OIT] (2006). La relación de trabajo... *Ob. Cit.*, Párr. 38.

442 El argumento autoritativo (o, tradicionalmente, *ab exemplo*) es aquel por el cual a un enunciado normativo se atribuye el significado que le fue ya atribuido por alguien, y por ese solo hecho. Tarello, G. (2013) La interpretación de la Ley. Traducción de Diego Dei Vecchi. Lima: Palestra Editores, p. 334.

6. La utilización del test o haz de indicios debe emplearse de manera científica y objetiva, conforme a las máximas de experiencia y las características que a lo largo del tiempo han permitido determinar los rasgos propios de la subordinación y la ajenidad, así como por contrario, los indicios de autonomía e independencia, sin que pueda ahora crearse principios ni reglas ad-hoc, ni inventar nuevos indicios surgidos de las características propias de las plataformas tecnológicas y que son comunes a todas ellas o a la mayoría, pues tal forma de actuar constituye una manipulación de las reglas, que aunque, impregnada de buenas intenciones, desvirtúa las normas y principios que se han conformado precisamente para generar seguridad jurídica y obrar en justicia.

7. Por último, debe advertirse que si bien -desde siempre- han sido censurables los mecanismos simulatorios o de encubrimiento de la relación de trabajo, por el contrario, es completamente lícito que, quien no se considera empleador o no quiera vincularse mediante una relación laboral modifique su forma de contratación o de negocio para desprenderse de los vestigios de subordinación, siempre que tales modificaciones o cambios sean reales (materiales en la práctica) y no simplemente incrustaciones en el papel o instrumento de contratación (principio de supremacía de la realidad sobre las formas o apariencias). Por ejemplo, si una plataforma de reparto o encomiendas exige cumplimiento de franjas horarias y paga a los repartidores aunque no se les asigne servicios en ese período, existen dos claros indicios que apuntan a la existencia de una relación de trabajo: el horario como forma típica de subordinación, y la asunción del riesgo por parte de la plataforma, como forma típica de ajenidad. Empero, si la misma plataforma, modifica efectivamente tales modalidades, y permite la libre conexión y desconexión, y sólo asume el reembolso de lo pagado por los usuarios consumidores, entonces, aquellos indicios habrán desaparecido, y habrán sido sustituidos por los de autonomía. Otro ejemplo importante, sería el caso de la plataforma Uber, que inicialmente no permitía a los conductores conocer el destino del viaje antes de aceptar el servicio, coartando o limitando su autonomía para decidir sobre la forma y sitio de prestación del servicio, e incluso para analizar la conveniencia o no del precio. Esta modalidad fue cambiada por la plataforma, que además se asimiló a las de otras de la competencia que estaban siendo preferidas por los conductores. Con este cambió (real) se aproximó más a la autonomía y se eliminó un indicio de subordinación o de integración a la organización de la empresa. Como se ha dicho, pequeños detalles de la vinculación pueden inclinar la balanza hacia una u otra calificación, siendo lícito modificar esas condiciones de acuerdo con el tipo de relación que se pretenda sostener.

Formuladas estas advertencias, pasamos a revisar las diferentes posturas desarrolladas en el Derecho Comparado. Nos detendremos con cierta extensión en las sentencias que ameritan mayor comentario, mientas que nos limitaremos a identificar o simplemente a referir de manera breve otras que repitan criterios ya revisados. También, verificaremos las legislaciones que de alguna manera han regulado el fenómeno objeto de estudio.

IV.2. DIVERSIDAD DE SOLUCIONES JUDICIALES Y LEGISLATIVAS EN EL ÁMBITO INTERNACIONAL. DERECHO COMPARADO

IV.2.1. Alemania

En Alemania, no existe una definición legal para el trabajador independiente o autónomo. El criterio utilizado para distinguirlo del trabajador bajo relación subordinada viene dado por lo contemplado en el artículo 84 del Código de Comercio (Handelsgesetzbuch)[443], acerca del poder que tiene de decidir libremente el desempeño de sus tareas, así como sus horas de trabajo.

Es por lo que algunas decisiones de los tribunales del trabajo o administrativos han adoptado el principio de dependencia para determinar si una persona debe considerarse como empleado o como contratista independiente. "*La evaluación se basa en el alcance de las instrucciones que el cliente o empleador podría ofrecer sobre el contenido, el tipo, el tiempo, la duración y el lugar de la prestación del servicio. En otras palabras, cuanto mayor sea la influencia del cliente/empleador a la hora de determinar el desempeño del trabajo del contratista, será más probable que se le considere como empleado*"[444].

En este contexto, encontramos interesantes decisiones de los tribunales laborales de Múnich, que tanto en primera como en segunda instancia concluyeron la autonomía de un prestador de servicios a través de plataformas. Se trata de una plataforma que intermedia "micro trabajos" o "pedidos" que son publicados por los usuarios consumidores a través de una aplicación que se descarga de forma gratuita en los teléfonos inteligentes. Otros usuarios (prestadores de servicios), pueden conocer los requisitos del pedido y aceptar y ejecutarlo de acuerdo a las instrucciones dadas por el solicitante. "*Dichos pedidos podrían ser, por ejemplo, tomar una fotografía de un estante de productos o responder algunas preguntas sobre una valla publicitaria en una parada de autobús*"[445]. La plataforma usa geolocalización, los

---

443 Artículo 84:

(1) Un agente comercial es alguien que, como comerciante independiente, está constantemente encargado de mediar negocios para otro empresario (empresario) o concluirlos en su nombre. Quienes son esencialmente libres para organizar sus actividades y determinar su horario de trabajo son independientes. (Subrayado nuestro).

(2) Cualquiera que, sin ser un trabajador por cuenta propia en el sentido del párrafo 1, esté constantemente encargado de mediar negocios para un empresario o concluir en su nombre se considera un empleado.

444 Organización Internacional de Empleadores (2019, octubre) Documento de políticas de la OIE...Ob. Cit.

445 Tribunal Superior Laboral Regional de Múnich (2019, diciembre 04). Eine Vereinbarung eines sog. Crowdworkers mit dem Betreiber einer Internetplattform, die keine

usuarios oferentes o prestadores de servicios pueden conectarse cuando lo deseen y no están obligados a tomar pedidos, e incluso, pueden rechazar pedidos ya previamente aceptados. Veamos.

Sentencias de fechas 20 de febrero de 2019 del Tribunal Laboral de Múnich (N° 19 Ca 6915/18) y 4 de diciembre de 2019 (Causa N° 8 Sa 146/19) del Tribunal Superior Laboral Regional (LAG) de Múnich [Trabajador independiente]

En fecha **20 de febrero de 2019** el **Tribunal Laboral de Múnich** (N° 19 Ca 6915/18), sentenció que una especie de repartidor o ejecutor de encomiendas no podía ser considerado empleado de una plataforma digital, sino trabajador independiente.

En este caso, el demandante había estado trabajando para el demandado desde el 4 de febrero de 2017 como un llamado "trabajador en equipo", hasta que el 10 de abril de 2018 recibió un correo electrónico en el cual el director gerente de la empresa le informaba que para evitar futuras discrepancias no le ofrecerían más pedidos, desactivarían su cuenta y luego la eliminarían. Ello motivo al trabajador (con el apoyo de un sindicato) a elevar su reclamo ante la justicia, que luego de evaluar la vinculación existente entre éste y el operador de la plataforma decidió que se trataba de un trabajador autónomo.

Por tal razón, el fallo fue apelado ante el **Tribunal Superior Laboral Regional (LAG) de Múnich**, que en fecha **4 de diciembre de 2019** confirmó la decisión de primera instancia. Los principales fundamentos de las decisiones fueron[446]:

> **30**
>
> La demanda de estatus es infundada porque no existe una relación laboral entre las partes. Como ahora está expresamente estandarizado en la Sección 611a del Código Civil alemán (BGB), el empleado está obligado por el contrato de trabajo a realizar un trabajo determinado externamente que está sujeto a instrucciones y es personalmente dependiente. **El derecho a dar instrucciones podría afectar al contenido, la implementación, el tiempo y el lugar de la actividad**. Aquellos que no son esencialmente libres para organizar su trabajo y determinar sus horas de

---

Verpflichtung zur Übernahme von Aufträgen enthält, begründet kein Arbeitsverhältnis (LAG München, 8 Sa 146/19 vom 04.12.2019). [Traducción libre] Disponible en: https://www.lag.bayern.de/imperia/md/content/stmas/lag/muenchen/pressemitteilung_-_crowd.pdf [Consulta: 2020, octubre 24] .

446 Tribunal Superior Laboral Regional de Múnich (2019, diciembre 4). Sentencia N° 146/19 [Traducción libre] Disponible en: https://www.gesetze-bayern.de/Content/Document/Y-300-Z-BECKRS-B-2019-N-30311?hl=true&AspxAutoDetectCookieSupport=1 [Consulta: 2020, octubre 13].

trabajo están sujetos a instrucciones. El grado de dependencia personal también depende de la naturaleza de la actividad respectiva. Para determinar si existe un contrato de trabajo, se debe hacer una consideración general de todas las circunstancias. Mostrar la implementación real de la relación contractual que se trata de una relación laboral.

31

La relación laboral es una obligación permanente basada en el intercambio de trabajo y remuneración. El servicio contratado debe prestarse en el marco de una organización laboral especificada por terceros. La integración en una organización de trabajo externa es particularmente típica para el empleado. Todo aquel que presta sus servicios en el marco de una organización del trabajo determinada por un tercero es un empleado. Esta **integración** resulta esencialmente del ejercicio del derecho a dar instrucciones en cuanto al contenido, ejecución, tiempo, duración y ubicación de la actividad (...) De acuerdo con el § 84 párrafo 1 oración 2 HGB, aquellos que son esencialmente libres para organizar sus actividades y determinar sus horas de trabajo son autónomos.

32

El grado de dependencia suele evaluarse en base a indicadores, por ejemplo en base a la integración en la organización del trabajo ajeno, la peculiaridad y organización de la actividad, la obligación de seguir instrucciones en cuanto al lugar, tiempo, duración y tipo de actividad, desempeño personal o el tipo y la Modalidades de pago de tasas. En el contexto de la evaluación general, se debe determinar qué tipo de relación contractual se asignará. No todas las pruebas tienen la misma importancia. **El factor decisivo es el ejercicio patronal del derecho de dirección asociado a la integración** (BAG, sentencia de 15 de febrero de 2012-10 AZR 301/10, juris).

(...)

34

Sobre la base de los principios anteriores, no debe asumirse una relación laboral en el presente caso. En primer lugar, cabe señalar que el convenio básico del 13 de diciembre de 2016/6 de febrero de 2017 no constituye un contrato de trabajo (ver BAG, sentencia de 31 de julio de 2002 - 7 AZR 181/01, citado de juris). **El demandante no se comprometió a prestar servicios en este acuerdo.** Al demandado tampoco se le otorgó el derecho de lograr la obligación específica del demandante de cumplir ejerciendo el derecho a determinar el desempeño de acuerdo con la Sección 315 BGB. Más bien, el acuerdo marco establece expresamente que "el contratista es libre de aceptar un pedido disponible en cualquier momento; no hay obligación de hacerlo". (...)

35

En detalle: El demandante no estaba sujeto al derecho de instrucción típico del empleado con respecto al alcance y el momento de su actividad. Por un lado, esto es indiscutiblemente aplicable a los momentos en los que el demandante no aceptó ninguna orden del demandado. El demandante no estaba obligado a procesar las órdenes del demandado. Por tanto, desde el principio, el demandado no tenía autoridad temporal para impartir instrucciones. El demandante era libre de decidir si él y, de ser así, qué órdenes procesar para el demandado. Esta soberanía temporal del empleado es absolutamente inusual para una relación laboral. Contrariamente a la opinión del demandante, esta vez la libertad no se termina con la aceptación de una orden de manera que ahora se pueda asumir una relación laboral. Es cierto que el empleado tiene una determinada ventana de tiempo disponible cuando se acepta el pedido, en el que se debe completar el pedido. Sin embargo, por un lado, esto se debe al hecho de que los pedidos no son ilimitados en el tiempo, dependiendo del pedido del cliente respectivo, sino regularmente solo por un período de dos a cuatro semanas con el demandado. Durante este tiempo, la multitud tiene la oportunidad de aceptar los trabajos que aún no se han completado, pero regularmente solo por un período de dos a cuatro semanas con el demandado. (Resaltado y subrayados nuestros).

Además de revisar los indicios que se han precisado en la anterior cita y otros que seguidamente mencionaremos, el principal y lapidario argumento de las decisiones germanas, seguramente fundado en la tesis contractualista, es que la existencia de un contrato de trabajo implica indefectiblemente la obligación por parte del trabajador de prestar sus servicios en las condiciones que se pacten, normalmente impuestas o exigidas por el patrono o empleador, de allí que, conforme a la ley y la jurisprudencia alemana resulta inconcebible la existencia de un contrato de trabajo si en sus términos u cláusulas no existe el compromiso u obligación contractual de trabajar (prestar determinados servicios personales) por parte del contratado o supuesto trabajador. Como hemos señalado previamente, este razonamiento, por demás irrefutable (aun para quienes nos asimos a la tesis relacionista), podría tener un efecto determinante en la calificación jurídica de los trabajadores que prestan servicios a través de plataformas digitales, en tanto que, por regla general, éstos en ninguna parte del contrato o en su vinculación con las plataformas, se obligan o comprometen a prestar un servicio o a estar a disposición de la plataforma u otros usuarios, sino que, deciden autónomamente dónde, cuándo y por cuánto tiempo ponerse a disposición para recibir ofertas para prestar servicios, siendo que, aun estando "conectados", tampoco están obligados a aceptar las peticiones de servicios. La plataforma ni los otros usuarios-consumidores, pueden en ningún momento, "exigir" a los prestadores de servicios que se "conecten" y laboren. Esta circunstancia, pareciera ir más allá de constituir un indicio de independencia o autonomía, impactando en la concepción misma del contrato de trabajo si se advierte que la principal obligación de un "trabajador" es estar a disposición para trabajar, y tal, no existe en esta modalidad de negocio digital "bajo demanda".

La decisión en comentario, además, analizó el tema de la integración o no del supuesto trabajador en la organización de la empresa, la cual desechó, en primer lugar, porque, como se ha citado, asocia esa integración con la subordinación y poder de impartir órdenes o instrucciones en cuanto al lugar, tiempo, duración y tipo de actividad. Adicionalmente, en el texto de la sentencia se determinó que el demandante no tenía contacto con los otros trabajadores de la empresa, ni sede física.

Otros aspectos que consideramos relevantes están asociados a:

1) El uso de la geolocalización. Según la decisión: "*Aparte de la posibilidad de asignación regional de las ofertas a los usuarios, no hay evidencia del interés de la parte demandada en tratar el paradero de los usuarios*"[447].

2) El quantum de la remuneración. Aunque no se hace un análisis o conjetura directos sobre este aspecto, la sentencia exalta que el trabajador percibió una retribución media mensual en 2017 de 1.749,34 Euros y que en promedio trabajó para el demandado de 15 a 20 horas por semana (sin tiempos de espera); lo que en nuestro criterio representa una "buena" remuneración si se considera que devengaba más del salario mínimo[448] por laborar jornadas promedios inferiores a medio tiempo, y por labores que no requerían mayor cualificación profesional.

3) Que la "*la ejecución real de los muchos pedidos aceptados a través de la aplicación en relación con el acuerdo marco no da lugar a una relación laboral, porque esto tampoco da lugar a una obligación de aceptar los pedidos individuales y, por lo tanto, de seguir trabajando porque el socio contractual no tiene el alcance ni pudo determinar la hora o el lugar de los pedidos aceptados*"[449].

En definida, las decisiones alemanas partiendo del análisis de las diversas características de la vinculación, concluyeron en la autonomía de este trabajador digital "bajo demanda".

IV.2.2. Australia

En Australia no existe una definición legal a escala federal y estatal de los términos contratista independiente o empleado. Solo la Ley de los Contratistas In-

---

447 Tribunal Superior Laboral Regional de Múnich (2019, diciembre 4). Sentencia N° 146/19..., Ob. Cit., párr. 137.

448 Según datos de la agencia estadística europea Eurostat, el salario mínimo en Alemania para 2017 era de 1498 Euros. Eurostat (2021). Salarios mínimos mensuales - datos semestrales. Disponible en: https://ec.europa.eu/eurostat/databrowser/view/earn_mw_cur/ default/table?lang=en [Consulta: 2021, abril 28].

449 Tribunal Superior Laboral Regional de Múnich (2019, diciembre 4). Sentencia N° 146/19..., Ob. Cit.

dependientes del 20 de junio de 2011 hace una referencia al respecto cuando contempla que un contratista independiente "no se limita a una persona física".[450]

Por tal razón, tanto los tribunales como entes con jurisdicción laboral han adoptado pruebas jurisprudenciales basadas en indicios y test de control) para determinar la clasificación de un empleado o de un contratista independiente sobre la base de la existencia de fidelidad y lealtad, así como del margen de control existente en la relación contractual.

Sólo en materia de seguridad social se han hecho reformas que han permitido ampliar la cobertura de la seguridad y salud en el trabajo a todos los trabajadores, incluidos los trabajadores de las plataformas[451].

Sentencia de fecha 21 de diciembre de 2017 de la Comisión de Trabajo Justo [Trabajador independiente]

En decisión del **21 de diciembre de 2017**, la **Comisión de Trabajo Justo**, determinó que la relación existente entre Uber y sus conductores no es laboral, sino que se trata de trabajadores independientes, por lo que se consideró incompetente para decidir si la empresa, al expulsar a un conductor de su plataforma, estaba realizando un despido.

Para el análisis la Comisión se valió de un "test multifactorial" que aplicó utilizando como premisa "*la existencia de un contrato por el cual una persona es contratada y pagada por otra para la provisión de trabajo o servicios, lo que exige que el contrato se caracterice adecuadamente para determinar los derechos de las partes y obligaciones*"[452].

Los argumentos más importantes obtenidos a partir del test fueron: que el conductor decidía en todo momento cómo y cuándo prestaba los servicios; que los medios -vehículo, móvil o seguro del vehículo- corrían a cargo de él; y que además, éste cumplía con las obligaciones administrativas y fiscales propias de un trabajador por cuenta propia[453]. Y de acuerdo con ello, Uber sólo es era plataforma

---

450 Organización Internacional de Empleadores (2019, octubre) Documento de políticas de la OIE...Ob. Cit.

451 Organización Internacional del Trabajo [OIT] (2021). World Employment and Social Outlook.., Ob. Cit, p. 10.

452 Fair Work Commission (2017, diciembre 21). N° U2017/9452. Mr Michail Kaseris v Rasier Pacific V.O.F [Traducción libre] Disponible en: https://www.fwc.gov.au/documents/decisionssigned/html/ 2017fwc6610.htm [Consulta: 2020, noviembre 4].

453 Para Martínez y Agote los indicios de relación por cuenta propia presentes en el caso sobrepasaban en intensidad los de laboralidad, de ahí que se acabase confirmando la naturaleza mercantil, y no laboral, de la relación. Ver: Martínez, J.M. y Agote, R. (2018, febrero 26) Nuevas Resoluciones Judiciales para Uber: Tribunales de Australia y Francia consideran que sus conductores son autónomos. Disponible en: https://blog.cuatrecasas.com/laboral/uber-tribunales-australia-francia/ [Consulta: 2020, noviembre 4].

intermediaria entre el prestador del servicio de transporte y quienes deseaban contratarlo.

Finalmente, además de negar la existencia de una relación laboral, la Comisión realizó una reflexión en la que indica que en el marco de la economía colaborativa las nociones de la prueba (test) multifactorial pueden ser anticuadas en algunos sentidos y no reflejar las circunstancias económicas actuales, pero que mientras no exista un método de evaluación más específico este será el aplicable. Así:

> (...) [E]stas nociones tienen muy poca o ninguna relación con la generación de ingresos y el reparto de ellos entre los participantes, el poder de negociación relativo o el grado en que las partes se encuentran cautivas entre sí, en el sentido de tener actividades alternativas realistas o participar en la competencia. Tal vez, la ley laboral evolucione para alcanzar el ritmo de desarrollo de la naturaleza de la economía digital. Quizás, la legislatura elaborará leyes para refinar las nociones tradicionales de empleo o ampliar la protección a los participantes en la economía digital. Pero hasta entonces, se seguirán aplicando las pruebas de empleo tradicionales disponibles[454].

Sentencia de fecha 16 de noviembre de 2018 de la Comisión de Trabajo Justo [Trabajador bajo relación subordinada]

En fecha **16 de noviembre de 2018**, la **Comisión de Trabajo Justo,** dictaminó que, en el caso de la demanda de un repartidor que reclamaba el despido injustificado por parte de Foodora Australia Pty Ltd, el demandante era un empleado (y no un contratista), por lo que ordenó a la empresa el pago de quince mil dólares ($ 15.000) al trabajador por concepto de compensación por el despido improcedente.

La evaluación del caso estuvo centrada en la naturaleza y la forma en que el trabajo era llevado a cabo: en los términos del contrato, en el que siempre se hace referencia al "*contractor*" y nunca al "*employee*"; en el grado de control de la empresa sobre el trabajo realizado por el repartidor, ya que Foodora tenía una capacidad considerable para controlar la forma en que el solicitante prestaba sus servicios, fijando el lugar de trabajo y las horas de inicio y finalización de cada contrato o turno, sin que el solicitante pudiera elegir cuándo y dónde trabajar, ni con qué rapidez o lentitud realizaba las entregas; en la posibilidad de que pudiera realizar el mismo trabajo para otras empresas mientras estaba vigente su relación con Foodora; en la importancia real del trabajo sustitutorio realizado en alguna ocasión por otros compañeros, y la afectación que eso pudo generar en la estructura empresarial; y en la inversión realizada por el "rider" en los implementos usados para el desempeño de su labor, en especial de la bicicleta, sobre la cual el juzgador comenta que no se

---

454 Fair Work Commission (2017, diciembre 21). N° U2017/9452..., Ob. Cit.

requería un alto grado de destreza o formación para utilizar u operar la bicicleta en el desempeño del trabajo de entrega[455].

Además, tras fijar las grandes líneas conceptuales sobre las que debía operar para resolver el caso, estudió la forma como Foodora presentaba su negocio y cómo mostraba en su página web a sus *"riders"*.

Todos estos elementos permitieron a la Comisión llegar a la conclusión de que se trataba de una relación asalariada, donde el trabajador era una pieza importante y necesaria para la correcta ejecución de la actividad empresarial:

> La caracterización correcta de la relación entre el solicitante y el demandado es el empleado y el empleador. La conclusión que debe extraerse del panorama general que se ha obtenido fue que el solicitante no estaba llevando a cabo un oficio o negocio propio, o en su propio nombre, sino que el solicitante estaba trabajando en el negocio del demandado como parte de ese negocio. El trabajo del solicitante se integró en el negocio del demandado y no en una operación independiente. El solicitante, a pesar del intento de crear la existencia de un acuerdo de contratista independiente, estaba involucrado en un trabajo como mensajero / conductor de entrega para Foodora como empleado de Foodora[456].

Como se aprecia, a diferencia del caso de los conductores de Uber, la misma Comisión determinó la laboralidad de la relación entre un repartidor y la plataforma, y aunque parece fundarse en la inserción de aquél en la organización empresarial ajena, en realidad el sustrato fundamental deviene de la clásica situación de subordinación, constituida en el caso concreto del control ejercido por la plataforma al fijar el lugar de trabajo y las horas de inicio y finalización de cada contrato o turno, sin que el solicitante pudiera elegir cuándo y dónde trabajar, ni con qué rapidez o lentitud realizar las entregas.

Decisión de fecha 7 de junio de 2019 del Defensor del Pueblo para el Trabajo Justo [Trabajador independiente]

En fecha 7 de junio de 2019, el **Defensor del Pueblo para el Trabajo Justo**, estableció que la relación existente entre Uber Australia y sus conductores no era una relación laboral. Ello como resultado de una investigación en la cual se examinaron una gama de pruebas que incluían contratos de los conductores, registros de inicio y cierre de sesión, entrevistas a conductores y con la empresa, extractos de pago, registros bancarios y programas de precios.

---

455 Fair Work Commission (2018, noviembre 16). N° U2018/2625. Joshua Klooger vs Foodora Australia Pty Ltd [Traducción Libre]. Disponible en: https://www.fwc.gov.au/documents/ decisionssigned/html/2018fwc6836.htm [Consulta: 2020, noviembre 20].

456 Ibidem.

Según esta defensoría "*para que exista tal relación, los tribunales han determinado que debe existir, como mínimo, la obligación de un empleado de realizar el trabajo cuando lo exija el empleador*"[457] y estos conductores no están sujetos a ninguna obligación formal u operativa de realizar el trabajo. Ellos tienen control sobre cuándo y durante cuánto tiempo realizan el trabajo, en un día o en una semana determinada. Además, como Uber Australia no requiere que los conductores realicen trabajos en momentos específicos, el acuerdo comercial entre la empresa y los conductores no equivale a una relación laboral[458].

Con una argumentación similar a la referida previamente de los tribunales alemanes, el factor clave del análisis estuvo centrado en que Uber Australia no requiere que los conductores realicen trabajos en momentos específicos. Y después de evaluar el acuerdo comercial entre la empresa y los conductores y su contraposición con la situación de hecho y de derecho no equivale a una relación laboral. Por lo tanto, el Defensor del Pueblo para el Trabajo Justo no tomó medidas de cumplimiento en relación con este asunto[459].

IV.2.3. Brasil

En la legislación brasilera hay una clara diferenciación entre el tratamiento legal que se le da al empleado y la que se otorga al trabajador independiente. Mientras que el Código del Trabajo[460] define al empleado como a una persona que trabaja para un empleador de forma permanente, bajo su dirección y a cambio de un salario; el Código Civil[461] establece que toda empresa puede firmar un contrato con una persona para prestar servicios como contratista independiente.

Por ello, gran parte de los tribunales del trabajo han decidido determinar si un trabajador es independiente utilizando, en interpretación contraria, factores que indican subordinación como: la falta de autodeterminación para decidir el modo en que debe realizarse el trabajo; el control del horario de trabajo; y la obligación de presentar informes y de cumplir objetivos previamente establecidos[462].

El caso brasilero se muestra bastante interesante, principalmente porque se han dictado sentencias divergentes entre los tribunales de primera instancia con rela-

---

457 Fair Work Ombudsman (2019, junio 7) Uber Australia investigation finalized [Traducción libre]. Disponible en: https://www.fairwork.gov.au/about-us/news-and-media-releases/2019-media-releases/june-2019/ 20190607-uber-media-release [Consulta: 2020, noviembre 2].

458 Ibidem.

459 Ibidem.

460 Codificación de las Leyes del Trabajo (Decreto-ley N° 5452) (1943, mayo 1°)...Ob. Cit.

461 Código Civil (Ley núm. 10.406) (2002, enero 10) (Código Civil) [Traducción libre] Disponible en: https://wipolex.wipo.int/en/text/226198 [Consulta: 2020, octubre 10].

462 Organización Internacional de Empleadores (2019, octubre) Documento de políticas de la OIE...Ob. Cit.

ción a los prestadores de servicios (conductores) vinculados a una misma plataforma (Uber). Sin embargo, los Tribunales Superiores del Trabajo (órganos colegiados) y la Corte Suprema de Justicia, en reciente decisión, parecen haber puesto fin a la discusión, determinando el carácter autónomo y no laboral de los conductores[463].

Así mismo, la promulgación de la Ley N° 13.640/2018, que modificó la Ley N° 12.587/2012 (Política Nacional de Movilidad Urbana) [464], contribuyó considerablemente a la resolución de la diatriba, al "legalizar" este tipo de servicio de transporte y reglamentarlo, incluyendo la definición de *"servicio de transporte privado de pasajeros remunerado, no abierto al público, para la realización de viajes individualizados o compartidos solicitados exclusivamente por los usuarios de aplicaciones u otras plataformas de comunicación en red"*. La misma ley dispuso las autoridades de control de la actividad y otros requisitos relativos al registro de conductores, seguridad y pólizas de seguro, además, exige el "registro del conductor como ***colaborador individual*** del Instituto Nacional de Seguros Sociales (INSS)", con lo que se deja claro a nivel normativo que los prestadores del servicio son considerados como trabajadores autónomos o independientes.

Por otra parte, como corolario, la **Sección Segunda de la Corte Suprema de Justicia de fecha 28 de agosto de 2019**[465], se apalancó en la ley antes mencionada, e hizo citas doctrinales con relación a la economía colaborativa, concluyendo:

> Las herramientas tecnológicas disponibles en la actualidad han creado un nuevo modo de interacción económica, dando lugar al consumo colaborativo donde la prestación de servicios por los propietarios de vehículos privados está mediada por las aplicaciones gestionadas por empresas de tecnología. En este proceso, los conductores, ejecutores de la actividad, actúan como empresarios individuales sin relación laboral con la empresa propietaria de la plataforma.

---

463 El resumen de las decisiones de primera y segunda instancia ha sido tomado de la página oficial de los tribunales brasileños. Véase: Justiça Do Trabalho (2018, febrero 6). NJ Especial: Novas decisões da JT-MG sobre vínculo de motoristas com Uber continuam refletindo entendimentos divergentes sobre a questão [Traducción libre]. Disponible en: https://portal.trt3.jus.br/internet/conheca-o-trt/comunicacao/noticias-juridicas/nj-especial-novas-decisoes-da-jt-mg-sobre-vinculo-de-motoristas-com-uber-continuam-refletindo-entendimentos-divergentes-sobre-a-questao [Consulta: 2019, octubre 1°].

464 Ley N° 13.640, sobre las Directrices de Política de Movilidad Urbana (2018, marzo 26). [Transcripción en Línea] [Traducción libre] Disponible en: http://www.planalto.gov.br/ccivil_03/_ato2015-2018/2018/lei/l13640.htm [Consulta: 2019, septiembre 15].

465 Superior Tribunal de Justiça (2019, septiembre 3). Processo N° 164.544 (2019/0079952-0). [Traducción libre] Disponible en: https://www.jusbrasil.com.br/diarios/documentos/752154457/andamento-do-processo-n-164544-conflito-de-competencia-03-09-2019-do-stj?ref=feed [Consulta: 2019, septiembre de 15].

Aunque la decisión de la Corte Suprema de Justicia no se extendió en profundas consideraciones de orden laboral, de forma simple pero categórica determinó el carácter autónomo de la prestación de servicios y con base en los novedosos cambios a la Política Nacional de Movilidad Urbana, que reguló el servicio de transporte privado de pasajeros remunerado, dio un claro espaldarazo a la economía colaborativa.

Por la importancia jurídica de las decisiones brasileras en favor y en contra de la autonomía de los conductores prestadores de servicios a través de la plataforma digital, nos permitimos citar en extenso los principales razonamientos:

Sentencias de 2017 y 2020 de los Tribunales Laborales de Primera y Segunda Instancia [Trabajador independiente]

Tribunales Laborales brasileros de Primera y Segunda Instancia han dictado sentencias vinculadas con reclamaciones de conductores de servicio de transporte (Uber) con decisiones que tienden a considerarlos como trabajadores independientes usando criterios semejantes, por lo que las agrupamos y sólo destacamos de ellas algunos análisis argumentativos interesantes:

En sentencia de fecha **30 de enero de 2017** del **Tribunal Laboral N° 37 de Belo Horizonte** (Proc. 0011863-62.2016.5.03.0137), negó el vínculo previsto por el demandante, entendiendo que los conductores de Uber trabajan con autonomía, sin ninguna subordinación al administrador de la plataforma, que solo asesora sobre un buen servicio al cliente. Y el conductor, a su vez, tiene amplia libertad para establecer los horarios y días en los que prefiere viajar, <u>pudiendo registrar a otros conductores para trabajar en el mismo vehículo</u> e incluso permanecer meses sin atender a los clientes por la aplicación y luego volver a registrarse y reanudar el servicio. Así mismo se califica a la demandada como empresa de tecnología y no de transporte[466]; concluyendo que se trata de contrato de carácter comercial, con riesgos y obligaciones recíprocos (Subrayado nuestro).

En el caso del fallo emitido en fecha **30 de mayo de 2017** por el **Tribunal Laboral N° 12 de la capital de Minas Gerais** (caso N° RTOrd-0010044-43.2017.5.03.0012), no sólo <u>declaró la improcedencia de laboralidad en la relación de un conductor con Uber</u>, sino que concluyó por la mala fe del demandante al alterar la verdad de los hechos llevados a los tribunales para obtener una ventaja indebida, condenándolo a pagar una multa del 1% del monto de la demanda, así como para compensar al demandado por los gastos que tuvo con el proceso.

En esta decisión se destacaron los elementos propios de la autonomía y se hizo especial énfasis en la no necesaria prestación personal del servicio. Agregó otro interesante componente, la circunstancia de que el usuario de la plataforma sea

466 Esta decisión fue apelada, pero antes de resolver el recurso, las partes suscribieron un acuerdo o transacción cuyo contenido y alcance se pactó como "confidencial". Se puso así, fin al proceso.

otra persona natural o jurídica que a su vez contrate o arriende los vehículos para prestar el servicio.

En sentencia de fecha **15 de diciembre de 2017** el 2° Panel **del Tribunal Superior de Minas Gerais** (caso N° 0010774-87.2017.5.03.0001-RO) confirmó el carácter no laboral y autónomo de los servicios prestados por los conductores usuarios de la plataforma Uber, arguyendo señales de independencia en la prestación del servicio y la ausencia de supervisión diaria por parte de la plataforma. Destaca también uno de los principios básicos y quizá olvidado del derecho laboral, específicamente el de conservación de la fuente de trabajo, al tiempo que se analizó el aspecto económico del negocio:

> (...) se consideró que la dinámica misma en la remuneración de los servicios prestados, en la que la empresa obtiene el 20% o el 25% de la tarifa de cada viaje realizado, con el resto de los ingresos brutos destinados a los conductores registrados en la plataforma digital, también haría inviable la caracterización de una relación laboral... **los ingresos de la compañía ciertamente serían insuficientes para desarrollar o mantener la aplicación mientras se cumplen los cargos sociales y laborales de los empleados, incluidos los miles de conductores que se unieron a la plataforma digital de Uber**. Además, la remuneración por los servicios de transporte prestados es pagada directamente por los usuarios (pasajeros) con tarjeta de crédito o en efectivo[467]. (Subrayado nuestro)

Coincidimos con el análisis y criterios expresados, que, sin mencionar expresamente los indicios de laboralidad recomendados por la OIT y la jurisprudencia de otros países, los aplicó de forma pragmática, para determinar la ausencia de dependencia o subordinación y la independencia de los usuarios prestadores de servicios de transporte. Vale insistir en que esta decisión incorpora un relevante indicio soslayado en otras decisiones, constituido por el componente económico del negocio, conforme al cual, el 75% o más del valor del servicio es recibido por el prestador, lo que claramente desvirtúa el elemento de "ajenidad" tan predicado por la jurisprudencia y doctrina española. Así mismo, en lo que podemos denominar "política judicial", la decisión, partiendo de la proporción de la distribución económica de los ingresos, presupone la inviabilidad del negocio (y pérdida de las plazas de empleo) en caso de que la plataforma deba asumir los costos asociados a una relación laboral.

Finalmente, podemos mencionar la sentencia dictada en fecha **05 de febrero de 2020** por la Sala Quinta del **Tribunal Superior del Trabajo** de Brasilia, en la

467 Como se precisó en nota anterior, el resumen de las decisiones de primera y segunda instancia ha sido tomado de la página oficial de los tribunales brasileños. Véase: Justiça Do Trabalho (2018, febrero 6). NJ Especial: Novas decisões da JT-MG, Ob. Cit.

cual desestimó el reconocimiento del vínculo laboral entre un conductor y Uber do Brasil Tecnología Ltda.

Lo interesante del caso radica en que mientras en primera instancia el **Tribunal Regional de Trabajo de la II Región (SP)** concluyó que estaban presentes los elementos que caracterizaban la relación laboral previstos, en el artículo 3 del Código del Trabajo: habitualidad, onerosidad, personalidad y subordinación), cuando la decisión fue apelada ante el **Tribunal Superior del Trabajo**, éste se pronunció en posición contraria encontrando indicios de independencia en la posibilidad del demandante de desconectarse, y en la flexibilidad que le proporciona la modalidad de prestación del servicio y en los horarios de trabajo.

En la valoración de los hechos el tribunal argumentó que la autonomía del conductor en el desempeño de las actividades des-caracteriza la subordinación:

> En efecto, el reclamante admite expresamente la posibilidad de estar "fuera de línea", sin límites de tiempo, circunstancia que indica la ausencia total y voluntaria de la prestación de los servicios objeto de examen, lo que solo se da en un entorno virtual. Este hecho se traduce, en la práctica, en la amplia flexibilidad del autor para determinar su rutina, sus horas de trabajo, los lugares donde quiere trabajar y el número de clientes que pretende atender por día. Tal autodeterminación es incompatible con el reconocimiento de la relación laboral, que tiene como premisa básica la subordinación, elemento en el que se basa la distinción del trabajo por cuenta propia[468]. (Subrayado nuestro)

Otro aspecto considerado por el ponente tiene que ver con que los términos y condiciones contractuales reservan al conductor del equivalente al 75% u 80% del monto pagado por el usuario, lo que constituye un monto superior a lo que la justicia brasilera ha venido admitiendo como suficiente para caracterizar la relación de asociación entre los involucrados:

> (...) Si no fue suficiente la confesión del demandante en cuanto a la autonomía para el desempeño de sus actividades, resulta indiscutible en el expediente que el demandante se adhirió a los servicios de intermediación digital prestados por el demandado, utilizando una aplicación que ofrece una interfaz entre conductores previamente registrados y usuarios de los servicios. . Entre los términos y condiciones relacionados con dichos servicios, se encuentra la reserva al conductor del equivalente del 75% al 80% del monto pagado por el usuario, según lo consignado por

468 Tribunal Superior do Trabalho (2020, febrero 5). Processo N° 1000123-89.2017.5.02.0038. [Traducción libre] Disponible en: https://www.jusbrasil.com.br/processos/159805748/processo-n-1000123-8920175020038-do-trt-2 [Consulta: 2020, noviembre 17].

> el TSJ. Dicho porcentaje es superior a lo que este Tribunal viene admitiendo como suficiente para caracterizar la relación de pareja entre los involucrados, ya que el reparto del valor del servicio en un porcentaje elevado a una de las partes muestra una ventaja retributiva no acorde con el vínculo de trabajo[469]. (Subrayado nuestro)

Nuevamente se tomó en cuenta lo elevado de los porcentajes de remuneración del conductor por la prestación de cada servicio como un elemento definitorio del trabajo independiente, vinculándolo más a un acuerdo comercial que a un salario producto de un contrato de trabajo.

Para Eduardo Rojo (2020, noviembre 9) "*tras diversas sentencias de tribunales de diversos Estados que reconocían la laboralidad de los conductores que prestan servicios para UBER, la sentencia de la quinta Sala del Tribunal Superior de Justicia de Trabajo falló en sentido contrario el 5 de febrero de este año,* por entender que quien trabaja con la aplicación presta un servicio flexible, sin ninguna obligación de exclusividad, y el pago que recibe no es salario sino el resultado de un acuerdo comercial.[470]

Sentencias de fecha 13 de febrero de 2017 del Tribunal Laboral N° 33 de Belo Horizonte [Trabajador bajo relación subordinada] y del 23 de mayo de 2017 de la Sala 9na del Tribunal Superior de Minas Gerais (CASO 0011359-34.2016.5.03.0112 (RO) [Trabajador independiente]

La sentencia de fecha **13 de febrero de 2017** emanada del **Tribunal Laboral N° 33 de Belo Horizonte** (caso N° **0011359-34.2016.5.03.0112)** concluyó que Uber se presenta como una plataforma tecnológica, pero considerando los hechos objetivos de su relación con los conductores y los clientes, de hecho, se caracteriza como una empresa de transporte.

Analizando, uno por uno, los requisitos legales de la relación laboral, el juez consideró todos los presentes: personalidad (debido al requisito de registro y documentos previos), onerosidad (porque Uber estipula la tasa, recibe y pasa los valores, retiene un porcentaje), no contingencia (el juez identificó que el conductor estaba insertado en la dinámica de la organización y prestaba un servicio indispensable a los fines de la actividad comercial).

Respecto a esta decisión el profesor Carballo Mena, destaca:

> Queda bastante claro que la accionada [*Uber do Brasil Tecnología Ltda*] ejerce su poder directivo al imponer numerosas reglas que, en caso de incumplimiento, pueden ocasionar, incluso, la pérdida del acceso a la aplicación. Consultado su sitio electrónico, se verifica la existencia de

469 Ibidem.

470 Rojo, E. (2020, noviembre 9). Siguen los debates sobre la regulación..., Ob. Cit.

> un código de conducta que prohíbe, entre otras cosas, negar el embarque de animales, conductores de ciegos, usar drogas o alcohol mientras conduce o hacerles preguntas personales a los pasajeros... El control de esas reglas y de los niveles de atención durante la prestación de servicios ocurre por medio de las evaluaciones en forma de notas y de las quejas de los usuarios. Aquí cabe un complemento:
>
> Solamente el avance tecnológico de la sociedad fue capaz de crear esa inédita técnica de vigilancia de la fuerza de trabajo. Se trata de innovación de la organización '*uberiana*' del trabajo con potencial exponencial de reproducción y en escala global.
>
> Al fin y al cabo, ya no es necesario el control dentro de la fábrica, tampoco a la subordinación a agentes específicos o a una jornada rígida. Es mucho más eficaz y represor el control difuso, realizado por todos y por nadie.
>
> En este nuevo paradigma, los controladores, ahora, están esparcidos por la multitud de usuarios y, a la vez, se esconden en algoritmos que definen si el conductor debe o no ser sancionado, debe o no ser '*desechado*'...
>
> Un control de nuevo tipo, el control algorítmico con base en plataformas y espacios virtuales constituye una realidad establecida por esa innovadora forma de organización del trabajo humano. Un control que admite la posibilidad de extinción de una relación de empleo sin la intervención humana.
>
> Lo que tenemos es un algoritmo, conjugando exclusivamente datos objetivos previamente programables, cuyo propósito es el control rígido y totalizante y con poder de decisión y que resuelve el destino laboral de un ser humano... [471] (Subrayado nuestro).

Esta decisión citó expresamente y se apoyó en la decisión de los tribunales laborales de Londres, Reino Unido, sobre la misma empresa (Uber), y haciendo aplicación de lo que se conoce como "subordinación estructural", concluyó que los conductores forman parte integrante de la empresa, a la cual calificó como "de transporte". También considero el sistema de evaluaciones, como nuevo mecanismo de supervisión.

Posteriormente, la citada sentencia de primera instancia fue recurrida, y revocada por la **Sala N° 9 del Tribunal Superior de Minas Gerais** (caso N° 0011359-34.2016.5.03.0112 (RO) mediante un fallo de fecha **23 de mayo de 2017** que **declaró la ausencia de una relación laboral**.

---

471 Carballo Mena, C.A. (2019). Vestigios del trabajo dependiente a propósito del escrutinio judicial de Uber Technologies, INC y Dinamex Operations West, INC. UNAM, Revista Latinoamericana de Derecho Social, N° 28, enero-junio de 2019, p. 23-24.

Analizando los hechos del proceso, entendió que el modelo de trabajo seguido por los conductores vinculados a Uber no tiene las características típicas de la relación laboral. Según el ponente, no hay fraude en las leyes laborales, sino la opción del conductor de registrar y atender a los clientes a través de la aplicación.

Al principio, descartó la existencia de prestación "personal" de servicio, ya que se demostró que los conductores pueden ser reemplazados por otros, también registrados en la plataforma, y tienen la libertad de *desconectarse* o rechazar carreras. Además, el solicitante de registro puede ser una entidad legal o incluso registrar una flota de vehículos en su cuenta, recibir las carreras de Uber y pasar la cantidad debida a cualquier conductor auxiliar. El registro, tal como lo entiende el juez, es por razones de seguridad de los propios conductores y usuarios.

Además, se eliminó el requisito de no eventualidad, ya que el conductor mismo confirmó que podía apagar la aplicación en cualquier momento, manteniéndose alejado hasta por 30 días sin eliminar el sistema. E incluso si se elimina, luego puede volver a registrarse y volver a trabajar. En cuanto a la onerosidad, señaló que es natural en cada contrato bilateral, lo que genera derechos y obligaciones equivalentes para ambas partes.

Con respecto a la vinculación el relator consideró las alegaciones del demandado de que el conductor nunca fue su empleado, sino un socio comercial, que trabaja con absoluta independencia en el uso de la aplicación, pudiendo rechazar a los pasajeros y activar o desactivar la aplicación cuando lo desee. También entendió que no se ha demostrado la existencia de un castigo por no proporcionar agua y dulces a los usuarios de la aplicación. Eran solo pautas y no caracterizan la subordinación legal ni significan interferencia de la empresa en forma de cumplimiento del contrato.

Rechazando la tesis de la existencia de subordinación estructural[472], el juez señaló que el propósito corporativo de Uber no es el transporte de pasajeros en sí, sino la provisión de instrumentos que faciliten el contacto entre los usuarios que necesitan transporte y los conductores dispuestos a hacerlo. *"El hecho de que la empresa*

472 La tesis de la Subordinación estructural ha sido acogida por los tribunales brasileros en casos de *out sourcing* o sub contrataciones, y es propuesta por la doctrina de ese país, que sostiene que "la subordinación se puede ver en tres dimensiones: a) Subjetiva, clásica o tradicional - se manifiesta en varios órdenes de servicios asegurados para el trabajador; b) Objetiva - hace referencia a la integración del trabajador a los objetivos principales de la empresa. En este caso, lo importante es la integración de los trabajadores en los negocios y objetivos del empleador; c) **Estructural** - se manifiesta por la inserción del trabajador en la dinámica del tomador de sus servicios, independientemente de recibir (o no) sus órdenes directas, sino acogiendo, estructuralmente, su dinámica de organización y funcionamiento" Delgado, M. G. (2009) Curso de Direito do Trabalho. 8va. edición. [Traducción libre] São Paulo: Editora LTDA, p. 281 (Subrayado y resaltado nuestro).

reclamada asesore a los conductores sobre cómo atender a los clientes no garantiza concluir que existe subordinación"[473].

Por último, la decisión exaltó la importancia económica de la economía colaborativa:

> (...) no es posible escapar de los nuevos modelos de organización del trabajo que surgen dentro de la sociedad. "Si hay nuevas posibilidades de negocios y actividades para el desarrollo de transferencias de tecnología, comunicaciones, datos e información, se utilizarán, que servirán como herramientas, incluso para ofrecer bienes y servicios de una naturaleza que antes era impensable o inviable poner en práctica. Generando un nuevo concepto de negocio o un nuevo objeto de negocio. En este escenario, surgen nuevos objetos comerciales y el uso y la expansión de aplicaciones, como Uber y Airbnb (en el área de alojamiento), por ejemplo, que establecen contacto directo entre consumidores y proveedores. Tampoco podemos olvidar que pueden fomentar ganancias significativas en eficiencia, costo y conveniencia en las transacciones para sus usuarios.[474]

Según referimos previamente, en Brasil parece haberse resuelto el tema de manera definitiva tanto legal como judicialmente, concluyendo en la independencia o autonomía de estos trabajadores digitales, pero no sin antes haberse desarrollado un complejo debate judicial, del que hemos destacado los principales criterios en pugna.

IV.2.4. Canadá

El Código del Trabajo, la legislación laboral provincial canadiense y la Ley de Relaciones Laborales de Ontario conceptualizan claramente al empleado y al empleador, pero no ofrecen ninguna definición estatutaria sobre el contratista independiente. Sólo hacen referencia a una categoría denominada "contratista dependiente", cuya figura se asemeja al trabajador autónomo económicamente dependiente español, pero a la cual se le da el tratamiento de un asalariado (y no de un trabajador independiente):

> En la legislación sobre las relaciones laborales se ha incluido una categoría denominada "trabajador dependiente" con el fin de asegurar la protección de los trabajadores que no muestran los indicios tradicionales de

473 Tribunal Regional Do Trabalho da 3ª Região (2017, mayo 23). Processo nº 0011359-34.2016.5.03.0112 [Traducción libre] Disponible en: https://www.conjur.com.br/dl/trt-reforma-decisao-uberizacao.pdf [Consulta: 2020, noviembre 17].

474 Ibidem.

la condición de trabajo, pero quienes no obstante son dependientes del empleador, y su naturaleza se asemeja más a la de trabajadores asalariados que a la de trabajadores independientes. De esta manera, la Ley de Relaciones Laborales de Ontario considera de manera específica a los "trabajadores dependientes" como "trabajadores asalariados" y define al trabajador dependiente como: "aquella persona que -sin considerar si está o no vinculada por un contrato de trabajo y si suministra herramientas, vehículos, equipo, maquinaria, material o cualquier otra cosa que pertenezca al trabajador dependiente- ejecuta algún tipo de trabajo o presta servicios para otra persona a cambio de una remuneración o recompensa bajo términos y condiciones según los cuales el trabajador dependiente dependa económicamente de otra persona, y esté en la obligación de ejecutar tareas para ésta, de manera que su condición se asemeje más a la de un trabajador asalariado que a la de un trabajador independiente.[475]

Esta categorización, surgida a partir de los años 70', permitió el reconocimiento de la labor de pequeños comerciantes, artesanos, plomeros, etc. que, aunque estaban excluidos de la relación laboral, eran económicamente dependientes de una empresa del mismo modo que un empleado en relación de dependencia y, por lo tanto, merecían gozar de los mismos derechos. "*En consecuencia, la nueva figura posibilitó, en los hechos, una expansión de la definición de 'empleado' y, como resultado, un incremento de los niveles de protección laboral (Cherry y Aloisi, 2017)*".[476]

A pesar de esto, dadas las similitudes que en muchas situaciones han tenido los contratistas independientes con una relación de trabajo la justicia canadiense ha tomado decisiones en las que los incluye en la definición de empleado y les ha otorgado muchos de los derechos y privilegios de propios de éstos, como el derecho a la representación colectiva y a la negociación colectiva[477]. Muestra de ello la tenemos en la decisión que presentamos a continuación:

Decisión de fecha 25 de febrero de 2020 de la Junta de Relaciones Laborales de Ontario [Trabajador bajo relación subordinada]

En resolución de fecha **25 de febrero de 2020**, dictada por la **Junta de Relaciones Laborales de Ontario**, se estableció que los repartidores de la empresa Foodora parecen más empleados que contratistas independientes, por lo que deben ser tratados como tales en virtud de la Ley.

---

475 Organización Internacional del Trabajo [OIT] (2008, marzo). Servicio de Diálogo Social, Legislación…, Ob. Cit, pp 36-37.

476 Ottaviano, J.M., O'Farrell, J. y Maito, M. (2019, diciembre) Organización sindical de trabajadores de plataformas digitales…, Ob. Cit., pp 30-31.

477 Organización Internacional de Empleadores (2019, octubre) Documento de políticas de la OIE…Ob. Cit.

En este caso, la Junta evaluó la interpretación legal de contratista dependiente, y al revisar la evidencia de las partes encontró que los repartidores eran seleccionados por Foodora y se les exigía hacer las entregas en sus términos y condiciones, lo que evidenciaba que trabajaban para la empresa y no para ellos mismos.

Para ello, se efectuó el estudio de las condiciones reales de trabajo de los mensajeros, poniendo especial interés en la titularidad y funcionamiento de la plataforma digital, propiedad de la empresa Foodora, a través de la cual se desarrolla la mayor parte del negocio.

> Si bien el mensajero debe invertir en algunas de estas herramientas al decidir cuánto gastar en una bicicleta o un automóvil, la necesidad de inversión para la aplicación es la parte más importante del sistema. Si Foodora toma una decisión sobre la aplicación, ya sea para realizar una mejora o para encontrar una eficiencia, esa decisión puede afectar directamente las ganancias / pérdidas de la empresa. Si bien las herramientas utilizadas para realizar las entregas son proporcionadas tanto por el mensajero como por Foodora, no se puede ignorar la importancia de la aplicación. Es la parte más importante del proceso de entrega y es una herramienta propiedad y controlada por Foodora. Si la aplicación era un software que se podía licenciar o vender al mensajero (por ejemplo, software de contabilidad, un sitio web) para la actividad empresarial del mensajero, el análisis podría llevar a una conclusión diferente. Pero como la evidencia dejó en claro, la aplicación es propiedad exclusiva y está desarrollada por Foodora. A este respecto, el mensajero se parece más a un empleado al que se le permite utilizar el software de la empresa que a un contratista independiente.[478] (Subrayado nuestro)

Otro aspecto a destacar es que al analizar el contrato suscrito entre la empresa y el repartidor la Junta encontró elementos que evidencian que las condiciones plasmadas para la prestación del servicio es similar a la de los contratistas dependientes, motivado a que a pesar de que los mensajeros proporcionan la mayoría de las herramientas para realizar el trabajo, tienen flexibilidad para realizar su labor y pueden cambiar o sustituir su turno con otro mensajero (derecho al uso de sustitutos), dependen de Foodora no sólo en el aspecto económico sino en la integración al modelo de negocio de la empresa al requerirles utilizar herramientas o usar ropa con la marca de los nombres, logotipos o identificadores (aunque no les prohíbe usar la de sus competidores); asignarle turnos a través de la aplicación; obligar-

478 Ontario Labour Relations Board (2020, febrero 25). N° 1346-19-R. Canadian Union of Postal Workers v Foodora Inc. [Traducción libre] Parr. 99. Disponible en: https://www.canlii.org/en/on/onlrb/doc/2020/ 2020canlii16750/2020canlii16750.html?autocompleteStr=Canadian%20Union%20of%20Postal%20Workers%20v%20Foodora%20Inc.%20d.b.a%20Foodora&autocompletePos=7 [Consulta: 2021, junio 20].

los contractualmente a brindar servicios de manera eficiente, eficaz, competente y profesional, siendo recompensados con beneficios económicos cuando esto ocurre (con compensaciones o incentivos); pero si hay quejas, ausencias, inicios de sesión tardíos para turnos seleccionados o problemas similares, Foodora se reserva la discreción de tomar las medidas adecuadas como: cambiar la prioridad de programación de un mensajero o las zonas de turno disponibles para programar, o la desactivación de su cuenta. Todo esto constituye para la Junta un cúmulo de indicios que los llevan a concluir que los mensajeros actúan más como asalariados que como contratistas independientes.

A pesar de que este no era el primer caso de este tipo analizado por la Junta relacionado con la relación laboral de los repartidores, tuvo la novedad de ser la primera decisión con respecto a lo que los medios de comunicación han descrito como "la economía del concierto", por lo cual, comenta Eduardo Rojo (2020, marzo 1) que establece un precedente histórico importante para este tipo de trabajadores en Canadá, principalmente porque el hecho de que se les considere contratistas dependientes les abre la posibilidad de ejercer su derecho legal a sindicalizarse[479].

Al igual que otras decisiones, esta se enfoca o sustenta principalmente en la importancia y valor de la tecnología (aplicación) que contrapone al valor de la herramienta aportada por el repartidor, pero siempre, se puede contraponer la pregunta de sí puede concebirse un servicio de transporte sin vehículos.

IV.2.5. Chile

En Chile el trabajador independiente está regulado en el artículo 3 del Código del Trabajo, que lo define como "*aquel que en el ejercicio de la actividad de que se trate no depende de empleador alguno ni tiene trabajadores bajo su dependencia*"[480].

A escala legislativa, destaca Rosenbaum (2020, octubre)[481] que en el año 2019 se presentaron tres proyectos de ley en el Congreso chileno que pretendían regular diferentes aspectos relacionados con el trabajo independiente y las plataformas digitales:

> El primer proyecto de ley -Boletín N°12.475-13218-, fue promovido en marzo de 2019 y tiene la finalidad de regular el trabajo desarrollado mediante plataformas digitales. Sobre esa base, el primer aspecto que se

479 Rojo, E. (2020, marzo 1) Canadá. Los mensajeros de Foodora son trabajadores por cuenta ajena. Importante decisión de la Junta de Relaciones Laborales de Ontario de 25 de febrero de 2020. Disponible en: http://www.eduardorojotorrecilla.es/2020/03/canada-los-mensajeros-de-foodora-son.html [Consulta: 2020, noviembre 2].

480 Código del Trabajo (N° 37460)(2002, julio 31) Ob. Cit.

481 Rosenbaum, F. (2020, octubre). El trabajo mediante plataformas digitales..., Ob. Cit., pp. 121-122.

atiende es el relativo a la noción y alcance conceptual de las "plataformas digitales de servicios". En definitiva, la iniciativa considera que las plataformas digitales no se tratan de meras intermediarias, en la medida de que su propósito sea el de organizar y controlar, por medio de algoritmos, la realización de los servicios conectando a los trabajadores con los clientes que los solicitan.

El segundo proyecto de ley -Boletín N° 12.497-13220-, es del mes de abril de 2019 y se circunscribe exclusivamente a regular el trabajo de los repartidores de bienes desarrollado en vehículos de ciclos, motocicletas o automóviles; en favor de personas que administran u operen plataformas web o de aplicación de celulares para gestionar la entrega. Si bien del texto no surge explícitamente una conceptualización concreta del giro de actividad de dichas plataformas digitales, de todos modos se puede extraer del contexto de la regulación que las mismas tampoco son consideradas como meras intermediarias entre la oferte y demanda de servicios de reparto de bienes, en tanto y cuanto que las mismas "gestionan" la entrega, y asimismo, la propia norma considera que los repartidores son trabajadores bajo dependencia de las mismas.

Finalmente, un tercer proyecto de ley -Boletín N° 12.618-13222-, fue impulsado por la Presidencia ante la Cámara de Diputados de Chile en el mes de mayo de 2019. El mismo se refiere a la "Modernización laboral para la conciliación, trabajo, familia e inclusión", y el primer aspecto que regula el proyecto de ley precisamente se refiere a los "servicios prestados a través de empresas que operan mediante plataformas digitales de intermediación". [Comillas de la cita]

Tales proyectos de ley proponían contenidos regulatorios muy distintos entre sí, tanto en la calificación de la naturaleza de la actividad cumplida por las plataformas digitales, como sobre la naturaleza del vínculo mantenido entre las mismas y el prestador del servicio; sin embargo, ninguno de ellos tuvo acogida legislativa.

Por tal razón, desde mayo de 2020 la Cámara de Diputados chilena viene discutiendo un nuevo proyecto de ley que modifica el Código del Trabajo para regular el contrato de los trabajadores de empresas de plataformas digitales de servicios[482], que consagraría, entre otras obligaciones para las plataformas, el pago de beneficios

482 Se trata del Boletín N° 13.496-13, que establece garantías básicas a las personas que prestan servicios a través de plataformas digitales. Para ahondar sobre el tema ver: Proyecto de Ley que modifica el Código del Trabajo regulando el contrato de trabajadores de empresas de plataformas digitales de servicios. Boletín N° 13.496-13. [Transcripción en línea] Disponible en: https://www.camara.cl/ legislacion/ProyectosDeLey/tramitacion.aspx?prmID=14038&prmBOLETIN=13496-13 [Consulta: 2021, mayo 21].

y contribuciones a favor de quienes prestan servicios para éstos como: seguro de accidentes del trabajo y enfermedades profesionales, seguro de invalidez y sobrevivencia, seguro de responsabilidad civil por daños a terceros, pago de cotizaciones del seguro de desempleo, entrega de mecanismos de protección como cascos y rodilleras, capacitación e instrucción para desarrollar adecuadamente el trabajo; además, de determinar el cálculo de la remuneración a pagar por hora trabajada.

Hasta ahora, sin normativa legal que rija la materia, han sido los operadores de justicia quienes han calificado el tipo de vínculo existente, encontrándonos con tribunales chilenos que han utilizado los factores "dependencia" y "subordinación" como determinantes para establecer cuando un trabajador es independiente, así como la aplicación del principio de primacía de la realidad, pero al igual que ha ocurrido en otros países las decisiones han devino oscilantes.

Sentencia de fecha 14 de julio de 2015 (Causa N° RIT O-1388-2015) del Segundo Juzgado de Letras del Trabajo de Santiago [Trabajador independiente]

En fecha **14 de julio de 2015**, el **Segundo Juzgado de Letras del Trabajo de Santiago**, dictaminó en el caso de un conductor que demandó a Uber Chile Spa, que los conductores son trabajadores por cuenta propia ya que no dependen de la empresa.

Para el Tribunal el hecho de que los conductores tengan absoluta libertad para conectarse o desconectarse a la plataforma digital, así como aceptar o no la solicitud del servicio, o que existan bonificaciones o incentivos para los conductores que se conectan en fechas clave, demuestra que hay una relación que no califica como laboral[483].

Sentencias de fecha 5 de octubre de 2020 (RIT M-724-2020) del Juzgado de Letras del Trabajo de Concepción y de fecha 15 de enero de 2021 de la Sala Cuarta de la Corte de Apelaciones de Concepción (ROL 395-2020) [Trabajador bajo relación subordinada]

En fecha **5 de octubre de 2020** el **Juzgado de Letras del Trabajo de Concepción** determinó que había una relación laboral entre un repartidor y Pedidos Ya Chile Spa.

---

483 Juzgado de Letras del Trabajo de Santiago (2015, julio 14). Sentencia N° O-1388-2015 de 2°. R.A.T. CUÑADO contra Uber Chile Spa. Disponible en: https://jurisprudencia.vlex.cl/vid/581981886 [Consulta: 2020, noviembre 2]; también comentada por Beltrán, I. (2018, diciembre 9) [actualizado 2020, septiembre 16]. Employment status of platform workers (national courts decisions overview - Argentina, Australia, Belgium, Brazil, Canada, Chile, France, Germany, Italy, Nederland, Panama, Spain, Switzerland, United Kingdom, United States & Uruguay). [Traducción libre] [Blog] Disponible en: https://ignasibeltran.com/2018/12/09/employment-status-of-platform-workers-national-courts-decisions-overview-australia-brazil-chile-france-italy-united-kingdom-united-states-spain/ [Consulta: 2020, octubre 14].

El demandante prestó servicios para la empresa entre el 03 de julio de 2019 y el 15 de mayo de 2020, fecha en la cual se le notificó por medio de un correo electrónico que a partir de ese momento lo daban de baja en la aplicación. Por tal razón, alegó haber sido despedido por la empresa sin justa causa, reclamando declarar su improcedencia, el pago de indemnizaciones derivadas del daño causado, de una serie de remuneraciones y prestaciones devengadas desde su separación del cargo hasta la convalidación del despido y la cancelación de las cotizaciones de seguridad social adeudadas.

En el análisis de los hechos y su concordancia con las prueba presentadas, el Tribunal evaluó una serie de indicios que lo llevaron a concluir la relación de dependencia o subordinación existente entre el repartidor y la empresa de pedidos, entre los cuales se destacan: que los servicios prestados por el actor consistían en el reparto de productos adquiridos por terceros; que el actor debía usar un uniforme con el logo de la compañía; que la demandada ejercía control sobre el actor a través de las calificaciones; que el actor prestaba sus servicios por turnos que eran variables y determinados por la aplicación (no tenía libertad para elegir cualquier turno ni para alterarlos), al igual que la zona donde prestaba sus servicios; que el actor no tenía libertad para fijar el valor de su reparto; y que la empresa respondía ante el cliente tras cualquier inconveniente que se presentara[484].

La empresa accionada interpuso recurso de nulidad ante la **Corte de Apelaciones de Concepción**, siendo decidido por la **Sala Cuarta** en fecha **15 de enero de 2021**, quien confirmó el fallo de primera instancia y rechazó el recurso, con fundamento en lo siguiente[485]:

> La perspectiva que proponen los principios de la primacía de la realidad y el pro operario, nos lleva a concluir que el razonamiento del Tribunal recurrido se ajusta a derecho (...).
>
> (...) [E]l raider (sic) no organiza por sí solo la actividad productiva, ni negocia precios o condiciones con los titulares de los establecimientos a los que sirve, ni recibe de los clientes finales su retribución, no tiene una verdadera capacidad para organizar su prestación de trabajo, careciendo de autonomía para ello. El raider (sic) estaba sujeto a las directrices organizativas fijadas por la empresa y para realizar su tra-

484 Diario Constitucional (2021, enero 19). Juzgado de Letras del Trabajo de Concepción RIT M-724-2020. Disponible en: https://www.diarioconstitucional.cl/wp-content/uploads/2021/01/6.2.-JLT-DE-CONCEPCION-M-724-2020.pdf [Consulta: 2021, enero 19].

485 Diario Constitucional (2021, enero 19). Corte de Apelaciones de Concepción Rol N°395-2020 Laboral-Cobranza. Disponible en: https://www.diarioconstitucional.cl/wp-content/uploads/2021/01/6.1.-ICA-DE-CONCEPCION-ROL-N%C2%B0395-2020.pdf [Consulta: 2021, enero 19].

bajo debía hacerlo vinculado a la plataforma; lo que revela un ejercicio del poder empresarial en relación al modo de prestación del servicio y un control de su ejecución en tiempo real, a través de la aplicación e ingreso a zona, lo que da cuenta del requisito de dependencia propio de la relación laboral.

Sentencia de fecha 17 de mayo de 2021 (Causa N° RIT T-980-2020) del Primer Juzgado de Letras del Trabajo de Santiago [No hay relación laboral]

A pesar del precedente recién citado, que se dictó respecto al mismo tipo de servicios y en contra de la misma plataforma, en fecha **17 de mayo de 2021** el **Primer Juzgado de Letras del Trabajo de Santiago** determinó que no existía una relación laboral entre 7 repartidores y Pedidos Ya Chile Spa, sino más bien una vinculación de tipo civil.

Este caso se inició con la demanda interpuesta en fecha 29 de mayo de 2020 por unos repartidores que alegaron haber sido desconectados de la plataforma de PedidosYa en fecha 25 de abril de 2020, luego de que participaran en una manifestación en protesta a la modificación de condiciones salariales que consideraron desfavorables para los trabajadores. Su reclamo se efectuó mediante una acción de despido antisindical, solicitando la tutela de derechos fundamentales y el cobro de prestaciones en sede laboral.

Sin embargo, tras la evaluación de los hechos y el derecho, el Juzgado de Letras del Trabajo de Santiago desestimó las alegaciones de los demandantes, y rechazó en su totalidad la demanda, con base en lo siguiente[486]:

c) Analizada la prueba anterior, en su conjunto, es posible desvirtuar en gran parte los dichos de los testigos que comparecieron a estrados, así respecto de la obligación de mantenerse conectados por una cantidad determinada de horas, de lo contrario eran despedidos, ha quedado en evidencia con las boletas de los mismos actores que ello no es así, pues no se explica por ejemplo que el demandante Joselito Amador en el mes de noviembre de 2019 produjo por $ 6.093, en tanto en abril

486 Primer Juzgado de Letras del Trabajo de Santiago (2021, mayo 17). Sentencia N° T-980-2020. R.A.T. Escalante contra PedidosYa Chile Spa, pp. 29 a 31. Disponible en: https://oficinajudicialvirtual.pjud.cl/ADIR_871/laboral/documentos/docReformadoLaboral.php?valorRcf=eyJ0eXAiOiJKV1QiLCJhbGciOiJIUzI1NiJ9.eyJpc3MiOiJodHRwczpcL1wvb2ZpY2luYWp1ZGljaWFsdmlydHVhbC5wanVkLmNsIiwiYXVkIjoiaHR0cHM6XC9cL29maWNpbmFqdWRpY2lhbHZpcnR1YWwucGp1ZC5jbCIsImlhdCI6MTYyMTYxMzY3OCwiZXhwIjoxNjIxNjE3Mjc4LCJkYXRhIjp7ImlkX2RvYyI6IjExMjMyODk2IiwiY29kX3RyaWJ1bmFsIjoiMTM0OCIsInRpcG9BcmNoaXZvIjoiMyIsImVzdF9maXJtYSI6IjEifX0.ViweDbWKpqNeOuQoah4TkxOFOd4Jg2STpgIGNllXZdg [Consulta: 2021, mayo 21].

de 2020 obtuvo un honorario por $ 1.295.187, es decir, ello demuestra que no eran despedidos por baja producción y además que no tenían la obligación de conectarse una determinada cantidad de horas. Lo anterior, queda demostrado también con las restantes boletas de los demandantes de autos, pues en la mayoría de ellos difiere en forma considerable un mes de otro.

Asimismo, de los correos aportados no es posible desprender que se les impusiera un turno determinado, ni zona lo cual además fue corroborado por el testigo don Adonis Gutiérrez, quien al ser contrainterrogado por la defensa de la demandada, declara que ellos eligen los turnos.-

d) Por otro lado, de los correos queda demostrado que en su gran mayoría dicen en relación con las tarifas y los cobros de honorarios, que lógicamente la empresa debe fijar y se relacionan directamente con la forma de operar de la empresa.- Lo mismo sucede con la información referida a la pandemia COVID 19 y las medidas impartidas por la autoridad sanitaria a la cual todo el comercio debía ajustarse, pero ello no es un indicio de laboralidad.-

e) Que sin perjuicio de lo que se ha señalado, los actores no aportaron prueba tendiente a acreditar las supuestas sanciones a las cuales hacen mención más que sus propios dichos, pues los testigos presentados y que declararon en autos no impresionan de veraces e imparciales, en especial don Sergio Hernández, cuyos dichos no coinciden con la prueba directa como ya se dijo.-

f) De esta manera, ha quedado acreditado que, no tenían jornada de trabajo, no tenían un horario prefijado, sino cada uno elegía su turno y su horario. Ahora, si bien la empresa tenía una lista de turnos, con diversas variables, ello resulta ajustado a la forma de funcionar la empresa, pues debe establecer políticas de orden dentro de ella, y coordinación a fin de que el servicio que prestan rinda sus frutos, de lo contrario, no se justificaría su giro.

g) Que ellos aportaban su medio de transporte. Tampoco recibían instrucciones en cuanto a las rutas, toda vez que la aplicación sugiere una ruta.

A su vez, en lo referente al ejercicio de controles sobre los rider por parte de la demandada, no se acreditó haber sido objeto de supervisión directa o super vigilancia por parte de la demandada, pues de toda la prueba aportada no hay indicios de ello, más que la parte demandante ejercía libremente sus servicios, mediante la conexión a la plataforma. No recibiendo mas que información acerca de las tarifas, su cálculo, su modalidad de pago, que es precisamente la forma en que la empresa desarrolla

> su actividad económica y la forma en que los actores generan sus honorarios, los que tampoco constituían remuneración en los términos del Código del Trabajo.- (Subrayado nuestro)

De acuerdo a lo anterior, para el tribunal no existía un vínculo de subordinación o dependencia entre los demandantes y la empresa y, por ende, no podía existir un despido antisindical, injustificado o nulo, motivado a que los demandantes podían elegir libremente su jornada de prestación de servicios; no existió ningún medio de prueba proveído por los demandantes que diera cuenta que la empresa establecía alguna sanción disciplinaria en contra de éstos; tampoco se pudo probar que existía control o supervigilancia de parte de la compañía a los repartidores; y los elementos necesarios para prestar los servicios siempre fueron proveídos por éstos.

Acordamos con el criterio del fallo de considerar como "lógico" que la determinación de tarifas y de los pagos efectuados a los trabajadores sean decididos unilateralmente por parte de la plataforma, pues este es el resultado de una decisión gerencial y financiera que forma parte de la actuación de cualquier organización empresarial. También es interesante el hecho de que considere como una manifestación del "principio de autonomía de la voluntad"[487] el hecho de que cada trabajador haya concurrido libremente a suscribir el contrato de prestación de servicios a sabiendas de cuáles eran las condiciones de trabajo; lo que significa que con ello cada uno otorgó su conformidad y consentimiento ("libre") a unas reglas unilateralmente confeccionadas por la empresa a través de un contrato de prestación de servicios como trabajadores autónomos.

Todo esto llevó al Tribunal a concluir que se estaba frente una figura de naturaleza civil y no laboral y a rechazar la demanda en todas sus partes.

> Que así las cosas, en la especie no concurren los elementos distintivos de subordinación y dependencia exigidos para la configuración de una relación laboral. De lo anterior, queda demostrado que nos encontramos frente a la figura de un contrato de naturaleza civil, cuya diferencia con la relación de naturaleza laboral radica en que en esta última existe una super vigilancia directa y constante y una fiscalización permanente de las labores, lo que no ocurre en la especie.[488]

Nótese que, a diferencia de las decisiones de los Juzgados de Concepción, la determinación fáctica sobre la no obligación de cumplir horarios o jornadas específicas constituye un punto significante para abordar a una conclusión contraria, que afirma la autonomía.

---

487 Ibidem, p 31.

488 Ibidem, pp 31-32.

IV.2.6. Colombia

Respecto a la legislación y jurisprudencia colombiana nos hemos referido en extenso en la parte inicial de este instrumento (Capítulo II), por lo que basta ahora con reiterar que el Plan Nacional de Desarrollo (PND) 2018-2022 de la República de Colombia (art. 205), contiene expreso mandato para que se determine *"la forma de vinculación correspondiente de los actores del sector y el acceso y aporte a la seguridad social integral para las personas que presten sus servicios a través de las aplicaciones y plataformas tecnológicas"*, sin que hasta la fecha el Gobierno Nacional o el Congreso de la República haya dictado alguna normativa al respecto.

En cuanto a los órganos judiciales, solo conocemos de decisión supra citada (mencionada en el acápite II.2.6.- Pronunciamiento de la justicia colombiana respecto a la laboralidad o no de los trabajadores de plataformas), de fecha **18 de septiembre de 2020** dictada por el **Juzgado Sexto Laboral de Pequeñas Causas de Bogotá**, que determinó la existencia de una relación laboral por el período en el que el trabajador se desempeña como almacenista (con horario, sitio de trabajo y permanente supervisión), y la existencia de una relación independiente o autónoma para el período en el que el trabajador se desempeñó como repartidor (mayor independencia y flexibilidad horaria), ello, a pesar que laboró en ambas circunstancias a través de la misma plataforma. Como hemos referido, estamos de acuerdo con las conclusiones del mencionado tribunal.

IV.2.7. España

En virtud de lo compleja y extensa que ha sido la situación con respecto a los trabajadores de plataformas en España, decidimos dividir el acápite en secciones para su mejor entendimiento:

- **Base legal**

En España el trabajo de los autónomos ha sido regulado por el Estatuto del Trabajo Autónomo (LETA) o Ley 20/20017 del 11 de julio de 2017, que estableció disposiciones tanto para estos como para una nueva categoría intermedia de trabajadores (entre los empleados y los trabajadores por cuenta propia) denominados trabajadores autónomos económicamente dependientes (TRADE), cuyas características pudieran ser aplicables a los trabajadores de las plataformas, puesto que el artículo 11 los define como *"aquéllos que realizan una actividad económica o profesional a título lucrativo y de forma habitual, personal, directa y predominante para una persona física o jurídica, denominada cliente, del que dependen económicamente por percibir de él, al menos, el 75% de sus ingresos por rendimientos de trabajo y de actividades económicas o profesionales"*[489].

---

489 Estatuto del Trabajo Autónomo (Ley N° 20/2007) (2007, julio 11). Ob. Cit.

Sin embargo, a pesar del acelerado crecimiento del sector y a la organización de sus miembros en asociaciones gremiales (como por ejemplo, la Asociación Autónoma de Riders, la Asociación Profesional de Riders Autónomos y la Asociación Española de Riders Mensajeros, por citar las más influyentes), principalmente en lo relacionado a la prestación de servicios de transporte y de reparto, su aplicación ha sido bastante limitada.

- **Jurisprudencia**

Nos encontramos con que la mayor parte de la justicia española no se ha valido de la LETA como corresponde, sino que, por el contrario, considerando a los trabajadores digitales como "falsos autónomos" los ha asimilado a los subordinados o asalariados. Sin embargo, existe una relevante decisión en sentido contrario. Veamos.

Sentencias de fecha 3 de septiembre de 2018 del Juzgado de lo Social N° 39 de Madrid (causa N° 248/2018) y del 19 de septiembre de 2019 del Tribunal Superior de Justicia de Madrid (causa n°715/2019) [Trabajador independiente]

En sentencia del **3 de septiembre de 2018**, emanada del **Juzgado de lo Social N° 39 de Madrid**, se declaró el carácter autónomo de los repartidores de Glovo.

Entre los elementos evaluados en el fallo estuvieron los siguientes[490]:

> **TERCERO**. - La Empresa **GLOVO** APP 23, S.L (en adelante, **GLOVO**), es una start-up constituida el 9 de septiembre de 2014 cuyo objeto social es la explotación de aplicaciones informáticas de servicios de recadero con facultad de adquisición de bienes por cuenta ajena, actuando como comisionista, así como la realización de la actividad de intermediario en la contratación de transporte de mercancías por carretera en concepto de agencia de transporte, transitario, almacenista u operador logístico.
>
> (...)
>
> GLOVO es una Compañía tecnológica cuya principal actividad es el desarrollo y gestión de plataformas informáticas mediante las cuales, a través de una aplicación móvil o página web, se permite a comercios locales ubicados en las principales capitales de España, Italia, Francia, Portugal, Argentina, Perú, Chile y Bolivia ofertar sus productos a través de la aplicación (APP) y, en su caso, si los consumidores finales así lo solicitan, intermediar en el transporte y entrega de los productos al cliente final.

490 Juzgado de lo Social N° 39 de Madrid (2018. septiembre 3). Sentencia 284/2018. Disponible en: https://www.laboral-social.com/sites/laboral-social.com/files/NSJ058832.pdf [Consulta: 2019, septiembre 16].

(...)

1. El actor suscribió con la demandada **dos contratos** distintos, ambos bajo la modalidad de contrato de trabajo autónomo: el primero, como contrato de prestación de servicios en régimen de Autónomo *stricto sensu* en el mes de septiembre de 2015; y el segundo, como contrato de prestación de servicios en régimen de Autónomo TRADE en el mes de agosto de 2016. Ambos contratos poseen un contenido amplio, detallado y preciso sobre las obligaciones asumidas por cada una de las partes así como sobre la forma de prestación del servicio, señalándose concretamente: que el repartidor es el que se organiza su trabajo (auto-organización), que responde directamente de su buen fin frente al cliente final, que también responde de los posibles daños ocasionados durante el transporte; que su retribución depende de la cantidad de recados que realice y del buen fin de los mismos; que **GLOVO** sólo ejerce como intermediario y por tanto no asume ninguna responsabilidad frente al cliente o el repartidor; que la realización de los recados se hará siguiendo las pautas del propio cliente (no las de **GLOVO**, que sólo pone a disposición los recados), que las principales herramientas de trabajo (moto y teléfono móvil) las pone el repartidor, y que el precio de los servicios será el establecido en las tarifas adjuntadas al contrato y se abonará por **GLOVO** contra entrega de la factura que se confecciona con periodicidad quincenal.

   Ambos contratos fueron suscritos por el demandante sin que conste vicio de consentimiento ni ninguna otra causa determinante de su invalidez. La Jurisprudencia señala que la naturaleza de los contratos no se califica por el *nomen iuris* sino que ha de atender a la **realidad material de la relación**, pero en el caso presente no se ha demostrado que la realidad material de la relación **fuera diferente de la realidad formal;** antes al contrario, se ha demostrado que la prestación de servicios se realizaba en la forma que aparece descrita en esos contratos, y lo que se discute es si la relación allí reflejada y puesta en práctica es o no de naturaleza laboral.

   El actor no niega que su actividad se desarrollara del modo descrito en cada contrato, pero sostiene que pese a ello concurren determinados factores que a su juicio encubren una relación laboral. El caso de autos no es un supuesto de discrepancia entre realidad material y formal. *Lo que se discute es si el sistema de trabajo impuesto por* ***GLOVO*** *a los repartidores, con las características y forma de ejecución descritos, reúne o no las notas características propias de la relación laboral*. Y en este debate, los contratos suscritos por las partes, unido a la falta de prueba de una realidad material distinta de la reflejada en ellos, es un indicio contrario a los postulados del trabajador. No en vano la voluntad conjunta y libremente expresada a través de un contrato debe tomarse al menos como punto de partida para su examen.

2. El demandante no tenía **jornada ni horario**. Él decidía la franja horaria en la que deseaba trabajar, elegía los pedidos que le interesaban y rechazaba los que no quería, decidía con libertad la ruta a seguir hasta cada destino, no tenía obligación de comenzar o finalizar su jornada en una determinada hora, la Empresa (sic) no le imponía la clase o número de pedidos que tenía hacer ni la ruta para llevarlos a cabo, el pedido se realizaba siguiendo las instrucciones dadas por el cliente final -no por **GLOVO-**, entrando el repartidor en contacto directo con el cliente una vez aceptado el pedido.

   El actor decidía el cómo, el dónde y el cuándo de la prestación de servicios, tenía el **dominio completo de su actividad** y podía incluso desistir de un servicio previamente aceptado a mitad de ejecución sin sufrir por ello penalización alguna (hecho probado sexto). Ninguna de estas características son predicables de una relación laboral ordinaria, donde el trabajador está sujeto a una jornada y horario, debe realizar las actividades encomendadas sin poder elegir cuales hace y cuáles no, debe seguir el método de trabajo impuesto por la Empresa (sic), y no puede negarse a realizar tareas y menos abandonarlas a mitad de ejecución sin exponerse a alguna suerte de sanción.

3. La demandada no tiene **poder disciplinario** sobre el actor más allá del desistimiento del propio contrato en el caso de que no se realizaran servicios (elemento consustancial a cualquier contrato bilateral), y de una pequeña 'penalización' en su puntuación de la que más adelante hablaremos. La inexistencia de poder disciplinario es consecuencia de la capacidad de **auto-organización** del trabajador, no pudiendo la Empresa(sic) imponer sanciones por la falta de aceptación de pedidos, la forma de realización de los mismos, o el abandono de un pedido previamente aceptado.

   El geolocalizador GPS no era un instrumento de control de la Empresa(sic), sino la forma de contabilizar el kilometraje para su posterior abono en la factura siguiente. *No consta que se utilizara para controlar la ruta elegida por el actor en cada recado*.

   El sistema de puntuación no es un instrumento de control o sanción del empleador, ya que sirve para regular la preferencia de acceso a pedidos. El repartidor con más puntos tiene más posibilidades de quedarse con los pedidos que escoja, pero esto no equivale a sancionar al menos puntuado, ya que premiar a unos trabajadores por la superior calidad o cantidad de trabajo no equivale a castigar a los demás, siempre que se le sigan entrando pedido y pueda seguir trabajando con normalidad, como así sucedía. El hecho de que se acumulen más puntos por prestar servicios en horas de mayor demanda (horas diamante) no es una sanción sino un incentivo, no debiéndose confundir un concepto con otro. El contrato contempla un solo supuesto de sanción para el caso de que el repartidor no esté operativo dentro de la franja horaria que previamente ha reservado, en cuyo caso se le rebaja 0,3 puntos. Si acredita que la no disponibilidad obedece a enfermedad u otra causa justificada, no sufre penalización (hecho probado quinto). Sin embargo, este solo elemento es insuficiente para integrar la potestad de sanción característica de una relación laboral, sobre todo si lo comparamos con el resto de los elementos antes señalados y contrarios al ejercicio de tal potestad por la demandada.

4. El repartidor asume el **riesgo y ventura** de cada pedido y responde del mismo frente al cliente, que también es quien puntúa su trabajo. No consta el sometimiento del trabajador a una **estructura organizativa** interna de la Empresa(sic), que sólo decide las tarifas con que abonará los servicios, el lugar de prestación de los mismos, y la herramienta a través de la cual oferta los 'recados' (APP) siguiendo un programa informático que busca minimizar la suma de costes, notas que son compatibles con la prestación de trabajo en régimen de autónomo TRADE, pudiendo el cliente proporcionar ciertas indicaciones técnicas al profesional contratado y señalar el precio de los servicios.

   Las principales **herramientas de trabajo** (moto y teléfono móvil) son propiedad del trabajador, y la **retribución** que percibe depende directamente de la cantidad de recados que haga. El precio abonado por el cliente va destinado al repartidor casi en su integridad (el cliente paga 2,75 euros por servicio y el repartidor percibe 2,50 euros), reteniendo la parte restante la Empresa(sic) en concepto de comisión por la intermediación realizada entre ambos utilizando su aplicación. *La Empresa(sic)* ***se nutre financieramente*** *de los acuerdos comerciales que concierta con establecimientos, tiendas y comercios, no de lo que le pagan los usuarios por los recados, y ello aunque la actividad de los 'glovers' constituya un eslabón esencial para el desarrollo de su negocio.* (Hecho probado tercero).

   La retribución percibida por el actor es distinta de un mes a otro, no cobra siempre la misma suma sino que ésta depende del número de 'recados', kilómetros y tiempos de espera que haya realizado.

5. El trabajador no tenía que justificar sus **ausencias**, sólo comunicarlas a la Empresa(sic). Constan comunicaciones del trabajador por correo electrónico los días 02/03/2017, 12/04/2017 y 15/04/2017 solicitando que se le quitaran los 'slots' porque tenía que llevar la moto al

taller o simplemente porque le había surgido un asunto personal, a lo que la demandada contesta: 'horas retiradas, buen día.' No consta que se le pida una justificación de su ausencia, o que se le rebaje la puntuación por ese motivo. (Documentos números 63 a 66 del ramo de prueba de la demandada).

Tampoco decidía la demandada los **días de descanso** del trabajador, que eran elegidos por éste. Se alega que si descansaba sábados y domingos su puntuación descendía, pero esto no se ha demostrado, recordándose que premiar el trabajo en domingo o festivo (cosa por otra parte habitual) no equivale a penalizar a quien descansa esos días.

El trabajador podía **interrumpir su actividad** durante 18 días hábiles al año para descansar, en consonancia con lo establecido por el artículo 14.1 de la Ley 20/2007 para los autónomos TRADE.

6. Finalmente, **no existe pacto de exclusividad** entre las partes, pudiendo el actor prestar servicios simultáneamente para otras empresas (incluso de la competencia de la demandada) siempre que se respeten los parámetros de dependencia económica para seguir ostentando la condición de TRADE respecto de ésta.

   Todos los elementos anteriores que concurren en la relación contractual enjuiciada son claramente **contrarios** a las notas de subordinación, dependencia, ajenidad y percepción de los frutos por el empresario que caracterizan a la relación laboral, impidiendo que se le pueda reconocer esa naturaleza.

(...)

SEXTO. - Por otra parte, concurren en la relación las notas características del contrato de autónomo TRADE que se definen en los artículos 11 y siguientes de la Ley 20/2007, de 11 de julio, del Estatuto del trabajo autónomo(sic) . Señalando el artículo 11 que *Los trabajadores autónomos económicamente dependientes son aquéllos que realizan una actividad económica o profesional a título lucrativo y de forma habitual, personal, directa y predominante para una persona física o jurídica, denominada cliente, del que dependen económicamente por percibir de él, al menos, el 75 por ciento de sus ingresos por rendimientos de trabajo y de actividades económicas o profesionales."* (Subrayados y resaltados nuestros).

Para el análisis fueron contrastados los elementos contenidos en el contrato de trabajo con la realidad presentada mediante las pruebas y la aplicación del test de indicios, apuntando hacia la autonomía, como ocurre en la mayoría de los casos de prestación de servicios con la intermediación de plataformas tecnológicas. Y de allí, el tribunal extrajo algunas premisas que resumimos a continuación: 1) la empresa contratante tiene como objeto social la explotación de plataformas informáticas y explícitamente se refiere a la intermediación, con lo cual la actividad del repartidor no quedaría comprendida en la principal actividad productiva de la empresa; 2) se demostró la libertad del operario de fijar sus horarios y de disponer cuándo y cómo trabajar, además se probó que podía ausentarse, aun estando programado, sin que ello le causará sanciones; 3) se verificó el componente económico de la relación, conforme al cual la plataforma sólo recibe el 10% de comisión del total pagado por los clientes por el producto, descartando la ajenidad en los frutos; 4) que la empresa se nutre financieramente de los acuerdos con los comercios; 5) se apreció que las principales herramientas (bicicleta o moto y smartphone) las aporta el operario; 6) se determinó que el sistema de geolocalización no se usa para "controlar" al repartidor, pues no da lugar a sanciones, sino que se utiliza para medir las retribuciones; 7) a diferencia de otros casos, no se aprecia pagos al repartidor en caso de que no reciba pedidos en determinado período, lo que traslada los riesgos al repartidor; 8) que no existe exclusividad y que el operario puede laborar para otras empresas, incluso de la competencia; 9) que los incentivos y bonos constituyen premio a quienes prestan mejor el servicio, y no sanciones o potestades disciplinarias; 10) que prácticamente la única potestad disciplinaria es la terminación del contrato, que es característica connatural a todo contrato bilateral; 11) Aunque no se valoró explícitamente en la decisión, se comprobó el cumplimiento de deberes formales, como el cobro del IVA; y 12) las partes celebraron un contrato de "trabajador autónomo económicamente dependiente" (TRADE), figura prevista en la ley española, cuyas características se correspondían con las de la práctica de la actividad.

Posteriormente, el caso fue elevado a la consideración del **Tribunal Superior de Justicia de Madrid**, que en fecha **19 de septiembre de 2019** confirmó la decisión de primera instancia -del Tribunal de lo Social N° 39 de Madrid-, apoyando los argumentos antes reseñados, y basándose principalmente en[491]:

- La libertad de elección de la franja horaria en la que desea trabajar, con fijación de la hora de inicio y de finalización de su actividad, e incluso dentro de ese periodo, puede no activar la posición de auto asignación, lo que significa que no desea estar disponible, aunque ello le supone cierta penalización en el sistema de puntuación, salvo causas justificadas.
- La libertad de aceptar aquellos pedidos (slots) que desea realizar, sin tener que ejecutar un mínimo de ellos, con posibilidad de su rechazo incluso una vez aceptada e incluso iniciada su ejecución (sin penalización alguna).

---

491 Tribunal Superior de Justicia de Madrid, Sala de lo Social (2019, septiembre 19). Recurso N° 195/2019. Resolución N° 715/2019. Disponible en: http://www.poderjudicial.es/search/AN/openCDocument/ 53b1b1721a75d34ad4b27000bc7b56141d55ee-66fa1efa57 [Consulta: 2019, diciembre 12].

- La libertad de elegir la ruta para llegar al destino fijado por el cliente, siendo éste y no la sociedad demandada quien establece las características bien del producto a adquirir bien de la forma de entrega, estableciéndose una relación directa entre repartidor y cliente.
- La realización personal del *rider* de la actividad sin tener trabajadores a su cargo, poniendo por su parte los escasos medios materiales que se exigen para el desarrollo de la misma, aquí una moto y un teléfono móvil, con asunción de los gastos de su uso.
- La afiliación a la Seguridad Social a través de su alta en el Régimen Especial de Trabajadores Autónomos, lo que supone su previa declaración de que en el desarrollo de su trabajo cumple con los requisitos que tal Régimen exige para estar integrado en el mismo.
- La retribución basada en el número de servicios prestados y no fijada por unidad de tiempo. Al cobrar también por kilometraje, resulta necesario su comprobación por un geolocalizador.
- No existencia de pacto de exclusividad, siempre con respeto a los límites que marca la propia definición de TRADE, pudiendo compatibilizar las tareas derivadas de su contrato con Glovo con otras de cualquier naturaleza que pudiera desarrollar con un tercero.
- No necesidad de justificar las ausencias, bastando la mera comunicación, de ser posible con antelación, de su no disponibilidad para llevar a cabo los recados o encargos, lo que realizó incluso en fechas muy cercanas a su reclamación judicial en petición de relación laboral cuando manifestó -vía correo electrónico- a Glovo que se encontraba enfermo, sin adjuntar informe médico alguno ni parte de baja laboral, siendo suficiente su propia declaración.
- Asunción de la responsabilidad del buen fin del servicio (cobrándolo solo si no terminaba a satisfacción del cliente) y asunción frente al usuario/cliente final de los daños o perdidas que pudiera sufrir el producto o mercancía durante el transporte.

Compartimos tales argumentaciones en apoyo de la conclusión asumida: Autonomía del prestador de servicios. Empero, no resultó suficiente esta extensa argumentación y otros juzgados de instancia se pronunciaron de manera contraía:

Sentencias de fecha 27 de noviembre de 2019 y 18 de diciembre de 2019 del Tribunal Superior de Justicia de Madrid [Trabajador bajo relación subordinada]

Ambas sentencias del **Tribunal Superior de Justicia de Madrid** coinciden en declarar la existencia de una relación subordinada entre el repartidor y la empresa Glovo.

En la primera de ellas, de fecha **27 de noviembre de 2019**, el tribunal, en decisión consensuada por todos sus miembros, no ratifica la decisión 11 de enero de 2019 dictada por el Juzgado de lo Social N° 17 de Madrid, principalmente por las siguientes razones: la documentación escrita no refleja la realidad de la relación; la plataforma establece unilateralmente las tarifas; las partes formalizaron inicialmente una relación de contratista independiente y cambiaron a una de autónomos económicamente dependientes sin que existiera ningún cambio sustancial en la situación de hecho; la existencia de una relación subordinada porque el trabajo del corredor está integrado en el negocio de Glovo y no es una operación independiente; y, la relevancia económica fundamental que posee la plataforma (especialmente si se compara con los medios residuales que proporciona el usuario)[492].

Por su parte, en la sentencia de fecha **18 de diciembre de 2019** el tribunal confirma la sentencia del Juzgado de lo Social N° 33 Madrid de fecha 11 de febrero de 2019, que demostraba la relación de subordinación del repartidor hacia Glovo, con base en los siguientes argumentos: "*La plataforma tiene un control total sobre la actividad del ciclista y también fija cómo desarrollar el servicio y ciertos patrones de comportamiento. Esta actividad se evalúa posteriormente a través de perfiles, lo que determina la futura asignación de nuevos servicios y eventualmente también posibilita los despidos. El corredor nunca podrá realizar el servicio por su cuenta sin la plataforma a la que pertenece. Si decidiera emprender este tipo de actividad por su cuenta como auténtico contratista independiente, estaría condenado al fracaso*"[493].

Sentencia de fecha 23 de septiembre de 2020 del Tribunal Supremo de Justicia de España (rec. 4746/2019) [Trabajador bajo relación subordinada]

Más recientemente y como aparente fin de la discusión, en sentencia de fecha **23 de septiembre de 2020**, la **Sala Cuarta de lo Social del Tribunal Supremo de Justicia** declaró como laboral la relación existente entre un repartidor (*rider*) y la empresa Glovo, bajo el argumento de que los primeros actuaban como "falsos autónomos" cuando realmente debía dárseles el tratamiento de asalariados.

Se trata del caso de un repartidor de Glovo que entabló una demanda contra la empresa, reclamando que el vínculo que unía a las partes era de naturaleza laboral y no comercial. La controversia fue decidida negativamente en primera instancia por el Juzgado de lo Social N° 39 de Madrid, en sentencia de fecha **03 de septiembre**

492 Tribunal Superior de Justicia de Madrid, Sala de lo Social (2019, noviembre 27). Recurso N° 588/2019. Resolución N° 1155/2019. Disponible en: https://vlex.es/vid/830291221 [Consulta: 2021, marzo 12].

493 Tribunal Superior de Justicia de Madrid, Sala de lo Social (2019, diciembre 18). Recurso N° 714/2019. Resolución N° 1223/2019. Disponible en: https://www.poderjudicial.es/search/AN/openDocument/ 0e0bfe8544e08358/20200129 [Consulta: 2021, marzo 12]. También ver: Beltrán, I. (2018, diciembre 9) [actualizado 2020, septiembre 16). Employment status of platform workers ... Ob. Cit.

de 2018, al entender que entre las partes no existía una relación de trabajo; fallo que fue confirmado en segunda instancia por la Sala de lo Social del Tribunal Superior de Justicia de Madrid, con decisión de fecha **19 de septiembre de 2019**, al desestimarse el recurso de suplicación (recurso N°: 4746/2019), siendo hasta la fecha el único caso en el que un Superior de Justicia se hubiera pronunciado en contra de la laboralidad de los "riders". Posteriormente, el caso fue puesto a consideración del Tribunal Supremo por medio de un recurso de casación para la unificación de doctrina en relación con todos los casos en los que concurran la identidad de hechos y pretensiones requerida por las normas procesales, motivo por el cual el primer punto de análisis del Tribunal Supremo en la sentencia se limitó un análisis comparativo de pronunciamientos concretos con conflictos sustancialmente iguales pero con decisiones opuestas (en virtud de la contradicción existente entre la sentencia de la Sala de lo Social del Tribunal Superior de Justicia de Madrid y un fallo de la Sala de lo Social del Tribunal Superior de Justicia de Asturias, de fecha 25 de julio de 2019, en el cual se determinó que el vínculo que unía a los repartidores con la empresa Glovo era una relación de trabajo).

Para el Tribunal Supremo *Glovo* no es una mera intermediaria en la contratación de servicios entre comercios y repartidores, sino que presta servicios de recadería y mensajería fijando las condiciones esenciales para la prestación de dicho servicio y es titular de los activos esenciales para la realización de la actividad. Para ello se sirve de repartidores que no disponen de una organización empresarial propia y autónoma, los cuales prestan su servicio insertados en la organización de trabajo del empleador.

Pese a que verifica el concepto y los requisitos esenciales del trabajador por cuenta ajena dispuestos en los artículos 1.1 del Estatuto de los Trabajadores (ET) y 11.2 de la Ley del Estatuto del Trabajador Autónomo (LETA), aclara que la realidad fáctica debe prevalecer sobre el *nomen iuris* (que implica reconocer la aplicación del principio de primacía de la realidad), lo que requiere un análisis casuístico, en tanto se deben considerar todas las circunstancias concurrentes en el caso, a fin de constatar si se dan las notas de ajenidad, retribución y dependencia propias del contrato de trabajo.

Así es como a modo de criterio general recuerda que "*la escasa cuantía en inversión que el trabajador ha de realizar para poder desarrollar la actividad encomendada (herramientas comunes, teléfono móvil o pequeño vehículo) frente a la mayor inversión que realiza la principal y entrega al actor (herramienta especializada, vehículos para transporte de piezas importantes, así como el conocimiento de las instalaciones a montar para lo que se forma al actor), constituye un indicio de la existencia de la relación de trabajo*".[494]

Otros indicios de laboralidad mencionados en la sentencia como favorables de la existencia de una relación de trabajo dependiente son: la falsa libertad de elección

494 Tribunal Supremo de Justicia de España (2020, septiembre 23). Recurso N° 4746/2019..., Ob. Cit.

de los horarios de trabajo por parte del rider (porque la empresa deja de asignarles pedidos cuando no están operativos en las franjas reservadas, salvo causa justificada debidamente comunicada y acreditada), el uso de sistemas de control de la actividad productiva que se basan en la valoración de clientes, el control empresarial verificado mediante el sistema de geolocalización por GPS (que permite la vigilancia en tiempo real), la impartición de instrucciones concretas en relación a la forma de prestación del servicio, la provisión de una tarjeta de crédito para comprar los productos encargados por los usuarios, la posibilidad de solicitar un adelanto de dinero, el pago de una compensación económica por los tiempos de espera de los repartidores, la enumeración de una serie de causas justificadas para la terminación del contrato (propias del despido disciplinario previsto en el art. 54 del ET), y la apropiación a cargo de Glovo de la información relevante para ejecutar el negocio (comercios, pedidos, etc.).

Igualmente, se explaya en desarrollar las situaciones de dependencia o subordinación, de ajenidad y de retribución, llegando a la conclusión de que tras el análisis del caso, concurren elementos definitorios del contrato de trabajo, en particular los de dependencia y ajenidad.

En opinión de Ubieto (2020, septiembre 23), "*la decisión va en la línea de las sentencias como las emitidas por el Tribunal Superior de Justicia de Catalunya, Madrid o Asturias y ratifica las múltiples intervenciones de la Inspección de Trabajo contra Glovo en las grandes ciudades españolas*"[495], lo que abre la puerta a que Glovo tenga que pagar requerimientos millonarios a la Seguridad Social en concepto de cuotas no pagadas.

Sorprende el hecho de que reconocida doctrina española e internacional (Rojo[496], Beltran[497], Sanguineti[498] y Rosenbaum[499]) haya acogido con beneplácito

---

495 Ubieto, G. (2020, septiembre 23) El Tribunal Supremo declara falsos autónomos a los 'riders' de Glovo. El Periódico (España). Disponible en: https://amp.elperiodico.com/es/economia/20200923/el-tribunal-supremo-declara-falsos-autonomos-a-los-riders-de-glovo-8124923?utm_source=twitter&utm_medium=social&utm_campaign= btn-share&__twitter_impression=true&s=03 [Consulta: 2020, septiembre 30].

496 Rojo, E. (2020, octubre 2) Pues sí, la saga Glovo (y los glovers) merecen un caso práctico. Notas a la sentencia del TS de 25 de septiembre de 2020, que declara la laboralidad, y recordatorio de las sentencias del JS núm. 39 de Madrid de 3 de septiembre de 2018 y del TSJ de Madrid de 19 de septiembre de 2019. [Blog] Disponible en: http://www.eduardorojotorrecilla.es/2020/10/pues-si-la-saga-glovo-y-los-glovers_2.html [Consulta: 2020, octubre 13]

497 Beltran, I. (2020, octubre 8). STS 25/9/20: Los repartidores de GLOVO son trabajadores por cuenta ajena (y no necesitan una regulación especial)[Blog]. Disponible en: https://ignasibeltran.com/2020/10/08/sts-25-9-20-los-repartidores-de-glovo-son-trabajadores-por-cuenta-ajena-y-no-necesitan-una-regulacion-especial/ [Consulta: 2020, octubre 13].

498 Sanguineti, W. (2020, octubre 10) La Laboralidad de los riders…, Ob. Cit.

499 Rosenbaum, F. (2020, octubre 11). Los "riders" de Glovo son trabajadores dependientes: sentencia del Tribunal Supremo de España del 25.09.2020. [Blog] Disponible en:

esta decisión sin hacer ningún cuestionamiento sobre su contenido, a pesar de claras contradicciones y de petición de principios en que incurre.

Pudiéramos sintetizar como críticas[500] a los argumentos de la sentencia las siguientes:

a) Del planteamiento de una cuestión prejudicial y del desconocimiento del criterio del Tribunal de Justicia de la Unión Europea (TJUE)

Coincidimos con el texto de la decisión en cuanto a que no resultaba procedente el planteamiento de una cuestión prejudicial o consulta ante el TJUE, porque ya existe jurisprudencia y criterios claramente dispuestos por ese organismo que permiten resolver el asunto con respeto de las normas comunitarias. Lo contradictorio de la decisión es que, acertadamente cita la orden del TJEU dictada por auto del 22 de abril de 2020, asunto C-692/19[501], en respuesta a una cuestión prejudicial planteada por un Tribunal Ingles (*Watford Employment Tribunal*) relativo a la calificación jurídica de la relación de un repartidor, y en el que, precisamente se llegó a la conclusión contraria a la que aborda la decisión española. En el pronunciamiento del TJUE se concluyó en la autonomía de los *riders*.

b) Del uso inapropiado del criterio de autoridad sobre la clasificación del servicio prestado por la empresa demandada (plataforma)

En la decisión del Tribunal Supremo se cita la sentencia del TJUE de 20 de diciembre de 2017, asunto C-434/15[502], que clasificó el servicio de intermediación prestado por UBER como un servicio de "transporte". Aun cuando la decisión no explica por o para qué se verifica esta cita, ni la

---

https://federicorosenbaum.blogspot.com/2020/10/los-riders-de-glovo-son-trabajadores.html?m=1&s=03 [Consulta: 2020, octubre 11].

500 Tal y como lo hemos expuesto con mayor amplitud en el artículo: Aguilar Camero, R. A. (2020, octubre). Sobre la laboralidad de los repartidores de Glovo. Lo que no se ha dicho de la sentencia del Tribunal Supremo Español STS-25-09-2020. Una decisión fundada en excepciones y contradicciones. [Blog] Disponible en: https://alfredoaguilar16.wixsite.com/website/post/sobre-la-laboralidad-de-los-repartidores-de-glovo [Consulta: 2020, octubre 10].

501 Sentencia del Tribunal de Justicia de la Unión Europea, Sala Octava. (2020, abril 22). Asunto C-692/19. Disponible en: http://curia.europa.eu/juris/document/document.jsf?text=&docid=225922& pageIndex=0&doclang=EN&mode=lst&dir=&occ=first&part=1&cid=5390470 [Consulta: 2020, octubre 13].

502 Sentencia del Tribunal de Justicia de la Unión Europea, Gran Sala (2017, diciembre 20). Asunto C-434/15. Disponible en: http://curia.europa.eu/juris/document/document.jsf;jsessionid=8F55D7F710A85CCA0374CDD52632AB23?text=&docid=198047&pageIndex=0&doclang=ES&mode=lst&dir=&occ=first&part=1&cid=8610378 [Consulta: 2020, octubre 13].

concatena argumentativamente con alguna de sus conclusiones, se infiere que lo que pretende es concluir -como se hace al final de la decisión- que la empresa accionada (GLOVO) -la plataforma-, al igual que UBER no es una empresa de intermediación digital (Sociedad de la Información y la Comunicación -TIC), sino que es una empresa de reparto, lo que permitiría establecer que el servicio desarrollado por los repartidores, se inserta dentro del ámbito de organización de la empresa.

De ser así, se llegaría a la absurda conclusión de que ninguna de las plataformas de intermediación pertenece al sector TIC y habrían sido absorbidas por el sector comercial, industrial, profesional, de servicios o social, al cual presten su intermediación, incluidas las redes sociales (facebook, instagram, twitter, etc.) y hasta las plataformas de citas. En segundo lugar, la sentencia citada como criterio de autoridad, habría sido claramente contradicha por el mismo TJEU en posterior decisión de fecha 19 de diciembre de 2019 (asunto C-390/18)[503], en la que se concluyó que la plataforma dedicada a la oferta de alojamientos a particulares y turísticos *Airbnb*, a pesar de intermediar en el sector inmobiliario, no pertenece a ese sector, sino al de la Sociedad de Información y Comunicaciones. De haberse utilizado este criterio más actualizado, el Supremo español, hubiere tenido que apreciar que el servicio de mensajería o reparto a domicilio bien puede implementarse bajo otras modalidades, lo que evidencia el yerro de la sentencia en comentario, al pretender clasificar a la demandada como una empresa de reparto y no como una empresa de intermediación digital, amparada en la decisión supra citada.

c) Excepciones y contradicciones sobre los criterios clásicos de autonomía

En su argumentación la decisión reafirma hechos que ponen de manifiesto la autonomía del trabajador, no obstante, descarta elementos típicamente asociados al trabajo autónomo o por cuenta propia. Utilizando inadecuadamente precedentes jurisprudenciales, para nada análogos al caso concreto.

Se descarta como indicio de autonomía la utilización de vehículo propio (sustentándose en varias sentencias previas, pero que versaron respecto a situaciones fácticas no análogas, en las que, diferenciadamente, existían otros importantes indicios de subordinación)

En el mismo sentido, se desecha la libertad horaria y de jornada como elemento propio de la autonomía, basándose en criterios expuestos en otras sentencias del mismo tribunal, que al igual que en el supuesto anterior,

503 Sentencia del Tribunal de Justicia de la Unión Europea, Gran Sala (2019, diciembre 19)..., Ob. Cit.

se basaban en situaciones fácticas -de excepción- en las que existían otros contundentes elementos que apuntaban a la subordinación, que no están presentes en este caso concreto.

En esta decisión del Tribunal Supremo las excepciones se han convertido en regla, para desechar la autonomía que denotan los citados elementos, es decir, ahora, la regla general parece ser que, aportar un vehículo propio y no cumplir horarios ni jornadas, han dejado de ser indicios de autonomía.

Otras circunstancias típicas del trabajo autónomo previamente mencionadas en la sentencia, ni siquiera se analizan en su parte motiva, como por ejemplo, la posibilidad -cierta y comprobada- de rechazar pedidos una vez aceptados sin recibir penalización, lo que no sólo implica la ausencia de subordinación, sino, la organización propia de su trabajo por parte del repartidor. Igual ocurre con la no exclusividad, que sólo se menciona inadvertidamente en la cita de otra sentencia, sin mayor argumentación. En el caso *sub judice* claramente constaba la no exclusividad, respecto a lo cual, como se ha indicado, nada dice la providencia judicial. Otros elementos, como la prohibición de *"usar distintivos corporativos tales como camisetas, gorros, etc."*, extrañamente, son considerados por el Supremo como elemento de subordinación, conclusión exactamente contraria al uso de uniformes, insignias o marcas, clásicamente considerados indicios de subordinación (esto es, para el Supremo español, si se debe usar distintivos hay subordinación, si se prohíbe usarlos también).

d) Distorsión fáctica de los elementos de ajenidad. Contradicción en los motivos

En cuanto a la ajenidad en los frutos, conforme a la decisión, *"se produce cuando «la utilidad patrimonial derivada del mismo – es decir, lo que pagan los clientes – ingresa directamente en el patrimonio de la empresa y no en el de los actores (ajenidad en los frutos y en la utilidad patrimonial) y estos percibirán su salario, en la modalidad de por unidad de obra»"*. Para este caso concreto, esta conclusión, constituye en el orden fáctico-jurídico, una de las más equívocas de la sentencia, al confundir la disponibilidad financiera, con el patrimonio y con la utilidad. Quedó establecido que los repartidores perciben el 95% del coste del servicio de encomienda, con lo cual queda claro que el monto mayor o principal es percibido por el trabajador, y que la plataforma sólo recibe una pírrica "comisión" (por trámites administrativos), de allí que los frutos pertenecen casi en su totalidad a los trabajadores y no a la plataforma. De allí que, resulte radicalmente falsa la conclusión sobre el ingreso al patrimonio, y más aún la relativa a la "utilidad patrimonial". La utilidad patrimonial de la empresa es ínfima, si se compara con el 95% que corresponde al prestador del servicio, quien es el beneficiario de la casi totalidad del producto de su trabajo (sin contar las propinas que tampoco se mencionan en la decisión).

Añádase a estos comentarios, la existencia de plataformas (intermediarias de reparto o de transporte urbano) que permiten el pago directo en efectivo al prestador de servicios, casos en los cuales, son éstos quienes adeudarían la comisión a la empresa. Ello pone de manifiesto que lo relevante respecto a la ajenidad en los frutos, no es, quién recibe el dinero *ab initio*, sino a quién pertenece en definitiva, resultando fundamental además, la proporción en que se distribuyen dichos frutos.

En cuanto a la ajenidad en los medios de producción, la decisión in comento, concluye que:

> *(...) el actor únicamente contaba con una moto y con un móvil. Se trata de medios accesorios o complementarios. La infraestructura esencial para el ejercicio de esta actividad es el programa informático desarrollado por Glovo que pone en contacto a los comercios con los clientes finales. La citada plataforma constituye un elemento esencial para la prestación de servicio. El actor carecía de una infraestructura propia significativa que le permitiera operar por su cuenta*[504].

Resulta a todas luces ilógico proponer que un servicio motorizado de entregas a domicilio conectado a través de medios electrónicos podría realizarse sin un vehículo y sin un teléfono inteligente. Es simple, el medio de transporte no puede ser "complementario" en un servicio de transporte (huelgan comentarios). En segundo lugar, por muy bajo costo o valor que -para algunos- puedan tener una motocicleta y un *smartphone*, puede que constituyan los únicos bienes de fortuna del trabajador, al punto que su pérdida constituya no sólo un riesgo económico, sino la imposibilidad de continuar trabajando y proveyendo su sustento y de su familia; de manera que, menospreciar estos bienes y el riesgo implícito de pérdida es desconocer una realidad social. En tercer lugar, no es cierto que la plataforma constituya un elemento esencial para la ejecución de este tipo de oficios, pues, si bien es cierto que la tecnología es un elemento de masificación y de promoción de esta actividad, dicha actividad ha existido desde hace mucho tiempo. Si lo esencial es la tecnología, entonces, se desvirtúa que la actividad prestada por el trabajador inserte en el ámbito organizativo de la empresa, que en definitiva es el principal sustento de la decisión.

Ajenidad en los riesgos. La sentencia no sólo minimizó el valor e importancia de la aportación de las herramientas de trabajo (vehículo y teléfono) por parte del trabajador, sino que, además obvió y omitió pronunciarse sobre el hecho establecido de que el trabajador se inscribió por su cuenta

504 Tribunal Supremo de Justicia de España (2020, septiembre 23) Ob. Cit.

en el seguro social como trabajador autónomo (y que por consecuencia paga sus propios aportes), con lo cual, material y jurídicamente asumió los riesgos de su actividad. Adicionalmente, asume el riesgo de no percibir la contraprestación por los servicios no completados, por la mercancía dañada o hurtada, por la pérdida de sus bienes (herramientas), y hasta por accidentes (contingencias), indemnizaciones civiles, sanciones administrativas (multas) y penales, que se susciten en su transitar. Circunstancia que -aunque preocupante- implican indefectiblemente la asunción de riesgos, naturales de la actividad autónoma o por cuenta propia.

e) **Sobre los elementos o indicios de subordinación y ajenidad**

En el presente caso, la sentencia en comentario acertó al definir algunos indicios que efectivamente apuntan a la subordinación, tales como: 1) haber proporcionado la empresa al trabajador una tarjeta de crédito para que pudiera comprar productos para el usuario, o verificar un adelanto de 100 Euros (asunción de riesgos); 2) la fijación unilateral del valor de los servicios (ajenidad en la organización); 3) la compensación económica por el tiempo de espera (asunción de riesgos); y 4) la elaboración de las facturas por parte de la accionada y no por parte del repartidor (ajenidad en la organización).

Diferenciadamente, consideramos que no acierta la decisión cuando considera elementos de subordinación, la geolocalización y la evaluación por parte de los usuarios consumidores (clientes). Ninguna de las dos cosas son mecanismos de "control" como considera la decisión. La geolocalización es parte del modelo y sistema de negocios, y es indispensable para asignar u ofrecer pedidos a los repartidores, por su cercanía o proximidad geográfica con el cliente o el establecimiento proveedor. Igual ocurre con la valoración o reputación realizada por otros usuarios, que es un mecanismo propio de las interacciones por medios digitales.

En cuanto a las órdenes o instrucciones, la decisión en comentario repite insistentemente que la plataforma gira órdenes e instrucciones a los repartidores, como si a base de repetición pudiera ocultarse una realidad por demás obvia: la labor consiste en buscar un producto en una tienda determinada y llevarlo a un cliente a la dirección indicada. ¿qué tantas órdenes o instrucciones pueden girarse al efecto? Las pretendidas "órdenes" no pueden ir más allá de la dirección de entrega y la premura normal de quien espera una encomienda, quizás, algunas reglas generales de educación o cortesía. Se trata precisamente de las "indicaciones técnicas que puede dar el cliente", conforme al Estatuto del Trabajo Autónomo de España o Ley 20/20017 (LETA)[505].

505 Estatuto del Trabajo Autónomo (Ley N° 20/2007) (2007, julio 11). Ob. Cit.

En la misma decisión se considera como indicio de subordinación las causales justificadas de resolución estipuladas contractualmente, lo que es connatural a todo contrato sinalagmático provisto de cláusula resolutoria, que incluso puede ser suplida por las disposiciones legales que permiten el mismo efecto derivado del incumplimiento de la otra parte.

f) La competitividad como elemento característico del trabajo por cuenta propia

Resalta una conclusión, por demás interesante, que verifica el Tribunal Supremo con relación a las modalidades de asignación de servicios y calificaciones, y que, en criterio de la decisión constituyen una forma de subordinación y de supuesta imposición de horarios.

La disponibilidad y calidad del trabajo es lo que diferencia a un independiente de otro, y se refleja en su éxito profesional y remuneración. Por el contrario, los asalariados no compiten entre sí, no deciden cuando trabajar y cuando no, simplemente laboran conforme al horario impuesto por el empleador, no en atención a una "oferta" o a "su conveniencia" económica.

No puede asimilarse la obligación de prestar servicios en horas de mayor demanda, con la facilidad de "decidir" si prestar servicios o no, pues ello, denota claramente la propia organización del trabajo por parte del autónomo. Los estímulos que ofrezca el mercado no son sanciones, sino ofertas. Confundir ambos conceptos puede llevar a graves conclusiones.

g) Omisión de todo análisis sobre la figura de los Autónomos Económicamente Dependientes.

Otro aspecto bastante censurable es que, a pesar de que en el caso concreto a solicitud del propio trabajador se pactó un contrato de trabajo autónomo económicamente dependiente (TRADE), en la decisión no se verificó ningún análisis sobre esta figura, cuando lo cierto es que debía decidirse si tal era la vinculación existente o si se trataba de una relación laboral subordinada. Cabe acotar, que la figura del TRADE, cuando menos en términos de su definición legal, encuadra perfectamente a las relaciones sostenidas entre los repartidores y las plataformas, sin menoscabo que deba reconocerse que la protección y derechos laborales para esta categoría de trabajadores resultan bastante deficientes. Extraña sobre manera y es criticable, que la decisión nada diga o aporte sobre la figura, soslayándola al punto que pudiera resultar extinta.

A pesar de que el fallo en análisis se presenta como un intento de unificar la doctrina en relación al tema y como referencia para todo aquel juicio que esté en proceso o se inicie a partir de ahora, consideramos que el máximo Tribunal cometió un grave error al no profundizar en el análisis de las normas especiales plasmadas en el Estatuto del Trabajo Autónomo o Ley 20/20017 (LETA)[506] con respecto a los trabajadores autónomos, que por poseer una ley propia tienen regulaciones específicas que pueden ser aplicadas al caso (y el Tribunal no lo hace). Obvió la existencia de elementos que permitan establecer la existencia de autonomía en la prestación del servicio. Ni siquiera evalúa si se trata de un trabajador económicamente dependiente, cuando los repartidores bien pudieran cumplir con los requisitos contemplados en el artículo 11.

- **Reforma legal**

Resulta paradójico que a pesar de la existencia de una ley especial con normas que perfectamente pudieran regular este tipo de prestación de servicios a través de plataformas, la justicia española ha declarado a los repartidores como asalariados. Lo que ha alcanzado su máxima expresión en decisión del Tribunal Supremo de Justicia, de fecha del 23 de septiembre de 2020, que en un intento de unificar los criterios y lograr un consenso judicial en cuanto al manejo del tema, declaró como subordinados a estos trabajadores pasando por alto regulaciones especiales de la LETA.

Paralelamente, a partir del movimiento de lucha por mejoras en las condiciones laborales de los trabajadores digitales en España, en el 2020 se configuró una mesa de diálogo social entre el Ministerio de Trabajo, los sindicatos y una representación patronal, con el objeto de negociar la denominada "Ley rider", una propuesta creada con miras a *"regular el trabajo en plataformas digitales para combatir los falsos autónomos"*[507], y que tiene su asidero en la referida sentencia del Alto Tribunal del 23 de septiembre de 2020.

En esta mesa, se abordó la posibilidad de varios cambios en el Estatuto de los Trabajadores que intentaban reforzar el estatus laboral de los trabajadores de plataformas (intentaban atar a las empresas incumplidoras para que contraten a sus empleados); se proponía la creación de un registro de plataformas digitales gestionado por el Ministerio de Trabajo, de acceso público y en el que todas las compañías tengan la obligación de inscribirse así como de presentar el algoritmo que utilicen; el otorgamiento por parte de los empleadores de medidas mínimas de seguridad y salud en el trabajo; regulación sobre el derecho de los trabajadores de las plataformas a conocer sus "franjas horarias semanales efectivas" con al menos 48 horas

506 Ibidem.

507 Olías, L. (2020, octubre 30). Así avanza la Ley de trabajo en plataformas digitales: refleja la dirección "implícita" y el papel clave de la 'app'. El Diario (España). Disponible en: https://www.eldiario.es/economia/avanza-ley-trabajo-plataformas-digitales-reflejar-direccion-implicita-papel-clave-app_1_6374170.html [Consulta: 2020, noviembre 10].

de antelación; y planteaba la retribución específica de los equipos y herramientas propiedad del trabajador que sean de uso habitual durante su jornada.

El fin de la negociación entre el Gobierno y los agentes sociales se produjo en marzo de 2021, con el acuerdo sobre la laboralidad del sector (siguiendo la tendencia del Tribunal Supremo de Justicia español) y la consecuente contratación de los trabajadores dentro de la plantilla de la plataforma[508], sin dejar de lado la obligación de publicar los algoritmos o función matemática que regula la actividad de los empleados de plataformas.

Los cambios acordados para garantizar los derechos laborales de las personas dedicadas al reparto en el ámbito de plataformas digitales fueron publicados en el **Real Decreto-ley 9/2021, del 11 de mayo de 2021** - dos meses después de que se llegara a un acuerdo con los agentes sociales para su promulgación-, e incluye dos disposiciones -con vigencia a partir del 12 de agosto de 2021-[509]:

> *Artículo único.* **Modificación del texto refundido de la Ley del Estatuto de los Trabajadores, aprobado por el Real Decreto Legislativo 2/2015, de 23 de octubre**
>
> El texto refundido de la Ley del Estatuto de los Trabajadores, aprobado por el Real Decreto Legislativo 2/2015, de 23 de octubre, queda modificado como sigue:
>
> **Uno.** Se introduce una nueva letra d) en el artículo 64.4, con la siguiente redacción:
>
> **d)** Ser informado por la empresa de los parámetros, reglas e instrucciones en los que se basan los algoritmos o sistemas de inteligencia artificial que afectan a la toma de decisiones que pueden incidir en las condiciones de trabajo, el acceso y mantenimiento del empleo, incluida la elaboración de perfiles.
>
> **Dos.** Se introduce una nueva disposición adicional vigesimotercera, con la siguiente redacción:
>
> *Disposición adicional vigesimotercera* Presunción de laboralidad en el ámbito de las plataformas digitales de reparto

---

508 Rodríguez, A. (2021, marzo 11). Ley Rider: las plataformas tendrán que contratar a todos sus repartidores. Hipertextual. Disponible en: https://hipertextual.com/2021/03/aprobacion-ley-rider-riders-empleados [Consulta: 2021, marzo 14].

509 Real Decreto-ley 9/2021, de 11 de mayo, por el que se modifica el texto refundido de la Ley del Estatuto de los Trabajadores, aprobado por el Real Decreto Legislativo 2/2015, de 23 de octubre, para garantizar los derechos laborales de las personas dedicadas al reparto en el ámbito de plataformas digitales (2021, mayo 12). Noticias Jurídicas. Disponible en: https://noticias.juridicas.com/ base_datos/Laboral/697401-rd-ley-9-2021-de-11-may-modifica-el-texto-refundido-de-la-ley-del-estatuto.html [Consulta: 2021, mayo 20].

> Por aplicación de lo establecido en el artículo 8.1, se presume incluida en el ámbito de esta ley la actividad de las personas que presten servicios retribuidos consistentes en el reparto o distribución de cualquier producto de consumo o mercancía, por parte de empleadoras que ejercen las facultades empresariales de organización, dirección y control de forma directa, indirecta o implícita, mediante la gestión algorítmica del servicio o de las condiciones de trabajo, a través de una plataforma digital.
>
> Esta presunción no afecta a lo previsto en el artículo 1.3 de la presente norma.

En general, y a pesar de ser en esencia solo dos elementos introducidos, tales modificaciones han causado mucha polémica. De la revisión realizada pudimos encontrar importantes doctrinarios españoles que en sus blogs han analizado la trascendencia de las nuevas normas. También asociaciones que agrupan a repartidores, sindicatos y medios de comunicación, se han pronunciado para alabar los logros conseguidos o para desmeritarlos.

Entre las opiniones de los doctrinarios encontramos dos grupos: los que consideran que la presunción de laboralidad introducida en la disposición *vigesimotercera* es "*iuris tantum*" (Miguel Rodríguez-Piñero[510], Adirán Todolí[511], Nicolás Clark[512]) y aquellos que más bien creen que constituye una presunción "*iuris et de iure*" (Jesús Cruz Villalón[513], Eduardo Rojo[514], Antonio Baylos[515], Wilfredo Sanguineti[516]).

---

510 Rodríguez-Piñero Royo, M. (2021, mayo 12) Por Fin, La Ley Rider. Disponible en: http://grupo.us.es/iwpr/2021/05/13/por-fin-la-ley-rider/ [Consulta: 2021, mayo 22].

511 Todolí, A. (2021, mayo 12). Nueva "Ley Rider". Texto y un pequeño comentario a la norma [Blog]. Disponible en: https://adriantodoli.com/2021/05/12/nueva-ley-rider-texto-y-un-pequeno-comentario-a-la-norma/ [Consulta: 2021, mayo 22].

512 Clark, N. (2021. Mayo 13) ¿Es la 'ley rider' la solución definitiva del problema? Disponible en: https://bloglaboral.garrigues.com/es-la-ley-rider-la-solucion-definitiva-del-problema [Consulta: 2021, mayo 22].

513 Cruz Villalón, J. (2021, mayo 12) Una presunción plena de laboralidad de los riders [Blog]. Disponible en: https://jesuscruzvillalon.blogspot.com/2021/05/una-presuncion-plena-de-laboralidad-de.html [Consulta: 2021, mayo 22].

514 Rojo, E. (2021, mayo 18). Y llegó la norma que declara la relación laboral de "las personas dedicadas al reparto en el ámbito de las plataformas digitales". Primeras notas y comentarios al RDL 9/2021 de 11 de mayo [Blog]. Disponible en: http://www.eduardorojotorrecilla.es/2021/05/y-llego-la-norma-que-declara-la.html?m=1 [Consulta: 2021, mayo 20].

515 Baylos, A. (2021, mayo 12) Por fin la norma sobre los repartidores de plataformas (la Ley "Riders"). Disponible en: https://baylos.blogspot.com/2021/05/por-fin-la-norma-sobre-los-repartidores.html [Consulta: 2021, mayo 22]

516 Sanguineti, W. (2021, mayo 15). La presunción de laboralidad de los riders o cómo se consiguió la cuadratura del círculo de la laboralidad [Blog]. Disponible en: ht-

Para la mayoría de los que defienden que la presunción es *"iuris tantum"* por medio de ésta *"cabría, por tanto, la prueba en contrario que acreditara que los servicios prestados a la plataforma no lo han sido bajo un contrato de trabajo sino con un título jurídico diferente"*[517]. Reconocen que tiene un ámbito un poco limitado, ya que solo se aplica a las plataformas dedicadas al reparto o distribución que operen mediante plataforma, pero es Todolí quien pone en evidencia la carga superior de requisitos de "activación" que esta añade a los ya existentes **para dar lugar a la presunción general del artículo 8.1 del Estatuto de los Trabajadores. Por otro lado, los** que defienden que la presunción es *"iuris et de iure"*, la ven como una "presunción más fuerte de laboralidad" que se concreta en caso de que se cumpla con los requisitos requeridos que fortalecen la presunción general de la laboralidad ya plasmada en el art. 8.1 del **Estatuto de los Trabajadores, lo que significa que** debe tratarse de una actividad que sea de reparto o distribución "de cualquier producto de consumo o mercancía"; la empleadora tiene que ejercer facultades de organización, dirección y control, sea "de forma directa, indirecta o implícita" a través de una plataforma digital, y consecuentemente se ha de utilizar un algoritmo para gestionar el servicio o para determinar las condiciones de trabajo en dicha empresa o en dicho servicio. Con ella, *"la relación profesional entre las partes se somete necesariamente a la legislación laboral, sin admisión de prueba en contrario por parte empresarial"*[518] , por lo que *"se trata de una declaración inclusiva en el ámbito del Derecho del Trabajo que sólo puede destruirse mediante el cuestionamiento de los elementos básicos que la componen"*[519].

Por otra parte, para muchos conocedores de la materia el aspecto más novedoso de la ley está en que las partes pactaron que para todos los ámbitos *"la representación legal de los trabajadores deberá ser informada de las reglas que encierran los algoritmos y los sistemas de inteligencia artificial que pueden incidir en las condiciones laborales por las que se rigen las plataformas, incluyendo el acceso y mantenimiento del empleo y la elaboración de perfiles"*[520]; por lo cual dicho acceso sindical a los algoritmos que determinan condiciones laborales (no la gestión de la producción)

---

tps://wilfredosanguineti.wordpress.com/2021/05/15/la-presuncion-de-laboralidad-de-los-riders-o-como-se-consiguio-la-cuadratura-del-circulo-de-la-laboralidad/ [Consulta: 2021, mayo 22].

517 Ibidem.

518 Cruz Villalón, J. (2021, mayo 12) Una presunción plena de laboralidad…, Ob. Cit.

519 Baylos, A. (2021, mayo 12) Por fin la norma sobre los repartidores…, Ob. Cit.

520 Pascual Cortés, R. y Jiménez, M. (2021, marzo 11) El acuerdo en la 'ley de riders' incluirá el acceso a los algoritmos laborales en todo tipo de plataformas. El País (España). Disponible en: https://cincodias.elpais.com/cincodias/2021/03/10/economia/1615406790_557660.html?id_externo_rsoc=TW_CC [Consulta 2021, marzo 18].

se aplicará a todo tipo de plataformas digitales -como las de asesorías legales, fiscales u otros profesionales freelance de todas clases- y no solo a las de reparto a domicilio.

En ello coinciden autores como Cristóbal Molina[521], Miguel Rodríguez-Piñero[522], Adrián Todolí[523], Antonio Baylos[524], Jorge Monclús y José María Martínez[525], quienes valoran lo innovador del derecho de acceso a los algoritmos y su ámbito más generalizado (que no se agota en las plataformas digitales de reparto o distribución, sino que abarca todas aquellas empresas que usen algoritmos con consecuencias sobre la labor de los trabajadores), lo que permite conocer "*no solamente si existe algún algoritmo que tome decisiones o influya en las condiciones de trabajo, acceso o mantenimiento del empleo, sino también a saber los parámetros, reglas e instrucciones de funcionamiento de dicho algoritmo o sistema de inteligencia artificial*"[526].

No obstante, estudiosos como la profesora e investigadora Anna Ginés, consideran que ya el tema de los algoritmos tenía una base jurídica en el Reglamento Europeo de Protección de Datos[527], en tanto el artículo 22 regula las decisiones automatizadas, al establecer el derecho de las personas [trabajadores] a conocer tres cosas: la existencia de una decisión 100% automatizada, la lógica que hay detrás de esa decisión y las consecuencias que se pueden derivar de ella. "*En concreto, regula el uso de*

521 Molina, C. (2021, mayo 17) La "Ley" de personas repartidoras en plataformas online ("riders"): ¿pequeño paso legal, gran paso para humanizar el precariado digital? [Blog] Disponible en: https://www.transformaw.com/blog/la-ley-de-personas-repartidoras-en-plataformas-online-riders-pequeno-paso-legal-gran-paso-para-humanizar-el-precariado-digital/ [Consulta: 2021, mayo 22].

522 Rodríguez-Piñero Royo, M. (2021, mayo 12) Por Fin, La Ley Rider..., Ob. Cit.

523 Todolí, A. (2021, mayo 12). Nueva "Ley Rider"..., Ob. Cit.

524 Baylos, A. (2021, mayo 12) Por fin la norma sobre los repartidores de plataformas..., Ob. Cit.

525 Monclús, J. y Martínez, J.M. (2021, mayo 10) Algoritmos y representación legal de la plantilla: del secreto empresarial... ¿a la cogobernanza? [Blog]. Disponible en: https://blog.cuatrecasas.com/laboral/algoritmos-representacion-legal-plantilla-secreto-empresarial-cogobernanza/ [Consulta: 2021, mayo 22]

526 Todolí, A. (2021, mayo 12). Nueva "Ley Rider"..., Ob. Cit. Al respecto, Jorge Monclús y José María Martínez, también opinan que "(...) si se interpreta según su tenor literal, esta expresión podría potencialmente dar lugar a infinidad de supuestos, en la medida en que la norma no obligaría a que la decisión venga directamente impuesta por el sistema algorítmico, sino a que el sistema algorítmico afecte a la toma de la decisión (aunque ésta sea humana)". Monclús, J. y Martínez, J.M. (2021, mayo 10) Algoritmos y representación legal de la plantilla..., Ob. Cit.

527 Reglamento (UE) 2016/679 del Parlamento Europeo y del Consejo del 27 de abril de 2016, relativo a la Protección de las Personas Físicas en lo que respecta al tratamiento de datos personales y a la libre circulación de estos datos (2016, abril 27)..., Ob. Cit.

algoritmos para tomar decisiones sin intervención humana y que tengan 'efectos jurídicos' o 'significativamente importantes', como podrían ser el acceso a una prestación pública, pero también a un empleo, a una promoción, la determinación del salario o del despido"[528], lo que puede ser perfectamente aplicable al derecho que tienen los trabajadores a conocer las métricas (variables) que utiliza la plataforma y su ponderación.

Al respecto, la prensa española[529] alerta acerca de los conflictos que esto podría traer, pues las empresas tratarán de hacer valer su derecho a la confidencialidad de los sistemas algorítmicos y al secreto profesional, así como a la delimitación del alcance de la información, por lo que serán los jueces quienes al final de cuentas tendrán que ir elaborando criterios y límites en el contexto de toda la normativa aplicable.

- **Subsistencia del problema**

Resulta de interés para los fines de esta obra poner de relieve la circunstancia de que ni la decisión del Tribunal Supremo ni la reforma legal parecen haber puesto fin al problema, en tanto, para sindicatos como la Unión General de Trabajadores (UGT) o la Confederación General del Trabajo (CGT) de Cataluña, así como para organizaciones pro-laboralistas de repartidores como RidersxDerechos, los logros obtenidos con la "ley rider" resultan insuficientes para satisfacer las necesidades de los trabajadores a través de las plataformas digitales[530]; mientras que organizaciones como la Asociación Profesional de Repartidores Autónomos (APRA), RepartidoresUnidos.org, Asociación Española

528 Arrieta Palacio, E. (2021, enero 4) Anna Ginés (Esade): "La 'Ley Rider' no evitará la precariedad en plataformas". El Español, sección Invertia. Disponible en: https://www.elespanol.com/invertia/disruptores-innovadores/politica-digital/espana/20210104/anna-gines-esade-ley-rider-no-precariedad/ 547446332_0.html [Consulta: 2021, junio 10].

529 Los algoritmos que rigen las relaciones laborales: así son y así se regulan (2021, mayo 13). El País (España). Disponible en: https://cincodias.elpais.com/cincodias/2021/05/13/companias/ 1620936778_868244.html [Consulta: 2021, mayo 18].

530 Ver: Confederación General del Trabajo (CGT) (2021, mayo 11) CGT de Catalunya «Ley Rider, mucho ruido para nada». Tercera Información (España). Disponible en: https://www.tercerainformacion.es/articulo/catalunya/11/05/2021/cgt-de-catalunya-ley-rider-mucho-ruido-para-nada/ [Consulta: 2021, mayo 22]; Unión General de Trabajadores (UGT) (2021, mayo 11) La Ley Rider, fundamental para regular un sector importante de la economía digital. Disponible en: https://ugt.es/la-ley-rider-fundamental-para-regular-un-sector-importante-de-la-economia-digital [Consulta: 2021, mayo 22]; y RiderxDerechos (2021, mayo 11) Un paso insuficiente, poco que celebrar. Disponible en: https://www.ridersxderechos.org/?p=3260 [Consulta: 2021, mayo 22].

de Riders Mensajeros (Asoriders), Autonomariders, entre otras, manifiestan frontal desacuerdo con la norma y defienden la autonomía de su labor, indicando que no fueron escuchados cuando el 75% de ellos quiere *"poder decidir cuándo y cómo deben trabajar"*[531], por lo que espontáneamente se han organizado grupos de repartidores para protestar en distintas ciudades españolas y alzar la voz ante sus peticiones[532]. Por su parte, las empresas de plataformas de reparto (principalmente, Glovo, Deliveroo y UberEats) también se sienten decepcionadas al verse obligadas a regularizar a todos los repartidores durante los tres

531 *"Algunos 'riders' no se sienten identificados con las peticiones de Riders x Derechos y piden seguir siendo autónomos para gozar de la flexibilidad horaria que las plataformas ofrecen. Empiezan a surgir distintas asociaciones (APRA, AAR, Asoriders, ARAC) que agrupan a los repartidores que quieren seguir siendo autónomos y con las que las empresas firman distintos Acuerdos de Interés Profesional. Estos repartidores pro autónomos, ante la dirección que empiezan a tomar las sentencias y la Inspección de Trabajo, temen que se les convierta en asalariados y perder así la flexibilidad que tanto valoran. Algunos cuidan a personas dependientes, otros lo compaginan con sus estudios u otros empleos, o simplemente deciden autoemplearse largas jornadas que, de ser asalariados, no podrían realizar. Además, consideran que si se laboraliza a los 'riders' muchos de ellos perderían su trabajo. En la calle, los repartidores están divididos, algunos quieren ser contratados y otros mantenerse como autónomos"*. Torrecillas, P. (2021, mayo 11) Cronología de la Ley Rider: siete claves para entender un conflicto que va más allá de lo laboral. RTVE. Disponible en: https://amp.rtve.es/noticias/20210511/cronologia-ley-rider/2084930.shtml? __twitter _impression=true [Consulta: 2021, mayo 13].

532 Ver entre otros: Aguilar, J. (2021, mayo 11) El Gobierno aprueba la 'ley rider': Glovo y Deliveroo tienen tres meses para contratar a los repartidores. ABC (España). Disponible en: https://www.abc.es/economia/abci-gobierno-aprueba-ley-rider-glovo-y-deliveroo-tienen-tres-meses-para-contratar-repartidores-202105111416_noticia.html [Consulta: 2021, mayo 12]; Martínez, J. y Estéves, A. (2021, mayo 27). Centenares de repartidores se concentran frente al Congreso y en varias ciudades para protestar contra la "Ley rider". Antena3. Disponible en: https://www.antena3.com/noticias/sociedad/centenares-repartidores-concentran-frente-congreso-varias-ciudades-protestar-ley-rider_2021052760af6c73fcfa810001dfbb65.html [Consulta: 2021, mayo 27]; Los repartidores españoles proautónomos protestarán durante el debate de la Ley Rider en el Congreso (2021, mayo 26) Efeagro.com. Disponible en: https://www.efeagro.com/noticia/rider-congreso-ley/ [Consulta: 2021, mayo 30]; Llera, L. C. (2021, junio 10) Los repartidores de Glovo de Vigo quieren seguir siendo autónomos. La Voz de Galicia. Disponible en: https://www.lavozdegalicia.es/noticia/vigo/vigo/2021/06/10/repartidores-glovo-vigo-quieren-seguir-siendo-autonomos/00031623320172332887216.htm [Consulta: 2021, junio 10]; y Los 'riders' exigen frente al Congreso ser autónomos y no contratados (2021, junio 10). Madridpress.com. Disponible en: https://madridpress.com/art/289476/los-riders-exigen-frente-al-congreso-ser-autonomos-y-no-contratados [Consulta: 2021, junio 10].

meses siguientes a la publicación de la norma en el Boletín Oficial[533], por lo que amenazan con reducir sus plantillas y modificar las condiciones de trabajo (imposición de horarios, jornadas y salario fijo)[534] o abandonar el mercado (afectando miles de puestos de trabajo)[535]. Al tiempo, buscan alternativas para no ver afectado su modelo de negocio valiéndose de las regulaciones que permiten la subcontratación de empresas que funcionan como agencias de colocación o de servicios eventuales (ETT en España), que a su vez, exigen a los repartidores el cumplimiento de horarios de trabajo o de un estándar mínimo de resultados, atentando contra la preciada autonomía y principal ventaja de la vinculación.

Como hemos reiterado, con la Ley del Estatuto de Trabajadores Autónomos (LETA) los españoles lograron concretar un mecanismo legislativo que parecía idóneo: el de los trabajadores autónomos económicamente dependientes (TRADE). No obstante, gran parte de los tribunales y hasta el Tribunal Supremo de Justicia se inclinaron por ver una falsa autonomía y por indicar que había laboralidad. Con la modificación del Estatuto laboral lo más novedoso fue el derecho a tener información sobre los algoritmos, pero no se regularon otros aspectos importantes como los horarios o la forma de cálculo de la remuneración y se dejó por fuera a choferes de transporte urbano[536], personal de limpieza u otras actividades laborales llevadas a cabo a través de las plataformas. Al tiempo, hay grupos organizados de trabajadores que se niegan a adherirse a las nuevas regulaciones por considerar que ha sido afectada su autonomía, lo que evidencia que hay temas

---

533 Aguilar, J. (2021, mayo 11) El Gobierno aprueba la 'ley rider'..., Ob. Cit.

534 Por ejemplo, para cumplir con la ley, del total de repartidores que prestaban servicios para Glovo en España, la empresa decidió contratar como parte de su plantilla sólo a 2000 de ellos, quienes pasarán a ser asalariados, se les asignarán horarios, retribuciones fijas y rutas concretas. Veáse: Glovo contratará a cerca de 2.000 repartidores en España antes de 2022 para adaptarse a la ley de 'riders' (2021, julio 28). El País (España). Disponible en: https://elpais.com/economia/2021-07-28/glovo-contratara-a-cerca-de-2000-repartidores-en-espana-antes-de-2022-para-adaptarse-a-la-ley-de-riders.html?utm_source= Twitter&ssm=TW_CM#Echobox=1627550435-1 [Consulta: 2021, julio 30].

535 Antes de la entrada en vigencia de la ley, Deliveroo anunció que cerrará operaciones en España, argumentando que para adaptarse a los requerimientos de la nueva norma requeriría una inversión muy elevada a largo plazo que hace inviable el desarrollo económico de su negocio en el país. Véase: Deliveroo abandona España antes de la entrada en vigor de la ley de 'riders'. (2021, julio 30). El País (España). Disponible en: https://cincodias.elpais.com/cincodias/2021/07/30/companias/1627633668_891613.html?utm_source=Twitter&ssm=TW_CM#Echobox=1627637019-1 [Consulta: 2021, julio 30].

536 Según entendemos, en España para prestar servicios de transporte público urbano se debe contar con licencias que se conceden a las empresas y no a los conductores, por lo que éstos se asocian a aquellas y por ende resultan dependientes.

no resueltos por la norma, en tanto inciden y desconocen la esencia del trabajo a través de las plataformas digitales.

El hecho de que las empresas de plataformas se vean obligadas a convertir a sus trabajadores en subordinados para adaptarse a los esquemas de la ley ha hecho que más bien se busquen maneras de evadirla, lo que sólo propicia la tercerización laboral (las empresas están renuentes a contratarlos directamente) a través de agencias intermediarias[537], institución que ya parecía haber sido superada y que no favorece económicamente a las empresas, ni a los repartidores, ni a los consumidores. O, alternativamente, generará la drástica pérdida de puestos de trabajo por la inviabilidad económica del negocio.

IV.2.8. Estados Unidos de Norteamérica

Al igual que en el caso español, decidimos dividir el acápite en secciones para su mejor entendimiento:

- **Base legal**

La principal particularidad del modelo estadounidense es que cada estado cuenta con un alto grado de autonomía, siendo capaz de crear sus propias leyes y administrar justicia[538].

Su derecho laboral está conformado por una colección heterogénea de leyes federales y estatales y por decisiones judiciales (jurisprudencia) y de agencias administrativas[539]. No existe una definición estándar del término trabajador ni una clasi-

---

537 A partir de la aprobación de la reforma de la ley del Estatuto de los Trabajadores, que entra en vigencia el 12 de agosto de 2021, las compañías del sector del reparto a domicilio se preparan para evadir la contratación directa de los repartidores activando programas piloto con empresas intermediarias para subcontratar el servicio. Ya agencias como Deliveers, Jobandtalent, Jobtoday o AraVinc ofrecen a las plataformas asumir ese servicio y ocupar ese nicho de negocio que ha abierto la nueva normativa. UberEats es una de las primeras que ha implementado la contratación de trabajadores por medio de intermediarios para poder trabajar con la plataforma (así que los trabajadores deben afiliarse a través de ese tercero). Ver: Ubieto, G. (2021, mayo 17) Glovo, Deliveroo y UberEats ensayan tres nuevos modelos para resignarse a la 'ley Rider'. El Periódico (España). Disponible en: https://www.elperiodico.com/es/economia/20210516/glovo-deliveroo-ubereats-ley-rider-empleo-subcontratas-11724660 [Consulta: 2021, mayo 20].

538 Esto se hace por medio de sus propios tribunales, fiscales y agencias policiales, siempre bajo los principios de la Constitución.

539 Agencias Administrativas como la Junta Nacional de Relaciones Laborales (National Labor Relations Board), que se ocupa de los conflictos entre empleadores y empleados surgidos en el marco de la Ley Nacional de Relaciones Laborales (National Labor Relations Act) y determina qué organización laboral representa a determinado grupo

ficación del mismo en las leyes federales o estatales, sino que para su determinación *"la mayoría de los tribunales adoptan el enfoque de la prueba jurisprudencial para analizar si la parte contratante mantiene el derecho a controlar la forma y los medios por los cuales se realiza el trabajo"*[540].

Es necesario aclarar que las leyes federales que se aplican en todo el territorio estadounidense fijan las bases que los estándares generales de trabajo y los derechos de los trabajadores a sindicalizarse en el sector privado, pero también invalidan la mayor parte de las leyes locales y estatales que quieran regular esta área[541]; mientras que las leyes estatales se encargan de regular la protección legal de los empleados de gobiernos estatales y municipales[542], agricultores y empleados domésticos.

Por otra parte, la ley federal establece un salario mínimo federal y derecho a horas extra para la mayor parte de los trabajadores tanto del sector público como del privado[543], pudiendo la ley estatal y municipal proveer derechos

---

de empleados; o la Autoridad Federal de Relaciones Laborales (Federal Labor Relations Authority), que tiene competencia en los conflictos surgidos entre los empleados y las agencias del sector público federal, sujetos a la Ley de Relaciones Laborales en el Sector Federal (Federal Service Labor-Management Relations Act). Cornell Law School. Legal Information Institute (SF). Disponible en: https://www.law.cornell.edu/wex/es/la_ley_laboral [Consulta: 2021, julio 1].

540 Organización Internacional de Empleadores (2019, octubre) Documento de políticas de la OIE…Ob. Cit.

541 Leyes federales, estatales y locales: ¿cuál es la diferencia? (SF) Morgan & Morgan (Abogados). Disponible en: https://www.abogados.com/blog/leyes-federales-estatales-y-locales-cual-es-la-diferencia/ [Consulta: 2021, junio 30].

542 El gobierno regula determinadas condiciones de empleo, como salarios mínimos, seguridad y salud en el trabajo, pensiones y prácticas de contratación, pero las relaciones laborales en el sector público son regidas por leyes federales o estatales, según se trate de empleado federal o estatal, siendo que los empleados estatales y municipales se rigen por leyes laborales de cada uno de los 50 Estados, basadas en las federales. Las Relaciones Laborales en Estados Unidos (2008). Revista Actualidad Internacional Sociolaboral (AIS), Ministerio del Trabajo y Economía Social (España). Disponible en: https://www.mites.gob.es/ficheros/ministerio/mundo/revista_ais/129/150.pdf [Consulta: 2021, junio 30].

543 La Ley de Estándares de Trabajo Justo (FLSA, por sus siglas en inglés), aprobada por el Congreso estadounidense en 1938, regula es el establecimiento de un salario mínimo y el derecho al reconocimiento de un excedente en las horas en una semana laboral, conocidas como horas extraordinarias o extras, para la mayor parte de los trabajadores. Ver: ¿Qué regula la ley de estándares de trabajo justo? (SF). Abogado.com. Disponible en: https://www.abogado.com/recursos/horas-y-salarios/-qu-regula-la-ley-de-normas-del-trabajo-justo.html [Consulta: 2021, julio 1]; y Ley de Estándares de Trabajo Justo (SF) McAleer Law. Disponible en: https://www.mcaleerlaw.com/ley-de-estandares-de-trabajo-justo-abogados-de-tiempo-extra.html [Consulta: 2021, julio 1].

más amplios[544]. Similarmente, la ley federal provee condiciones y garantías mínimas de trabajo, pero permite a los estados tomar esas responsabilidades y aplicar regulaciones más beneficiosas[545]. En ese país no se conciben prestaciones como antigüedad y/o cesantía, como se manejan en Colombia, Venezuela y otros países de Latinoamérica, al tiempo que los trabajadores autónomos muchas veces pueden implicar cargas para el Estado, a diferencia de los considerados como empleados, respecto a los cuales, el empleador tiene la responsabilidad de recabar y pagar los impuestos federales y la Seguridad Social, los impuestos del seguro de desempleo y los impuestos estatales de empleo, para proporcionar un seguro de compensación al trabajador[546], y deben cumplir con numerosos estatutos y reglamentos estatales y federales que rigen los salarios, las horas y las condiciones de trabajo de los empleados.

Otro aspecto por destacar es que con la sobrevenida situación generada a partir de la pandemia del COVID-19, el gobierno de los Estados Unidos decidió ampliar las prestaciones por desempleo a los trabajadores autónomos no asegurados[547], como forma de palear temporalmente su situación económica

---

544 Algunos gobiernos estadales y municipales han promulgado leyes que establecen salarios mínimos mayores y otorgan otros beneficios no contemplados en la FLSA. Actualmente 29 estados tienen salarios mínimos estatales mayores al mínimo federal. Si un empleado está cubierto por ambas leyes federales y estatales sobre el salario mínimo entonces, de acuerdo con la ley federal, el empleado tiene derecho al más alto de los dos salarios. Beneficios Establecidos por Ley para los Empleados (SF). Abogado.com. Disponible en: https://www.abogado.com/recursos/ley-del-trabajo/beneficios-a-los-empleados-establecidos-por-l.html [Consulta: 2021, julio 1].

545 Ley Nacional de Relaciones Laborales ("NLRA", por sus siglas en inglés) de 1935, fue concebida para proteger los derechos de los empleados y empleadores, alentar la negociación colectiva y para restringir ciertas prácticas laborales y administrativas del sector privado, que pueden perjudicar el bienestar general de los trabajadores, las empresas y la economía de los Estados Unidos. Ésta permite a los estados promulgar leyes que contemplen derechos y condiciones laborales más favorables para los trabajadores. Junta Nacional de Relaciones Laborales (SF). Disponible en: https://www.nlrb.gov/es/acerca-de-la-nlrb/los-derechos-que-protegemos/la-ley/estandares-jurisdiccionales [Consulta: 2021, junio 30].

546 El empleador está obligado a retener del salario bruto del trabajador un impuesto federal mensual que suma hasta 7.65% para cubrir Seguridad Social y Medicare (6.2% corresponde al Seguro Social, mientras que 1.45% al Medicare), y aportar el mismo monto por parte de la empresa, cuya suma total debe consignarse mensualmente a la Oficina de Recaudación de Impuestos (IRS). Adicionalmente, de forma trimestral tiene pagar al Departamento de Ingresos (DOR) del estado donde este domiciliada su empresa una tasa por concepto de desempleo. ¿Cómo funciona el pago de sueldos en USA?.(SF) Contador América. Disponible en: https://contadormiami.com/es/como-funciona-el-pago-de-sueldos-en-usa/ [Consulta: 2021, julio 1].

547 Organización Internacional del Trabajo [OIT] (2021). World Employment and Social Outlook.., Ob. Cit, p. 10.

dada las circunstancias actuales, incluyendo en esta medida a los trabajadores de las plataformas.

- **Jurisprudencia**

De acuerdo con lo planteado anteriormente, al revisar las decisiones de los tribunales de esa nación debe tenerse presente que su constitución y funcionamiento legal y judicial corresponde a un sistema federal, por lo que, salvo las materias de orden nacional (federal), cada Estado dispone de sus propias regulaciones laborales y las sentencias de sus tribunales no necesariamente deben ser coincidentes. Formuladas estas advertencias, presentamos los siguientes casos, que se han considerado como relevantes:

Sentencias de fecha 16 de junio de 2015 de la Corte Superior de California y del 30 de abril de 2018 del Tribunal Supremo del estado de California [Trabajador bajo relación subordinada]

En el estado de California se han dictado dos fallos de gran trascendencia para la jurisprudencia con relación a los conductores de Uber[548] y a los repartidores de Dynamex[549], cuyo punto en común viene dado por la declaración en ambos casos de la existencia de relaciones laborales.

Nos permitimos transcribir en extenso destacada doctrina ius laboralista, que analiza y avala estas conclusiones. Seguidamente, comentaremos los detalles de cada caso y presentamos nuestra opinión crítica.

El Profesor Carballo Mena (2019) destaca:

> En el escenario apuntado se insertan dos recientes fallos emanados de altos tribunales de California (Estados Unidos) donde se escruta la naturaleza jurídica de los servicios prestados por transportistas privados de personas (*Uber Technologies, Inc.* y *Rasier CA-LLC v. Barbara Berwick),* y repartidores de paquetes y documentos (*Dynamex Operations West, Inc. v. The Superior Court of Los Angeles County*), calificados convencionalmente como contratistas independientes.

548 Superior Court of California, County of San Francisco, Labor Commision Appeal (2015, junio 16). N° CGC-15-546378. Uber Technologies, Inc. A. Delaware Corporation vs Barbara Berwick. [Traducción libre] Disponible en: https://digitalcommons.law.scu.edu/cgi/viewcontent.cgi?article=1988&context=historical [Consulta: 2020, septiembre 30].

549 Supreme Court of California (2018, abril 30). N° S222732. Dynamex Operations West, Inc. v. Superior Court. [Traducción Libre] Disponible en: https://scocal.stanford.edu/opinion/dynamex-operations-west-inc-v-superior-court-34584 [Consulta: 2019, septiembre 25].

> Destaca en ambos casos que, a pesar de la calificación contractual y la aparente autonomía en cuanto a la forma de ejecución del servicio y los medios a tal fin empleados, los órganos judiciales declararon la existencia de relaciones de trabajo atendiendo a *vestigios* tales como la inserción del prestador de servicios en la organización empresarial a cargo del contratante, en cuya esfera —además— se implementaron eficaces métodos de control mediante plataformas tecnológicas.
>
> Los aludidos criterios judiciales ofrecen una aproximación rasante, por un lado, al "trabajo a pedido mediante aplicaciones", y por el otro, al —complejo— método tipológico implementado en Estados Unidos para reconocer la existencia de relaciones de trabajo (test de control sobre la ejecución del trabajo, y sus variantes), cuya alternativa —más simple y cónsona con el propósito tutelar de la legislación laboral— encarna en el test ABC, caracterizado por la presunción de relación de trabajo entre el prestador del servicio y quien lo recibe, y la consecuente carga de éste de desvirtuarla mediante la prueba **de tres rasgos concurrentes**: ausencia de control y dirección sobre la ejecución del trabajo, independencia entre el trabajo ejecutado y la actividad habitual del contratante, y precedentes empresariales del prestador del servicio.
>
> El apuntado modelo tipológico **contrasta** con la alternativa de subsumir el vínculo analizado en los presupuestos que el ordenamiento jurídico atribuya a la relación de trabajo, esto es, comúnmente, carácter personal, productivo (o remunerado), y dependiente o subordinado.[550] (Subrayado nuestro).

EL TEST BORELLO

En sentencia de fecha **16 de junio de 2015**, la **Corte Superior de California** declaró a una ex conductora de Uber como empleada y no como contratista independiente, en el caso Barbara Ann Berwick contra Uber Technologies, Inc., confirmando una orden de la **Comisión Laboral de California** de fecha **3 de junio de 2015**.

La demandante, una ex conductora de Uber que trabajó para la empresa entre el 25 de julio y el 18 de septiembre de 2014, reclamaba el pago de gastos de combustible y peajes generados durante el período en las que ejerció su labor.

Para el análisis se aplicó la prueba de Borello (establecida por la Corte Suprema de California en el caso S.G. Borello & Sons, Inc. v. Dept. of Indus. Relations, en 1989) y que consiste en la valoración de una serie de factores que constituyen indicios de la existencia de la condición de contratista independiente como[551]:

---

550 Carballo Mena, C.A. (2019). Vestigios del trabajo dependiente…Ob. Cit., p. 4.

551 Superior Court of California, County of San Francisco, Labor Commision Appeal (2015, junio 16)…, Ob. Cit., pp 6-7. También ver: Weber. P. y Turcios, E. (2015, ju-

a) si el prestador de servicios se dedica a una ocupación o negocio distinto al del principal;

b) si el trabajo ejecutado es parte del negocio regular del contratante o presunto empleador;

c) si el contratante o el prestador del servicio proveen instrumentos, herramientas y/o facilidades para la persona que realiza el trabajo;

d) la inversión del supuesto empleador en el equipo u otros materiales requeridos para que el trabajador realice su tarea o en la contratación de ayudantes;

e) si el servicio prestado requiere alguna habilidad especial;

f) si, en la localidad, el trabajo generalmente se realiza bajo la dirección del contratante o, en su defecto, de un especialista sin supervisión (dependiendo del tipo de ocupación);

g) si el pretendido trabajador afronta la posibilidad de obtener ganancias o pérdidas dependiendo de su habilidad gerencial;

h) el período de tiempo durante el cual se realizarán los servicios;

i) el grado de estabilidad o permanencia del vínculo laboral;

j) el método de pago ya sea por unidad tiempo o por unidad de obra; y

k) si las partes estiman —o no— estar vinculadas por una relación de trabajo.

Del análisis se derivó que Uber ejercía un completo control sobre las actividades que realizaba la conductora, como las que se ejercen sobre un empleado.

> Al obtener los clientes que necesitaban el servicio y proporcionar a los trabajadores para realizarlo, los Demandados retuvieron todo el control necesario sobre la operación en su conjunto. La parte que busca evitar la responsabilidad tiene la carga de probar que las personas cuyos servicios ha contratado son contratistas independientes en lugar de empleados. En otros trabajos, existe una presunción de empleo (Código de Trabajo §3357; Borello, supra, en ap. 349, 354)[552]

Se determinó que aunque la empresa se presentaba nada más como una plataforma tecnológica neutral, estaba involucrada en "todos los aspectos" de la operación: desde la investigación de posibles conductores que deben proporcionar infor-

---

nio 24) Uber Hits a Speed Bump in California: Labor Commissioner Rules Driver is an Employee [Traducción libre]. Disponible en: https://www.pillsburylaw.com/en/news-and-insights/uber-hits-a-speed-bump-in-california-labor-commissioner-rules.html#:~:text=On%20June%2016%2C%202015%2C%20smartphone,rather%20than%20an%20independent%20contractor [Consulta: 2020, noviembre 12].

552 Ibidem.

mación personal y pasar las verificaciones de antecedentes hasta de las herramientas que utilizan los conductores; también en el uso de la aplicación y el monitoreo de las calificaciones de aprobación de los conductores, la cancelación de su acceso a la aplicación y la no negociación de las tarifas.

Finalmente, la conclusión del fallo fue declarar a la conductora como empleada y ordenar a Uber a reembolsarle $ 4.152,20 en gastos comerciales en los que incurrió en combustible y peajes durante las ocho semanas que trabajó como conductora de Uber. Nótese que la decisión no implicó mayores consecuencias económicas inmediatas.

Con relación a la sentencia del caso Uber Technologies, Inc. y Rasier Ca-LLC v. Barbara Berwick (2015), Carballo Mena (2019) señala:

> La controversia se circunscribe a determinar si la relación jurídica trabada entre las partes revistió naturaleza laboral o mercantil. A tal fin corresponde aplicar el test de control, es decir, el catálogo de indicadores estimados relevantes por la Corte Suprema de California (Estados Unidos) en el caso *S.G. Borello & Sons, Inc. v. Dept. of Industrial Relations* (1989): (...)
>
> En el caso concreto sometido a resolución judicial se observa que las demandadas, a los fines de captar clientes y proveerles conductores privados, aglutinan todo el control necesario sobre la operación globalmente considerada. En este sentido, la parte que pretenda evitar responsabilidades habría de soportar la carga de probar que las personas de cuyos servicios ha dispuesto son contratistas independientes en lugar de trabajadores (bajo su dependencia)
>
> En consecuencia, procede la declaratoria de existencia de relación de trabajo cuando el servicio prestado forme parte integrante del negocio regular del beneficiario: El trabajo ejecutado por la demandante se inserta en el negocio de las demandadas.
>
> Las demandadas desarrollan el negocio de provisión de servicios de transporte a los pasajeros. La demandante prestó servicios de transporte a dichos pasajeros. Sin conductores, tales como la demandante, el negocio de las demandadas no existiría.
>
> Las demandadas se asumen como simples proveedoras de una plataforma tecnológica diseñada exclusivamente para facilitar, en el ámbito del negocio de transporte privado, la conexión entre conductores y pasajeros. La realidad, no obstante, es que éstas aparecen involucradas en todos los aspectos de la referida operación:
>
> 1) Aprueban a los conductores que aspiran incorporarse al negocio (y al personal que éstos eventualmente contraten), quienes deben sumi-

nistrar información sobre antecedentes personales, registro en el Departamento de Vehículos Automotores (California), cuenta bancaria, residencia, y número de seguridad social;

2) Las demandadas controlan tanto el instrumento fundamental de trabajo (el vehículo debe ser previamente registrado, funcionar adecuadamente y acumular una antigüedad que no exceda de diez años), como el desempeño del conductor (mediante un índice de aprobación por parte de los usuarios, de cuyo resultado se hace depender la continuidad del vínculo contractual);

3) Los pasajeros pagan a las demandadas la tarifa establecida por el traslado, y éstas, a su vez, transfieren a los conductores el importe —no negociable— por el servicio prestado.

4) Las demandadas desalientan la aceptación de propinas por parte de los conductores, de conformidad con su estrategia publicitaria y de mercadeo.

5) Los únicos activos de la demandante son su trabajo personal —que no involucra habilidades gerenciales que afecten sus ganancias o pérdidas— y su vehículo. Más allá del vehículo, la demandante carece de inversiones en el negocio, y

6) Las demandadas proveen la aplicación para *iPhone*, esencial para la ejecución del trabajo.

En conclusión, con base en los argumentos expuestos en los párrafos precedentes, se declara que la demandante ostentó el estatus de trabajadora al servicio de Raiser-Uber.[553]

La sentencia en comentario no aplicó el denominado test "ABC", sino más bien el "test de control", compuesto por once (11) indicios que sirven para establecer la subordinación o la independencia del prestador de servicios. En nuestro criterio de haber aplicado correctamente el referido componente indiciario, la conclusión de la sentencia hubiere sido exactamente la contraria:

1) Uno de los indicios fundamentales en el sistema citado es la inserción del prestador de servicios en el negocio del supuesto patrono, y estamos acá de nuevo en el tema de la calificación jurídica y económica de las plataformas. En este caso, se concluyó que la plataforma presta un servicio de transporte, con lo cual -aunque no se dice expresamente- se descarta que se trate de una empresa de tecnología de la información y comunicaciones (TIC) o se le excluye de la Sociedad de la Información.

553 Carballo Mena, C.A. (2019). Vestigios del trabajo dependiente... Ob. Cit.

2) La sentencia concluye que se trata de un servicio de transporte, sin embargo, paradójica y contradictoriamente, valora que la herramienta principal de trabajo (aplicación) es proveída por Uber y restan valoración económica al vehículo que es aportado por el conductor. Esto equivale a decir que la herramienta de más valor en esta "empresa de transporte", no son los vehículos para dicho transporte, sino la aplicación tecnológica. Entonces ¿cuál es la naturaleza de la empresa?

3) Se considera como una forma de control la calificación de los usuarios. Lo que en nuestro criterio no es un mecanismo de control de personal, sino mecanismo propio de las TIC y de las plataformas en general.

4) Amén de haber aplicado errada y contradictoriamente los indicios contenidos en los literales a y b, del test control -referidos en los puntos anteriores-, la sentencia obvió la aplicación del resto los literales: El principal medio para la prestación física del servicio es el vehículo aportado por el conductor (literal d); existe la posibilidad de sustituir al conductor por voluntad de éste, lo que no sólo suprime el elemento fundamental de la prestación de servicios "personal", sino que también encuadra en el indicio "negativo" del mismo literal d (contratación de ayudantes); el servicio prestado requiere de una habilidad especial así como de licencia o permiso (literal e); el trabajo se realiza habitualmente sin supervisión (literal f); el pretendido trabajador definitivamente afronta la posibilidad de obtener ganancias o sufrir pérdidas dependiendo de su habilidad gerencial, ya que es él quien decide las horas y tiempo que trabaja, las zonas, e incluso a qué plataforma conectarse, adicionalmente asume los principales riesgos materiales y legales, al ser propietario y conductor del vehículo (literal g); la duración del trabajo ejecutado depende exclusivamente de la voluntad del conductor (literal h); el vínculo carece de toda estabilidad, y su duración depende principal y casi exclusivamente de la voluntad del conductor, quien en todo momento puede decidir dejar de usar la plataforma o trabajar alternativamente con otras, o incluso realizar otras labores distintas (literal i); el método de pago es por servicio prestado, lo cual es común en la prestación de este tipo de servicios aun en forma independiente (como ocurre con los taxis); y por último, aunque el autor citado descarta o critica este indicio, resulta claro que los conductores en su mayoría no estiman estar vinculados por una relación de trabajo (literal k).

En nuestro criterio, según acabamos de esbozar, la correcta aplicación del test de control citado por la sentencia bien hubiera llevado a abordar la conclusión contraria; vale decir, determinar la independencia y carácter no laboral del vínculo entre conductores y plataformas. A estos comentarios sobre la aplicación del test, cabría agregar uno de los aspectos metajurídicos esbozados en el acápite IV.1[554],

---

554 Aspectos metajurídicos de la caracterización de las relaciones derivadas de la prestación de servicios a través de las plataformas digitales.

destacando que la calificación judicial de la existencia de una relación de trabajo, sólo implicó para la trabajadora el reconocimiento de gastos comerciales en los que incurrió en combustible y peajes durante el tiempo que mantuvo el vínculo, lo que evidencia la poca incidencia que tiene esta declaración sobre auténticos o mejores derechos laborales reconocidos en otros países.

- EL TEST **ABC**

Por otra parte, en fecha **30 de abril de 2018**, el **Tribunal Supremo del estado de California** dictó otra sentencia que sienta un precedente jurisprudencial importante tanto para el Derecho Federal como para el del estado californiano. Se trata del caso "Dynamex operations West, Inc y Charles Lee *et al*", en el cual más allá de determinar la relación laboral existente entre el demandado y el demandante, el juez se explayó en un debate acerca de la clasificación de las relaciones laborales -asalariado e independiente-, y la necesidad de establecer un estándar favorable que permita cambiar el mercado laboral de los trabajadores independientes, lo que implica la asunción de una "política judicial", que obviamente sobrepasa la simple interpretación de los hechos y de la ley.

Esta demanda tuvo su punto de partida en la reclamación de un conductor de reparto, quien en su propio nombre y en nombre de una serie de conductores en similares condiciones, presentó en abril de 2005 una queja colectiva contra Dynamex Operations West, Inc. (Dynamex) ante la Corte Superior del Condado de Los Ángeles, alegando que la empresa de entrega de paquetes y documentos en todo el territorio de los Estados Unidos los había clasificado erróneamente como contratistas independientes cuando en realidad eran empleados. Ello vino fundamentado en que hasta el año 2004 el personal que prestaba servicios para Dynamex era considerado como trabajador asalariado (*employee*), pero luego hubo un cambio de estrategia de la empresa en la que se adoptó una política contractual distinta, y los conductores pasaron a ser considerados trabajadores independientes (*independent contractors*), con la consiguiente suscripción voluntaria de las partes implicadas.

Inicialmente, el Tribunal Superior certificó que una clase de aproximadamente 184 conductores que habían realizado servicios de entrega para Dynamex entre 2001 y la fecha de la orden de certificación, habían sido clasificados erróneamente como contratistas independientes (aunque luego fueron excluidos de este grupo aquellos que empleaban a otros conductores o que realizaban servicios de entrega para su propio negocio o para otra empresa).

Ante esta decisión, Dynamex le pidió al Tribunal de Apelaciones de California que anulara la orden del Tribunal Superior, pero fue denegada por este. Por tal motivo, solicitó la revisión de la decisión del Tribunal de Apelaciones ante el Tribunal Supremo de California.

Para el análisis del caso el máximo tribunal del estado usó la prueba o test "ABC", adoptando un estándar mediante el cual tomó como referencia características particulares de los trabajadores asalariados para determinar si, de acuerdo a la normativa estatal californiana, ello se le podía aplicar a los conductores de reparto o, como lo alegaba la empresa, eran trabajadores independientes. De manera que no serían asalariados si:

> (...) (A) el trabajador está libre del control y dirección del arrendatario en relación con la ejecución de la obra, tanto en virtud del contrato para la ejecución de dicho trabajo como de hecho; (B) el trabajador realiza trabajos que no forman parte de la actividad normal del negocio de la entidad contratante; (C) el trabajador se dedica habitualmente a una actividad comercial establecida de manera independiente, ocupación o negocio de la misma naturaleza que el trabajo realizado para la entidad contratante (...)[555].

Así, entre los elementos de la prestación de servicios que llevaron al juez a tomar una decisión fueron[556]:

a) Por lo general, los conductores son libres de establecer su propio horario, pero deben notificar a Dynamex los días que pretenden trabajar para la empresa.

b) Los conductores están obligados a obtener y pagar un teléfono celular con una operadora en particular (Nextel) para comunicarse con la compañía.

c) Las entregas son asignadas por responsables de la empresa según su criterio. Los conductores no tienen garantía del número o tipo de entregas que se les ofrecerán.

d) Aunque los conductores no están obligados a hacer todas las entregas que se les asignan, deben notificar inmediatamente a Dynamex si tienen la intención de rechazar una entrega ofrecida para que la empresa pueda contactar rápidamente a otro conductor; los conductores son responsables por cualquier pérdida, asumiendo Dynamex la responsabilidad si aquellos no lo hacen.

e) A pesar de que los conductores usen sus propios vehículos para recoger y entregar la mercancía, de acuerdo con el contrato suscrito por la empresa con algunos clientes se requiere que estos coloquen calcomanías de Dynamex y/o del cliente en lugares visibles de sus vehículos. Igual-

---

555 Supreme Court of California (2018, abril 30). N° S222732. Dynamex Operations West, Inc. v. Superior Court..., Ob. Cit.

556 Ibidem.

mente, muchas veces deben usar camisas e insignias que los identifiquen con Dynamex al hacer las entregas.

f) En ausencia de un acuerdo especial entre Dynamex y un cliente, los conductores son por lo general libres de elegir la secuencia en la que van a hacer las entregas y las rutas que tomarán, pero están obligados a completar todas las entregas asignadas en el día. Sin embargo, si un cliente lo solicita, los conductores deben cumplir los requisitos que éste le solicita en cuanto a plazos de entrega y secuencia de paradas.

g) Los conductores contratados por Dynamex están autorizados para sub contratar a otras personas que puedan las entregas requeridas por la empresa y, cuando no tienen viajes asignados, pueden a hacer reparto para otra compañía de entrega, incluyendo el propio negocio de entrega personal del conductor. Sin embargo, tienen prohibido desviar cualquier orden de entrega a un servicio de entrega de la competencia en nombre de Dynamex.

h) Por lo general, los conductores son contratados por un período de tiempo indefinido, pero Dynamex se reserva la facultad de rescindir su contrato con cualquier conductor sin causa, con un preaviso de tres días.

Para el tribunal, tras un examen exhaustivo del caso, y la revisión de la doctrina asentada en sentencias anteriores, concluyó que la empresa "*obtiene a los clientes para sus entregas, establece la tarifa que se les cobrará a los clientes, notifica a los conductores dónde recoger y entregar los paquetes, efectúa el seguimiento de los paquetes, y requiere que los conductores utilicen su sistema de rastreo y mantenimiento de registros*"[557]; y, por otro lado, destacó el hecho de que durante los períodos de tiempo considerados los conductores solo realizaron servicios de entrega para la empresa, sin que hubiera evidencia de que éstos tuvieran otra ocupación adicional a la que tenían con Dynamex.

Fue la evaluación de todos estos elementos presentes en cláusulas contractuales suscritas entre los conductores y la empresa y su aplicación efectiva en los hechos, los que le permitieron llegar a la conclusión unánime de que los demandantes "*son presuntamente empleados a los efectos de las órdenes salariales de California y que la entidad contratante tiene la carga de establecer que un trabajador es un contratista independiente que no está sujeto a las protecciones de las órdenes salariales*"[558], en consecuencia, toda entidad contratante que establezca que un trabajador es un contratista independiente deberá acreditar cada una de las tres partes de la "prueba ABC".

Por ello, Timothy Kim (2018) considera que "*a la luz de este caso, cualquier negocio que opere en California que trate a los trabajadores como contratistas indepen-*

557 Ibidem.

558 Ibidem.

dientes debe consultar con su asesor legal para revisar la relación bajo la 'prueba ABC' y determinar si alguno o todos los trabajadores deben ser reclasificados"[559].

En relación esta decisión, Carballo Mena (2019) plantea[560]:

> Dynamex Operations West, Inc. (Dynamex) es una compañía de mensajería y reparto de paquetes que opera a nivel nacional. Dicha sociedad, en 2004, reconvirtió a sus conductores, reconocidos hasta entonces como trabajadores, en contratistas independientes. Bajo esta nueva política, los conductores proporcionan su propio vehículo y soportan plenamente los gastos causados por transporte (gasolina, peajes, mantenimiento del vehículo, póliza de seguro de responsabilidad, etcétera), impuestos, y póliza de seguro por compensaciones laborales. (...)
>
> Adicionalmente, la utilización de plataformas tecnológicas permite que la clásica supervisión patronal ejercida mediante la imposición de horario y puesto de trabajo sea sustituida por mecanismos más sutiles, aunque igualmente efectivos. En la sentencia que dirimió el caso *Uber Technologies, Inc. Y Rasier CA-LLC v. Barbara Berwick* (2015) se destacó que las accionadas inscribían a los conductores autorizados para prestar servicios, aprobaban los vehículos que éstos podían destinar a tales fines, registraban el número, duración y frecuencia de viajes realizados (o requerimientos denegados), suspendían de la aplicación a los conductores que dejaran transcurrir cierto lapso sin prestación efectiva de servicios, y controlaban el desempeño de los conductores mediante índices de aprobación por parte de los usuarios.
>
> Esta especie de control algorítmico del trabajo también mereció enfática atención en sentencia del 13 de febrero de 2017 dictada por el Juzgado 33ro del Trabajo de Belo Horizonte (Brasil), en juicio incoado por *Rodrigo Leonardo Silva v. Uber do Brasil Tecnología Ltda (...)*
>
> En definitiva, la sentencia transcrita —al igual que la dictada en el caso *Uber Technologies, Inc. y Rasier CA-LLC v. Barbara Berwick* (2015)— pone de manifiesto—aunque no se trate de un criterio pacífico— que las plataformas tecnológicas pueden servir como instrumentos idóneos para el ejercicio pleno y eficaz del arquetípico —aunque ataviado a la moda— control y disciplina sobre la ejecución

559 Kim, T. (2018, mayo 1°). The Dynamex Decision: The California Supreme Court Restricts Use of Independent Contractors. [Blog] [Traducción libre] Disponible en: https://www.laboremploymentlawblog.com/2018/05/articles/class-actions/dynamex-decisionindependent-contractors/ [Consulta: 2020, octubre 29].

560 Carballo Mena, C.A. (2019). Vestigios del trabajo dependiente... Ob. Cit.

> del servicio. De tal manera que, más allá del melancólico estribillo sobre la supuesta crisis de derecho del trabajo o del fetichismo normativo que exige siempre legislar ante los nuevos fenómenos de organización del trabajo, corresponde —más bien— escudriñar a la luz del principio de primacía de la realidad, allí donde se niegue la existencia de relaciones de trabajo, los límites y componentes de cada organización empresarial para detectar si los servicios personales ejecutados en su esfera exhiben efectivamente carácter autónomo, esto es, en términos análogos al test ABC, si son desempeñados con elementos propios, al margen del control permanente del contratante, y fuera de la órbita de la actividad ordinaria o regular de éste.[561]

Varios comentarios nos merecen la posición del Carballo y la resolución judicial en revisión. Desde una perspectiva estrictamente jurídica, lo primero que debe resaltarse es que la metodología aplicada (Test ABC) no se corresponde con la legislación, ni la tradición doctrinaria y jurisprudencial iberoamericana, ni se fundamenta en indicios de subordinación o dependencia como lo hacían los mismos tribunales norteamericanos con el "test de control", tampoco se ajusta a los parámetros propuestos por la Recomendación 198 de la OIT. Según se citó previamente, el test ABC parte también de la presunción de laboralidad entre el prestador del servicio y quien lo recibe, empero, para desvirtuar dicha presunción exige de forma estricta o cerrada que se demuestren **tres rasgos concurrentes**: ausencia de control y dirección sobre la ejecución del trabajo, independencia entre el trabajo ejecutado y la actividad habitual del contratante, y precedentes empresariales del prestador del servicio.

El propio Carballo Mena (2019), reconoce que este "*modelo tipológico **contrasta** con la alternativa de subsumir el vínculo analizado en los presupuestos que el ordenamiento jurídico atribuya a la relación de trabajo, esto es, comúnmente, carácter personal, productivo (o remunerado), y dependiente o subordinado*"[562].

Amén de no corresponder este modelo con el sistema legal iberoamericano, el mismo constituye una bóveda de claustro que prácticamente implicaría que todo trabajo realizado dentro o en relación directa a la actividad del contratante deba considerarse como un contrato de trabajo. Piénsese en el caso de un reconocido médico cirujano que es llamado a realizar una operación en una clínica; en un abogado que, dada su especialidad o reputación, es contratado (sin horarios, y con libertad de medios) para realizar un dictamen para un cliente de una firma de abogados; un ingeniero que es contratado para realizar un estudio o

561 Ibidem, p. 24.

562 Ibidem, p. 4.

consultoría específica a una empresa constructora en el desarrollo de una obra de edificación civil; o un analista financiero (externo) contratado para realizar una auditoría en una institución bancaria. En todos estos casos, típicos del ejercicio libre de una profesión independiente, la aplicación de este test, conllevaría a determinar la existencia de un contrato de trabajo, pues aunque se demuestre la ausencia de control y dirección sobre la ejecución del trabajo, y los precedentes empresariales (profesionales) del prestador del servicio, no se podría demostrar *"independencia entre el trabajo ejecutado y la actividad habitual del contratante"*, ya que la labor del médico, el abogado, el ingeniero, y el auditor, respectivamente, concurrirían con la actividad habitual de la clínica, la firma de abogados, la empresa constructora, o el banco. Añadidamente, exigir "precedentes empresariales del prestador del servicio", implica que en ningún caso los jóvenes profesionales o quienes por primera vez incursionen en la prestación de servicios por cuenta propia, podrían considerarse independientes, pues adolecerían de "precedentes empresariales".

Otro aspecto censurable de estas tesis y de algunas que se siguen en la doctrina española, es la errada tendencia a confundir, siempre y en todo momento, las figuras de "trabajador autónomo" con la figura de "empresario". Sobre lo cual nos hemos pronunciado previamente (ver acápite III.3.3).

Por último, no podemos dejar de señalar que en este caso los repartidores eran o fueron previamente empleados (subordinados) de la empresa, y posteriormente pasaron a ser "independientes", por lo que hubiera resultado pertinente contrastar las remuneraciones que percibían en cada una de dichas posiciones, en el entendido de que la independencia debió conllevar a una mejor (mayor) remuneración, debido al uso de herramientas propias y a la asunción de riesgos. También en este caso, resulta relevante la calificación o naturaleza de la empresa, pues al parecer siempre fue una empresa de servicios de encomiendas y no una plataforma digital, por lo que, posiblemente posea sedes propias, personal para embalaje y control de envíos, etc., lo que implicaría juzgar la vinculación laboral desde esta perspectiva, y no bajo la perspectiva de las empresas de plataformas digitales. Como hemos significado, la determinación de la laboralidad o no de una prestación de servicios depende de la casuística probatoria.

Sentencia de fecha 12 de julio de 2018 (Caso N° 016-23494) de la Junta de Apelaciones del Seguro de Desempleo del estado de Nueva York [Trabajador bajo relación subordinada]

En decisión de fecha **12 de julio de 2018**, la **Junta de Apelaciones del Seguro de Desempleo del estado de Nueva York**, determinó que existía una relación laboral entre Uber Technologies Inc y tres exconductores que entablaron una demanda contra la empresa en reclamo a la no concesión de beneficios de desempleo.

Para establecer la relación existente entre Uber y los demandantes la Junta estimó los poderes de supervisión y control a los trabajadores por parte de la empresa. Además, destaca que encontró pruebas suficientes de relaciones laborales similares con respecto a limusinas y conductores de automóviles en las cuales la vinculación existente es de empleador - empleado. Y aunque Uber sostenga que es simplemente una plataforma tecnológica que conecta a los pasajeros con los conductores, su negocio es similar en muchos aspectos a otras empresas de servicios de automóviles más tradicionales, pues la tecnología solo reemplaza gran parte de los deberes de un empleado-despachador para enviar una solicitud de viaje únicamente al conductor más cercano.

En el fallo se destaca que Uber selecciona conductores, monitores y supervisores calificados; evalúa el desempeño de los conductores, recompensa a los de alto rendimiento y disciplina a los que no cumplen con los estándares de Uber de forma temporal o permanente; adicionalmente, establece los precios de las tarifas que se cobran a los pasajeros y establece la tarifa que se le va a pagar al conductor. *"De manera significativa, Uber exige que cada pasajero califique a su conductor con la calificación de 5 estrellas de Uber y proporcione retroalimentación del desempeño del conductor, que luego se utiliza para monitorear y disciplinar a los conductores, incluyendo suspender o terminar su relación"*[563].

Así es como con esta decisión la Junta considera que tanto los demandantes como otros conductores en situación similar eran empleados cubiertos a efectos del seguro de desempleo y ordena a la empresa a que le acredite una remuneración con respecto al reclamo de beneficios de desempleo solicitado.

Sentencia de fecha 26 de marzo de 2020 del Tribunal de Apelaciones del estado de Nueva York [Trabajador bajo relación subordinada]

En fecha **26 de marzo de 2020**, el **Tribunal de Apelaciones del Estado de Nueva York**, determinó que en el caso de la reclamación hecha por un repartidor contra Postmates Inc.[564], éste lo hacía en su condición de empleado.

La demanda, entablada por un repartidor que fue bloqueado de la aplicación debido a las críticas negativas de los clientes, fue iniciada ante el Departamento del Trabajo, luego se presentó ante un juez de Derecho Administrativo (*ALJ, por sus siglas en inglés*), se apeló ante la *Junta* Nacional de Relaciones Laborales (NLRB, por su siglas en inglés), se elevó a la Junta de Apelaciones del Seguro de Desempleo y,

563 Unemployment Insurance Appeal Board [State Of New York] (2018, julio 12). Appeal Board No. 596722. Uber Technologies Inc. [Traducción libre] Disponible en: https://www.nyctaxinews.com/ Uber%20AB%20Decision-redacted.pdf [Consulta: 2020, noviembre 4].

564 Empresa dedicada al servicio de "delivery" de comida y otros productos usando las plataformas digitales.

finalmente, al Tribunal de Apelaciones de Nueva York, el cual determinó que el demandante era un empleado de la empresa e indicando que cualquier otro repartidor en una situación similar también sería considerado empleado, simplemente por el hecho de que la empresa ejercía o se reservaba el derecho de ejercer el control sobre sus servicios[565].

Entre los argumentos planteados por el tribunal, que apoyan el hecho de que Postmates ejerció un control tal sobre sus mensajeros que los convirtió en empleados (en lugar de contratistas independientes que operan sus propios negocios), están: el control y supervisión que ejerce la empresa sobre el trabajador y sobre las tarifas; su papel como soporte de la pérdida cuando los clientes no pagan; la asignación de sustitutos por parte de la empresa en caso de que el repartidor no pueda cumplir con el servicio asignado; y la poca discrecionalidad que poseen los trabajadores en el manejo de su trabajo y tiempo (el hecho de que los mensajeros conserven cierta independencia para elegir su horario de trabajo y la ruta de entrega no significa que tengan un control real sobre su trabajo o el servicio que Postmates brinda a sus clientes) [566].

Como se puede observar, los aspectos que llevaron al tribunal a rechazar el argumento de que la compañía simplemente operaba una plataforma que conectaba a los "delivery" con los clientes y confirmar que el demandante tenía la figura de empleado, tuvieron que ver con el peso que se le dio a indicios que revelaban subordinación o ajenidad.

Posición gubernamental

A principios de 2019, en un caso no vinculado con las plataformas pero que tuvo un evidente impacto sobre estas, la Junta Nacional de Relaciones Laborales (NLRB)[567], amplió la posibilidad de que un trabajador sea clasificado como contratista independiente y no como empleado en relación de dependencia:[568].

---

565 Court of Appeals [State Of New York] (2020, marzo 26). N° 02094. Vega 2020 NY Slip Op. Disponible en: https://law.justia.com/cases/new-york/court-of-appeals/2020/13.html [Consulta: 2020, octubre 28]

566 Ibidem. Ver también: Beltrán, I. (2018, diciembre 9) [actualizado 2020, septiembre 16). Employment status of platform... Ob. Cit.

567 Agencia administrativa federal independiente del gobierno norteamericano encargada de salvaguardar los derechos de los empleados a organizarse y determinar si deben tener sindicatos como representantes de negociación, así como prevenir y remediar las prácticas laborales injustas cometidas por empleadores y sindicatos del sector privado. Para más información ver: National Labor Relations Board. (SF). [Traducción libre]. Disponible en: https://www.nlrb.gov/ [Consulta: 2021, junio 24].

568 Ottaviano, J.M., O'Farrell, J. y Maito, M. (2019, diciembre) Organización sindical de

Memorando de Recomendación de fecha 16 de abril de 2019 de la Junta Nacional de Relaciones Laborales [Trabajador independiente]

En fecha **16 de abril de 2019**, la **Junta Nacional de Relaciones Laborales de Estados Unidos** emitió un memorando de recomendación (publicado el 14 de mayo) en el cual estableció que los conductores de **Uber Technologies Inc.** son contratistas independientes y no empleados[569].

Los argumentos esgrimidos en el documento se fundamentan en que los conductores de la plataforma de transporte deciden sus horarios, eligen sus autos y son libres de trabajar con la competencia, por lo que no pueden ser considerados empleados bajo las leyes laborales federales.[570]

La importancia de tal pronunciamiento radica en que constituye un aval para futuras decisiones, en virtud de que sus recomendaciones generalmente son ratificadas en los fallos de los tribunales [571]. Por lo tanto, el contenido de esta recomendación *"tendría un peso significativo en un caso pendiente contra la compañía y podría impedir la creación de un sindicato"*.[572]

- **Solución legal y modificación democrática en el estado de California**

Uno de los estados de Estados Unidos en donde se ha generado mayor polémica con respecto a la calificación jurídica de los trabajadores - como dependientes o autónomos- es California. Allí el caso Dynamex[573] tuvo tal repercusión que inspiró el debate público y la acción legislativa sobre este tema, llevando a la Legislatura de California a plantear un proyecto de ley con el objeto de garantizar la correcta calificación jurídica de las relaciones contractuales, para evitar que una relación asalariada se escondiera tras la formal apariencia de trabajo autónomo, y además, que los trabajadores pudieran gozar del derecho a la sindicación y a la negociación colectiva. Esta fue la denominada "Ley para enmendar la Sección 3351 y agregar

---

trabajadores de plataformas digitales…, Ob. Cit., p 26.

569 National Labor Relations Board. (2019, abril 16). Advice Memorandum (April 16, 2019) [Traducción libre]. Disponible en: https://src.bna.com/Ibt [Consulta: 2020, noviembre 12]. También ver: Beltrán, I. (2018, diciembre 9) [actualizado 2020, septiembre 16]. Employment status of platform workers … Ob. Cit.

570 Ibidem.

571 Reuters (2019, mayo 14).Choferes de Uber no son empleados, concluyó agencia laboral de EU. El Economista. Disponible en: https://www.eleconomista.com.mx/empresas/Choferes-de-Uber-no-son-empleados-concluyo-agencia-laboral-de-EU-20190514-0108.html [Consulta: 2020, octubre 26].

572 Reuters (2019, mayo 14).Conductores de Uber son contratistas independientes, no empleados: fiscal laboral. El Financiero. Disponible en: https://www.elfinanciero.com.mx/tech/conductores-de-uber-son-contratistas-independientes-no-empleados-fiscal-laboral [Consulta: 2020, octubre 26].

573 Comentado al referirnos a la jurisprudencia norteamericana.

la Sección 2750.3 al Código Laboral, y para enmendar las Secciones 606.5 y 621 del Código de Seguro de Desempleo, relacionadas con el empleo, y hacer una asignación para ello" (cuyo primer borrador llevó por nombre "Condición de trabajador: empleados y contratistas independientes"), mejor conocida como "ley AB5" (Assembly Bill N° 5), aprobada el 11 de septiembre de 2019.[574]

> Este proyecto de ley también redefiniría la definición de "empleado", a efectos de las disposiciones del seguro de desempleo, para incluir a una persona que proporciona trabajo o servicios a cambio de remuneración y que tiene la condición de empleado y no de contratista independiente, a menos que la entidad contratante demuestre que la persona cumple con todas las condiciones especificadas, incluyendo el hecho de que la persona realiza un trabajo que está fuera del curso normal del negocio de la entidad contratante. Debido a que este proyecto de ley aumentaría las categorías de individuos elegibles para recibir beneficios de ésta, y por lo tanto resultaría en el depósito de dinero adicional en el Fondo de Desempleo, un fondo de apropiación continua, el proyecto de ley haría una apropiación. El proyecto de ley establece que la adición de la disposición al Código Laboral no constituye un cambio en la legislación vigente, sino que es declaratoria de la misma en lo que respecta a las violaciones del Código Laboral relativas a las órdenes de pago de salarios de la Comisión de Bienestar Industrial. El proyecto de ley también establecería que las disposiciones específicas del Código Laboral del proyecto de ley se aplican retroactivamente a las reclamaciones y acciones existentes en la medida máxima permitida por la ley, mientras que otras disposiciones se aplican al trabajo realizado a partir del 1 de enero de 2020. El proyecto de ley además dispondría que las disposiciones del proyecto de ley no permitan que un empleador reclasifique a un individuo que era empleado el 1 de enero de 2019 a un contratista independiente debido a la promulgación del proyecto de ley[575].

Si bien la Ley no se dedicaba a regular expresamente el trabajo desarrollado vía plataformas digitales, su contenido impactó considerablemente la calificación jurídica que une a los prestadores de servicios con las plataformas digitales.

---

574 Rojo, E. (2019, septiembre 22) Donald Trump no quiere a California..., y algunas plataformas tampoco. Las idas y vueltas jurídicas de la gig-economy. California regula la relación contractual laboral, con excepciones para algunas actividades (y un breve repaso a otros marcos jurídicos). Disponible en: http://www.eduardorojotorrecilla.es/2019/09/donald-trump-no-quiere-california-y.html [Consulta: 2020, octubre 29].

575 Ibidem.

En definitiva, este texto normativo obligó a las empresas propietarias de plataformas digitales a reclasificar a los prestadores de servicios como trabajadores dependientes (entre otros, choferes y repartidores), y por ende, a abandonar la auto calificación efectuada por estas empresas. Y para determinar si un trabajador era un contratista independiente estableció una prueba de tres factores (Test ABC) que requiere que: (1) el trabajador esté libre del control y la dirección de la empresa contratante en el desempeño del trabajo; que (2) el trabajador esté realizando un trabajo fuera del curso habitual de los negocios de la empresa; y que (3) el trabajador se dedique a un oficio, ocupación o negocio establecido de la misma naturaleza que el trabajo realizado. Aspecto sobre el cual nos hemos pronunciado supra.

Rosenbaum (2021, mayo 20), que al igual que Carballo simpatiza con la aplicación del Test ABC, al referirse a esta legislación señala:

> El modelo californiano tuvo la virtud de trasladar la carga probatoria a las empresas o sujeto contratante que se beneficia por dicho trabajo, así como también, puso el foco de atención en un aspecto olvidado por los operadores jurídicos a nivel comparado a la hora de transitar por el proceso de determinación de la existencia de la relación de trabajo. En efecto, en el común denominador de los casos, a la hora de calificar un vínculo jurídico, se suele utilizar una operación de descarte, en el sentido de que en caso de no verificarse probatoriamente algún elemento típico de una relación de trabajo, se impondría la conclusión de que el trabajador sería autónomo. La legislación californiana cambia dicho enfoque, y exige que se acrediten los elementos constitutivos de una prestación de trabajo autónomo e independiente, para descartar aceptar su existencia a modo residual o de descarte.[576]

Desde su proposición esta ley creó grandes controversias por el hecho de que podría poner en riesgo el negocio de una variada gama empresas digitales que se desarrollan en áreas como la tecnología, la construcción, la salud, el transporte, los servicios de limpieza, los salones de manicura, el entretenimiento para adultos, la pesca comercial y los periódicos, que se resistirían a convertir en empleados a los prestadores de estos servicios por los costos que esto conllevaría, aunado a que ello también desnaturalizaría la esencia de estas de plataformas digitales creadas con la intención de generar trabajo independiente.

El proyecto se convirtió en ley el 18 de septiembre de 2019 y entró en vigencia el 1 de enero de 2020, y aunque tuvo corta aplicación, dio base a decisiones como la del 10 de agosto de 2020, cuando el Tribunal Superior de San Francisco ordenó a

576 Rosenbaum Carli, F. (2021, mayo 20) Sigue la saga de los "riders"..., Ob. Cit.

Uber y a Lyft a reclasificar los conductores como empleados dependientes[577]; fallo que fue confirmado por el Tribunal de Apelaciones del Primer Distrito de California el 22 de octubre del 2020.

En contra partida, el debate se encaminó hacia una decisión popular mediante la votación (*ballot*) efectuada junto con las elecciones presidenciales del 03 de noviembre de 2020:

> *La votación se planteaba en estos términos: "Un voto afirmativo apoya esta iniciativa de la papeleta para definir a los conductores de transporte y reparto basados en aplicaciones como contratistas independientes y adoptar políticas laborales y salariales específicas para los conductores y las empresas basadas en aplicaciones. Un voto "no" se opone a esta iniciativa, lo que significa que el Proyecto de Ley 5 de la Asamblea de California (2019) podría ser utilizado para decidir si los conductores de vehículos de transporte basados en aplicaciones son empleados o contratistas independientes". Votaron afirmativamente 7,178,076 (58.39%), mientras que el voto negativo fue de 5,116,019 (41.61%).*[578]

La medida electoral reposaba en tres ejes centrales: el primero, permitir que las empresas propietarias de plataformas continúen considerando a los choferes y repartidores como contratistas independientes; el segundo, crear unos beneficios mínimos para dichos prestadores de servicios (como niveles mínimos de compensación, seguro para cubrir lesiones en el trabajo, seguro de accidentes automovilísticos, subsidios de atención médica para conductores calificados, protección contra el acoso y la discriminación); y el tercero, implementar algunas medidas de seguridad para la prestación de la actividad (como entrenamiento para los choferes y repartidores).[579]

El proceso tuvo como resultado la elección de la "Proposition 22" (también conocida como la campaña "*Yes on Prop 22*"), promovida por las plataformas digitales con el apoyo de distintas asociaciones y organizaciones políticas y económicas que hacen vida en California[580], lo que significó un respaldo contundente a esta iniciati-

577 *"Dicho mandato judicial había sido forzado por la intervención del propio Estado de California, al recurrir a la justicia para que esta ordenara a las empresas al efectivo cumplimiento de la Ley AB-5 (como medida cautelar del juicio de fondo entablado en el mes de mayo), con la consecuente necesaria recalificación de los trabajadores como dependientes"*. Rosenbaum, F. (2020, noviembre 6) La aprobación de la "Proposition 22"... Ob. Cit.

578 Rojo, E. (2020, noviembre 9). Siguen los debates sobre la regulación..., Ob. Cit

579 Rosenbaum, F. (2020, noviembre 6) La aprobación de la "Proposition 22"... Ob. Cit.

580 Como: el Partido Republicano de California; los sindicatos de Oficiales de Paz de California, de Jefes de Policía de California, de Alguaciles de California; la Cámara de Comercio de California, la Cámara de Comercio Negra de California, la Federación de la Oficina Agrícola de California, las Cámaras de Comercio Hispanas de Califor-

va que concibe a los trabajadores del transporte y a los repartidores que prestan sus servicios mediante el uso de plataformas digitales como contratistas independientes, entendidos como aquellos "*que (a) brindan servicios de entrega a pedido a través de la aplicación o plataforma en línea de una empresa o (b) usan un vehículo personal para proporcionar servicios de transporte preestablecidos para compensación a través de un negocio, aplicación o plataforma habilitada en línea*".[581]

Según hemos referido, consideramos impropio o cuando menos, digno de precaución, pretender importar culturas jurídicas de un país a otro, pues como hemos dicho, ostensiblemente resulta más "pragmático" para las cortes estadounidense calificar una vinculación como laboral, debido a que esto no tendría el mismo impacto económico para los empleadores que en otros países, mientras que implica una mayor recaudación de recursos fiscales y parafiscales para las autoridades federales y estadales. En el mismo sentido, tampoco consideramos prudente descalificar o criticar una injerencia popular o democrática en la producción de normas legales que regulen la situación, pues esto también forma parte de la cultura y leyes de aquel país, que si bien, no se asimila a los iberoamericanos, ha adoptado una solución a través de sus propios mecanismos democráticos, legales y culturales[582].

IV.2.9. Francia

De la misma forma que lo hicimos en el caso español y norteamericano, dividimos este acápite en secciones para su mejor entendimiento:

- **Base legal**

Durante muchos años Francia distinguió entre los trabajadores independientes y los asalariados, principalmente, por no estar sujetos los primeros a

---

nia, la Conferencia Estatal de la NAACP de California, la Asociación de Pequeñas Empresas de California, la Red de Acción Nacional del Estado de California, la Asociación de Contribuyentes de California, las Víctimas de delitos Unidos de California, las Madres contra la conducción en estado de ebriedad, la Cámara de Comercio Nacional Negra y la Unión Nacional de Contribuyentes.

581 Ballotpedia (2019, diciembre 9). Proposition 22 (2020) California Initiative [Traducción libre]. Disponible en: https://cdn.ballotpedia.org/images/5/55/California_Initiative_-19-0026A1_%28App-Based_Drivers%29.pdf [Consulta: 2020, noviembre 13].

582 Tal como indica Federico Rosenbaum, aunque esta iniciativa no constituye una respuesta jurídica al problema de la calificación del vínculo aludida, constituye un instrumento inteligente utilizado por las empresas de plataformas para evitar que los tribunales continuaran calificando al prestador del servicio subyacente como un trabajador dependiente, por lo cual lo que corresponde resaltar es su aprobación a partir del acto democrático de votación directa. Rosenbaum, F. (2020, noviembre 6) La aprobación de la "Proposition 22"... Ob. Cit.

la subordinación legal a cambio de remuneración. Por lo cual *"en el 2008, se estableció una definición jurídica adecuada que permitió calificar como independiente a toda persona que ofrece bienes o servicios para un cliente en virtud de un acuerdo contractual"*[583]. Ello permitió el reconocimiento de dos estatutos legales: el trabajo asalariado y el autónomo, con un criterio diferenciador basado en la subordinación.

En 2016, este país se convirtió en uno de los pocos países europeos que legisló en materia de economía digital, al incorporar al Código del Trabajo[584] regulación con respecto a una tercera categoría de trabajadores: se trata de aquellos que prestan sus servicios de forma autónoma, y para compañías que, independientemente de dónde estén localizadas físicamente, conectan personas por medios electrónicos para venderles bienes, prestarles servicios o intercambiar bienes o servicios. Incorpora también la responsabilidad social de las plataformas electrónicas con los trabajadores independientes, garantizando además el derecho a la desconexión y a crear y unirse a un sindicato; así como el derecho de hacer valer sus intereses colectivos a través de su intermediario.

> En Francia, la Ley laboral "El Khomri" sancionada en 2016 incluye un capítulo denominado "Responsabilidad social de las plataformas". En él se determina que, cuando la plataforma determina (sic) las características del servicio o del bien vendido y fijan su precio quedan sujetos a la obligación de reembolsar a los trabajadores que contratan seguro por accidentes de trabajo y de abonar la contribución destinada a la formación profesional en la medida en que los trabajadores son beneficiarios del acceso a la formación profesional continua. Además, estipula que los trabajadores tienen derecho a organizarse colectivamente y a formar sindicatos, y que un eventual rechazo a prestar servicios no puede ser motivo de penalizaciones ni de finalización de relación con la plataforma ("salvo casos de abuso"). La norma también incluye el derecho a la desconexión para todos los trabajadores.[585]

---

583 Organización Internacional de Empleadores (2019, octubre) Documento de políticas de la OIE…Ob. Cit.

584 *"En Francia, la Ley Nº 2016-1088 fue introducida en el mes de agosto de 2016, con el objeto de regular el trabajo, la modernización del diálogo social y la garantía de los itinerarios profesionales. Dicha norma, en lo que se refiere al tema del trabajo mediante plataformas digitales, básicamente dispone que entre el prestador del servicio y la plataforma existe una relación contractual no asalariada o independiente, configurándose como una tercer categoría de trabajador"*. Rosenbaum, F. (2020, octubre). El trabajo mediante plataformas digitales..., Ob. Cit., p. 230.

585 Ottaviano, J.M., O'Farrell, J. y Maito, M. (2019, diciembre) Organización sindical de trabajadores…, Ob. Cit.

Estas reformas regularon la "responsabilidad social" de la plataforma respecto de sus empleados independientes, la cual adquiriría en el momento en que estableciera las características del bien o del servicio así como su precio, y consistiría en: (i) asumir el coste de que estos trabajadores independientes disfruten de una cobertura equivalente a la establecida para accidentes de trabajo por la norma de seguridad social y (ii) responder del derecho a su formación profesional continua[586].

Para complementar esta acción legislativa se promulgó la Ley de Orientación a la Movilidad[587], de diciembre de 2019, con la cual expresamente se ampara como autónomos tanto a los repartidores (en bicicleta o moto) como a los conductores de transporte que presten sus servicios por medio de las plataformas digitales, delimitando características que impidan que el juez pueda utilizarlos para establecer un vínculo de subordinación ni la existencia de un contrato de trabajo[588]; y se introduce la creación de una "Carta de Responsabilidad Social" que debían suscribir las plataformas electrónicas con los prestadores de servicios al momento de iniciar el vínculo entre las partes, con el fin de establecer las obligaciones y derechos recíprocos.

- **Conflicto entre el Poder Legislativo y el Poder Judicial**

La regulación de la Ley de Orientación a la Movilidad referida a la "Carta de Responsabilidad Social" que debían suscribir las plataformas electrónicas con los prestadores de servicios al momento de iniciar el vínculo entre las partes tuvo algunos cuestionamientos por parte del Consejo Constitucional francés, que advertía que la ley otorgaba mucha libertad a las plataformas con respecto al contenido de la carta y que daba indicios de caracterizar con un vínculo de subordinación al trabajador hacia la plataforma. Con relación a la constitucionalidad de la norma, planteaba que desde un punto de vista puramente formal "*la mera existencia de una*

586 "*En este aspecto, se configuran deberes de las plataformas en materia de pago de seguros por accidentes en el trabajo y se autoriza la creación de organizaciones sindicales, permitiendo denegaciones concertadas de prestación de servicios organizadas por los trabajadores independientes de las plataformas, para defender sus demandas profesionales, las que no pueden, salvo en caso de abuso, generar responsabilidad contractual o constituir un motivo para incumplir su contrato en relación con las plataformas*". Biblioteca Nacional de Chile (2018, octubre) Uber y conductores. Legislación comparada sobre relación laboral. Informe de Asesoría Técnica Parlamentaria. Disponible en: https://obtienearchivo.bcn.cl/obtienearchivo?id=repositorio/10221/25909/1/BCN_Uber_laboral_actualizado_PA_CW_GW__2_.pdf [Consulta: 2020, octubre 30]

587 Loi N° 2019-1428 du 24 décembre 2019 d›orientation des mobilités (2019, diciembre 24). [Transcripción en Línea] [Traducción libre] Disponible en: https://www.ilo.org/dyn/natlex/ natlex4.detail?p_lang=es&p_isn=110399&p_classification=01 [Consulta: 2021, febrero 6].

588 Artículo 44, párrafo 39, numerales 1 al 8.

carta aprobada no puede, en sí misma, caracterizar un vínculo de subordinación jurídica entre la plataforma y el trabajador"[589]. Por lo tanto, acordó su constitucionalidad parcial[590] (aplicando algunas observaciones).

Este conflicto surgido respecto a lo legislado por el Parlamento en el texto de la norma y los cuestionamientos del Consejo Constitucional han traído como consecuencia que decisiones judiciales tomadas luego de su promulgación -como la de la Corte de Casación de fecha 4 de marzo de 2020, comentada más adelante- reflejen contradicciones y retrocesos en la materia, pues reabre el camino para que los conductores de Uber sean clasificados como empleados, echando por tierra el esfuerzo que en los últimos años ha verificado el estado francés para reconocer al trabajador independiente y otorgarle beneficios en materia laboral y de seguridad social.

A pesar de esta situación, Francia sigue siendo unas de las naciones más avanzadas en legislar en materia de incorporación de medidas novedosas para hacer extensiva la cobertura de la seguridad social a los trabajadores de plataformas, al exigir a éstas que asuman los costos del seguro de accidente de los trabajadores por cuenta propia; establecer que los estatutos sociales de cumplimiento voluntario por parte de las plataformas deban incluir el "derecho a la desconexión" y otros métodos que permitan a los trabajadores autónomos percibir una "remuneración decente" a cambio de su trabajo; así como, permitir el acceso de los trabajadores a través de las plataformas del sector transporte a los datos relacionados con sus actividades en la plataforma[591].

- **Jurisprudencia**

Sentencia de fecha 9 de noviembre de 2017 de la Corte de Apelaciones [Trabajador independiente]

En sentencia de la **Corte de Apelaciones** de Paris de fecha **9 de noviembre de 2017**[592], se consideró a los repartidores (*riders*) de *Deliveroo* como autónomos y no trabajadores, fundamentado en la idea de que *"no hay exclusividad en el trabajo para*

589 Chhum, F. y Chardès, C. (2020, enero 8) Chartes de responsabilité sociale des plateformes électroniques: une inconstitutionnalité partielle. [Traducción libre] Village Justice. Disponible en: https://www.village-justice.com/articles/chartes-responsabilite-sociale-des-plateformes-electroniques-une,33399.html [Consulta: 2021, febrero 6].

590 Conseil Constitutionnel (2019, diciembre 20). N° 2019-794 (Loi d'orientation des mobilités) [Traducción libre] Disponible en: https://www.conseil-constitutionnel.fr/decision/2019/2019794DC.htm [Consulta: 2021, febrero 6].

591 Organización Internacional del Trabajo [OIT] (2021). World Employment and Social Outlook.., Ob. Cit, p. 10.

592 Cour d'appel de Paris, Pôle 6 (2017, noviembre 9). N° 16/12875. Disponible en: https://www.doctrine.fr/d/CA/Paris/2017/C125532D4DDC78DA11AE2 [Consulta: 2019, octubre 8]

una plataforma y hay libertad para determinar las franjas horarias y la propia conexión, lo que no resulta compatible con la nota de dependencia"[593]. En esta decisión de alguna forma se invocó el principio de primacía de la realidad, en tanto se reiteró que la *"existencia de una relación laboral no depende de la voluntad expresada por las partes o del nombre que hayan dado a su acuerdo, sino de las condiciones de hecho en que se ejerce la actividad"*. Se excluyó la existencia de dependencia y subordinación, por la circunstancia de no estar obligado el repartidor por alguna cláusula de exclusividad o no competencia, y por disponer voluntariamente de su tiempo libre y de trabajo, existiendo la posibilidad de "no trabajar"[594]. El prestador de servicios elige libremente sus días y horarios de actividad, mientras que la plataforma sólo "sugiere" la ruta a seguir (a través de Google Maps), pero los repartidores son libres de elegir el itinerario.

Sentencia de fecha 1 de febrero de 2018 de los Tribunales Consultivos [Trabajador independiente]

La decisión de los **Tribunales Consultivos** *(Conseil de Prud'Hommes)* de París del **1 de febrero de 2018**[595] declaró autónomos a los conductores (*drivers*) de Uber, motivado a que *"no recibir instrucciones y tener libertad de aceptar o rechazar los viajes y de fijar las horas de conexión excluye la existencia de dependencia"*[596].

Un aspecto relevante de la decisión fue categorizar a Uber como intermediadora del servicio y no como prestadora de un servicio de transporte. En cuanto la subordinación destacó que Uber no controla las horas de trabajo de los conductores de vehículos de pasajeros y que estos conductores no tienen ninguna obligación de presencia o duración de la conexión, así como la libertad de los conductores de aceptar o rechazar un viaje y que tienen la libertad de desconectarse si así lo desean, reconociendo así la "libertad de organización" de los conductores como obstáculo para reconocer un contrato de trabajo. También verifica la decisión una interesante diferenciación con los empleados a tiempo parcial, quienes "no eligen cada semana sus días, sus horas o su rango de trabajo".

---

593 Rodríguez Fernández, M. L. (2019) ¿Trabajadores o freelancers? La controvertida naturaleza de las relaciones de trabajo en la platform economy. Tripalium: Justicia Social y Trabajo Decente [Revista en línea], volumen I, número 1 –2019, p. 27. Disponible en: https://tripaliumsite.files.wordpress.com/2019/10/revista-tripalium-nro.-1-2019.pdf [Consulta: 2019, octubre 4].

594 *"Estas estipulaciones no son en sí mismas indicativas de la supuesta relación de subordinación o incluso de una dependencia económica del proveedor, en la medida en que el proveedor no esté vinculado a la empresa DELIVEROO FRANCE por ninguna cláusula de exclusividad o no competencia y permanece libre cada semana para determinar los intervalos de tiempo durante los cuales desea trabajar, o para seleccionar ninguno si no desea trabajar para ello"*. Traducción libre del extracto de la sentencia N° 16/12875. Cour d'appel de Paris, Pôle 6 (2017, noviembre 9). N° 16/12875..., Ob. Cit.

595 Conseil de Prud'Hommes de París (2018, febrero 1°). N° 16/11460...,Ob. Cit.

596 Rodríguez Fernández, M. L. (2019) ¿Trabajadores o freelancers?...*Ob. Cit.*, p. 28.

Sentencia de fecha 28 de noviembre de 2018 de la Corte de Casación de la Corte Suprema de Justicia [Trabajador bajo relación subordinada]

No obstante las decisiones anteriores, la Sala Social de la **Corte de Casación de la Corte Suprema de Justicia** de Francia, en sentencia de fecha **28 de noviembre de 2018**[597], en reclamo de un repartidor de la plataforma *Take Eat Easy*, concluyó que se trataba de trabajadores bajo una relación laboral subordinada.

A esta conclusión llegó tras un análisis que parte de la primacía de la realidad en materia de relación laboral, y de revisar los indicios típicos de subordinación (desempeño del trabajo bajo la autoridad de un empleador que tiene el poder de emitir órdenes y directivas, para controlar su ejecución y castigar las fallas de su subordinado), lo cual consideró probado por la circunstancia de que la aplicación está equipada con un sistema de geolocalización que le permite a la compañía monitorear la posición del servicio de mensajería en tiempo real y registrar el número total de kilómetros recorridos por ella, así como el "poder de sanción" con respecto al servicio de mensajería, derivando de ello, un poder de dirección y control del desempeño del servicio que caracteriza una relación de subordinación, indicando que: "*[l]a* ***aplicación tenía un sistema de geolocalización que permitía a la compañía monitorear la posición del servicio de mensajería en tiempo real y registrar el número total de kilómetros recorridos por la compañía, y que la compañía tenía un poder sancionador a su disposición, con respecto al servicio de mensajería***"[598]

A pesar de que el demandante, se registró el 12 de enero de 2016, libremente y con pleno conocimiento de los hechos, en el Registro Comercial y de Empresas como empresario autónomo para correos y por lo tanto, no puede vincularse como empleado con la empresa Take Eat Easy mediante un contrato de trabajo; el máximo tribunal consideró que el hecho de que el trabajo se realice dentro de un servicio organizado puede constituir una indicación de la existencia de una relación de subordinación cuando el empleador determina unilateralmente las condiciones de desempeño del mismo, ya que la existencia de una relación laboral no depende ni de la voluntad expresada por las partes ni del nombre que hayan dado a su acuerdo, sino de las condiciones de hecho en que se desarrolla la actividad.

Sentencias de fecha 10 de enero de 2019 de la Corte de Apelaciones de París y del 04 de marzo de 2020 de la Corte de Casación de la Corte Suprema de Justicia [Trabajador bajo relación subordinada]

En la misma tónica, en sentencia dictada el **10 de enero de 2019**, la **Corte de Apelaciones** (Cour d'Appel) de París estimó un recurso interpuesto contra Uber, proveniente de una decisión de los **Tribunales Consultivos** (Conseil de Prud'hom-

597 Cour de Cassation (2018, noviembre 28). N°1737 (17-20.079). Disponible en: https://www.courdecassation.fr/jurisprudence_2/chambre_sociale_576/1737_28_40778.html [Consulta: 2019, octubre 10].

598 Ibidem. Resumen de la propia sentencia.

mes), en la cual declaró que la relación jurídica del conductor con la empresa es propia de un contrato de trabajo.

La demanda fue interpuesta por un conductor de Uber luego de que la empresa le cerrara su cuenta en la plataforma, habiendo realizado 2.032 servicios de transporte ("micro" contratos a tiempo determinado) durante el período que laboró para ellos comprendido entre el 12 de octubre de 2016 y el 7 de abril de 2017.

En primera instancia, el tribunal laboral determinó su relación con la empresa como un contrato de trabajo. Esta misma decisión fue confirmada por el Tribunal de Apelaciones.

Para el Tribunal, el conductor se había visto obligado a convertirse en "socio" de la empresa y a inscribirse en el Registro Mercantil (requisito establecido en el art. L-8221-6 I del Código de Trabajo francés para ser considerado trabajador independiente), y, lejos de decidir libremente cómo organizar su actividad, buscar clientes o elegir a sus proveedores, "*se integró en un servicio de transporte creado y organizado íntegramente por Uber BV, que sólo existe gracias a esta plataforma; un servicio de transporte a través del cual el conductor no configura su propia clientela, no fija libremente sus tarifas o condiciones de su servicio de transporte, que están totalmente regidos por Uber BV*".[599]

De ahí, el rechazo a la tesis de la empresa de que sólo son los usuarios los únicos que imparten órdenes a los conductores, porque estos no tienen contacto directo con ellos en el momento de formalización del contrato de transporte, "*ya que UBER es la única que centraliza todas las solicitudes de servicios de transporte y las asigna, de acuerdo con los algoritmos de su sistema de explotación a cualquiera de los controladores conectados*".[600]

Además, plantea que el control de la actividad del prestador del servicio vía geolocalización por parte de la empresa, y las obligaciones impuestas respecto a la forma y manera de desarrollar la actividad son aspectos poco compatibles con el ejercicio independiente de una profesión.

Por lo que en la decisión concluye indicando que queda demostrada la existencia de una relación de subordinación legal permanente del trabajador con respecto a la empresa Uber, destruyendo la presunción de no laboralidad de un trabajador independiente tal como está configurada en el Código de Trabajo francés, expresándose en los siguientes términos:

> Dado que la calificación del contrato de trabajo es una cuestión de orden público y, por lo tanto, no está disponible, no puede ser objeto de excepción mediante acuerdo. Así pues, la existencia de una relación laboral

599 Extracto de la sentencia analizada por Rojo, E. (2019, enero 12). Francia. Los conductores de Uber..., Ob. Cit.

600 Ibidem.

> no depende ni de la voluntad expresada por las partes ni del nombre que éstas hayan dado a su acuerdo, sino de las condiciones fácticas en las que se desarrolla la actividad, siendo la obligación del juzgador la de evaluar el conjunto de pruebas que se le presentan para determinar si esta clasificación puede ser aceptada y el hecho de que el trabajo se lleve a cabo en el marco de un servicio organizado puede ser un indicio de la existencia de una relación de subordinación cuando el empleador determina unilateralmente las condiciones de ejecución. (subrayado nuestro)
>
> (…)
>
> Por tanto, el Tribunal de Apelación ha llegado a la conclusión de que el señor (...) tenía una condición ficticia de trabajador independiente y que Uber BV le envió instrucciones, supervisó el desempeño y ejerció la facultad de sancionar, sin desvirtuar los términos y condiciones del acuerdo, y sin que el Tribunal de Apelación haya viciado la sentencia en la forma alegada en los escritos, inoperante en sus ramas séptima, novena y duodécima y haya justificado su decisión conforme a derecho.[601]

Posteriormente, el caso fue elevado a la Sala Social de la **Corte de Casación de la Corte Suprema de Justicia**, siendo decidido por ésta mediante sentencia N° 374 de fecha **04 de marzo de 2020**[602], en la cual confirmó la decisión de la **Corte de Apelaciones** que plantea que el contrato que vinculaba al conductor con la empresa Uber se trataba de un contrato de trabajo, y condena a la empresa a pagarle la suma de 3.000 euros (con base en la demanda del conductor que reclamaba el pago de sueldos atrasados e indemnización por despido).

En el fallo la Corte de Casación establece que los criterios para el trabajo por cuenta propia incluyen la posibilidad de crear su propia clientela, la libertad de fijar sus propias tarifas y la libertad de definir las condiciones para la prestación de sus servicios. Por el contrario, en el contexto de un contrato de trabajo, la relación de subordinación se basa en la facultad del empleador de dar instrucciones, controlar su cumplimiento y sancionar el incumplimiento de las instrucciones dadas. De manera que, un conductor que utiliza la aplicación Uber no crea su propia clientela, no fija libremente sus tarifas y no determina las condiciones de prestación de su servicio de transporte. La ruta es impuesta por la empresa y, si no la sigue, se aplican correcciones tarifarias. El destino no es conocido por el conductor, lo que evidencia que no puede elegir libremente el viaje que le conviene. Además, si el conductor rehúsa tres o más viajes, Uber puede desconectarlo temporalmente de la aplicación. Si se excede la tasa de cancelación de pedidos o si se informa de un "comportamiento problemático", el conductor puede perder el acceso a su cuenta. Por último, el conductor participa en un servicio de transporte organizado en el que Uber define

601 Ibidem.

602 Cour de Cassation - Chambre sociale (2020, marzo 4). N° 374 (19-13.316)…, Ob. Cit.

unilateralmente los términos y condiciones. Así, todos estos elementos caracterizan la existencia de un vínculo de subordinación entre el conductor y la empresa en el momento de la conexión a la plataforma digital, siendo su condición de autónomo sólo ficticia. Y el hecho de que el conductor no esté obligado a conectarse a la plataforma y que esta ausencia de conexión no lo exponga a ninguna sanción no es relevante para la caracterización del vínculo de subordinación[603].

Por eso concluye reclasificando la relación contractual entre Uber y el conductor como contrato de trabajo. Por lo tanto, el conductor no trabaja como autónomo, sino como empleado.

Al analizar la sentencia, Federico Rosenbaum (2020, mayo) opina que "*el análisis concreto del control dispensado por las plataformas digitales tanto en la forma y condiciones de prestación del servicio, como sobre las propias personas que ejecutan el mismo, constituyó un factor determinante a los efectos de la re-calificación de la naturaleza de la actividad cumplida por las mismas, en el sentido de asignarles la prestación del servicio subyacente dentro de su objeto social principal, y alejarlas de una operación de simples intermediarias entre oferta y demanda de los mismos*[604].

En nuestro criterio, resulta conveniente hacer las siguientes consideraciones y observaciones sobre estas decisiones:

1. Recuérdese que la mayoría de estas decisiones fueron proferidas o regulan situaciones fácticas ocurridas antes de la entrada en vigencia de la Ley de Orientación a la Movilidad, de diciembre de 2019 (a excepción del fallo de la Corte de Casación de la Corte Suprema de Justicia del 04 de marzo de 2020[605]), con la cual expresamente -ahora- se califica como autónomos tanto a los repartidores (en bicicleta o moto) como a los conductores de transporte que presten sus servicios por medio de las plataformas digitales. Así mismo, algunas de las condiciones destacadas para considerar la subordinación o el control de la actividad, como el hecho de que los choferes desconocen el destino, han sido cambiados posteriormente por la plataforma Uber.

2. Las decisiones no se ajustan a la realidad fáctica del tipo de servicio que se presta, por cuanto que, lo que se está analizando es un servicio de transporte urbano de personas similar al de los tradicionales "taxis", que por antonomasia se consideran autónomos (siempre que laboren con vehículos propios), en cuyos casos ni existe la posibilidad de crear su propia clientela (pues prestan un servicio abierto a todo público desconocido) ni de fijar sus

---

603 Ibidem.

604 Rosenbaum, F. (2020, mayo) Francia: Los choferes de Uber son trabajadores dependientes…, Ob. Cit.

605 Que entendemos no está obligada a aplicar dicha ley *ratione temporis*, dado que los hechos son anteriores.

propias tarifas, pues en la mayoría de los países las tarifas están reguladas por las autoridades, la más de las veces a través del uso obligatorio de un "taxímetro". De allí que, estas características propias de la actividad históricamente autónoma mal podrían servir para calificar o concluir en la existencia de subordinación. Similar argumento puede sostenerse respecto de los repartidores, que difícilmente pueden elegir o formar su propia clientela. Lo que sí resulta exigible en ambos casos, es el otro elemento destacado por la sentencia: *"la libertad de definir las condiciones para la prestación de sus servicios"*, que resulta bastante claro, por la libertad horaria y de jornada, y el poder de decidir dónde y cuándo trabajar que ostentan los conductores y repartidores.

3. Nos parece desacertado el argumento de considerar la geolocalización como una forma de control y consecuentemente de subordinación, pues en ninguno de los casos expuestos se determinó ninguna sanción (suspensión o desconexión) derivada del "recorrido" realizado por el prestador del servicio (conductor de UBER), sino que el sistema de geolocalización constituyó una forma de establecer la retribución o contraprestación del servicio, sin que parezca existir algún interés particular de la plataforma en la ubicación del transportista, como lo destacó la decisión alemana arriba citada. En el sentido propuesto, se ha pronunciado la jurisprudencia germana (en el acápite IV.2.1) y parte de la española (en el acápite IV.2.7).
4. Con relación a los supuestos poderes de supervisión, no se verificó (pues no existen) que la plataforma diera órdenes o instrucciones, y se obvió que la potestad de suspensión o de exclusión, es típica de todo contrato bilateral.
5. Por último, se desechó sin mayores explicaciones el principal elemento que denota la autonomía, al concluir -erradamente en nuestro criterio- que: "el hecho de que el conductor no esté obligado a conectarse a la plataforma y que esta ausencia de conexión no lo exponga a ninguna sanción no es relevante para la caracterización del vínculo de subordinación".

En definitiva, puede predicarse que en Francia persiste la incertidumbre respecto a la caracterización de los trabajadores de plataforma, especialmente por la promulgación y vigencia de la referida Ley de Orientación a la Movilidad y su contraste con las decisiones antes revisadas.

IV.2.10. Italia

En Italia los trabajadores autónomos o independientes estuvieron regidos de forma general por los contratos de obra o arrendamiento de servicios del Código Civil, empero en los últimos años se han hecho reformas para que sus normas puedan ser aplicadas a los trabajadores de las plataformas.

Una de la más relevantes es el Decreto Legislativo N° 81, de 2015, que adoptó una solución novedosa y moderada, al no calificar jurídicamente el vínculo que une al prestador de servicios con las empresas titulares de las plataformas digitales, sino que permite que el mismo pueda tratarse de un trabajo de tipo independiente o autónomo.

> En efecto, en el artículo 2 se previó que a partir del 1 de enero de 2016, la disciplina del empleo subordinado también se aplicará a las relaciones de colaboración que sean exclusivamente personales, continuas y cuyos métodos de ejecución -con referencia al momento y en el lugar de trabajo- sean organizados por el cliente. Según manda la norma comentada, dichas disposiciones también son aplicables en el caso de que los métodos de prestación del servicio sean organizados a través de plataformas digitales. Es por ello que, por un lado, se prevé que serán aplicables las disposiciones de la disciplina de la relación de trabajo subordinada si existiere un desempeño personal, y cuando las modalidades de prestación del servicio sean organizadas a través de plataformas digitales, en cuanto a tiempos y lugar de trabajo; aunque por otro lado, se establecen niveles mínimos de protección para los *riders* que presten servicios a través de plataformas digitales, en relaciones laborales no subordinadas. En ese último caso, la norma introduce nuevas formas de protección para los repartidores, o aquellos tipos particulares de trabajadores que, utilizando la bicicleta u otros medios, operen para las plataformas que realizan entregas a domicilio, siempre que se encuentren empleados bajo relaciones no dependientes. De ese modo, se prevé una cobertura de seguro obligatorio contra accidentes en el trabajo y enfermedades profesionales, así como una retribución por hora trabajada -siempre que el trabajador acepte al menos una llamada por hora-[606]. (Subrayado nuestro)

En 2018, el mencionado decreto sufrió una reforma con el fin de incluir disposiciones urgentes para la protección del trabajo y garantizar la protección económica y reglamentaria de algunas categorías de trabajadores particularmente débiles, principalmente lo repartidores ("riders"). En función de ello, introdujo un capítulo (V-bis) referido a la protección laboral a través de plataformas digitales[607].

Adicionalmente, en noviembre de 2019 se aprobó otra ley con el objeto de regular el trabajo en las plataformas digitales, que introduce dos regímenes legales. Por una parte, cubre a los trabajadores que presentan personalmente servicios organizados por el cliente a través de plataformas digitales, y por otro lado, se establece una protección laboral a los trabajadores autónomos que reparten bienes a través de medios de dos ruedas en áreas urbanas.

606 Rosenbaum, F. (2020, octubre). El trabajo mediante plataformas digitales..., Ob. Cit., p. 228-229.

607 Ibidem, p. 118-119.

Al respecto, Todolí (2020, febrero 25) realiza la siguiente crítica:

> En la primera parte, la normativa obliga a que se aplique las protecciones laborales a todos los llamados 'dependientes tecnológicos'. No obstante, no parece que esto aporte mucha novedad respecto al concepto tradicional, dado que, desde los orígenes del derecho del trabajo, la legislación laboral se aplica al que no es propietario de los medios de producción, históricamente a los que trabajaban en la fábrica sin ser los dueños y ahora a los que trabajan en las plataformas sin ser los dueños.
>
> La segunda parte que hace referencia a 'trabajadores autónomos que reparten bienes a través de medios de dos ruedas en áreas urbanas' no parece dedicada a luchar contra los falsos autónomos sino más bien a dar ciertos derechos a los autónomos. Esta parte ha sido muy criticada por la doctrina italiana al entender que es un ámbito muy específico y residual y que de hecho probablemente no pueda considerarse autónomo a ningún repartidor que solamente es propietario de un vehículo de dos ruedas (debido al escaso valor del vehículo)[608].

Al mismo tiempo, la justicia había dado reconocimiento a estos trabajadores al conocer y decidir sus reclamaciones, extendiéndoles derechos en materia laboral y de protección social, pero sin equipararlos plenamente a los trabajadores subordinados. Ello, hasta que, a través de muy interesante decisión del Tribunal Supremo italiano les concedió los mismos derechos que a los subordinados bajo la novedosa construcción de las "*colaboraciones heteroorganizadas*":

Sentencias de fecha 07 de mayo de 2018 del Tribunal Ordinario (laboral) de Torino; del 11 de enero de 2019 de la Corte de Apelaciones de Turín [Trabajador independiente] y del 24 de enero de 2020 de la Corte Suprema de Justicia [Trabajador con contrato de colaboración coordinado y continuo con tratamiento de trabajador subordinado]

En Italia, ha sido emblemático el caso de los mensajeros ("riders") que demandaron a la plataforma digital de reparto a domicilio *Foodora*. Luego de que tras las huelgas de Turín, en otoño de 2016, un grupo de repartidores reclamaran mejoras en el salario y un contrato de colaboración coordinada y continua y, como consecuencia de ello, se les negara la renovación del contrato. Por tal razón, seis de ellos solicitaron al Tribunal Laboral que determinara la relación sustancial de subordinación a la que estaban sujetos y, por tanto, la ilegalidad del despido inmediato.

608 Todolí Signes, A. (2020, febrero 25). ¿Cómo regulamos para acabar con los falsos autónomos? Experiencias internacionales. [Blog] Disponible en: https://adriantodoli.com/2020/02/25/como-regulamos-para-acabar-con-los-falsos-autonomos-experiencias-internacionales/ [Consulta: 2021, marzo 14].

En Abril de 2018, el **Tribunal Ordinario (laboral) de Torino** rechazó la demanda, y mediante sentencia publicada en fecha **07 de mayo de 2018**[609], determinó la calidad de "autónomos" de los repartidores de la plataforma *Foodora,* argumentando la inexistencia de dependencia[610] debido a que los "riders" tenían libertad para conectarse y desconectarse de la *app* y la posibilidad de rechazar el servicio; adicionalmente, calificó a la empresa como plataforma de intercambio y destaca la posibilidad de los repartidores de revocar un turno ya confirmado.

De los seis demandantes iniciales, cinco decidieron apelar la decisión de 2018, obteniendo una sentencia de parte de la **Corte de Apelaciones de Turín**, de fecha **11 de enero de 2019**[611], en la cual "*aunque no se altera la calificación de los riders como autónomos, sí se condena a la empresa a pagarles los salarios como si fueran trabajadores dependientes de acuerdo con lo establecido en el convenio colectivo de logística y transporte de mercancías en vigor*"[612], reconociéndoles algunos medios de protección propios de los trabajadores subordinados, como lo relativo a un paquete discrecional de provisiones para proteger a la persona en el lugar de trabajo y en *términos de seguridad e higiene,* **retribución directa y diferida** *(por tanto, clasificación profesional),* **plazos, vacaciones y seguridad social.** Además, rechazó cualquier otro motivo, incluido el de la supuesta ilegalidad de los despidos, en virtud de que el empleador nunca expresó realmente su voluntad de rescindir el contrato antes de la expiración natural.

> La sentencia de 2018 parece casar una visión formal y, se podría decir, externa de la misma obra, por lo que esta última, con el conjunto de derechos sociales que de ella derivan, terminaría representando solo un activo o un interés de la obra, todos dentro de los límites de la ley, lo que implica inevitablemente que ninguna de las obligaciones y disposiciones constitucionales al respecto tienen un efecto directo o vinculante que pueda ser tomado en consideración en los tribunales.
>
> La sentencia de apelación no. 26/2019, por el contrario, ciertamente tiene el mérito de haber abordado abiertamente el tema que subyace a todas las nuevas formas de trabajo propias de la gig economy, muchas veces poco garantizadas: se discute la extensión y modulación de la protección, la necesidad de proporcionar medidas de protección adecuadas para todas las categorías de trabajadores, independientemente del con-

609 Tribunale Ordinario di Torino - Quinta Sezione Lavoro (2018, mayo 7). N° 778/2018..., Ob. Cit.

610 Rodríguez Fernández, M. L. (2019) ¿Trabajadores o freelancers?...Ob. Cit.

611 Corte D' Appello Di Torino.(2019, enero 11) R.G.L. N° 468/2018 [Traducción libre]. Disponible en: https://www.wikilabour.it/wp-content/uploads/2021/02/20190111_CdA-Torino.pdf [Consulta: 2021: enero 12].

612 Ibidem.

trato existente, lo que responde al interés y la preocupación de los jueces y, de hecho, se convierte en uno de los principales temas a discutir también a los efectos de la decisión.[613] (Subrayado nuestro).

Esta decisión de la **Corte de Apelación de Turín** podría inscribirse dentro de la tendencia de parte de la doctrina que reconoce la imposibilidad de calificar como asalariados a los usuarios prestadores de servicios a través de plataformas, pero procura el reconocimiento de algunos derechos laborales, tal como ocurre con los parasubodinados.

Finalmente, mediante sentencia N° 1663 del **24 de enero de 2020**, la **Sala de Casación Civil de la Corte Suprema de Justicia, Sección Laboral**[614], verificó un inédito criterio al determinar que como los repartidores mantienen un contrato de colaboración coordinado y continuo tienen derecho a ser remunerados como **trabajadores subordinados sin necesidad de que la relación se convierta en una forma de trabajo asalariado**. Es decir que, operando en la zona gris entre autonomía y subordinación, aunque no los caracteriza como asalariados, les otorga una protección similar, con el fin de proteger a trabajadores considerados en condición de debilidad económica y, por tanto, merecedores de la misma protección de la que goza quien presta su servicios como subordinado.

Aclara la decisión que, la labor de quienes participan en la entrega de alimentos a domicilio forma parte de las "*colaboraciones heteroorganizadas*" -*entendidas éstas como "una suerte de colaboraciones autónomas con fuertes rasgos de subordinación a las que se aplica en todo caso la disciplina del trabajo dependiente"*[615]-, que no constituyen un "género terciario" intermedio entre la subordinación y el trabajo por cuenta propia, sino un caso diferente, que permite la aplicación íntegra de la subordinación.

Para el máximo Tribunal italiano: "*encuentra expresamente relevancia el criterio de la 'debilidad económica' del trabajador, criterio que no depende de las modalidades en las que se realiza el trabajo ni del contrato existente, para centrarse más bien en la persona del trabajador y su exposición a situaciones de explotación, ante la falta de alternativas de supervivencia fuera de una relación subordinada*"[616]; lo que denota que más allá de la

---

613 Testa, D. (2020, febrero 25) Cass. N.1663/2020 (Foodora): il criterio della "debolezza economica" rilancia il lavoro oltre il contratto. IUS in Itinere. [Revista en línea] [Traducción libre] Disponible en: https://www.iusinitinere.it/cass-n-1663-2020-foodora-il-criterio-della-debolezza-economica-rilancia-il-lavoro-oltre-il-contratto-25745 [Consulta: 2020, octubre 7].

614 Corte Suprema di Cassazione, Sezione Lavoro (2020, enero 24). N° 1663. [Traducción libre]. Disponible en: http://dirittifondamentali.it/wp-content/uploads/2020/03/cass.-lavoro-rider-3.pdf [Consulta: 2020, octubre 13].

615 La Legge per Tutti (2019, marzo 27). Le collaborazioni etero-organizzate. Disponible en: https://www.laleggepertutti.it/277732_le-collaborazioni-etero-organizzate [Consulta: 2020, octubre 8].

616 Testa, D. (2020, febrero 25) Cass. N.1663/2020 (Foodora)...Ob. Cit.

calificación de los riders en alguna categoría laboral (subordinado o autónomo), lo que es relevante es su encausamiento dentro de un sistema de protección que les permita gozar de plenos derechos como trabajadores.

Llama la atención que la Sala de Casación prácticamente centró la fundamentación de su decisión en la idea de las "colaboraciones **heteroorganizadas"**[617], hasta el punto de establecer que la referencia a la hora y el lugar de trabajo expresas, e incluso cuando el cliente se limita a determinar unilateralmente el cuándo y el dónde se efectuará el desempeño personal y continuo del repartidor, son manifestaciones del poder de la heteroorganización.

Por tal razón, en la sentencia de 2020, la "heteroorganización", acompañada de la prestación personal y continua del servicio, logró asimilar a quien presta sus servicios a través de la plataforma digital con un empleado que requiere una protección equivalente, es decir, la plena aplicación de la disciplina del trabajo subordinado. Y aunque ignora el perfil de calificación de las "colaboraciones heteroorganizadas" permite esencialmente preservar la naturaleza del trabajo por cuenta propia, manteniendo aparentemente inalterada la dicotomía subordinado - autónomo.

Orrú (2020)[618] al referirse a este caso de los "riders" vs *Foodora* concluye:

---

617 Las "colaboraciones **heteroorganizadas" fueron** introducidas en la legislación italiana en 2015, dentro del Decreto Legislativo 81/2018, en el marco de la Ley de Empleo, cuando el párrafo 1 de su artículo 2, se hace referencia a que "*se aplican las normas de relación laboral subordinada también a las relaciones de colaboración que se materializan en las actuaciones de trabajo exclusivamente personal, continuo y cuyos métodos de ejecución son organizados por el cliente también con referencia a la hora y lugar de trabajo*" (subrayado nuestro). Sirven para evitar que colaboraciones coordinadas y continuas oculten relaciones laborales subordinadas simuladas; situación que pudiera presentarse en aquellos casos en que el cliente no se limite a la coordinación con el colaborador sino que organice directamente el desempeño laboral de éste, definiendo también tiempos y lugares de trabajo. Lo que induce a pensar que para tener una auténtica colaboración coordinada y continua (no heteroorganizada), los métodos de coordinación no deben ser impuestos por el cliente, sino que pueden ser elegidos de forma independiente por el colaborador o pactados entre las partes, confirmando así la compatibilidad entre autonomía, organización y coordinación, en el sentido de que la actividad laboral puede ser organizada de forma autónoma por el proveedor, aunque sea coordinada por el cliente. Posteriormente, el Decreto 81/2015 fue modificado por el Decreto Legislativo 128/2019 (del 2 de noviembre de 2019), para incluir entre sus principales reformas la protección a trabajadores de las plataformas digitales, el establecimiento de niveles mínimos de protección para los autónomos que realicen actividades de entrega de bienes por cuenta ajena en motos o bicicletas y el seguro obligatorio contra accidentes en el trabajo y enfermedades profesionales para estos trabajadores.

618 Orrú, T. (2020, febrero 10). La qualificazione del lavoro dei riders alla prova della giurisprudenza: prime note di commento alla sentenza della Corte di Cassazione sezione lavoro del 24 gennaio 2020. Giustizia Insieme [Revista en línea]. Disponible en: htps://www.giustiziainsieme.it/it/news/93-main/diritto-ed-economia/866-la-qua-

El Tribunal de Apelación de Turín primero, y el Tribunal de Casación luego, por el contrario, afirmaron que la elección del trabajador de aceptar o no la oferta de presentarse al trabajo debía considerarse un elemento externo al contenido de la relación, apto para afectar, por lo tanto, sobre su constitución y duración, pero no sobre la forma y contenido del servicio.

Será necesario esperar las consecuencias y aplicación práctica de esta decisión a los efectos de distinguir entre trabajo autónomo y trabajo subordinado, puesto que podría constituir un precedente para que trabajadores de plataformas en la misma condición reclamen beneficios laborales propios de los asalariados (como vacaciones, días de descanso, horas extra, etc.) –tal y como ha ocurrido en el caso español- lo que, en contrapartida pudiera conllevar a la exigencia por parte de la empresa de que el trabajador cumpla un mínimo de horas diarias o semanales, la exigencia de exclusividad a la marca, la pérdida de autonomía geográfica y del derecho a la desconexión.

Sentencia de fecha 31 de diciembre de 2020 del Tribunal Ordinario (laboral) de Bolonia [Carácter discriminatorio del trabajo de los repartidores]

En sentencia del **Tribunal Ordinario de Bolonia** de fecha **31 de diciembre de 2020**, se declaró el carácter discriminatorio de la conducta de Deliveroo Italia S.R.L. en relación con las condiciones de acceso a la reserva de sesiones de trabajo para los repartidores a través de su plataforma digital.

La demanda presentada en diciembre de 2019, fue interpuesta por la central sindical más importante de Italia: la Confederación General Italiana del Trabajo (*Confederazione Generale Italiana del Lavoro*, conocida como CGIL), a través de sus organizaciones sectoriales Filt, Filcams e Nidil; con el objeto de pedir el reconocimiento del derecho de los repartidores a asociarse para desarrollar actividad sindical por medio de formas de abstención colectiva (con pleno reconocimiento del derecho de huelga) y de encontrarse enfermo sin sufrir penalización alguna en el trabajo, así como también su derecho a poner en marcha un plan para suprimir todos los factores de discriminación que caracterizan el algoritmo y que limitan futuras oportunidades laborales de los repartidores dentro de la empresa.

En el análisis, el Tribunal cuestionó la "licitud del algoritmo" de clasificación (o de ranking) utilizado por la empresa para decidir cómo efectúa la asignación y distribución de encargos a sus repartidores, sobre el cual, nunca se han aclarado los criterios de cálculo específicos utilizados para determinar las estadísticas de cada ciclista, ni los criterios específicos anunciados en la plataforma, donde solo se

lificazione-del-lavoro-dei-riders-alla-prova-della-giurisprudenza-prime-note-di-commento-alla-sentenza-della-corte-di-cassazione-sezione-lavoro-del-24-gennaio-2020-n-1663?hitcount=0 [Consulta: 2020, octubre 7].

encuentra una referencia genérica a los parámetros conocidos de confiabilidad y participación.

El fallo destacó que, indiferentemente se considere que los repartidores sean trabajadores autónomos o por cuenta propia, Deliveroo los penaliza a través de su algoritmo sin distinguir los que se ausentan temporalmente de su plataforma (y no cumplen con los pedidos dentro de la franja horaria reservada) por motivos fútiles de aquellos que lo hacen por enfermedad, minusvalía, cuidado de menores o para ejercer su derecho a huelga, lo que constituye una forma de discriminación indirecta.

Este modelo de evaluación y clasificación de los repartidores (el 'ranking reputacional' de los riders) es el resultado de una 'elección consciente' de la empresa para favorecer o premiar la disponibilidad plena de los riders, sin tener en cuenta nunca los motivos reales que pudieron llevar a un rider a estar desconectado de la plataforma.

El Tribunal entiende que este método de asignación de trabajo no puede ser "ciego" o indiferente al ejercicio de derechos fundamentales. Si la cancelación de las reservas efectuadas a través del sistema que dispone la empresa penaliza las estadísticas de las personas que la han realizado, y repercute tanto sobre la reputación como sobre la participación de las mismas en el reparto del trabajo y por consiguiente también en la obtención de la remuneración del mismo, es de suponer que *"el rider que secunde una huelga y por tanto no cancele en los plazos señalados y en particular 24 horas antes del inicio de la misma la sesión que ha reservado, puede ser objeto de un trato discriminatorio porque se arriesga a empeorar sus estadísticas y perder la posición eventualmente alcanzada en el grupo prioritario, con las ventajas que ello comporta"*[619].

Sin embargo, debido a que este sistemas de reserva fue descontinuado por Deliveroo a partir del 2 de noviembre de 2020, el fallo no ordena el cese del mismo sino únicamente la eliminación de sus efectos discriminatorios de cara al futuro, condenó a la empresa demandada a eliminar los efectos de la conducta discriminatoria publicando esta disposición en su sitio web y en el área de "preguntas frecuentes" de su plataforma, y al pago de una indemnización de 50.000 euros por concepto de los daños y perjuicios causados a los sindicatos demandantes.

Destaca Eduardo Rojo (2021, enero 15) que esta sentencia ha sido considerada histórica, debido a que es la primera vez que en Europa que una empresa de la economía de plataforma es condenada por el uso discriminatorio de un algoritmo, que además es desconocido por los trabajadores, y constituye un precedente para otras que utilizan algoritmos muy semejantes[620].

---

619 Tribunale Ordinario di Bologna (2020, diciembre 31). N° 2949/2019..., Ob. Cit.

620 Rojo, E. (2021, enero 15). Repartidores laborales. Sigue la Saga Deliveroo, en España y en Italia. Ajenidad en el mercado y control de la organización del trabajo por el al-

Para Baylos, la originalidad de la sentencia radica en que la magistrada entró a desentrañar el funcionamiento concreto del algoritmo que asigna los encargos y organiza el trabajo sobre la base de la compatibilidad del mismo con el ejercicio de derechos fundamentales y las consecuencias negativas que éste tiene sobre el empleo, por lo que destaca que *"en el plano de la preparación de las plataformas reivindicativas sindicales, introduce la posibilidad de negociar colectivamente a nivel de empresa la introducción de una nueva pauta matemática en el algoritmo que incorpore estas exigencias fundamentales, sin excluir asimismo la posibilidad de impugnar los sistemas de medición y encargo de tareas de las empresas de plataformas especializadas en el reparto de comidas que vulneren estas líneas de tutela de derechos fundamentales por parte de los interesados y en general por parte de los sindicatos y asociaciones que representan a las personas que trabajan en este sector"* [621].

Al respecto, Ricardo Oliva, abogado especializado en derecho digital y fundador y socio director de la página web "algoritmo legal", también sugiere lo siguiente:

> Independientemente de las consecuencias para la protección de los derechos laborales y libertades sindicales en la nueva economía digital, la resolución italiana marca un interesante precedente en Europa que puede promover el inicio de acciones judiciales sobre la necesidad de auditabilidad y explicabilidad de los algoritmos informáticos de las plataformas online lo que a la postre significaría reclamar una mayor transparencia algorítmica.
>
> Los consumidores y los usuarios de las plataformas que utilicen algoritmos informáticos y de inteligencia artificial deben estar informados de modo comprensible, oportuno, exacto y accesible de la existencia, el razonamiento, del posible resultado y de las repercusiones en su esfera personal de los sistemas algorítmicos empleados por tales plataformas, aplicaciones de inteligencia artificial y tecnologías conexas.
>
> Del mismo modo, cualquier persona afectada por estos algoritmos deben poder contactar con un **ser humano** con poder de decisión para poder verificar, impugnar y corregir las eventuales decisiones discriminatorias y sesgadas que generen tales sistemas. Además, los seres humanos siempre deberían poder anular las decisiones automatizadas y tener opción de desactivar o limitar los sistemas de inteligencia artificial, recurriendo, cuando sea posible a su personalización, tal como lo recomienda el Informe del Parlamento Europeo que incluye recomendaciones destinadas

---

goritmo = laboralidad (y repaso a nuevas aportaciones doctrinales y sociales). [Blog]. Disponible en: http://www.eduardorojotorrecilla.es/2021/01/repartidores-laborales-sigue-la-saga.html?m=1 [Consulta: 2021, enero 19]

621 Baylos, A. (2021, enero 5). El algoritmo no es neutral..., Ob. Cit.

> a **la Comisión Europea sobre un marco de los aspectos éticos de la inteligencia artificial, la robótica y las tecnologías conexas, de 8 de octubre de 2020.**[622] (resaltado de la cita)

En conclusión, en Italia se ha reconocido la autonomía de los repartidores, pero al mismo tiempo bajo el manto de una nueva figura (colaboraciones heteroorganizadas) se asimilan sus derechos a los de un trabajador asalariado, sin conocerse hasta ahora las consecuencias o ejecución práctica de esta determinación. Al mismo tiempo, otro tribunal, sin calificar la relación como autónoma o subordinada, ha incidido en el tema del uso de algoritmos vinculando con la posible violación de derechos fundamentales.

IV.2.11. Reino Unido

En el Reino Unido, existen tres categorías de trabajadores: empleados, trabajadores por cuenta propia y workers:

> La legislación británica distingue entre tres categorías diferentes del ámbito de la legislación laboral. En primer lugar, un 'empleado' ['employee'], según se define en la Ley de Derechos Laborales de 1996, es una persona que trabaja con un "contrato de trabajo". En segundo lugar, en el decenio de 1970, la legislación británica amplió algunas leyes de protección del empleo a la categoría recientemente creada de "personas empleadas" introducida en la Ley de igualdad de remuneración de 1970, en partes de la Ley de discriminación sexual de 1975 y en la Ley de relaciones raciales de 1976, que son personas con cualquier otro contrato personal para ejecutar cualquier trabajo o labor (Freedland 2003, págs. 23), yendo claramente más allá de la definición de 'contrato de trabajo'. En tercer lugar, la legislación británica reciente ha intentado clasificar a los trabajadores autónomos dependientes hasta cierto punto estableciendo la categoría de 'trabajador' ["worker"] (Freedland 2003, págs. 22-26).[623]

De las tres categorías resulta relevante destacar la de los "*worker*", quienes *constituyen una* categoría legal intermedia "*creada con el propósito de extender la protección del derecho del trabajo a personas que prestan servicios personales con cierto grado de autonomía, pero que dependen de otra persona que les da trabajo en una calidad distinta a la de un cliente*"[624]. A pesar de tener un acceso más limitado a derechos laborales

---

622 Oliva León, R. (2021, enero 6) ¿Es discriminatorio el algoritmo de Deliveroo..., Ob. Cit.

623 Cita ya referenciada en el acápite III.1.3 sobre los trabajadores parasubordinados y económicamente dependientes, extraída de Böheim, R. y Mühlberger, U. (2009, mayo 9) Autoempleo dependiente...Ob. Cit.

624 Buendia, R. y Leyton, J. (2021, abril 6). El caso Uber en el Reino Unido y el rol protector del derecho. del trabajo. Disponible en: https://www.diarioconstitucional.cl/

tienen a su disposición instrumentos de protección relevantes como: el derecho al ingreso mínimo mensual, protecciones sobre jornada de trabajo, descansos y derechos colectivos.

Con respecto a la determinación de la relación laboral de los trabajadores de las plataformas en una de estas tres categorías, las decisiones de los tribunales británicos han sido vacilantes, sin embargo, el criterio general fue caracterizarlos como *workers;* lo que fue confirmado en el caso de los conductores de UBER, cuando en febrero de 2021 el Tribunal Supremo de Justicia Británico (The Supreme Court) determinó que no son autónomos obligados a cumplir contratos de servicio, sino trabajadores por cuenta ajena (workers) con derecho a acogerse a la legislación laboral [caso Uber BV and others vs Aslam and others]. Este fallo -comentado más adelante- sienta jurisprudencia en la materia por tratarse de una decisión del máximo ente judicial del país, lo que constituirá un precedente para el tratamiento legal que se le dará a estos trabajadores de ahora en adelante, al igual que ocurrió en España con la sentencia del 23 de septiembre de 2020 -antes comentada-.

Sentencias de fechas 28 de octubre de 2016 del Tribunal de Empleo de Londres, del 10 de noviembre de 2017 del Tribunal de Apelaciones (Laboral) de Londres y del 19 de febrero de 2021 del Tribunal Supremo de Justicia [Trabajador de categoría intermedia: "Worker"]

En sentencias de primera y segunda instancia, de fechas **28 de octubre de 2016**[625] y **10 de noviembre de 2017**[626], dictadas respectivamente por el **Tribunal de Empleo** (*Employment Tribunal*) y el **Tribunal de Apelaciones (Laboral) de Londres**, relacionadas con una demanda de conductores (drivers) de Uber, se concluyó que esta categoría de prestador de servicios de plataformas digitales, son "trabajadores", específicamente en la categoría intermedia "*workers*". Ello fue confirmado posteriormente por el **Tribunal Supremo de Justicia** británico (The Supreme Court) en sentencia de fecha **19 de febrero de 2021**[627], en la cual se determinó que estos

---

articulos/el-caso-uber-en-el-reino-unido-y-el-rol-protector-del-derecho-del-trabajo/ [Consulta: 2021, marzo 15].

625 Employment Tribunals (2016, octubre 28). Mr Aslam & others vs Uber. N° 2202550/2015. [Traducción libre]. Disponible en: https://www.judiciary.gov.uk/wp-content/uploads/2016/10/aslam-and-farrar-v-uber-reasons-20161028.pdf (Consulta: 2019, septiembre 30).

626 Employment Appeal Tribunal (2017, noviembre 10). Mr Aslam & others vs Uber. N° UKEAT/0056/17/DA. [Traducción libre]. Disponible en: https://assets.publishing.service.gov.uk/media/5a046b06e5274a0ee5a1f171/Uber_B.V._and_Others_v_Mr_Y_Aslam_and_Others_UKEAT_0056_17_DA.pdf [Consulta: 2019, septiembre 30].

627 The Supreme Court (2021, Febrero 19). Uber BV and others (Appellants) v Aslam and others (Respondents). [2021] UKSC 5 [Traducción libre] Disponible en: https://www.supremecourt.uk/cases/docs/uksc-2019-0029-judgment.pdf [Consulta: 2021, febrero 22].

conductores deben clasificarse como workers, no como contratistas independientes, lo que significa que tienen derecho a protecciones laborales básicas.

Este caso se inició en 2016, cuando dos conductores que prestaban servicios a través de la aplicación de la empresa demandaron a la compañía Uber BV (casa matríz holandesa) y a su filial británica Uber London Ltd, con el fin de que se les reconociera como trabajadores, reclamación a la cual luego se le fueron sumando casi una treintena de conductores con la misma solicitud legal.

En la sentencia del **28 de octubre de 2016** el **Tribunal de Empleo** falló a favor de los conductores, afirmando que eran trabajadores en favor de Uber y, por lo tanto, tenían derecho a ciertas protecciones laborales. Posteriormente, el **Tribunal de Apelaciones**, en sentencia del **10 de noviembre de 2017** desestimó la apelación de Uber y confirmó el fallo del tribunal laboral.

Las ideas centrales de ambas decisiones se basaban en que *"los conductores se integran en la actividad productiva de la empresa y prestan sus servicios para ella, no para el mercado"*[628], y que *"los contratos se califican de acuerdo con lo que los términos de su ejecución demuestran y no con el nombre que les den las partes; el control empresarial se demuestra con la desactivación de la plataforma si se rechazan viajes"*[629].

Ambas decisiones de alguna forma hacen relación a lo que conocemos como contrato realidad, pero en nuestro criterio parten de varias premisas o indicios que distan de los propuestos por la OIT, o los aplican erradamente: a) concebir a la empresa accionada (Uber) como "empresa de transporte" y no como una empresa de la sociedad de la información o de Tecnología de Información y comunicaciones (TIC); b) desestimar que los conductores califiquen como trabajadores autónomos por confundir esta noción con la de empresario; c) considerar como "poco realista" la posibilidad prevista contractualmente de que el conductor pueda ser sustituido a su voluntad por otro conductor y pueda voluntariamente rechazar servicios; y d) considerar como elementos de subordinación la fijación del precio por parte de la plataforma, la posibilidad de "desconectar" a los conductores por bajas calificaciones, cerrar la sesión de los conductores si rechazan tres viajes seguidos, o proporcionar una ruta sugerida para cada viaje. No obstante, y a los fines de la utilización o no de estas decisiones como referentes para la caracterización de "no autónomos", debe considerarse que varias de las condiciones enunciadas, han sido posteriormente eliminadas o modificadas por la empresa Uber

Por su parte, en sentencia de fecha **19 de febrero de 2021**, el **Tribunal Supremo de Justicia** británico (The Supreme Court) determinó que, en el caso de la demanda de los conductores contra la empresa Uber, éstos trabajadores deberán ser clasificados como "workers" y no como trabajadores autónomos, con el conse-

628 Rodríguez Fernández, M. L. (2019) ¿Trabajadores o freelancers?..., Ob. Cit.

629 Ibidem, p. 24.

cuente reconocimiento de sus "derechos básicos" obteniendo un salario mínimo y vacaciones pagadas.

Tras el análisis, se indica que en virtud de que en los hechos no existía un contrato escrito entre los conductores y Uber London, la naturaleza de su relación jurídica tenía que inferirse de la conducta de las partes y no había base fáctica para afirmar que la empresa actuó como agente de conductores, por lo cual se enfoca en considerar como propósito de la legislación laboral pertinente brindar protección a las personas vulnerables que tienen poca o ninguna influencia sobre su salario y condiciones de trabajo porque se encuentran en una posición subordinada y dependiente en relación con una persona u organización que ejerce control sobre su trabajo.

Con una decisión unánime, los seis magistrados británicos desmontaron con cinco razonamientos principales las justificaciones de la compañía. En primer lugar, indicaron que es Uber la que establece el precio del servicio, sin que el conductor pueda modificarlo. Además, el salario del trabajador lo decide la compañía. En segundo, los términos del contrato puntual los fija la empresa. En tercero, la decisión de rechazar un cliente o un viaje concreto es muy relativa. Uber penaliza el servicio de los conductores con "castigos" como desconectarles durante diez o más minutos de la aplicación si rechazan un servicio. En cuarto, a través de las puntuaciones de los clientes, Uber se reserva el derecho a prescindir de los servicios del empleado. Y finalmente, la compañía restringe al máximo la comunicación personal entre conductor y cliente. Es decir, es la empresa y no el empleado la que pone casi todas las condiciones para la prestación del trabajo.

Según el fallo, tomando estos factores en conjunto, el servicio de transporte realizado por los conductores y ofrecido a los pasajeros a través de la aplicación Uber está estrictamente definido y controlado por la empresa. Los conductores se encuentran en una posición de subordinación y dependencia, por lo cual concluye que los conductores demandantes deben ser considerados "workers" trabajando para Uber.

Para Buendia y Leyton (2021, abril 6) lo resaltante de esta decisión "*radica en la adopción de una interpretación finalista de la ley para prevenir que la libertad de las partes contratantes sea simplemente ilusoria. Ello lleva a la Corte a elevar el sentido protector del derecho del trabajo, alejándose de la tradicional deferencia a la autonomía de las partes para contratar que suele mostrar el common law*"[630]. *Como hemos advertido previamente, pareciere adoptarse una política judicial, de objetivo protector, pero que se aleja de los parámetros previamente fijados, incluso por las mismas cortes.*

Respecto al sustento argumentativo de las decisiones, lo primero que puede oponerse o criticarse es que los elementos fácticos tomados en consideración para entender el control por parte de la empresa (subordinación o integración) corresponden

---

630 Buendia, R. y Leyton, J. (2021, abril 6). El caso Uber en el Reino Unido..., Ob. Cit.

o son típicos de la mayoría de las plataformas digitales, es decir, incluso de aquellas que no implican la prestación de servicios: funcionan en base a algoritmos, se vinculan con la ley de la oferta y la demanda, y con el sistema de reputación *online*, siendo comunes a la sociedad de la información, independientemente del producto que se intermedie, e incluso para intercambios gratuitos o no onerosos. Por lo que, conforme a su naturaleza no guardan relación con un "poder" que ejerza la plataforma sobre el prestador del servicio, ni el sometimiento de la voluntad de éste ante aquella.

Esta decisión sienta un precedente en el Reino Unido al situar al conductor de Uber como un "worker" a los efectos de la legislación laboral, y permitirle el derecho a recibir al menos el salario mínimo nacional, gozar de vacaciones anuales pagadas y a beneficiarse de otras protecciones.

Sin embargo, como aspecto relevante para el presente estudio sobre la caracterización, se debe insistir en que no se ha reconocido o establecido la condición de empleados o trabajadores subordinados, sino una categoría intermedia que no implica todos los derechos laborales, lo que abre la puerta al reconocimiento por otras legislaciones de estas formas atípicas o intermedias y su regulación.

Sentencias de fecha 14 de noviembre de 2017 del Comité Central de Arbitraje y del 5 de diciembre de 2018 de la Alta Corte de Justicia [Trabajador independiente]

A diferencia de las decisiones precedentemente citadas, dictadas por tribunales laborales de primera y segunda instancia en el caso de conductores de Uber, antagónicamente, el **Comité Central de Arbitraje** británico (*Central Arbitration Commitee*) por decisión de fecha **14 de noviembre de 2017**[631], resolvió el carácter de "autónomos" de los repartidores (*riders*) de la plataforma *Deliveroo*, negándoles la posibilidad de constituir un sindicato. Decisión que fue confirmada por sentencia de la **Alta Corte de Justicia** del Reino Unido, de fecha **5 de diciembre de 2018**[632].

En estas decisiones con mayor pragmatismo, sin que ello implique simplismo, se consideró como elemento fundamental, la circunstancia de que, tanto en el texto del contrato entre los repartidores y la plataforma, como en la práctica demostrada, existía la posibilidad de sustituir al repartidor por otra persona, incluso, luego de haber aceptado prestar un reparto o entrega, y en consecuencia, *"la no exigencia de*

631 Central Arbitration Committee (2017, noviembre 14). Independent Workers' Union of Great Britain (IWGB) vs Deliveroo. N° TUR1/985(2016). [Traducción libre] Disponible en: https://assets.publishing.service.gov.uk/government/uploads/system/uploads/attachment_data/file/663126/Acceptance_Decision.pdf [Consulta: 2019, octubre 8].

632 The High Court of Justice (2018, diciembre 5). Independent Workers' Union of Great Britain (IWGB) vs Deliveroo. N° CO/810/2018. [Traducción libre] Disponible en: http://www.bailii.org/ew/cases/EWHC/ Admin/2018/3342.htm [Consulta: 2019, octubre 8].

la prestación personal del servicio excluye que se trate de una relación de trabajo. (...) [E] l proveedor de servicios puede ser sustituido, luego no es una prestación personal y sin esta característica no hay relación de trabajo".[633]

Como señalamos previamente, la prestación personal del servicio es un elemento constitutivo de la existencia del contrato de trabajo o relación laboral, por lo que, si existe la posibilidad de libre sustitución o reemplazo del prestador, no sólo se descarta el elemento subordinación, sino que se suprime toda posibilidad de presumir la existencia del contrato de trabajo. Por demás, debe advertirse que esta última decisión dimana de la Alta Corte de Justicia, y su efecto es expansivo, pues se pronunció de manera general (no casuística o para un caso en particular) negando la posibilidad de constituir sindicatos que agremien a estos "autónomos". Paradójicamente, el principal argumento esgrimido por la Alta Corte, fue el mismo rechazado por otros tribunales laborales por considerarlo "poco realista" en el caso de los conductores de Uber[634].

IV.2.12. Uruguay

Tal y como referimos en el acápite III.2.3, al tratar el tema de la subordinación y la dependencia en la legislaciones iberoamericanas, la República Oriental del **Uruguay** no cuenta con un código de trabajo o una ley del contrato de trabajo que conceptualice la relación laboral o determine sus elementos característicos. Ha sido labor de la doctrina y la jurisprudencia de ese país la que, con base en la utilización de la Recomendación 198 OIT (a la cual se le considera como parte del Bloque de Constitucionalidad), ha construido el marco teórico para el tratamiento del tema. Por tal razón, los juzgados se han valido de la conjunción de indicios para determinar si se está en presencia de una relación de trabajo o no.

Según reseña la doctrina, la cantidad de demandas interpuestas con relación al trabajo a través de las plataformas digitales ha sido muy bajo[635], por lo que resul-

---

633 Rodríguez Fernández, M. L. (2019) ¿Trabajadores o freelancers?...Ob. Cit., p. 26

634 Por ejemplo, la Corte Suprema de Justicia de Colombia en citada decisión SL 1843-2014, de fecha 18 de junio de 2014, concluyó: *"Lo dicho en precedencia cobra mayor trascendencia, si se da una simple lectura a la cláusula séptima del contrato celebrado entre las partes, pues de la misma se evidencia con suma facilidad que fue el propio demandante -contratista- quien se obligó para con la demandada -contratante-, a poner a disposición dos personas para cumplir con las funciones, turnos y horarios establecidos en el contrato, y no otra cosa se concluye de su claro y expreso tenor literal, (...). Entonces, si el objeto del contrato debía cumplirse a través de interpuestas personas, fácil es concluir que en el caso de autos, no se configura una subordinación jurídica.*

Dicho de otro modo, si el señor Luis Felipe Fernández Álvarez tenía la potestad y libertad para determinar quién prestaba el servicio de celaduría y vigilancia, mal puede sostenerse que el vínculo que unió a las partes era de índole subordinado" (Subrayado nuestro).

635 Según información indicada en: Rosenbaum Carli, F. (2019, noviembre 12). Uruguay: Los choferes de Uber son trabajadores dependientes (JLT de 6° Turno, sentencia N°

ta difícil determinar si la tendencia jurisprudencial apunta hacia la autonomía o la subordinación. Sin embargo, cuando menos, respecto a los servicios de transporte urbano (Uber), existe un pronunciamiento en dos instancias:

Sentencias de fecha 11 de noviembre de 2019 del Juzgado Letrado del Trabajo de la Capital y de fecha 03 de junio de 2020 del Tribunal de Apelaciones del Trabajo [Trabajador bajo relación subordinada]

En sentencia Nº 77/2019 de fecha **11 de noviembre de 2019**, el **Juzgado Letrado del Trabajo de 6º Turno de la Capital** sentenció a favor de un conductor que reclamaba pasivos laborales a Uber, por considerar que durante el tiempo de servicio para la empresa éste se encontraba bajo una relación de dependencia.

Con fundamento en el principio de primacía de la realidad el juzgado desestimó el alegato de Uber de ser una empresa de tecnología, para determinar que se trataba de una compañía cuya actividad principal consiste en brindar servicios de transporte, pues sin los viajes realizados por los conductores no podría llevar a cabo su objeto.

> Como lo dice el DR. BRUNO SANDE ESCOBAR en su artículo "PLATAFORMAS Y RELACIÓN DE TRABAJO. ANÁLISIS DESDE LA PERSPECTIVA DEL DERECHO DEL TRABAJO URUGUAYO" recogido en "XXX JORNADAS URUGUAYAS DE DERECHO DEL TRABAJO Y LA SEGURIDAD SOCIAL EN HOMENAJE AL CENTENARIO DE LA OIT", analizando "El caso UBER", en conceptos compartidos, ajustados a las consideraciones desarrolladas: "..., la actividad principal de UBER es el transporte. No se trata entonces exclusivamente de una compañía tecnológica que desarrolla un sofware y vincula a terceros ajenos a su estructura. Sin el servicio de transporte UBER no existiría, lo que da cuenta de la indispensabilidad de ese servicio para la empresa y que es esa su verdadera actividad.[636] (Mayúsculas de la cita original)

Afirma que la plataforma que proporciona Uber sólo constituye la herramienta para el desempeño de la labor del conductor quien, estando integrado a la empresa, resulta indispensable para llevar a cabo el negocio de dicha plataforma digital.

77/2019, 11/11/2019). [Blog] Disponible en: https://federicorosenbaum.blogspot.com/2019/11/uruguay-los-choferes-de-uber-son.html [Consulta: 2021, junio 7]; y en Rosenbaum Carli, F. (2020, agosto 28). Reciente jurisprudencia sobre el trabajo desarrollado mediante plataformas digitales en el Uruguay. [Blog] Disponible en: https://federicorosenbaum.blogspot.com/2020/08/reciente-jurisprudencia-sobre-el.html [Consulta: 2021, junio 7].

636 Juzgado Letrado del Trabajo de la Capital de 6º Turno (2019, noviembre 11). Sentencia 77, Queimada, Esteban C/ Uber Technologies Uruguay S.A. y otro. Disponible en: https://drive.google.com/file/d/1qKQJz8hSvdpKOrvQYghbGHzSZ7uSeY15/view [Consulta: 2020, junio 6].

Al respecto acota Rosenbaum (2019, noviembre 12) que cuando el fallo establece que Uber constituye una empresa de servicios de transporte, tal conclusión, aunque acertada, es manifiestamente contraria a la regulación de la Junta Departamental de Montevideo, que concibió a las plataformas digitales de este tipo como intermediarias entre la oferta y demanda de los servicios de transporte de pasajeros. *"En efecto, el Decreto N° 36.197 ha dispuesto que: 'El transporte oneroso de pasajeros en vehículos privados contratado a través del uso de plataformas electrónicas que unan la oferta con la demanda de tales servicios...es una actividad privada de interés público'. De ello se deduce que la regulación de la Junta Departamental de Montevideo es manifiestamente contraria a la realidad, y por ende, se impone la necesidad de su modificación a futuro"*[637].

Para el análisis del caso, el juzgado se vale de los indicios contemplados en la Recomendación 198 de la OIT, y aborda la conclusión de que los denominados "socios conductores" se vinculan con Uber mediante una relación de trabajo subordinado, estableciendo la existencia de una relación de trabajo subordinada.

Para cerrar, la sentencia insta a convertirse en un precedente para impedir que en lo sucesivo se viole el derecho de los trabajadores de las plataformas; por lo cual Uber fue condenada a abonarle al demandante los rubros laborales individualizados con el alcance establecido en el fallo, y los correspondientes intereses y reajustes generados hasta su efectivo pago. *"De ahí que (...) se condene a la demandada a futuro a abonarle a las actoras las primas por antigüedad y presentismo, de acuerdo a la normativa en su momento vigente. En consecuencia se establecerá la condena a abonar en el futuro licencia, salario vacacional y aguinaldo, mientras se mantenga incambiado el relacionamiento laboral entre las partes"*[638].

Como era previsible, Uber decidió apelar este fallo ante una instancia superior, siendo conocido por el **Tribunal de Apelaciones del Trabajo de 1° Turno**, que en fecha **3 de junio de 2020**[639] confirmó la sentencia de primera instancia.

Para ello, reafirma el hecho de que Uber es una empresa de transporte que sin la labor del conductor no sería capaz de llevar a cabo el objeto de su negocio, considerando un indicio de laboralidad importante el hecho de que el trabajo de ese chofer resulte indispensable para la ejecución de dicha actividad principal. Además, profundiza los argumentos del fallo de primera instancia que fundamentan la utilización de la Recomendación 198 de la OIT y la aplicación de sus indicios para la determinación del carácter de la relación laboral existente.

---

637 Rosenbaum Carli, F. (2019, noviembre 12). Uruguay: Los choferes de Uber..., Ob. Cit.

638 Juzgado Letrado del Trabajo de la Capital de 6° Turno (2019, noviembre 11) (...), Ob. Cit.

639 Sentencia del Tribunal de Apelaciones del Trabajo de 1er Turno (2020, junio 3). Los choferes de Uber son trabajadores dependientes. Sentencia de Segunda Instancia confirmatoria [Blog Hugo Barretto Ghione]. Disponible en: https://hugobarrettoghione.blogspot.com/2020/06/los-choferes-de-uber-son-trabajadores.html [Consulta: 2021, junio 7].

Aquí debemos resaltar que a pesar de que la sentencia pretende fundamentarse en la aplicación del test de indicio contenido en la Recomendación 198 OIT, obvió o soslayó los principales indicios de autonomía (tales como propiedad del vehículo, asunción de riegos, proporcionalidad en la percepción de los frutos, autonomía en los horarios y jornadas, etc.), lo que desvela un análisis bastante parcializado del tema objeto central del caso.

IV.3. GLOBALIZACIÓN DEL PROBLEMA DE LA CARACTERIZACIÓN DE LA PRESTACIÓN DE SERVICIOS A TRAVÉS DE PLATAFORMAS DIGITALES

Como se aprecia, han surgido conflictos judiciales en diversos países con relación al tratamiento y protección laboral de los trabajadores que prestan sus servicios a través o por intermedio de plataformas digitales, con disímiles soluciones hasta el momento. La fuente de estos conflictos, en nuestro criterio, surge de dos (2) principales causas: la primera, las características propias de la vinculación, que al mismo tiempo representan signos de autonomía y de subordinación, ubicándose en las llamadas "zonas grises" del derecho laboral, o en las formas de trabajo atípico, haciendo necesaria su calificación y ubicación teórica, judicial y posiblemente legislativa, sin garantía de solución uniforme ni universal, mucho menos, inmediata. Situación que adicionalmente, produce inseguridad jurídica, tanto a los prestadores de servicios como a las empresas de plataforma, además de la delatada conflictividad. En segundo lugar, observamos que la "desprotección" generada por la incertidumbre, o por la posible caracterización como "autónomos" de los operarios, se ha querido analizar y solucionar, principalmente desde la sesgada perspectiva del Derecho del Trabajo enfocada en evitar la "fuga, huida o emigración"[640], y por consecuencia, evitando retroceder en la protección de los trabajadores, dejándolos a la suerte y riesgo de la autonomía de la libertad propia del derecho civil, abuso de los dueños de los medios de producción, o las voraces condiciones del mercado de trabajo precario, dando - virtualmente - muerte a los logros, avances y derechos "irrenunciables" que se han obtenido a través del tuitivo derecho de trabajo, y

640 *La fuga, huida o emigración del derecho del trabajo* se ha desarrollado notablemente en los últimos años, escudándose en reales o presuntas necesidades tecnológicas, de competitividad o de organización del trabajo, pero sin duda buscando o teniendo como efecto la colocación de un trabajador fuera del ámbito de aplicación del derecho laboral. Para ello se recurre a múltiples modalidades de subcontratación, tercerización, externalización, descentralización y deslaboralización de la relación de trabajo, que se han difundido desmesuradamente: contratación de trabajadores a través de un tercero, celebración de contratos de trabajo con la forma de contratos civiles o comerciales, constitución de una empresa real o ficticiamente autónoma con trabajadores hasta ese momento dependientes de la principal, contratación con cooperativas, declaración legal de que determinados trabajadores pasan a ser *trabajadores independientes* si se inscriben como tales en un determinado registro, presunción legal de que

su consagración casi universal: el temor a la "deslaboralización", flexibilización o huida del derecho del trabajo[641].

La solución a ambos problemas está requerida por el artículo 205 del Plan Nacional de Desarrollo 2018-2022 (PND) de Colombia, que atiende al primero, ordenando la caracterización del sector y sus componentes subjetivos; para luego, intuitiva y sabiamente, confrontar el segundo, soslayando al Derecho del Trabajo, a través de la inserción en un campo más amplio: el de protección y seguridad social (el Derecho Social).

Para ampliar o soportar el alcance global de las posibles soluciones, revisamos de seguidas, la posición y recomendaciones surgidas en el seno de organismos multilaterales.

IV.3.1. Posición y recomendaciones de organismos multilaterales

El primer problema que representa la economía colaborativa o de plataformas con relación al intercambio de servicios está representado por la caracterización de los actores y su forma "legal" de vinculación, con especial referencia a la naturaleza laboral dependiente o independiente de los servicios prestados de forma personal. Suma a este cuestionamiento, la preocupación por la protección social de esos operarios, indiferentemente del carácter que se atribuya al vínculo, pues categorizándolos como "autónomos", se visualiza en muchos casos su posible condición de hiposuficientes, débiles jurídicos o económicamente dependientes, frente a las plataformas. En nuestro criterio, las plataformas digitales o su uso para acceder al mercado de trabajo, creadora o masificadora de diversas formas de empleo, ostensiblemente representa grandes ventajas, ya enunciadas al inicio de este estudio. De allí que, nos inclinamos a pensar que el verdadero problema no está en la caracterización de sus elementos subjetivos (que consideramos como "autónoma"), sino en la necesidad de implementación de mecanismos de protección social universales, o que, cuando menos, protejan o alcancen en igualdad de condiciones a los trabajadores autónomos o independientes, o en su defecto, la regulación de categorías

---

determinados trabajadores son autónomos o aun empresas (*unipersonales*), etcétera. Ermida Uriarte, O. y Hernández Alvarez, O. (2016) Crítica de la Subordinación... *Ob. Cit.*, p. 278.

641 *"En la actualidad, existe un trabajo denominado informal, precario, atípico, irregular y desprotegido (Organización Internacional del Trabajo, 2010). Este es contrario a lo que se conoce como el trabajo decente, que no es más que el trabajo subordinado protegido (Procuraduría General de la Nación, s. f.). Asimismo, hay trabajadores que están dentro de la flexibilidad laboral o la desregulación, denominados trabajadores externos o tercerizados, deslaboralizados, descolectivizados, trabajadores asociados, en fin, trabajadores vinculados a la producción de la empresa, mas no jurídicamente a ella (Pineda, 2013). Este trabajo, que se ha convertido en el mundo mayoritario, es el que se conoce como trabajo independiente"*. Ostau de Lafont de León, F. (2017) La Libertad Sindical en el mundo del trabajo en Colombia. Bogotá: Universidad Católica de Colombia, p. 114.

intermedias, que sin deformar su naturaleza apunte a las garantías de protección social. La procura o inserción en los sistemas de seguridad social parece ser -en definitiva- el camino mostrado por los organismos internacionales, con posiciones y recomendaciones, algunas más claramente definidas (frontales) que otras, pero que de una u otra manera conllevan a la misma salida.

IV.3.1.1. Organización Internacional del Trabajo (OIT)

Los profundos cambios que se están produciendo en el mundo del trabajo, y especialmente, en el mercado de trabajo, han dado lugar a nuevas formas de vinculación que no siempre se ajustan a los parámetros de la relación de trabajo. Si bien esas nuevas modalidades han aumentado la flexibilidad del mercado de trabajo, también han contribuido a que no esté clara la situación legal de un creciente número de oficios y trabajadores, y que, consecuentemente, quedan excluidos del ámbito de la protección normalmente asociada con una relación de trabajo. Ante estas nuevas modalidades, la OIT ha elaborado una serie de recomendaciones, de carácter no vinculante, pero que sirven de punto de referencia para el examen de las diversas formas de *trabajo atípico:*

i. Recomendación sobre la relación de trabajo, 2006 (núm. 198)

En la ya citada Recomendación 198 (2006), la OIT no sólo propuso el test de indicios utilizado para la determinación de existencia o no de contrato de trabajo, sino que además recomendó[642]:

> 5. En el marco de la política nacional los Miembros deberían **velar en particular por asegurar una protección efectiva** a los trabajadores especialmente afectados por la incertidumbre en cuanto a la existencia de una relación de trabajo, incluyendo a las trabajadoras, así como a los trabajadores más vulnerables, los jóvenes trabajadores, los trabajadores de edad, los trabajadores de la economía informal, los trabajadores migrantes y los trabajadores con discapacidades".
>
> (...)
>
> 8. La política nacional de protección de los trabajadores vinculados por una relación de trabajo **no debería interferir en las verdaderas relaciones civiles y comerciales**, velando al mismo tiempo por que las personas vinculadas por una relación de trabajo disfruten de la protección a que tienen derecho.
>
> (...)

642 Organización Internacional del Trabajo [OIT](2006, junio 15) R198 Recomendación sobre la relación de trabajo...Ob. Cit.

11. A fin de facilitar la determinación de la existencia de una relación de trabajo, los Miembros deberían considerar, en el marco de la política nacional a que se hace referencia en la presente Recomendación, la posibilidad de:

 (a) admitir una amplia variedad de medios para determinar la existencia de una relación de trabajo;

 (b) consagrar una presunción legal de la existencia de una relación de trabajo cuando se dan uno o varios indicios, y

 (c) determinar, previa consulta con las organizaciones más representativas de empleadores y de trabajadores, qué trabajadores con ciertas características deben ser considerados, en general o en un sector determinado, como trabajadores asalariados o **como trabajadores independientes**. (Resaltado y subrayado nuestros)

El organismo tripartito y multilateral se preocupa por la categorización de los trabajadores subordinados, al tiempo que reconoce la ineludible existencia de trabajadores independientes, regidos por relaciones civil y mercantiles, en la que no debe interferir el derecho del trabajo. Dispone la posibilidad (acaso la necesidad) de caracterizar o considerar a un "sector determinado" como trabajadores independientes. Esta recomendación podría sirve de sustento para que, por vía legislativa, se caracterice, o cuando menos se cree una presunción *iuris tantum* de independencia respecto de quienes prestan servicios a través de plataformas digitales. Así, como existe una presunción general de existencia de contrato de trabajo prevista en muchas legislaciones[643], bien podría presumirse legalmente que los trabajadores digitales gozan de autonomía o independencia. Por supuesto, dejando siempre la posibilidad de demostrar la subordinación y ajenidad, y evidenciar en casos concretos, la verdadera existencia de un contrato de trabajo.

No desconocemos que la Corte Constitucional colombiana en sentencia C-665-98 de fecha 12 de noviembre de 1998[644], declaró **inexequible** el inciso segundo del artículo 2° de la ley 50 de 1990, que modificó el artículo 24 del Código Sustantivo del Trabajo, precisamente por no amparar con la presunción de contrato de trabajo, a quien *"habitualmente preste sus servicios personales remunerados en ejercicio de la profesión liberal o en desarrollo de un contrato civil o comercial"*. La declaratoria de inconstitucional del inciso se fundamentó en la violación del derecho de igualdad, sin embargo, en la materia que nos ocupa, existen marcadas diferencias o características propias de la prestación de servicios con uso de plataformas digitales, que

643 Como la dispuesta en el artículo 24 CST de Colombia.

644 Corte Constitucional (1998, noviembre 12). Sentencia C-665/98. Ob. Cit.

justificarían la previsión de presunción de autonomía o no existencia de contrato de trabajo, sin que ello obre discriminatorio[645]. Presunción legal que además podría prevenir la conflictividad, al brindar seguridad jurídica a los sujetos involucrados.

En atención a los objetivos del artículo 205 del PND, cabe preguntarse: ¿Cuál sería el sentido de caracterizar el sector y sus sujetos, si no se atribuye a tal caracterización una consecuencia jurídica?

En Brasil, como se ha referido, cuando menos en el sector de servicios de transporte público con uso de aplicaciones, la ley respectiva caracterizó a los conductores como "independientes". Igual ha ocurrido en rancia, según hemos reseñado previamente.

ii. El Futuro del trabajo. Un escenario de cambios tecnológicos y transformación productiva. Conclusiones del Simposio Iberoamericano OIT. Santa Cruz de La Palma. Canarias, 30 y 31 de octubre de 2018[646]

En este Simposio, entre otras conclusiones, destacan:

> El mantenimiento de la regulación vigente del contrato de trabajo, con sus notas caracterizadoras, exclusiones e inclusiones (relaciones laborales de carácter especial), y de los conceptos de trabajador y de empresario, o su revisión, en el sentido más amplio de la Recomendación de la OIT sobre la relación de trabajo, 2006 (núm. 198), es una decisión de primer orden para organizar las nuevas formas de empleo atípicas surgidas de los nuevos modelos de negocio (trabajo para plataformas digitales, para apps de apps…) **en el ordenamiento laboral o fuera de él**, en el trabajo autónomo como formas colaborativas (crowdworking) de profesionales independientes. En esa operación es necesario fortalecer la autotutela colectiva, la representatividad de los sindicatos y de las asociaciones empresariales, y el diálogo y la concertación social.
>
> (…)

---

645 Aunque el artículo 13 constitucional prohíbe la discriminación, sin embargo, autoriza y justifica el trato diferenciado, cuando éste, y los supuestos de hecho que dan lugar a él, están provistos de una justificación objetiva y razonable, la cual debe ser apreciada según la finalidad y los efectos del tratamiento diferenciado. Pero además de este elemento, debe existir un vínculo de racionalidad y proporcionalidad entre el tratamiento desigual, el supuesto de hecho y el fin que se persigue. Ibidem.

646 Organización Internacional del Trabajo [OIT] (2018). El Futuro del trabajo… Ob. Cit., p 13, 14 y 16.

> Las normas procesales laborales son válidas por ahora para atender y combatir los fenómenos de la denominada "huida" del Derecho del Trabajo puesta de manifiesto a partir de determinadas estrategias organizativas y productivas empresariales.
>
> (...)
>
> Serán precisas decisiones políticas y políticas públicas, entre ellas políticas activas de empleo eficaces -de las que hoy carecemos-, que conformen marcos regulatorios y actuaciones que hagan frente a los nuevos riesgos y aseguren el futuro del trabajo y de la protección social para que sigan siendo factores esenciales en la conformación de sociedades inclusivas y cohesionadas. Los debates sobre la renta mínima universal y sobre la renta básica universal ciudadana encuentran aquí su sitio. Si la digitalización y la formación de los trabajadores aumentara sustancialmente la productividad del trabajo, necesaria para garantizar la competitividad de las empresas, las ganancias de productividad podrían financiar las pérdidas de empleo y las nuevas necesidades de protección social, lo que también debería comprometer a los Estados y a sus sistemas impositivos que habrían de financiar la falta de empleo y las demás partidas de protección social (prestaciones, pensiones) **sin una excesiva dependencia de su existencia, esto es, del trabajo**, si se conforma el contexto económico productivo en que el trabajo pierde centralidad y peso en beneficio de las rentas de capital.

Estas conclusiones nuevamente reconocen los rasgos del trabajo en la economía colaborativa y a través de plataformas digitales como autónomos, y prevé su regulación dentro o fuera del derecho del trabajo, sin embargo, no considera necesaria una reforma del sistema procesal laboral (jurisdiccional), pues entiende que la aplicación del test de indicios es suficiente para verificar la caracterización. Se enfoca más bien en la protección social, para lo que propone la universalidad, la regulación de su financiamiento por parte de las empresas que reciben las rentas, aportes estadales y tributos, insistiendo en la no dependencia de existencia de un contrato de trabajo.

iii. *Trabajar para un futuro más prometedor – Comisión Mundial sobre el Futuro del Trabajo.* Oficina Internacional del Trabajo – Ginebra: OIT, 2019

En este Informe de la Comisión Mundial sobre el Futuro del Trabajo[647], y respecto al tema de las Plataformas Digitales, destacamos:

647 Organización Internacional del Trabajo [OIT] (2019).Trabajar para un futuro más prometedor – Comisión Mundial sobre el Futuro del Trabajo. p 13, 15, 18, 37, 44, 46 y 60. Disponible en: https://www.ilo.org/wcmsp5/groups/public/---dgreports/---cabinet/documents/publication/ wcms_662442.pdf [Consulta: 2019, octubre 2].

Las organizaciones de trabajadores y de empleadores deben robustecer su legitimidad representativa a través de técnicas de organización innovadoras que lleguen a quienes están involucrados en la economía de las plataformas, incluso a través del uso de la tecnología. Asimismo, deben recurrir a su poder de convocatoria para poder traer diversos intereses en torno a la mesa de negociación.

Debería establecerse un sistema de gobernanza internacional de las plataformas digitales del trabajo que exija a estas plataformas (y a sus clientes) que respeten determinados **derechos y protecciones mínimas**. Los avances tecnológicos requieren también de la reglamentación del uso de datos y de la responsabilidad sobre el control de los algoritmos en el mundo del trabajo.

(...)

Esto implica asimismo tomar medidas innovadoras para afrontar la diversidad cada vez mayor de situaciones en las que se presenta el trabajo y, en particular, **el fenómeno emergente del trabajo digital a través de la economía de plataformas**. Consideramos que la **Garantía Laboral Universal** es una herramienta adecuada para responder a estos desafíos y recomendamos que la OIT preste una atención con urgencia a su aplicación.

(...)

Hoy afrontamos uno de los desafíos más importantes de nuestros tiempos, por cuanto los cambios básicos y turbulentos que se están gestando en la vida laboral afectarán indefectiblemente a todas nuestras sociedades. Nuevos poderes están transformando el mundo del trabajo. Las transiciones que entrañan estos cambios crearán desafíos apremiantes. Los avances tecnológicos -la inteligencia artificial, la automatización y la robótica- generarán nuevos puestos de trabajo, pero aquellos que pierdan los suyos en esta transición podrían ser quienes peor preparados estén para aprovechar las nuevas oportunidades de empleo. Las competencias de hoy no coincidirán con los trabajos de mañana, y las competencias recién adquiridas podrían volverse rápidamente obsoletas. Si dejamos que la economía digital siga como hasta ahora, probablemente se ensancharán la brecha regional y la brecha de género. Además, los sitios web de trabajo en plataformas de microtareas y el trabajo mediante aplicaciones que conforman la economía de plataformas podrían recrear prácticas laborales que se remontan al siglo XIX y futuras generaciones de «jornaleros digitales». La transición a un futuro del trabajo que respete el planeta y trate de detener el cambio climático va a perturbar aún más los mercados laborales. Es previsible que la creciente población de jóvenes en algunas regiones exacerbe el desempleo juvenil y las presiones migratorias. El envejecimiento de la población en otras regiones someterá a una mayor presión los regímenes de seguridad social y de cuidados. Llevar a cabo nuestro programa para la creación de trabajo decente se ha convertido hoy en una tarea simplemente más ardua.

(...)

Con el fin de garantizar una protección social eficaz para todos, las sociedades tienen que subsanar esas deficiencias y adaptar los sistemas al mundo del trabajo en plena transformación, **ampliando la cobertura de una protección social adecuada a los trabajadores de todas las formas de trabajo, con inclusión del empleo por cuenta propia**. No se trata de una mera aspiración: países con diferentes niveles de desarrollo han establecido sistemas de protección social, adaptados a sus contextos nacionales y regionales, ampliando la cobertura a los trabajadores más vulnerables del sector informal de la economía. **Dado que la organización del trabajo sigue cambiando, los sistemas de protección social tendrán que evolucionar para ofrecer protección constante a los trabajadores que se muevan entre el trabajo asalariado y el trabajo por cuenta propia**, entre distintas empresas y sectores de la economía o entre países, para así garantizar que los derechos y las prestaciones son accesibles y transferibles, entre otras cosas, para aquellos que trabajen en las plataformas digitales.

(...)

Sin embargo, ello requiere que existan condiciones para el diálogo garante. Por lo tanto, insistimos en la necesidad de la ratificación y aplicación universales de todos los convenios fundamentales de la OIT. Todos los trabajadores -incluidos los autónomos y los de la economía informal- y todos los empleadores deben disfrutar de libertad sindical y de asociación, y del reconocimiento efectivo del derecho de negociación colectiva.

(...)

(...) la negociación entre actores independientes, con el Estado como Tecnologías como la inteligencia artificial, la robótica y los sensores entrañan innumerables posibilidades para mejorar el trabajo: la extracción de información mediante técnicas de minería de datos puede ayudar a las administraciones del trabajo a identificar los sectores de alto riesgo y a mejorar los sistemas de inspección del trabajo; las tecnologías digitales, como las aplicaciones y los sensores, pueden facilitar a las empresas y a los interlocutores sociales la supervisión de las condiciones de trabajo y del cumplimiento de la legislación laboral en las cadenas de suministro; la tecnología de cadenas de bloques, que proporciona transparencia y seguridad a través de bloques cifrados y bases de datos descentralizadas, podría garantizar el pago de los salarios mínimos y **facilitar la transferibilidad de las calificaciones y de la protección social de los trabajadores migrantes, así como el pago de la seguridad social para quienes trabajan en plataformas digitales**.

Al mismo tiempo, la tecnología digital crea nuevos retos para la aplicación efectiva de las protecciones laborales. Las plataformas digitales de trabajo proporcionan nuevas fuentes de ingresos a muchos trabajadores en diferentes partes del mundo, pero la dispersión inherente a ese tipo de trabajo en múltiples jurisdicciones internacionales dificulta el control del cumplimiento de las legislaciones laborales aplicables. El trabajo a veces está mal remunerado, a menudo por debajo de los salarios mínimos vigentes, y no existen mecanismos oficiales para hacer frente al trato injusto. Como esperamos que esta forma de trabajo se expanda en el futuro, recomendamos el desarrollo de un sistema de gobernanza internacional de las plataformas digitales de trabajo que establezca y exija que las plataformas (y sus clientes) **respeten ciertos derechos y protecciones mínimos**. El Convenio sobre el trabajo marítimo, 2006 (CTM, 2006), que es en la práctica un código mundial del trabajo para la gente de mar, es una fuente de inspiración para abordar los retos de los trabajadores, los empleadores, las plataformas y los clientes que operan en diferentes jurisdicciones.

Las nuevas tecnologías generan grandes cantidades de datos relativos a los trabajadores. Esto plantea riesgos para su intimidad. Puede haber otras consecuencias, dependiendo de cómo se usen los datos. Por ejemplo, los algoritmos utilizados para la asignación de puestos de trabajo pueden reproducir sesgos y prejuicios históricos. Es necesario elaborar una reglamentación que regule el uso de los datos y la responsabilidad exigible en cuanto a la utilización de algoritmos en el mundo del trabajo. Las empresas deben asegurarse de que cuentan con políticas de transparencia y de protección de datos para que los trabajadores sepan qué información se está rastreando. Se debería informar a los trabajadores de cualquier control que se realice en el lugar de trabajo e imponer límites a la recopilación de datos que puedan dar lugar a discriminación como, por ejemplo, los relativos a la sindicación. Los trabajadores deben tener acceso a sus propios datos, así como el derecho a comunicar esa información a su representante o autoridad reguladora.

(...)

Recomendamos que la OIT preste especial atención a la universalidad de su mandato. Esto implica aumentar el alcance de sus actividades para incluir a quienes, históricamente, han permanecido excluidos de la justicia social y del trabajo decente, en concreto los trabajadores informales. Asimismo, entraña tomar medidas innovadoras para dar respuesta a las situaciones cada vez más variadas en las que se realiza el trabajo, en particular al fenómeno emergente del trabajo digital a través de la economía de plataformas. Consideramos que la **Garantía Laboral Universal** es una herramienta adecuada para afrontar estos desafíos y recomendamos que la OIT preste atención con urgencia a los medios de ponerla en práctica. (Resaltado y subrayado nuestros).

Podemos resumir estas recomendaciones:

1. La utilización de la tecnología para incentivar y servir al ejercicio del derecho de sindicación;
2. Que el trabajo en plataformas implica el riesgo de retrotraer a prácticas del siglo XIX. Entendemos que por el fenómeno de la desregularización.
3. Cobertura de una **protección social adecuada a los trabajadores de todas las formas de trabajo**, con inclusión del empleo por cuenta propia, lo que abarca a quienes trabajen en las plataformas digitales.
4. Implementar políticas de protección de datos de los trabajadores.
5. Evitar que los algoritmos utilizados para la contratación de trabajadores puedan conllevar a discriminaciones.
6. Reconocer el derecho de los trabajadores a sus propios datos y a compartirlos.
7. "Garantía Laboral Universal" que cubra a los trabajadores informales y los nuevos retos del trabajo digital en plataformas.

En definitiva, el informe de la Comisión Mundial sobre el Futuro del Trabajo de la OIT invita a establecer una Garantía Laboral Universal para todos los trabajadores, independientemente de la relación contractual que tengan, principalmente fijando los límites máximos a la jornada laboral, ampliando la soberanía del tiempo para conciliar la vida profesional con la personal; y garantizando la protección vinculada a la salud y la seguridad en el trabajo.

iv. *Las plataformas digitales y el futuro del trabajo.* Cómo fomentar el trabajo decente en el mundo digital. Oficina Internacional del Trabajo - Ginebra: OIT, 2019

Por último, revisamos el más moderno y específico informe sobre el tema. En este instrumento se presentan definiciones sobre el trabajo a través de las plataformas y se distingue entre las microtareas y el trabajo *off line*, luego se verifica análisis de quiénes y porqué se recurre a este tipo de trabajador, y se censura las bajas remuneraciones que se reciben por las microtareas (prácticamente en éstas se enfoca todo el Informe).

En el informe se incluyen tres recomendaciones para adaptar los sistemas de protección social de manera que los trabajadores de las plataformas digitales estén cubiertos, a saber:

1. Adaptar los mecanismos de seguridad social para que cubran a los trabajadores en todas las modalidades de empleo, **independientemente del tipo de contrato**.

2. Hacer uso de la tecnología para simplificar los pagos de cotizaciones y beneficios.

3. Crear y fortalecer mecanismos de **protección social universales y financiados con impuestos**[648]. (Resaltado y subrayado nuestros).

Como se aprecia, estos **instrumentos de la OIT**, comienzan en su mayoría por destacar la importancia de caracterizar al sector de trabajo digital. Sin embargo, todos coinciden en la necesidad de la protección social integral de los "autónomos", con lo que se evidencia, por una parte, que el organismo y sus expertos tienen amplia conciencia sobre el carácter de autónomos que al final se reconocerá a estos operarios; y en segundo término, lo que hemos venido señalando, que el problema ya no corresponde al derecho del trabajo, sino a los sistemas de protección social, cuya universalización se reclama para los trabajadores informales, y ahora para los autónomos en general, dentro de los que se incluye a los "trabajadores digitales".

IV.3.1.2. Organización de las Naciones Unidas (ONU)

Poco o casi nada hemos encontrado de la ONU con relación al tema de las relaciones o vínculos entre los trabajadores digitales y las plataformas. En su Conferencia de junio de 2019, ***Desarrollo digital: Oportunidades y desafíos. Conferencia de las Naciones Unidas sobre Comercio y desarrollo. Ginebra. Junio 2019***[649], se enfocan sobre aspectos meramente económicos y rentistas, y apenas se verifican escasas menciones al tema del trabajo en plataformas digitales:

5. El desarrollo de las tecnologías digitales también conlleva dificultades, costos y riesgos. La desigualdad en el acceso a tecnologías digitales asequibles y el hecho de que no todos tengan capacidad para utilizarlas eficazmente pueden dar lugar a una distribución poco equitativa de los beneficios. En particular, pueden quedar excluidas las personas de bajo nivel educativo o analfabetas, las que viven en zonas rurales, las que tienen una capacidad o derechos de conexión

---

648 Organización Internacional del Trabajo [OIT] (2019). Las plataformas digitales y el futuro del trabajo...Ob. Cit.

649 Organización de las Naciones Unidas [ONU] (2019, junio). Desarrollo digital: Oportunidades y desafíos. Ob. Cit., p. 2, 3 y 4.

limitados y las micro, pequeñas y medianas empresas. Se teme que el uso generalizado de nuevas tecnologías, la automatización y las plataformas en línea provoquen pérdidas de empleos, un aumento de la desigualdad en los ingresos y una mayor concentración del poder de mercado y la riqueza. También podría tener repercusiones negativas en el poder de negociación de los usuarios, los consumidores y los trabajadores y atentar contra la privacidad de las personas. Además, las empresas, las organizaciones, los poderes públicos y los particulares deben estar preparados para enfrentarse a las conductas indeseables, en algunos casos delictivas, que aparecerán en la esfera digital. Por último, las tecnologías de vanguardia plantean desafíos legales, reglamentarios y éticos en relación con el creciente poder de decisión de los dispositivos y algoritmos que utilizan el aprendizaje automático y el análisis de datos a gran escala.

(...)

13. Se prevé que el aumento de la digitalización y el uso de tecnologías de vanguardia tengan efectos disruptivos en el empleo y las competencias. La digitalización conducirá a la creación de nuevos puestos de trabajo y nuevas ocupaciones en diversos sectores, especialmente en relación con la producción de nuevos bienes y servicios o la modificación de productos existentes. Al mismo tiempo, existe el riesgo de que muchas tareas se automaticen o se externalicen, lo cual a su vez hará que otros puestos queden obsoletos y cambie radicalmente la naturaleza del trabajo. Por último, la digitalización podría cambiar las condiciones de trabajo. Por ejemplo, se prevé que las plataformas de trabajo en línea que casan ofertas y demandas en todo el espectro de competencias profesionales transformen los mercados de trabajo, al favorecer la utilización de contratos más flexibles y aumentar la competencia entre los trabajadores, **lo cual podría además menoscabar los ingresos y la protección social**. (Subrayado y resaltado nuestro)

Consideramos que estas apreciaciones no requieren comentarios.

En la misma línea discursiva, el **Informe sobre la Economía Digital 2019**[650] hace referencia al impacto económico y tecnológico del comercio electrónico y la necesidad de llegar a un consenso internacional en su manejo para lograr un desarrollo más equitativo de la economía digital, sin tocar el tema laboral:

(...) Corresponde a los gobiernos, en estrecho diálogo con otras partes interesadas, moldear la economía digital mediante el establecimiento de

650 Organización de las Naciones Unidas [ONU] (2019). Informe sobre la economía digital 2019. Ob. Cit.

las reglas del juego. Ello, a su vez, requiere una percepción razonable del tipo de futuro digital que se desea. Los responsables de la formulación de políticas deben tomar decisiones que puedan ayudar a invertir las tendencias actuales hacia el aumento de las desigualdades y los desequilibrios de poder que provoca la economía digital. Se trata de un enorme desafío que entrañará la adaptación de las políticas, leyes y regulaciones vigentes y la adopción de otras nuevas en muchos ámbitos. (...)

(...)

Si bien algunas cuestiones pueden abordarse mediante políticas y estrategias nacionales, el carácter global de la economía digital exigirá un diálogo más intenso, una labor orientada a la creación de consenso y la elaboración de políticas en el plano internacional.

Apenas aborda tangencialmente el tema de los trabajadores de las plataformas digitales en las recomendaciones finales cuando indica que "(...) *para garantizar una distribución eficaz de los beneficios, así como para hacer frente a la disrupción digital, se necesitarán más medidas de protección social y más programas para recapacitar a los trabajadores*"[651].

IV.3.1.3. Unión Europea (UE)

Dentro de la Unión Europea[652], el **Parlamento y la Comisión de la Unión Europea** y el **Tribunal de Justicia de la Unión Europea (TJUE)** han tomado posición con respecto a la economía colaborativa y al trabajo a través de las plataformas digitales.

i. Parlamento y la Comisión de la Unión Europea

En el acápite I.3.3. nos hemos referido al Resolución del Parlamento Europeo, del 15 de junio de 2017, sobre una **Agenda Europea para la economía colaborativa** (2017/2003(INI))[653], del cual extrajimos algunas ventajas de dicha economía, por lo que acá sólo referimos las propuestas o consideraciones de contenidos laborales o de seguridad social:

---

651 Ibidem, p 14.

652 Concebida como "*una unión económica y política única entre veintisiete países europeos*", *constituida en régimen sui géneris* de *organización internacional,* a los fines de impulsar la cooperación económica para la creación de un mercado único (conocido como mercado interior), pero que también ha abarcado otros ámbitos como el clima, el medio ambiente, la salud, las relaciones exteriores, la seguridad, la justicia y la migración. Unión Europea (SF). Comisión Europea. Disponible en: https://op.europa.eu/webpub/com/eu-what-it-is/es/ [Consulta: 2021, junio 6].

653 Agenda Europea para la economía colaborativa (2017/2003(INI)) (2017, junio 15). *Ob. Cit.*

37. Señala, al mismo tiempo, que la economía colaborativa ofrece nuevas oportunidades, así como vías nuevas y flexibles de acceso al empleo para todos los usuarios, en especial para los trabajadores por cuenta ajena (*rectius*: por cuenta propia[654]), los desempleados y las personas que en la actualidad están excluidas del mercado laboral o que no podrían acceder a este, y podría, por lo tanto, servir como punto de entrada al mercado laboral, especialmente para los jóvenes y los grupos marginados; señala, no obstante, que, en determinadas circunstancias, este hecho puede desembocar en situaciones de precariedad; subraya la **necesidad de que, por una parte, el mercado laboral sea flexible y, por otra, de que los trabajadores gocen de seguridad económica y social**, conforme a las costumbres y tradiciones de los Estados miembros;

38. Pide a la Comisión que estudie en qué medida las normas actuales de la Unión pueden aplicarse al mercado laboral digital, garantizando su debida aplicación y ejecución; pide a los Estados miembros que, en colaboración con los interlocutores sociales y otras partes interesadas pertinentes, evalúen de forma proactiva y con una lógica de anticipación la necesidad de modernizar la legislación en vigor, **en particular los sistemas de seguridad social, con el fin de adaptarlos a los avances tecnológicos al tiempo que se garantiza la protección de los trabajadores**; (...)

39. Hace especial hincapié en la necesidad de proteger los derechos de los trabajadores en los servicios colaborativos, ante todo **el derecho de los trabajadores a organizarse**, a emprender acciones colectivas y a negociar convenios colectivos, con arreglo a las prácticas y legislaciones nacionales; afirma que todos los trabajadores de la economía colaborativa son, **o bien trabajadores por cuenta ajena o bien trabajadores por cuenta propia**, según la primacía de los hechos, **y que se les debe clasificar en consecuencia**; insta a los Estados miembros y a la Comisión a que, en sus respectivos ámbitos de competencia, garanticen condiciones laborales justas y una adecuada **protección jurídica y social para todos los trabajadores de la economía colaborativa, con independencia de su estatus**;

(...)

654 Por el contexto en que se usa la expresión, es lógico inferir que se refiere a trabajados "por cuenta propia", ya que son éstos quienes podrían valerse de la economía colaborativa para acceder a puestos de trabajo, y quienes requerirían de la protección social que propone el instrumento. Que son los supuestos en que se utiliza la expresión. Quizá se trata de un error en la traducción, que ha sido realizada por la misma entidad que ha producido el instrumento.

41. Subraya la importancia de garantizar los derechos fundamentales del creciente número **de trabajadores por cuenta ajena (*rectius*: por cuenta propia)**, así como su adecuada protección en materia de seguridad social, ya que son actores clave de la economía colaborativa, incluido el derecho a emprender acciones colectivas y a negociar convenios colectivos, y también por lo que respecta a su remuneración;

(...)

43. Subraya la importancia de que los trabajadores de las plataformas colaborativas puedan **beneficiarse de la portabilidad de las evaluaciones y calificaciones**, que constituyen su valor en el mercado digital, así como de facilitar la transferibilidad y acumulación de las evaluaciones y calificaciones en las diferentes plataformas al tiempo que se respetan las normas relativas a la protección de datos y la privacidad de todas las partes implicadas;

(...)

61. Pide a las autoridades pertinentes que promuevan la coexistencia beneficiosa de los servicios de transporte colaborativos y el sistema de transporte convencional; invita a la Comisión a integrar la economía colaborativa en su trabajo sobre nuevas tecnologías en el transporte (vehículos conectados, vehículos autónomos, expedición digital de billetes integrada y sistemas de transportes inteligentes) debido a sus interacciones significativas y sinergias naturales;

(...)

63. Recuerda que, conforme a las estimaciones de la Comisión, el alojamiento entre pares es el sector más importante de la economía colaborativa en relación con el comercio generado, mientras que el transporte entre pares es el mayor en cuanto a ingresos por plataforma;

64. Destaca que en el sector del turismo las casas compartidas representan un uso excelente de recursos y espacios infrautilizados, especialmente en las zonas que no se benefician tradicionalmente del turismo; (Resaltado y subrayado nuestros).

En similar sentido, el ***Pilar Europeo de Derechos Sociales***[655], propone:

---

655 Pilar Europeo de Derechos Sociales (2017). Parlamento Europeo. [Transcripción en línea] Disponible en: https://ec.europa.eu/info/sites/default/files/social-summit-european-pillar-social-rights-booklet_es.pdf [Consulta: 2019, septiembre 16].

Artículo 5.

(...) c. Deberán promoverse formas innovadoras de trabajo que garanticen condiciones de trabajo de calidad. Deberán fomentarse el espíritu empresarial y el trabajo por cuenta propia y facilitarse la movilidad profesional.

d. Deberán evitarse las relaciones laborales que den lugar a unas condiciones de trabajo precarias, en particular prohibiendo la utilización abusiva de contratos atípicos. Los períodos de prueba deben tener una duración razonable.

Artículo 12. Con independencia del tipo y la duración de su relación laboral, los trabajadores por cuenta ajena y, en condiciones comparables, los trabajadores por cuenta propia, tienen derecho a una protección social adecuada.

Artículo 15. Pensiones y prestaciones de vejez

a. Los trabajadores por cuenta ajena y por cuenta propia tienen derecho a recibir una pensión de jubilación acorde a sus contribuciones que garantice una renta adecuada. Las mujeres y los hombres deberán tener las mismas oportunidades para adquirir derechos de pensión.

b. Toda persona en la vejez tiene derecho a los recursos que garanticen una vida digna.

Al igual que la OIT, el Parlamento y la Comisión de la Unión Europea, comienzan por destacar la importancia de caracterizar al sector de trabajo digital o de plataformas digitales, pero dejando ver que esta forma de trabajo es típica de trabajadores por cuenta propia[656]. Se insiste en que, se garanticen condiciones laborales justas y una adecuada protección jurídica y social para **todos los trabajadores de la economía colaborativa, con independencia de su estatus.** Coincidiendo con la OIT en la necesidad de la protección social. Agrega la necesidad de protección a los

656 En el reciente documento de la Comisión Europea denominado *"Una agenda europea para la economía colaborativa"*, la Comisión, más allá de señalar que la *"cuestión de si existe una relación de empleo o no, debe determinarse en función de cada caso, considerando los hechos que caracterizan la relación entre la plataforma y el prestador del servicio subyacente, y la realización de las tareas en cuestión"*, al remitirse a tres criterios tradicionales como *"la existencia de un vínculo de subordinación; la naturaleza del trabajo; y la existencia de una remuneración."*, parecer(sic) inclinarse por la primera posición; no obstante, al analizar cada uno de ellos en función de las particularidades de la economía colaborativa muchas de las conclusiones se apartan de las tradicionales. Gauthier, Gustavo (2016). Impacto de las nuevas tecnologías en el mundo del trabajo, p. 12. Disponible en: https://adriantodoli.com/wp-content/uploads/2016/10/impacto-de-las-nuevas-tecnologc3adas-en-el-mundo-del-trabajo [Consulta: 2019, octubre 3].

usuarios y alienta a los sistemas de evaluación y reputación, que incluso considera un patrimonio de los trabajadores, abogando por su "transferibilidad". También se aboga por el derecho de los trabajadores a organizarse, a emprender acciones colectivas y a negociar convenios colectivos.

Retomando el tema central de esta obra la Resolución implica que las soluciones van directamente dirigidas a garantizar los sistemas de protección social, indiferentemente de la calificación o estatus que se dé a los trabajadores de plataformas. Preocupación que solo resulta entendible, bajo la consideración de que se trata de trabajadores por cuenta propia.

ii. Tribunal de Justicia de la Unión Europea (TJUE)

Por su parte, el Tribunal de Justicia de la Unión Europea (TJUE) como órgano de la Unión Europea (UE) encargado de garantizar la correcta interpretación, aplicación y cumplimiento de la legislación de la UE de cada uno de los países miembros, ha dictado órdenes de carácter vinculante para las partes en casos relacionados con las plataformas digitales con base en las Directivas dictadas por el Parlamento Europeo y el Consejo.

Órdenes de fechas 20 de diciembre de 2017, asunto C-434/15 [Uber considerada como empresa de transporte], y del 19 de diciembre de 2019, asunto C-390/18 [AirBnB como perteneciente al sector TIC], ambas de la Gran Sala del TJEU

Podemos mencionar como relevante la orden dictada por la **Gran Sala**[657] por auto de **20 de diciembre de 2017**, asunto **C-434/15** -a la cual ya se había hecho referencia en el acápite IV.2.-, en respuesta a una cuestión prejudicial planteada por un Tribunal español (el Juzgado Mercantil N° 3 de Barcelona) ante el conflicto de interpretación por la calificación jurídica de Uber como empresa tecnológica o de transporte, tras una demanda interpuesta por Asociación Profesional Élite Taxi (contra Uber Systems Spain, SL).

En esta decisión se clasificó el servicio de intermediación prestado por Uber como de "transporte" y no de intermediación digital (Sociedad de la Información y la Comunicación -TIC), situación que puede cobrar especial relevancia -como ha ocurrido en algunas decisiones judiciales, incluso latinoamericanas[658]- para quienes

657 Sentencia del Tribunal de Justicia de la Unión Europea, Gran Sala (2017, diciembre 20)..., Ob. Cit.

658 Tal es el caso de Brasil (en sentencia de fecha 13 de febrero de 2017 del Tribunal Laboral N° 33 de Belo Horizonte); Uruguay (en las sentencias de primera y segunda instancia de fechas 11 de noviembre de 2019 [del Juzgado del Trabajo de la Capital] y 03 de junio de 2020 [del Tribunal de Apelaciones del Trabajo]) y el Reino Unido (en las sentencias de primera y segunda instancia y del Tribunal Supremo de Justicia británico de fechas 28 de octubre de 2016 [del Tribunal de Empleo de Londres], 10 de

estiman como elemento fundante de la relación de trabajo la "inserción del trabajador en la organización empresarial ajena".

Entre los argumentos esgrimidos por el tribunal destaca que el prestador de este servicio de intermediación crea una oferta de servicios de transporte urbano mediante "herramientas informáticas", cuyo funcionamiento general "*organiza en favor de las personas que deseen recurrir a esta oferta para realizar un desplazamiento urbano*[659]". Agrega que "*el servicio de intermediación de UBER se basa en la selección de conductores no profesionales que utilizan su propio vehículo, a los que esta sociedad proporciona una aplicación sin la cual, por un lado, estos conductores no estarían en condiciones de prestar servicios de transporte y, por otro, las personas que desean realizar un desplazamiento urbano no podrían recurrir a los servicios de los mencionados conductores*"[660]. Consideró además que la empresa ejerce una influencia decisiva sobre las condiciones de las prestaciones efectuadas por estos conductores, ya que establece el precio máximo de la carrera, recibe este precio del cliente para después abonar una parte al conductor no profesional del vehículo y ejerce cierto control sobre la calidad de los vehículos, así como sobre la idoneidad y el comportamiento de los conductores. "*Por consiguiente, debe considerarse que este servicio de intermediación forma parte integrante de un servicio global cuyo elemento principal es un servicio de transporte y, por lo tanto, que no responde a la calificación de servicio de la sociedad de la información*"[661].

Debe destacarse que, posteriormente y aplicando una interpretación radicalmente distinta sobre circunstancias análogas, la misma sala del TJUE dictó un criterio contrario, a través del auto del **19 de diciembre de 2019**, asunto **C-390/18**, mediante el cual calificó a la plataforma AirBnB, como perteneciente al sector de sociedad de la información y comunicaciones, y no al sector inmobiliario, indicando que los servicios prestados por ésta son de intermediación y consisten en poner en contacto, mediante una plataforma electrónica, a potenciales arrendatarios con arrendadores que ofrecen servicios de alojamiento de corta duración y que, además, proporciona otras prestaciones accesorias de ese servicio de intermediación, a cambio de una remuneración. Además, agregó que "*en modo alguno resulta indispensable para llevar a cabo la prestación de servicios de alojamiento, ni desde el punto de vista de los arrendatarios ni del de los arrendadores que recurran a él, puesto que ambos disponen de otros muchos cauces, algunos de los cuales existen desde hace mucho tiempo, como las agencias inmobiliarias, los anuncios clasificados en papel o en formato electrónico o incluso los sitios web de alquiler de inmuebles*"[662]

---

noviembre de 2017 [Tribunal de Apelaciones de Londres] y 19 de febrero de 2021 [del Tribunal Supremo de Justicia]; todas ellas analizadas en el acápite IV.2.

659 Sentencia del Tribunal de Justicia de la Unión Europea, Gran Sala (2017, diciembre 20)..., Ob. Cit.

660 Ibidem.

661 Ibidem.

662 Tribunal de Justicia de la Unión Europea, Gran Sala (2019, diciembre 19)..., Ob. Cit.

El caso tiene su origen en un procedimiento penal incoado en Francia a raíz de una denuncia presentada por la Asociación para la Defensa del Alojamiento y el Turismo Profesionales (Association pour un hébergement et un tourisme professionnel, AHTOP) contra Airbnb Irlanda, debido a que la AHTOP sostenía que Airbnb ejercía una actividad de agente inmobiliario sin estar en posesión de la tarjeta profesional requerida en Francia para ejercer este tipo de actividad.

Para el análisis sobre la calificación del servicio de intermediación prestado por Airbnb, el tribunal recurrió a la decisión dictada en el caso de la Asociación Profesional Élite Taxi -referida anteriormente-, pero se llegó a una conclusión distinta, en virtud de que consideró que el servicio prestado por Airbnb cumplía con los requisitos de un servicio de intermediación y que la naturaleza de los vínculos existentes entre este servicio de intermediación y la prestación de alojamiento no justificaba que dicho servicio de intermediación no pudiera ser calificado de «servicio de la sociedad de la información» ni que, por consiguiente, no se le aplicara la Directiva 2000/31. Asimismo, indicó que, a diferencia de los servicios de intermediación en el caso de la Asociación Profesional Elite Taxi y Uber France, ni este servicio de intermediación ni las prestaciones accesorias propuestas por Airbnb permiten demostrar que dicha sociedad ejerza una influencia decisiva sobre los servicios de alojamiento a los que se vincula su actividad, tanto por lo que se refiere a la determinación de los precios que se solicitan por los alojamientos como a la selección de los arrendadores o de los alojamientos ofrecidos en su plataforma.

Resulta bastante difícil entender o encontrar las supuestas diferencias que según el TJUE existen entre la actividad de la plataforma Uber calificada como de transporte y la plataforma AirBandB, calificada como de intermediación, pues en esencia se trata prácticamente de lo mismo, ofrecer servicios y conectar consumidores con proveedores. Por demás, el muy razonable argumento principal de que la plataforma no es "*indispensable para llevar a cabo la prestación de servicios de alojamiento, ni desde el punto de vista de los arrendatarios ni del de los arrendadores que recurran a él, puesto que ambos disponen de otros muchos cauces, algunos de los cuales existen desde hace mucho tiempo*", resulta perfectamente aplicable, *mutatis mutandis* a los servicios de taxi o encomiendas.

Orden de fecha 20 de diciembre de 2017, asunto C-434/15, de la Gran Sala del TJEU [Trabajador independiente]

Otra decisión importante es la orden dictada por la **Sala Octava** por auto del **22 de abril de 2020**, asunto **C-692/19** -a la cual ya se había hecho referencia en el acápite IV.2.-, en respuesta a una cuestión prejudicial planteada por un Tribunal Ingles (*Watford Employment Tribunal*) relativa a la calificación jurídica de la relación de un repartidor de Yodel Delivery Network Ltd. En esta, se llegó a la conclusión de que el mensajero constituye un trabajador independiente pues, tras el análisis de los elementos del caso "*no parece existir, a priori, una relación de subordinación entre él y su* *empleador putativo"* [663]. Para ello, el tribunal realizó una interpretación de la Directiva 2003/88 / CE del Parlamento Europeo y del Consejo, del 4 de noviembre de 2003, relativa a determinados aspectos de la organización del tiempo de trabajo[664], determinando que la misma debe interpretarse en el sentido de que excluye a una persona contratada por su empleador putativo en virtud de un contrato de servicios que estipula que es un autónomo, no siendo clasificado como "trabajador" a los efectos de esa directiva, cuando se le conceda a esa persona la discrecionalidad de[665]:

- utilizar subcontratistas o sustitutos para realizar el servicio que se ha comprometido a prestar;
- aceptar o no las diversas tareas ofrecidas por su presunto empleador, o fijar unilateralmente el número máximo de esas tareas;
- para proporcionar sus servicios a terceros, incluidos los competidores directos del empleador putativo, y
- fijar sus propias horas de "trabajo" dentro de ciertos parámetros y adaptar su tiempo a su conveniencia personal y no únicamente a los intereses del presunto empleador, siempre que, en primer lugar, la independencia de esa persona no parezca ficticia y, en segundo lugar, no sea posible establecer la existencia de una relación de subordinación entre esa persona y su presunto empleador. Sin embargo, corresponde al órgano jurisdiccional remitente, teniendo en cuenta todos los factores pertinentes relacionados con esa persona y con la actividad económica que desarrolla, clasificar su situación profesional en el marco de la Directiva 2003/88.

Como se refirió previamente, el Tribunal Supremo Español utilizó esta decisión, pero para -paradójicamente- abordar la conclusión contraía.

IV.3.1.4. Conclusión sobre las recomendaciones de los organismos multilaterales

Desde hace más de veinte años, la doctrina del Derecho del Trabajo, y la Organización Internacional del Trabajo, han venido denunciando su preocupación por la llamada deslaboralización de las relaciones de prestación de servicios, la flexibilización, el encubrimiento o simulación de los contratos de trabajo, y la "huida" del derecho del trabajo. Precisamente, entre otras medidas y recomendaciones, como

663 Sentencia del Tribunal de Justicia de la Unión Europea, Sala Octava. (2020, abril 22) ..., Ob. Cit.

664 Directiva 2003/88 / CE del Parlamento Europeo y del Consejo, del 4 de noviembre de 2003, relativa a determinados aspectos de la organización del tiempo de trabajo (2003, noviembre 4) [Transcripción en línea]. Disponible en: https://eur-lex.europa.eu/legal-content/es/ALL/?uri=CELEX:32003L0088 [Consulta: 2021, junio 6].

665 Sentencia del Tribunal de Justicia de la Unión Europea, Sala Octava. (2020, abril 22) ..., Ob. Cit

contrapeso a estas amenazas, que sustraen a gran cantidad de trabajadores de las normas protectoras del derecho del trabajo y permiten la precarización, se dictó la Recomendación 198 OIT, tantas veces mencionada, a fines de brindar herramientas para determinar la existencia o no de un verdadero contrato de trabajo (contrato realidad) en aquellas vinculaciones atípicas, dudosas (zonas grises) o fraudulentas. En Colombia, por ejemplo, tanto la doctrina como la jurisprudencia, han puesto de manifiesto la abusiva utilización de la figura del "contrato de prestación de servicios", como un mecanismo fraudulento utilizado tanto en el sector público como privado, para encubrir o excluir la verdadera existencia de un contrato de trabajo, y liberar al empleador de las obligaciones, cargas y responsabilidades que su auténtica condición conllevan, todo, en detrimento de los derechos de los trabajadores (supuestos contratistas).

Sin embargo, según hemos expresado, en el caso de los trabajadores que se apoyan en plataformas digitales, no nos encontramos frente a un caso de encubrimiento, simulación o defraudación, sino frente a una nueva forma de trabajo, ágil, flexible, dinámica, autónoma, con clara libertad de acción, de múltiples opciones, que beneficia a los usuarios y también a los prestadores de servicios, al poner a su disposición las ventajas de la tecnología de la información y comunicaciones, entre ellas, la masificación de la oferta y la demanda, bajos costos y cierto garantía de seguridad.

Las plataformas digitales, y en general las tecnologías de la información y comunicaciones (TIC) han impactado en toda la sociedad, en la vida del hombre, permitiendo, como se ha dicho, negocios y formas de intercambio (social, comercial, profesional, asistencial, etc.), hasta hace poco, inimaginables[666]. Se trata de una realidad que no fue creada con fines evasivos al derecho del trabajo, pero que invadió su ámbito de aplicación, **desbordándolo**. Circunstancia, que aún parece estar en fase psicológica de "negación" en la mente de los *ius laboralistas*[667]. Como se ha planteado en foros públicos: *"no se puede regular nuevas tecnologías con normas y leyes anacrónicas. Así como se innova en tecnología, es clave avanzar en cómo se crean normas que regulen dicha tecnología"*[668].

Si bien compartimos este enfoque de la problemática, juzgamos prudente poner mucha atención en la determinación sobre qué o cuál área o rama del derecho o

---

666 Aunque recientemente visualizadas a nivel global por efecto de la pandemia del Covid19.

667 Rabinowitz y Peirson señalaron que la negación es el proceso por el cual la persona se defiende de pensamientos, sentimientos o de información dolorosa o amenazante. Miaja Ávila, M. y Moral de la Rubia, J. (2013) El significado psicológico de las cinco fases del duelo propuestas por Kübler-Ross mediante las redes semánticas naturales. Psicooncología. Volumen 10, número 1, p. 110.

668 López, G. (2019, agosto 28) Movilidad y Plataformas Digitales. Intervención en audiencia pública: El futuro de la movilidad en Colombia: transporte y plataformas tecnológicas. Bogotá: Congreso de la República de Colombia.

de las regulaciones normativas deben tratar el problema. Pues, como venimos resaltando, consideramos desbordado el Derecho del Trabajo, al tiempo que la regulación de la tecnología no resulta fácil, ni oportuna, debido a su característica de constante innovación y transformación. El modelo más avanzado, moderno, útil o creativo de hoy, ya mañana resulta obsoleto, desvencijado y abandonado, de ello constituye simple pero patente ejemplo, la telefonía celular y los propios computadores personales. Ni hablar de los "programas", video juegos y hasta las aplicaciones.

Los analizados instrumentos de la OIT y de la Unión Europea, en primer término parecen presagiar o intuyen que la caracterización más adecuada para los trabajadores de plataformas, es la de "autónomos", "independientes" o "por cuenta propia", y por ello, insisten en los sistemas de protección social "universales" o "con independencia del estatus", encaminándonos a una solución más general y permanente, que abarque a los "trabajadores digitales" y también a esos otros "desprotegidos" (atípicos, precarios, informales), no vinculados por un contrato de trabajo. Nos referimos a la protección social de "todos" los autónomos.

IV.3.2. Reseña doctrinaria. Propuestas de caracterización o soluciones

A lo largo de esta obra se han verificado diversas citas de doctrina iberoamericana (y alguna italiana) en torno a la problemática de la caracterización del trabajo por intermedio de plataformas digitales, incluyendo análisis realizados sobre algunas de las sentencias comentadas.

Como es fácil suponer, la mayoría de ellos parten de la perspectiva del derecho del trabajo, por lo que comienzan por enfocarse en la ya mencionada preocupación por la deslaboralización, flexibilización, precarización o huida del derecho del trabajo, para luego intentar encuadrar las características de la prestación de servicios personales de la economía de plataformas dentro de los parámetros clásicos de protección del derecho laboral, lo que ha forzado la discusión y contrapuesto posiciones en torno al carácter subordinado o autónomo de los operarios de la plataformas, como se ha materializado en las decisiones extranjeras que hemos citado.

En este acápite nos limitaremos a referir las principales posturas en torno al tema y a destacar que la mayoría de los autores consultados, incluso de diversas corrientes, coinciden en algunas alternativas de solución principalmente encaminadas a la cobertura de protección social de los prestadores de servicios de plataformas digitales, y la extensión o reconocimiento de derechos de agremiación y de negoción colectiva de condiciones.

IV.3.2.1. Principales posiciones doctrinarias en torno al tema del trabajo a través de plataformas digitales

De la versada y variada doctrina desarrollada respecto al trabajo a través de las plataformas digitales repasaremos -en tanto ya han sido citados a lo extenso de este texto- la opinión de cinco (5) prestigiosos autores, cuyas obras nos parecen las más completas sobre el tema: el español Adrián Todolí, el venezolano César Augusto Carballo Mena, el brasilero André Gonçalves Zipperer, el uruguayo Federico Rosenbaum Carli y el chileno Boris Muñoz García.

ADRIÁN TODOLÍ

De la variada obra de **Adrián Todolí,** reiteradas veces citada en este trabajo, nos centraremos en su texto *"El trabajo en la era de la economía colaborativa. La clasificación jurídica de trabajadores y autónomos y los efectos de la reputación online en la economía de las plataformas virtuales"* (2017)[669], en la que concibe la prestación de servicios a través de plataformas digitales como un "nuevo capitalismo" -llamado a sustituir el capitalismo empresarial tradicional- que presenta grandes retos para el mercado de trabajo, al convertir a los particulares en pequeños empresarios y no encajar completamente en los conceptos habituales de la relación de trabajo.

De su planteamiento, del cual nos hemos permitimos comentar y citar relevantes aspectos, destacamos la importancia que otorga a la subordinación y a la ajenidad en el trabajo a través de las plataformas digitales:

> La primera, la subordinación, entendida, por una parte, como la pertenencia a una estructura organizativa propiedad del empresario y, por otra, como la dependencia jerárquica del trabajador al empresario o en quién delegara. La segunda particularidad era la ajenidad. Esta característica posee varias facetas: i) ajenidad en los medios de producción, dado que el trabajador no era propietario de la fábrica, ni de la maquinaria; ii) La ajenidad en los riesgos, entendiendo que el trabajador quedaba aislado a la fortuna que sufra la empresa, siendo el empresario el que asume las pedidas y percibe los beneficios del negocio; iii) ajenidad de los frutos, siendo el resultado del trabajo del empleado propiedad del empresario; iv) ajenidad en el mercado, entendida como la imposibilidad del trabajador de ofrecer su trabajo directamente a los clientes, es decir, los clientes pertenecen al empresario[670]. (Subrayado nuestro)

Como se observa, el autor añade una cuarta forma de ajenidad -la ajenidad en el mercado-, adicionada a las tres clásicamente utilizadas por la doctrina, que con antelación han sido destacas en el presente trabajo. Siendo precisamente en este cuarto elemento, uno de los que usa para fundamentar su inclinación a considerar la existencia de la subordinación en el trabajo de plataformas. Si bien esta modalidad no es una invención del citado autor, ni es descartable como elemento que conlleve a determinar la ajenidad, ante su utilización para los casos que se analizan, debemos referir que no es cierto que los operarios de plataformas tengan "imposi-

---

669 Todolí Signes, A. (2017). El trabajo en la era de la economía colaborativa..., Ob. Cit.

670 Ibidem, p. 25.

bilidad de ofrecer directamente el servicio a los clientes" o que éstos "pertenezcan al empresario" (plataforma). Lo cierto es que precisamente a través de las plataformas los prestadores de servicios ofrecen esos servicios a sus potenciales clientes, y pagan por tal intermediación. Así mismo, los clientes no "pertenecen" a las plataformas, sino que, al igual que los operarios, son "usuarios" de dichas plataformas, las utilizan como intermediarias, pudiendo cambiar en segundos sus preferencias; recuérdese, que los "clientes" también tienen la opción de usar otras plataformas, al igual que los oferentes del servicio.

Como expusimos previamente, al analizar algunas decisiones extranjeras, este autor y las decisiones que han optado por la existencia de un contrato de trabajo, han pretendido utilizar criterios clásicos -ahora supuestamente adaptados- para juzgar situaciones completamente diferentes e innovadoras. Las plataformas implican un "universo" de solicitantes y un "universo" de oferentes de servicios, todos inmersos en el "mercado", precisamente por el uso de las plataformas: Bajo una perspectiva clásica, ambas partes son "clientes" de la plataforma. De hecho, si a quien se paga la comisión por la intermediación es a la plataforma, el prestador de servicios se identificaría también con la figura de "cliente" respecto a aquella. Lo que queremos exaltar, es que éste y otros argumentos, aunque razonables muchos de ellos, no se corresponden con la nueva realidad del negocio tecnológico de intercambio.

Otro argumento para la aplicación de la legislación laboral:

> Una de las razones básicas de la existencia de protección de los trabajadores es la desigualdad del poder de negociación, y la falta de una verdadera autonomía de la voluntad a la hora de aceptar las condiciones de trabajo. En efecto, en la revolución industrial el trabajador no podía negociar sus condiciones contractuales libremente, dada la diferencia de poder ante el capitalista, propietario de la fábrica. Hoy en día, se está ante la misma situación cuando hablamos de los "microemprendedores" en las plataformas virtuales. Los prestadores personales de servicios de Amazon MTurk **no pueden negociar sus condiciones para formar parte de la plataforma, sino que solamente pueden aceptarlas o rechazarlas.** Lo mismo ocurre con el resto de plataformas.[671]

Se recurre al carácter tuitivo del derecho de trabajo, la necesidad de protección del débil económico y/o jurídico. El hecho de que determinada situación jurídica amerite especial protección para uno de los sujetos puede insertar en el Derecho Social y cualquiera de sus manifestaciones, o implicar la intervención de la ley para procurar un equilibrio o protección, como ocurre en la protección de los consumidores, pero ello no implica que exista subordinación. Por otra parte, se incurre en una falacia de generalidad, al colocar el ejemplo de una plataforma, y luego extender la conclusión a las demás, sin distinguir entre el proceso de inscripción

671 Ibidem, p. 27.

en la aplicación, y la forma de prestar los servicios. Si bien es cierto que no se pueden negociar las condiciones para incorporarse como "usuario" de las plataformas, como ocurre con todas las aplicaciones, software, y cualesquiera apps para comercio electrónico, para entrar a determinados sitios web, descargar libros o revistas, para leer algún artículo científico, para conectarse a un wifi público, o incluso para utilizar un *smartphone* recién adquirido, siempre se exige previamente "aceptar" los términos y condiciones; tampoco es menos cierto, que en la prestación del servicio y la vinculación del operario con la plataforma (que es lo que se caracteriza), los prestadores de servicios deciden cuándo y dónde conectarse, qué servicios tomar y cuáles no, e incluso, a través de cuál plataforma laborar.

Otra inferencia que consideramos altamente controvertible y que versa sobre un elemento característico de la ajenidad y del contrato de trabajo subordinado, es la siguiente:

> Existen ciertas cuestiones que la doctrina entiende que no son relevantes a la hora de decidir que se está ante un contrato de trabajo o ante un trabajador autónomo. En primer lugar, los materiales aportados por los trabajadores tienen relativamente poco valor como para entender que existe una verdadera ajenidad. De la misma forma, los riesgos o costes asumidos por el trabajador son de poca importancia como para afirmar que el trabajador está asumiendo los riesgos del negocio. El contrato de trabajo, cuando fue definido, y hablaba de ajenidad en los medios de producción, hacía referencia a las grandes fábricas donde el trabajador nunca podría llegar a ser propietario. No obstante, hoy en día, un vehículo o un carro de limpieza puede ser adquirido por cualquier persona y ello no debería ser determinante para su exclusión del ámbito de protección. De hecho, en las empresas descritas en este trabajo, los verdaderos medios de producción son los tecnológicos. La inversión en la tecnología que crea la plataforma virtual es realmente la parte costosa de los medios de producción, por ello, en comparación, los materiales aportados por el trabajador son insignificantes.

Ya previamente nos hemos referido a este indicio considerado en algunas decisiones, en el que los hechos se han retorcido para desvirtuar las características sustanciales de la vinculación, para llegar a forzadas conclusiones. Se señala que los verdaderos medios de producción son los tecnológicos (la aplicación - apps), pues sin ellos no podría ejecutarse el negocio, restando significancia al valor del vehículo (que contrastan con el valor de la plataforma). Este argumento nos parece falaz, como mínimo, contradictorio. Falaz, en tanto el servicio que presta el conductor o repartidor requiere insoslayablemente del uso del vehículo, lo que convierte a éste en herramienta fundamental, siendo además que su valor económico para el conductor o repartidor sí resulta considerablemente elevado y estructural en su economía personal, en primer lugar, porque es su medio de producción, y por otra parte, porque, posiblemente constituya uno de los principales bienes (activo) dentro de su patrimonio. Igualmente, el argumento obra contradictorio o incoherente, porque la misma doctrina, considera que el negocio de las plataformas no es la tecnología e información, sino el de transporte o encomiendas, de ser así, entonces la herramienta principal, mal podría ser la tecnología y no los vehículos. De otra parte, cuando menos en nuestros países latinoamericanos, resulta muy difícil coincidir en que *"hoy en día, un vehículo o un carro de limpieza puede ser adquirido por cualquier persona"*.

Todolí, manifiestamente consciente de que los indicios de subordinación y ajenidad, no son suficientemente claros, se permite proponer un catálogo de "nuevos indicios", que denomina "Indicios de laboralidad en las Plataformas"[672], que citamos en letras cursivas, y a los que seguidamente incorporamos nuestros comentarios:

1) *La plataforma provee de formación, adestramiento, guía, entrenamiento a los trabajadores respecto al servicio que prestan o sobre la utilización más productiva de la plataforma o sobre cómo mejorar sus ingresos en la plataforma. También, si la plataforma interviene en cómo los proveedores de servicios se "aconsejan" entre ellos, puesto que esa intervención puede convertirse en una formación indirecta – la intervención de la plataforma podría asemejarse a la situación por la que unos trabajadores forman a otros bajo directrices de la empresa –.*

   En el caso colombiano, la ley exige una continuada subordinación y por todo el tiempo que dure el contrato. Un manual, una inducción de dos horas o unas sugerencias, en nada representan subordinación, menos aún, "continuada". Al tiempo, muchas apps o aplicaciones incluyen tutoriales o manuales en línea para su uso, así que, nuevamente nos encontramos con características comunes a las aplicaciones y no aun aspecto relevante. Por demás, una inducción "previa" no implica control, órdenes o instrucciones, especialmente si no van seguidas de supervisión continua o posibles sanciones.

2) *La plataforma dicta instrucciones (directas) o recomendaciones (indirectas) a los proveedores de servicios sobre cómo realizar la prestación de servicio.*

   Dichas recomendaciones o instrucciones son previas, y en los casos revisados por la jurisprudencia internacional, no se han usado para imponer sanciones o ejercer poder disciplinario. El propio autor las califica como "indirectas"

3) *La plataforma trasmite información o datos al proveedor del servicio para mejorar su trabajo.*

   Eso es propio de las TIC. No vemos dónde estaría la subordinación.

---

672 Ibidem, pp. 56-57.

4) *La plataforma elige o limita el precio que el prestador del servicio puede percibir.*

Sobre esto ya hemos precisado que no es un valor arbitrario, tampoco especulativo en favor de la plataforma. Se realiza generalmente por algoritmos y en aplicación o atención de las condiciones de mercado (oferta y demanda) en tiempo real.

5) *La plataforma realiza funciones de inventario o logística en beneficio del proveedor de servicios.*

Se trata del servicio de tecnología de la información, que ofrece la plataforma, y del cual se beneficia el usuario, por el pago de una comisión.

6) *La plataforma ofrece servicio de atención al cliente respecto a la prestación de servicios (ej. Uber ofrece de forma centralizada un servicio de objetos perdidos).*

Esto es un asunto entre la plataforma y sus otros usuarios. Además, no aplica para otras plataformas.

7) *La plataforma recoge información sobre la prestación de servicios para mejorar el servicio prestado por otros prestadores de servicios (ej. recoger información del tráfico de un conductor para informar al resto de conductores de la plataforma).*

Esto es un servicio o aplicación "libre" o sin costo, que prestan Waze (aplicación que permite ofrecer información sobre el tráfico en tiempo real y trazar la mejor ruta para llegar a un destino indicado por el usuario), u otras plataformas como Google maps (aplicación que permite ubicar en el mapa un lugar o dirección, ver los servicios de transporte y comerciales en la zona y trazar rutas con datos suministrados por el usuario). Además, también formaría parte de los servicios o utilidades que facilita la plataforma a los usuario (prestador de servicio y beneficiario). No es un mecanismo de control o subordinación.

8) *La plataforma establece controles de entrada en la plataforma (exigencia de requisitos mínimos o procesos de selección).*

Se hace antes de la aceptación, y es típico de la adhesión a cualquier plataforma, páginas web o redes sociales.

9) *La plataforma desactiva a los prestadores de servicios por razones de rendimiento o disciplinarias.*

Esto es típico de cualquier contrato bilateral, y de otras plataformas, como, por ejemplo, las redes sociales.

10) *La plataforma establece posibilidades de evaluar al prestador de servicios.*

Esto, también es típico de la actividad general en plataformas de interacción, incluidas la de intercambio de bienes que no implican servicios personales. Incluso hay plataformas que se autoevalúan a través de sus usuarios.

11) *La plataforma no permite que el prestador de servicios comparta su reputación online en otras plataformas.*

Esto no implica subordinación, pero sí podría implicar la violación el derecho de los operarios a su propia información. La portabilidad es un derecho.

12) *La plataforma limita las posibilidades de los proveedores de servicio de elegir a sus clientes (ej. amenazando con desactivar en caso de rechazo de clientes).*

Esto es completamente relativo, pues los prestadores de servicios eligen cuándo prestar un servicio y cuándo no, incluso después de haberlo aceptado, y es en caso de reiterados incumplimientos (rechazos de servicio previamente aceptado) que se prevé la posibilidad de "sanciones", mismas a que también están sometidos los "consumidores". Volvemos a entrar en un elemento típico de todos los contratos sinalagmáticos.

13) *La plataforma entrega al proveedor de servicios algún elemento productivo necesario para realizar la labor (ej. móviles, aplicaciones para el móvil, etc.).*

Los aparatos y vehículos son propiedad y riesgo de los usuarios proveedores de servicios. La aplicación es el medio de interacción, además cualquiera puede acceder a ellas, así no las utilice.

14) *El pago del servicio se realiza a través de una plataforma de pago ofrecida por la empresa de economía colaborativa.*

Igual que ocurre en el comercio electrónico y otras plataformas de intercambio de "bienes", como AirBandB (plataforma digital dedicada a la oferta de alojamientos particulares y turísticos), por ejemplo. Además, algunas plataformas permiten pagos en efectivo, directo al prestador de servicios. Además, a efecto de la ajenidad en los frutos, lo relevante es quien apropia la mayor parte del beneficio, y no quien lo recibe *ab initio*.

15) *La plataforma exige exclusividad al prestador de servicios.*

Esto es falso, cuando menos en los supuestos de conductores o repartidores, también en las plataformas de microtareas. Las plataformas no exigen exclusividad, por el contrario, expresamente permiten utilizar otras, incluidas las de la competencia (lo que en la práctica ocurre frecuentemente).

16) *La plataforma provee de financiación para adquirir los elementos productivos necesarios o "recomendables" para prestar los servicios en la plataforma.*

Esto no implica ni dependencia ni subordinación. Más bien reitera que el usuario asume costos y riesgos, pues implica la obligación de pago de lo recibido.

17) *La plataforma provee de seguro o cualquier otro elemento que reduzca el riesgo al prestador de servicios.*

En caso de que la plataforma asuma el costo de estos seguros, podríamos estar en presencia de un indicio de ajenidad por asunción de riesgos. Caso contrario, la venta del seguro, su financiamiento o exigencia de obligatoriedad, implica trasladar el costo y riesgo al usuario prestador, es decir autonomía o independencia.

18) *La plataforma gestiona los impuestos en nombre del prestador de servicios.*

Esto no ocurre en todas las plataformas. Por demás, las leyes tributarias por lo general imponen la calidad de agentes retenedores a quien paga por productos o servicios, como también lo hace con los empleadores, de manera que estas obligaciones de colaboración en la recaudación fiscal, no es propia ni indicativa de relación laboral, subordinación, ni dependencia.

No pretendemos desechar las consideraciones de tan calificada doctrina, empero, al intentar despejar estos propuestos nuevos indicios, apreciamos que no se corresponden con los elementos característicos de la relación de trabajo, ni con los derivados de las máximas de experiencia, al tiempo que nos parece que la mayoría de ellos solo representan características comunes a las plataformas tecnológicas, aplicaciones o transacciones que se verifican vía internet. Como simple ejercicio intelectual, planteamos el supuesto de una plataforma para la conexión de citas románticas o vinculación social de personas, donde ambas partes paguen por el ingreso o mantenimiento como usuarios, y por recibir perfiles, recomendaciones, y comunicarse (conectar) con otros individuos. O simplemente, pensemos en las conocidas y universales "redes sociales". Si aplicamos los indicios antes citados, *mutatis mutandis*, a otras plataformas como las sugeridas, seguramente encontraremos que muchos de ellos (numerales 1, 2, 3, 5, 6, 7, 8, 9, 10, 11, 13 y 14) son comunes o característicos de estas plataformas de interacción, sin que la subordinación siquiera pase por la mente de sus usuarios, ni la nuestra.

Continuando con la obra de Todolí, debemos resaltar que el mismo autor considera las oportunidades y amenazas de los sistemas reputacionales online para los trabajadores y profesionales, ya que siendo un sistema ideado para evaluar el trabajo también puede mermar el derecho a la protección de datos. Al respecto indica:

> (...) Una observación de su trabajo que puede llevar a niveles orwellianos (desde la perspectiva del cliente el trabajo es observable de forma constante) y que en el peor de los casos la evaluación puede no responder a lo observado sino a prejuicios, discriminaciones o arbitrariedades. En efecto, toda evaluación es fruto de una experiencia particular de cada individuo que puede no responder a la realidad. A su vez, los sistemas reputacionales pueden poner en peligro derechos de los trabajadores y profesionales. El miedo a que el ejercicio de ciertos derechos por parte de

> los trabajadores sea desconocimiento público y, con ello, se reduzca las posibilidades de encontrar trabajo en el futuro, puede fácilmente desincentivar el uso de ese derecho.
>
> En definitiva en este trabajo a pesar de ser consciente de las ventajas para el mercado que aportan los sistemas reputacionales, se concluye que es necesario controlar el uso de esta nueva forma de generar confianza en el mercado puesto que los derechos de los ciudadanos pueden quedar rápidamente devaluados en pro de obtener las mejores evaluaciones posibles. Con este objetivo habrá que poner en valor el derecho a la protección de datos. El ejercicio de la autodeterminación informativa es el mecanismo que, actualmente y a falta de uno mejor, permite al trabajador o profesional defenderse de evaluaciones injustas o ilegítimas que pongan en peligro otros derechos fundamentales, como el derecho a trabajar, el derecho a no ser discriminado, la libertad sindical, entre otros[673].

Finalmente, y debido a que los trabajadores a través de las plataformas digitales sufren unos riesgos diferentes al trabajador común y requieren una protección a medida, Todolí aboga por establecer una ***"relación laboral especial"*** (no una categoría intermedia) con una regulación adaptada a las nuevas formas de subordinación, y que contenga las particularidades observadas, modificando lo que sea incompatible con el nuevo modelo y adaptándolo a las especialidades de la nueva industria.

> El objetivo, en definitiva, sería incluir en la protección del contrato de trabajo a aquellos prestadores personales de servicios que, con independencia de la forma de prestar servicios, tienen su autonomía de la voluntad mermada debido a su débil posición negocial. De esta forma, todos aquellos prestadores personales de servicios que se encontraran ante contratos de adhesión —imposibilidad de negociar realmente condiciones de contratación en la prestación personal de servicios— resultarían protegidos por la normativa laboral.[674]

En este aspecto, reconoce y pone de manifiesto la complejidad del tema, incluso se preocupa y expone la problemática de calificar a rajatablas a los prestadores de servicios de plataformas como trabajadores ordinarios, y con base en ello, propone la necesidad de legislar con un enfoque más flexible adaptado a esta nueva realidad:

> Esto es, con una interpretación teleológica del contrato de trabajo, los Tribunales buscan proteger a todos los prestadores de servicios cuya autonomía de la voluntad está mermada —debido su debilidad negocial—,

673 Ibidem, pp. 145-146.

674 Ibidem, p. 142.

con independencia de si existe subordinación o si las nuevas plataformas utilizan "nuevas" formas de subordinación.

Los problemas de esta opción, en mi opinión, son dos. De un lado, el encaje judicial de esta nueva forma de prestación de servicios dentro del concepto tradicional de contrato de trabajo tendría como consecuencia jurídica la aplicación de toda la normativa laboral en bloque, resultando muchas de estas clásicas prescripciones incompatibles o incluso perjudiciales para este nuevo trabajador. Los jueces, con esta interpretación, no podrían elegir qué normativas tradicionales se aplican y cuáles no, ni tampoco qué nuevas soluciones se podrían desarrollar sino que, directamente, las plataformas virtuales se verían sometidas a todas y cada una de las normativas laborales incluidas aquellas que son manifiestamente incompatibles. Por poner algunos ejemplos, los propios trabajadores probablemente prefieran mantener cierta independencia técnica respecto a cómo y cuándo realizar su trabajo como ocurre ahora en su empleo. Una sentencia que los considerara empleados comunes del Estatuto de los Trabajadores podría fácilmente llevar a las empresas principales a aumentar las instrucciones dictadas a sus empleados incluyendo el fin de la libertad de horarios que disfrutan ahora y de la independencia técnica. Del mismo modo, en caso de ser calificados legalmente como empleados finalizaría la libertad que tienen, actualmente, los empleados para decidir cómo ejecutar su trabajo.

Por otro lado, esta solución, venida de la mano de la jurisprudencia, implicaría que hasta el momento de la resolución judicial las empresas vendrían actuando al margen de la legalidad. Es decir, si un Tribunal dictamina que la correcta clasificación es la de trabajador laboral ello implica, a su vez, que la clasificación como trabajador autónomo hasta dicho momento fue ilegal, con todas las sanciones y responsabilidades que ello implicará para la empresa. Por estas razones, y entrando en el ámbito de la política del derecho, quizá se deberían estudiar otras posibilidades partiendo del análisis de qué tipo de protección requieren los nuevos trabajadores. (...)

La protección de las condiciones laborales existentes actualmente no parece que se adapten completamente a los nuevos modelos de negocio descritos. La flexibilidad horaria para el trabajador es una de las características principales del nuevo tipo de negocio. El trabajador va a poder elegir cuándo desea trabajar, algo incompatible con las viejas regulaciones sobre jornada, horarios, descansos y vacaciones existentes. Por otra parte, el salario mínimo, también parece incompatible con un modelo de negocio basado en que el trabajador puede elegir cuántas horas trabaja. La contratación fija, también, parece poco compatible con las plataformas virtuales genéricas que se dedican exclusivamente a poner en

> contacto al consumidor con el proveedor de servicios. Si se obliga a las plataformas virtuales a contratar de forma indefinida a todos los trabajadores, el modelo de negocio perdería su principal atractivo, consistente en la existencia de largas listas de trabajadores dispuestos a prestar servicios[675] (Subrayado nuestro).

Coincidimos plenamente con estas conclusiones. Sin embargo, el mismo autor, progresiva pero rápidamente ha dado un interesante giro a su postura:

Inicialmente abogó por la propuesta de creación de una relación laboral especial adaptada al nuevo modelo de trabajo, o el planteamiento de la evolución del derecho del trabajo hacia la protección de "todos" los trabajadores (subordinados o no), poniendo una "interpretación finalista" del concepto y del propio de derecho del trabajo, que ya no partiría de la noción de subordinación o dependencia, sino de la necesidad de protección, de quien, aun siendo autónomo, se encuentra en desigualdad de condiciones respecto al contratante del servicio. Insiste el autor en la protección de quien no es "empresario", posición en la que pareciere reconocer la condición de autónomos de los trabajadores de plataformas.

Ahora, aparentemente basado en la misma "interpretación finalista", pasa a abogar por un sistema más amplio, pero bajo la calificación de derechos de los subordinados:

> La idea subyacente en las propuestas presentadas hasta el momento no es otra que extender la aplicación del Derecho del Trabajo a quienes necesitan protección. Esto es, permitir que el Derecho del Trabajo satisfaga sus funciones originales. Y para ello no parece requisito indispensable un cambio normativo, sino más bien una interpretación finalista del concepto de trabajador. <u>Como pone de relieve la situación social de muchos trabajadores actualmente clasificados como autónomos, una interpretación restrictiva de la noción de trabajador, centrada en la dependencia jurídica, excluye de su aplicación muchos trabajadores que requieren de protección</u>. En efecto, que no exista un control directo por parte del beneficiario de una prestación de trabajo sobre el trabajador no significa que esta persona no requiera protección del Derecho del trabajo. (…)
>
> La doctrina identifica tres principales razones que justifican la necesidad de la aplicación de la regulación laboral: i) fallos de mercado; ii) distribución de la riqueza; iii) desequilibrio en el poder de negociación de las partes.
>
> Al final, las tres justificaciones para la existencia del Derecho del Trabajo aquí presentadas parecen complementarias más que excluyentes. En el

675 Ibidem, p. 58-60.

> trabajo en plataformas, y en general en todo aquel trabajo personal que no se realiza por una empresa, existe desequilibrio de poder de negociación, fallos de mercado y necesidad de mantener ciertos valores sociales, circunstancias que justifican la aplicación del Derecho del Trabajo a esas relaciones contractuales. (...)
>
> Además, el objetivo de esta interpretación finalista será incorporar dentro del ámbito de aplicación del Estatuto de los Trabajadores a todos los que presten servicios sin ser una verdadera empresa. Ello implica que no se está aquí defendiendo una diferenciación en los niveles de protección entre un tipo de trabajadores y otros -lo que acabaría creando de nuevo trabajadores "de primera" y "de segunda"-. Sino una unificación -mediante la interpretación finalista del concepto de trabajador- del régimen jurídico aplicable a todo tipo de trabajadores bajo el paraguas del Estatuto de los Trabajadores -o en caso de absoluta necesidad mediante una relación laboral especial que tenga como normativa subsidiaria el propio Estatuto de los trabajadores.[676]

Esta tesis, que da valor principal a la debilidad económica del prestador de servicios y que propone "nuevos indicios" de subordinación, a pesar de inclinarse por la existencia de una relación o contrato de trabajo, ahora de manera subsidiaria, propone que se cree de *lege ferenda*, una nueva o especial categoría de trabajador, lo cual no sólo pareciera contradecir su propia postura, sino que desestima una categoría intermedia que ya existe en la legislación española, la de "trabajador autónomo económicamente dependiente", creado y regulado por la Ley 20/2007, de 11 de julio, Estatuto del Trabajo Autónomo[677], antes referida.

Como hemos concluido previamente[678], resulta paradójico que en la legislación que mejor ha definido a esta categoría "intermedia", se le haya desechado sin más. Si resultaba escasa su protección o catálogo de derechos, debió abogarse por su ampliación o perfeccionamiento, no su abandono, para retornar al sistema binario.

CÉSAR CARBALLO

Una situación semejante a la ocurrida con el cambio de postura de Todolí, pero bastante más radical, se aprecia en los textos de **César Carballo**, quien por más de veinte (20) años ha estudiado y desarrollado prolijamente los diferentes indicios

---

676 Todolí Signes, A. (2019). Plataformas digitales y concepto de trabajador: una propuesta de interpretación finalista. Lan Harremanak - Revista de Relaciones Laborales, número 41. Disponible en: https://www.ehu.eus/ojs/index.php/Lan_Harremanak/article/view/20880/18819 [Consulta: 2019, octubre 15].

677 Estatuto del Trabajo Autónomo (Ley N° 20/2007) (2007, julio 11). Ob. Cit.

678 En el acápite IV.2.7 cuando nos referirnos a las soluciones judiciales y legislativas puestas en práctica por España.

que sirven de presupuesto a la relación de trabajo (con base en la Recomendación 198 de la OIT) y otros indicios que diferencian la relación de trabajo autónoma de la subordinada[679]. Sin embargo, en recientes obras parece dar un marcado vuelco ideológico a su línea discursiva previa.

Otrora, el reputado autor había sido crítico de la noción de subordinación como elemento caracterizador de la relación laboral:

> La subordinación, confrontada con las nuevas modalidades del trabajo desata intensas preocupaciones, de signo -paradójicamente- contrario:
>
> De un lado, quienes la estiman insuficiente para imprimir laboralidad a ciertas manifestaciones de trabajo con altos niveles de autonomía, desplegadas por trabajadores de elevada cualificación técnica y, las más de las veces, de ejecución desconcentrada. Desde una perspectiva contraria, quienes advierten una exagerada dilatación del concepto de subordinación que laboraliza, prácticamente, toda modalidad de prestación personal de servicios.
>
> En realidad, la paradoja se diluye al advertir que ambas circunstancias derivan de una misma concepción errada, esto es, atribuirle a la subordinación o dependencia la condición de rasgo definitorio y denotativo del contrato de trabajo. (Subrayado nuestro).[680]

Cónsono con ello, se había explanado en la revisión de la multiplicidad de indicios que pueden permitir la determinación de la relación de trabajo, incluyendo, por supuesto, los propios de la ajenidad, con fundamento en los cuales, se pronunció en el año 2000 en pro de la no laboralidad y carácter comercial de la vinculación entre los distribuidores de cerveza y las comercializadoras del producto, a través de obra cuya coautoría compartió con el también venezolano y experto de la OIT, profesor Humberto Villasmil[681].

En cuidadoso análisis de una sentencia de la Sala Social del Tribunal Supremo de Justicia venezolano que calificó como la relación laboral la vinculación exis-

679 Con obras como "Relación de Trabajo. La técnica del test de laboralidad" (2016, reeditada en 2019) o "Recomendación 198 OIT sobre la Relación de Trabajo" (2016), en coautoría con Humberto Villasmil Prieto.

680 Carballo Mena, C. A. (2001) Delimitación del Contrato de Trabajo..., Ob. Cit., p. 30; tal y como ya se había citado previamente en el acápite III.2.3.1, al referirnos a la crisis de la noción de subordinación.

681 Nos referimos a la obra "El objeto del Derecho del Trabajo (estudio sobre el trabajo por cuenta ajena y bajo dependencia de otro, a propósito de la sentencia N° 98-546 del 16-3-2000, dictada por la Sala Social del Tribunal Supremo de Justicia). Las fronteras del Derecho del Trabajo" (2000). Véase: Carballo Mena, C. A. y Villasmil Prieto H. (2000). El objeto del Derecho del Trabajo..., Ob. Cit.

tente entre los distribuidores de cerveza o gaseosas y las comercializadoras del producto (sentencia N° 61 del caso Distribuidora Polar, S.A. –DIPOSA- de fecha 16 de marzo del 2000[682]), los autores expresaron con argumentos muy contundentes las razones por las cuales aquellos deben ser considerados como trabajadores autónomos o independientes, al demostrar que el cumplimiento de ciertas reglas o normas propias de la actividad que desarrollan, no implican subordinación, y que al prestar servicios con sus propios vehículos y personal, aunque deban cumplir con algunas obligaciones connaturales al acuerdo comercial (rutas, no competencia o exclusividad, precios, uso de insignias, uniformes, etc.), continúan siendo autónomos en tanto son propietarios de los medios de producción, asumen riesgos y deben pagar los productos al fabricante, además de las cargas fiscales o impositivas propias de la actividad ejecutada. En la obra comentada se verifica dura crítica a las decisiones judiciales que forzadamente declaran a este tipo de trabajadores como dependientes:

> En vista de lo anterior, consideramos que la intervención judicial dirigida a imponer la legislación laboral a relaciones contractuales que se acreditan sustancialmente superiores al régimen ofrecido por la ley laboral, no solo es contraria a la autonomía de la voluntad de las partes, sino que además termina produciendo una suerte de "igualación hacia abajo" mediante la cual el trabajador independiente es forzado a aceptar un régimen de trabajo menos favorable para sus intereses. En última instancia, una intervención judicial en este sentido frustra el propósito último de la irrenunciabilidad, a saber, que los trabajadores no pacten condiciones de trabajo menos favorables que las ofrecidas por la ley laboral.[683]

Nos obstante estos amplios precedentes doctrinarios respecto a los prestadores de servicios por intermedio de plataformas digitales, Carballo se muestra proclive a la utilización del test ABC (cuyo contenido y respectiva opinión hemos referido previamente[684]), a pesar que dicho test resulta radicalmente distinto a los indicios de la Recomendación 198 OIT científicamente manejados y desarrollados por el autor, y que no se utiliza sino en el algunos estados norteamericanos.

682 Sala de Casación Social del Tribunal Supremo de Justicia (2000, marzo 16). Sentencia N° 61. Exp N° 98-546. Caso Rafael Agustín Valera Rodríguez y otros vs Distribuidora Polar S.A. (Diposa). Disponible en: http://historico.tsj.gob.ve/decisiones/scs/marzo/61-160300-98546.HTM [Consulta: 2021, marzo 10].

683 Carballo Mena, C. A. y Villasmil Prieto H. (2000). El objeto del Derecho del Trabajo…, Ob. Cit., p 102

684 Nos referimos a la obra "Vestigios del trabajo dependiente a propósito del escrutinio judicial de Uber Technologies, INC y Dinamex Operations West, INC." (2019), cuyos criterios fueron analizados en el acápite IV.2.8, a referinos a la jurisprudencia estadounidense.

Como corolario del cambio de rumbo, en *"Indicios de la relación de trabajo y empresas digitales. Ensayo sobre la ceguera"* (2020)[685], invocando el principio de primacía de la realidad se inclina por mostrar que la prestación de servicios a través de las plataformas digitales es un trabajo subordinado apenas alterado por el influjo de las nuevas tecnologías: *"la clásica sumisión del trabajador individual deviene sustituida por una disponibilidad plural y difusa, configurada por una red de potenciales prestadores de servicios, cuyo número, ubicación y franja horaria son ordenados algorítmicamente para asegurar los objetivos empresariales"*[686]. Ahora, añade que *"[a]l margen de su exhaustividad, un catálogo de indicios de existencia de una relación de trabajo -por si solo- no garantiza la interdicción de prácticas dirigidas al encubrimiento de dicho vínculo jurídico ni el idóneo escrutinio de las ambigüedades objetivas que este pudiese entrañar. Resulta imperativo articularlo con otros instrumentos y metodologías"*.

En este ensayo intenta desvirtuar la idea de que quienes prestan estos servicios personales y que suelen ser calificados como trabajadores independientes, en realidad no lo son, debido a que están sometidos a restricciones incompatibles con la idea de autonomía. Poética o sarcásticamente pregona la "ceguera" de quienes no ven lo *"rancio y subordinado (que) luce el «nuevo trabajador autónomo» de las plataformas digitales"*, empero, inmediatamente pasa a reconocer que se trata de una situación objetivamente ambigua:

> A primera vista podría sostenerse que se trata sólo de una nueva práctica de encubrimiento de relaciones de trabajo subyacentes a través de la simulación de vínculos jurídicos de naturaleza disímil, primordialmente civil o mercantil. De ser así, el juzgador la enervaría mediante la simple conjugación de los principios de primacía de la realidad e irrenunciabilidad de los derechos laborales, y la presunción personal del servicio –o varios indicios.
>
> No obstante, la extensa e intensa- conflictividad que –en sede administrativa y judicial- ha desatado mundialmente la calificación jurídica del trabajo mediante las plataforma digitales sugiere –prudentemente- reparar en sus ambigüedades objetivas, esto es, en la amalgama de rasgos típicos tanto de subordinación como de autonomía que dicha modalidad ciertamente exhibe; explorar lo concerniente a su debida ponderación; y vertebra un método idóneo de reconocimiento de la existencia –en dicho entorno- de relaciones de trabajo[687] (Subrayado nuestro).

Así mismo, se inclina -ahora- a dar preponderancia al *"indicio -hasta ahora escasamente desarrollado jurisprudencial y doctrinariamente- de «integración del trabajador en la organización de la empresa» (párr. 13.a), asociado a la subordinación como condición de la relación de trabajo (párr. 12)"*. Reconoce que *"[s]e trata de un indicio de tipología abierta*

---

685 Carballo Mena, C. A. (2020, mayo). Indicios de la relación de trabajo…, Ob. Cit.

686 Ibidem.

687 Ibidem, p. 2.

y compleja que permite al juzgador -según el alcance y conjugación de los conceptos que incardina- deducir -por enervación de los rasgos esenciales del trabajo autónomo- la existencia de una relación de trabajo". Echa mano de un indicio que él mismo habría colocado previamente como supeditado o componente de la subordinación, y que, como se indica, su tipología *"abierta y compleja"*, bien delata su indeterminación y propende a su abuso para calificar forzadamente relaciones laborales, donde no existen[688]. Así, concluye lapidariamente que: *"[p]or lo expuesto, -cabe reiterarlo- quien se integra en empresa ajena y en dicho ámbito presta servicios personales según los lineamientos o directrices que otro ha establecido, deberá reputarse trabajador subordinado"*. Cabría preguntarse: en los casos de distribuidores de cerveza: ¿no se integran estos en la empresa ajena? ¿Quién impone los precios, las rutas, los uniformes, la exclusividad, la marca, publicidad y hasta los clientes?

En el mismo artículo, pasa a dar peso a la subordinación y dependencia, antiguamente criticadas, y a restar suficiencia al catálogo de indicios, que ahora, por sí solo, no puede evitar el encubrimiento de las relaciones laborales. Para la caracterización del trabajo a través de plataformas esboza los rasgos objetivamente ambiguos que revelan indicios tanto de autonomía como de subordinación[689]:

(i) De un lado, el trabajador no presta servicios en condiciones de exclusividad, puede –en ciertos casos- hacerse sustituir por otro, aporta sus propias herramientas de trabajo -generalmente, vehículo y teléfono móvil-, soporta los costos y riesgos asociados a la utilización de estas, y organiza –con suma flexibilidad- su tiempo de trabajo, pudiendo incluso desconectarse de la aplicación tecnológica a voluntad y rechazar requerimientos y servicios; y

(ii) Del otro, el trabajador presta servicios de naturaleza idéntica al negocio principal (*core business*) del contratante, extrañado de las estrategias de mercado, carente de clientela propia, impedido de fijar precio a su trabajo, sometido a controles algorítmicos, sujeto a sanciones y, en ciertos supuestos, obligado a prestar el servicio personalmente (*intuito personae*), usar uniforme y exhibir símbolos corporativos ajenos.

La gravedad, concordancia y convergencia de los indicios que integran el segundo cúmulo evidencian sobradamente la naturaleza laboral del vínculo escrutado. Los detalles recabados y debidamente articulados dibujan –si se aprecia el conjunto desde distancia óptima- una prestación personal de servicios en condiciones de nítida subordinación o dependencia jurídica.

---

688 Como hemos expuesto ampliamente en el acápite III.2.5, referida a la inserción en la organización empresarial como elemento constitutivo de la relación de trabajo.

689 Carballo Mena, C. A. (2020, mayo). Indicios de la relación de trabajo..., Ob. Cit., p. 7.

Según su opinión, los indicios del segundo punto (ii) revelan una prestación personal de servicios en típicas condiciones de subordinación o dependencia jurídica, esto es "*bajo la dirección, vigilancia y disciplina del titular de la empresa, tal como se desgaja -entre otros indicios- del deber de prestación personal del servicio, uso del uniforme, exhibición de símbolos empresariales ajenos, y -sobre todo- sujeción a controles algorítmicos, evaluación de desempeño, y medidas disciplinarias*"[690]

Al respecto caben dos observaciones: en primer lugar, resulta muy difícil aceptar que los ejecutores de servicios de encomiendas (repatidores) o los conductores de vehículos de transporte urbano, presten servicios "de naturaleza idéntica al negocio principal". Como hemos manifestado previamente, estos servicios y oficios han existido desde otrora, y el uso de la tecnología es novedoso y consecuentemente distinto del mero transporte de personas o cosas, de allí que, la naturaleza de las plataformas si bien vincula a los usuarios prestadores con los usuarios consumidores, no pueden, mejor dicho, no deben confundirse. Como también se ha dicho antes, resulta paradójico -quizá absurdo- que quienes sostienen que Uber es un servicio de transporte, al mismo tiempo, consideren marginales los vehículos como herramienta, como inversión o riesgo. En segundo, lugar, los demás elementos o características enunciados en el párrafo (ii) resultan en esencia, id*énticos a los* revelados en el caso de los distribuidores de cerveza, que fueron contrarrestados por el mismo Carballo y Villasmil, a través de los indicios de ajenidad en los riesgos, herramientas y frutos, bastante similares a los presentes respecto a los repartidores y choferes de plataformas.

Finaliza el autor con una reflexión en la que muestra como espejismo el hecho de pensar en el trabajador digital como autónomo, al que él puede ver claramente como subordinado.

> ¿No resulta obvio que se trata de trabajadores subordinados que, conectados en red, se mantienen atentos -cuando puedan y requieran - para ejecutar la actividad que el dueño de la plataforma digital ofrece -por cierto precio y bajo determinadas condiciones - a su clientela? ¿Qué impide admitir que una densa fila - digital- de trabajadores, ordenados por rígidos algoritmos, aguarda para transportar personas o bienes - o ejecutar cualquier otra actividad- bajo los estándares que otro ha fijado, dentro del perímetro de la empresa que - este- organiza, dirige y sanciona?
>
> ¿Qué velo cubre los ojos de la disciplina jurídica que brindó tutela al trabajador domiciliario, a pesar de insertarse en «empresa dispersa», libre de horarios y puesto de trabajo, proveedor de sus propias herramientas y -en muchos casos- de la materia prima, y -sobre todo- al margen de la dirección y control directo de un tercero?

---

690 Ibidem, p. 8.

> El trabajador a domicilio -como el de las plataformas tecnológicas- se integra en empresa ajena, produce para otro, en los términos y condiciones que este determine, sin posibilidad de hacerse de clientela propia, extraño a las medidas o estrategias de mercado que influyen sobre el precio de los bienes o servicios, sometido -en definitiva- a una nítida subordinación estructural.[691]

Cabe responder con otros cuestionamientos: ¿Desde cuándo los taxistas y repartidores han poseído "clientela propia"? ¿Cuáles son los rígidos controles algorítmicos y qué sanciones aplican? ¿Cómo se costearán las cargas laborales si las plataformas sólo perciben entre el 0% y el 25% de los costos del servicio? Por último: ¿Y la libertad horaria y de jornada, la propiedad de las herramientas y la asunción de riesgos, han dejado se ser signos típicos de autonomía?

ANDRÉ GONÇALVES ZIPPERER

Con otro enfoque, en "*La Intermediación de Trabajar vía Plataformas Digitales. Repensando la Legislación Laboral a partir de las Nuevas Realidades del Siglo XXI*" (2019)[692], **André Gonçalves Zipperer,** varias veces citado a lo largo de esta obra, evalúa el panorama histórico internacional relacionado con el trabajo en las plataformas digitales, describe a profundidad las diversas modalidades y características, y aborda conclusiones distintas a las de Carballo Mena, y más cercanas a las inicialmente prepuesta por Todolí.

A partir del estudio de los elementos que caracterizan el trabajo digital y de los aspectos más importantes de las experiencias de Italia, España y Alemania en el manejo legislativo y pragmático del tema, destaca que los modelos de trabajo autónomo y de trabajo subordinado son insuficientes para definir una nueva realidad laboral, en virtud de que *"la conexión entre el comprador solicitante del servicio y el trabajador de la masa productora debe ser directo, de modo que la plataforma sirva solo como elemento de conexión entre oferta y demanda"*[693]. La plataforma es sólo el medio usado para agrupar a los trabajadores en una "nube virtual" y así conectar la demanda y la oferta de trabajo, y lo que ésta cobra al solicitante o al trabajador por concepto de intermediación[694] constituye un beneficio económico mínimo (una especie de comisión) que no es suficiente para caracterizarlo como el uso del trabajo.

691 Ibidem, p 12.

692 Gonçalves Zipperer, A. (2019) A Intermediação de Trabalho..., Ob. Cit.

693 Ibidem, p. 154.

694 A quién le cobra la plataforma por concepto de intermediación va a depender del modelo de negocio, pues por ejemplo, Amazon cobra una cierta cantidad al solicitante, mientras que Uber cobra una comisión sobre el monto pagado al trabajador, reteniendo parte de esta cantidad. Ibidem, p. 155.

También destaca como fundamental la prestación personal del servicio por parte del trabajador a través de las plataformas digitales:

> Finalmente, por su propia característica, la plataforma debe crear relaciones con el solicitante - cliente final del servicio de forma discontinua e inusual. Explica: la habitualidad del servicio induciría a la caracterización de una relación continua que crearía una relación de confianza, no de autonomía e integración técnica y personal del empleado a la entidad comercial o de la persona que compra el servicio.
>
> Es decir, utilizando de forma subsidiaria el concepto de eventualidad que caracteriza erróneamente al propio contrato de trabajo, es precisamente la accesibilidad de la prestación del servicio caracterizada por la transitoriedad del servicio que impide que la integración técnica de la actividad del trabajador se produzca en la actividad empresarial"[695].

De esta manera, define al ***"trabajador de plataforma digitales"***[696], **"trabajador colaborativo"** o ***"trabajador de subcontratación múltiple (crowdsourcing)"***[697] como *"esa persona trabajadora física, que insertada en una multitud de oferentes, conectados a la misma plataforma virtual, proporciona servicios individuales a diferentes solicitantes, totalmente virtuales o con contacto personal, de carácter oneroso, discontinuo y limitado al período de actividad, en una relación triangular intermediada en línea por dicha plataforma"*[698].

Además, propone la creación de una nueva categoría intermedia: la del "trabajador digital".

> En vista de la insuficiencia de las dos definiciones [subordinado y autónomo], las discusiones modernas cobran validez, si no para superar, al menos para desarmar la estructura binaria del material, para luego contemplar la creación de un género terciario de autonomía y subordinación, a lo que debe atribuirse un régimen intermedio de garantías y protecciones.
>
> Un espacio "híbrido", en el que las relaciones presentan elementos comunes a dos modelos fundamentales basados principalmente en el trabajo digital, requerirían delicado trabajo de modulación de protecciones, principalmente teniendo en cuenta la pluralidad de tipos de trabajo a través de la plataforma.[699]

695 Ibidem, p 156.

696 Ibidem, pp 152 -153.

697 Ibidem, p.159.

698 Ibidem, p.159.

699 Ibidem, p. 208.

En el mismo sentido que Todolí, alerta que el trabajo digital no subordinado es incompatible con la normativa vigente sobre horarios, períodos de descanso, ausencias justificadas y vacaciones del trabajador subordinado, por lo cual hace una acertada sugerencia: "*[l]a legislación sobre salario mínimo debe someterse a ajustes en un modelo de negocio en el que el trabajador elige cuántas horas trabajar, a menudo sin ningún control de la plataforma que intermedia el trabajo*"[700]; concluyendo que:

> No se ven nuevas formas de trabajo en la legislación actual sobre trabajo subordinado construido sobre hechos, elementos y paradigmas basados en el trabajo industrial vigente hasta la última década del siglo XX. Entonces es imperativo que las fuentes formales directas del Derecho Laboral sean adaptadas o se crean nuevas normas para contemplar esta realidad reciente.
>
> Añada a esto el hecho de que los cuasi-dependientes están excluidos de tantos otros derechos creados a su particularidad, que sólo pueden ser llevados a su protección legislativa con una interpretación de la valoración de los principios, incluidos los derechos de la personalidad, que es aún más grave"[701]. (Subrayado nuestro)

En esencia compartimos la visión del profesor brasilero, aunque reconocemos que los cambios propuestos, en la mayoría de las legislaciones estudiadas resultan de *lege ferenda*, como también lo sería la universalización de la seguridad social, los pisos mínimos de protección, o las obligaciones recaudadoras que puedan imponerse a las plataformas, que como propuestas -no excluyentes- planteamos más adelante.

FEDERICO ROSENBAUM CARLI

Resaltamos también la obra de **Federico Rosenbaum Carli,** quien, luego o paralelamente a varios artículos con relación al tema, brinda un completo estudio sobre la materia en formato de tesis doctoral: "*El trabajo mediante plataformas digitales y sus problemas de calificación jurídica*" (2020, octubre)[702]. En ella, aunque presenta las perspectivas de distintos autores sin tomar una posición radical al respecto, claramente muestra su inclinación hacia la laborización del trabajo en las plataformas digitales.

Rosenbaum se pasea por los elementos que caracterizan el trabajo a través de las plataformas digitales, el tratamiento que se le ha dado en distintos países y los conflictos que ha generado su calificación jurídica.

---

700 Ibidem, p.162.

701 Ibidem, p. 164.

702 Rosenbaum, F. (2020, octubre). El trabajo mediante plataformas digitales..., Ob. Cit.

Para él, la base de todo se encuentra en la economía colaborativa, que permite intercambiar o compartir bienes -tangibles o intangibles (gastos, tiempo, espacios, hobbies, etc.)- mediante la utilización de las nuevas tecnologías y la digitalización, con inspiración en los principios de la economía social y sin ánimo de lucro[703]. Dentro de ésta actúan las plataformas digitales, que conectan a los trabajadores con los consumidores y proporcionan la infraestructura para que pueda hacerse efectivo ese intercambio, con la compensación correspondiente[704], destacando entre sus características fundamentales las siguientes:

> (...) En primer término, que la prestación de trabajo es despersonalizada, en tanto que puede cumplirse por cualquier sujeto en virtud de una potencial concurrencia de trabajadores que ofrecerán su actividad. En segundo lugar, que el trabajo cumplido mediante las aplicaciones tecnológicas permitirá que la producción se nivele con la demanda de determinado bien o servicio. En tercer término, que la plataforma se trata de un ente cerrado y determinado, ya que es necesario formar parte de las mismas a los efectos de usufructuar los servicios ofrecidos. En cuarto lugar, se puede destacar el carácter instrumental de la aplicación digital, en tanto elemento cuya finalidad consiste en mediar entre los usuarios. En quinto lugar, se infiere que las mismas poseen un valor intrínseco mayor a la sumatoria de sus partes componentes, ya que optimizan las relaciones entre quienes ofrecen trabajo y quienes lo buscan. En sexto término, existe la idea al menos formal de que las mismas están organizadas para dotar de flexibilidad a quienes ofertan sus bienes o servicios. En séptimo lugar, a través de las mismas se instrumenta un método de pago intrínseco e inmediato, del que recibe el bien o servicio y del prestador del mismo. En octavo término, es un dato característico del fenómeno que las personas que se conectan lo hagan por intermedio de las NTIC. Por último, al régimen de intercambio se le incorpora un sistema de reputación, mediante el cual se permite practicar una evaluación del bien o servicio entregado, y del sujeto que presta el mismo.[705]

Todos estos elementos confluyen para que la plataforma pueda llevar a cabo los fines propios de su negocio valiéndose de los servicios prestados por trabajadores considerados autónomos. Pero en este punto es donde que se produce la disyuntiva sobre el papel que juega tanto la plataforma como el trabajador en esta relación jurídica, puesto que mientras para algunos la plataforma constituye el intermediario entre la oferta y la demanda de un bien o servicio, y para otros es el patrono; por otro lado, el trabajador es considerado por algunos autónomo y por

703 Ibidem, pp 56-57.

704 Ibidem, p.p. 49-50.

705 Ibidem, p.p. 50-51.

otros subordinado; por lo cual alerta sobre las condiciones laborales en las cuales se está desarrollando esta relación jurídica:

De ese modo, el primer aspecto lo constituye una marcada tendencia hacia la expansión formal de las fronteras del trabajo autónomo, en tanto que al menos discursivamente, las empresas titulares de plataformas consideran que su actividad se centra en el desarrollo de tecnología y en la intermediación entre la oferta y demanda de un bien o servicio, mientras que entienden que el prestador del mismo se trata de un auténtico trabajador autónomo. Ello ha llevado a la inaplicación del conjunto normativo del Derecho del Trabajo y a una inevitable precarización de las condiciones trabajo[706].

Esta consideración nos merece un comentario o cuando menos el planteamiento de una duda, específicamente preguntamos: ¿dónde está la precariedad? En las encuestas y estudios realizados, previamente citados, se ha concluido que estos trabajadores digitales, devengan iguales o mejores remuneraciones que en otras actividades análogas, de allí que el argumento de la precariedad deba manejarse con cautela, pues la fata de estabilidad o la desprotección de la seguridad social, parecen no provenir de las condiciones mismas de los puestos de trabajo, sino de la falta o escasa regulación que el Derecho del Trabajo le ha negado -en general- a los trabajadores autónomos. Volvemos acá al problema de la clasificación binaria.

Con respecto a la calificación jurídica del trabajador a través de las plataformas digitales, ya Rosenbaum en el 2019[707] había destacado las diferentes alternativas para el tratamiento del tema, pero se decantó por el claustro del sistema binario:

> En relación al tema planteado, las soluciones se suelen concretar en cuatro alternativas: 1) considerar a este tipo de trabajos como comprendidos dentro de la categoría de trabajadores autónomos; 2) considerarlos como trabajadores subordinados; 3) bregar por una modificación legislativa que cree una tercera categoría híbrida de trabajadores, que se encontrarían en la mitad de camino entre la protección dispensada por el Derecho del Trabajo para los trabajadores dependientes, y la ausencia de protección típica del trabajador autónomo; 4) bregar por la imposición de un mínimo de protección para toda persona que trabaje, en cualquier modalidad, consagrando unos derechos mínimos básicos. En relación con las dos últimas soluciones, estimo que parten de una premisa equi-

706 Ibidem, p 325.

707 Rosenbaum, F (2019). El trabajo en plataformas digitales y el derecho del trabajo. XI Congreso Regional Americano de Derecho del Trabajo y de la Seguridad Social. Disponible en: https://www.academia.edu/40299735/EL_TRABAJO_EN_PLATAFORMAS_DIGITALES_Y_EL_DERECHO_DEL_TRABAJO [Consulta: 2020, noviembre 19].

> vocada. En efecto, el tema debatido se trata de un problema de categorías jurídicas. No se puede -ni debe- buscar una solución normativa nueva, sin antes desentrañar la categoría jurídica aplicable a la situación concreta. En efecto, las propuestas que sugieren crear una serie de derechos mínimos aplicables a todos, o crear una figura híbrida del trabajador de las plataformas digitales, buscan una solución normativa nueva, a un "problema", siendo que quizás no sea necesario, en tanto que si esas formas de trabajo ingresan dentro del ámbito de aplicación del Derecho del Trabajo, tendrán la protección y beneficios propios de su normativa. El camino está siendo marcado por los diversos fallos dictados a nivel comparado, y la tendencia se está aclarando, al considerar a este tipo de trabajos dentro de la categoría de trabajadores subordinados o dependientes. (Subrayado nuestro)

En concordancia con esta postura, en ulterior y principal obra, Rosenbaum se maneja dentro de las tradicionales categorías legales de trabajo autónomo y subordinado, y se manifiesta contrario a la creación o reconocimiento de una nueva categoría jurídica intermedia (en contraposición a lo que propone Gonçalves Zipperer), respecto a las cuales, considera podrían incitar a la simulación de una relación laboral. En el mismo sentido, en análisis publicado en mayo de 2021, ha expuesto las implicaciones que traería legislar sobre una regulación especial:

> Una regulación particular implicaría, básicamente, optar entre **dos modelos regulatorios diferentes**.
>
> Por un lado, un modelo que sistematice los derechos concretos de los cuales estos trabajadores serían acreedores (ya sea reconociendo una serie de derechos mínimos para toda persona que trabaje sin importar qué tipo vínculo jurídico se trate; ya sea considerando a los trabajadores de plataformas digitales como una figura especial que debe detentar su propio estatuto laboral; o ya sea considerando a estos prestadores como una figura especial de trabajador autónomo).
>
> Este modelo implica una resignación de dar respuesta a la interrogante jurídica sobre la naturaleza del vínculo entablado entre las partes, y por ende, en cierta medida, consiste en volver a rediscutir los mínimos consagrados por el ordenamiento jurídico laboral que aseguran un piso de protección para todos los trabajadores que se encuentran incluidos dentro de su ámbito de aplicación.
>
> En efecto, una nueva regulación de derechos mínimos podría asumir en muchos casos niveles de protección más reducidos que los propios del Derecho del Trabajo. En efecto, ello dependerá de cuáles sean esos mínimos, pero claro está que el propio calificativo de mínimo parece llevar ínsita una reducción (más o menos significativa) de los derechos originalmente atribuidos al trabajador dependiente. Máxime tenien-

> do en cuenta que, para lograr dicha nueva regulación, será necesario recurrir al diálogo social, con intervención de todos los sujetos, incluidas las propias empresas propietarias de las plataformas digitales, que como es lógico e inherente al propio conflicto subyacente, buscarán imponer soluciones más favorables para sus intereses, en detrimento de las protecciones sociales de los prestadores de los servicios subyacentes.
>
> También parece ser evidente que, una regulación especial de estas prestaciones de trabajo, no atacaría el problema de fondo que pudiera estar presente en determinada realidad normativa, tal como lo es la dificultad de transitar el proceso de determinación de la existencia de la relación de trabajo, o lo que en la jerga jurídica se denomina como el problema de los "falsos autónomos".
>
> Y, por otro lado, un modelo que intente reforzar o dotar de mayor eficacia a las normas laborales vigentes de cada país. Los mecanismos para transitar este modelo regulatorio son difícil (sic) de delimitar o precisar, en tanto que la variedad de aproximaciones pueden ser multivariadas y dependen de un diagnóstico previo de las deficiencias en torno a la efectividad de las normas laborales de cada sistema normativo.[708] (Subrayado y resaltado de la cita)

El autor parece optar por lo conocido, en temor de las dificultades de instrumentar los posibles cambios y la incertidumbre sobre la aptitud de las soluciones. Por otro lado, en la misma línea que Todolí y Carballo, tiende considerar al trabajador digital como subordinado – y no autónomo-, a partir de una serie de indicadores que, según su opinión, demuestran la relación laboral entre el trabajador y la plataforma digital[709]:

> En efecto, por un lado, si bien ha sido banalizado o relegado en cuanto a su importancia, la fijación de las tarifas de forma unilateral por parte de la empresa constituye un indicador importante que da cuenta de la inexistencia de autonomía por parte de ese trabajador, y por ende, de la

---

708 Rosenbaum Carli, F. (2021, mayo 20) Sigue la saga de los "riders"..., Ob. Cit.

709 Opinión emitida por el autor para manifestar su desacuerdo con la decisión dictada por el Primer Juzgado de Letras del Trabajo de Santiago, de fecha 17 de mayo de 2021, que determinó que no existía una relación laboral entre 7 repartidores y Pedidos Ya Chile Spa, a la que se hizo referencia en el acápite IV.2.-Diversidad de soluciones judiciales y legislativas en el ámbito internacional. Derecho comparado, específicamente en la sección sobre Chile. Ver: Rosenbaum Carli, F. (2021, mayo 20) Sigue la saga de los "riders": sentencia del Juzgado de Letras del Trabajo de Santiago (Chile) [17/05/2021] que declara la inexistencia de relación laboral con PedidosYa. [Blog] Disponible en: https://federicorosenbaum.blogspot.com/2021/05/sigue-la-saga-de-los-riders-sentencia.html [Consulta: 2021, mayo 21].

ausencia de una estructura empresarial propia que permita calificar la existencia de una prestación de actividad ejercida con independencia y por cuenta propia.

En segundo lugar, también coadyuva a la misma conclusión el hecho de que la herramienta principal o el activo de mayor importancia para la ejecución de la actividad de reparto no lo es una bicicleta o motocicleta, sino la aplicación digital o plataforma que permite conectar a un cliente con quien oferta un servicio de reparto de bienes (ofrecido por PedidosYa y no por el repartidor en concreto). Tampoco puede negarse que quien es titular de la marca no es cada uno de los "riders", sino la propia empresa que ofrece el servicio mediante la plataforma digital, siendo que los clientes la reconocen como tal y solicitan el servicio en función de dicha marca en particular. En definitiva, sin la plataforma digital o la marca, el repartidor se vería imposibilitado de prestar las tareas por su propia cuenta y riesgo.

En tercer lugar, y quizás uno de los elementos más importantes, a los efectos de evaluar la autenticidad de la autonomía de la condición de empresario del prestador del servicio, también resulta fundamental la verificación de una eventual integración del trabajador en la estructura organizativa de la empresa. De ese modo, sin una estructura y autonomía propias que sean necesarias para el desarrollo del servicio, sería posible considerar que el individuo se inserta en una organización ajena, y por ende, que existe una manifestación de la ajenidad. En concreto, al ser la empresa quien en definitiva ofrece el servicio de reparto, y además, el trabajador no posee una estructura organizativa empresarial propia, cumpliendo mediante su actividad con el fin productivo de la empresa, sería posible entender que el repartidor se incorpora e inserta en la estructura organizativa de la propia plataforma. Este extremo ha sido enunciado como un elemento de vital importancia para calificar a un vínculo como laboral, según ha sido consagrado en la Recomendación N° 198 de la OIT ("la integración del trabajador en la organización de la empresa").

En cuarto lugar, también pueden ser varias las manifestaciones del ejercicio de los poderes de organización, dirección, control y/o disciplinario por parte del empleador, (...) como lo es la existencia de un proceso de evaluación de las tareas llevado a cabo por los clientes y la propia empresa mediante el algoritmo inserto en la plataforma digital, el seguimiento o control de la ejecución del trabajo a través de instrumentos de geolocalización como el gps, la posesión de los datos indispensables para el desarrollo de la actividad (datos del cliente, domicilio, tarjeta de crédito, etc.), entre otras muchas manifestaciones que se desarrollan en los hechos en este tipo de prestaciones laborativas.

De la misma forma, justifica su posición al indicar que el trabajador digital labora bajo claras condiciones de ajenidad: ajenidad en los frutos y/o beneficios y en los riesgos; ajenidad en la titularidad de los medios de producción; ajenidad en la marca y en el mercado e inserción del trabajador en la estructura organizativa de la empresa:

> (...) [E]l hecho de que un prestador de trabajo no determine por su propia y única voluntad el precio de sus servicios, constituye un fiel reflejo de la ajenidad en los frutos y de ausencia de autonomía. En efecto, quien se apropia de los frutos de su trabajo, lo hace organizando personalmente el mismo, determinando las tarifas de su servicio, negociando eventualmente con el cliente el precio del producto o servicio, estableciendo la modalidad de pago, asumiendo el cobro directo del mismo, etc. En ese sentido, los frutos del trabajo serían imputables exclusivamente a ese sujeto, así como las utilidades patrimoniales, y eventualmente, asumiendo los riesgos empresariales de dicho emprendimiento.
>
> (...)
>
> El concepto amplio o genérico de ajenidad tiene además un apegado vínculo con varias de sus especies, como la referida a la ajenidad de la titularidad de los medios de producción. Este elemento determina que "la maquinaria, las herramientas de trabajo son propiedad del empresario y no del trabajador"; o dicho de otro modo, se refiere a la "propiedad de los elementos productivos, entendiendo por tal la dirección de la infraestructura productiva utilizada por el trabajador en la prestación de sus servicios". Del examen anterior se advierte que el trabajador por cuenta propia es propietario "de los medios necesarios para llevar a cabo su actividad, no precisando de infraestructura ajena ni para producir los bienes o realizar los servicios encomendados, ni para la posterior inserción de éstos en el mercado".
>
> (...)
>
> Otras de las proyecciones del género analizado, son la ajenidad en la marca y la ajenidad en el mercado. Conceptualmente es posible identificar que "el trabajador no actúa directamente con los clientes, sino que lo hace mediante la intervención del empresario, que es quien controla la relación con el mercado de los potenciales clientes".
>
> (...)
>
> La imposibilidad, fáctica y/o jurídica de que ese prestador de servicios se inserte en el mercado ofreciendo su propia marca, y en su caso, debiendo entonces hacerlo por cuenta ajena mediante una marca que no es de su propiedad, impide que su calificación sea la de un trabajador autónomo. En ese sentido, el hecho de que un cliente reconozca que los servi-

cios ofrecidos son inherentes a la marca de la empresa a cuya propiedad le pertenece esta última, y no al concreto prestador de dicho servicio, es un elemento revelador de la existencia de esta especie de ajenidad.

(...)

En este sentido, se ha señalado que la incorporación del trabajo en la organización productiva cuya titularidad le corresponde a otro, puede considerarse como una manifestación más de la ajenidad; "lo que significa que el trabajo se realiza en las condiciones establecidas por ese otro que recibe el esfuerzo laboral". A mayor abundamiento, se ha propuesto una "reconducción de la dependencia al ámbito de la ajenidad, como expresión de la ajenidad en el control y dirección de la organización productiva en la que el trabajo se inserta".[710]

A estas argumentaciones se pueden oponer los mismos racionamientos referidos en la crítica supra formulada a la decisión del Tribunal Supremo de español y la posición de Carballo. Exaltando el desmesurado valor que pretende darse la inserción en la empresa ajena, el soslayo a los claros elementos de autonomía horaria y de jornada, y a los indicios propios de ajenidad en las herramientas, riesgos y frutos, y la censurada insistencia en pretender exigir que todo autónomo se comporte como empresario.

En ulterior publicación[711] Rosenbaum enfila sus críticas a la noción de subordinación como elemento definitorio de la relación laboral (en tanto no la halla en el trabajo mediante plataformas); y propone como nociones fundamentales para la delimitación: la autonomía y ajenidad.

De ese modo, se deben verificar los siguientes extremos o hipótesis: en primer término, debe desentrañarse preliminarmente la naturaleza de la actividad cumplida por la plataforma digital; en segundo lugar, como cuestión cardinal será necesario practicar un estudio centrado en la comprobación de la autenticidad de la autonomía del prestador del servicio y la nota de la ajenidad (siendo este el punto neurálgico o principal); y finalmente, a modo coadyuvante y accesorio del examen principal, corresponderá recurrir a un análisis de las restantes notas referidas a la prestación personal voluntaria, la onerosidad y la comprobación de las eventuales manifestaciones de la dependencia o subordinación.

Tales propuestas resultan bastantes acertadas en su concepción, no obstante, muestran serias debilidades en su desarrollo: en primer lugar, insiste en separar

710 Rosenbaum, F. (2020, octubre). El trabajo mediante plataformas digitales..., Ob. Cit., pp. 279 a 285.

711 Rosenbaum Carli, F. (2021, abril 15) Dos nociones para delimitar la laboralidad.., Ob. Cit., p. 20.

o calificar las plataformas digitales, distinguiendo entre las que sólo se circunscriben a intermediar servicios sin incidencias en la actividad, y las que "hacen algo más que conectar"[712]. Tal distinción no existe. De aplicarse, todas las plataformas encuadrarían en la segunda calificación, pues la TIC son y existen para reforzar, asistir, facilitar, conectar, potenciar las otras áreas económicas, sociales, culturales, asistenciales, etc.[713] En segundo lugar, desde un punto de vista lógico, mal puede pretenderse descartar la subordinación o dependencia y, al mismo tiempo, analizar o comprobar la autonomía, pues ambas nociones son inescindibles, en tanto que, perfectamente antagónicas, sólo puede existir una si se descarta la otra. En tercer lugar, al analizar la ajenidad en los frutos, el autor se limita a verificar "quién fija" los precios del servicio, pero obvia el elemento más importante: "quién" los apropia". Como se ha determinado, en las plataformas de reparto y transporte entre el 75% y 100% del precio del servicio lo percibe el prestador. En cuarto lugar, como se indicó previamente, el autor, insiste -erradamente en nuestro criterio- en buscar el carácter "empresarial" del prestador de servicios, que, no es necesariamente un elemento para ser considerado como autónomo. Lo que realmente se requiere es que el autónomo cuente con sus propias herramientas, asuma riesgos y organice su trabajo, lo que en el caso de los operarios se constituye por la autonomía en determinar, cuándo, dónde y con qué plataforma laborar. Por último, insiste en despreciar o soslayar el valor de los vehículos, a pesar de que, considera que las plataformas no pertenecen a la TIC sino a los sectores comerciales a los cuales sirven (transporte).

BORIS MUÑOZ GARCÍA

En cuanto a la caracterización del trabajo en plataformas, resumiendo las diferentes posturas, nos parece bastante completo el análisis que brinda desde Chile, **Boris Muñoz García** (2018)[714], que, de manera por demás objetiva, analiza distintas opiniones doctrinarias. Y con relación al planteamiento de la problemática, nos enseña:

> Los actuales avances tecnológicos en temas digitales, de comunicaciones, robóticos, informáticos, etc., implican también una sustancial transformación del empleo. Entre muchas manifestaciones de ello, se aprecia que las posibilidades de internet permiten un contacto directo e inmediato entre el consumo y la producción, la que, a su vez, se puede dar de

712 Ibidem, p.21.

713 Véase acápite I.1.2, sobre las plataformas digitales de intermediación como parte de la Sociedad de la Información y el sector TIC y su influencia sobre aspectos jurídicos laborales.

714 Muñoz García, B. (2018). Uber, la subordinación y las fronteras del Derecho del Trabajo. Algunas ideas para delimitar. Revista Chilena de Derecho del Trabajo y de la Seguridad Social, Volumen 9, número 17, p. 13-40.

forma completamente automatizada (Goerlich, 2016: 179). Ello ha dado pie al surgimiento de la denominada economía colaborativa o *sharing economy*. (...)

El modelo *Uber economy* se asocia a estos nuevos formatos y formas de empleo. Se trata de un trabajo sobre demanda a través de aplicaciones - *works on demand via apps* - en que prestador y usuario se conectan *on-line*, pero donde el servicio se presta *off-line* (De Stefano, 2016). Para contextualizar el fenómeno, es necesario precisar conceptos como *on-demand economy* y *crowdsourcing*.

Se habla de *on-demand economy* para referir actividades económicas basadas en la utilización de plataformas electrónicas que permiten el *matching* inmediato entre el usuario que solicita un bien o un servicio y el sujeto que puede facilitárselo (Dagnino, 2015: 4). El *Crowdsourcing*, por su parte, se caracteriza por la descentralización de un servicio mediante un llamamiento dirigido a un gran número de personas en forma de convocatoria. Este proceso resulta posible gracias a las nuevas tecnologías que permiten, por ejemplo, la sustitución de trabajadores por una *open call*.

Uber declara ser un caso representativo de *sharing economy*. Sin embargo, muchos no comparten esa premisa, dentro de quienes me incluyo. Ello porque el objetivo de Uber no es solo servir de puente para una actividad de colaboración entre conductores y clientes, sino que se trata, más bien, de una organización con claro afán empresarial, el que se desarrolla en base a un modelo *on-demand economy*, funcionando operativamente mediante el *crowdsourcing* para prestar así, finalmente, un verdadero servicio de transporte de pasajeros. La doctrina norteamericana, por cierto, ha calificado este método como un tipo de *crodwork offline* específico (Todolí, 2015: 3). (...)

Sin embargo, un reciente estudio al alero de la *Europa Trade Union Institut* señala que los impactos de esta revolución digital en el campo del empleo implican riesgos de pérdida masiva de puestos de trabajo, desregulación de mercados, desfinanciamiento de la seguridad social y erosión de la base impositiva (Degryse, 2016: 23). (...)

Desde la perspectiva regulatoria, este nuevo tipo de realidad genera incertidumbre en variados aspectos. En primer lugar, surge la duda sobre la aplicabilidad de las normas vigentes o si es necesario modificar éstas, análisis que inevitablemente deja espacio para **un período intermedio sin claridad, cual parece ser aquel en que nos encontramos ahora** (Doménech, 2015: 70).

En cuanto respecta al Derecho del Trabajo, la economía colaborativa formula problemas a los marcos jurídicos existentes, ya que replantea los límites entre trabajo por cuenta ajena, por cuenta propia, prestación profesional, trabajo subordinado, etc (Comisión Europea, 2016: 2). De este modo, el efecto disruptivo de este nuevo modelo coloca una interrogante sobre los mecanismos utilizados tradicionalmente por la disciplina y, especialmente, sobre su utilidad para cumplir con sus fines. Concretamente, modifica de manera sustancial la naturaleza del empleo toda vez que instituciones como la jornada de trabajo, el salario mínimo y la seguridad social se basan en la figura típica del trabajador sujeto a las directrices estrictas del empleador. Por lo mismo, al modificarse los contornos del sujeto objeto de protección por parte del Derecho del Trabajo surge la preocupación de que un considerable número de empleados se vean excluidos o privados de los derechos laborales y sociales.

En revisión de la doctrina que califica el trabajo a través de plataformas digitales como subordinado, y consecuentemente regido por el derecho del trabajo, refiere:

> Ahora, como contrapunto a esta línea de opinión y, aun cuando se acepte que efectivamente existen nuevas formas de dependencia o subordinación en la economía virtual, tampoco se puede desconocer que, en el caso de los conductores de Uber, nos encontramos frente a trabajadores que, si bien se integran en una organización ajena, conservan sin embargo importantes rasgos de autonomía. Tal es así que aún Ginés y Gálvez, quienes califican como «evidentemente laboral» la relación existente entre Uber y sus conductores, reconocen en esta actividad un debilitamiento de las formas clásicas de trabajo. Con todo, aceptan que las reglas jurídicas actuales no ofrecen respuestas claras y ciertas ante el fenómeno (Ginés y Gálvez, 2016: 9).
>
> Si la «uberización» de la economía y el fenómeno del trabajo por medio de plataformas es objeto de estudio y análisis en los más variados sistemas es, precisamente, porque se trata de un caso que no encaja del todo en los viejos moldes del Derecho del Trabajo y, especialmente, dentro los márgenes del concepto de dependencia jurídica. La subordinación, finalmente, es una categoría jurídica, esto es, una sistematización de la realidad que el Derecho regula a través de normas y, en el caso de Uber, la subsunción de los antecedentes fácticos en la regla puede resultar sino un poco forzada, al menos dudosa. En este punto, Raso se separa de Todolí y de Ginés y Gálves, quienes en definitiva concluyen que los nuevos emprendimientos virtuales encubren verdaderos vínculos de trabajo subordinado susceptibles, entonces, de ser regulados por el Derecho Laboral clásico. **El autor uruguayo, en cambio, en una visión que comparto, plantea que es ineludible aceptar que estamos frente a una realidad de**

trabajo atípico «que se resiste a ser incorporado a las categorías tradicionales» (Raso, 2016 a: 41 y ss.).

En cuanto a la ampliación de la noción de trabajador, para incluir formas o categorías que no se califiquen partiendo de la subordinación, replica:

> En Estado Unidos - nada menos - varios pronunciamientos judiciales dan cuenta de una intención de aplicar la protección que otorga el contrato de trabajo a toda prestación en que sea patente el desequilibrio de poder negociador de las partes, independiente a que se acredite o no la existencia de un vínculo de subordinación (Todolí, 2015: 14). Esta visión, no concretada en reglas formales, parece semejante a la fórmula señalada como el método de incorporación íntegra.
>
> Sobre esta opción específica, podría considerarse como perjudicial para aquellos trabajadores que legítimamente prefieran un diseño autónomo a la hora de prestar sus servicios. Por otra parte, y, como ya se indicara, una excesiva extensión de la esfera de protección del Derecho del Trabajo puede aparejar una considerable disminución en la intensidad de la misma (Ugarte, 2008: 65), con lo que finalmente se diluye. Así, se teme que esta medida acarrearía una baja general de los estándares de protección a fin de satisfacer expectativas de un universo demasiado grande y heterogéneo (Davidov, 2017: 3).

Luego de reconocer el riesgo de conflictividad e incertidumbre de dejar el asunto en manos de los tribunales, aparejado a que la casuística de cada demanda seguramente conllevará a disímiles decisiones[715], el citado autor se plantea la posibilidad de calificar legislativamente a los prestadores de servicios a través de plataformas, como trabajadores independientes:

> Finalmente, toca dedicar un par de palabras sobre la posibilidad de dejar a los conductores de Uber fuera de los márgenes del Derecho del Trabajo. Es, por ejemplo, lo que ocurre en Costa Rica, vale decir, en un sistema jurídico y una realidad social similares a la chilena. Allí se discute en sede legislativa la opción de considerarlos derechamente como trabajadores independientes sin sujeción laboral con lo cual, más allá de compartir o no dicha fórmula, **se reconoce al menos que la decisión arroja una certeza que hasta aquí no ofrece nuestro sistema.**

715 .... frente a la potencial judicialización de conflictos entre los actores del negocio se advierte un horizonte de inseguridad jurídica, dada justamente la ausencia de normativa clara así como la variedad de escenarios, argumentos y visiones jurídicas que legítimamente puede adoptar cada órgano. *Ibidem.*

> Esta opción se enmarca, en nuestro criterio, dentro del contexto de la ya citada «huida del Derecho del Trabajo», apelativo que se asigna a aquella doctrina que promueve limitar e incluso reducir el campo de acción del laboralismo en favor de ampliar el ámbito de la autonomía de la voluntad. De este modo, se pretende fomentar el empleo en el actual contexto económico globalizado y liberalizado, aprovechando de modo eficiente las condiciones que ofrecen los nuevos medios tecnológicos y de información. Buena parte de esta posición se ampara, no sin razón, en las deficiencias técnicas del concepto de subordinación, punto sobre el cual se refiere la primera parte de este análisis. El problema de esta fórmula, sin embargo, estriba en la situación de precariedad social de los conductores se mantiene, **salvo que se adopte alguna forma de protección extra laboral en su favor**.

Concluye el autor, adhiriendo a las tesis que *"estiman que el trabajo dentro de Uber cuenta con indicios propios y particulares que no necesariamente corresponden a los que usualmente han sido utilizados. Concordamos con la superación del concepto estricto o físico de la subordinación, para encontrarla más vinculada al control y dominio productivo"*.

IV.3.2.2. Otras posiciones doctrinarias

Repasamos de forma resumida, ideas influyentes y pertinentes, expresadas por otros autores:

Con relación a la flexibilización del derecho del trabajo, el costarricense Fernando Bolaños Cépedes (2001), refiere:

> A la búsqueda de otras herramientas para la determinación de los límites del derecho de trabajo, ha contribuido no solo la crisis del concepto tradicional de dependencia en el propio de derecho de trabajo, dado el carácter autoritario que muchos le señalan, sino también la aparición de nuevas técnicas de empleo, ante la descentralización de la empresa, y la profesionalización de amplios sectores de antiguos asalariados que hoy prefieren el trabajo independiente. En este último sentido ha aceptado la jurisprudencia nacional el hecho de que muchas empresas modernas hagan uso de medios más sofisticados para asegurarse el resultado final de un trabajo, sin necesidad de recurrir a la constitución de una relación laboral en sentido estricto, admitiendo pues la figura del arrendamiento de servicios como un recurso válido y legal en la contratación de servicios, sobre todo de personal con una determinada calificación profesional.[716]

716 Bolaños Céspedes, F. (2002). Una visión diacrónica y esquemática del caso costarricense. La relación de Trabajo (Campo de aplicación). Costa Rica: ILO, Estudios Na-

También nos aporta una definición simple pero acertada de "trabajador independiente", que como hemos referido, no necesariamente debe confundirse o identificarse exclusivamente con la noción de empresario o emprendedor:

> De acuerdo con la definición que da el Instituto Nacional de Estadística y Censo, que es el ente estatal encargado de programar y ejecutar la mayor parte de las encuestas nacionales, el concepto de trabajador independiente abarca dos categorías: patronos y trabajadores por cuenta propia.
>
> La legislación laboral, propiamente, no contiene una definición de trabajador independiente pero si aplicamos el reglamento de seguro voluntario de la Caja Costarricense del Seguro Social, que es la institución constitucionalmente encargada de administrar los seguros sociales estatales, trabajador independiente vendría a ser, por exclusión, todo trabajador que no labore mediante un contrato de trabajo subordinado.
>
> Se define estadísticamente como patrono a todo a todo propietario o socio activo de una empresa que para realizar su trabajo contrata personal asalariado. Se define estadísticamente como **trabajador por cuenta propia** a la persona que trabaja (sola o asociada) sin establecer relación de dependencia con un patrón y sin contratar personal asalariado.[717]

De la misma forma, calificados autores españoles y latinoamericanos, concluyen en el carácter de autónomos de los trabajadores de plataformas, por considerar que no existen los requisitos de subordinación y ajenidad que caracterizan la relación de trabajo. Tal es el caso de Molina Navarrete, C. (2017), en específico trabajo sobre el tema: "¿El futuro del trabajo, trabajo sin futuro? Los mitos finalistas en la era digital del neo-mercado"[718]. Acá en Colombia, el venezolano Jean Tamarones (2019)[719], predica la necesidad de revisar cada casuística, pero en el caso de Uber, se inclina por caracterizar la autonomía.

---

cionales, p. 5. Disponible en: https://ilo.org/wcmsp5/groups/public/---ed_dialogue/---dialogue/documents/genericdocument/wcms_204122.pdf [Consulta: 2019, septiembre 10].

717 Ibidem, p. 22-23.

718 Molina Navarrete, C. (2017). ¿El futuro del trabajo, trabajo sin futuro? Los mitos finalistas en la era digital del neo-mercado. Revista de Trabajo y Seguridad Social CEF, número 408, marzo 2017, p. 5-20.

719 Tamarones, J. (2019). Seminario Internacional de Derecho del Trabajo Comparado: Futuro del Derecho del Trabajo. Fundación Universitas. Disponible en: https://universitasfundacion.com/universitas-seminarios/futuro-del-derecho-del-trabajo/ [Consulta: 2019, septiembre 9].

En palabras llanas, el catedrático Mercader Uguina (2017),[720] concluye en la pregonada autonomía:

> Un tercer rasgo caracterizador de la prestación de servicios en estas plataformas es el de la plena voluntariedad en el tiempo y lugar de prestación de servicios. Muchas de estas plataformas actúan a través de un sistema de tablón, de tal manera que la plataforma expone el servicio de reparto ofertado y los repartidores compiten en la opción de aceptar dicho servicio. El precio del servicio puede ser establecido en función de la distancia a recorrer, o determinado por subasta on line de oferta de prestación de servicio por parte de los repartidores. En todo caso, la decisión de prestar el servicio depende en exclusiva del prestador, que valorará según sus especiales circunstancias si desea o no prestar actividad en un determinado momento.
>
> Si nos detenemos en algún ejemplo práctico, se observa con nitidez la autonomía e independencia en la forma y modo en la que se prestan los servicios. Es así que los prestadores de servicios eligen bajo sus propios criterios de riesgo y ventura el volumen de negocio y franja horaria para la que van a realizar la oferta de servicios. Esta oferta puede realizarse durante un período de tiempo, lo que permite a la plataforma coordinar las propuestas realizadas, concluido el cual los proveedores de servicios reciben un correo electrónico confirmando las zonas y franjas en las que hay acuerdo entre ambas partes para que los proveedores hagan repartos. Llegado el día y hora en que ambas partes han acordado la prestación de servicios, el proveedor se conecta y se muestra disponible a través de la aplicación «prestador» que ha descargado en su móvil. Los servicios de reparto se asignan, entonces, algorítmicamente al proveedor mejor situado por cercanía al restaurante. El proveedor dispone de un período breve de tiempo para aceptar o rechazar libremente el servicio asignado a través de la aplicación. El prestador o «rider» puede, en cualquier momento, abandonar el servicio a voluntad propia.
>
> La creación de un marco de prestación enormemente flexible y que libera de condicionantes la prestación de servicios para otras empresas, o incluso la puesta en marcha de competiciones con las demás personas que trabajan simultáneamente en la misma tarea (*first served base*), representan una transformación de los patrones clásicos de dependencia. En las nuevas formas de prestación de servicios, lo propio es el trabajo de dimensión plural desarrollado por un mismo prestador de servicios para varias empresas. No hay, pues, desde luego trabajos en exclusiva

---

720 Mercader Uguina, J. R. (2017, julio 11) El nuevo modelo de trabajo autónomo... Ob. Cit.

> hasta el punto de que lo propio de estas actividades en la prestación de servicios para una pluralidad de empresas, incluso, del propio sector de actividad.
>
> No se trata, por tanto, de una prestación dependiente sino, antes al contrario, enteramente independiente en la que el profesional decide libremente prestar sus servicios en aquellos momentos que considere oportuno. Está formula otorga una enorme libertad a las partes contratantes, y especialmente al profesional, que no subordina en momento alguno su prestación a las especiales condiciones que le vengan impuestas desde la plataforma. No es extraño que la imaginación doctrinal haya hipotetizado la configuración de una nueva tipología de trabajo, por así decir intermedia entre el trabajo autónomo y el trabajo subordinado (el *trabajo coordinado*), en la que hacer confluir aquellas prestaciones que, hasta hoy, han sido consideradas como subordinadas pero en las que la subordinación tiende a desvanecerse por efecto de las modificaciones producidas en la organización del trabajo o como consecuencia de innovaciones tecnológicas en los procesos productivos. (Subrayado nuestro).

Por otra parte, hallamos autores, como los norteamericanos Seth Harris y Alan Krueger (2015)[721], quienes plantean encuadrar a los trabajadores que prestan servicios mediante las plataformas digitales bajo una figura legal "intermedia" ("*independent worker*"), entre el empleo asalariado en relación de dependencia y el trabajo independiente. Ello motivado a que los trabajadores de plataformas no se encuentran bajo relación de dependencia porque no son económicamente dependientes de un solo empleador, no tienen una relación por tiempo indeterminado con las empresas y mantienen el control de parte de la organización de su trabajo, como el horario; pero a su vez, tampoco son "contratistas independientes" o autónomos porque las plataformas controlan parte de su trabajo (como el precio de los productos o servicios que ofrecen) y son parte integral de su negocio. Para ellos, las empresas de plataformas no asignan tareas ni clientes a los trabajadores, sino que son estos últimos quienes los aceptan o rechazan. Además, los propios trabajadores tienen la libertad de decidir cuándo trabajar y pueden ofrecer sus servicios en distintas plataformas. Por eso, su situación no podría encuadrarse dentro de la "dicotomía empleado-contratista independiente", lo que ameritaría la creación de una figura especial, que cuente con los siguientes derechos: libertad de organización y negociación colectiva, posibilidad de agrupamiento, protecciones del derecho civil, retención de impuestos y contribuciones a la seguridad social y el sistema de salud, seguro de compensación (por lesiones, enfermedades o fallecimiento), seguro de desempleo y seguro de salud.

---

721 Citados por Ottaviano, J.M., O'Farrell, J. y Maito, M. (2019, diciembre) Organización sindical de trabajadores de plataformas digitales..., Ob. Cit., p 29.

En semejante línea de pensamiento, Rodríguez-Piñero (2016)[722] entiende que los trabajos 3.0 actualmente ponen de manifiesto las limitaciones de los esquemas del Derecho del Trabajo, *"puesto que éste ha operado tradicionalmente con una dicotomía, mutuamente excluyente, entre trabajo subordinado y trabajo autónomo. Ya hay voces que señalan que ante estas nuevas modalidades quizás este esquema resulte insuficiente"*. Por ese motivo plantea la necesidad de adoptar *"un enfoque creativo"* para el tratamiento de dichos trabajos, partiendo de la base de la necesaria aceptación de la diversidad de la realidad de los mismos y superando dicho enfoque tradicional de dicotomía. Consecuentemente, el autor evalúa varias opciones, tal como la posibilidad de desarrollar los contratos de servicios del Derecho privado, así como, -en concordancia con la postura de Todolí-, la adaptación de la legislación laboral mediante la creación de una relación laboral especial.

De un modo similar, Raso (2016)[723] considera que este tipo de prestaciones de trabajo deben obtener un nuevo status jurídico, concretado en la creación de una categoría de trabajador semi-dependiente o semiautónomo, ingresando dentro de alguno de los círculos concéntricos de protección que ofrece el Derecho del Trabajo, aunque reconociendo la necesidad de concretar una corresponsabilidad entre el prestador de servicios y la empresa que opera mediante una aplicación o plataforma. Para dicho autor esta propuesta responde a la realidad y permite superar las dificultades planteadas por las categorías clásicas del Derecho del Trabajo, que no hacen más que profundizar los bolsones de informalidad generados por el trabajo subordinado formal.

En contraposición a estas posturas, Beltrán (2018) se ha pronunciado en oposición a las propuestas que abogan por la configuración de la categoría conceptual de trabajador independiente, así como a los postulados que destacan una necesidad de crear a nivel interno una relación laboral especial. Los fundamentos de dicha oposición son variados, aunque podrían resumirse en dos: por un lado, haría más difusas las fronteras del trabajo por cuenta ajena, incrementando su inestabilidad e imprecisión; por otro lado, *"es probable que se articularía un estatuto menos protector que el común y, en un contexto en el que la precariedad y la atipicidad son fenómenos en expansión, no parece oportuno crear un nuevo nicho para estimularlas"*[724]

Otras manifestaciones doctrinarias, partiendo implícita o explícitamente del reconocimiento de la autonomía en la vinculación entre trabajadores y plataformas, o de la "necesidad" de una reglamentación *ad hoc*, avanzan hacia el reconocimiento

---

722 Citado por Rosenbaum, F. (2020, octubre). El trabajo mediante plataformas digitales...Ob. Cit., p 215.

723 Ibidem, pp 216-217.

724 Beltran, I.(2018, febrero 7). Economía de las plataformas (platform economy) y contrato de trabajo. Ponencia XXIX Jornades Catalanes de Dret Social. Disponible en: https://ignasibeltran.com/2018/02/07/economia-de-las-plataformas-platform-economy-y-contrato-de-trabajo-ponencia/ [Consulta: 2021, marzo 20].

de derechos "laborales" ´para todos los trabajadores independientemente de su estatus de dependientes o autónomos.

Entre otros, destaca el trabajo de María Luz Rodríguez Fernández (2017), quien contrapone la revisión de diversas decisiones judiciales sobre el tema, separa los argumentos en favor de cada una de las tendencias, expone la existencia e insistencia de la conflictividad respecto a la caracterización, para cuya solución considera insuficiente la vía judicial[725]. Va más allá para proponer alternativas de solución. Revisa la tendencia de crear una nueva figura jurídica, lo que descarta por considerar la problemática de tener que calificar entre tres figuras en vez de dos, además de la utilización a conveniencia de los contratantes de la tipología que les resulte menos onerosa, lo que podría constituir nueva fuente de conflictividad. También se pasea por la posibilidad de autoregulación, y ve con buenos ojos la existencia de sendos movimientos sindicales (*Declaración de Frankfurt*38, de 2016; y la resolución de la Confederación Europea de Sindicatos sobre el trabajo en plataformas denominada *Resolution on tackling new digital challenges to the world of labour, in particular crowdwork)*. De nuestra parte, en torno a la negociación colectiva, apreciamos que en muchos países la sindicación y la negociación colectiva dependen del estatus de "trabajador", lo que en sí mismo nos devolvería al meollo del problema.

Por último, esta autora propone:

> Por todo ello, sin descartar que las anteriores sean soluciones valiosas, mi propuesta es que haya un núcleo de derechos laborales y de protección social que se apliquen a todas las personas que trabajan (prestan servicios personalmente) con independencia del estatus jurídico como trabajador dependiente o autónomo.
>
> Hay derechos como **la protección de la salud, la prohibición de discriminación, la protección de datos, el derecho a organizarse y defenderse colectivamente o la protección frente a riesgos como la vejez, la enfermedad o la falta de empleo**, que deben estar por encima del estatuto jurídico que tenga la persona que realiza la prestación de un trabajo y que, por tanto, deben protegerse con independencia de que

725 Aquellos que obtengan resoluciones favorables a su pretensión de ser trabajadores verán mejorada su posición por la aplicación del contrato de trabajo y de las tres garantías esenciales de que hablan Grimshaw et altri (2016) (garantía de estabilidad en la renta, garantía de un reparto más equilibrado de los rendimientos de la actividad económica y garantía frente a los riesgos sociales). Aquellos otros que no acudan a los tribunales u obtengan resoluciones contrarias a su pretensión de ser trabajadores, mantendrán su situación de vulnerabilidad presente y futura. Pero en ninguno de los casos quedará resuelto el problema de la vulnerabilidad que aqueja con carácter general a los PSPD. Rodríguez Fernández, M. L. (2019) ¿Trabajadores o freelancers?... Ob. Cit., p. 34.

esa persona sea un trabajador o un autónomo (De Stefano, 2017; Langstaff, 2016: 142-143). Elaboremos un catálogo común de derechos aplicables al trabajo en cuanto género y el hecho de estar clasificado como trabajador dependiente o autónomo será mucho menos trascendente de lo que es hoy en día. Con ese catálogo de derechos en común se habrá acabado la competición entre estatus jurídicos en razón de su coste, ya que, se sea trabajador o se sea autónomo, se tendrá un mínimo de derechos que igualen los costes de las figuras jurídicas y un mínimo de garantías que compensen la desigualdad o debilidad de las personas en relación con su empleador, incluido cuando el empleador es una plataforma digital.[726]

En este mismo orden de ideas, De Stefano (2016) estudia la situación del trabajo en las plataformas digitales desde distintas perspectivas y, más allá de su calificación como subordinados o autónomos, destaca el hecho de que a sus trabajadores deben reconocérsele derechos fundamentales y brindárseles una protección laboral acorde a las características de la actividad que desempeñen; sin embargo, alerta sobre los riesgos de crear una tercera categoría:

> (…) Lo más importante, y esto es tan importante para la gig-economy como para cualquier otra sección del mercado laboral, es que cierta protección debe considerarse universal y ofrecerse independientemente de la situación laboral.
>
> Este es ciertamente el caso de los Principios y Derechos Fundamentales en el Trabajo: a ningún trabajador se le debe negar el acceso a derechos humanos básicos como la libertad de asociación y el derecho a negociación colectiva, libertad frente al trabajo infantil y forzoso y el derecho a no ser discriminado. Además, debería ofrecerse a todos los trabajadores otra protección de las necesidades básicas, como las medidas de SST (ver Huws, de próxima publicación, para un análisis de los riesgos de SST en el trabajo colaborativo).
>
> Esto ya reduciría dramáticamente la brecha protectora entre el empleo y el trabajo por cuenta propia con respecto a la gig-economy, pero también requiere una revisión de los instrumentos existentes de protección y promoción de estos derechos para que las nuevas formas de trabajo no impliquen nuevos riesgos de violaciones.
>
> (…)
>
> (…) [L]a creación de una categoría intermedia de trabajador como contratistas dependientes o autónomos dependientes implicaría identificar definiciones adecuadas (Rogers, 2015). Las definiciones legales, sin

726 Ibidem. pp. 38-39.

embargo, son siempre resbaladizas cuando se aplican en la práctica: el riesgo real es desplazar la zona gris en otro lugar sin eliminar el riesgo de arbitraje y litigios importantes a este respecto, especialmente si los derechos otorgados a los trabajadores en esa categoría brindan una protección significativa.

Con un sentido bastante pragmático, el profesor uruguayo Juan Raso Delgue (2018)[727], destaca los retos de la nueva regulación o "re-regulación" del derecho laboral, en miras a la Industria 4.0., y al respecto concluye:

> La automatización y la robotización modificarán profundamente la composición del mercado laboral. Como señala Degryse, los cambios impactan en diversas áreas del trabajo, como son a) la creación de trabajo vinculado a nuevos sectores, productos y servicios; b) nuevos cambios derivados de la digitalización, la conexión entre la inteligencia humana y la máquina y nuevas formas de organización del trabajo; c) la destrucción de empleos tradicionales por efectos de la automatización y la robotización; d) nuevas formas de trabajo a partir de las plataformas digitales, el *crowdsourcing*, la '*sharing*' *economy*. Ello a su vez traerá afectará a nivel macroeconómico la modalidad de las retribuciones, la seguridad social, etc).[728]
>
> La re-regulación del trabajo deberá ser acompañada por una indispensable re-regulación de las tutelas laborales y ciudadanas. Mientras existen consensos sobre la necesidad de ajustar las reglas del derecho laboral a los cambios del trabajo, poco se discute sobre cómo se reorganizarán las tutelas de los sectores vulnerables de la población. Se critica el modelo taylorista porque no se ajusta a los modos de producción actual, pero debe reconocerse que la legislación construida en torno a ese modelo significó durante casi un siglo la protección de millones de trabajadores. De atenuarse esas tutelas, ¿Qué protecciones imaginamos para una sociedad en que se modifica el modelo del trabajo?
>
> Las generaciones futuras pedirán cuenta a las actuales: ¿Qué sistema social fueron Uds. capaces de construir en la época de la Industria 4.0?. Consideramos que ese es el gran desafío y el objeto del debate global: como ajustar el derecho del trabajo a la realidad del mercado, pero al mismo **tiempo construir nuevas tutelas sustitutivas**, para proteger a aquellos trabajadores que queden al margen de la producción de las riquezas.

727 Raso Delgue, J. (2018) América Latina: el impacto de las tecnologías en el empleo y las reformas laborales. Revista Internacional y Comparada de Relaciones Laborales y Derecho del Empleo. Volumen 6, núm. 1, enero-marzo de 2018, p. 6-37.

728 Ibidem. p. 23.

> Si bien son deseables las tutelas preventivas (facilidad de acceso a la educación y a la formación, promoción de colectivos productivos, políticas públicas de empleo ágiles y efectivas), seguirán siendo necesarias las tutelas económicas y **sociales (salud, prestaciones de desempleo, riesgos de vejez, necesidad de cuidados de niños y ancianos, etc.)**. Las tutelas del futuro seguramente se anclarán menos al contrato del trabajo (en progresiva disminución), por lo cual es necesario construir tutelas que se independicen de ese origen laboral.[729] (33)
>
> Los sistemas futuros-para ser eficientes y cubrir las necesidades sociales de las poblaciones-deberán apartarse del módelo bismarckiano, porque serán cada vez menos los trabajadores en condiciones de contribuir con sus prestaciones a la seguridad social. Deberán "pensarse" modelos construidos a partir de una base tributaria que grave la mayor riqueza producida, como contracara a la exclusión que esa misma riqueza genera. Se indica que las máquinas deberán cotizar a la seguridad social. Ello es, por supuesto, una expresión ingeniosa, pero que refiere a una nueva realidad que inevitablemente llevará a que las empresas que produzcan más riqueza con menos mano de obra, deberán tributar más para compensar el efecto de desempleo estructural que producen. Como expresa Dutra, "es apremiante configurar marcos legales que garanticen los derechos sociales en los trabajadores insertos en empleos atípicos (trabajo temporal, empleo parcial, etc.) y anticipar las dificultades que estas nuevas modalidades plantean para el financiamiento de la seguridad social".[730] (Resaltado y subrayado nuestros).

El también uruguayo, Gustavo Cauthier (2016), previamente citado, con relación a las alternativas de solución, propone:

> En materia de Seguridad Social y a partir de su consideración como Derecho Humano Fundamental, Alvaro Rodríguez Azcúe sostiene que *"el Estado está obligado a proteger las diferentes contingencias sociales de los trabajadores, cualquiera sea la modalidad de prestación del servicio"* y que *"el financiamiento de los derechos que se postulan debería recaer parcialmente en los usuarios de los servicios"*. En este caso también se impone pensar en nuevos mecanismos de cobertura y financiamiento; en este sentido, Steven Hill ha propuesto crear una *"red de seguridad portátil"*, considerando que los sistemas tradicionales no fueron creados para proporcionar una red de seguridad para este tipo de trabajadores, y mediante la cual se asignaría a cada trabajador una cuenta de seguridad individual a la que

729 Ibidem, p. 33.

730 Ibidem, p. 35.

> todas las empresas que contratan a ese trabajador pagaría una pequeña "cuota de red de seguridad" para el cuidado de la salud, el desempleo, licencia por enfermedad, el retiro y las vacaciones. De este modo se termina, según este autor, con el incentivo corrosivo para las empresas de contratar trabajadores independientes para evitar los costos de aportación a la seguridad social.
>
> (...)
>
> No se trata meramente de redefinir el alcance de un concepto como el de subordinación, hoy se trata de extender la protección a otro tipo de trabajador, que trabaja de otra forma y a través de otros medios de los que lo hacía en el siglo pasado y cuyo trabajo no se realiza para un empleador o una empresa tradicional sino para una entidad nueva o un nuevo tipo de empleador o directamente para los consumidores. Es más, posiblemente el concepto de subordinación ya no esté llamado a ser en el futuro el elemento definitorio para la aplicación de una legislación protectora.
>
> (...)
>
> El desafío que enfrenta el Derecho del trabajo, no pasa por forzar la aplicación de sus normas y categorías a realidades que difieren en gran medida de las que originaron su surgimiento y luego fueron modelando sus normas e institutos, el desafío mayor pasa hoy por plantearse un nuevo tipo de regulación que contemple las nuevas realidades, capaz de proteger aquellos aspectos que sea menester proteger y quizás dejar otros que en algún momento parecieron importantes salvaguardar pero que ahora ya no lo son tanto, o que exigen un abordaje diferente.[731] (Resaltado y subrayado nuestro).

En el mismo sentido, parece apuntar la profesora Esther Guerrero (2018)[732], quien propone:

> Y como último apunte, una apuesta de mayor calado sería abordar la definición de un nuevo concepto de trabajador que proteja a la persona independientemente de la forma, **dependiente o independiente**, en que desarrolle su prestación. Supondría, en definitiva, dirigirnos hacia un derecho de la actividad profesional aunque esta es una cuestión que exige una transformación mucho más profunda del Derecho del Trabajo. (Resaltado y subrayado nuestros).

731 Gauthier, Gustavo (2016). Impacto de las nuevas tecnologías...Ob. Cit., p. 12.

732 Guerrero Vizuete, E. (2018) La economía digital y los nuevos trabajadores...Ob. Cit., p. 217.

IV.3.2.3. Resumen de las posiciones doctrinarias en torno al tema

Finalmente, podemos concluir que parece existir consenso en que existen claros rasgos de autonomía e independencia en el trabajo a través de plataforma digitales, o cuando menos, con relación a la insuficiencia del sistema binario para dar protección a dichos trabajadores. Así, se desdoblan las inclinaciones, y se advierten las contraposiciones doctrinarias:

1) Posiciones radicales que no dudan en calificar como subordinado el trabajo en las plataformas, aunque ello implique, recurrir a "nuevos" métodos de asimilación (como el antes revisado "test ABC", carente de sustento normativo); a innovar, creando nuevos indicios de subordinación; o soslayar los rasgos propios de autonomía y de trabajo por cuenta propia presentes en las vinculaciones;

2) Posiciones que dudan en la correspondencia de la figura con la noción clásica de contrato de trabajo, por lo que proponen la necesidad de crear nuevas categorías especiales, e incluso figuras intermedias (el trabajador digital, por ejemplo);

3) Quienes, a pesar de apreciar vestigios de subordinación, reconocen las serias dificultades prácticas para aplicar la normatividad e instituciones existente, a las atípicas características, como la falta de horarios y jornada, trabajo no continuado y/o para varios "empleadores", que harían realmente complejo determinar instituciones y beneficios legales, como salario mínimo, horas extraordinarias, días de descanso, vacaciones, y hasta la propia antigüedad o cesantía;

4) Quienes consideramos que se trata simplemente de trabajadores autónomos o independientes y que la problemática social radica en la forma de protección los trabajadores autónomos en general; y

5) Un importante sector, que indistintamente de la calificación, abogan por la creación de un sistema de protección social universal o que ampare por igual a dependientes y autónomos. Propuesta con la que también simpatizamos, sin obviar la complejidad de su implementación.

CAPÍTULO V

La caracterización del trabajo por intermedio de plataformas digitales a través de la aplicación del test o haz de indicios. Recomendación 198 OIT

La novedad, flexibilidad y complejidad de las vinculaciones surgidas del intercambio de bienes y servicios a través de plataformas digitales ha impactado y continuará impactando en importantes sectores económicos, sociales y culturales de los diferentes países, y por supuesto, en el ámbito del Derecho del Trabajo y de la Seguridad Social. Hemos puesto de manifiesto la multiplicidad de posiciones jurídicas y de soluciones con relación a la caracterización, regulación y protección social de los trabajadores "digitales", que aún no se consolidan, ni mucho menos aparecen homogéneas ni pacíficas. Incluso en algunos países, se confrontan las soluciones gubernativas o legislativas con las producidas por las cortes de justicia.

En cuanto a los pronunciamientos judiciales, por ahora, llamados a resolver casuísticamente sobre la caracterización, apreciamos que en las decisiones revisadas se exaltan y refieren algunos indicios de subordinación o ajenidad, o, por el contrario, de autonomía y trabajo por cuenta propia; siempre de forma parcial y en sustento de la conclusión que se aborda en las distintas sentencias. Empero, hasta el momento, ninguna de las decisiones supra analizadas, ha expuesto o revisado sistemáticamente "todos", o cuando menos, la mayoría de los indicios propuestos en la Recomendación 198 de la OIT u en otros catálogos semejantes. Si bien, estos catálogos no constituyen un baremo o una fórmula matemática o algorítmica para la determinación o no de la relación de trabajo, pensamos que una aplicación científica u objetiva requiere que se revise y ponga de manifiesto el análisis de los distintos elementos materiales presentes en cada vinculación o forma de contratación, bien apunten hacia la subordinación o bien impliquen autonomía, indistintamente que, a la postre, el intérprete (juez o funcionario administrativo del trabajo), exponga las razones de "por qué" se inclina por una u otra calificación. A diferencia de quien defiende una determinada posición, quien juzga o adjudica no puede limitarse a resaltar exclusivamente los indicios (favorables) que sustentan su conclusión, sino que, la debida motivación debe incluir también los indicios que apunten en sentido contrario, lo que permitirá a los justiciables y terceros, apreciar la ponderación realizada por el juez.

En este capítulo acometemos la labor de revisar cada uno de los indicios o vestigios del test de laboralidad o haz de indicios, aplicándolos a las características (generales) propias del trabajo a través de plataformas digitales, partiendo de la Recomendación sobre la Relación de Trabajo N° 198 de la OIT, y de los principios rectores en la materia: la presunción de laboralidad y la primacía de la realidad sobre las formas o apariencias.

V.1. LA R198 RECOMENDACIÓN SOBRE LA RELACIÓN DE TRABAJO, 2006 (NÚM. 198) DE LA OIT. FINALIDAD Y CONTENIDO GENERAL

Las recomendaciones son directrices sobre un tema en específico que, debido a su naturaleza instrumental, no requieren ser aprobadas como normas vinculantes, actuando más bien como sugerencias a los Estados sobre cómo entender o aplicar determinadas normas o principios, especialmente, respecto al alcance de los convenios y sus protocolos. Este carácter didáctico de las recomendaciones las asemeja en el orden interno a la doctrina o la jurisprudencia, en tanto, si bien no constituyen una fuente formal por no disponer normas jurídicas ni consagrar derechos u obligaciones, sí constituyen referentes sobre el alcance, contenido y aplicación de las normas. "*[A] diferencia de los convenios internacionales del trabajo, que una vez ratificados se incorporan al ordenamiento jurídico nacional siendo plenamente exigibles, las recomendaciones no están sujetas a ratificación, por lo cual valen por sí mismas desde su aprobación por la OIT, pero su eficacia es menor: son, como su nombre indica, orientaciones no plenamente vinculantes*"[733].

La propia OIT sostiene que "*las recomendaciones internacionales del trabajo no constituyen instrumentos jurídicos obligatorios y, por lo tanto, no son objeto de ratificación. Al aprobar una recomendación, la Conferencia no pretende obligar a los estados miembros a que respeten su contenido sino más bien a proponer directrices que les pueda guiar en la regulación de las relaciones laborales y en el desarrollo de su política social*"[734].

Estas directrices pueden ser autónomas, es decir, no relacionadas con algún convenio en específico; o pueden complementar un determinado convenio, desarrollando detalles sobre su aplicación[735], sirviendo como guía en la regulación de las relaciones laborales y en el desarrollo de la política social de los Estados.

---

733 Ermida Uriarte, O. (2010). La recomendación 198 sobre La relación de trabajo y su importancia para los trabajadores. Disponible en: http://www.relats.org/documentos/EATP.TA.Ermida.pdf [Consulta: 2019, septiembre 10].

734 Montero Morales, A. P. (2014) Valor jurídico de los instrumentos de la OIT en el ordenamiento costarricense. Revista N° 13. Sala Segunda de la Corte Suprema de Justicia, p.49. Disponible en: https://salasegunda.poder-judicial.go.cr/revista/Revista_N13/contenido/PDFs/art-04.pdf [Consulta: 2021, abril 22].

735 Organización Internacional del Trabajo [OIT] (SF). Convenios y Recomendaciones. Disponible en: https://www.ilo.org/global/standards/introduction-to-international-labour-standards/conventions-and-recommendations/lang--es/index.htm [Consulta: 2021, abril 22].

> Por esto, se considera que constituyen una especie de soft law, de manera que pueden ser utilizados para interpretar y complementar las normas vinculantes existentes, al contener principios con los cuales se pueden llegar a integrar las decisiones judiciales acerca de la materia. Cuentan con un carácter orientador, útil para aclarar o dar pautas para interpretar la normativa laboral, especialmente las recomendaciones que se refieren a algún convenio en específico. La OIT las da a conocer como directrices no vinculantes e indica que, en ciertos casos, un convenio establece principios básicos y una recomendación relacionada lo complementa, al dar directrices más detalladas acerca de la aplicación de tales principios. También existen recomendaciones que no tienen vinculación con ningún convenio preexistente.
>
> (....)
>
> De esta manera, se tiene entonces que las recomendaciones son reconocidas como instrumentos útiles para efectos de integrar e interpretar la normativa laboral y las situaciones de conflicto en las relaciones obrero-patronales. Esto hace que, si son utilizadas por los jueces para resolver un asunto específico, lleguen a tener el nivel de la norma que integran o interpretan, de manera que ingresan al ordenamiento jurídico, ya sea a nivel legal, supralegal, constitucional o incluso supraconstitucional.[736]

Debido al carácter orientador que tienen las recomendaciones internacionales del trabajo tanto para los legisladores como para el Poder Ejecutivo de cada Estado, también sirven como herramientas de las que se pueden valer los jueces para resolver conflictos. Y aun cuando no tengan carácter vinculante, sirven "*como referencia para interpretar las disposiciones del derecho interno o pueden obrar como fuente de inspiración para subsanar las lagunas de la legislación nacional*"[737]

> De allí que la normación conceptual, los principios y las reglas que rigen la negociación colectiva y los convenios colectivos de trabajo, haya estado conformada por los enunciados de los convenios y recomendaciones internacionales, cuya influencia penetra los análisis y posturas de los juslaboralistas, sirve de orientación a la hora de interpretar las normas existentes y coadyuva en la integración de vacíos no previstos por normas internas, ante situaciones concretas que plantean la necesidad de plasmar pautas que den seguridad jurídica al sistema aplicable en el medio.[738]

---

736 Montero Morales, A. P. (2014) Valor jurídico de los instrumentos de la OIT..., Ob. Cit.

737 Ibidem.

738 Raso Delgue, J. y Rosenbaum Rimolo, J. (2019) El Centenario de la OIT y la legislación laboral uruguaya. Ministerio del Trabajo y Seguridad Social (Uruguay) y OIT, p. 86. Disponible en: https://www.gub.uy/ministerio-trabajo-seguridad-social/sites/ministerio-trabajo-seguridad-social/files/documentos/publicaciones/El%20Cente-

De acuerdo a lo anterior, aunque las recomendaciones dictadas por la OIT, en principio[739], no son normas creadoras de obligaciones internacionales, sino meras directrices, guías o lineamientos que deben seguir los Estados parte en búsqueda de las condiciones dignas en el ámbito laboral, su aplicación jurisprudencial puede ir más allá de ser un importante mecanismo de avance y eficacia del Derecho del Trabajo, para convertirse en un factor de protección de "Derechos Humanos"[740].

Entre las recomendaciones autónomas, destaca la **R198 Recomendación sobre la relación de trabajo, 2006 (núm. 198) de la OIT**[741], que por su contenido y alcance atiente a la existencia misma y efectiva aplicación del Derecho del Trabajo, y parece más bien formar parte del *ius cogens*, pudiendo predicarse, cuando menos, su inclusión dentro de los principios generales del Derecho del Trabajo. Y es que, esta recomendación se dictó, precisamente, en consideración de que las normas tuitivas del Derecho del Trabajo orbitan y dependen para su aplicación de la existencia de una relación o contrato de trabajo, y que cada día son más las relaciones de prestación de servicios personales que se distancian del modelo tradicional de subordinación. Por lo que se hizo necesario establecer, a nivel global, mecanismos para sortear las *"dificultades que supone determinar la existencia de una relación de trabajo cuando no resultan claros los derechos y obligaciones respectivos de las partes interesadas, cuando se ha intentado encubrir la relación de trabajo, o cuando hay insuficiencias o limitaciones en la legislación, en su interpretación o en su aplicación"*[742]. Aunque parece tener un carácter

---

nario%20de%20la%20OIT%20y%20la%20legislaci%C3%B3n%20laboral%20uruguaya_0.pdf [Consulta: 2021, abril 23].

739 Como se verá seguidamente, puede que el contenido o alcance de una recomendación no sólo resulte vinculante en el ordenamiento interno de un país, sino que, dado su importancia o la materia que regule, pudiera llegar a formar parte de los principios generales del derecho que informar un ordenamiento, o integrar su bloque de constitucionalidad.

740 *"Las normas internacionales con aplicación en el derecho del trabajo exceden a las adoptadas dentro del órgano especializado. Es que la protección del trabajo humano, en la teorización de los derechos de 'segunda generación', integra actualmente el concepto de 'derechos humanos' "*. Loredo, M. S. (2020, mayo 7) Las normas internacionales en el Derecho del Trabajo argentino. Sistema Argentino de Información Jurídica (SAIJ). Disponible en: http://www.saij.gob.ar/maria-sol-loredo-normas-internacionales-derecho-trabajo-argentino-dacf200087-2020-05-07/123456789-0abc-defg7800-02fcanirtcod?&o=20&f=Total%7CFecha%7CEstado%20de%20Vigencia%5B5%2C1%5D%7CTema/Derecho%20internacional%5B3%2C1%5D%7COrganismo%5B5%2C1%5D%7CAutor%5B5%2C1%5D%7CJurisdicci%F3n%5B5%2C1%5D%7CTribunal%5B5%2C1%5D%7CPublicaci%F3n%5B5%2C1%5D%7CColecci%F3n%20tem%E1tica%5B5%2C1%5D%7CTipo%20de%20Documento/Doctrina&t=436 [Consulta: 2021, abril 22]

741 Organización Internacional del Trabajo [OIT] (2006, junio 15) R198 Recomendación sobre... Ob. Cit.

742 Ibidem. Preámbulo.

complementario o supletorio, en realidad tiene sustancia constitutiva, pues da fuente a la existencia misma de las normas de protección, la calificación o no de la noción de trabajador dependiente.

Previamente hemos hecho referencia a la crisis de la noción de subordinación como elemento definitorio de la relación de trabajo, a la "huida del Derecho del Trabajo" a través de mecanismos defraudatorios (simulación de la relación laboral, tercerización) y la flexibilización, o permisibilidad en la deslaboralización, así como, la proliferación de formas de empleo con marcada autonomía, derivados del uso de nueva tecnología, la globalización y la desfragmentación de los procesos productivos, que se hallan en las denominadas zonas grises u objetivamente ambiguas. Todo lo cual, ha generado la exclusión de una gran cantidad de personas de la protección del Derecho del Trabajo, al ser consideradas como autónomos. Frente a estas realidades, los estudiosos del Derecho Laboral, la representación de los trabajadores, y por supuesto, la OIT, han venido proponiendo soluciones, en procura del trabajo decente[743] y de reducir al mínimo el trabajo considerado precario e informal[744]; siendo la Recomendación 198 una de las soluciones más ambiciosas y prácticas para confrontar estas problemáticas.

Calificada doctrina advierte que se trató de un *"largo camino hacia la Recomendación 198"*, que inició en la Conferencia Internacional del Trabajo de 1998, discutiendo sobre aspectos relativos al trabajo en régimen de subcontratación, sobre el que no hubo acuerdo, pero que abrió las puertas para que en la Conferencia del año 2003 se adoptará la ***Resolución relativa a la relación de trabajo***, *"que dejó servida la posibilidad de que tres años después se aprobara la Recomendación 198 (2006) sobre la Relación de Trabajo"*[745],

> (...) cuyo objeto es garantizar la protección efectiva a los trabajadores que realizan su actividad en el marco de una relación de trabajo y que, en esa orientación se ocupa de dos aspectos básicos vinculados con ello: de una parte, las llamadas ***relaciones laborales encubiertas o ambiguas***

743 En el acápite IV.1.- Aspectos Metajurídicos de la caracterización de las relaciones derivadas de la prestación de servicios a través de las plataformas digitales, se indicó el significado de trabajo decente conceptualizado por la OIT. Organización Internacional del Trabajo [OIT] (1999). Trabajo Decente..., Ob. Cit.

744 Organización Internacional del Trabajo [OIT] (2002, noviembre). Resolución relativa al trabajo decente y la economía informal. Ginebra: OIT. https://www.ilo.org/wcmsp5/groups/public/---ed_norm/---relconf/---reloff/documents/meetingdocument/wcms_080536.pdf [Consulta: 2019, noviembre 10]; y en Organización Internacional del Trabajo [OIT] (2015). Recomendación sobre la transición de la economía informal a la economía formal (204). Disponible en: https://www.ilo.org/actrav/info/fs/ WCMS_545968/lang--es/index.htm [Consulta: 2019, agosto 30].

745 Para profundizar en el tema, ver el excelente trabajo de: Villasmil Prieto, H. y Carballo Mena, C. A. (2016) Recomendación 198 OIT... Ob. Cit.

y, de la otra, ***las que vinculan a más de dos personas; las relaciones triangulares de trabajo***"[746]. (Cursivas y resaltado de la cita).

Tal instrumento está compuesto por dos partes fundamentales: la primera referida a la "*Política nacional de protección de los trabajadores vinculados por una relación de trabajo*", y la segunda, a la "*Determinación de la existencia de una relación de trabajo*". La primera, "*postula que los Estados deberían formular y aplicar una política nacional encaminada a garantizar una protección efectiva a los trabajadores que ejercen su actividad en el marco de una relación de trabajo y que, de ser necesario, deberían adaptar el ámbito de aplicación de la legislación pertinente*"[747]; mientras la segunda, "*basa la eficaz determinación de la existencia de una relación de trabajo en algunos grandes mecanismos, tales como la primacía de la realidad y la prescindencia de la calificación jurídica que las partes hagan de la relación que las vincula, el recurso a presunciones, el criterio de la subordinación o dependencia y el manejo de indicios específicos*"[748].

En cuanto a las políticas que deben ser adoptadas nacionalmente, resaltamos:

- proporcionar a los interesados, en particular a los empleadores y los trabajadores, orientación sobre la manera de determinar eficazmente la existencia de una relación de trabajo y sobre la distinción entre trabajadores asalariados y trabajadores independientes (párr. 4a);

- luchar contra las relaciones de trabajo encubiertas, en el contexto de, por ejemplo, otras relaciones que puedan incluir el recurso a otras formas de acuerdos contractuales que ocultan la verdadera situación jurídica (párr. 4b);

- adoptar normas aplicables a todas las formas de acuerdos contractuales, incluidas las que vinculan a varias partes, de modo que los trabajadores asalariados tengan la protección a que tienen derecho (párr. 4c);

- asegurar que las normas aplicables a todas las formas de acuerdos contractuales estipulen a quién incumbe la responsabilidad por la protección que prevén (Párr. 4d);

- prever una formación apropiada y adecuada sobre normas internacionales del trabajo pertinentes, derecho comparado y jurisprudencia para la judicatura, los árbitros, los mediadores, los inspectores del trabajo y otras personas encargadas de la solución de controversias y del cumplimiento de las leyes y normas nacionales en materia de trabajo (párr. 4g).

- velar en particular por asegurar una protección efectiva a los trabajadores especialmente afectados por la incertidumbre en cuanto a la existencia de

---

746 Ibidem, p. 50-51.

747 Ermida Uriarte, O. (2010). La recomendación 198 sobre La relación de trabajo..., Ob. Cit, p.45

748 Ibidem, p.45.

una relación de trabajo, incluyendo a las trabajadoras, así como a los trabajadores más vulnerables, los jóvenes trabajadores, los trabajadores de edad, los trabajadores de la economía informal, los trabajadores migrantes y los trabajadores con discapacidades (párr. 5).

- aportar una protección efectiva y prevenir abusos contra los trabajadores migrantes que se encuentran en su territorio, que puedan verse afectados por una situación de incertidumbre en cuanto a la existencia de una relación de trabajo (párr. 7ª), y
- la política nacional de protección de los trabajadores vinculados por una relación de trabajo no debería interferir en las verdaderas relaciones civiles y comerciales (párr. 8).

Adicionalmente, en su segunda parte, la Recomendación dispone mecanismos para la determinación práctica -procesal- de la existencia de la relación de trabajo a través de la presunción de laboralidad y enunciando un catálogo de indicadores (*numerus apertus*) que bien sirven para despejar los casos de relaciones ambiguas o de posible simulación, a los que daremos explicación y aplicación práctica seguidamente.

V.2. IMPORTANCIA DE LA R198 RECOMENDACIÓN SOBRE LA RELACIÓN DE TRABAJO, 2006 (NÚM. 198) DE LA OIT

Respecto a las ventajas y conveniencia de este instrumento internacional, Ermida Uriarte (2010) ha indicado[749]:

> No es tan poca cosa que luego de dos o tres décadas de flexibilización y desregulación, de 'retorno del arrendamiento de servicios', de 'fuga', 'huida' o 'expulsión' de trabajadores del Derecho laboral, de 'empresas unipersonales', de precarización, de tercerización, de remozamiento de la autonomía individual de la voluntad (rectius: de la voluntad unilateral del empleador), la OIT apruebe una recomendación que reafirme el principio protector, la primacía de la realidad, la indiferencia de la calificación jurídica que las partes hagan del negocio, el concepto -tan latinoamericano- de relación de trabajo, la subordinación o dependencia (no solo jurídica), la ajenidad y que recopile un extenso y acumulativo elenco de indicios de la existencia de relación de trabajo regulada por el Derecho laboral. Todo lo contrario; es particularmente significativo y clarificador de cuáles son los objetivos, principios e instrumentos de la OIT y del Derecho del trabajo. Indica lo que deben y lo que no deben hacer tanto el legislador como el juez.

749 Ermida Uriarte, O. (2010). La recomendación 198 sobre La relación de trabajo..., Ob. Cit, p. 47.

Por lo demás, la recomendación parece sumarse a otros indicadores de agotamiento o enlentecimiento de la desregulación/flexibilización o de ingreso a un 'post-neoliberalismo'.

El mismo autor concluye:

Las recomendaciones son -y ésta muy especialmente-, orientaciones para los jueces a la hora de solucionar casos concretos. Efectivamente, los tribunales laborales pueden [y deben] aplicar la recomendación (así como cualquier otra), tanto en la integración del derecho (en caso de vacío legal) como en la interpretación de las normas vigentes[750] (Paréntesis de la cita; entre corchetes nuestro).

En cuanto a su alcance procesal o uso judicial señala Villasmil Prieto (2007)[751]:

[L]a recomendación de la OIT sobre las relaciones de trabajo ha puesto un aporte fundamental y un recurso hermenéutico especialmente útil para permitir o consolidar una línea jurisprudencial que contribuya a precisar la delimitación del ámbito de la relación de trabajo. Lo hizo incorporando una manera de abordar lo que antes se conoció como la Teoría de los indicios o el llamado test de la laboralidad.

Si bien en el Derecho Laboral la Recomendación 198 no innovó al proponer el denominado "haz de indicios" de laboralidad, o proponer los medios para la determinación de la relación de trabajo, se atribuye a dicha Recomendación "*cuatro logros o sentidos especialmente relevantes*"[752]:

i) Haber universalizado reglas y principios encaminados hacia la determinación de la relación de trabajo.

ii) Reforzar la influencia de esas reglas y principios para la determinación de la relación de trabajo en los pises donde, comparativamente, pueda tener un desarrollo desigual (como es el caso de Colombia).

iii) Promover, en lo particular, una jurisprudencia sobre los *indicios de la laboralidad* que pueda ir cerrando las brechas del trabajo no protegido.

iv) Por fin, y no por ellos menos relevante, posibilitar que el tópico de la determinación de la relación de trabajo, al ser parte de una norma internacional, pueda estar bajo el foco de atención de los órganos de control de la OIT, sin perjuicio, desde luego, del seguimiento y aplica-

---

750 Ibidem, p. 47.

751 Villasmil Prieto, H.(2007). Relaciones Laborales...Ob. Cit., p. 65-66.

752 Villasmil Prieto, H. y Carballo Mena, C. A. (2016) Recomendación 198 OIT...Ob. Cit., p. 111.

ción que prevé el propio instrumento. (Cursivas de la cita, paréntesis nuestro)[753]

Para Rosenbaum (2020, octubre), la R198 constituye el encuadre jurídico idóneo a los efectos de circunscribir el objeto de estudio a cada realidad normativa particular para la determinación de la existencia de la relación de trabajo, con basamento en los siguientes enunciados teóricos y dogmáticos[754]:

> En primer lugar, consagra la aplicación de un método concreto, en tanto que se decanta por la técnica tipológica o del juicio de semejanza, al detallar los elementos indiciarios que influyen y deben ser considerados a la hora de la determinación de la relación de trabajo.
>
> (...)
>
> En segundo término, y de la mano con el método adoptado, se enuncian y definen ciertas condiciones que operan como indicios para la determinación de la existencia de una relación de trabajo; en concreto, la remuneración, la subordinación, la dependencia económica, la ajenidad, la prestación personal, la durabilidad y la exclusividad.
>
> En tercer lugar, y no menos importante que los otros dos enunciados, el instrumento internacional consagra a texto expreso una posición rupturista con referencia al elemento de la subordinación, al prescindir de la consideración del mismo como único elemento esencial para tipificar el contrato de trabajo.

Si bien, en principio, la Recomendación R198 de la OIT no es una norma jurídica cuya aplicación directa pueda ser reclamada judicialmente, constituye una guía de apoyo en la labor jurisprudencial, y se convierte en modelo normativo que facilita la tarea de subsunción de los hechos de los casos en los cuales se cuestiona la calificación del vínculo jurídico laboral. Constituye una herramienta esencial para connotar de manera práctica las características del trabajo subordinado o por cuenta ajena, y diferenciarlo de las vinculaciones de trabajo autónomo, que también deben ser delineadas y respetadas en su entidad. Sin olvidar que, los trabajadores independientes, también deben ser sujetos de protección.

La OIT centra la relevancia de la Recomendación 198, en que funciona como instrumento para determinar la existencia de una relación laboral, independientemente de cómo haya sido acordada la relación entre las partes:

> Este principio se conoce como la 'primacía de los hechos' (OIT 2020, Párr. 230). La Recomendación N° 198 proporciona orientación sistemática so-

---

753 Ibidem, p. 111-112.

754 Rosenbaum, F. (2020, octubre). El trabajo mediante plataformas digitales...Ob. Cit., p.p 250-251.

> bre conceptos (como la subordinación y la dependencia) e indicadores (como el control y la integración) que las autoridades jurídicas pueden utilizar para establecer una relación laboral (Párrs. 12 y 13). También se refiere a la posibilidad de presumir o considerar a determinados trabajadores como empleados (Párr. 11). En un examen reciente de la aplicación de la Recomendación a las plataformas de trabajo digital, la CEACR ha destacado los enfoques muy diversos en jurisdicciones de todo el mundo hacia la determinación de la situación laboral de los trabajadores a través de las plataformas digitales, subrayando que la 'primacía de los hechos' debe invocarse al hacer esta determinación: 'esta nueva forma de trabajo requiere un examen exhaustivo de las condiciones reales de esos trabajadores, lo cual no siempre es evidente' (OIT 2020h, Párr. 326).
>
> De ello se deduce que, desde la perspectiva de la Recomendación 198, las cláusulas en los términos de los acuerdos de servicio que establecen que la relación entre el trabajador y la plataforma no es de empleo no son definitivos. Mientras que los jueces pueden, dependiendo de la jurisdicción, dar peso a un término contractual que defina la relación como puramente comercial, al aplicar el principio de la primacía de los hechos es el funcionamiento real de las disposiciones el que con frecuencia determinará la verdadera naturaleza de la relación contractual (véase también Waas et al. 2017).[755]

En conclusión, se trata de un instrumento de aplicación global que permite la determinación más o menos objetiva de existencia o no de la relación de trabajo, especialmente aplicable a las situaciones que, por sus características peculiares, se hallen dentro de las llamadas zonas grises o se denuncien como simulatorias.

V.3. SOBRE EL CARÁCTER VINCULANTE O APLICACIÓN OBLIGATORIA DE LA R198 RECOMENDACIÓN SOBRE LA RELACIÓN DE TRABAJO, 2006 (NÚM. 198) DE LA OIT

Por su contenido, finalidad y alcance, la Recomendación 198 atiente a la existencia misma y efectiva aplicación del Derecho del Trabajo y, como proponemos, forma parte del *ius cogens,* pudiendo predicarse, cuando menos, su inclusión dentro de los principios generales del Derecho del Trabajo, lo que, con mayor o menor primacía, la convierte en fuente formal en los distintos ordenamientos y en definitiva apunta a su carácter vinculante o aplicación obligatoria por los jueces o por quien pretenda calificar una relación de trabajo.

Algunas legislaciones expresamente disponen de las recomendaciones de la OIT como fuente formal o suplementaria, como ocurre con el CST de Colom-

755 Organización Internacional del Trabajo [OIT] (2021). World Employment and Social Outlook.., Ob. Cit, p. 209.

bia[756] y el Reglamento de la Ley Orgánica del Trabajo de Venezuela[757]. Al tiempo que, muchas Constituciones[758], dan primacía en el orden interno a los convenios y normativa internacional sobre Derechos Humanos, entre los que consideramos se encuentran la referida recomendación, que aun cuando no ostenta el estatus de Convenio, por su naturaleza, está íntimamente aparejada al reconocimiento y protección de esa categoría de Derechos Fundamentales. En efecto, el principio constitucional o legal de primacía de la realidad (también contenido en la Recomendación) y la presunción de laboralidad reconocida en muchos ordenamientos, conllevan a acudir a esta fuente supletoria específicamente concebida para la determinación de la relación de trabajo, con particular necesidad en los ordenamientos que no poseen otras normas que regulen tales mecanismos. Como hemos dicho, podrían considerarse principios generales del Derecho del Trabajo de naturaleza eminentemente procesal o instrumental.

La Recomendación de la OIT trata sobre el hecho mismo de la existencia del contrato de trabajo y proviene de la Asamblea General del organismo, por lo que, bien podría ser reconocida en países como Colombia como integrante del Bloque de Constitucionalidad[759], como lo ha reconocido su Corte Constitucional respecto a los Convenios de la OIT y las recomendaciones dictadas por sus órganos de control[760].

756 **Artículo 19. Normas de aplicación supletoria**. Cuando no haya norma exactamente aplicable al caso controvertido, se aplican las que regulen casos o materias semejantes, los principios que se deriven de este Código, la jurisprudencia, la costumbre o el uso, la doctrina, los Convenios y Recomendaciones adoptados por la Organización y las Conferencias Internacionales del Trabajo, en cuanto no se opongan a las leyes sociales del país, los principios del derecho común que no sean contrarios a los del Derecho del Trabajo, todo dentro de un espíritu de equidad. (Subrayado nuestro).

757 **Artículo 6°. Normas de origen internacional.** Las normas de la Organización Internacional del Trabajo contenidas en su Constitución y convenios, así como las previstas en tratados y demás instrumentos normativos internacionales sobre relaciones de trabajo y seguridad social, ratificados por la República, privarán sobre cualquier otra de rango legal, en cuanto fueren más favorables al trabajador o trabajadora.

758 Artículo 53 de la Constitución Política de Colombia y 23 de la Constitución de la República Bolivariana de Venezuela.

759 El bloque de constitucionalidad se refiere a aquellas normas y principios que, sin aparecer formalmente en el articulado del texto constitucional, son utilizados como parámetros del control de constitucionalidad de las leyes, por cuanto han sido normativamente integrados a la Constitución, por diversas vías y por mandato de la propia Constitución. Arango Olaya, M. (2004). El bloque de constitucionalidad en la jurisprudencia de la Corte Constitucional colombiana. Precedente, Revista Jurídica, 79-102. Disponible en: http://www.icesi.edu.co/contenido/pdfs/03.pdf [Consulta: 2019, octubre 10]

760 La OIT se manifiesta a través de Convenios y Recomendaciones, según el artículo 19 de su Constitución. La Corte Constitucional ha reiterado, siguiendo los lineamientos de la Carta de la OIT, que a diferencia de los Convenios, las Recomendaciones no

De acuerdo a ello, Colombia estaría obligada en virtud de su calidad de Estado Parte del Tratado Constitutivo de la OIT a acatar las recomendaciones dictadas por el Consejo de Administración (arts. 24 y ss):[761]

> Las recomendaciones de los órganos de control y vigilancia de la OIT, no pueden ser ignoradas: cuando resultan de actuaciones del Estado contrarias a los tratados internacionales aludidos en el artículo 93 Superior, aunque no sean vinculantes directamente, **generan una triple obligación en cabeza de los Estados:** deben 1) ser acogidas y aplicadas por las autoridades administrativas; 2) servir de base para la presentación de proyectos legislativos; y 3) orientar el sentido y alcance de las órdenes que el juez de tutela debe impartir para restablecer los derechos violados o amenazados en ése y los casos que sean similares.

La citada decisión refiere específicamente a las recomendaciones de los "órganos de control y vigilancia" de la OIT, en criterio que ha sido confirmado en varias oportunidades por la Corte Constitucional, que se ha pronunciado para reiterar que no se pueden desconocer los compromisos internacionales adquiridos por el Estado para la efectiva protección de estos derechos[762]. Ahora bien, si se da reconocimiento, rango constitucional o carácter vinculante a las recomendaciones emanadas de los órganos de control, que se fundan en el incumplimiento por parte del respectivo Estado de los Convenios y Recomendaciones "generales", a mayor razón[763],

---

son normas creadoras de obligaciones internacionales, sino meras *directrices, guías o lineamientos* ***que deben seguir*** *los Estados Partes en busca de condiciones dignas en el ámbito laboral de sus países.* (Subrayado, resaltado y cursivas, nuestros).

Como se enunció anteriormente, el Comité de Libertad Sindical es un órgano de control de la OIT; confronta las situaciones de hecho que se le presentan o las normas internas de los Estados, con las normas internacionales aplicables según los Tratados ratificados por los Estados involucrados (en este caso, la Constitución de la OIT y los Convenios sobre libertad sindical); luego, formula recomendaciones y las somete al Consejo de Administración, ya que éste es el órgano que puede emitir recomendaciones de carácter vinculante según las normas que rigen la Organización. En este caso, el Consejo recibió el informe del Comité y sus recomendaciones, y encontró que el asunto no requería mayor investigación, ni modificó los textos que se le presentaron; antes bien, los asumió, los incorporó a las actas de la reunión, y los publicó como parte de su informe oficial de esa sesión a la comunidad de Estados miembros; por tanto, esta recomendación constituye una orden expresa vinculante para el gobierno colombiano. Corte Constitucional (1999, agosto 10). Sentencia T-568/99. [MP: Carlos Gaviria Díaz]

761 Ibidem

762 Corte Constitucional (2003, julio 23). Sentencia T-603/03. [MP: Jaime Araujo Renteria]

763 *"...[E]l argumento a fortiori no se funda en la semejanza, sino en la razón o ratio de la norma o del enunciado normativo (según el punto de vista que se asuma). No es necesario que la conducta a que se extiende el significado del enunciado sea 'semejante' o 'análoga' aquella a*

se podría reconocer la misma jerarquía a las normas o recomendaciones que les dan sustento.

> *"En Costa Rica, si bien la Sala Constitucional no ha ido tan lejos como su similar colombiano, sí ha utilizado cierto tipo de pronunciamientos como fuente integradora de los convenios ratificados y la ha calificado de jurisprudencia de la OIT"*[764].

En Uruguay, como se ha indicado previamente, la jurisprudencia apalancada en la cláusula abierta de reconocimiento de los derechos humanos[765], contempla a la referida recomendación dentro del Bloque de Constitucionalidad. Y en tal sentido concluye:

> La definición de este instituto, marco para la realización de derechos fundamentales en el trabajo, debe seguir el derrotero del art. 332 de la Constitución. En tal sentido, la Recomendación n° 198 de OIT como exponente de la conciencia jurídica universal representada por los Miembros de la OIT que la hicieron nacer como instrumento internacional, que apunta justamente a aportar elementos para definir la relación de trabajo, constituye en Uruguay el marco teórico aplicable para apreciar y calificar los hechos de la realidad en situaciones en las que se compromete trabajo y la naturaleza del vínculo se encuentra en debate[766].

En nuestra consignada opinión, las recomendaciones son mecanismos para la aplicación de los convenios, pero ésta en especial, refiere al corazón mismo del Derecho del Trabajo –para la caracterización de una relación como laboral o no-, y se traduce en un instrumento procesal que debe ser utilizado obligatoriamente por los países y sus legislaciones para orientar a los jueces y a las autoridades administrativas en la calificación de la relación de trabajo.

---

que sin dudas el enunciado ya se refería, basta con que la primera amerite 'a mayor razón' la cualificación normativa reservada a la segunda". Tarello, G. (2013) La interpretación de la Ley…, Ob. Cit., p. 320-321.

764 Montero Morales, A. P. (2014) Valor jurídico de los instrumentos de la OIT…, Ob. Cit., p. 50

765 Artículo 332.- Los preceptos de la presente Constitución que reconocen derechos a los individuos, así como los que atribuyen facultades e imponen deberes a las autoridades públicas, no dejarán de aplicarse por falta de la reglamentación respectiva, sino que ésta será suplida, recurriendo a los fundamentos de leyes análogas, a los principios generales de derecho y a las doctrinas generalmente admitidas. Constitución de la República Oriental del Uruguay (1967) [Con modificaciones de 2004]. Disponible en: https://parlamento.gub.uy/documentosyleyes/constitucion [Consulta: 2019, agosto 10].

766 Tribunal de Apelaciones de Trabajo de Primer Turno (2020, junio 3). Sentencia DFA-0012-000111/2020020…Ob. Cit.

V.4. EL TEST DE LABORALIDAD COMO MECANISMO NECESARIO Y ADECUADO PARA RESOLVER SOBRE LAS ZONAS GRISES Y LOS CASOS DE DISCUTIDA SIMULACIÓN DEL CONTRATO DE TRABAJO

Hemos identificado a la recomendación 198OIT y el test o catálogo de indicios que propone como instrumentos que permiten la determinación más o menos objetiva de existencia o no de la relación de trabajo, especialmente aplicable a las situaciones que, por sus características peculiares, se hallen dentro de las llamadas zonas grises o se denuncien como simulatorias. Precisemos brevemente estas circunstancias:

V.4.1. Las zonas grises o de frontera

Para que exista relación de trabajo deben concurrir: (i) la prestación personal del servicio; (ii) el salario; (iii) la subordinación o dependencia, y (iv) la ajenidad. Sin embargo, en la multiplicidad de negocios jurídicos, relaciones o vinculaciones que implican la prestación de un servicio personal a cambio de una remuneración (provecho o ventaja) no siempre aparecen claros estos elementos, al tiempo que existen determinados negocios jurídicos que pueden evidenciar cierto tipo de subordinación pero sin el factor ajenidad y viceversa; representando incertidumbre sobre la naturaleza de la relación, que para su regulación y efectos amerita ser calificada como relación de trabajo, o como alguna otra forma típica o atípica de contratación civil o mercantil; con las radicales y diferenciadas implicaciones legales que ello conlleva.

Cuando las partes celebran un contrato de trabajo o el empleador reconoce expresa o tácitamente la existencia de una relación de trabajo, por ejemplo, inscribiendo al trabajador en el sistema de seguridad social, o pagándole regularmente los beneficios laborales que contempla la ley, no existen problemas o dudas sobre la calificación del vínculo. La problemática surge cuando nos encontramos ante una vinculación fáctica (que a su vez comporta una situación jurídica), sin tipicidad contractual o incluso bajo la nomenclatura de alguna forma civil o mercantil, que implica prestación personal de servicios, en la que, las obligaciones sinalagmáticas muestran rasgos que desvirtúan o no permiten visualizar claramente los elementos propios de la relación de trabajo, no implican forzosamente una prestación *intuito personae*, o al mismo tiempo evidencian signos de autonomía y de dependencia. En tales supuestos, nos hallamos frente a las denominadas zonas grises, de frontera u objetivamente ambiguas.

Son relaciones que conjugan y muestran, por una parte, rasgos de subordinación y/o ajenidad, y de otro lado, signos de autonomía o trabajo por cuenta propia. También la duda puede orbitar en torno a si la prestación de servicios se hace forzosamente de forma personal (*intuito personae*) o no (con la sustitución o participación de otras personas).

Es para estos casos de penumbra, y principalmente para su calificación judicial, que las legislaciones nacionales -y también internacionales- han concebido a través del Derecho del Trabajo una serie de normas o principios procesales que brindan orientación sobre los indicios que deben considerarse para determinar la existencia de la relación de trabajo, o, por el contrario, su exclusión. Sin duda alguna, la prestación de servicios personales por intermedio de plataformas digitales, cuando menos, hasta ahora, se sitúa en estas zonas de penumbra, dando lugar a las disimiles posiciones que hemos desarrollado en el Capítulo precedente.

V.4.2. La simulación del contrato de trabajo

Posiblemente, desde el nacimiento del Derecho del Trabajo, como reacción a un sistema especialmente diseñado para proteger a una parte de la relación contractual, el prestador de servicios o trabajador (hipo suficiente o débil jurídico), gravando a la otra con obligaciones "mínimas" e inexcusables, con cargas y costos asociados (patrono o empleador), desde siempre, han propendido algunos empleadores (beneficiarios de los servicios) a la utilización de mecanismos defraudatorios destinados a enmascarar la relación laboral a través de la simulación de otras formas contractuales civiles o mercantiles (contrato de honorarios profesionales, cuentas en participación, arrendamiento de silla, cooperativas, franquicias, etc.). Se trata de prácticas simulatorias en el ámbito de las relaciones jurídico-laborales "*dirigidas a distorsionar (o mejor a encubrir) los caracteres esenciales de dicha relación con la intención de que -prima facie- se le atribuya una naturaleza disímil, generalmente civil o mercantil*" (Paréntesis y cursivas de la cita)[767].

La simulación es una figura originaria del Derecho Civil que puede estudiarse desde varias perspectivas, algunas procesales, como mecanismo para enervar la fuerza probatoria de un documento público, otras, principalmente sustanciales, atinentes a la validez o eficacia de determinados negocios jurídicos realizados en fraude de los acreedores o en detrimento de derechos de terceros. Conforme al Derecho Civil:

> La simulación o el negocio jurídico simulado es aquel que tiene una apariencia contraria a la realidad, porque no existe en absoluto o porque es contrario de cómo parece. La simulación consiste en una declaración de un contenido de voluntades no real. Las partes tienen el deliberado propósito de producir una apariencia engañosa. Cuando detrás de la apariencia no hay nada se alude a simulación absoluta. Cuando detrás de la apariencia hay un negocio jurídico distinto se alude a simulación relativa. La simulación puede entonces ser absoluta o relativa, si todo es simulado o si existe cierta realidad. La simulación relativa esconde otro negocio y algún elemento como el precio, por ejemplo, por razones de impuesto. También se distingue la interposición ficticia o interposición

767 Carballo Mena, C. A. (2000). Comentarios sobre la simulación en el Derecho del Trabajo venezolano. Derecho laboral. Ensayos. Caracas: UCAB, p.169.

> simulada de personas en que las partes celebran un contrato, pero en realidad se celebra con una tercera persona que no aparece referida en el acuerdo simulatorio. La nota característica de la simulación está dada por la violación del deber general de "buena fe", pues en una concomitancia ilícita se crea la apariencia de un acto que en la realidad no existió o que difiere del que las partes realizaron (...)
>
> Entre los elementos de la simulación se ubica: dos declaraciones de voluntad deliberadamente disconformes con la verdadera intención o propósito de las partes; que esas declaraciones de voluntad hayan sido concertadas, esto es derivadas del acuerdo de las partes; y finalmente el propósito de engañar a los terceros[768].

En términos de la doctrina civil la simulación para encubrir un contrato de trabajo sería una simulación "relativa", en tanto el contrato celebrado sería irreal, y existiría un contrato o negocio subyacente constituido por la relación de trabajo que se trata de ocultar. Aunque en principio pueda visualizarse como una relación de género y especie, debe precisarse que la simulación desde las perspectivas del Derecho del Trabajo tiene importantes peculiaridades y diferencias con las de fuente civil.

Lo primero que debe observarse es que el término "simulación del contrato de trabajo", podría resultar impropio, porque lo que se simula no es el contrato de trabajo, antes bien, lo que se simula es otro negocio jurídico o contrato que se usa para encubrir, desvirtuar o *"disimular"* el contrato de trabajo. Sin embargo, el término es de uso generalizado, y puede aceptarse si se entiende como los actos que en conjunto conllevan la intención y la materialización de disfrazar la relación de trabajo para hacerla aparentar otro tipo de negocio y burlar la legislación laboral, los derechos de los trabajadores y las cargas de los empleadores, incluido la afectación del ejercicio de la libertad sindical.

La principal diferencia entre la simulación estudiada por el Derecho Civil y la que se produce en el Derecho del Trabajo, es que en aquella existe un acuerdo o concierto voluntario (confabulación) de los partícipes en crear o aparentar un contrato o negocio que en realidad es ficticio o inexistente, generalmente en afectación de los interés de un tercero[769]; mientras que en el ámbito laboral, lo que existe -gene-

---

768 Domínguez Guillén, M. C. (2017) Curso de Derecho Civil III..., Ob. Cit., pp. 341-342.

769 Son típicos los actos de ventas simuladas para extraer bienes del patrimonio del deudor en perjuicio de los acreedores; la simulación de ventas para encubrir liberalidades (donaciones) que a la postre afectarán los derecho o cuotas de legítimos herederos; los actos de alguno de los cónyuges o de algún mandatario, en perjuicio de los intereses del otro cónyuge o del mandante para sustraer bienes propiedad de estos; la utilización del velo corporativo para burlar leyes ficales; entre otros. Para el tema ver: Muñoz Sabaté, L. (1980). La prueba de la simulación. Semiótica de los negocios jurídicos simulados. Bogotá: Editorial Temis.

ralmente- es la imposición del mecanismo defraudatorio por parte del empleador, quedando sometido *ab initio* el trabajador a la aceptación de determinado "tipo" de contrato -formalmente distinto al de trabajo-, como única vía para acceder y mantener el puesto de empleo[770].

> Con el objeto de evadir, básicamente, la tuición que implica el Derecho del Trabajo no resulta excepcional la simulación de contratos civiles o mercantiles destinadas a encubrir la relación jurídico-laboral subyacente. Tal práctica, como luce obvio, deviene facilitada, en la esfera de las relaciones de trabajo, por virtud del desigual poder de negociación de los sujetos involucrados; de allí que el empleador pudiere exigir a quien pretendiere prestarle servicios personales (por cuenta ajena y bajo subordinación o dependencia), la celebración de contratos de apariencia no laboral[771].

En nuestro criterio, se trata de una forma clásica de fraude a la ley, en tanto se utilizan mecanismos lícitos o permitidos por la ley[772], pero con la finalidad de burlar otras previsiones legales. Algunos autores han utilizado la expresión "fraude al contrato de trabajo"[773], que nos parece bastante elocuente, en especial cuando refiere a los mecanismos que no sólo implican la suscripción de un contrato distinto, sino el montaje de algunas estructuras lícitas, como la utilización de personas jurídicas como interpuestas personas.

Otra importante diferencia entre la simulación regulada por el Derecho Civil y la simulación en el ámbito laboral está constituida por un importante tema procesal: los contratos en el derecho civil se reputan lícitos y válidos con base en el principio de la buena fe y tienen fuerza de ley entre las partes, y si se celebran a través de escritura pública además gozan de presunción de veracidad, incluso frente a terceros (lo que incluiría a las autoridades administrativas y judiciales). De allí que, quien pretenda la inexistencia o nulidad del contrato civil o comercial por inexistencia de causa, ilicitud de la causa o de su objeto, debe alegar y probar la simulación, con las dificultades que ello conlleva. Diferenciadamente, en el Derecho del Trabajo la mayoría de los ordenamientos disponen la presunción de laboralidad y el principio de primacía de la realidad, que implican, como se ha dicho, que una vez demostra-

---

770 Enrique Martínez Sánchez, plantea algunos supuestos en los que el trabajador pudiera convenir voluntariamente en la simulación, pero resulta obvio que tales serían supuestos de excepción, bastante aislados por demás. Ver: Martínez Sánchez, E. (2019) Introducción a la simulación laboral. Ob. Cit., pp. 229-234.

771 Carballo Mena, C. A. (2000). Comentarios sobre la simulación…, Ob. Cit., p. 94.

772 En contra de esta posición se pronuncia Carballo Mena, C. A. (2000). Comentarios sobre la simulación..., Ob. Cit. p. 175.

773 Orjuela, L., Segura, D. y Tovar, S. (2012). Fraude al contrato de trabajo. Bogotá: Editorial Universidad Externado de Colombia.

da la prestación de servicios personales se presume la existencia de una relación de trabajo, motivo por el cual, quien tiene la carga de probar la realidad del contrato o negocio jurídico señalado como simulado o fraudulento, es el supuesto patrono accionado. No basta con probar la existencia o suscripción de un contrato mercantil o civil, se trata de evidenciar en juicio -por cuenta o carga del empleador- que en la vida real dicho contrato se ejecuta en las condiciones pactadas, y en fin, que implica autonomía del prestador del servicio o que el trabajo se realiza por cuenta propia (ajenidad en las herramientas, riesgos y frutos).

Para la OIT:

46. Disfrazar una relación de trabajo significa crearle una apariencia distinta de la que en verdad tiene con el fin de anular, impedir o atenuar la protección que brinda la ley o evadir impuestos o las obligaciones de la seguridad social. Se trata pues de una acción destinada a ocultar o deformar la relación de trabajo, dándole otro ropaje mediante una figura jurídica o una forma distinta. Una relación de trabajo encubierta también puede servir para ocultar la identidad del empleador, cuando la persona designada como tal en realidad es un intermediario que libera al empleador de aparecer como parte en la relación de trabajo y, de esta manera, de la responsabilidad que debiera asumir ante su personal.

47. El encubrimiento más radical consiste en hacer aparecer una relación de trabajo con el aspecto de una relación de naturaleza jurídica diferente, sea civil, comercial, cooperativa, de base familiar o cualquier otra. Algunos de los arreglos contractuales de uso más frecuente para disfrazar la relación de trabajo incluyen una amplia variedad de contratos civiles y comerciales que hacen creer que se está realizando un trabajo en forma independiente.

Sin que implique que siempre estos contratos o negocios jurídicos constituyan una forma de simulación del contrato de trabajo, la doctrina ha identificado la proliferación del uso de ciertas formas contractuales lícitas para encubrir verdaderas relaciones laborales, entre las que destacan[774]: a) El contrato de arrendamiento de servicios, ahora denominado "contrato de prestación de servicios profesionales" o simplemente "contrato de prestación de servicios", cuando en realidad se prestan bajo subordinación y signos de ajenidad; b) La constitución de trabajadores como empresas unipersonales; c) *"La constitución de cooperativas que contratan con el empleador, especialmente cuando los servicios personales son permanentes y propios del giro de la empresa empleadora y más aún, cuando la cooperativa se constituye con ex- trabajadores subordinados de la empresa, lo que sucede también, fre-*

774 Véase: Ermida Uriarte, O. y Hernández Alvarez, O. (2016) Crítica de la Subordinación..., Ob. Cit, pp. 281-284.

cuentemente, con la ya referida conversión de trabajadores en empresas unipersonales"[775]; d) La subcontratación o tercerización; e) La contratación a través de empresas de trabajo temporal, cuando implica relaciones permanentes y discriminación en los beneficios y derechos de los trabajadores propios de la empresa usuaria o beneficiaria de los servicios; f) *"El staff-leasing y el pay-rolling, que son formas degenerativas de los servicios prestados por las empresas de trabajo temporal. Consisten en colocar trabajadores en la planilla de trabajo de otra empresa, cuya única función es la de asumir el pago de los salarios y demás obligaciones derivadas de la relación de trabajo, que en rigor se entabla directamente entre el trabajador y la empresa principal o usuaria"*[776]; g) El teletrabajo[777]; h) El contrato de distribución o flete, singularmente cuando el único aporte del transportista es su trabajo personal (por no ser dueño del vehículo); i) El contrato de franquicia o franchising ; j) La desfragmentación de las empresas o unidades de producción (descentralización de la estructura productiva); k) Los contratos de cuentas en participación; entre otros.

Referimos en esta obra el tema de la simulación del contrato de trabajo por dos singulares razones. La primera, porque tanto en los casos de alegada simulación como en los supuestos de zonas grises se recurre a los mismos mecanismos conceptuales y procesales para establecer la existencia o no de una autentica relación de trabajo (principio de primacía de la realidad, presunción de laboralidad y aplicación del test de indicios). En segundo lugar, porque resulta posible que quien pretenda la existencia de una relación de trabajo en casos de trabajadores de plataformas alegue la simulación del contrato de trabajo.

Sin embargo, es importante entender que la existencia de zonas grises y la utilización de mecanismos de simulación, no son la misma cosa. En las zonas grises, de frontera u objetivamente ambiguas los elementos propios de la vinculación material generan dudas o incertidumbre sobre la naturaleza o carácter laboral de la relación. En cambio, en los casos de simulación, la duda surge o puede surgir debido a la utilización fraudulenta e intencional de mecanismos que pretenden encubrir la relación de trabajo. La diferencia cobra relevancia, especialmente en aquellos ordenamientos en los que la determinación de la simulación puede implicar sanciones para el patrono; la presunción de que el despido ha sido injustificado; o la disposición de indemnizaciones adicionales en favor del trabajador.

De nuestra parte, observamos que en la mayoría de los casos asociados al trabajo a través de plataformas digitales podría estarse en presencia de una zona gris u objetivamente ambigua y no, ante actos simulatorios, como parece haberlo entendido la jurisdicción española al hablar de "falsos autónomos".

---

775 Ibidem.

776 Ibidem.

777 Esta forma de trabajo puede asimilarse en algunos casos a las antes referidas microtareas a través de plataforma. Por otra parte, a raíz de la crisis generada por la pandemia del Covid-19 ha sido objeto de especial estudio e incluso de regulación.

V.5. PRINCIPIOS ORIENTADORES Y CONTENIDO DEL TEST DE LABORALIDAD

Si bien el test o haz de indicios fundando en la Recomendación 198OIT está constituido por un número abierto de características o indicios típicos de la subordinación o ajenidad, o sus antagónicos, la autonomía o independencia, la revisión de esta tipología semiótica, se enmarca en una metodología sistemática que parte de sendos principios y garantías propios del Derecho del Trabajo: la primacía de la realidad y la presunción de laboralidad. Así mismo, deben considerarse o proponerse algunas nociones o reglas previas para revisar aquellos indicios.

V.5.1. El contrato realidad y la presunción de laboralidad

Por su importancia, consideramos el ***principio de primacía de la realidad sobre las formas o apariencias*** como el primer o principal mecanismo de protección adoptado por los ordenamientos jurídicos de distintos países, a veces, desde el propio texto constitucional[778], simplificado en la expresión ***"contrato realidad"***.

Esta noción se atribuye al maestro De La Cueva[779] y pregona que, la existencia de una relación de trabajo depende de la situación real en que el trabajador se encuentre colocado, por lo que resulta erróneo pretender juzgar la naturaleza de una relación de acuerdo con lo que las partes hubieren pactado, ya que carecerán de todo valor si las estipulaciones consignadas en el contrato no corresponden a la realidad.

Por su parte, Américo Plá Rodríguez (1978), refiere a este principio indicando que *"en caso de discordancia entre lo que ocurre en la práctica y lo que surge de documentos o acuerdos, debe darse preferencia a lo primero, es decir, a lo que sucede en el terreno de los hechos"*. Y agrega que: *"en materia laboral importa lo que ocurre en la práctica más que lo que las partes hayan pactado en forma más o menos solemne o expresa o lo que luzca en documentos, formularios, instrumentos de control"*[780], con lo cual, da

778 Ejemplo de ello lo tenemos en las Constituciones de Colombia (artículo 53) y de la República Bolivariana de Venezuela (artículo 89.1).

779 "En el año de 1938, con el fin de permanecer en la terminología de la Ley de 1931, mencionamos la idea de un contrato que se convertiría en un hecho real, y usamos la expresión *contrato-realidad*. Hoy podemos decir que *la relación de trabajo es una realidad viva*, que consiste en *el hecho real de la prestación de un trabajo personal subordinado*, prestación diaria que reafirma todos los días la independencia de la relación respecto del acto o causa que le dio origen; o expresado en una fórmula más simple: *una relación jurídica, expresión de una realidad"*. De La Cueva, M. (2011) El nuevo derecho mexicano… *Ob. Cit.*, p.195.

780 Américo Plá Rodríguez citado por Díaz Vargas, J.A. (2012) El principio de la primacía de la realidad en las relaciones laborales de la Administración Pública. Serie Documentos de Investigación en Derecho N° 13. Santa Marta (Colombia): Universidad Sergio Arboleda, p. 34. Disponible en: https://core.ac.uk/download/pdf/52475582.pdf [Consulta: 2021, febrero 15].

mayor efecto a lo que ocurra en la realidad, por encima de los acuerdos formales o aparentes contratos.

Indistintamente del nombre que las partes den al contrato, e incluso, sin importar las obligaciones o estipulaciones que literalmente contenga o que la ley le atribuya al contrato suscrito, lo importante para calificar la existencia o no de una relación de trabajo, serán las condiciones reales y efectivas en que se presta el servicio:

> 26. Para verificar si existe o no existe una relación de trabajo es necesario guiarse por los *hechos*, y no por la denominación o forma que las partes le hayan dado. Por eso se dice que la existencia de una relación de trabajo depende de si se han satisfecho o no ciertas condiciones objetivas, y no de la manera como cada una de las partes o ambas califiquen la relación entre ellas. En otras palabras, lo que cuenta es aquello que se conoce en derecho como el principio de la *primacía de la realidad*, que a veces es enunciado expresamente en algunos sistemas jurídicos nacionales. Los tribunales también aplican con frecuencia este principio en ausencia de una norma expresa[781].

Por supuesto, al darse primacía a la realidad fáctica sobre las estipulaciones formales o contractuales que pueden resultar solo aparentes, se enfrentaría el supuesto trabajador accionante a la necesidad de asumir una importante carga argumentativa y probatoria, que además es generalmente indiciaria, lo que implicaría alegar y probar diversidad de circunstancias que desvirtúen el contenido literal del contrato, o incluso, el alcance legal que implica la asunción nominal de algún contrato típico (regulado por la ley). Para liberar al trabajador reclamante de esta pesada carga, y en consideración de su especial posición en la relación, las legislaciones han adoptado también otro principio cardinal: la presunción de laboralidad [782].

La ***presunción de laboralidad*** o presunción de existencia de la relación de trabajo implica que una vez demostrada la prestación de servicios personales (hecho conocido), surge la presunción *iuris tantum* de que la relación o vinculo que une a las partes es de naturaleza laboral, creando para el supuesto patrono accionado la carga de enervar dicha presunción, alegando y probando que la relación o vinculación tiene otro carácter (civil, comercial, familiar, altruista, etc.).

---

781 Organización Internacional del Trabajo [OIT] (2005). La relación de trabajo…,Ob Cit, p. 8.

782 Véase, como ejemplos: artículo 24 del Código Sustantivo del Trabajo (CST) de Colombia; artículo 23 de la Ley de Contrato de Trabajo de Argentina; y artículo 53 de la **Ley Orgánica** del **Trabajo,** los Trabajadores y las Trabajadoras, de la República Bolivariana de Venezuela.

No basta, por supuesto, la mera alegación de que el vínculo es de otra naturaleza, ni oponer la celebración o suscripción de otro tipo de contrato que contemple diferente negocio jurídico, sino que, es necesario demostrar las características materiales de la vinculación, que evidencien la autonomía o que el trabajo se realiza por cuenta propia.

De la conjugación de este principio con el anterior, surge la carga procesal de que el pretendido patrono afirme y pruebe los hechos y circunstancias fácticas que desvirtúen la presunción, demostrando la autonomía del accionante, que trabaja por cuenta propia, o que el servicio no es *intuito personae*. Agréguese a fines prácticos y estratégicos, que la existencia de esta carga en cabeza del accionado pretendido patrono, no es óbice para que el accionante también enfile sus esfuerzos argumentativos y probatorios para reforzar la presunción de laboralidad que obra en su favor, demostrando los rasgos propios de subordinación o ajenidad presentes en la vinculación, pero sin que esta posibilidad implique que sea su carga demostrar que trabaja bajo subordinación o por cuenta ajena, pues, como se ha dicho, se beneficia de la presunción legal de que es trabajador asalariado o dependiente.

Adicionalmente, partiendo de las máximas de experiencias, las diversas legislaciones, la propia OIT y la jurisprudencia de varios países, han creado sistemas o catálogos de indicios que permiten al juez apreciar en cada caso concreto la presencia de los rasgos propios de una relación de trabajo, así como las circunstancias que contrariamente apuntarían hacia la autonomía o el trabajo independiente o por cuenta propia. A los cuales nos referiremos seguidamente.

V.5.2. Principales indicadores o indicios para la determinación o exclusión de la existencia de una relación de trabajo

La bien alabada Recomendación 198, dispone:

13. Los Miembros deberían considerar la posibilidad de definir en su legislación, o por otros medios, indicios específicos que permitan determinar la existencia de una relación de trabajo[783]. Entre esos indicios ***podrían figurar*** los siguientes:

    (a) el hecho de que el trabajo: se realiza según las instrucciones y bajo el control de otra persona; que el mismo implica la integración del trabajador en la organización de la empresa; que es efectuado única o principalmente en beneficio de otra persona; que debe ser ejecutado personalmente por el trabajador, dentro de un horario determinado, o en el lugar indicado o aceptado por quien solicita el trabajo; que el trabajo es de cierta duración y tiene cierta continuidad, o requiere la disponibili-

783 Organización Internacional del Trabajo [OIT](2006, junio 15) R198 Recomendación sobre... Ob. Cit.

dad del trabajador, que implica el suministro de herramientas, materiales y maquinarias por parte de la persona que requiere el trabajo, y

(b) el hecho de que se paga una remuneración periódica al trabajador; de que dicha remuneración constituye la única o la principal fuente de ingresos del trabajador; de que incluye pagos en especie tales como alimentación, vivienda, transporte, u otros; de que se reconocen derechos como el descanso semanal y las vacaciones anuales; de que la parte que solicita el trabajo paga los viajes que ha de emprender el trabajador para ejecutar su trabajo; el hecho de que no existen riesgos financieros para el trabajador. (Subrayado y resaltado nuestro).

Como se aprecia, el primer grupo de indicios (literal a) se relacionan con la forma de desempeñar la actividad por el prestador de servicios; mientras que el segundo (literal b) se vinculan al comportamiento de la empresa o posible empleador. Tómese en cuenta que no se trata de un *numerus clausus*, sino que la propia Recomendación invita a considerar los propuestos y a incluir otros que permitan determinar (o excluir) la existencia de una relación de trabajo. En este sentido, dando amplitud al grupo de indicios que permitan esclarecer las denominadas zonas grises o develar las relaciones encubiertas, podemos agregar otros que la jurisprudencia latinoamericana ha venido utilizando:

> 1.- Si la prestación de servicios que desarrolla el trabajador es o no la actividad principal de la empresa. 2.- Un elemento de ajenidad en todas sus extensiones, como son en los frutos (lo que el trabajador produce), en el riesgo (el trabajador siempre recibe su salario independientemente de que el trabajo que ejecuta produzca o no ganancias al patrono), y en los medios de producción (incluye las herramientas, la materia prima, los inmuebles). 3.- Si hay o no reembolso de gastos o si percibe o no viáticos. 4.- Uso frente a terceros de la identidad de la empresa (gafetes, uniformes, correos electrónicos con cuentas de la empresa, papel con logotipos, tarjetas de presentación, carnés de identificación, tarjetas bancarias para el pago de servicios como combustible y otros gastos típicos empresariales). 5.- Disfrute de beneficios de los demás trabajadores provenientes de instrumentos de negociación colectiva (transporte, actividades sociales, alimentación, cortesías, capacitación). 6.- Una exclusividad en la producción para con la empresa.[784]

---

784 Corte Suprema de Justicia, Sala Segunda [Costa Rica](2018, mayo 23). Sentencia N° 2018-000850. Disponible en: https://salasegunda.poder-judicial.go.cr/revista/Revista_N16/contenido/pdfs/ 27_existencia_relacion_laboral.pdf [Consulta: 2019, septiembre 16].

Este último componente de indicios desarrolla el moderno elemento de "ajenidad", analizado en el acápite III.2.4. Adicionalmente pueden incorporarse otros indicadores aportados por jurisprudencia norteamericana y venezolana:

De la jurisprudencia de Estados Unidos puede destacarse el llamado "test de control" o "Borello"[785], del cual, rescatamos un indicio para ser incorporado a los que utilizaremos en esta obra: *"si las partes estiman – o no – estar vinculadas por una relación de trabajo"*.

Incorporamos también otros dos indicios aportados por la jurisprudencia venezolana, que sirven pragmáticamente para la revisión de posibles situaciones de encubrimiento de relaciones laborales, en caso en que se utilizan personas jurídicas interpuestas; en los que se muta el tipo de relación entre quien contrata los servicios y el que los presta (por ejemplo, cuando se pasa de empleado subordinado a independiente[786]), o para determinar la calificación del tipo de servicio o negocio que desarrolla el supuesto empleador:

a) De tratarse de una persona jurídica, examinar su constitución, objeto social, si es funcionalmente operativa, si cumple con cargas impositivas, realiza retenciones legales, lleva libros de contabilidad, etc.

b) La naturaleza y quantum de la contraprestación recibida por el servicio, máxime si el monto percibido es manifiestamente superior a quienes realizan una labor idéntica o similar.

Queda así conformado nuestro test de laboralidad por veinticuatro (24) indicadores que revisaremos conforme a las características generales de los servicios prestados por repartidores y transportistas urbanos (taxistas) por intermedio de plataformas digitales.

V.6. REVISIÓN DE LOS INDICADORES DEL TEST DE LABORALIDAD A LAS CONDICIONES DE PRESTACIÓN DE SERVICIOS POR INTERMEDIO DE PLATAFORMAS DIGITALES

Según hemos referido supra, no creemos que en la prestación de servicios a través de plataformas digitales se esté verificando un encubrimiento o simulación en huida del Derecho del Trabajo (falso autónomo), pero innegablemente, por lo menos en el actual estado del arte, es claro que nos encontramos ante una figura que

---

785 Indicadores aplicados por la Corte Suprema de California en el caso S.G. Borello & Sons, Inc. v. Dept. of Industrial Relations (1989), y luego en el caso Barbara Ann Berwick contra Uber Technologies, Inc. (2015), ya referidos en el acápite IV.2.- Diversidad de soluciones judiciales y legislativas en el ámbito internacional. Derecho comparado, específicamente en la sección IV.2.8 sobre los Estados Unidos de Norteamérica.

786 Este aspecto lo encontramos por ejemplo en el caso Dynamex. Supreme Court of California (2018, abril 30). N° S222732. Dynamex Operations West…, Ob. Cit.

al mismo tiempo esboza indicios tanto de independencia como de subordinación[787]. Nos encontramos frente a inmensa y multiforme zona gris, que en cada caso concreto requerirá de la revisión concienzuda de la ejecución material de prestación de los servicios, que a través de sus indicadores o indicios particulares permita la correcta caracterización de la vinculación de que se trate. Esto no obsta para que cada autor pueda proponer de manera genérica su criterio sobre determinadas formas de trabajo a través de plataformas, pero sin olvidar que las características de cada relación pueden variar de una plataforma a otra, de un servicio a otro, o incluso, dentro de una misma plataforma, dependiendo de la manera en que se presten efectivamente los servicios, como ocurrió en el caso colombiano arriba referido (caso Mercadoni)[788], en el que, en acertado criterio de la jueza, la misma vinculación laboral (a través de una aplicación), fue considerada como autónoma mientras el trabajador laboraba como repartidor, y como subordinada al prestar servicios como almacenista o despachador.

Está claro que en el trabajo a través de las plataformas digitales no es fácil determinar que efectivamente hay dependencia jurídica (porque el trabajador parece estar alejado de la esfera de acción habitual del empleador), aunque en muchos casos se podría confirmar que hay una dependencia económica[789].

Podemos predicar del trabajo a través de plataformas digitales, lo dicho por Villasmil y Carballo (2016), respecto a otras modalidades de prestación de servicios objetivamente ambiguas:

---

787 "El trabajo prestado a través de plataformas y dispositivos digitales presenta una enorme variedad y dispersión. Pero el que realmente tiene relevancia jurídico-laboral es aquel en el cual la plataforma o el dispositivo digital inciden decisivamente en las condiciones de la prestación del servicio. En estos casos en los que se presentan **zonas de confluencia con la laboralidad o no**, la respuesta más inmediata hasta ahora ha venido siendo protagonizada por la labor interpretativa de los tribunales mediante la **aplicación del test de laboralidad**, buscando la presencia de indicios que permitan incluir o excluir la prestación de servicios del ámbito de aplicación del contrato de trabajo. La respuesta en vía legislativa ha sido en algunos países la regulación de determinadas garantías. Son soluciones parciales e inefectivas. La actuación de la OIT a este respecto es, sencillamente, debida: se debe abordar este fenómeno promoviendo una protección social y laboral mínima, internacional o transnacional, que se base en un suelo de derechos establecido por los instrumentos internacionales de la OIT sin olvidar las acciones colectivas que complementen la insuficiencia normativa". Organización Internacional del Trabajo [OIT] (2018). El Futuro del trabajo. Un escenario de cambios tecnológicos y transformación productiva. Conclusiones del Simposio Iberoamericano OIT. Santa Cruz de La Palma, Canarias, 30 y 31 de octubre de 2018, p. 11. Disponible en: http://www.simposiolapalmaoit.es/conclusiones/ [Consultado el 22 de septiembre de 2019].

788 Ver acápite IV.2.- Diversidad de soluciones judiciales y legislativas en el ámbito internacional. Derecho Comparado, específicamente la sección IV.2.6 referida a Colombia.

789 Ermida Uriarte, O. (2010). La recomendación 198 sobre La relación de trabajo..., Ob. Cit.

> Se ubican, pues, en una zona gris o de frontera que es menester demarcar con suma meticulosidad por virtud del principio de coexistencia armónica entre los diversos tipos contractuales -manifestación de la libertad de contratación-, esto es, el imperativo de brindar especialidad y virtualidad a cada modalidad negocial. Lo contrario supondría enervar de facto formas contractuales tipificadas por el ordenamiento jurídico a partir de la dilatación excesiva de las fronteras o contornos de uno en detrimento de otro.
>
> En otras palabras, lo que sugiere es la necesaria asunción, en cabeza de quien corresponda calificar la naturaleza jurídica de un determinado negocio, del principio de pluralidad contratual, como imperativo de la coexistencia de los tipos, bajo criterios de estricta delimitación que garanticen su virtualidad. Desde la óptica del Derecho del Trabajo o, con mayor precisión, de sus órganos judiciales especializados, el desconocimiento de lo antes expresado conllevaría -como apunta la tendencia- a la "laboralización" de toda prestación personal de servicios, quizá bajo un impulso de tuición que, en puridad, corresponde, en su caso, a la Ley (parcialidad del Derecho del Trabajo) y no al Juez (imparcialidad del juzgador)[790]. (Subrayado nuestro)

Evidenciada la importancia del test o catálogo de indicios a ser utilizados por los jueces para la calificación de las relaciones de prestación de servicios sometidas a dudas o controversias en cuanto su naturaleza o carácter jurídico (laboral vs. independiente), pasamos a formular el respectivo análisis semiótico a las características generales, previamente definidas como propias del trabajo en plataformas[791].

Como parte del análisis sistemático que se predica, además de los principios o garantías antes referidos (primacía de la realidad y presunción de laboralidad), debe tenerse en cuenta:

Primero: los indicios o indicadores individualmente considerados no son prueba directa de un hecho constitutivo del supuesto fáctico de una norma jurídica (en nuestro caso, el contrato de trabajo, la subordinación, ajenidad, prestación personal del servicio, independencia o autonomía). Siguiendo calificada doctrina, consideramos que:

> Este catálogo de indicios, son elementos que, en su conjunto y apreciación a través de la sana crítica, en forma debidamente motivada, permi-

790 Villasmil Prieto, H. y Carballo Mena, C. A. (2016) Recomendación 198 OIT…, Ob. Cit., pp. 100-101.

791 Hemos expuesto las características generales en el acápite II.3, al referirnos a la caracterización de la prestación de servicios a través de plataformas digitales conforme a la legislación, doctrina y jurisprudencia colombianas.

> ten al juez concluir en la real naturaleza de la relación que se le presenta para ser calificada como toda sustancia fáctica, cualquier dato de hecho, fuerte o débil, singular o plural, ya se incardine en el proceso civil o en el penal, con la sola condición de que nos provoque mentalmente una asociación de ideas encaminadas a la prueba de otro hecho. Adviértase que no hace falta que nos convenza de la existencia de ese otro hecho; basta que nos provoque aquella asociación. De ahí que la misión catalizadora del indicio igual pueda hallarse en lo que tradicionalmente se ha venido denominando conjetura, sospecha o adminículo (o prueba menor, semiplena *probatio*, prueba levior, etc.) Que en aquellos otros hechos por cuya solidez implicativa la doctrina los ha calificado equivocada o no equivocadamente de facta concludentia, consentimiento tácito o presunción[792].

Es la conjunción y ponderación de los indicios (en plural) lo que, conforme a la sana crítica, debe formar convicción.

Segundo: por implicar alternativamente la existencia de uno u otro tipo de vinculación (laboral vs. independiente), los indicios o elementos descritos, según se revisará, poseen carácter ambivalente, en el sentido que la respuesta afirmativa que se dé a la existencia o inexistencia de cada indicio puede conllevar a inclinarnos hacia una u otra caracterización. Por ejemplo, los relativos a las herramientas o la asunción de riesgos, si el contratante es el dueño o costea las herramientas será un indicio hacia la existencia de un contrato de trabajo, por el contrario, si la provisión de las herramientas la hace el prestador del servicio será un indicio de independencia. También resulta posible que determinados indicadores no resulten pertinentes a determinado tipo de vinculaciones dadas sus características peculiares. En estos supuestos, el indicio carece de valor o simplemente no son aplicables al caso concreto.

Tercero: seguramente, una misma relación o vinculación bajo análisis presente indicios que apunten a la existencia de un contrato de trabajo y otros que apunten hacia la independencia (precisamente por ello, se está dentro de una zona gris y es necesario aplicar el test). En estos comunes supuestos, el intérprete debe ponderar[793] dichos indicios de manera cuantitativa y, principalmente, cualitativa, dando mayor valor a aquellos indicadores que se muestren como claramente constitutivos del contrato de trabajo, o por el contrario, a aquellos que convincentemente apunten a la independencia o autonomía. Si el juez no logra convencimiento sobre una u otra circunstancia, deberá declarar la existencia de la relación de trabajo, por aplicación de la presunción de laboralidad, siempre que, cuando menos, esté probado el carácter *intuito personae* de la prestación.

Cuarto: la presunción de existencia del contrato de trabajo y la aplicación del test de indicios, dependerá siempre de que esté previamente probado, como hecho

792 Muñoz Sabaté, L. (1980). La prueba de la simulación…, Ob. Cit., p. 55.

793 Contrapesar, equilibrar.

cierto, la prestación del servicio personal en favor del supuesto empleador. Caso contrario, no habrá lugar a la presunción, ni habrá contrato de trabajo.

Quinto: la aplicación del test está destinada a generar convicción sobre la existencia de un contrato de trabajo o, alternativa y excluyentemente, a comprobar el carácter de trabajador autónomo o independiente de quien presta un servicio personal. Aunque algunos de los indicios implican identificar al independiente como un empresario, no debe olvidarse que, si bien todo empresario podría calificar como trabajador independiente, no todos los trabajadores independientes pueden o tienen que calificarse o comportarse como "empresarios"[794]. Este aspecto debe tenerse claro, para no incurrir en equívocos, en tanto prolifera alguna tendencia en las sentencias analizadas y algunos reputados autores, conforme a la que, para excluir el contrato de trabajo, se exige que el prestador de servicios se comporte o califique como "empresario" o "emprendedor", lo que constituye una exigencia y calificación que no prevé la ley. En definitiva, la caracterización del prestador de servicios como "empresario", como apuntan algunos indicios, definitivamente sirve para calificar su condición de "independiente" y excluir la existencia de un contrato de trabajo, empero, como se ha dicho, existen otros independientes que no necesariamente encuadran en la figura de empresario o emprendedor, sin que eso cambie su morfología de trabajador por cuenta propia (autónomos o independientes).

Formuladas estas precisiones, pasamos a comentar, uno a uno, los indicadores del test de laboralidad, apalancándonos en la descripción de los indicios presentada por César Carballo en su obra central sobre la determinación de la relación laboral[795], aplicadas a las características (generales) propias de la prestación de servicios a través de la intermediación o uso de las plataformas tecnológicas. También agregaremos, en dónde corresponda, algunas consideraciones sobre las discusiones o posturas controvertidas en la jurisprudencia y doctrinas antes citadas.

Indicadores:

1) El hecho de que el trabajo se realiza según las instrucciones y bajo el control de otra persona. Característica clásica de la subordinación. Aunque la Recomendación 198OIT no lo connota como subordinación, resulta clara su denotación. El empleador da órdenes e instrucciones que deben ser seguidas u obedecidas por el subordinado. Implica también la supervisión sobre la labor ejecutada, incluyendo el poder disciplinario.

> Uno de los principales indicadores de la subordinación es el control, ya que la consideración "primordial" por la que negocian los empleadores es precisamente el derecho a controlar el trabajo y el poder de dirigir al

794 Véase acápite III.3 sobre el Trabajo Autónomo o Independiente.

795 Nos referimos a Carballo Mena, C. A. (2016). Relación de Trabajo. La técnica del test de laboralidad..., Ob. Cit.

> trabajador de manera que su trabajo se adapte a los cambios en las necesidades del proceso laboral.[796]

Sobre este indicio, vinculado con la subordinación y la dependencia, Carballo Mena (2016) manifiesta:

> La dependencia o subordinación se asocia, en el ámbito del test de laboralidad, a los indicadores relativos a la *forma de determinar el trabajo, tiempo de trabajo y otras condiciones de trabajo, supervisión y control disciplinario, y exclusividad.*
>
> De los indicadores mencionados reviste particular trascendencia, en tanto manifestación de la *dependencia laboral*, la constatación de que el beneficiario de los servicios despliega actos de supervisión y control disciplinario que evocan el poder de mando patronal y el consecuente deber de obediencia en cabeza del trabajador.
>
> En segundo término se ubica, atendiendo a la entidad del indicador, la imposición de las coordenadas tempo-espaciales de prestación de los servicios por parte del beneficiario de los mismos, por cuanto dichos vectores, arquetípicamente asociados a la *dependencia laboral,* aseguran el ejercicio de los poderes patronales de organización, dirección y disciplina del proceso productivo.
>
> De otra parte, si la *forma de determinar el trabajo* se caracteriza por la imprecisión del objeto de la prestación debida, y por tanto, sugiere que esta se circunscribe a poner la fuerza de trabajo a disposición del beneficiario para que este imparta las instrucciones que estime conveniente, se configuraría un dato indiciario de *dependencia.*[797] (cursivas de la cita)

En el caso de los servicios a través de plataformas, éstas no giran instrucciones específicas a los operarios sobre la forma de prestar el servicio, limitándose a dar "sugerencias" iniciales, cuya falta de seguimiento, en principio no es controlado por la plataforma ni implica sanciones. La simpleza de los servicios de repartos o encomiendas, o del servicios de taxis (transporte urbano de personas), se circunscribe a identificar los sitios de recogida y entrega. De allí que poca o ninguna instrucción o control tienen los operarios sobre cómo, cuándo y dónde ejecutar los servicios. Por el contrario, como se ha puesto de manifiesto, son los trabajadores quienes deciden cuándo "conectarse" o ponerse a disposición y en qué zona geográfica, según su conveniencia o entendimiento sobre el mercado u oportunidades; a cuál plataforma conectarse; e incluso, pueden decidir cuáles servicios aceptar, con posibilidad de rechazar los servicios ya aceptados.

---

796 Organización Internacional del Trabajo [OIT]. Servicio de Diálogo Social, Legislación..., Ob. Cit., p.37.

797 Carballo Mena, C. A. (2016). Relación de trabajo...Ob. Cit.

Para autores contemporáneos el control de los trabajadores de plataformas se ejerce a través de la reputación o calificación de los usuarios consumidores y a través del uso de la geolocalización. Como hemos referido antes, no encontramos que la geolocalización sea un mecanismo de control, pues poco o nada importa a la plataforma los movimientos del operario, tal y como lo ha referido la jurisprudencia alemana: *"Aparte de la posibilidad de asignación regional de las ofertas a los usuarios, no hay evidencia del interés de la parte demandada en tratar el paradero de los usuarios"*[798].

La geolocalización es un componente o característica propia del negocio que es utilizada para contactar a los usuarios (pasajeros y transportistas, consumidores, comercio y repartidor) por su proximidad geográfica; para sugerir la ruta más apropiada de traslado en razón del tráfico, y establecer la tarifa (conforme a distancia y tiempo); y para que el usuario "pasajero" o consumidor verifique por sí mismo, o incluso comparta con un tercero, el seguimiento de la ruta apropiada (seguridad). Controles similares, son facilitados a sus clientes por las empresas de encomiendas que permiten monitoreas los envíos en tiempo real. También plataformas que facilitan apps gratuitas de geolocalización, mapas y sugieren rutas (GoogleMaps o Waze), conocen en tiempo real en dónde están y por dónde se desplazan sus usuarios, incluso Google (salvo que el usuario determine otra cosa, conoce en tiempo real la ubicación exacta de sus usuarios. Los consumidores también se someten a la geolocalización, de allí que, tal uso tecnológico mal puede entenderse como una forma de control.

En cuanto a la calificación asignada por otros usuarios, tampoco entendemos éstas como un medio de control del operario, pues se trata de un mecanismo también propio de las plataformas en general y que tiene que ver con todos los usuarios, vendedores, compradores, arrendadores, y consumidores, incluida la posibilidad de "seguir" a otros usuarios o de "bloquearlos"; hasta las mismas apps, páginas web y servicios digitales, están sometidos a valoraciones por parte de los usuarios, al igual que las empresas de servicios y *call centers* que solicitan al usuario completar encuestas de satisfacción. Por demás, hasta ahora, no se ha determinado en ninguno de los casos revisadas por la jurisprudencia, que las plataformas hayan utilizado las calificaciones para sancionar a los prestadores de servicios. Insistimos, no creemos que las características generales de las plataformas sirvan para extraer de dichas características elementos de subordinación.

Tampoco consideramos mecanismos de "sanciones" o de disciplina de índole laboral la posibilidad de desconexión, pues, como hemos referido, se trata de las reglas o normas propias de cualquier relación o contrato bilateral, al tiempo que, también es propio de las plataformas en general, incluidas las redes sociales. Según hemos expuesto se han presentado disputas judiciales por la referida "desconexión" de usuarios no prestadores de servicio (casos Facebook)[799], además de notorias sus-

798 Tribunal Superior Laboral Regional de Múnich (2019, diciembre 4). Sentencia N° 146/19…, Ob. Cit., párr. 137.

799 Nos referimos al caso ya comentado en el acápite II.3, de Durand-Baïssas contra Facebook, seguido en Francia, en el cual se debatió el tema relativo a los derechos de

pensiones, como la aplicada al expresidente Trump por parte de las plataformas Twitter y Facebook debido al incumplimiento de los "términos y condiciones"[800].

En conclusión, no apreciamos respecto del trabajo a través de plataformas la existencia de este principal indicio de subordinación. Por el contrario, de la inexistencia de horas, jornadas, órdenes e instrucciones sobre el tiempo, lugar y forma para verificar la actividad, resulta un claro y principal indicio de autonomía.

2) ***Integración del trabajador en la organización de la empresa***. Este elemento es utilizado en algunas sentencias extranjeras como "principal" y en base a él se presume la existencia del contrato de trabajo[801]. Para nosotros, es un indicio que debe ponderarse junto a los demás, con la advertencia formulada sobre su indeterminación conceptual y su necesaria conjugación con los otros indicios de ajenidad y subordinación de los que tan sólo parece una consecuencia[802].

---

los usuarios y la jurisdicción escogida en el contrato de "términos y condiciones", con respecto a la posibilidad de "desconexión"; y al caso de dos usuarios en Alemania a los que esta misma plataforma les eliminó sus publicaciones y bloqueó temporalmente sus cuentas y, tras el debate sobre la legalidad de esta medida, el Tribunal Federal germano sentenció en contra de la plataforma al decidir que debía reactivar ambas publicaciones y que no podía bloquearlos, puesto que antes debía notificarles de su infracción a los términos y condiciones y otorgarles derecho a réplica. Para más información al respecto, ver: Facebook muss vor dem Löschen informieren (2021, julio 29)..., Ob. Cit; Deppe, G. (2021, julio 29). Facebook darf Konto nicht einfach sperren Konto nicht einfach sperren..., Ob. Cit.; y BGH: Facebook-Regeln zu Löschung und Sperrung wegen Hassrede unwirksam (2021, Julio 29)..., Ob. Cit.

800 En el acápite I.3.3.1, nos habíamos referido al caso del ex presidente de los Estados Unidos Donald Trump, a quien le suspendieron las cuentas de Twitter y Facebook por "riesgo de mayor incitación a la violencia", como consecuencia de que el 6 de enero de 2021 subiera un video incitando a sus seguidores a no aceptar la derrota electoral, tras conocer que un grupo de ellos irrumpiera en el Capitolio para defender su supuesta victoria en los comicios presidenciales celebrados el 3 de noviembre de 2020. Para más información al respecto, ver: Twitter suspende a Trump permanentemente por el "riesgo de mayor incitación a la violencia" (2021, enero 8)..., Ob. Cit.; Godoy, J.D. y Laborde, A. (2021, enero 9) Twitter suspende permanentemente la cuenta de Trump ante el riesgo de "incitación a la violencia"..., Ob. Cit.; y Fung. B. (2021, enero 8) Twitter suspende la cuenta de Trump permanentemente..., Ob. Cit.

801 *"La jurisprudencia francesa demuestra este hecho cuando hace hincapié en la importancia que tiene la 'integración' en la determinación de la existencia de una relación de trabajo. En varios países (como Francia, Sudáfrica y la República Unida de Tanzania), el concepto de integración se utiliza cada vez con mayor frecuencia como un indicador para determinar la existencia de una relación de trabajo"*. Organización Internacional del Trabajo [OIT]. Servicio de Diálogo Social, Legislación..., Ob. Cit., p.39

802 Véase acápite III.2.5, referido a la inserción en la organización empresarial como elemento constitutivo de la relación de trabajo.

Significa la revisión de que la actividad personal prestada se desarrolle en el ámbito de las gestiones productivas propias del negocio del contratante. Por ejemplo, en la recolección de desechos, la labor de los conductores de las unidades y los recolectores de la basura; en un concesionario de venta de vehículos, la función de los vendedores; y en un banco, los cajeros, analistas financieros o de créditos. Por contrario, existen actividades que no pertenecen al "corazón" de la actividad productiva y que muchas veces son tercerizadas o ejecutadas por personal eventual u ocasional, o incluso desde fuera de la empresa, como puede ocurrir con: las gestiones de limpieza, el mantenimiento esporádico de maquinarias o equipos (computación, aíres acondicionados, telefonía), auditorias, consultorías externas, mercadeo, publicidad, entre otros. Otros entienden este indicador como la aceptación y adaptación del trabajador al modelo de negocio organizado por otro (forma de organizar el trabajo y la propiedad de los medios de producción), pero esto -en nuestro criterio- encaja más en las nociones de ajenidad.

Este indicio, pudiera significar preguntarse si el sistema de producción de la empresa podría ejecutarse sin las labores desempeñadas por el operario, o si la gestión, más bien, resulta auxiliar, asociada, o complementaria.

En el primer supuesto, y para el caso de las plataformas, la revisión de este indicador pasa por determinar la naturaleza del negocio de las empresas que las manejan o administran. Si se les considera empresas de la tecnología de la información (TIC) o parte de la "Sociedad de la Información", resultaría claro que los usuarios conductores, repartidores, prestadores de servicios, no se encuentran integrados a la organización de la empresa, pues al igual que los consumidores son usuarios de la tecnología, no trabajan en su desarrollo. Sí, por el contrario, se califica a las plataformas como empresas de transporte, de encomienda, de lavandería, de cocina a domicilio, de cuidado de mascotas, etc., entonces los operarios podrían pasar a formar parte de su organización. En nuestro criterio, según se expresó desde el primer capítulo, y como ya lo han establecido algunas legislaciones y sentencias, las plataformas digitales son muestra clara de empresas de tecnología de la información y comunicaciones (TIC), su negocio es el desarrollo y explotación de la tecnología, el manejo y aprovechamiento de datos (información).

En contrario, algunas decisiones analizadas y parte de la doctrina consideran a las plataformas como Uber y las de reparto como empresas de transporte, sin embargo, de forma paradójica, esas mismas teorías restan valor a los vehículos como principal herramienta de trabajo, y asignan el principal valor a la tecnología. Mas allá de esta significativa incongruencia, en la práctica nos resulta difícil considerar que los usuarios prestadores de servicios se "integren" a las plataformas, cuando no adquieren obligación alguna de prestarles servicios, ni comprometan su tiempo, jornadas, y puedan trabajar al mismo tiempo con distintas plataformas, por lo que, nuevamente la marcada autonomía se opone de forma contundente a este aparente indicio.

Sin embargo, se insiste, es éste el principal indicador utilizado por quienes califican estos servicios como de índole laboral.

3) ***Que el trabajo sea efectuado única o principalmente en beneficio de otra persona.*** *"Un factor clave para determinar la realidad económica de una relación contractual consiste en saber si el trabajador está limitado o no a prestar servicios de manera exclusiva al usuario de los servicios"*[803]. También puede apreciarse este indicador desde la perspectiva de la determinación de quién se beneficia con el producto del trabajo, lo cual se refiere a la ajenidad en los frutos.

Desde ambas perspectivas, se aprecian síntomas de autonomía en los operarios que desarrollan su actividad a través de uso de plataformas, quienes, por una parte no tienen exclusividad en la prestación de servicios, pudiendo trabajar a su discreción con distintas plataformas, incluso de forma paralela, o en otras ocupaciones productivas; por otra lado, son los prestadores de servicios quienes perciben la mayor proporción del fruto de su actividad, pagando a las plataformas por su intermediación, entre el 0% y 30% del monto percibido. Vale decir, trabajan para sí y perciben el producto directo de su trabajo.

Desde una tercera perspectiva, podría apreciarse este indicio, en atención a lo que el ingreso o remuneración representa en el contexto de la economía personal del trabajador, es decir, si constituye su principal o única fuente de ingresos. Esto es la "dependencia económica", pero sobre este aspecto refiere específicamente el indicador numerado 10) que analizamos más adelante.

En definitiva, desde la perspectiva que se aprecie este indicador, en el negocio de la prestación de servicios a través de plataformas, apunta a la autonomía.

4) ***Que el trabajo deba ser ejecutado personalmente por el trabajador.*** Esto más que un indicio, es un elemento constitutivo del contrato de trabajo, que desde siempre ha tenido la cualidad de ser *intuito personae.*

> Al determinar si un trabajador es un "trabajador asalariado" o un "trabajador independiente", la decisión puede depender sustancialmente de si el trabajador no ejecuta ningún trabajo o muy poco de éste por sí mismo. Si el trabajador puede ofrecer un sustituto para que éste ejecute el trabajo, entonces el individuo no suele considerarse como trabajador asalariado. No obstante, la subdelegación de parte del trabajo en cuestión no debe considerarse como un aspecto decisivo para calificar en forma definitiva a la persona como trabajador independiente[804].

Este indicio está representado por la obligación de prestar los servicios de forma "personal", sin que el trabajador pueda por su sola voluntad realizar el trabajo a través de un sustituto, suplente o sub-contratado. La posibilidad de que el

---

803 Organización Internacional del Trabajo [OIT]. Servicio de Diálogo Social, Legislación..., Ob. Cit., p.40.

804 Organización Internacional del Trabajo [OIT]. Servicio de Diálogo Social, Legislación..., Ob. Cit., p. 41.

contratado realice el servicio o actividad contando con ayudantes, empleados, suplentes, o rotando turnos con otras personas a su cargo[805] (aunque sean familiares), dan cuenta de su propia organización y excluyen el señalado elemento constitutivo de trabajo "personal".

> El indicador reseñado en el test de laboralidad como *trabajo personal* resulta, *prima facie*, inútil por reproducir el presupuesto que pretende inferir. Por tal virtud, la jurisprudencia ha tendido a concebirlo como sinónimo del carácter personalísimo o *intuito personae* de los servicios, y/o de la ausencia de trabajadores a cargo de quien a su vez se atribuye, en la esfera de la interacción sometida a escrutinio jurisdiccional, la condición de trabajador.
>
> Como se observa, si el prestador de servicios no puede libremente hacerse sustituir por otro o por otros, ni asume por cuenta propia la organización del trabajo ejecutado por terceros, cabrá inferir que aquel ejecuta personalmente dichos servicios.[806] (cursivas de la cita)

Según han verificado sentencias extranjeras antes analizadas, los conductores que prestan sus servicios por intermediación de las plataformas, no sólo tienen la oportunidad de escoger o rechazar servicios, sino que en muchos casos pueden operar a través de otras personas, dándose el supuesto de operarios de Uber que alquilan el vehículo de su propiedad para que otro labore, o incluso asumen el rol de empleadores de los choferes sustitutos. En el supuesto de los repartidores, estos pueden rechazar o cancelar una encomienda después de aceptada, y son sustituidos por otros operarios, que ellos mismos ubican o designan (en algunas plataformas).

Cabe agregar aquí lo aportado por la jurisprudencia alemana, con relación a que la existencia de un contrato de trabajo implica indefectiblemente la obligación por parte del trabajador de prestar sus servicios en las condiciones que se pacten (normalmente impuestas o exigidas por el patrono o empleador), lo que hace inconcebible la existencia de un contrato de trabajo si en sus términos u cláusulas no existe el compromiso u obligación contractual de trabajar por parte del contratado[807].

---

805 *"...a poner a disposición dos personas para cumplir con las funciones, turnos y horarios establecidos en el contrato, [...] de modo que si el objeto del contrato debía cumplirse a través de interpuestas personas, fácil es concluir que en el caso de autos, no se configura una subordinación jurídica"*. Corte Suprema de Justicia, Sala de Casación Laboral [CSJ-SCL] (2014, junio 18). Sentencia Rad. 44.191, 84342014.

806 Carballo Mena, C. A. (2016). Relación de Trabajo... Ob. Cit., p. 147.

807 Así lo estableció el Tribunal Superior Laboral Regional de Múnich en sentencia del 4 de diciembre de 2019, ya analizada en el acápite IV.2.-Diversidad de soluciones judiciales y legislativas en el ámbito internacional. Derecho Comparado, específicamente en la sección IV. 2.1 referida a Alemania.

En el trabajo a través de plataformas, el trabajador no es contactado o contratado por sus condiciones o cualidades personales, sino por su ubicación geográfica y por el tipo de vehículo que posee y utiliza, y de allí que, el formato de negocios permita su sustitución, lo que apunta a sustraer o desdibujar el carácter *intuito personae*, nuevamente apuntando hacia la autonomía o independencia.

5) La prestación del servicio dentro de un horario determinado, o en el lugar indicado o aceptado por quien solicita el servicio. Esto constituye la clásica subordinación bajo el modelo fordista y que aún subsiste en la mayoría de los trabajos típicos o empleos convencionales. Se conforma por la obligatoriedad de cumplimiento de una jornada de trabajo y de un horario, generalmente en un "puesto de trabajo"; tiempo durante el cual el trabajador está sometido a las órdenes e instrucciones del empleador (art. 58.1 CST) o su disposición. Su incumplimiento puede implicar las severas sanciones, incluido el despido por justa causa[808].

> La imposición de lugar y tiempo de ejecución de los servicios constituye un trascendente indicador de dependencia, toda vez que revela la severa restricción a las que se somete el prestador de servicios y, al mismo tiempo, garantiza el eficaz ejercicio de los arquetipos poderes patronales de dirección, vigilancia y disciplina del trabajo ajeno.
>
> (...) [L]a opción de prestar servicios personales desde un lugar distinto a aquel donde se integra el proceso productivo bajo la dirección del beneficiario y durante el tiempo que el prestador del servicio estime conveniente a sus propios intereses, esto es, la organización autónoma del lugar y tiempo de trabajo, constituye hecho indiciario de autonomía jurídica y, por tanto, tiende a enervar el carácter laboral de la referida relación jurídica[809].

Los prestadores de servicios a través de plataformas se "conectan", cuando y donde quieren, a su libre elección y voluntad, no están sujetos a jornada ni a horarios, tampoco a zonas geográficas predeterminadas. Pueden durar horas, días, semanas y meses sin conectarse. Y aún las aplicaciones que desafilian a los usuarios debido a determinado periodo sin conexión, permiten, que aquellos vuelvan a afiliarse. Ninguna exigencia al respecto imponen las plataformas, por el contrario, explícitamente se prevé la libertad de conexión y desconexión, y la no existencia de horarios ni jornadas. Esto, constituye un marcado y contundente indicio de autonomía.

---

808 Por aplicación de la causal prevista en el numeral 6 del literal A del artículo 60 CST, en concatenación al artículo 60, numeral 4°, o artículo 58, numeral primero, bien por faltar al trabajo sin justa causa, o bien por el reiterado incumplimiento del horario de trabajo.

809 Carballo Mena, C. A. (2016). Relación de Trabajo... Ob. Cit., p. 116.

Como hemos verificado al analizar sentencias españolas, en algunos casos las plataformas de reparto pactaban franjas horarias, casos en los cuales podría perfilarse un indicio se subordinación, sin embargo, entendemos que esta modalidad ya no se utiliza, por lo que, en la mayoría de las situaciones estamos en presencia del principal indicio de autonomía, constituido por la libertad horaria, de jornada y de sitio de trabajo. Lo que además se asocia con otros vestigios de independencia como la "propia organización" del trabajo, en tanto que por simple que resulte la prestación de los servicios de taxis o de reparto, la determinación de cuándo y dónde trabajar, implica claramente una forma de organización propia e individual.

Tal es la libertad expresada, que las plataformas para incentivas la conexión durante períodos más largos o en determinados días u horas de mayor demanda, o procurar la fidelidad frente a otras plataformas, ofrecen bonificaciones, premios o mejores tarifas, jugando con las reglas propios del mercado y la libre competencia, y dando a los usuarios prestadores de servicios las opciones que voluntariamente pueden elegir a su conveniencia. Aunque algunos autores ven estos incentivos como una forma de subordinación, para nosotros, por el contrario, constituye marcada expresión de autonomía.

6) Que el trabajo es de cierta duración y tiene cierta continuidad. La duración o permanencia del trabajador y la continuidad en la prestación del servicio constituyen presupuestos de la relación de trabajo, en virtud de que son indicios favorables de la condición estable del vínculo jurídico entre el prestador del servicio y el beneficiario.

En la actividad a través de plataformas, la temporalidad en la prestación del servicio, tanto en horario y jornada, como en la periodicidad, permanencia o no interrupción en el tiempo, dependen exclusivamente de la voluntad del operario. No existen exigencias al respecto por parte de las plataformas. Añadidamente, según las encuestas, muchos de los trabajadores utilizan estos mecanismos, para complementar ingresos, o como trabajos temporales[810]. Parece de poca utilidad este indicio para los casos que nos ocupan.

7) Que se requiera de disponibilidad del trabajador. "*El requisito que establece que el trabajador debe estar disponible puede contribuir a poner en evidencia la condición del empleo, al igual que la ejecución real del trabajo en sí*"[811]. Este indicio se asocia al cumplimiento del horario o jornada; implica que, aun no estando el trabajador presente físicamente en un puesto de trabajo, o aun no prestando efectivamente un servicio, debe permanecer "a disposición"[812] del contratante, quien puede requerirlo dentro

810 Así lo evidencian estudios como los publicados en Argentina en 2018, en España en 2020 y el informe de 2021 de la Organización Internacional del Trabajo, todos ellos ya mencionados en el acápite I.2.

811 Organización Internacional del Trabajo [OIT]. Servicio de Diálogo Social, Legislación…, Ob. Cit., p. 43.

812 Los contratos de trabajo a demanda o similares, incluidos los contratos de cero horas, en virtud de los cuales el empleador tiene la flexibilidad de llamar al trabajador para

un lapso u horario establecido. En estos supuestos, a pesar de que el trabajador no está desempeñando física o intelectualmente la actividad o servicio contratado, tampoco es completamente libre de disponer de su tiempo y su persona, pues por lo general, se le exige permanecer en una determinada zona geográfica (por si debe asistir al sitio que se le requiera), o debe mantenerse "accesible" o ubicable a través de medios tecnológicos o de comunicaciones, en caso de ser requerido. Se trata de una forma de subordinación no presencial. Como se ha dicho, los conductores y repartidores se conectan cuando lo desean, y no se les pide mantenerse a disposición o en espera durante algún lapso determinado[813].

8) Suministro de herramientas, materiales y maquinarias por parte de la persona que requiere el trabajo. Este indicio es de elevada importancia y, guarda relación con la ajenidad en las herramientas y la asunción de riesgos. Por regla general, las herramientas, maquinarias, insumos y material para la ejecución de las labores son aportados por quien asume el rol de empleador[814], pues es el dueño de los medios de producción, mientras que el trabajador asalariado aporta la mano de obra o su intelecto; entendiéndose la terminología de manera amplia, para aplicar en general a los "medios de producción", incluyendo la locación, el mobiliario, y las materias primas.

No desdice de este indicio de laboralidad o existencia de contrato de trabajo, la eventual o consuetudinaria práctica de algunas categorías de trabajadores u oficios, en la que el operario utiliza sus propias herramientas, especialmente aquellas que se consideran "personales", como el cuchillo del chef de cocina, las herramientas manuales de electricistas, plomeros o técnicos de reparación de artefactos, etc. En estos casos, nótese que dichas herramientas "personales" resultan en valores marginales o irrisorias, si se comparan con las otras que presta el contratante (local comercial, oficinas, sede de la fábrica, maquinarias o equipos, materias primas, transporte, entre otros).

---

que trabaje como y cuando sea necesario, son particularmente imprevisibles para el trabajador. Los Estados miembros que permitan estos contratos deben garantizar que se apliquen medidas eficaces para evitar el abuso. Estas medidas podrían adoptar la forma de limitaciones al uso y a la duración de dichos contratos, de una presunción refutable de la existencia de un contrato de trabajo o de una relación laboral con una cantidad garantizada de horas pagadas basándose en las horas trabajadas en un período de referencia anterior, o de otras medidas equivalentes que garanticen la prevención efectiva de las prácticas abusivas. Definición y recomendaciones de la Directiva (UE) 2019/1152 del Parlamento Europeo y del Consejo, relativa a unas condiciones laborales transparentes y previsibles en la Unión Europea (2019, junio 20) [Transcripción en Línea]. Disponible en: https://eur-lex.europa.eu/legal-content/ES/TXT/?uri=CELEX:32019L1152 [Consulta: 2019, noviembre 26].

813 Como se ha referido, inicialmente algunas plataformas reservaban franjas horarias, pero entendemos esta modalidad ha sido suprimida.

814 Artículo 57.1 CST.

Al efecto se sostiene que "*no se debe dar un peso decisivo a la posesión de herramientas y de equipo de trabajo dado que muchos trabajadores poseen sus propias herramientas. Sin embargo, este aspecto suele sugerir la existencia de la condición de trabajador independiente cuando el trabajador hace una inversión de capital considerable a título personal, como puede ser la compra de un vehículo propio*" (Subrayado nuestro).[815]

En los servicios prestados con uso de plataformas, especialmente, los dos más referidos (conductores y repartidores), no cabe dudas que la principal herramienta de trabajo son los vehículos (carros, motos o bicicletas), cuyo aporte es realizado exclusivamente por los asociados, no por las plataformas. Además, aquellos, costean el mantenimiento de dichos vehículos, sus accesorios y los consumibles (combustible, lubricantes, llantas, etc.), así como el pago de la matrícula, impuestos, peajes, seguro, y hasta las multas en caso de infracción.

Adicionalmente, también deben mantener y aportar un *smartphone*, su propia ropa y calzado, e implementos de seguridad, bajo su costo y riesgo, lo que implica un claro indicio de independencia.

Sin embargo, para Carballo Mena (2020, mayo) y Todolí (2017), el hecho de que el trabajador aporte el vehículo y el teléfono celular como herramientas o instrumentos de trabajo, y deba soportar los gastos y riesgos asociados a su mantenimiento y funcionamiento, no reviste de mucha importancia si se contrasta con los elementos provistos por el titular de la empresa, entre los cuales destaca la plataforma tecnológica[816].

Por su puesto que la tecnología es parte del negocio, pero en su natural función tecnológica y de comunicación, manejando datos, conectando o intermediando entre quienes requieren los servicios y quienes los ofrecen. Los servicios de transporte y encomiendas han existido desde hace muchos años, posiblemente siglos, de allí que no pueda predicarse que dependen exclusivamente de la tecnología que ha intervenido, como en otros sectores, para facilitarlos, masificarlos y abaratarlos.

Parte de la doctrina y alguna jurisprudencia que se pronuncian en favor del carácter laboral de la prestación de servicios a través de plataformas pretenden manipular argumentativamente este indicio, señalando que la principal herramienta de trabajo es la tecnología (la aplicación o *app*), pues sin ella no podría ejecutarse el negocio, omitiendo pronunciamiento o restando significancia al valor del vehículo (que contrastan con el valor de la plataforma). Este argumento nos parece falaz y contradictorio. Falaz, en tanto el servicio que presta el conductor o repartidor requiere insoslayablemente del uso del vehículo, lo que convierte a éste en herra-

815 Organización Internacional del Trabajo [OIT]. Servicio de Diálogo Social, Legislación…, Ob. Cit., p. 44.

816 Carballo Mena, C. A. (2020, mayo). Indicios de la relación de trabajo…, Ob. Cit., p 10. En el mismo sentido: Todolí Signes, A. (2017) El trabajo en la era de la economía colaborativa…, Ob.Cit.

mienta fundamental, siendo además que su valor económico para el conductor o repartidor sí resulta considerablemente elevado y estructural en su economía personal, en primer lugar, porque es su medio de producción; y por otra parte, porque, posiblemente constituya uno de los principales o únicos bienes (activos) dentro de su patrimonio. El argumento, además, es contradictorio o incoherente, porque las mismas doctrinas y sentencias, consideran que el negocio de las plataformas no es la tecnología e información, sino el de transporte o encomiendas; de ser así, entonces la herramienta principal, mal podría ser la tecnología y no los vehículos.

Es claro que la principal herramienta para la prestación de servicios de transporte o reparto es aportada por los operarios, lo que demuestra la ajenidad, y por consecuencia autonomía.

9) El hecho de que se paga una remuneración periódica al trabajador. "*Una situación laboral apunta a que el trabajador goza de la condición de 'trabajador asalariado' cuando el individuo recibe pagos periódicos y regulares del usuario, en vez de reclamar el pago por medio de facturas o de esperar a que finalice el contrato por la prestación de los servicios indicados*"[817].

Este indicio se refiere a la costumbre positivada en muchas legislaciones de pagar los salarios de manera periódica, semanal, quincenal o mensualmente; lo que puede diferenciarse de otras remuneraciones de los independientes, que se pagan por servicios efectivamente prestados o ejecutados (por resultados), aunque también en estos son comunes las fórmulas de pago de adelantos o abonos parciales, pero no sujetos a la referida periodicidad de cobro por los subordinados.

En nuestro caso, los operarios conductores o repartidores perciben una contraprestación por servicios efectivamente prestados, y cuando reciben pagos en efectivo, son éstos quienes quedan a deber a las plataformas la respectiva comisión que cobran por la intermediación. De allí que no resulte predicable que reciben un pago periódico, menos aún, un salario. Lo que, en nuestro criterio, suma otro claro vestigio de independencia.

10) Que la remuneración constituye la única o la principal fuente de ingresos del trabajador. Este indicio apunta a la noción de dependencia económica. "*Cuando un 'trabajador independiente' y autónomo tiene legalmente el derecho de vender sus servicios en general, pero en la práctica trabaja por completo o en forma sustancial para un solo empleador, esta situación sugiere que el individuo es en realidad un trabajador asalariado. Por lo tanto, el hecho de que una persona trabaje para más de un empleador no necesariamente quiere decir que sea un trabajador independiente en vez de un trabajador asalariado*"[818].

---

817 Organización Internacional del Trabajo [OIT]. Servicio de Diálogo Social, Legislación..., Ob. Cit., p. 45.

818 Organización Internacional del Trabajo [OIT]. Servicio de Diálogo Social, Legislación..., Ob. Cit., p. 46.

En el caso de las plataformas, los prestadores de servicios trabajan cuando quieren, por el tiempo que deciden, y para la plataforma o plataformas que consideren; en consecuencia, el nivel de la remuneración dependerá de su propia voluntad, y resulta casuística la determinación de que lo producido constituya o no, su principal fuente de ingresos, en especial si considera la posibilidad que el asociado en cuestión tenga otro empleo, o use distintas plataformas para desarrollar su oficio. De allí que la aplicación de este indicador dependerá de cada caso concreto.

Por otra parte, recordamos que este aspecto parecía superado como indicador de existencia de la relación de trabajo, en tanto depende de una sola de las partes de la vinculación, sin embargo, dando continuidad a su importancia, ha servido en algunas legislaciones para reconocer categorías intermedias o atribuir algunos derechos laborales a los autónomos (económicamente dependientes), pero sin desconocer la condición de autonomía[819].

11) Que incluyan pagos en especie tales como alimentación, vivienda, transporte, u otros. Acá se vuelve a la idea de la equiparación o asimilación del operario, en cuanto al tratamiento que de ordinario se da a los trabajadores subordinados. Se trata del otorgamiento de beneficios de los que pueden gozar los empleados, y que raramente se concederían a quien no depende del empleador[820].

> Tal circunstancia que el beneficiario de los servicios otorgue ciertas facilidades destinadas a garantizar la ejecución de estos, tales como prestaciones en especie o en dinero por concepto de alimentación, transporte, vivienda u otros análogos, constituye un indicador asociado a la existencia de la relación de trabajo.
>
> En efecto, la obligación del trabajador dependiente se reduce a poner a disposición del patrono su fuerza de trabajo, razón por la cual ha de ser este, siendo que asume los riesgos del proceso productivo y consecuentemente apropia sus réditos, quien brinde las facilidades necesarias para que el servicio, en los términos que se hubiese concebido, sea efectivamente ejecutado[821].

---

819 Véase acápite III.4, referido a las fórmulas intermedias, los parasubordinados y los trabajadores económicamente dependientes.

820 En algunos países latinoamericanos se admitiría que un porcentaje del salario de ciertos sectores de actividades, se pague en especie. En otros países sudafricanos, la remuneración también puede incluir pagos en especie (como es el caso de los agricultores a quienes se les proporciona alojamiento como parte de su salario). Organización Internacional del Trabajo [OIT]. Servicio de Diálogo Social, Legislación…, Ob. Cit.,p 47

821 Ro.senbaum, F. (2020, octubre). El trabajo mediante plataformas digitales…Ob. Cit., p. 139.

Ya se ha dicho que los conductores y repartidores, asumen sus propios costos y riesgos, no reciben ninguno de los beneficios señalados, ni se equiparan a los otros trabajadores (subordinados) de las empresas de plataformas. Ergo, conforme a este indicio, o mejor dicho, su ausencia, obran independientes.

12) Que se reconozcan derechos como el descanso semanal y las vacaciones anuales. "*En términos generales, los trabajadores se consideran trabajadores asalariados cuando éstos pueden disfrutar de un descanso o vacación semanal en virtud del contrato*"[822].

En la misma sintonía que el indicio anterior, se recurre a la asimilación que pueda verificar el propio empleador respecto a las condiciones o tratamiento de sus trabajadores asalariados, pues el hecho de que se le reconozca al trabajador períodos de descanso semanal o anual (vacaciones) suponen la prestación de servicios por cuenta ajena. "*De allí que una conducta análoga por parte del beneficiario de servicios pretendidamente autónomos o por cuenta propia, configuraría un dato favorable a la naturaleza laboral del vínculo jurídico*"[823].

Contrariamente, los trabajadores de plataformas no cumplen jornada ni horarios, difícilmente podría siquiera establecerse un mecanismo para concederles descanso semanal o vacaciones anuales. Tampoco estos beneficios han sido pactados o reconocidos por las empresas de plataformas.

13) Que la parte que solicita el trabajo paga los viajes que ha de emprender el trabajador para ejecutar su trabajo. Este indicio no requiere interpretación.

Las plataformas no asumen ningún pago o costo con relación a los operarios y sus actividades. Por el contrario, éstas cobran comisión al usuario por sus servicios de información e intermediación.

14) Que no existan riesgos financieros para el trabajador.

Este es el último indicador contenido en la Recomendación 198 de la OIT, refiere a la ajenidad en los riesgos, partiendo de la característica general de las relaciones de empleo, conforme a la cual, el trabajador no asume riesgos financieros del negocio desarrollado por el empleador, quien asume las ganancias y también las pérdidas. La regla general es que el trabajador recibirá su salario indistintamente de la ventura del empleador. El trabajador asalario puede estar sujeto a riesgos físicos o psicológicos (infortunios del trabajo: enfermedad profesional o accidentes laborales), cuya reparación también se traslada al empleador, a través de los sistemas de responsabilidad objetiva y de contribución a los sistemas de seguridad social que cubren el régimen asistencial de salud y de invalidez (por accidentes o enfermedades ocupacionales). Además de estos riesgos a su integridad, el trabajador no asu-

---

822 Organización Internacional del Trabajo [OIT]. Servicio de Diálogo Social, Legislación..., Ob. Cit.,p. 47.

823 Rosenbaum, F. (2020, octubre). El trabajo mediante plataformas digitales...Ob. Cit., p. 140.

me riesgos financieros o económicos, en tanto siempre tendrá derecho al cobro de su salario y demás beneficios, aunque la empresa produzca pérdidas. Como hemos referido antes, aun en los casos de cobro de salario por comisión, el trabajador tiene derecho a cobrar el salario mínimo, e incluso debe percibir las comisiones por venta causadas, aunque el comprador no verifique el pago correspondiente. Más aún, en los supuestos de quiebra o insolvencia del patrono, la mayoría de las legislaciones disponen los créditos laborales como de pago privilegiado.

En el caso de los trabajadores de plataformas (taxistas y repartidores), resulta claro que además de riesgos físicos, asumen otros importantes riesgos económicos y financieros, comenzando por la falta de pago del servicio por parte de los usuarios consumidores, y yendo mucha más allá, al asumir el riesgo de deterioro o pérdida del vehículo o el smartphone (principales herramientas de trabajo), la posibilidad de tener que indemnizar daños a terceros por accidentes, o de pagar multas impuestas por la autoridades. De hecho, todo el riesgo de la actividad es asumido por los operarios. Lo que descarta la idea de dependencia, y claramente apunta hacia la autonomía. Se conforma un claro indicio de asunción de riesgos. Este fundamental aspecto parece ser olvidado por las doctrinas y decisiones que concluyen en el carácter subordinado de las relaciones, mientras que, para nosotros, es otro de los elementos fundantes de la conclusión contraria: la autonomía.

15) Si la prestación de servicios que desarrolla el trabajador es o no la actividad principal de la empresa.

Este indicador es una modalidad específica de la inserción del trabajador en la empresa analizada en el numeral 2). Lo que demuestra, lo antes dicho de que no existe claridad sobre la morfología de aquel indicio. Y se circunscribe a analizar si la actividad prestada por el trabajador se corresponde con los mismos servicios prestados por el supuesto empleador. Como ha queda dicho, dependerá de la forma como se califique a las plataformas.

16) Ajenidad en los frutos económicos. Implica la apropiación o dominio que tendría el empleador sobre el producto de la actividad del empleado. Es una definición más contundente del indicio número 3), que el trabajo sea efectuado única o principalmente en beneficio de otra persona. Como se ha estudiado al analizar la ajenidad, un indicador sustantivo para determinar el trabajo por cuenta ajena, o contrariamente, por cuenta propia, se basa en la determinación de quién recibe o apropia las ganancias.

Si el prestador del servicio apropia totalmente o en una porción significativa los réditos o frutos que derivan de su actividad y, al tiempo, si a este corresponde afrontar las contingencias que se desprenden de la misma, se materializaría un indicio de autonomía[824].

824 Ibidem, p. 128.

En el caso de las plataformas, el producto económico, es decir, lo que se cobra y percibe por los servicios, es pagado por los usuarios requirentes del servicio, y es abonado al prestador del servicio (conductor o repartidor), y de lo que éste obtiene paga o se descuenta una comisión para la plataforma. El operario trabaja para sí, no para la plataforma. Los porcentajes que cobran las plataformas oscilan entre 0% y 30% del valor de los servicios, lo que evidencia que el principal receptor del producto económico es el operario, que recibe entre un 70 y 100% de la contraprestación. En los casos de empleados que perciben comisión, ocurre exactamente lo contrario, las comisiones pocas veces alcanzan o sobrepasan el 10% de las ventas. Es otro indicio que estimamos fundamental para sostener la autonomía o independencia.

Aunque la plataforma gestiona (intermedia) el cobro y el pago del servicio y en la mayoría de los casos recibe *ab initio* dicho pago, el producto pertenece al operario; es éste quien paga (comisión) a la plataforma y no al revés. Esto podría también resultar estructural, pues más allá de la subordinación, dependencia o ajenidad, suprime un elemento constitutivo del contrato de trabajo: el salario.

Respecto a este indicio, alguna sentencia y doctrina han ofrecido forzadas interpretaciones, al pretender que la plataforma apropia los frutos porque los percibe o recauda inicialmente[825]; o que existe ajenidad en los frutos porque la plataforma fija los precios[826]. Ambas interpretaciones contradicen o no se ajustan a la esencia del indicio, que sencillamente circunscribe a determinar quién apropia los frutos, siendo claro que se trata del operario según la proporción antes señalada.

También se ha pretendido que la ajenidad en los frutos se ve afectada por la circunstancia de que el precio del servicio es fijado por las plataformas. Al respecto debe apreciarse lo siguiente:

El servicio de los choferes de transporte urbano es un servicio similar, prácticamente idéntico, al de los taxis tradicionales, y las tarifas de éstos, desde hace más de un siglo, ha sido fijada a través de la tecnología por intermedio de los conocidos "taxímetros", que determinan el costo de los servicios con base en el tiempo y la distancia del viaje; también en muchas ocasiones son limitados o tarifados por regulaciones gubernamentales. Tal condición no implica ni ha implicado nunca que los taxistas propietarios de sus vehículos hayan sido considerados como asalariados, pues, por el contrario, son un ejemplo clásico de trabajo independiente o por cuenta propia.

La fijación algorítmica del precio del servicio en nada implica subordinación o sometimiento a órdenes o instrucciones, en primer lugar porque la fijación no

825 Sobre el tema planteamos nuestras críticas en el acápite III.2.4, al referirnos a la ajenidad como elemento constitutivo de la relación de trabajo, y en el IV.2, al analizar sentencias de algunos países en las que se determina la apropiación de los frutos por parte de la plataforma.

826 En el acápite IV.3.2.1, planteamos nuestra posición y críticas con respecto a este criterio defendido por Federico Rosenbaum.

es "arbitraria" ni especulativa por parte de la plataforma, ya que el precio se fija a través de métodos objetivos (medios tecnológicos: algoritmos), que consideran distancia, tiempo (tráfico) y condiciones de mercado en tiempo real (oferta y demanda), la hora o el día, en beneficio del equilibrio económico de ambos usuarios; y en segundo lugar, porque no se trata de una imposición, sino de una oferta "previa" que puede (o no) ser aceptada por cada uno de los usuarios (oferente y solicitante), quienes siempre tienen la opción de rechazarla (no tomar el servicio), y comparar u optar por los precios ofrecidos por otras plataformas, o utilizar mecanismos tradicionales (no electrónicos). Como se ha mencionado previamente, existen plataformas que permiten la negociación directa del precio entre el usuario y el transportista (en una suerte de regateo *online* entre el cliente y transportista respecto al precio del servicio[827]). Nótese adicionalmente, que el precio del servicio no es apropiado por la plataforma, éstas sólo cobran un porcentaje a modo de comisión (inferior al percibido por el prestador de servicios), y en consecuencia le convendría "imponer" mayores precios para obtener mayores ganancias, precisamente lo contrario de un empleador, que ganará más si sus trabajadores devengan menos. Entonces la fijación del precio del servicio no pareciera obedecer a una imposición en ventaja de la plataforma frente al débil jurídico, sino a condiciones de mercado que favorecerán al prestador de manera directa y principal, y a la plataforma como comisionista o intermediaria. Por demás, en el caso de los repartidores, el precio obra en su favor, en tanto y en cuanto, apropian entre el 90 y el 100% del precio en cuestión, más la propina que perciben en un 100%. Y al Igual que los taxistas, deciden cuáles pedidos aceptar.

Este indicador, constituye otro marcado apuntador de autonomía.

*17) **Ajenidad en los riesgos***. El empresario empleador asume los riesgos del negocio, y gane o pierda, siempre tiene la obligación de pagar a los empleados el salario por su trabajo. El empleador se beneficia de las ganancias, pero también asume las posibles pérdidas. Puede que se compartan ganancias con los trabajadores (salarios a destajo o por comisión), pero la ley proscribe la asunción de riesgos o pérdidas por parte de éstos (art. 28 CST). Es el mismo indicador enunciado en el numeral 14) pero planteado desde la perspectiva del empleador.

Según hemos referido previamente, por definición legal (ex artículo 34 CST), ostentan la condición de contratistas independientes, aquellos que prestan servicios ***"asumiendo todos los riesgos**, para realizarlos con sus propios medios y con libertad y autonomía técnica y directiva"*. Más allá de la literalidad de las cláusulas incluidas en los contratos entre las plataformas y los usuarios, no cabe duda de que en la realidad quién asume los riesgos es el prestador de servicios, quien en su condición de proveedor de las herramientas e insumos asume los riesgos asociados a su condición de propietario, o conductor, incluido el daño, pérdida o robo del vehículo, el *smartphone* o la encomienda, daños a terceros (responsabilidad civil) y daños físicos

827 https://indriver.com/es/city

a su propia persona. Lo que ostensiblemente implica la asunción de riesgos, que en ningún caso son asumidos por la plataforma, tampoco por el otro usuario solicitante del servicio, ni por el comercio que expende productos (caso de los repartidores). Por consecuencia, se acumulan más indicios de que se trata de trabajadores por cuenta propia o independientes.

18) Ajenidad en los medios de producción. Se asimila al ya analizado indicio número 8) -suministro de herramientas, materiales y maquinarias por parte de la persona que requiere el trabajo.

Ello tiene que ver con la ajenidad de los factores de producción, y se asocia con integración del prestador de servicios en la organización del beneficiario, en virtud de que los servicios constituyen una parte integral de las operaciones ejecutadas por el beneficiario[828]. Dada la naturaleza de las actividades desplegadas los medios de producción se limitan al uso de la plataforma digital, la propiedad de un teléfono inteligente, la detentación de un vehículo, pago del combustible, ropa y calzado, y en algunos casos, la obtención de la respectiva licencia, seguros, etc. Todo lo cual, es aportado por el prestador de servicios, incluso la plataforma tecnológica, por cuyo uso el prestador de servicios paga una comisión.

Para algunos, al considerar que la plataforma o tecnología es la principal herramienta entienden que las empresas de plataformas son empleadores, y ello resultaría cierto respecto de los empleados que son pagados por la plataforma para sostener su tecnología, comercializar sus productos e incluso, atender a los clientes y usuarios. Empero, respecto a la prestación de los servicios de taxis y encomiendas, resulta claro que los medios de producción son los vehículos, los smartphones, la ropa, calzado, el combustible, las licencias requeridas y hasta los seguros, todo lo cual es aportado por el prestador de servicios.

19) Uso frente a terceros de la identidad de la empresa. La utilización de gafetes, uniformes, papel con logotipos, tarjetas de presentación, carnés de identificación, correos electrónicos corporativos o tarjetas bancarias para el pago de servicios como combustible y otros gastos típicos empresariales, guarda relación con la inclusión de la persona en la organización de la empresa y su identificación con la marca. Es un indicio bastante relativo, porque reedita a baja escala el tema de las herramientas y materiales de trabajo, sin embargo, puede considerarse un indicador de ajenidad.

La mayoría de las plataformas analizadas no exigen a los usuarios la utilización de símbolos externos, uniformes o dispensan carnets de identificación, otras, *más bien prohíben su uso*[829]. Sin embargo, principalmente las de reparto, por el tema

828 Carballo Mena, C. A. (2016). Relación de Trabajo... Ob. Cit., p. 136.

829 Tal es el caso de la empresa de reparto Glovo, en España. Extrañamente la criticada decisión del Tribunal Supremo de Justicia de ese país, de fecha 23 septiembre de 2020, entendió que tal prohibición constituía un signo de subordinación. Véase acápi-

de seguridad, accesibilidad y confianza de los usuarios consumidores o comercios, permiten el uso de emblemas identificativos, aunque no resulta extraño en la cotidianidad que, aun usando los signos de una plataforma se presten servicios para otras.

También apreciamos que algunas plataformas de reparto dotan a los usuarios de tarjetas de crédito para hacer compras. Circunstancia *ésta* que, si puede considerarse un indicio de ajenidad, pues implica inversión y asunción de riesgos por parte de la plataforma.

Algunas decisiones y autores han hecho énfasis en la ajenidad en la marca y en la clientela, pero ya hemos puesto de manifiesto que muchas otras vinculaciones comerciales (no laborales) también implican -y de hecho se fundamentan en- el uso de marcas, como ocurre con las franquicias, los distribuidores de gaseosas o refrescos, los corredores de seguros y de apuestas, o las ventas por catálogo. De allí que si bien, constituye un indicio clásico, puede ser contrarrestado por los otros que evidencian el trabajo por cuenta propia o autonomía.

En cuanto a la clientela, tal correlación parece ajena la realidad, pues ni los taxistas ni los repartidores (antes de las plataformas) tenían clientela propia, por lo que mal puede pretenderse que por proveer la plataforma la clientela, existe ajenidad. Por el contrario, si se entiende el negocio, se apreciará que la "intermediación" tecnológica, consiste en eso, en "conectar" a quien requiere un servicio (comercio y/o consumidor) con quien lo presta (transportista o repartidor). Cabe aquí referir, simples comparaciones que se formulan, para entender el servicio que prestan las plataformas, semejante al antes realizado por los directorios telefónicos o "páginas amarillas", que cobraban a los comercios o prestadores de servicios por incluir sus anuncios en dichos directorios, permitiendo así una mejor exposición ante los posibles clientes, que no pertenecían a la empresa manejadora del directorio, sino que, acudían a ella para ubicar un proveedor de bienes o servicios.

20) Que el prestador de servicios disfrute de beneficios de los demás trabajadores. Tiene que ver con el otorgamiento al prestador del servicio de beneficios provenientes de instrumentos de negociación colectiva u otros de ley (transporte, actividades sociales, alimentación, cortesías, capacitación). Es similar a los analizados en los numerales 11 (que incluyan pagos en especie tales como alimentación, vivienda, transporte, u otros), 12 (que se reconozcan derechos como el descanso semanal y las vacaciones anuales) y 13 (que la parte que solicita el trabajo paga los viajes que ha de emprender el trabajador para ejecutar su trabajo). No se encuentra presente en los casos analizados.

Cabe recordar que las empresas de plataformas cuentan, en cada país donde funcionan, con sus propios trabajadores (subordinados, asalariados o dependien-

---

te IV.2.-Diversidad de soluciones judiciales y legislativas en el ámbito internacional. Derecho Comparado, específicamente la sección IV.2.7 correspondiente a España.

tes), y en el caso de la empresa Uber incluso se celebró una convención colectiva con éstos en la ciudad de México[830]. Sin embargo, ninguno de los beneficios, legales o convencionales, han sido pactados, reconocidos ni otorgados a los usuarios prestadores de servicios.

21) Exclusividad en la producción para con la empresa. La exclusividad es signo de sometimiento y dependencia económica. Por contraste la verificación de servicios o venta de productos a diversidad de clientes, evidencia autonomía e independencia.

Este indicio puede relacionarse con la prestación de servicios a tiempo completo para un patrono, rasgo que "*además de garantizar la plena disponibilidad del trabajador dependiente frente al poder de mando patronal, denota el vínculo de dependencia económica entre los sujetos de interacción, y cimienta los deberes de lealtad y probidad que derivan de la relación de trabajo y que, en lo que atañe al trabajador, se traducen, entre otras manifestaciones, en la prohibición de concurrir con su patrono*"[831].

En el trabajo a través de las plataformas, como se ha establecido, los operarios prestadores de servicios no mantienen exclusividad contractual ni en la práctica, y muchos de ellos organizan su trabajo, escogiendo y alternando el uso de varias plataformas, o con otros trabajos o actividades productivas diferentes.

Quienes prestan sus servicios a través de las plataformas no están atados a ejercer su actividad solo para una empresa. Aquellos que lo hacen por decisión propia normalmente están motivados por el hecho de que mientras más horas-hombre destinan mayor será la utilidad obtenida. Tanto repartidores como taxistas normalmente están asociados a varias plataformas simultáneamente y se conectan a la que más le convenga desde el punto de vista económico (la que ofrezca la comisión más alta u otros incentivos) o geográfico (la que ofrezca mayor cantidad de servicios en la zona donde se encuentre laborando).

Tal flexibilidad en la prestación del servicio para uno o varios patronos entraña la característica autonómica de estas formas de trabajo.

22) De tratarse de una persona jurídica, determinar su efectiva existencia y operatividad. Tiene que ver con la constatación de su constitución, objeto social, si es funcionalmente operativa, si cumple con cargas impositivas, realiza retenciones legales, lleva libros de contabilidad, etc.

> (…) Así, el test de laboralidad prevé, en el supuesto de que el prestador de servicios fuese una persona jurídica, *analizar su constitución, objeto social, funcionamiento, cargas impositivas, libros de contabilidad, etc.*

---

830 Etcétera (2016, agosto 15). Uber ya tiene sindicato pero a nivel corporativo, los conductores quedan fuera. Etcétera.com. Disponible en: https://www.etcetera.com.mx/nacional/uber-ya-tiene-sindicato-pero-a-nivel-corporativo-los-conductores-quedan-fuera/ [Consulta: 2019, septiembre 15].

831 Carballo Mena, C. A. (2016). Relación de Trabajo…Ob. Cit., p. 131.

> En otras palabras, se trata de constatar, a la luz del principio de primacía de la realidad, si la persona moral que aparece como prestadora de servicios fue constituida y se desenvuelve como una entidad real, similar a otras que actúen en circunstancias análogas. En consecuencia, elementos tales como el incumplimiento de las formalidades previstas en el ordenamiento jurídico para la constitución y funcionamiento de la persona moral, su precariedad financiera (referida en su oportunidad como indicio de *subfortuna*), la dependencia de un único cliente, o la inexistencia de sede propia; revelaría la intrascendencia de la persona moral que bajo esta perspectiva, aparece meramente interpuesta para eclipsar la subyacente prestación personal de servicios[832]. (cursiva de la cita)

Este indicio puede utilizarse en los casos en que se pretende simular la relación de trabajo a través de la contratación de interpuestas personas jurídicas[833]. Esta práctica de contratar los servicios y/o remunerarlos a través de personas jurídicas que supuestamente realizan las labores y reciben la contraprestación respectiva, se utiliza para la simulación o encubrimiento de la realidad del contrato de trabajo o para encubrir el verdadero salario, pagándose la parte más sustancial de éste a través de pagos a empresas constituidas a tales fines, eludiendo así el pago de prestaciones, beneficios, indemnizaciones, cotizaciones y aportes parafiscales que tienen como base de cálculo el valor del salario.

En estos casos, la idea es constatar que la empresa que recibe el pago por los servicios y/o que supuestamente los presta, efectivamente existe más allá de su simple registro formal; quiénes son sus socios o si es unipersonal (el supuesto trabajador), si paga impuestos y contribuciones, tiene trabajadores, sede física, y/o realiza actividades reales conforme a sus fines societarios. O si, por el contrario, es una empresa "de papel" o "de maletín", que sólo se usa para que el trabajador perciba su remuneración.

Para el tema que nos ocupa, no encontramos la idoneidad de este indicio a los fines de calificar como de carácter laboral o no de la interacción existente entre el prestador del servicio y la persona jurídica.

---

832 Ibidem, p. 147-148.

833 En Costa Rica se ha señalado: "*Para evitar fraudes de ley en la aplicación de la legislación laboral, la jurisprudencia nacional ha hecho uso del principio de primacía de la realidad, el cual aplican nuestros Tribunales Laborales y aún el Tribunal Constitucional, de manera regular. Un caso típico, en este sentido, ha sido la forma en que se ha interpretado la creación de sociedades mercantiles, por parte de los propios trabajadores, sobre todo en el caso de los agentes vendedores - o viajantes de comercio según se les conoce en otras legislaciones -, cuando dichas sociedades funcionan a modo de mampara que esconde la verdadera relación laboral. En estos casos, siempre y cuando se demuestre que la prestación del servicio ha sido personal, por cuenta ajena, y bajo subordinación jurídica, los tribunales por lo general han desechado la forma societaria, ignorándola tal como si no existiera*". Bolaños Céspedes, F. (2002). Una visión diacrónica y esquemática del caso costarricense..., Ob. Cit., p. 5.

23) ***La naturaleza y quantum de la contraprestación recibida por el servicio.*** Tiene que ver con variables asociadas al modo, tiempo y cuantía de la retribución producto de los servicios prestados, ya que "*si la retribución por los servicios es pagada periódicamente por el beneficiario de los mismos, en consideración al tiempo de ejecución de tales servicios, y resulta equivalente al salario que perciben los trabajadores dependientes por actividades análogas, se configurarían relevantes elementos indiciarios favorables a la existencia de la relación de trabajo, dejando traslucir el presupuesto de productividad*"[834].

Por interpretación a contrario, debe considerarse si el monto percibido es manifiestamente superior a quienes realizan una labor idéntica o similar bajo dependencia, como presupuesto de autonomía. Se parte de la presunción -lógica por demás- de que, quien labora por cuenta propia devenga por sus servicios una remuneración mayor que la percibida por los asalariados. Ello guarda relación con la noción de ajenidad; el independiente trabaja para sí mismo, mientras que el asalario trabaja para otro. Adicionalmente, el independiente debe cubrir sus gastos, comprar sus herramientas, insumos, ropa, calzado, transporte, e incluso cubrir su seguridad social, al tiempo que asume los riesgos de la actividad, por lo que sus honorarios no sólo deben cubrir su mínimo vital, sino también sus medios de producción, por humildes o precarios que sean.

Este indicio puede servir muy especialmente para dilucidar casos en los que se pretende transformar la relación o vinculo de quien originalmente fue contratado como trabajador dependiente, y a la postre pasa a ser independiente, por medio de un contrato de prestación de servicios, de asociación, de agente comercial, etc. En estos casos, además de la revisión de las nuevas condiciones de prestación de servicios que puedan comprobar la efectiva independencia, o no, (horarios, locación, supervisión), puede compararse las remuneraciones percibidas en uno y otro estatus, siendo un buen indicio de autonomía, la circunstancia de que, el ahora independiente, devengue una mejor y mayor remuneración que la que otrora percibía como empleado. En una aproximación, meramente empírica, estimamos que, en igualdad de circunstancias, la remuneración de un independiente, cuando menos debería doblar la percibida por un asalariado que realice similares actividades.

Desconocemos a ciencia cierta lo percibido por un conductor o repartidor que presta servicios a través de uso de plataformas, en un horario más o menos ordinario y habitual, pero seguramente es superior a lo que devengaría un conductor o repartidor asalariado, que posiblemente devengan salario mínimo o un poco más[835]. Tal fue la situación resuelta por la jurisprudencia alemana, donde apreciamos que

834 Carballo Mena, C. A. (2016). Relación de Trabajo... Ob. Cit., p. 121.

835 Así lo evidencian estudios como los publicados en Argentina en 2018, en España en 2020 y el informe de 2021 de la Organización Internacional del Trabajo, todos ellos ya mencionados en el acápite I.2.

un realizador de encomiendas, percibía casi el doble del salario mínimo por laborar tan solo medio tiempo[836].

Además del quantum de la remuneración, este indicio propuesto por la jurisprudencia venezolana, ha sido desarrollado contundentemente por los jueces brasileros, quienes también han considerado la proporción en que se reparte la utilidad o contraprestación por los servicios, lo que ha servido para determinar la autonomía de trabajadores a través de plataformas digitales[837] cuando, al indagar sobre el funcionamiento del sistema remunerativo de los choferes de Uber, se evidenció que el 75% o más del valor de cada servicio efectivamente realizado es percibido por el prestador, desvirtuando así el elemento de "ajenidad". Resulta perfectamente lógica la conclusión según la cual:

> (...) se consideró que la dinámica misma en la remuneración de los servicios prestados, en la que la empresa obtiene el 20% o el 25% de la tarifa de cada viaje realizado, con el resto de los ingresos brutos destinados a los conductores registrados en la plataforma digital, también haría inviable la caracterización de una relación laboral(...)[838]. (Subrayado nuestro)

El análisis de la jurisdicción brasilera no sólo profundiza en el elemento ajenidad, sino que interviene en la comprensión económica del negocio, poniendo de manifiesto la inviabilidad del mismo si se caracterizara como de índole laboral, amén de la imposibilidad económica de que la plataforma de pagar los beneficios o cargas laborales y parafiscales asociadas a una vinculación laboral, tan sólo percibiendo el referido porcentaje.

Lo dicho, aplica con más peso para los repartidores, quienes perciben entre 90% y 100% del valor del servicio, además de las propinas. En su caso, mal podría cualquier plataforma asumir las cargas laborales, con tan sólo el 5% o 10% del valor del servicio.

---

836 Véase acápite IV.2.-Diversidad de soluciones judiciales y legislativas en el ámbito internacional. Derecho Comparado, específicamente la sección IV.2.1 correspondiente a Alemania.

837 Así podemos evidenciarlo en decisiones ya comentadas en el acápite IV.2 Diversidad de soluciones judiciales y legislativas en el ámbito internacional. Derecho Comparado, como la del Tribunal Superior de Minas Gerais de fecha 15 de diciembre de 2017 y la del Tribunal Superior del Trabajo de Brasilia de fecha 05 de febrero de 2020, que determinaron el carácter no laboral y autónomo de los servicios prestados por los conductores de la plataforma Uber, dándole un peso importante a este indicio.

838 Sentencia de fecha 15 de diciembre de 2017 dictada por el 2° Panel del Tribunal Superior de Minas Gerais (caso N° 0010774-87.2017.5.03.0001-RO). Véase: Justiça Do Trabalho (2018, febrero 6). NJ Especial: Novas decisões da JT-MG, Ob. Cit.

Según hemos referido, este indicador no sólo implica contundentemente la autonomía desde la perspectiva jurídica, sino que, además, la evidencia desde un punto de vista económico y comercial.

24) ***Si las partes estiman —o no— estar vinculadas por una relación de trabajo.*** Como apunta Carballo Mena (2019)[839], este indicio *"puede resultar pertinente, aunque en ningún caso determinante, puesto que la existencia de una relación de trabajo refiere a una cuestión legal basada en pruebas objetivas"*. Sin embargo, a fines de desvirtuar el ánimo simulatorio o la imposición abusiva de una forma de contratación, nos resulta prudente que el juez -especialmente en los procedimientos orales que así lo permiten- hurgue en lo realmente querido o estimado por las partes, especialmente en el ánimo del prestador de servicios al momento de iniciar la relación.

Sabemos que en derecho del trabajo priva el principio de primacía de la realidad sobre las formas y apariencias, así como la irrenunciabilidad de los derechos y su carácter de orden público. Pero recuérdese que la realidad no sólo debe prevalecer cuando favorezca al trabajador, y que la voluntad humana tampoco puede ser de plano descartada, en especial cuando el propio prestador de servicios se considera un independiente.

Tratándose de un indicio bastante casuístico, no podríamos adelantar aquí conclusiones sobre su existencia o no en el caso de los servicios prestados con la intermediación de plataformas digitales. No obstante, empíricamente, podríamos inferir, de las escasas o inexistes reclamaciones judiciales en Colombia y otros países iberoamericanos, que la mayoría de los conductores de vehículos de transporte de pasajeros (Uber, Beat, Didi, etc.), se consideran independientes. Por el contrario, dadas las protestas y exigencias de los repartidores de la empresa Rappi en Colombia[840] (aunque estas van más dirigidas a la cobertura de seguridad social y accidentes), podríamos deducir que, cuando menos, algunos de ellos, se consideran vinculados por un contrato de trabajo. También cabe advertir que en España organizaciones de repartidores -como la Asociación Profesional de Repartidores Autónomos (APRA), RepartidoresUnidos.org, Asociación Española de Riders Mensajeros (Asoriders), Autonomariders, entre otras- se han organizado para defender la autonomía de su labor, mientras que ante vigencia de la "ley rider" las empresas de plataformas intentan evadir la obligación de convertir a sus trabajadores en subordinados usando el esquema de tercerización laboral[841], mientras otras han decido abandonar el país, con la consecuente pérdida de miles de empleos.

---

839 Carballo Mena, C.A. (2019). Vestigios del trabajo dependiente..., Ob. Cit., p. 10.

840 El Tiempo (2019, julio 5). ¿Tienen razón rappitenderos que protestan por condiciones laborales?. Disponible en: https://www.eltiempo.com/economia/sectores/por-que-protestan-los-rappitenderos-en-colombia-384750 (Consulta: 2019, septiembre 10).

841 Las compañías del sector del reparto a domicilio se preparan para evadir la contratación directa de los repartidores activando programas piloto con empresas interme-

Caso particular ocurre con las legislaciones que requieren del cumplimiento de la formalidad del registro o licencias para el reconocimiento de la condición de autónomo. Tal es el caso de **Francia**, donde los "*travailleurs économiquement dépendants*" o trabajadores económicamente dependientes deben registrarse ante el Registro de Comercio y Empresas o ante el Registro de Agentes Comerciales creado por los autoempred. dores o microemprendedores (derivado de la interpretación del artículo L-8221-6 I del Código del Trabajo). Asimismo, en **Puerto Rico**, la Ley de Transformación y Flexibilidad Laboral (art 2.3), dispone una presunción de independencia vinculada a la inscripción o registro voluntario como tal ante las autoridades fiscales o de seguridad social, u obtener licencias para actividades comerciales, en lo cual se asimila a la citada legislación francesa, con la diferencia que, ésta dispone una presunción iuris tantum. Igual ocurre en **España**, con el reconocimiento legal del trabajador económicamente dependiente, mediante un contrato de trabajo que obligatoriamente debe estar inscrito en la oficina pública respectiva[842] (art 12 del Estatuto del Trabajo Autónomo).

En el caso de los trabajadores a través de plataformas este indicio puede cobrar interés, no sólo para la caracterización de un caso concreto, sino para el establecimiento de políticas públicas, pues como hemos señalado, resulta posible que la "laboralización" de la vinculación no sólo encarezca los servicios, sino que suprima para los prestadores una de las características más atractivas, constituida por la libertad horaria, de jornada y de lugar de trabajo, que podrían ser exigidos o "controlados" por los "empleadores", si en definitiva deben asumir el rol patronal.

V.7. CONCLUSIÓN SOBRE LA CARACTERIZACIÓN A TRAVÉS DE LOS INDICADORES DEL TEST DE LABORALIDAD

Revisando, contrastando y concatenando los analizados elementos semióticos, obra evidente que tanto cuantitativa como cualitativamente, inducen a la convicción de que los trabajadores a través de las plataformas digitales se corresponden con la categoría de trabajadores autónomos o independientes. Bien se emplee el tradicional método utilizado hasta ahora en Colombia, o bien se acuda al test de indicios propuestos por la OIT, sustanciado por la jurisprudencia continental (centro y sur americana), la prestación de servicios con intermediación de plataformas digitales -por regla general- corresponde con la figura del trabajador por cuenta propia, independiente o autónomo.

---

diarias para subcontratar el servicio por medio de agencias intermediarias, como ya se indicó en el acápite IV.2.-Diversidad de soluciones judiciales y legislativas en el ámbito internacional. Derecho Comparado, específicamente en la sección IV.2.7 correspondiente a España. Ver: Ubieto, G. (2021, mayo 17) Glovo, Deliveroo y UberEats ensayan tres nuevos modelos…, Ob. Cit.

842 El Registro de Contratos de Trabajadores Autónomos Económicamente Dependientes.

CAPÍTULO VI

Alternativas y propuesta de solución

En la doctrina y la jurisprudencia internacional se mantiene el debate entre la caracterización laboral o autónoma de la prestación de servicios por intermedio de plataformas laborales. Sin embargo, sus ventajas económicas y de empleo, su auge casi universal, su peso específico en los modelos de la Economía 4.0, aunados a la fácil verificación de contundentes rasgos de independencia, nos llevan a concluir que se trata -por regla general- de un vínculo que debe caracterizarse como de autónomo o independiente[843].

Aun los autores que ven en la economía de plataformas una situación de relación de trabajo entre éstas y los usuarios prestadores de servicios proclaman reformas laborales para regular dichas relaciones "especiales" y reconocen que el modelo de negocio no podría ser regulado con las normas actualmente existentes sobre salarios mínimos, jornadas de trabajo, horarios, concesión y cálculo de algunos beneficios. Otros autores, conscientes de las limitaciones derivadas del sistema binario del Derecho del Trabajo, proponen la creación -quizá reconocimiento- de figuras intermedias, ya en desarrollo en algunos países (los parasubordinados y los autónomos económicamente dependientes), aunque otras doctrinas ven en esta alternativa una forma de acrecentamiento de la conflictividad, pasando las partes a debatir entre tres calificaciones en vez de dos, o como posibles mecanismos de precarización o simulación.

Tampoco resulta fácil una caracterización legislativa, pues lo cierto es que no todos los casos pueden calificarse en abstracto por igual, sino que, en cada uno, ha de revisarse las verdaderas condiciones materiales de prestación de los servicios para poder desvirtuar la presunción de contrato de trabajo prevista en la legislación. Si acaso, podría proponerse la caracterización de independencia en determinados sectores o servicios, como se verificó en Brasil respecto a los servicios de alquiler de vehículos con chofer a través de plataformas; o siendo aún más cónsonos con nuestra propia caracterización, proponer que se disponga una presunción *iuris tantum* de independencia en la prestación de servicios a través de plataformas digi-

843 Sin obviar que la casuística de cada relación puede implicar una calificación diferente.

tales, como ha ocurrido en Francia, sin perjuicio, de que se pueda desvirtuar dicha presunción demostrando los supuestos de subordinación y ajenidad, aplicando el test de indicios de laboralidad que aquí se ha presentado.

Sin embargo, recordemos que en Francia, donde la legislación se inclinó por la autonomía, las decisiones judiciales apuntan en sentido contrario, mientras que, en España a pesar de la aprobación de la "ley rider", con la cual se estableció una presunción de laboralidad para los trabajadores de las plataformas digitales, tampoco parece haberse solucionado el problema, pues, por un lado, un gran número de repartidores no quieren someterse a un sistema laboral que coarte su autonomía, y por el otro, hay empresas que han decidido cesar sus operaciones en el país[844] o contratar a un número limitado de trabajadores[845], lo que a todas luces significa pérdida de puestos de trabajo, y distorsión del modelo de negocio.

Ante este panorama, no juzgamos necesaria la reforma de la ley "laboral" propuesta por la doctrina que percibe la autonomía de los operarios como una forma de precarización o huida del derecho del trabajo, a fines de calificar a los trabajadores de plataformas como asalariados, ni crear una presunción de la laboralidad que ya existe. Esto va en contra de la naturaleza autónoma de la vinculación y no encaja en el formato económico de la vinculación. En tales supuestos de *lege ferenda,* nos inclinaríamos por las posturas que apuntan a reconocer y regular las formas intermedias (que abarcaría no sólo a los trabajadores de plataformas), o en su defecto, a la creación o reconocimiento del "trabajador digital", con regulaciones y derechos específicos, ajustados a la realidad económica del negocio, sin implicar igualación absoluta con los asalariados, ni arrebatar a los operarios el principal atractivo de este tipo de empleo: la autonomía y libertad horaria, de jornada, de escoger dónde y con cuál plataforma trabajar.

Desde una perspectiva más universal, y posiblemente más pragmática, junto a las recomendaciones de la OIT, del Parlamento de la Unión Europea, y buena parte de la doctrina citada, creemos que la solución para igualar a estos "operarios-usuarios de plataformas", no es dotarlos de un nombre o especial regulación legal, sino que, reconociendo su calidad de autónomos, se les garantice la protección y seguridad social que proclaman las constituciones que pregonan la existencia de un estado social de derecho. Los trabajadores de plataformas son "autónomos", y al igual que otros tantos que prestan servicios por cuenta propia, corren un palpable riesgo de desprotección social, que es el verdadero problema que hay que afrontar a través de las políticas públicas que efectivamente desarrollen el mandato constitucional de

844 Tal es el caso de Deliveroo, que anunció que cerrará operaciones en España. Véase: Deliveroo abandona España antes de la entrada en vigor de la ley de 'riders'. (2021, julio 30), Ob. Cit.

845 Glovo sólo contratará a unos 2000 repartidores para adecuarse a la ley. Véase: Glovo contratará a cerca de 2.000 repartidores en España antes de 2022 para adaptarse a la ley de 'riders' (2021, julio 28)..., Ob. Cit.

universalidad, para lo cual, además, puede ayudar la tecnología de la información y comunicaciones, como se propone de inmediato.

Para ello, será necesario un verdadero diálogo social entre las partes implicadas (de naturaleza tripartita), que permita actuar sobre el conjunto de vertientes laborales y de condiciones de trabajo propias del trabajo en plataformas. Así lo valora Cruz Villalón (2021, abril 5), para quien el diálogo social presenta valores positivos generales que se materializan con especial interés respecto del trabajo digital. "*Con carácter general y de forma resumida, el diálogo social refuerza la legitimación del poder público en su actuación respecto de las relaciones laborales, tiende a ofrecer soluciones más equilibrada en la respuesta frente al conflicto de interés en el mundo del trabajo, proporciona expectativas de mayor efectividad de las medidas adoptadas y, a la postre, tiene potencialidad de reducir las formas más intensas de conflictividad laboral*"[846]. Obviamente, esta coparticipación implica como supuesto *sine qua non* el reconocimiento de la libertad de asociación sindical o gremial (indistintamente de la condición de trabajador asalariado, hasta ahora requerido en muchos ordenamientos) y, de nuevo, la universalización de algunos derechos, incluida la libertad sindical para los autónomos.

VI.1. La problemática y su contexto

En el acápite I.1.2 nos hemos referido a la Industria 4.0, entendiendo que es una noción más amplia que la noción de tecnología de la información y comunicaciones. Aquella se sirve de esta. Asimismo, las plataformas digitales y su desarrollo pertenecen al sector TIC, siendo actualmente una de sus más notorias manifestaciones, pero por supuesto, no la única. La ejecución de una actividad productiva con intermediación de plataformas digitales en realidad abarca mucho más allá y trasciende o está presente en la economía global, transformada en el contexto de la Economía 4.0, con especial impacto en la forma de hacer el trabajo, la formación tecnológica, la globalización, las relaciones a distancia, el desplazamiento o acompañamiento del modelo fordista, y la proliferación de oficios e intercambios que difícilmente encuadrarán en el modelo tradicional de contrato de trabajo, de lo cual, en estos momentos, la economía de plataformas es ejemplo visible.

Algunos de esos cambios están vinculados con la globalización, el cambio tecnológico y la transformación de la organización y el funcionamiento de empresas, a los que se añade la frecuencia con que se procede a la reestructuración de empresas en un entorno económico sumamente competitivo.[847]

846 Cruz Villalón, J. (2021, abril 5). Trabajo digital, una nueva tarea para el diálogo social: Europa y España. Blog. Disponible en: https://jesuscruzvillalon.blogspot.com/2021/04/trabajo-digital-una-nueva-tarea-para-el.html?spref=tw [Consulta: 2021, abril 7].

847 Organización Internacional del Trabajo [OIT] (2006). La relación de trabajo..., Ob. Cit., párr. 30.

Según venimos proponiendo, y parece también ser la visión de buena parte de la doctrina y de los organismos internacionales, el problema es que la "huida del Derecho del Trabajo", ya no deviene de mecanismos defraudatorios o de la intención patronal de evadir las cargas inherentes a la contratación laboral, el asunto es, que existen nuevas formas de producción que enmarcan mejor en la nota de independencia, y que reclaman una expansión de la noción de "trabajador" y una cobertura subjetiva ampliada en materia de protección y seguridad social.

Aun siguiendo en las nociones de Derecho del Trabajo, lo que preocupa es la "precarización" de las condiciones en que se presten los servicios y evitar que se extingan las garantías mínimas. Cuestión nada fácil de resolver, pues las mencionadas garantías orbitan generalmente en torno a la noción del contrato de trabajo, entre otras: el salario mínimo, jornada máxima, vacaciones, prestaciones sociales, normas de higiene y seguridad, provisión de uniformes, derechos sindicales (sindicación, negociación colectiva y huelga), y por supuesto, la seguridad social.

Por ahora, la OIT, el Parlamento Europeo (con un poco más de resistencia) y buena parte de la doctrina laboral, parecen reconocer o admitir la condición de autónomos de los trabajadores de plataformas digitales, en tanto existe casi general consenso en que las notas de autonomía o independencia son tales que no permiten su calificación como subordinados o vinculados por un contrato de trabajo. Centrándose las iniciativas para prevenir la precarización -por ahora- en dos aspectos previamente mencionados: la posibilidad de representación y autoregulación (sindicación y negociación colectiva), por una parte; y por otra, la garantía (y mecanismos) de protección y seguridad social de los trabajadores autónomos. Por supuesto, se incorporan otras iniciativas, como la protección y derechos sobre los datos de los trabajadores, la reputación online y la protección de los consumidores. Pero son las dos primeras, en nuestro juicio, las prioridades que deben ocupar a los Estados e influir en sus políticas públicas y legislación.

Con relación a los nuevos modelos de seguridad social en la Industria 4.0, se señala[848]:

> A lo largo del siglo XX se cristalizó la idea de la seguridad social. Todos los instrumentos internacionales, desde la Declaración Universal de los Derechos del Hombre (Art. 22) el Pacto Internacional de los Derechos Económicos, Sociales y Culturales (Art. 9), así como varias cartas constitutivas, normas fundamentales o instrumentos especializados de seguridad social de organismos internacionales, como por ejemplo:

848 Mendizábal Bermúdez, G. y López Pérez, E. (2018) ¿Nuevo modelo de seguridad social en el contexto de la industria 4.0?. Revista Internacional y Comparada de Relaciones Laborales y Derecho del Empleo. Volumen 6, número 1, enero - marzo de 2018, pp. 301, 308 y 313. Disponible en: http://ejcls.adapt.it/index.php/rlde_adapt/article/view/560 [Consulta: 2020, junio 18].

la Organización de Estados Americanos (1948), el Mercosur (1991), la Comunidad Andina (1969), el Sistema de Integración Centroamericana (1961), la Comunidad del Caribe-CARICOM-(1973) se encargaron de extender y difundir el concepto de la seguridad social y el objetivo de la integralidad e universalidad, así como la obligación de los gobiernos de dar protección de seguridad social a su población.

En este siglo, a consecuencia de la crisis económica global del 2009 surge la iniciativa de piso de protección social por la Organización de las Naciones Unidas (ONU) misma que determinó que los Pisos de Protección Social, son *un conjunto básico de derechos, servicios e infraestructuras sociales con los que toda persona debería poder contar.*

Esta iniciativa es acogida por la Organización Internacional del Trabajo (OIT), quien propone en el 2012 la Recomendación número 202 sobre los pisos de protección social (sic), estableciendo que *cada país es responsable de diseñar y aplicar pisos sociales cuyas características se ajusten al marco de las estructuras institucionales, las restricciones económicas, las dinámicas políticas y las aspiraciones sociales propias de cada país* atendiendo los principios de universalidad, derecho a las prestaciones prescrito por la legislación nacional, adecuación y previsibilidad de las prestaciones, no discriminación, igualdad de géneros, inclusión social, realización progresiva, solidaridad en la financiación, gestión financiera y administración sanas, responsables y transparentes, sostenibilidad financiera, coherencia con las políticas sociales, económicas y de empleo.

(...)

La cobertura universal de seguridad social es una problemática constante a nivel mundial, pese a encontrarse plasmada en diversos instrumentos internacionales como un derecho humano, que deberá ser garantizado a toda persona, la realidad demuestra que lejos de poder cumplir esta prerrogativa nos enfrentamos a todo lo contrario, pues de acuerdo a la OIT solo el 27% de la población mundial tiene acceso a los sistemas de seguridad social mientras que el restante 73% carece de la cobertura o en el mejor de los casos cuenta con una cobertura parcial, poniendo en evidencia que la seguridad social como un derecho humano solo puede ser justiciable en una utopía.

Por cuanto a la región de América Latina, se debe hacer mención que aproximadamente el 40% de los trabajadores y sus familias no cuentan con ningún tipo de protección social, enfrentándose a condiciones de vida deplorables, y dependiendo de los beneficio que les otorgan programas asistenciales que constituyen el primer piso en la escalera de la protección social.

(...)

> **Por supuesto que los regímenes tradicionales basados en el aseguramiento social ligado a la relación de trabajo formal son obsoletos y no presentan alternativas de solución**. Se requiere de una adecuación de instrumentos de protección regulados por el derecho privado en combinación con el social para atender los cambios en la estructura del trabajo y poder dar protección a toda la sociedad.
>
> Antes de desarrollar esta propuesta es necesario analizar algunas de las consecuencias de la industria 4.0 en la seguridad social y los retos que ello implica. (Subrayado nuestro)

De esta reflexión, encontramos que los principales retos para la seguridad social en la Industria 4.0, son:

> Aumentar la cobertura; ampliar la protección ante nuevos riesgos en seguridad e higiene en el trabajo y atención a la salud; desarrollar nuevos mecanismos para el otorgamiento de subsidios por desempleo, subsidios para capacitación y formación para el empleo, pensiones de vejez; y asegurar la protección de datos de los trabajadores; brindar aseguramiento social obligatorio ligado al proyecto laboral y no a la subordinación laboral; ampliar los convenios de Derecho Internacional de Seguridad Social, puesto que la migración es un factor creciente en la industria 4.0; Si las nuevas formas de trabajo On-Demand Economy, se rigen por el derecho privado, se tendría que incluir reformas a las legislaciones de Derecho Privado para que éstas normas también incluyan garantías de protección si es necesario a través de los seguros privados de pensiones, de vida y de salud. Estaríamos entonces ante: ¿Nuevas formas de aseguramiento social a través de la privatización?
>
> No hay muchas propuestas, la más sencilla y ya mencionada por más de una década es **la deslaboralización de la seguridad social, desligando la protección de los seguros sociales a la actividad laboral formal y simplemente reconocerla como un derecho humano** y financiarla a través de impuestos generales, se dice fácil, pero es tan complicado, que ningún país ha hecho una transición con ese rumbo[849]. (Subrayado nuestro)

Como se ha dicho, el tema ni siquiera puede enfocarse desde la perspectiva de la prestación de servicios a través de plataformas digitales, sino dentro del mundo de la Economía 4.0, que implica o implicará la disminución de puestos de trabajo, tiempo de trabajo, y requerirá otro tipo de capacitación (digital), donde la robótica y nuevas tecnologías forzarán nuevos esquemas de producción y mayor competitividad. Este escenario, si bien puede significar un mayor y mejor acceso a los bienes

849 Ibidem, p. 323.

y servicios, seguramente a más bajo costo, también pude producir un decrecimiento en los ingresos y poder adquisitivo de los trabajadores en general, con relevante impacto en las cotizaciones y en los sistemas de seguridad social, que, como el colombiano, se vinculan principalmente a la prestación subordinada de servicios, o representan mayores esfuerzos para los autónomos.

VI.2. ASPECTOS QUE REQUIEREN ATENCIÓN

La problemática real de la prestación de servicios a través de plataformas tecnológicas, no se fundamenta en la calificación de los usuarios que ofrecen y prestan sus servicios a través de las aplicaciones, sino en la posible precarización del trabajo, especialmente en lo atinente a la protección social de estos autónomos o independientes. Los *ius laboralistas* han encaminado sus primeros esfuerzos en la calificación o categorización de los trabajadores de plataformas (dependientes vs. independientes) e incluso a la proposición de creación de nuevas categorías especiales, atípicas o intermedias, para, por último, abogar por la ampliación finalista de la noción de "trabajador" a fin de extender su protección, indistintamente que se le considere subordinado o autónomo. Para nosotros, mientras esto último ocurre, recordamos que junto o por sobre el Derecho del Trabajo (en una relación de género y especie), se sitúa otra disciplina jurídica, el Derecho Social, que entre sus manifestaciones contempla, el Derecho de la Seguridad Social, con sus características de universalidad y solidaridad, que no necesariamente requieren para sus fines y alcances la existencia de una vinculación laboral formal o contrato de trabajo.

El Derecho Social, bien se le entienda como derecho *de inordinación*, como disciplina protectora de los *hiposuficientes*, o como corriente jurídica[850], constituye una rama del derecho que se separa o deslinda de la tradicional dicotomía *Derecho Público-Derecho Privado*, y partiendo, la más de las veces, del propio mandato constituyente y/o de convenios sobre derechos humanos, hace eco de lo que se conoce como justicia social y se inserta en la noción de Estado Social de Derecho. Que regula situaciones, relaciones o derechos de los particulares que ameritan de reglas tuitivas, compensatorias e imperativas, por ende, con responsabilidad o intervención de los Estados[851]. Tal es el caso, del Derecho de Familia y Menores, el Derecho Agrario,

---

850 Caldera, R. (1960) Derecho del trabajo...Ob. Cit., p. 64-69.

851 Otros tratadistas, ya desde finales de la década de los ochenta, apuntan a forjar una nueva vertiente del Derecho, denominada Derecho Social, la cual incluye el Derecho del Trabajo. De igual manera, aparecen dentro de esta vertiente el Derecho del Medio Ambiente, el Derecho Agrario, el Derecho Migratorio y el Derecho de la Seguridad Social. Algunos tratadistas incluyen, asimismo, el Derecho del Consumo y el Derecho de la Competencia. Puntualmente estas ramas del Derecho tienen en común la necesidad del intervencionismo (jurídico) estatal en el desarrollo de actividades con relevancia social o económica, donde las relaciones de poder entre quienes participan de ellas tienden a padecer de un desequilibrio natural (Subrayado nuestro). Vallecilla Baena, L. F. (2018) La relación laboral...Ob. Cit., p. 35-36.

el Derecho Económico, de Consumidores, del Trabajo y -al que especialmente nos referimos- de la Seguridad Social[852].

En esta materia, de protección y seguridad social, el trabajo a través de plataformas confronta los siguientes retos o problemáticas:

1) Permitir formas de asociación gremial o sindical a aquellos grupos de prestadores de servicios que deseen exigir o negociar condiciones relativas a determinada categoría de servicios. Y junto a ello, crear mecanismos para la obligatoria negociación de las condiciones de trabajo (aunque éste no sea subordinado).

2) Los trabajadores a través de plataformas digitales tienen las mismas necesidades que cualesquiera trabajadores independientes, y por ello debe potenciarse: la obligatoria inscripción, cotización y garantía de cobertura por los sistemas de seguridad social.

3) La protección, acceso y cobertura del sistema general de seguridad social debe incluir a los prestadores de servicios que por la flexibilidad horaria y de jornada, propia del sistema de trabajo digital; por las bajas remuneraciones o inestabilidad del mercado en otros oficios; o por las condiciones propias de cada trabajador (con discapacidad, estudiantes, migrantes, amas de casa, etc.); regularmente perciban contraprestaciones inferiores al salario mínimo legal, y que en el estadio actual de la legislación podrían estar excluidos de la seguridad o sometidos a complejos y selectivos regímenes de subsidios. Las políticas públicas deben dirigirse a la creación u ordenación de una normatividad que garantice la cobertura de seguridad social a estos prestadores de servicios a través de plataformas, misma que, de manera paritaria, debe regir a todos los trabajadores autónomos o independientes, incluyendo a quienes devenguen remuneraciones inferiores al salario mínimo.

4) En la economía de plataformas las relaciones no son bilaterales (contratante y contratado), sino triangulares o cuadrangulares. Ello, implica que el recibidor y pagador del servicio (contratante), que además constituye un mercado masivo indeterminado, mantiene una vinculación con el prestador de servicios, absolutamente temporal, efímera o circunstancial, por lo que ni siquiera podría sostenerse que existe un "contrato de prestación de servicios", y de existir, resultaría muy complejo exigir a esta multiplicidad o indeterminada masa de usuarios "consumidores" el cumplimiento de deberes formales como la recaudación. De su parte, las plataformas, son intermediarios, por lo que tampoco asumirían cargas formales de recaudación, ni obligaciones (formales y contributivas) relativas a riesgos laborales, motivos por los cuales, toda la carga relativa a la inscripción, de-

852 De La Cueva, M. (2011) El nuevo derecho mexicano…Ob. Cit., p. 75-76.

claración y pago recae en cabeza de los prestadores de servicios. Esto debe solucionarse.

5) Adicionalmente, la afiliación, cálculo y pago de cotizaciones o aportes de los autónomos, especialmente en el caso de servicios a través de plataformas, podrían resultar más complejos, por la circunstancia de que los prestadores de servicios utilizan simultáneamente varias plataformas y perciben sus ingresos a través de cada una de ellas. Igualmente, es posible que los trabajadores combinen o complementen los ingresos percibidos en otros trabajos subordinados (contratos de trabajo) u otras actividades independientes.

6) Deben garantizarse otros derechos que desbordan el ámbito laboral, como la protección de datos, la portabilidad de la reputación, el derecho a la desconexión, y el derecho a conocer las pautas generales o principales del manejo de los algoritmos que inciden en los precios o asignación de servicios.

VI.3. PROPUESTAS DE SOLUCIÓN

Dada la caracterización verificada, que reconoce como regla general a las empresas de plataformas digitales como pertenecientes al sector de Tecnología de la Información y las Comunicaciones, y a los usuarios prestadores de servicios a través de la intermediación de plataformas como auténticos trabajadores independientes, no vinculados a través de contrato de trabajo, y partiendo de los análisis realizados a lo largo del presente trabajo sobre diversos tópicos de la prestación de servicios a través de plataformas digitales, en atención a la problemática detectada y puesta de manifiesto, y siguiendo en lo pertinente las recomendaciones de la OIT y el Parlamento Europeo, así como doctrina especializada, se propone:

VI.3.1. Carácter y naturaleza de las plataformas tecnológicas de intercambio o intermediación de bienes y servicios

Reafirmar por vía legislativa o reglamentaria que las empresas que operan plataformas tecnológicas de intercambio de bienes y servicios pertenecen al sector de la Tecnología de la Información y Comunicaciones, independientemente de que sirvan o usen para la intermediación de bienes y servicios de otros sectores (económicos, industriales, productivos, culturales, o de cualquier otra naturaleza).

VI.3.2. Presunción legal de independencia de los prestadores de servicios

Establecer por vía legislativa una presunción *iuris tantum* de independencia en los servicios prestados a través o por intermedio de plataformas, incluyendo expresamente entre sus requisitos la no exclusividad y flexibilidad de horarios y de conexión. Entendemos que esto obra en contra de la presunción general de laboralidad, pero ayudaría a evitar la incertidumbre, generar seguridad jurídica, y permitiría la diáfana regulación de otros aspectos.

VI.3.3. Que se regularice la prestación de servicios de transporte privado remunerado de personas a través de aplicaciones tecnológicas

Como se ha hecho en España[853] y Brasil, se disponga, entre los demás requisitos pertinentes, la obligatoriedad de inscripción o afiliación previa de los conductores como independientes en el Sistema General de Seguridad Social[854]. En algunos países, como Colombia, existen pesadas cargas o costos para los taxistas o vehículos autorizados formalmente para la prestación de servicios de taxi, lo que ha generado conflictos entre los autorizados y los taxistas de plataformas que aún se consideran "ilegales", quienes no soportan las referidas cargas económicas y burocráticas.

Una solución necesaria es la equiparación de ambos tipos de transportistas, por supuesto, no cargando de costos a los de plataformas, sino flexibilizando y abaratando el costo de las licencias y permisos para la prestación del servicio público en general.

VI.3.4. Obligatoriedad de afiliación a la Seguridad Social

Que se estipule la obligatoriedad de los prestadores de servicios a través de plataformas de afiliarse, como trabajadores independientes, al Sistema de Seguridad Social, bien, general o bien subsidiado (o de piso de protección social), como requisito previo para activar su conectividad como prestador de servicios. Comenzaría así la ejecución de la responsabilidad social de las plataformas.

En Colombia, según datos del Observatorio Laboral de la Universidad del Rosario, derivados de una encuesta a 318 repartidores de plataformas digitales, el 91,2 % no estaba afiliado al Sistema General de Riesgos Laborales, pero 63% había

853 (...)"*La legislación española prevé la figura de 'autónomos dependientes proveedores de servicios de transporte' (teniendo estas autorizaciones administrativas que poseen con vehículos comerciales de servicio público). Esta es la categoría regulada de 'transportistas autorizados' ya, normalmente excluidos de la legislación laboral general en España, a los efectos de su consideración como TAED, están exentos de acreditar este requisito, como Disposición adicional 11 ° de la LETA y primera del RD 197/2009*". Gonçalves Zipperer, A. (2019) A Intermediação de Trabalho...Ob. Cit., p. 128.

854 Como, por ejemplo, en Colombia lo dispone el Decreto 1833 de 2016, respecto a los conductores de taxi. "***Artículo 2.2.18.2.3.1. Seguridad Social para conductores.*** *Los conductores de los equipos destinados al servicio público de transporte terrestre automotor individual de pasajeros en vehículos taxi deberán estar afiliados como cotizantes al sistema de seguridad social y no podrán operar sin que se encuentren activos en el sistema de pensiones, y se regirán según las disposiciones contenidas en la sección 1 del capítulo 6 del título 1 de la parte 2 del libro 2 del Decreto 1072 de 2015*". Decreto 1833 de 2016. Sistema General de Pensiones. (2016, noviembre 10) (Actualizado 2021, julio 26) [Transcripción en línea] Disponible en: https://www.funcionpublica.gov.co/eva/gestornormativo/norma.php?i=85319 [Consulta: 2021, julio 26].

sufrido accidentes durante su trabajo[855], demostrando una desprotección en el sistema de seguridad social para estos trabajadores.

Hasta los momentos en este país sólo se han puesto en marcha excepcionales iniciativas que intentan tímidamente otorgar una protección social a los trabajadores por medio de las plataformas (porque no hay obligación de hacerlo). Una de ellas es la anunciada por la plataforma digital de reparto iFood (en marzo de 2021), por medio del cual ofrece hacer un aporte a la seguridad social de los repartidores. Se trata de un beneficio voluntario, al cual si el domiciliario desea acceder debe aceptar los términos y condiciones establecidos por la empresa. Después del cierre de mes, la plataforma, de acuerdo a los ingresos generados por cada trabajador, calculará el valor del aporte que le corresponde frente al sistema de seguridad social aplicable para subsidiar el pago de la contribución, sin afectar el ingreso de los repartidores[856]; dejando en claro que los aportes estarán alineados a la regulación vigente con relación sus responsabilidades como trabajadores independientes, de acuerdo a si sus ingresos son superiores o inferiores al salario mínimo legal vigente. Además, iFood incluiría a estos repartidores registrados en una póliza de seguro, que cubriría los costos por accidentes ocurridos durante los trayectos que recorran durante las entregas con la empresa[857].

VI.3.5. Que se garantice expresamente por vía normativa la posibilidad de asociación o agremiación de los prestadores de servicios por intermedio de plataformas digitales

En Colombia el derecho a la libertad sindical (asociación y negoción colectiva) está garantizado constitucionalmente incluso para los trabajadores independientes, tal y como ha sido reconocido por la doctrina nacional y la Corte Constitucional[858].

---

855 Amado Correa, A. M. (2020, octubre 14) Un paso importante en la lucha por los derechos en las plataformas digitales..., Ob. Cit.

856 iFood anuncia que comenzará el pago de seguridad social para 44.000 domiciliarios (2021, marzo 18). Semana. Disponible en: https://www.semana.com/economia/articulo/ifood-anuncia-que-comenzara-el-pago-de-seguridad-social-para-44000-domiciliarios/202148/ [Consulta: 2021, marzo 19].

857 iFood comenzará a pagar la seguridad social a sus repartidores (2021, marzo 19). Soy Emprendedor. Disponible en: https://soyemprendedor.co/ifood-comenzara-a-pagar-la-seguridad-social-a-sus-repartidores/7325/ [Consulta: 2021, marzo 19].

858 Puesto que trabajo es, tanto la actividad que se ejecuta bajo subordinación en el marco de una relación laboral contractual o reglamentaria, como la que realizan sin subordinación y sin relación laboral los trabajadores independientes, resulta que el derecho a condiciones dignas y justas en su ejercicio, consagrado en los artículos 25 y 53 de la Carta Política para toda persona, se extiende más allá del grupo conformado por los empleados vinculados contractual o reglamentariamente con su empleador, y cubre a todos los trabajadores, así el desarrollo legal de este derecho no sea igual para todos ellos.

Sin embargo, en otros países tal derecho que constituye una preocupación de los organismos multilaterales, debe ser expresamente reglamentado por la legislación en favor de los trabajadores independientes, incluidos los prestadores de servicios a través de plataformas digitales. En otros países, como el Reino Unido[859], las discusiones sobre la laboralidad o no de los prestadores de servicios a través de plataformas precisamente se ha suscitado al momento de pretenderse la inscripción de sindicatos, lo que delata la existencia de legislaciones que solo conciben la posibilidad de agremiación para los trabajadores asalariados, anteponiendo una barrera que debe ser superada a través de la extensión de estos derechos a todos tipos de trabajadores[860].

VI.3.6. Regulación sobre la reputación online

Que se reglamente el derecho de los usuarios a realizar calificaciones en las plataformas y acceder a dicha información, así como el derecho a rectificación de datos y a la portabilidad de la reputación online, tal y como lo recomienda el Parlamento de la Unión Europea.

Similar afirmación puede hacerse sobre el derecho a la libre asociación sindical, del que sólo excluyó el Constituyente a los miembros de la Fuerza Pública, y del que son titulares tanto los trabajadores contratados como los independientes; además, del derecho a la negociación colectiva sólo se privó a los miembros de las Fuerzas Armadas y a quienes prestan servicios públicos esenciales, así catalogados por el legislador (C.P. arts 39 y 56).

Ahora bien: establecido que las actoras realizaban una actividad laboral lícita, y que todas ellas, a más de los denominados contratos de corretaje y suministro de productos, tenían otro vínculo contractual con la empresa demandada, en virtud del cual renunciaron a realizar su labor para cualquier otra firma, es claro que ellas no sólo tenían el derecho de sindicalización, sino también el derecho de negociación colectiva para regular su relación laboral, puesto que ellas no se encuentran en ninguno de los casos expresamente excepcionados por la ley, y el texto del artículo 55 de la Carta Política es claro: *"se garantiza el derecho de negociación colectiva para regular las relaciones laborales, con las excepciones que señale la ley"*. Corte Constitucional (1999, septiembre 2). Sentencia T-648/99. [MP: Carlos Gaviria Díaz].

859 Tal y como ocurrió en el caso de la sentencia del Comité Central de Arbitraje de fecha 14 de noviembre de 2017, que fue conformada por la Alta Corte de Justicia en sentencia del 5 de diciembre de 2018, en las cuales se les negó a los repartidores (*riders*) de la plataforma *Deliveroo* la posibilidad de constituir un sindicato. Véase acápite IV.2.- Diversidad de soluciones judiciales y legislativas en el ámbito internacional. Derecho Comparado, específicamente la sección correspondiente al Reino Unido.

860 Tratamiento igualitario establecido en los convenios fundamentales de la OIT relativos a la libertad de asociación y libertad sindical y la libertad de negociación colectiva como el Convenio sobre la libertad sindical y la protección del derecho de sindicación, 1948 (núm. 87) y el Convenio sobre el derecho de sindicación y de negociación colectiva, 1949 (núm. 98).

VI.3.7. Mejoramiento o aplicación del régimen de seguridad social de los trabajadores independientes en general

Habida cuenta de la existencia de nuevas formas de empleo, más flexible y con autonomía, se hace necesaria una mejor regulación de la vinculación de los prestadores de servicios independientes (dentro de los que se encuentran los trabajadores de servicios a través de plataformas) a los sistemas de seguridad social, para lo cual se propone:

VI.3.7.1. Uso de la tecnología de la información y comunicaciones para la afiliación, cotización y pago

Determinar e implementar mecanismos tecnológicos y de cooperación, fundamentalmente para el manejo de la información de los afiliados y sus remuneraciones. Por vía legal o reglamentaria se puede ordenar la creación o mejoramiento de los mecanismos electrónicos pertinentes para simplificar los trámites de afiliación, movilidad entre sistemas, de cotizaciones y control de la evasión. En este último aspecto, y considerando que los prestadores de servicios en plataformas y otros trabajadores independientes pueden percibir ingresos de diversas fuentes, incluso paralelamente de varios empleadores formales, deben implementarse instrumentos electrónicos que permitan a los independientes, a los contratantes y a las plataformas de intermediación, cargar y trasmitir a las instituciones del sistema de seguridad social y órganos de control, datos exactos y periódicamente actualizados sobre los ingresos de los operarios, que permitan mantener información al día y estimar con exactitud el monto de las cotizaciones.

VI.3.7.2. Obligatoriedad de afiliación de los trabajadores independientes y colaboración de las plataformas en la recaudación.

Como se ha propuesto previamente, que se estipule la obligatoriedad de afiliarse al Sistema de Seguridad Social, bien, general o bien subsidiado (o de piso de protección social), como requisito previo para la suscripción de cualesquiera contratos de prestación de servicios o de asociación a plataformas digitales. Así mismo, más allá de la obligación de las plataformas de proveer información a los sistemas de seguridad social como se ha propuesto en el acápite VI.3.7.1., también podría pensarse en atribuir a las plataformas la cualidad de agentes recaudadores o de retención, a fines de que (sin exigirles contribución económica), colaboren con la retención, recaudación y pago del porcentaje que corresponda aportar o cotizar a cada asociado (autónomo) a la seguridad social, indistintamente de la cuantía de la remuneración. Obviamente, esto implicaría algún costo administrativo para las plataformas, pero con el uso de la tecnología, seguramente será bastante menos oneroso que exigirles que aporten en cualidad de empleadores.

VI.3.7.3. Creación de porcentajes variables de cotización de acuerdo con la capacidad contributiva e implementación de sistema de pisos mínimos de protección

Con miras a la universalidad de los sistemas de protección, y especialmente para garantizar la inclusión de los trabajadores autónomo, que en ocasiones pueden devengar menos que el salario mínimo, y siendo que, en muchas legislaciones como la colombiana, la base contributiva parte del salario mínimo legal mensual vigente (SMLMV), se propone, por una parte, establecer porcentajes gradados y que se incrementen de acuerdo al nivel de ingreso, como lo prevé el sistema Frances[861], y de otro lado implementar los pisos mínimos de protección social en seguimiento de la Recomendación R202 - Recomendación sobre los pisos de protección social, 2012 (núm. 202). Que dispone:

9.

1) Al proporcionar las garantías básicas de seguridad social, los Miembros deberían considerar diferentes enfoques, con vistas a aplicar la combinación más eficaz y eficiente de prestaciones y regímenes en el contexto nacional.

2) Estas prestaciones podrán incluir prestaciones familiares y por hijos a cargo, prestaciones de enfermedad y atención de salud, prestaciones de maternidad, prestaciones de invalidez, prestaciones de vejez, prestaciones de sobrevivientes, prestaciones de desempleo y garantías de empleo, y prestaciones por accidentes del trabajo y enfermedades profesionales, así como cualquier otra prestación social, ya sea monetaria o en especie.

3) Esas prestaciones podrán ser suministradas por regímenes universales de prestaciones, regímenes de seguro social, regímenes de asistencia social, regímenes de impuesto negativo sobre la renta, regímenes públicos de empleo y regímenes de apoyo al empleo.

11.

1) Los Miembros deberían considerar una serie de métodos para movilizar los recursos necesarios a fin de asegurar la sostenibilidad financiera, fiscal y económica de los pisos de protección social nacionales, <u>tomando en consideración la capacidad contributiva de los distintos grupos de población</u>. Esos métodos, utilizados individualmente o en combinación, podrán consistir en hacer cumplir efectivamente las obligaciones tributarias y contributivas, redefinir las prioridades de

---

861 Según información del Cleiss de Francia (Centro de enlaces de seguridad social europeos e internacionales), el esquema de protección social para los autónomos de ese país, modificado en el año 2017, prevé un mecanismo de tasas de contribución que varía de acuerdo al ingreso real obtenido anualmente por los trabajadores independientes o autónomos, dependiendo del tipo de actividad realizada, y para algunas contribuciones, dispone muy bajos porcentajes de cotización, o incluso, a la exoneración para algunos regímenes, dependiendo del nivel de ingresos del aportante. Cleiss (2020). Le régime français de protection sociale des travailleurs indépendants. [Traducción libre] Disponible en: https://www.cleiss.fr/docs/regimes/ regime_france_independants.html [Consulta: 2019, octubre 10].

gasto o crear una base de recaudación más amplia y suficientemente progresiva.

2) A los efectos de la aplicación de estos métodos, los Miembros deberían considerar la necesidad de adoptar medidas destinadas a prevenir el fraude, la evasión fiscal y el impago de las cotizaciones. (Subrayado nuestro)[862].

Por ahora, consideramos que la implementación global o más o menos homogénea de estas recomendaciones -o algunas de ellas- podría aportar avances para prevenir o contrarrestar la temida precariedad.

862 OIT. R202 - Social Protection Floors Recommendation, 2012 (N° 202) (2012, junio 14) [Transcripción en línea]. Disponible en: https://www.ilo.org/dyn/normlex/en/f?p=NORMLEXPUB:12100:0::NO::P12100_INSTRUMENT_ID,P12100_LANG_CODE:3065524,es [Consulta: 2021, julio 19].

CONCLUSIONES Y RECOMENDACIONES

En un mundo en el que la tecnología ha ido cambiando y renovando la manera en que interactúa la sociedad, surge la "Economía Colaborativa"[863], como un fenómeno disruptivo renovador y potenciador de las formas de hacer transacciones en sectores tradicionales. Insertada en el sector TIC (tecnología de la información y comunicaciones) que a su vez se enmarca en la "Sociedad de la Información", en lo que se ha denominado la Cuarta Revolución Industrial o Industria 4.0; ha impactado el trabajo, la forma de prestar servicios, las relaciones a distancia y la proliferación de oficios, al valerse de herramientas tecnológicas para desarrollar un modelo de negocio flexible e interactivo, generando la masificación del intercambio de bienes y servicios.

En las interacciones propias de esta "Economía de plataformas" participan más de dos sujetos, y los usuarios prestadores de servicios no actúan vinculados a través de contratos de trabajo sino como auténticos trabajadores independientes, que deciden su horario, jornada diaria o semanal y ganancias, sitio de trabajo y a través de cuál plataforma laborar, al tiempo que, pueden tener otros medios de ingresos, utilizan sus propias herramientas, asumen riesgos y no se comprometen formalmente a prestar servicios.

Tales características han traído beneficios para todos los implicados (consumidores, comercios, plataformas y prestadores de servicios), pero también ha puesto de manifiesto otros problemas asociados al ámbito laboral y de la seguridad social. La "huida del Derecho del Trabajo" ya no se debe sólo a mecanismos defraudatorios por parte del patrono, sino a la efectiva autonomía que, lamentablemente, muchas veces también implica "precarización" de las condiciones en que se prestan los servicios, en especial con relación a la inexistencia de garantías mínimas (salario mínimo, jornadas, estabilidad, prestaciones) y especialmente, en lo atinente a la protección social de estos autónomos.

Ha quedado definitivamente expuesta la insuficiencia del sistema binario "asalariado vs. autónomo" que concibe el Derecho de Trabajo como fuente para la

863 También conocida como *"uber economy"*, *"gig economy"*, *"economía de plataformas"*, *"per to per"*, entre otros; mientras que la prestación de servicios a través de las plataformas ha recibido el nombre de trabajo *"on demand"* o *"crowdworking"*.

protección de los primeros mientras que desampara a los segundos, y cuya orientación se inclina a "laborizar" cualquier tipo de vínculo en desconocimiento de otros negocios lícitos que no comprenden los elementos o características propias de la relación de trabajo. Obrando necesaria, bien la revisión del Derecho del Trabajo, o bien la intervención universalizante del Derecho de la Seguridad Social.

Hasta ahora, encontramos escasas soluciones legislativas, que amén de diversas, no parecen haber dado fin al conflicto. Por otra parte, hemos analizado abundante producción judicial de diversos países, también con disímiles conclusiones, sin el carácter homogéneo, pacífico y de reiteración que se requiere para considerar la existencia y posible carácter vinculante de un precedente jurisprudencial. Resaltando, además, los casos en que se han producido confrontaciones entre el Poder Legislativo y el Judicial.

Lo mismo ocurre con relación a la doctrina, pues al contrastar las posiciones de diversos autores iberoamericanos con relación al tema nos encontramos con que hay un heterogéneo cúmulo de criterios: i. Aquellos que califican como subordinado el trabajo en las plataformas; ii. Los que reconocen que el modelo de negocio no podría ser regulado con las normas actualmente existentes y ven la necesidad de crear nuevas categorías especiales (como el "trabajador digital", el "trabajador por demanda", el *"trabajador de plataformas digitales"*, el "trabajador colaborativo" o el *"trabajador de subcontratación múltiple [crowdsourcing]*) e incluso figuras intermedias (como la de los trabajadores *"parasubordinados"* en Italia, la de los *"autónomos económicamente dependientes"* en España, la de los *"Arbeitnehmerähnliche Person" en Alemania, la de los "travailleurs économiquement dépendants"* en Francia o la de los *"workers"* del Reino Unido); iii. Quienes consideramos que se trata simplemente de trabajadores autónomos o independientes y que la problemática social radica en la forma de protección de los trabajadores autónomos en general; y iv. Los que indiferentemente de la calificación, abogan por la creación de un sistema de protección social universal o que ampare por igual a dependientes y autónomos (posición a la que también nos adherimos).

Resulta tan compleja la situación que importantes autores iberoamericanos parecen haber cambiado de postura en muy corto plazo, e incluso han propuesto cambios de las metodologías de análisis de los casos o han asumido -o proponen introducir- "nuevos" indicios de laboralidad.

De nuestra parte, a través de la utilización de la Recomendación R198 de la OIT y de otros indicios aportados por la jurisprudencia latinoamericana, nos dimos a la tarea de aplicarlos a las características (generales) propias del trabajo a través de plataformas digitales, y de los principios de presunción de laboralidad y la primacía de la realidad sobre las formas o apariencias, para concluir que se trataba de verdaderos trabajadores autónomos. Lamentablemente (indistintamente de la conclusión que asumimos) la mayoría de las decisiones que se analizaron no aplicaron sistemáticamente la referida Recomendación, cuyo contenido entendemos como vinculante.

En ninguna de las decisiones revisadas apreciamos la revisión sistemática de todos los indicios propuestos en la Recomendación R198 de la OIT, sino que cada juzgador se valió -a conveniencia- de aquellos que les eran útiles para asumir una determinada postura (subordinación o autonomía). Y al no haber unidad de criterios, es predecible que se produzcan decisiones judiciales contradictorias dentro de una misma jurisdicción.

Partiendo de la hasta ahora conflictiva caracterización del trabajo a través de las plataformas digitales, y en general de la precariedad propia de la autonomía, es necesario plantear soluciones prácticas para los trabajadores independientes. Las políticas públicas deberían estar orientadas a la creación de normas que garanticen la cobertura de seguridad social que abarque, no sólo a estos prestadores de servicios a través de plataformas, sino a todos los trabajadores autónomos, reconociendo su calidad de independientes y garantizando la protección que requieren por parte de la seguridad social.

Mucho se ha debatido también con relación a otros derechos colectivos (de asociación y negociación), al carácter discriminatorio de los algoritmos, al peso que le da la plataforma a la reputación digital, a la regularización y licenciamiento de la prestación de servicios de transporte privado remunerado de personas a través de aplicaciones tecnológicas, entre otros temas vinculados. Estas preocupaciones han ocupado a organismos multilaterales como la Organización Internacional del Trabajo (OIT), la Organización de las Naciones Unidas (ONU) y la Unión Europea -a través del Parlamento y la Comisión de la Unión Europea y el Tribunal de Justicia de la Unión Europea (TJUE)-, que han planteado posiciones y recomendaciones con el objeto de encontrar alternativas de solución y propiciar la inserción de los trabajadores autónomos, y entre ellos los de plataformas, en los sistemas de seguridad social, e instado al diálogo social dentro de los Estados para lograrlo.

La realidad es que la flexibilidad y complejidad de las vinculaciones surgidas del intercambio de bienes y servicios a través de plataformas digitales ha impactado y continuará impactando en importantes sectores económicos, sociales y culturales de los diferentes países, y por supuesto, en el ámbito del Derecho del Trabajo y de la Seguridad Social, por lo cual las medidas a tomar deberán estar orientadas a:

- regularizar la prestación de servicios de transporte privado remunerado de personas a través de aplicaciones tecnológicas;
- establecer las condiciones para que los trabajadores autónomos en general, incluyendo a los de plataformas digitales, puedan ser insertados eficazmente en los sistemas de Seguridad Social (haciendo que sea obligatoria su afiliación, que puedan cotizar de acuerdo con su capacidad contributiva e implementando sistemas de pisos mínimos de protección, con colaboración informativa y recaudatoria obligatoria por parte de las plataformas);
- garantizar por vía normativa la posibilidad de asociación o agremiación de los prestadores de servicios por intermedio de plataformas digitales; y
- generar una adecuada regulación de la reputación digital y de los algoritmos;

Para ello, el camino va más allá de una reforma laboral, posiblemente enmarcada en un verdadero diálogo social que permita equilibrar la situación entre las partes implicadas y actuar en una relación de mutuos beneficios, que no necesariamente significa la igualación de los trabajadores digitales con los asalariados, sino el reconocimiento de beneficios adecuados en términos económicos, la preservación de su autonomía y libertad horaria, de jornada, de escoger dónde y con cuál plataforma trabajar, y la cobertura ampliada de los sistemas de seguridad social.

REFERENCIAS

ABREVIATURAS

BID	Banco Interamericano de Desarrollo
CE	Consejo de Estado
CE-SCA	Consejo de Estado, Sala de lo Contencioso Administrativo
CIPPEC	Centro de Implementación de Políticas Públicas para la Equidad y el Crecimiento
CP	Constitución Política
CSJ	Corte Suprema de Justicia
CSJ-SCL	Corte Suprema de Justicia, Sala de Casación Laboral
CST	Código Sustantivo del Trabajo
DLOTTT	Decreto con rango, valor y fuerza de Ley Orgánica del Trabajo, los Trabajadores y las Trabajadoras (Venezuela)
LETA	Ley del Estatuto de Trabajo Autónomo (España)
lit.	Literal
MP	Magistrado ponente
OIT	Organización Internacional del Trabajo
ONU	Organización de las Naciones Unidas
Párr.	Párrafo
PND	Plan Nacional de Desarrollo
Rad.	Radicado
Sent.	Sentencia
smlmv	Salario mínimo legal mensual vigente
TIC	Tecnologías de la Información y Comunicaciones
TJUE	Tribunal de Justicia de la Unión Europea
UE	Unión Europea

BIBLIOGRAFÍA

Administración Federal de Ingresos Públicos (SF). Lo que Usted necesita saber sobre Monotributo. Disponible en: http://www.afip.gov.ar/monotributo/documentos/ monotributo.pdf [Consulta: 2021, febrero 3].

Aguilar Camero, R. A. (2014) Constitución, potestades administrativas y derechos fundamentales en la Ley Orgánica del Trabajo, los Trabajadores y las Trabajadoras (LOTTT). Caracas: Funeda.

Aguilar Camero, Ramón A. (2014) El carácter jurídico laboral de la función pública. La necesidad de reconocimiento de garantías constitucionales de tipo laboral en favor de los funcionarios públicos». Revista de Derecho Funcionarial. N° 11. Caracas: Funeda. Disponible en: https://www.amsabogados.com.ve/images/publicaciones/Ramon_Alfredo_Aguilar_el_caracter_juridico_laboral_de_la_funcion.pdf [Consulta: 2020, mayo 20].

Aguilar Camero, R. A. (2020, octubre). Sobre la laboralidad de los repartidores de Glovo. Lo que no se ha dicho de la sentencia del Tribunal Supremo Español STS-25-09-2020. Una decisión fundada en excepciones y contradicciones. [Blog] Disponible en: https://alfredoaguilar16.wixsite.com/website/post/sobre-la-laboralidad-de-los-repartidores-de-glovo [Consulta: 2020, octubre 10].

Aguilar, J. (2021, mayo 11) El Gobierno aprueba la 'ley rider': Glovo y Deliveroo tienen tres meses para contratar a los repartidores. ABC (España). Disponible en: https://www.abc.es/economia/abci-gobierno-aprueba-ley-rider-glovo-y-deliveroo-tienen-tres-meses-para-contratar-repartidores-202105111416_noticia.html [Consulta:2021, mayo 12].

Alexy R. (2009) Derechos fundamentales, ponderación y racionalidad. Revista Iberoamericana de Derecho Procesal Constitucional, N° 11, enero-junio 2009.

Alfonzo Guzmán, R. (1996) Nueva Didáctica del Derecho del Trabajo. 12° edición. Caracas: Melvin.

Alfonzo Guzmán, R. (2005) Otras Caras del Prisma Laboral. Caracas: Melvin.

Almanza Junco, J. E. (2018). Intermediación y tercerización laboral: relaciones contractuales y cumplimiento de los derechos mínimos laborales irrenunciables del trabajador. Derecho laboral en Colombia. Colección jus laboral N° 8. Bogotá: Universidad Católica de Colombia.

Alonso Olea, M. y Casas Baamonde, M. (2005) Derecho del Trabajo. Vigesimotercera Edición. Madrid: Thomson Civitas.

Amazon Mechanical Turk [MTurk] (2020) [Página Web en línea] [Traducción libre]. Disponible en https://www.mturk.com/ [Consulta: 2020, mayo 15].

Amado Correa, A. M. (2020, octubre 14) Un paso importante en la lucha por los derechos en las plataformas digitales: se declara la relación laboral. Agencia de Infromación Laboral (AIL). Disponible en: https://ail.ens.org.co/opinion/un-paso-importante-en-la-lucha-por-los-derechos-en-las-plataformas-digitales-se-declara-la-relacion-laboral/ [Consulta: 2021, marzo 6].

Ángel Quiroga, M. y otros (2021, abril) Anuario 2020 de Jurisprudencia Laboral (estudio de 100 casos relevantes). Areta Martínez, M. y otros (consejo de redacción). Madrid: Imprenta Nacional de la Agencia Estatal Boletín Oficial del Estado.

Antonmattei, P. y Sciberras, J. (2008, noviembre). El trabajador económico dependiente: ¿qué protección? Reporte para el Ministro de Trabajo, Relaciones Sociales, Familia y Solidaridad (Francia)[Traducción libre]. Disponible en: https://www.vie-publique.fr/sites/default/files/rapport/pdf/084000694.pdf [Consulta: 2020, octubre 2].

Arango Olaya, M. (2004). El bloque de constitucionalidad en la jurisprudencia de la Corte Constitucional colombiana. Precedente, Revista Jurídica, 79-102. Disponible en: http://www.icesi.edu.co/contenido/pdfs/03.pdf [Consulta: 2019, octubre 10].

Arrieta Palacio, E. (2021, enero 4) Anna Ginés (Esade): "La 'Ley Rider' no evitará la precariedad en plataformas". El Español, sección Invertia. Disponible en: https://www.elespanol.com/invertia/disruptores-innovadores/politica-digital/espana/ 20210104/anna-gines-esade-ley-rider-no-precariedad/547446332_0.html [Consulta: 2021, junio 10].

Asociación Española de la Economía Digital [Adigital] (2020, septiembre) Importancia económica de las plataformas digitales de delivery y perfil de los repartidores en España. Disponible en: https://www.adigital.org/media/importancia-economica-de-las-plataformas-digitales-de-delivery-y-perfil-de-los-repartidores-en-espana.pdf [Consulta: 2020, octubre 19].

Atienza, M. y Ruiz Manero, J. (1991) Sobre principios y reglas. Cuadernos de Filosofía del Derecho. N° 10. Disponible en: http://www.cervantesvirtual.com/nd/ark:/ 59851/bmcbk1q1 [Consulta: 2019, octubre 20].

Ballotpedia (2019, diciembre 9). Proposition 22 (2020) California Initiative [Traducción libre]. Disponible en: https://cdn.ballotpedia.org/images/5/55/

California_Initiative_-19-0026A1_%28App-Based_Drivers%29.pdf [Consulta: 2020, noviembre 13].

Ballotpedia (2020, noviembre 3) California Proposition 22, App-Based Drivers as Contractors and Labor Policies Initiative (2020) [Traducción libre] Disponible en: https://ballotpedia.org/California_Proposition_22,_App-Based_Drivers_as_Contractors _and_Labor_Policies_Initiative_(2020) [Consulta: 2020, noviembre 12].

Baylos, A. (2020, Septiembre 23) No solo a los 'riders': el cerco a los falsos autónomos. La Nueva Tribuna (España). Disponible en: https://www.nuevatribuna.es/ articulo/actualidad/riders-falsosautonomos-laboral-sindicatos-gobierno/20200922215650179413.amp.html?__twitter_impression=true&s=03 [Consulta: 2020, Septiembre 26].

Baylos, A. (2021, enero 5). El algoritmo no es neutral. No permite ejercer derechos fundamentales a los trabajadores de plataformas [Blog]. Disponible en: https://baylos.blogspot.com/2021/01/el-algoritmo-no-es-neutral-no-permite.html [Consulta: 2021, enero 22].

Baylos, A. (2021, mayo 12) Por fin la norma sobre los repartidores de plataformas (la Ley "Riders"). Disponible en: https://baylos.blogspot.com/2021/05/por-fin-la-norma-sobre-los-repartidores.html [Consulta: 2021, mayo 22].

Beltrán, I. (2018, diciembre 9) [actualizado 2020, septiembre 16]. Employment status of platform workers (national courts decisions overview – Argentina, Australia, Belgium, Brazil, Canada, Chile, France, Germany, Italy, Nederland, Panama, Spain, Switzerland, United Kingdom, United States & Uruguay). [Traducción libre] [Blog] Disponible en: https://ignasibeltran.com/2018/12/09/employment-status-of-platform-workers-national-courts-decisions-overview-australia-brazil-chile-france-italy-united-kingdom-united-states-spain/ [Consulta: 2020, octubre 14].

Beltran, I. (2020, octubre 8). STS 25/9/20: Los repartidores de GLOVO son trabajadores por cuenta ajena (y no necesitan una regulación especial)[Blog]. Disponible en: https://ignasibeltran.com/2020/10/08/sts-25-9-20-los-repartidores-de-glovo-son-trabajadores-por-cuenta-ajena-y-no-necesitan-una-regulacion-especial/ [Consulta: 2020, octubre 13].

Beltran, I.(2018, febrero 7). Economía de las plataformas (platform economy) y contrato de trabajo. Ponencia XXIX Jornades Catalanes de Dret Social. Disponible en: https://ignasibeltran.com/2018/02/07/economia-de-las-plataformas-platform-economy-y-contrato-de-trabajo-ponencia/ [Consulta: 2021, marzo 20].

Beneficios Establecidos por Ley para los Empleados (SF). Abogado.com. Disponible en: https://www.abogado.com/recursos/ley-del-trabajo/beneficios-a-los-empleados-establecidos-por-l.html [Consulta: 2021, julio 1].

BGH: Facebook-Regeln zu Löschung und Sperrung wegen „Hassrede" unwirksam (2021, Julio 29) [Traducción libre]. Mainzer-medien Institut. Disponible en: https://www.mainzer-medieninstitut.de/bgh-facebook-regeln-zur-loeschung-und-sperrung-wegen-hassrede-unwirksam/ [Consulta: 2021, agosto 2].

Biblioteca Nacional de Chile (2018, octubre) Uber y conductores. Legislación comparada sobre relación laboral. Informe de Asesoría Técnica Parlamentaria. Disponible en: https://obtienearchivo.bcn.cl/obtienearchivo?id=repositorio/10221/25909/1/BCN_Uber_laboral_actualizado_PA_CW_GW__2_.pdf [Consulta: 2020, octubre 30].

Bobbio, N. Estado, gobierno y sociedad. Por una teoría general de la política (1996). Traducción de José Fernández Santillán. México: Fondo de Cultura Económica.

Böheim, R. y Mühlberger, U. (2009, mayo 9) Autoempleo dependiente: trabajadores entre empleo y autoempleo en el Reino Unido. [Trabajo de Investigación] Disponible en: https://link.springer.com/article/10.1007/s12651-009-0014x#:~:text=The%20ILO%20(2003)%20defines%20dependent,service%20in%20question%E2%80%9D%20(p. [Consulta: 2020, octubre 6].

Bohórquez Yepes, C. y Conrado Imitola, R. (2009) El contrato de prestación de servicios de la administración pública. Bogotá: Universidad Católica de Colombia.

Bolaños Céspedes, F. (2002). Una visión diacrónica y esquemática del caso costarricense. La relación de Trabajo (Campo de aplicación). Costa Rica: ILO, Estudios Nacionales. Disponible en: https://ilo.org/wcmsp5/groups/public/---ed_dialogue/---dialogue/ documents/genericdocument/wcms_204122.pdf [Consulta: 2019, septiembre 10].

Botsman, R. (2013, noviembre 21) The Sharing Economy Lacks a Shared Definition. Fasrcompany. [Traducción libre]. Disponible en: https://www.fastcompany.com/3022028/the-sharing-economy-lacks-a-shared-definition [Consulta: 2019, septiembre 5].

Brewer-Carías, A. (2012) Sobre el inicio del constitucionalismo en América hispana en 1811, antes de la sanción de la Constitución de Cádiz de 1812. Pensamiento Constitucional N° 17. Disponible en: http://allanbrewercarias.net/Content/449725d9-f1cb-474b-8ab2-41efb849fea8/Content/II,%204,%20747.%20P%2017-2%20Sobre%20el%20inicio%20del%20constitucionalismo%20-%20Allan%20Brewer-Car%EDas.pdf [Consulta: 2019, julio 10].

Browne, R. (2021, febrero 19) Uber loses a major employment rights case as the UK's top court rules its drivers are workers. [Tecnología] CNBC. [Traducción libre] Disponible en: https://www.cnbc.com/2021/02/19/uk-supreme-court-rules-uber-drivers-are-workers-not-contractors.html [Consulta: 2021, febrero 22].

Buendia, R. y Leyton, J. (2021, abril 6). El caso Uber en el Reino Unido y el rol protector del derecho del trabajo. Diario Constitucional. Disponible en: https://www.diarioconstitucional.cl/articulos/el-caso-uber-en-el-reino-unido-y-el-rol-protector-del-derecho-del-trabajo/ [Consulta: 2021, marzo 15].

Bundesgerichtshof zu Ansprüchen gegen die Anbieterin eines sozialen Netzwerks, die unter dem Vorwurf der "Hassrede" Beiträge gelöscht und Konten gesperrt hat (2021, julio 27) [Traducción libre] Bundesgerichtshof. Disponible en: https://www.bundesgerichtshof.de/SharedDocs/Pressemitteilungen/DE/2021/2021149.html [Consulta: 2021, agosto 2].

Caldera, R. (1960) Derecho del trabajo. 2da edición. Buenos Aires: Libreria El Ateneo

Calderón Ortega, M. A. (2014) Estado de cosas inconstitucional por omisión en la expedición del estatuto del trabajo en Colombia. Revista Academia & Derecho 5 (8) (71-97) Enero - Junio de 2014. Cúcuta: Universidad Libre Colombia, Seccional Cúcuta. Disponible en: http://www.unilibrecucuta.edu.co/ojs/index.php/ derecho/article/view/80 [Consulta: 2019, noviembre 11].

Cañigueral Bagó, A. (2014, mayo 29) Introducción al consumo colaborativo. Disponible en: https://es.slideshare.net/rotiaton/introduccion-al-consumo-colaborativo-pdfalbert [Consulta: 2019, octubre 11].

Carballo Mena, C. A. (2000). Comentarios sobre la simulación en el Derecho del Trabajo venezolano. Derecho laboral. Ensayos. Caracas: UCAB.

Carballo Mena, C. A. (2001) Delimitación del Contrato de Trabajo. Caracas: UCAB.

Carballo Mena, C. A. (2016). Relación de Trabajo. La técnica del test de laboralidad. Caracas: UCAB.

Carballo Mena, C. A. (2020, mayo). Indicios de la relación de trabajo y empresas digitales. Ensayo sobre la ceguera. Trabajo y Derecho 65/2020 (mayo), N° 65, Editorial Wolters Kluwer. Disponible en: http://blog.pucp.edu.pe/blog/maestriaderechodeltrabajo/wp-content/uploads/sites/471/2020/07/Art%C3%ADculo-Indicios-de-la-Relaci%C3%B3n-del-Trabajo-y-Empresas-Digitales.-Ensayo-sobre-la-Ceguera.pdf [Consulta: 2021, marzo 10].

Carballo Mena, C. A. y Villasmil Prieto H. (2000). El objeto del Derecho del Trabajo (estudio sobre el trabajo por cuenta ajena y bajo dependencia de otro, a propósito de la sentencia N° 98-546 del 16-3-2000, dictada por la Sala Social del Tribunal Supremo de Justicia). Las fronteras del Derecho del Trabajo. Caracas: UCAB.

Carballo Mena, C.A. (2019). Vestigios del trabajo dependiente a propósito del escrutinio judicial de Uber Technologies, INC y Dinamex Operations West, INC. UNAM, Revista Latinoamericana de Derecho Social, N° 28, enero-junio de 2019.

Carballo Mena, C.A. (2020) Arquitectura de la subordinación a propósito del trabajo mediante plataformas tecnológicas. Disponible en: http://www.cielolaboral.com/arquitectura-de-la-subordinacion-a-proposito-del-trabajo-mediante-plataformas-tecnologicas/ [Consulta: 2020, noviembre 7].

Chávez Pena, M. N. (2020) Algunos aspectos de la regulación del teletrabajo en América Latina. Tripalium Justicia Social y Trabajo Decente [Revista en línea] Vol.

II, No. 2- 2020, p 58-76. Disponible en: https://tripaliumsite.files.wordpress.com/2020/05/e-revista-tripalium-nro.-2-2020-2.pdf [Consulta: 2020, mayo 19].

Chhum, F. y Chardès, C. (2020, enero 8) Chartes de responsabilité sociale des plateformes électroniques : une inconstitutionnalité partielle. [Traducción libre] Village Justice. Disponible en: https://www.village-justice.com/articles/chartes-responsabilite-sociale-des-plateformes-electroniques-une,33399.html [Consulta: 2021, febrero 6].

Clark, N. (2021. Mayo 13) ¿Es la 'ley rider' la solución definitiva del problema? Disponible en: https://bloglaboral.garrigues.com/es-la-ley-rider-la-solucion-definitiva-del-problema [Consulta: 2021, mayo 22].

Cleiss (2020). Le régime français de protection sociale des travailleurs indépendants. [Traducción libre] Disponible en: https://www.cleiss.fr/docs/regimes/regime_france_independants.html [Consulta: 2019, octubre 10].

Cobacho González, M (2018). Precariedad laboral en España. Una especial mirada a la Economía Colaborativa. Disponible en: http://grupo.us.es/iwpr/wp-content/uploads/2018/01/PRECARIEDAD-LABORAL-DEFINITIVO-1.pdf [Consulta: 2020, marzo 14].

Comisión de Empleo y Asuntos Sociales de la Unión Europea (1999) [Documentos en línea] [Traducción libre]. Disponible en: https://ec.europa.eu/employment_social/soc-prot/missoc99/english/socprot/d.htm [Consulta: 2020, octubre 10].

Comisión Federal de Comercio de los Estados Unidos (2016, noviembre) The "Sharing" Economy: Issues Facing Platforms, Participants & Regulators: A Federal Trade Commission Staff Report (November 2016) [Traducción libre]. Disponible en: https://www.ftc.gov/reports/sharing-economy-issues-facing-platforms-participants-regulators-federal-trade-commission [Consulta: 2019, octubre 29].

¿Cómo funciona el pago de sueldos en USA?.(SF) Contador América. Disponible en: https://contadormiami.com/es/como-funciona-el-pago-de-sueldos-en-usa/ [Consulta: 2021, julio 1].

Cómo funciona la seguridad social en Estados Unidos (2017, enero 31). GrowProExperience. Disponible en: https://growproexperience.com/estados-unidos/como-funciona-la-seguridad-social-en-estados-unidos/ [Consulta: 2021, junio 30].

Confederación General del Trabajo (CGT) (2021, mayo 11) CGT de Catalunya «Ley Rider, mucho ruido para nada». Tercera Información (España). Disponible en: https://www.tercerainformacion.es/articulo/catalunya/11/05/2021/cgt-de-catalunya-ley-rider-mucho-ruido-para-nada/ [Consulta: 2021, mayo 22].

Conseil National du Numérique (2020, julio). Travail à l'ère des plateformes. Mise à jour requise JUILLET 2020 [Traducción libre]. Disponible en: https://cnnumerique.fr/files/uploads/2020/2020.06.30_Rapport_Travailleurs_des_plateformes_VF.pdf [Consulta: 2020, noviembre 5].

Cornell Law School. Legal Information Institute (SF). Disponible en: https://www.law.cornell.edu/wex/es/la_ley_laboral [Consulta: 2021, julio 1].

Cruz Villalón, J. (2021, abril 5). Trabajo digital, una nueva tarea para el diálogo social: Europa y España. Blog. Disponible en: https://jesuscruzvillalon.blogspot.com/2021/04/trabajo-digital-una-nueva-tarea-para-el.html?spref=tw [Consulta: 2021, abril 7].

Cruz Villalón, J. (2021, mayo 12) Una presunción plena de laboralidad de los riders [Blog]. Disponible en: https://jesuscruzvillalon.blogspot.com/2021/05/una-presuncion-plena-de-laboralidad-de.html [Consulta: 2021, mayo 22].

De Buen, N. (2008) Derecho del Trabajo. Tomo Primero. México: Editorial Porrúa.

De Günter, S. (2006, septiembre 04). "Trabajadores por cuenta propia": ¿períodos de notificación como para los empleados?[traducción libre]. Wirtschaftswissen.de [Portal], Alemania. Disponible en: https://www.wirtschaftswissen.de/personal-und-arbeitsrecht/arbeitsgesetze/abmahnung-kuendigung/arbeitnehmeraehnliche-personen-kuendigungsfristen-wie-bei-arbeitnehmern/ [Consulta: 2020, octubre 2].

De La Cueva, M. (2011) El nuevo derecho mexicano del trabajo. Vigésima segunda Edición. México: Editorial Porrúa.

De Miguel, R. (2021, febrero 19) Golpe a Uber en el Reino Unido: El Tribunal Supremo rechaza que los conductores sean trabajadores autónomos [Economía]. El País (España). Diponible en: https://elpais.com/economia/2021-02-19/golpe-a-uber-en-el-reino-unido-el-tribunal-supremo-rechaza-que-los-conductores-sean-trabajadores-autonomos.html?ssm=TW_CC [Consulta: 2021, febrero 22].

De Stefano, V. (2016) The rise of the «just-in-time workforce»: On-demand work, crowdwork and labour protection in the «gig-economy». [Traducción libre] Serie Condiciones de Trabajo y Empleo No. 71. Organización Internacional del Trabajo (OIT). Disponible en: https://www.ilo.org/wcmsp5/groups/public/---ed_protect/---protrav/---travail/documents/publication/wcms_443267.pdf [Consulta: 2020, noviembre 12].

Del Val Román, J. L. (2016) Conferencia de Directores y Decanos de Ingeniería Informática, Industria 4.0: la transformación digital de la industria, España. Disponible en: http://coddii.org/wp-content/uploads/2016/10/Informe-CODDII-Industria-4.0.pdf [Consulta: 2019, septiembre 23).

Delgado, M. G. (2009) Curso de Direito do Trabalho. 8va. edición. [Traducción libre] São Paulo: Editora LTDA.

Deliveroo abandona España antes de la entrada en vigor de la ley de 'riders'. (2021, julio 30). El País (España). Disponible en: https://cincodias.elpais.com/cincodias/ 2021/07/30/companias/1627633668_891613.html?utm_source=Twitter&ssm=TW_CM#Echobox=1627637019-1 [Consulta: 2021, julio 30].

Deppe, G. (2021, julio 29). Facebook darf Konto nicht einfach sperren Konto nicht einfach sperren. Tagesschau. Disponible en: https://www.tagesschau.de/inland/ facebook-hassrede-107.html [Consulta: 2021, agosto 2].

Diario Constitucional (2021, enero 19). Corte de Apelaciones de Concepción Rol N°395-2020 Laboral-Cobranza. Disponible en: https://www.diarioconstitucional.cl/wp-content/uploads/2021/01/6.1.-ICA-DE-CONCEPCION-ROL-N%C2%B0395-2020.pdf [Consulta: 2021, enero 19].

Diario Constitucional (2021, enero 19). Juzgado de Letras del Trabajo de Concepción RIT M-724-2020. Disponible en: https://www.diarioconstitucional.cl/wp-content/uploads/2021/01/6.2.-JLT-DE-CONCEPCION-M-724-2020.pdf [Consulta: 2021, enero 19].

Diario Portafolios (2019, julio 18). Rappitenderos no son empleados de Rappi, son usuarios. Disponible en: https://www.portafolio.co/negocios/empresas/entrevista-voceros-de-rappi-colombia-531671 [Consulta: 2019, julio 18].

Díaz Vargas, J.A. (2012) El principio de la primacía de la realidad en las relaciones laborales de la Administración Pública. Serie Documentos de Investigación en Derecho No. 13. Santa Marta (Colombia): Universidad Sergio Arboleda, p. 34. Disponible en: https://core.ac.uk/download/pdf/52475582.pdf [Consulta: 2021, febrero 15].

Diritti Fondamentali. (2020, marzo 2). La cassazione sulla qualificazione contrattuale dei rider tutelare i lavoratori in condizioni di debolezza económica operanti nella zona grigia tra autonomía e subordinazione cass civ sez lavo [Revista en línea] [Traducción libre] Disponible en: http://dirittifondamentali.it/2020/03/02/la-cassazione-sulla-qualificazione-contrattuale-dei-rider-tutelare-i-lavoratori-in-condizioni-di-debolezza-economica-operanti-nella-zona-grigia-tra-autonomia-e-subordinazione-cass-civ-sez-lavo/ [Consulta: 2020, octubre 7].

Doménech Pascual, G. (2015) La Regu.lación de la Economía Colaborativa (El caso «Uber contra el taxi»). Revista Ceflegal (CEF), núms. 175-176 (agosto-septiembre 2015), p 65. Disponible en: https://roderic.uv.es/bitstream/handle/10550/54302/112244 .pdf?sequence=1 [Consulta: 2021, febrero 26].

Domínguez Guillén, M. C. (2017) Curso de Derecho Civil III Obligaciones. Caracas: RVLJ.

Drahokoupil, J. y Fabo, B. (2016, julio 14) The platform economy and the disruption of the employment relationship. ETUI Policy Brief N° 5/2016. European Economic, Employment and Social Policy.[Traducción libre] Disponible en: https://www.etui.org/Publications2/Policy-Briefs/European-Economic-Employment-and-Social-Policy/The-platform-economy-and-the-disruption-of-the-employment-relationship [Consulta: 2019, octubre 14].

Dueñas Quevedo, C. C. (2017) El contrato de trabajo: ¿realidad o ficción? Derecho laboral para el nuevo tiempo (5-32). Construcción conjunta. Ana María Muñíz Segura (Coordinadora). Bogotá: Universidad de Los Andes-Temis.

El Farandi (2020, mayo 25) ¿Cómo ganar miles de dólares publicando fotos en OnlyFans?. Disponible en: https://www.elfarandi.com/2020/05/25/como-ganar-dolares-publicando-fotos-onlyfans/ [Consulta: 2020, mayo 26]

El Tiempo (2019, julio 5). ¿Tienen razón rappitenderos que protestan por condiciones laborales?. Disponible en: https://www.eltiempo.com/economia/sectores/por-que-protestan-los-rappitenderos-en-colombia-384750 (Consulta: 2019, septiembre 10).

Ermida Uriarte, O. (2010). La recomendación 198 sobre La relación de trabajo y su importancia para los trabajadores. Disponible en: http://www.relats.org/documentos/EATP.TA.Ermida.pdf [Consulta: 2019, septiembre 10].

Ermida Uriarte, O. y Hernández Alvarez, O. (2016) Crítica de la Subordinación. Estudios Jurídicos en homenaje al doctor Néstor del Buen Lozano. Patricia Kurcyb Villalobos y Carlos Puig Hernández (coordinadores). México: UNAM.

Etcétera (2016, agosto 15). Uber ya tiene sindicato pero a nivel corporativo, los conductores quedan fuera. Etcétera.com. Disponible en: https://www.etcetera.com.mx/nacional/uber-ya-tiene-sindicato-pero-a-nivel-corporativo-los-conductores-quedan-fuera/ [Consulta: 2019, septiembre 15]

Eurostat (2021). Salarios mínimos mensuales - datos sem.estrales. Disponible en: https://ec.europa.eu/eurostat/databrowser/view/earn_mw_cur/%20default/table?lang=en [Consulta: 2021, abril 28].

Facebook muss vor dem Löschen informieren (2021, julio 29) [Traducción libre] Tagesschau. Disponible en: https://www.tagesschau.de/inland/bgh-facebook-111.html [Consulta: 2021, agosto 2].

Fair Work (2019, junio 7) Uber Australia investigation finalized [Traducción libre]. Disponible en: https://www.fairwork.gov.au/about-us/news-and-media-releases/2019-media-releases/june-2019/20190607-uber-media-release [Consulta: 2020, noviembre 2].

Fair Work Ombudsman (2019, junio 7) Uber Australia investigation finalized [Traducción libre]. Disponible en: https://www.fairwork.gov.au/about-us/news-and-media-releases/2019-media-releases/june-2019/20190607-uber-media-release [Consulta: 2020, noviembre 2].

Fallo contra Uber en Reino Unido por derechos laborales básicos para los conductores (2021, febrero 19). [Sociedad]. Telam. Disponible en: https://www.telam.com.ar/notas/202102/545083-uber-fallo-gran-bretana-trabajadores.html#:~:text=La%20empresa%20de%20transporte%20Uber,acogerse%20a%20la%20legislaci%C3%B3n%20laboral [Consulta: 2021, febrero 22].

Family and Medical Leave Act (2008, mayo 8). Indiana Legal Services, Inc. Disponible en: https://www.indianalegalservices.org/node/336/family-and-medical-leave-act-espa%C3%B1ol [Consulta: 2021, junio 30].

Fernández, C. y Benavides, J. (2020) Las plataformas digitales, la productividad y el empleo en Colombia. Fedesarrollo. Disponible en: https://www.repository.fedesarrollo.org.co/bitstream/handle/11445/3962/Repor_Julio_2020_Fern%c3%a1ndez_y_Benavides.pdf?sequence=10&isAllowed=y [Consulta: 2020, octubre 19].

Fung. B. (2021, enero 8) Twitter suspende la cuenta de Trump permanentemente. Disponible en: https://cnnespanol.cnn.com/2021/01/08/twitter-suspende-la-cuenta-de-trump-de-manera-permanente/ [Consulta: 2021, junio 29].

Furchtgott-Roth, H. (2016, junio 9)The Myth Of 'Sharing' In A Sharing Economy. [Traducción libre]. Forbes. Disponible en: https://www.forbes.com/sites/haroldfurchtgottroth/2016/06/09/the-myth-of-the-sharing-economy/#3f2e55d559bf [Consulta: 2019, noviembre 7].

Gauthier, Gustavo (2016). Impacto de las nuevas tecnologías en el mundo del trabajo, p. 12. Disponible en: https://adriantodoli.com/wp-content/uploads/2016/10/impacto-de-las-nuevas-tecnologc3adas-en-el-mundo-del-trabajo [Consulta: 2019, octubre 3].

Glovo contratará a cerca de 2.000 repartidores en España antes de 2022 para adaptarse a la ley de 'riders' (2021, julio 28). El País (España). Disponible en: https://elpais.com/economia/2021-07-28/glovo-contratara-a-cerca-de-2000-repartidores-en-espana-antes-de-2022-para-adaptarse-a-la-ley-de-riders.html?utm_source=Twitter&ssm=TW_CM#Echobox=1627550435-1 [Consulta: 2021, julio 30].

Godoy, J.D. y Laborde, A. (2021, enero 9)Twitter suspende permanentemente la cuenta de Trump ante el riesgo de "incitación a la violencia". El país (España). Disponible en: https://elpais.com/tecnologia/2021-01-08/twitter-suspende-permanentemente-la-cuenta-de-trump.html [Consulta: 2021, junio 29].

Gómez Contreras, S. (2015) La cuestión social y su articulación con el trabajo social. Tabula Rasa, N° 22, enero-junio, 2015, Bogotá: Universidad Colegio Mayor de Cundinamarca, pp. 285-305. Disponible en: https://www.redalyc.org/articulo .oa?id=39640443014 [Consulta: 2019, septiembre 6].

Gonçalves Zipperer, A. (2019) A Intermediação de Trabalho Via Plataformas Digitais. Repensando o Direito do Trabalho a partir das novas realidades do século XXI. [Traducción libre] Brasil: LTR Editora.

Goncalves Zipperer, A. y Pallotta, M. (2021, mayo 17) Breves considerações sobre a perícia judicial no algoritmo na Justiça no Trabalho. Revista Legal Consultant. [Traducción libre]. Disponible en: https://www.conjur.com.br/2021-mai-17/opiniao-pericia-judicial-algoritmo-justica-trabalho [Consulta: 2021, junio 16].

González Charry, G. (1998) Derecho Laboral Colombiano. Volumen 1, 9ª edición. Bogotá: Ediciones Doctrina y ley Ltda.

González-Posada, E. (2003, julio 15). El Trabajo Parasubordinado. El País (España). Disponible en: https://cincodias.elpais.com/cincodias/2003/07/15/empresas/ 1058361284_850215.html [Consulta: 2020, Septiembre 30].

Guerrero Vizuete, E. (2018) La economía digital y los nuevos trabajadores: un marco contractual necesitado de delimitación. Revista Internacional y Comparada de relaciones laborales y derecho del empleo [Revista en línea]. Volumen 6, núm.1, enero-marzo de 2018, ADAPT University Press. Disponible en: http://ejcls.adapt.it/index.php/rlde_adapt/article/view/556 [Consulta: 2019, septiembre 8].

Guía sobre seguridad social y el retiro en Estados Unidos (SF). Guía para trabajadores inmigrantes. Disponible en: https://www.coshnetwork.org/sites/default/ files/%238%20Seguridad%20Social.pdf [Consulta: 2021, junio 30].

Hernández Álvarez, O. (2006) Tendencias tradicionales y emergentes en el derecho laboral en América Latina. Evolución y tendencias recientes del Derecho del Trabajo y de la Seguridad Social en América. Patricia Kurcyb Villalobos (Coordinadora). México: Unam.

iFood anuncia que comenzará el pago de seguridad social para 44.000 domiciliarios (2021, marzo 18). Semana. Disponible en: https://www.semana.com/economia/ articulo/ifood-anuncia-que-comenzara-el-pago-de-seguridad-social-para-44000-domiciliarios/202148/ [Consulta: 2021, marzo 19].

iFood comenzará a pagar la seguridad social a sus repartidores (2021, marzo 19). Soy Emprendedor. Disponible en: https://soyemprendedor.co/ifood-comenzara-a-pagar-la-seguridad-social-a-sus-repartidores/7325/ [Consulta: 2021, marzo 19].

Iglesia Católica (1891, mayo 15). Carta Encíclica Rerum Novarum del Sumo Pontífice León XIII. Sobre la Situación de los Obreros. Vaticano: Libreria Editrice Vaticana. Disponible en: http://www.vatican.va/content/leo-xiii/es/encyclicals/documents/hf_l-xiii_enc_15051891_rerum-novarum.html [Consulta: 2019, marzo 26].

Infoatónomos (2020, febrero 6). Seguridad Social de los Autónomos. Disponible en: https://www.infoautonomos.com/seguridad-social/que-es-el-reta/#:~:text=El%20RETA%20es%20el%20R%C3%A9gimen,de%20trabajo%20por%20ninguna%20empresa [Consulta: 2020, octubre 13].

IV Seminario Internacional y Comparado en Derecho del Trabajo (2014) Grandes Temas de la Relación de Trabajo [Revista Digital]. Sección Jóvenes Juristas de la SIDTYSS. Disponible en: http://www.relaciondetrabajo.com/material/revista_digital.pdf [Consulta: 2021, abril 20].

Jaramillo Jassir, I. D. (2010) Presente y futuro del derecho del trabajo: breve historia jurídica del Derecho del Trabajo en Colombia. Opinión Jurídica, Volúmen 9, N° 18, Julio-Diciembre 2010, pp. 57-74. Medellín (Colombia).

Junta Nacional de Relaciones Laborales (SF). Disponible en: https://www.nlrb.gov/es/acerca-de-la-nlrb/los-derechos-que-protegemos/la-ley/estandares-jurisdiccionales [Consulta: 2021, junio 30].

Junta Nacional de Relaciones Laborales (SF). UsaGov en Español. Disponible en: https://www.usa.gov/espanol/agencias-federales/junta-nacional-de-relaciones-laborales [Consulta: 2021, junio 30].

Justiça Do Trabalho (2018, febr.ero 6). NJ Especial: Novas decisões da JT-MG sobre vínculo de motoristas com Uber continuam refletindo entendimentos divergentes sobre a questão [Traducción libre]. Disponible en: https://portal.trt3.jus.br/internet/conheca-o-trt/comunicacao/noticias-juridicas/nj-especial-novas-decisoes-da-jt-mg-sobre-vinculo-de-motoristas-com-uber-continuam-refletindo-entendimentos-divergentes-sobre-a-questao [Consulta: 2019, octubre 1°].

Kim, T. (2018, mayo 1°). The Dynamex Decision: The California Supreme Court Restricts Use of Independent Contractors. [Blog] [Traducción libre] Disponible en: https://www.laboremploymentlawblog.com/2018/05/articles/class-actions/dynamex-decision-independent-contractors/ [Consulta: 2020, octubre 29].

Klimburg, J. (2020, enero 8) Can platform workers be employees? An update from Germany. [Traducción libre] Disponible en: https://iuslaboris.com/insights/can-platform-workers-be-employees-an-update-from-germany/ [Consulta: 2020, octubre 28].

La Legge per Tutti (2019, marzo 27). Le collaborazioni etero-organizzate. Disponible en: https://www.laleggepertutti.it/277732_le-collaborazioni-etero-organizzate [Consulta: 2020, octubre 8].

Las plataformas digitales y los algoritmos laborales: un debate necesario (2021, marzo 23). Sintetia. Disponible en: https://www.sintetia.com/plataformas-digitales-y-algoritmos-laborales/ [Consulta: 2021, junio 16].

Las Relaciones Laborales en Estados Unidos (2008). Revista Actualidad Internacional Sociolaboral (AIS), Ministerio del Trabajo y Economía Social (España). Disponible en: https://www.mites.gob.es/ficheros/ministerio/mundo/revista_ais/129/150.pdf [Consulta: 2021, junio 30].

Ley de Estándares de Trabajo Justo (SF) McAleer Law. Disponible en: https://www.mcaleerlaw.com/ley-de-estandares-de-trabajo-justo-abogados-de-tiempo-extra.html [Consulta: 2021, julio 1].

Ley de Seguridad de los Ingresos de Jubilación (ERISA). Guía Legal. Disponible en: https://guialegal.com/discapacidad-de-seguridad-social/ley-de-seguridad-de-los-ingresos-de-jubilacion-erisa.html [Consulta: 2021, junio 30].

Leyes federales, estatales y locales: ¿cuál es la diferencia? (SF) Morgan & Morgan (Abogados). Disponible en: https://www.abogados.com/blog/leyes-federales-estatales-y-locales-cual-es-la-diferencia/ [Consulta: 2021, junio 30].

Libro Verde de la Comisión de Comunidades Europeas (2006, noviembre 22). Modernizar la legislación laboral para abordar desafíos del siglo XXI. Disponible en: https://eur-lex.europa.eu/legal-content/ES/TXT/HTML/?uri=CELEX:-52006DC0708& from=PT [Consulta: 2020, Octubre 2].

Lizama, D. (2021, mayo) El 1er Juzgado de Letras del Trabajo de Santiago señala la inexistencia de una relación de trabajo entre riders y PedidosYa. Disponible en: https://www.lizamabogados.cl/wp-content/uploads/2021/05/Alerta_laboral-Inexistencia_Relacion_Pedidos_Ya_Riders.pdf [Consulta: 2021, mayo 21].

Llera, L. C. (2021, junio 10) Los repartidores de Glovo de Vigo quieren seguir siendo autónomos. La Voz de Galicia. Disponible en: https://www.lavozdegalicia.es/noticia/vigo/vigo/2021/06/10/repartidores-glovo-vigo-quieren-seguir-siendo-autonomos/00031623320172332887216.htm [Consulta: 2021, junio 10].

López Aniorte, M. (1996). Ámbito subjetivo del Régimen Especial de Trabajadores Autónomos. Pamplona (España): Aranzadi.

López Oliva, J. O. (2010) La Constitución de Weimar y los Derechos Sociales. La influencia en el contexto constitucional y legal colombiano a la luz de los derechos sociales asistenciales a la seguridad social en salud. Prolegómenos. Derechos y Valores, volúmen XIII, N° 26, julio-diciembre, 2010, pp. 233-243. Bogotá: Universidad Militar Nueva Granada. Disponible en: http://www.redalyc.org/articulo.oa?id=87617274014 [Consulta: 2019, mayo 30].

López, G. (2019, agosto 28) Movilidad y Plataformas Digitales. Intervención en audiencia pública: El futuro de la movilidad en Colombia: transporte y plataformas tecnológicas. Bogotá: Congreso de la República de Colombia.

Loredo, M. S. (2020, mayo 7) Las normas internacionales en el Derecho del Trabajo argentino. Sistema Argentino de Información Jurídica (SAIJ). Disponible en: http://www.saij.gob.ar/maria-sol-loredo-normas-internacionales-derecho-trabajo-argentino-dacf200087-2020-05-07/123456789-0abc-defg7800-02fcanirtcod?&o=20&f=Total%7CFecha%7CEstado%20de%20Vigencia%-5B5%2C1%5D%7CTema/Derecho%20internacional%5B3%2C1%5D%7COrganismo%5B5%2C1%5D%7CAutor%5B5%2C1%5D%7CJurisdicci%F3n%-5B5%2C1%5D%7CTribunal%5B5%2C1%5D%7CPublicaci%F3n%5B5%2C1%-5D%7CColecci%F3n%20tem%E1tica%5B5%2C1%5D%7CTipo%20de%20Documento/Doctrina&t=436 [Consulta: 2021, abril 22].

Los algoritmos que rigen las relaciones laborales: así son y así se regulan (2021, mayo 13). El País (España). Disponible en: https://cincodias.elpais.com/cincodias/2021/05/13/ companias/1620936778_868244.html [Consulta: 2021, mayo 18].

Los repartidores españoles proautónomos protestarán durante el debate de la Ley Rider en el Congreso (2021, mayo 26) Efeagro.com. Disponible en: https://www.efeagro.com/noticia/rider-congreso-ley/ [Consulta: 2021, mayo 30].

Los 'riders' exigen frente al Congreso ser autónomos y no contratados (2021, junio 10). Madridpress.com. Disponible en: https://madridpress.com/art/289476/los-riders-exigen-frente-al-congreso-ser-autonomos-y-no-contratados [Consulta: 2021, junio 10].

Madariaga, J. y otros. (2019) Economía de plataformas y empleo: ¿Cómo es trabajar para una app en Argentina? [Publicación en línea]Buenos Aires: CIPPEC-BID - OIT. Disponible en: https://publications.iadb.org/es/economia-de-plataformas-y-empleo-como-es-trabajar-para-una-app-en-argentina [Consulta: 2020, Septiembre 26].

Madrid Martínez, C. (2020) Redes sociales y protección de usuarios. Una mirada desde el Derecho Internacional Privado venezolano. Revista Venezolana de Legislación y Jurisprudencia, N° 13. Caracas: RVLJ.

Marquez Ferrer, V. (2001). El desbordamiento del Derecho del Trabajo (A propósito de las sentencias de la Sala Social sobre los distribuidores de cerveza y los productores de seguros). En: Las fronteras del Derecho del Trabajo (Análisis crítico de la jurisprudencia de la Sala Social del Tribunal Supremo de Justicia durante el año 2000). Caracas: UCAB.

Martín Valverde, A., Rodríguez-Sañudo, F. y García Murcia, J. (2011) Derecho del Trabajo. Vigésima Edición. Madrid: Tecnos.

Martínez Escribano, A. (SF) Repensando el derecho del trabajo: el impacto de la economía colaborativa. Disponible en: https://forelab.com/wp-content/uploads/repensando-dcho-trabajo-impacto-eco-colaborativa-alejandra-mtnez.pdf [Consulta: 2019, octubre 2].

Martínez Escribano, A. (SF) Repensando el derecho del trabajo: el impacto de la economía colaborativa. Disponible en: https://forelab.com/wp-content/uploads/repensando-dcho-trabajo-impacto-eco-colaborativa-alejandra-mtnez.pdf [Consulta: 2019, octubre 2].

Martínez Sánchez, E. (2019) Introducción a la simulación laboral. Bogotá: Grupo Editorial Ibáñez.

Martínez, J. y Estéves, A. (2021, mayo 27). Centenares de repartidores se concentran frente al Congreso y en varias ciudades para protestar contra la "Ley rider". Antena3. Disponible en: https://www.antena3.com/noticias/sociedad/centenares-repartidores-concentran-frente-congreso-varias-ciudades-protestar-ley-rider_2021052760af6c73fcfa810001dfbb65.html [Consulta: 2021, mayo 27].

Martínez, J.M. y Agote, R. (2018, febrero 26) Nuevas Resoluciones Judiciales para Uber: Tribunales de Australia y Francia consideran que sus conductores son autónomos. Disponible en: https://blog.cuatrecasas.com/laboral/uber-tribunales-australia-francia/ [Consulta: 2020, noviembre 4].

Marx, K. (SF) El Capital. Tomo I. Madrid: Luarna Ediciones.

Mendizábal Bermúdez, G. y López Pérez, E. (2018) ¿Nuevo modelo de seguridad social en el contexto de la industria 4.0?. Revista Internacional y Comparada de Relaciones Laborales y Derecho del Empleo. Volumen 6, número 1, enero - marzo de 2018. Disponible en: http://ejcls.adapt.it/index.php/rlde_adapt/article/view/560 [Consulta: 2020, junio 18].

Mercader Uguina, J. R. (2017, julio 11) El nuevo modelo de trabajo autónomo en la prestación de servicios a través de plataformas digitales. Diario La Ley, N° 9. Editorial Wolters Kluwer. Disponible en: https://diariolaley.laleynext.es/Content/Documento.aspx?params=H4sIAAAAAAAEAMtMSbF1CTEAAiNTQyMzQ7Wy1KLizPw8WyMDQ3MDc0MjAGCFBL4hAAAAWKE [Consulta: 2019, octubre 16].

Miaja Ávila, M. y Moral de la Rubia, J. (2013) El significado psicológico de las cinco fases del duelo propuestas por Kübler-Ross mediante las redes semánticas naturales. Psicooncología. Volúmen 10, número 1, p. 110.

Molina Navarrete, C. (2017). ¿El futuro del trabajo, trabajo sin futuro? Los mitos finalistas en la era digital del neo-mercado. Revista de Trabajo y Seguridad Social CEF, número 408, marzo 2017.

Molina Navarrete, C. (SF) Derecho y trabajo en la era digital: ¿"Revolución Industrial 4.0" O "Economía Sumergida 3.0"?. Disponible en: https://www.ilo.org/wcmsp5/groups/public/---europe/---ro-geneva/---ilo-madrid/documents/article/wcms_548619.pdf [Consulta: 2019, agosto 8].

Molina, C. (2021, mayo 17) La "Ley" de personas repartidoras en plataformas online ("riders"): ¿pequeño paso legal, gran paso para humanizar el precariado digital? [Blog] Disponible en: https://www.transformaw.com/blog/la-ley-de-personas-repartidoras-en-plataformas-online-riders-pequeno-paso-legal-gran-paso-para-humanizar-el-precariado-digital/ [Consulta: 2021, mayo 22].

Monclús, J. y Martínez, J.M. (2021, mayo 10) Algoritmos y representación legal de la plantilla: del secreto empresarial… ¿a la cogobernanza? [Blog]. Disponible en: https://blog.cuatrecasas.com/laboral/algoritmos-representacion-legal-plantilla-secreto-empresarial-cogobernanza/ [Consulta: 2021, mayo 22].

Montero Morales, A. P. (2014) Valor jurídico de los instrumentos de la OIT en el ordenamiento costarricense. Revista N° 13. Sala Segunda de la Corte Suprema de Justicia. Disponible en: https://salasegunda.poder-judicial.go.cr/revista/Revista_N13/contenido/PDFs/art-04.pdf [Consulta: 2021, abril 22].

Montoya Melgar, A. (2008) Derecho del Trabajo. Vigésima Novena Edición. Madrid: Editorial Tecnos.

Morales Moreno, H. (2019). El naciente derecho laboral mexicano: 1891-1928. Revista de la Facultad de Derecho N° 82, junio-noviembre 2019. Perú: Pontificia Universidad Católica del Perú - PUCP. Disponible en: https://doi.org/10.18800/derechopucp.201901.009 [Consulta: 2019, diciembre 14].

Moreno Díaz, J. M. (2019) Las nuevas formas de representación colectiva en la economía colaborativa. Revista Internacional y Comparada de Relaciones Laborales y Derecho del Empleo [Revista en línea], Volumen 7, N° 2, abril-junio de 2019. ADAPT University Press. Disponible en: http://ejcls.adapt.it/index.php/rlde_adapt/article/view/680 [Consulta: 2019, julio 20].

Muñoz García, B. (2018). Uber, la subordinación y las fronteras del Derecho del Trabajo. Algunas ideas para delimitar. Revista Chilena de Derecho del Trabajo y de la Seguridad Social, Volúmen 9, número 17, p. 13-40.

Muñoz Sabaté, L. (1980). La prueba de la simulación. Semiótica de los negocios jurídicos simulados. Bogotá: Editorial Temis.

National Labor Relations Board. (SF). [Traducción libre]. Disponible en: https://www.nlrb.gov/ [Consulta: 2021, junio 24].

Nieto Rojas, P. (2019) Nuevamente sobre la laboralidad del vínculo contractual de los prestadores de servicios en plataformas digitales. IUSLabor, Revista d'anàlisi de Dret del Treball [Revista en línea], número 1, 2019. Disponible en: https://www.raco.cat/index.php/IUSLabor/article/view/10.31009-IUSLabor.2019.i01.10 [Consulta: 2020, mayo 14].

Observatorio para el Análisis y Desarrollo Económico de Internet [ADEI] (2018, marzo). Plataformas digitales: una oportunidad para la economía española. [Documento en línea]. Disponible en: http://observatorioadei.es/publicaciones/Nota-tecnica-ADEI_Plataformas-digitales-(1).pdf [Consulta: 2020, octubre 19].

Olías, L. (2020, noviembre 11). El PP se alinea con Glovo y defiende el modelo de 'riders' autónomos pese a la sentencia del Supremo. El Diario (España). Disponible en: https://www.eldiario.es/economia/pp-alinea-glovo-defiende-modelo-riders-autonomos-pese-sentencia-supremo_1_6405111.html [Consulta: 2020, noviembre 17].

Olías, L. (2020, octubre 30). Así avanza la Ley de trabajo en plataformas digitales: refleja la dirección "implícita" y el papel clave de la 'app'. El Diario (España). Disponible en: https://www.eldiario.es/economia/avanza-ley-trabajo-plataformas-digitales-reflejar-direccion-implicita-papel-clave-app_1_6374170.html [Consulta: 2020, noviembre 10].

Oliva León, R. (2021, enero 6) ¿Es discriminatorio el algoritmo de Deliveroo que rankea a sus riders? Disponible en: https://www.algoritmolegal.com/tecnologias-disruptivas/es-discriminatorio-el-algoritmo-de-deliveroo-que-rankea-a-sus-riders/ [Consulta: 2021, enero 22].

Organización de las Naciones Unidas [ONU] (2004, agosto 3). El Estado de derecho y la justicia de transición en las sociedades que sufren o han sufrido conflictos.

Informe del Secretario General. Disponible en: https://www.un.org/ruleoflaw/es/what-is-the-rule-of-law/ [Consulta: 2020, enero 12].

Organización de las Naciones Unidas [ONU] (2019). Informe sobre la economía digital 2019. Creación y captura de valor: repercusiones para los países en desarrollo. Disponible en: https://unctad.org/es/system/files/official-document/der2019 _overview_es.pdf [Consulta: 2020, octubre 19].

Organización de las Naciones Unidas [ONU] (2019, junio). Desarrollo digital: Oportunidades y desafíos. Conferencia de las Naciones Unidas sobre Comercio y desarrollo. Ginebra. Disponible en: https://unctad.org/meetings/ es/SessionalDocuments/tdb66_d5_es.pdf [Consulta: 2020, octubre 9].

Organización Internacional de Empleadores [OIE] (2015, septiembre) Estado de situación de los países de América Latina respecto a sus obligaciones en relación a las Normas Internacionales del Trabajo. Disponible en: https://www.ioe-emp.org/fileadmin/ioe_documents/publications/Working%20at%20Regional%20Level/Americas/ES/_2015-08-10__Estado_de_situacion_de_los_paises_de_America _Latina_respecto_a_sus_obligaciones_en_relacion_a_las_Normas_Internacionales_del_Trabajo.pdf [Consulta: 2021, abril 20].

Organización Internacional de Empleadores [OIE](2019, octubre) Documento de políticas de la OIE sobre las relaciones laborales y los contratistas independientes. Disponible en: https://www.ioe-emp.org/index.php?eID=dumpFile&t= f&f=145800&token=16ec2e4df57dc6e48998119bf162583ac532a155 [Consulta: 2020, noviembre 11].

Organización Internacional del Trabajo [OIT] (1999). Trabajo Decente. 87° reunión. Ginebra: OIT. Disponible en: https://www.ilo.org/global/topics/decent-work/lang--es/index.htm [Consulta: 2019, noviembre 10].

Organización Internacional del Trabajo [OIT] (2002, noviembre). Resolución relativa al trabajo decente y la economía informal. Ginebra: OIT. https://www.ilo.org/wcmsp5/groups/public/---ed_norm/---relconf/---reloff/documents/meetingdocument/wcms_080536.pdf [Consulta: 2019, noviembre 10].

Organización Internacional del Trabajo [OIT] (2003) El alcance de la relación laboral. Informe V. Conferencia Internacional del Trabajo. 91° Reunión, Ginebra. Disponible en: http://www.ilo.org/public/english/standards/relm/ilc/ilc91/ pdf/repv.pdf [Consulta: 2020, octubre 6].

Organización Internacional del Trabajo [OIT] (2006). La relación de trabajo. Informe presentado a la Conferencia Internacional del Trabajo, 95° reunión, 2006. Ginebra: OIT. Disponible en: https://www.ilo.org/public/spanish/standards/relm/ilc/ilc95/pdf/rep-v-1.pdf [Consulta: 2019, junio 2].

Organización Internacional del Trabajo [OIT] (2008, marzo). Servicio de Diálogo Social, Legislación y Administración del Trabajo. La Relación de Trabajo: Una guía anotada a la Recomendación No. 198. Primera Edición. Ginebra: OIT, pp. 27-28. Disponible en: https://www.fim-musicians.org/wp-content/uploads/guia_198_es.pdf [Consulta: 2021, abril 19].

Organización Internacional del Trabajo [OIT] (2015) Recomendación sobre la transición de la economía informal a la economía formal(204). Disponible en: https://www.ilo.org/actrav/info/fs/WCMS_545968/lang--es/index.htm [Consulta: 2019, agosto 30].

Organización Internacional del Trabajo [OIT] (2016). Non-standard employment around the world: Understanding challenges, shaping prospects. Ginebra: OIT. [Traducción libre] Disponible en: https://www.ilo.org/global/publications/books/WCMS_534497/lang--en/index.htm [Consulta: 2021, febrero 12].

Organización Internacional del Trabajo [OIT] (2018). El Futuro del trabajo. Un escenario de cambios tecnológicos y transformación productiva. Conclusiones del Simposio Iberoamericano OIT. Santa Cruz de La Palma, Canarias, 30 y 31 de octubre de 2018. Disponible en: http://www.simposiolapalmaoit.es/conclusiones/ [Consultado el 22 de septiembre de 2019].

Organización Internacional del Trabajo [OIT] (2019). Las plataformas digitales y el futuro del trabajo. Cómo fomentar el trabajo decente en el mundo digital. Oficina Internacional del Trabajo. Ginebra: OIT. Disponible en: https://www.ilo.org/wcmsp5/groups/public/---dgreports/---dcomm/---publ/documents/publication/wcms_684183.pdf [Consulta: 2019, septiembre 8].

Organización Internacional del Trabajo [OIT] (2019).Trabajar para un futuro más prometedor - Comisión Mundial sobre el Futuro del Trabajo. Disponible en: https://www.ilo.org/wcmsp5/groups/public/---dgreports/---cabinet/documents/publication/wcms_662442.pdf [Consulta: 2019, octubre 2].

Organización Internacional del Trabajo [OIT] (2021). World Employment and Social Outlook. The role of digital labour platforms in transforming the world of work. [Traducción libre] Ginebra: OIT. Disponible en: https://www.ilo.org/global/topics/decent-work/lang--es/index.htm [Consulta: 2021, febrero 24].

Organización Internacional del Trabajo [OIT] (SF). Convenios y Recomendaciones. Disponible en : https://www.ilo.org/global/standards/introduction-to-international-labour-standards/conventions-and-recommendations/lang--es/index.htm [Consulta: 2021, abril 22].

Organización Internacional del Trabajo [OIT](2006, junio 15) R198 Recomendación sobre la relación de trabajo [núm. 198] . Disponible en: https://www.ilo.org/dyn/normlex/es/f?p=NORMLEXPUB:55:0::NO::P55_TYPE,P55_LANG,P55_DOCUMENT,P55_NODE:REC,es,R198,%2FDocument [Consulta: 2019, junio 20].

Orjuela, L., Segura, D. y Tovar, S. (2012). Fraude al contrato de trabajo. Bogotá: Editorial Universidad Externado de Colombia.

Orjula Albarracín, L., Segura Castañeda, D. y Tovar Reyes, S. (2012) Fraude al contrato de trabajo: análisis a las cooperativas de trabajo asociado, empresas de servicios temporales, outsourcing y otras tipologías de contratación civil o comercial. Bogotá: Universidad Externado de Colombia.

Orrú, T. (2020, febrero 10). La qualificazione del lavoro dei riders alla prova della giurisprudenza: prime note di commento alla sentenza della Corte di Cassazione sezione lavoro del 24 gennaio 2020. Giustizia Insieme [Revista en línea]. Disponible en: https://www.giustiziainsieme.it/it/news/93-main/diritto-ed-economia/866-la-qualificazione-del-lavoro-dei-riders-alla-prova-della-giurisprudenza-prime-note-di-commento-alla-sentenza-della-corte-di-cassazione-sezione-lavoro-del-24-gennaio-2020-n-1663?hitcount=0 [Consulta: 2020, octubre 7].

Ostau de Lafont de León, F. (2017) La Libertad Sindical en el mundo del trabajo en Colombia. Bogotá: Universidad Católica de Colombia.

Ottaviano, J.M., O'Farrell, J. y Maito, M. (2019, diciembre) Organización sindical de trabajadores de plataformas digitales y criterios para el diseño de políticas públicas. Análisis N° 49-2019. Disponible en: https://library.fes.de/pdf-files/bueros/argentinien/15913.pdf [Consulta: 2021, marzo 15].

Palomeque, M. y Álvarez, M. (2009). Derecho del Trabajo. Decimoséptima edición. Madrid: Editorial Universitaria Ramón Areces.

Parlamento Europeo (2003, junio 19). Trabajo económicamente dependiente (trabajo parasubordinado). Ponencia presentada ante la Comisión de Empleo y Asuntos Sociales del Parlamento Europeo que resume el estudio sobre el Trabajo Económicamente Dependiente (trabajo parasubordinado) elaborado por el profesor Adalberto Perulli (2002, octubre), Bruselas. Disponible en: https://silo.tips/download/parlamento-europeo-comision-de-empleo-y-asuntos-sociales [Consulta: 2020, Octubre 2].

Pascual Cortés, R. (2021, febrero 4). La 'ley de riders' encara su recta final sin un acuerdo inmediato en el horizonte.El País (España). Disponible en: https://cincodias.elpais.com/cincodias/2021/02/04/economia/1612395827_861147.html?id_externo_rsoc=TW_CC [Consulta: 2021, febrero 5].

Pascual Cortés, R. y Jiménez, M. (2021, marzo 11) El acuerdo en la 'ley de riders' incluirá el acceso a los algoritmos laborales en todo tipo de plataformas. El País (España). Disponible en: https://cincodias.elpais.com/cincodias/2021/03/10/economia/ 1615406790_557660.html?id_externo_rsoc=-TW_CC [Consulta 2021, marzo 18].

Pérez del Prado, D. (2021, mayo 14) La Ley Rider: un muy buen comienzo [Blog]. Disponible en: https://forodelabos.blogspot.com/2021/05/la-ley-rider-un-muy-buen-comienzo.html [Consulta: 2021, mayo 22].

Pinto y Silva, O. (2002) Trabajo parasubordinado. Revista de la Facultad de Derecho, Universidad de São Paulo, N° 97, pp. 195-203. [Traducción libre].Disponible en: http://www.revistas.usp.br/rfdusp/article/view/67540 [Consulta: 2020, marzo 15].

¿Qué regula la ley de estándares de trabajo justo? (SF). Abogado.com. Disponible en: https://www.abogado.com/recursos/horas-y-salarios/-qu-regula-la-ley-de-normas-del-trabajo-justo.html [Consulta: 2021, julio 1].

Raso Delgue, J. (2018) América Latina: el impacto de las tecnologías en el empleo y las reformas laborales. Revista Internacional y Comparada de Relaciones Laborales y Derecho del Empleo. Volumen 6, núm. 1, enero-marzo de 2018.

Raso Delgue, J. y Rosenbaum Rimolo, J. (2019) El Centenario de la OIT y la legislación laboral uruguaya. Ministerio del Trabajo y Seguridad Social (Uruguay) y OIT. Disponible en: https://www.gub.uy/ministerio-trabajo-seguridad-social/sites/ministerio-trabajo-seguridad-social/files/documentos/publicaciones/El%20Centenario%20de%20la% 20OIT%20y%20la%20legislaci%C3%B3n%20laboral%20uruguaya_0.pdf [Consulta: 2021, abril 23]

Real Academia Española [RAE] (2019). Diccionario de la lengua española. España: Edición Tricentenario. Disponible en: https://dle.rae.es/ [Consulta: 2019, agosto 10].

Restrepo Zapata, J. D. (2018) La Constitución alemana de Weimar (1919) ¿una utopía en medio de la crisis? Un análisis histórico a sus aspectos interventores, modernizadores y derechos sociales. Estudios Internacionales 190. Chile: Instituto de Estudios Internacionales - Universidad de Chile, pp. 85–106.

Reuters (2019, mayo 14).Choferes de Uber no son empleados, concluyó agencia laboral de EU. El Economista. Disponible en: https://www.eleconomista.com.mx/empresas/Choferes-de-Uber-no-son-empleados-concluyo-agencia-laboral-de-EU-20190514-0108.html [Consulta: 2020, octubre 26].

Reuters (2019, mayo 14).Conductores de Uber son contratistas independientes, no empleados: fiscal laboral. El Financiero. Disponible en: https://www.elfinanciero.com.mx/tech/conductores-de-uber-son-contratistas-independientes-no-empleados-fiscal-laboral [Consulta: 2020, octubre 26].

Revista Diritti Fondamentali. (2020, marzo 2). La cassazione sulla qualificazione contrattuale dei rider tutelare i lavoratori in condizioni di debolezza económica operanti nella zona grigia tra autonomía e subordinazione cass civ sez lavo [Traducción libre] Disponible en: http://dirittifondamentali.it/2020/03/02/la-cassazione-sulla-qualificazione-contrattuale-dei-rider-tutelare-i-lavoratori-in-condizioni-di-debolezza-economica-operanti-nella-zona-grigia-tra-autonomia-e-subordinazione-cass-civ-sez-lavo/ [Consulta: 2020, octubre 7].

RiderxDerechos (2021, mayo 11) Un paso insuficiente, poco que celebrar. Disponible en: https://www.ridersxderechos.org/?p=3260 [Consulta: 2021, mayo 22].

Rincón Rodríguez, F. (2018) Derecho en la era de las TIC. Bogotá: Eco Ediciones.

Rodríguez Fernández, M. L. (2017). Plataformas, microworkers y otros retos del trabajo en la era digital. Conferencia Nacional OIT "El futuro del trabajo que queremos", Madrid, 28 de marzo de 2017. Disponible en: https://www.ilo.org/wcmsp5/groups/public/---europe/---ro-geneva/---ilo-madrid/documents/article/wcms_548596.pdf [Consulta: 2019, abril 20].

Rodríguez Fernández, M. L. (2019) ¿Trabajadores o freelancers? La controvertida naturaleza de las relaciones de trabajo en la platform economy. Tripalium: Justicia Social y Trabajo Decente [Revista en línea], volumen I, número 1 -2019. Disponible en: https://tripaliumsite.files.wordpress.com/2019/10/revista-tripalium-nro.-1-2019.pdf [Consulta: 2019, octubre 4].

Rodríguez, A. (2021, marzo 11). Ley Rider: las plataformas tendrán que contratar a todos sus repartidores. Hipertextual. Disponible en: https://hipertextual.com/2021/03/aprobacion-ley-rider-riders-empleados [Consulta: 2021, marzo 14].

Rodríguez-Piñero Royo, M. (2021, mayo 12) Por Fin, La Ley Rider. Disponible en: http://grupo.us.es/iwpr/2021/05/13/por-fin-la-ley-rider/ [Consulta: 2021, mayo 22].

Rodríguez-Piñero Royo, M. C. (2016, septiembre 7) El Trabajo 3.0 y La Regulación Laboral: Por Un Enfoque Creativo En Su Tratamiento Legal. Trabajo, Persona, Derecho y Mercado. Nuevos retos del mercado laboral: pobreza en el trabajo, economía colaborativa y envejecimiento. Disponible en: http://grupo.us.es/iwpr/2016/09/07/el-trabajo-3-0-y-la-regulacion-laboral-por-un-enfoque-creativo-en-su-tratamiento-legal/ [Consulta: 2019, diciembre 10].

Rojo, E. (2018, noviembre 30). Casos Foodora (Australia) y Take It Easy (Francia). No son riders, drivers, o contractors. Son trabajadores por cuenta ajena [Blog]. Disponible en: http://www.eduardorojotorrecilla.es/2018/11/casos-foodora-australia-y-take-it-easy.html [Consulta: 2020, noviembre 20].

Rojo, E. (2019, diciembre 5) Más sobre la saga de los glovers. Son trabajadores por cuenta ajena. Notas a la sentencia del JS núm. 3 de Barcelona de 18 de noviembre de 2019. [Blog] Disponible en: http://www.eduardorojotorrecilla.es/2019/12/mas-sobre-la-saga-de-los-glovers-son.html [Consulta: 2020, octubre 30].

Rojo, E. (2019, enero 12). Francia. Los conductores de Uber son trabajadores por cuenta ajena. Notas a la sentencia de la Corte de Apelaciones de París de 10 de enero de 2019 [Blog]. Disponible en: http://www.eduardorojotorrecilla.es/2019/01/francia-los-conductores-de-uber-son.html [Consulta: 2020, octubre 9].

Rojo, E. (2019, septiembre 22) Donald Trump no quiere a California..., y algunas plataformas tampoco. Las idas y vueltas jurídicas de la gig-economy. California regula la relación contractual laboral, con excepciones para algunas actividades (y un breve repaso a otros marcos jurídicos). Disponible en: http://www.eduardorojotorrecilla.es/2019/09/donald-trump-no-quiere-california-y.html [Consulta: 2020, octubre 29].

Rojo, E. (2020, marzo 1) Canadá. Los mensajeros de Foodora son trabajadores por cuenta ajena. Importante decisión de la Junta de Relaciones Laborales de Ontario de 25 de febrero de 2020. Disponible en: http://www.eduardorojotorrecilla.es/2020/03/canada-los-mensajeros-de-foodora-son.html [Consulta: 2020, noviembre 2].

Rojo, E. (2020, marzo 17) El trabajo a domicilio (en versión clásica y moderna). La aplicación del Convenio núm. 177 y la Recomendación núm. 184 de la OIT (y referencias a la normativa española y al acuerdo europeo). [Blog] Disponible en: http://www.eduardorojotorrecilla.es/2020/03/el-trabajo-domicilio-en-version-clasica.html?m=1 [Consulta: 2020, mayo 19].

Rojo, E. (2020, noviembre 9). Siguen los debates sobre la regulación de quienes prestan servicios para las empresas de la economía de plataformas.... aunque ya haya sentencia del TS (actualización al 10 de noviembre). [Blog]. Disponible en: http://www.eduardorojotorrecilla.es/2020/11/siguen-los-debates-sobre-la-regulacion.html [Consulta: 2020, noviembre 17].

Rojo, E. (2020, octubre 2) Pues sí, la saga Glovo (y los glovers) merecen un caso práctico. Notas a la sentencia del TS de 25 de septiembre de 2020, que declara la laboralidad, y recordatorio de las sentencias del JS núm. 39 de Madrid de 3 de septiembre de 2018 y del TSJ de Madrid de 19 de septiembre de 2019. [Blog] Disponible en: http://www.eduardorojotorrecilla.es/2020/10/pues-si-la-saga-glovo-y-los-glovers_2.html [Consulta: 2020, octubre 13].

Rojo, E. (2020, septiembre 1°) Una más (y van...). Los repartidores (mensajeros, riders...) son trabajadores por cuenta ajena. Notas a la sentencia del TSJ de Cataluña de 16 de junio de 2020, y amplio recordatorio de la del JS núm. 31 de Barcelona de 11 de junio de 2019 (caso Deliveroo). Actualización a 28 de septiembre. [Blog]. Disponible en: http://www.eduardorojotorrecilla.es/2020/09/una-mas-y-van-los-repartidores.html [Consulta: 2020, octubre 28].

Rojo, E. (2021, enero 15). Repartidores laborales. Sigue la Saga Deliveroo, en España y en Italia. Ajenidad en el mercado y control de la organización del trabajo por el algoritmo = laboralidad (y repaso a nuevas aportaciones doctrinales y sociales). [Blog]. Disponible en: http://www.eduardorojotorrecilla.es/2021/01/repartidores-laborales-sigue-la-saga.html?m=1 [Consulta: 2021, enero 19].

Rojo, E. (2021, mayo 18). Y llegó la norma que declara la relación laboral de "las personas dedicadas al reparto en el ámbito de las plataformas digitales". Primeras notas y comentarios al RDL 9/2021 de 11 de mayo [Blog]. Disponible en: http://www.eduardorojotorrecilla.es/2021/05/y-llego-la-norma-que-declara-la.html?m=1 [Consulta: 2021, mayo 20].

Rosenbaum Carli, F. (2019, noviembre 12). Uruguay: Los choferes de Uber son trabajadores dependientes (JLT de 6° Turno, sentencia N° 77/2019, 11/11/2019). [Blog] Disponible en: https://federicorosenbaum.blogspot.com/2019/11/uruguay-los-choferes-de-uber-son.html [Consulta: 2021, junio 7].

Rosenbaum Carli, F. (2020) El trabajo en la economía de plataformas y el derecho del trabajo. Tripalium. Justicia Social y Trabajo Decente, Volúmen II, número 1 - 2020 (pp 53-79). Disponible en: https://tripaliumsite.files.wordpress.com/2020/01/revista-tripalium-nro.-1-2020-3.pdf [Consulta: 2020, mayo 30].

Rosenbaum Carli, F. (2020, agosto 28). Reciente jurisprudencia sobre el trabajo desarrollado mediante plataformas digitales en el Uruguay. [Blog] Disponible en: https://federicorosenbaum.blogspot.com/2020/08/reciente-jurisprudencia-sobre-el.html [Consulta: 2021, junio 7].

Rosenbaum Carli, F. (2020, junio 4). Fin del partido Uruguay: Los choferes de Uber son trabajadores dependientes (TAT de 1° Turno, sentencia N° 111/2020, 03/06/2020). [Blog] Disponible en: https://federicorosenbaum.blogspot.com/2020/06/fin-del-partido-uruguay-los-choferes-de.html [Consulta: 2021, junio 7].

Rosenbaum Carli, F. (2020, mayo 10) El teletrabajo: una regulación justa con adecuada protección. [Blog] Disponible en: https://federicorosenbaum.blogspot.com/2020/05/el-teletrabajo-una-regulacion-justa-con.html?m=1 [Consulta: 2020, mayo 12].

Rosenbaum Carli, F. (2021, abril 15) Dos nociones para delimitar la laboralidad del trabajo mediante plataformas digitales: autonomía y ajenidad (Duas noções para delimitar a laboralidad e do trabalho através das plataformas digitais: autonomia e alienação). Teoría Jurídica Contemporánea, Vol. 6. Disponible en: https://revistas.ufrj.br/index.php/rjur/article/view/e41538/24118 [Consulta: 2021, julio 1].

Rosenbaum Carli, F. (2021, mayo 20) Sigue la saga de los "riders": sentencia del Juzgado de Letras del Trabajo de Santiago (Chile) [17/05/2021] que declara la inexistencia de relación laboral con PedidosYa. [Blog] Disponible en: https://federicorosenbaum.blogspot.com/2021/05/sigue-la-saga-de-los-riders-sentencia.html [Consulta: 2021, mayo 21].

Rosenbaum, F (2019). El trabajo en plataformas digitales y el derecho del trabajo. XI Congreso Regional Americano de Derecho del Trabajo y de la Seguridad Social. Disponible en: https://www.academia.edu/40299735/ EL_TRABAJO_EN_PLATAFORMAS_DIGITALES_Y_EL_DERECHO_DEL_TRABAJO [Consulta: 2020, noviembre 19].

Rosenbaum, F. (2020, mayo) Francia: Los choferes de Uber son trabajadores dependientes (Cour De Cassation, Sentencia No. 374, 04.03.2020). Revista Profesionales & Empresas. Montevideo (Uruguay): Publicaciones Cade.

Rosenbaum, F. (2020, noviembre 6) La aprobación de la "Proposition 22" en California y el oxímoron que encierra: los trabajadores de aplicaciones considerados como contratistas independientes. Disponible en: https://federicorosenbaum.blogspot.com/2020/11/la-aprobacion-de-la-proposition-22-en.html?m= 1&s =03 [Consulta: 2020, noviembre 7]

Rosenbaum, F. (2020, noviembre 6) La aprobación de la "Proposition 22" en California y el oxímoron que encierra: los trabajadores de aplicaciones considerados como contratistas independientes. Disponible en: https://federicorosenbaum.blogspot.com/ 2020/11/la-aprobacion-de-la-proposition-22-en.html?m=1&s=03 [Consulta: 2020, noviembre 7].

Rosenbaum, F. (2020, octubre 11). Los "riders" de Glovo son trabajadores dependientes: sentencia del Tribunal Supremo de España del 25.09.2020. [Blog] Disponible en: https://federicorosenbaum.blogspot.com/2020/10/los-riders-de-glovo-son-trabajadores.html?m=1&s=03 [Consulta: 2020, octubre 11].

Rosenbaum, F. (2020, octubre). El trabajo mediante plataformas digitales y sus problemas de calificación jurídica. Tesis de Doctorado. Universidad de Salamanca, España. Disponible en: https://gredos.usal.es/bitstream/handle/10366/145436/ Rosenbaumcarli%2c%20Federico.pdf?sequence=1&isAllowed=y [Consulta: 2021, marzo 16].

Rueda Rodríguez, A. (2016) El Trabajo Autónomo: Un análisis comparado de Italia y España. Revista Internacional y Comparada de Derechos Laborales y Derecho de Empleo [Revista Electrónica] Volumen 4, núm. 2, abril-junio, p 12-13. Escuela Internacional de Alta Formación en Relaciones Laborales y de Trabajo de Adapt. Disponible en: http://ejcls.adapt.it/index.php/rlde_adapt/article/view/383/491 [Consulta: 2020, Octubre 2].

Sanguineti, W. (2020) El test de laboralidad y los trabajos de la gig economy. Trabajo y Derecho. Nueva Revista de actualidad y relaciones laborales, N° 69. España: Wolters Kluwer, p. 3. Disponible en: https://wilfredosanguineti.files.wordpress.com/2020/09/el-test-de-laboralidad-y-la-gig-economy-td-69-wsanguineti.pdf [Consulta: 2020, diciembre 10].

Sanguineti, W. (2020, octubre 10) La Laboralidad de los riders: doctrina unificada por decisión unánime del Tribunal Supremo. [Blog] Disponible en: https://wilfredosanguineti.wordpress.com/2020/10/10/la-laboralidad-de-los-riders-doctrina-unificada-por-decision-unanime-del-tribunal-supremo/ [Consulta: 2020, octubre 13].

Sanguineti, W. (2021, mayo 15). La presunción de laboralidad de los riders o cómo se consiguió la cuadratura del círculo de la laboralidad [Blog]. Disponible en: https://wilfredosanguineti.wordpress.com/2021/05/15/la-presuncion-de-laboralidad-de-los-riders-o-como-se-consiguio-la-cuadratura-del-circulo-de-la-laboralidad/ [Consulta: 2021, mayo 22].

Saturno Troccoli, G. (2009) La Recomendación 198 de la OIT: las zonas grises o de frontera. Revista Derecho del Trabajo, Número 7 (extraordinaria). Caracas: Fundación Universitas.

Sentencia reconoce vínculo laboral entre domiciliario y plataforma en Colombia (2020, septiembre 29). Forbes. Disponible en: https://forbes.co/2020/09/29/actualidad/sentencia-reconoce-vinculo-laboral-entre-domiciliario-y-plataforma-en-colombia/#:~:text=Sentencia%20reconoce%20v%C3% ADnculo%20laboral%20entre%20domiciliario%20y%20plataforma%20en%20Colombia,-hace%205%20meses&text=Por%20primera%20vez%20en%20la,)%2C%20es%20de%20naturaleza%20laboral [Consulta: 2021, marzo 6].

Sierra, J. A. (2017) ¿Es el Estado un ejemplo de acatamiento de la Ley laboral? Derecho laboral para el nuevo tiempo. Construcción conjunta. Ana María Muñiz Segura (Coordinadora). Bogotá: Universidad de Los Andes-Temis.

Supiot, A. (1998, junio) Informe final sobre las transformaciones del trabajo y los cambios del Derecho del Trabajo en Europa. Traducción por Sandra Goldflus. Disponible en: https://www.rau.edu.uy/universidad/inst_derecho_del_trabajo/informesupiot.htm [Consulta: 2020, marzo 15].

Supiot, A. (1999) Trabajo Asalariado y Trabajo Independiente. Informe para el VI Congreso europeo de derecho de trabajo (Varsovia, 13 al 17 de septiembre de 1999). Traducción del francés de Antoni Pycinski y Margarita Vilar-Alonso. Disponible en: https://ishareslide.net/document/alain-supiot-trabajo-asalariado-y-trabajo-independiente-doc [Consulta: 2020, marzo 27].

Tamarones, J. (2019). Seminario Internacional de Derecho del Trabajo Comparado: Futuro del Derecho del Trabajo. Fundación Universitas. Disponible en: https://universitasfundacion.com/universitas-seminarios/futuro-del-derecho-del-trabajo/ [Consulta: 2019, septiembre 9].

Tarello, G. (2013) La interpretación de la Ley. Traducción de Diego Dei Vecchi. Lima: Palestra Editores.

Testa, D. (2020, febrero 25) Cass. N.1663/2020 (Foodora): il criterio della "debolezza economica" rilancia il lavoro oltre il contratto. IUS in Itinere. [Revista en línea] [Traducción libre] Disponible en: https://www.iusinitinere.it/cass-n-1663-2020-foodora-il-criterio-della-debolezza-economica-rilancia-il-lavoro-oltre-il-contratto-25745 [Consulta: 2020, octubre 7].

Todolí Signes, A. (2017) El trabajo en la era de la economía colaborativa. La clasificación jurídica de trabajadores y autónomos y los efectos de la reputación online en la economía de las plataformas virtuales. Valencia (España): Tirant lo Blanch.

Todolí Signes, A. (2019). Plataformas digitales y concepto de trabajador: una propuesta de interpretación finalista. Lan Harremanak - Revista de Relaciones

Laborales, número 41. Disponible en: https://www.ehu.eus/ojs/index.php/Lan_Harremanak/article/view/20880/18819 [Consulta: 2019, octubre 15].

Todolí Signes, A. (2019, agosto 2). Análisis de la Primera Sentencia de un Tribunal Superior de Justicia que declara a un rider falso autónomo. [Blog] Disponible en: https://adriantodoli.com/2019/08/02/analisis-de-la-primera-sentencia-de-un-tribunal-superior-de-justicia-que-declara-a-un-rider-falso-autonomo/ [Consulta: 2019, octubre 8].

Todolí Signes, A. (2019, enero) El futuro del trabajo: nuevos indicios de laboralidad aplicables a empresas digitales. Revista de Treball, Economia, i Societat, N° 92. Disponible en: http://www.ces.gva.es/sites/default/files/2019-09/art9_0.pdf [Consulta: 2019, septiembre 10].

Todolí Signes, A. (2020, febrero 25). ¿Cómo regulamos para acabar con los falsos autónomos? Experiencias internacionales. [Blog] Disponible en: https://adriantodoli.com/2020/02/25/como-regulamos-para-acabar-con-los-falsos-autonomos-experiencias-internacionales/ [Consulta: 2021, marzo 14].

Todolí Signes, A. (2021, febrero 18). Borrador de la ley "rider" y un pequeño comentario. [Blog] Disponible en: https://adriantodoli.com/2021/02/18/borrador-de-la-ley-rider-y-un-pequeno-comentario/ [Consulta: 2021, marzo 14].

Todolí, A. (2021, mayo 12). Nueva "Ley Rider". Texto y un pequeño comentario a la norma [Blog]. Disponible en: https://adriantodoli.com/2021/05/12/nueva-ley-rider-texto-y-un-pequeno-comentario-a-la-norma/ [Consulta: 2021, mayo 22].

Todolí, A., Sánchez, J. y Kruithof, A. (2019) El treball en plataformes digitals a la Comunitat Valenciana, p. 49. Disponible en: http://www.labora.gva.es/documents/166000883/166282936/Informe+trabajo+en+plataformas+digitales+2019.pdf/1dcbb6c3-dfa8-44cb-a732-202170d2b09c [Consulta: 2021, marzo 16].

Torrecillas, P. (2021, mayo 11) Cronología de la Ley Rider: siete claves para entender un conflicto que va más allá de lo laboral. RTVE. Disponible en: https://amp.rtve.es/noticias/20210511/cronologia-ley-rider/2084930.shtml? __twitter_impression=true [Consulta: 2021, mayo 13].

Tribunal Laboral Regional de Múnich (2019, diciembre 04). Eine Vereinbarung eines sog. Crowdworkers mit dem Betreiber einer Internetplattform, die keine Verpflichtung zur Übernahme von Aufträgen enthält, begründet kein Arbeitsverhältnis (LAG München, 8 Sa 146/19 vom 04.12.2019). [Traducción libre] Disponible en: https://www.lag.bayern.de/imperia/md/content/stmas/lag/muenchen/pressemitteilung_-_crowd.pdf [Consulta: 2020, octubre 24].

Tribunal Superior Laboral Regional de Múnich (2019, diciembre 04). Eine Vereinbarung eines sog. Crowdworkers mit dem Betreiber einer Internetplattform, die keine Verpflichtung zur Übernahme von Aufträgen enthält, begründet kein

Arbeitsverhältnis (LAG München, 8 Sa 146/19 vom 04.12.2019). [Traducción libre] Disponible en: https://www.lag.bayern.de/imperia/md/content/stmas/lag/muenchen/pressemitteilung_-_crowd.pdf [Consulta: 2020, octubre 24].

Troutman, P. (2018, abril 17) El juez sostiene que los conductores de UberBLACK son contratistas independientes, no empleados. Disponible en: https://www.lexology.com/library/detail.aspx?g=0d4f98d6-f31e-4579-877e-b39db27bb067 [Consulta: 2020, octubre 26].

Twitter suspende a Trump permanentemente por el "riesgo de mayor incitación a la violencia" (2021, enero 8). BBC News Mundo. Disponible en: https://www.bbc.com/mundo/55597855 [Consulta: 2021, junio 29].

Uber pierde batalla legal y tendrá que considerar a sus conductores como empleados en Reino Unido (2021, febrero 19). [Internacionales] La Patilla. Disponible en: https://www.lapatilla.com/2021/02/19/uber-pierde-batalla-legal-y-tendra-que-considerar-a-sus-conductores-como-empleados-en-reino-unido/ [Consulta: 2021, febrero 22].

Ubieto, G. (2020, septiembre 23) El Tribunal Supremo declara falsos autónomos a los 'riders' de Glovo. El Periódico (España). Disponible en: https://amp.elperiodico.com/es/economia/20200923/el-tribunal-supremo-declara-falsos-autonomos-a-los-riders-de-glovo-8124923?utm_source=twitter&utm _medium=social&utm_campaign=btn-share&__twitter_impression=true&s=03 [Consulta: 2020, septiembre 30].

Ubieto, G. (2021, mayo 17) Glovo, Deliveroo y UberEats ensayan tres nuevos modelos para resignarse a la 'ley Rider'. El Periódico (España). Disponible en: https://www.elperiodico.com/es/economia/20210516/glovo-deliveroo-ubereats-ley-rider-empleo-subcontratas-11724660 [Consulta: 2021, mayo 20].

Unión Europea (SF). Comisión Europea. Disponible en: https://op.europa.eu/webpub/com/eu-what-it-is/es/ [Consulta: 2021, junio 6].

Unión General de Trabajadores (UGT) (2021, mayo 11) La Ley Rider, fundamental para regular un sector importante de la economía digital. Disponible en: https://ugt.es/la-ley-rider-fundamental-para-regular-un-sector-importante-de-la-economia-digital [Consulta: 2021, mayo 22].

Vallecilla Baena, L. F. (2018) La relación laboral y el contrato de trabajo. Derecho Laboral en Colombia. Colección jus laboral N° 8. Bogotá: Universidad Católica de Colombia

Vallecillo Gámez, M. R. (2017, marzo 23) Economía colaborativa y laboralidad: los cabos sueltos entre el vacío legal y la dudosa legalidad. Disponible en: https://www.ilo.org/madrid/fow/trabajo-y-la-produccion/WCMS_548607/lang--es/index.htm [Consulta: 2019, agosto 2].

Villasmil Prieto, H. y Carballo Mena, C. A. (2016) Recomendación 198 OIT sobre la Relación de Trabajo. Caracas: UCAB.

Villasmil Prieto, H. y Carballo Mena, C. A. (2019) Recomendación 198 OIT sobre la relación de trabajo. Bogotá: Universidad Libre. Disponible en: https://repository.unilibre.edu.co/handle/10901/19129 [Consulta: 2020, abril 4].

Villasmil Prieto, H.(2007). Relaciones Laborales: en tiempo presente. Caracas: UCAB.

Villasmil Prieto, H.(2011, diciembre). La incidencia de la Organización Internacional del Trabajo en el momento fundacional del derecho del trabajo latinoamericano: Unas notas introductorias. OIT: Departamento de Relaciones Laborales y de Empleo (DIALOGUE). Documento de trabajo N° 33. Disponible en: https://www.ilo.org/wcmsp5/groups/public/---ed_dialogue/---dialogue/documents/publication/wcms_172633.pdf [Consulta: 2021, abril 22].

Vita Mesa, L. (2020, septiembre 29) Sentencia judicial reconoce vínculo laboral entre domiciliario y plataforma digital. La República. Disponible en: https://www.asuntoslegales.com.co/actualidad/sentencia-judicial-reconoce-vinculo-laboral-entre-domiciliario-y-plataforma-digital-3067081 [Consulta: 2021, marzo 6].

Weber. P. y Turcios, E. (2015, junio 24) Uber Hits a Speed Bump in California: Labor Commissioner Rules Driver is an Employee [Traducción libre]. Disponible en: https://www.pillsburylaw.com/en/news-and-insights/uber-hits-a-speed-bump-in-california-labor-commissioner-rules.html#:~:text=On%20June%2016%2C%202015%2C%20smartphone,rather%20than%20an%20independent%20contractor [Consulta: 2020, noviembre 12].

NORMATIVA

Alemania. Codigo de Comercio (Handelsgesetzbuch) (1897, mayo 10). [Transcripción en Línea] [Traducción libre]. Disponible en: https://www.gesetze-im-internet.de/hgb/__84.html [Consulta: 2020, septiembre 30].

Alemania. Código Social (SGB) Libro Sexto (VI) - Seguro de Pensión Estatutario (1989, diciembre 18)[Transcripción en Línea] [Traducción libre] Disponible en: https://www.gesetze-im-internet.de/sgb_6/__2.html [Consulta: 2020, octubre 10].

Alemania. Constitución del Imperio (Reich) Alemán (de 1919, agosto 11) (1930). En: Textos Constitucionales españoles y extranjeros. Zaragoza (España): Editorial Athenaeum. Disponible en: https://www.docsity.com/es/constitucion-del-imperio-aleman-de-11-de-agosto-de-1919/3657101/ [Consulta: 2019, agosto 3].

Alemania. Ley para enmendar el seguro social y garantizar los derechos de los empleados de 19 de diciembre de 1998 (1999). [Documentos en línea] [Traducción libre]. Disponible en: https://ec.europa.eu/employment_social/soc-prot/missoc99/english/socprot/d.htm [Consulta: 2020, octubre 6].

Argentina. Ley 26.565 sobre el Regimen Simplificado para Pequeños Contribuyentes (2009, diciembre 17). Disponible en: http://servicios.infoleg.gob.ar/infolegInternet/anexos/160000-164999/161802/norma.htm [Consulta: 2021, febrero 3].

Argentina. Ley de Contrato de Trabajo (N° 20.744 - Decreto 390/1976) (1976, mayo 13) [Transcripción en Línea]. Disponible en: http://servicios.infoleg.gob.ar/infolegInternet/anexos/25000-29999/25552/texact.htm [Consulta: 2019, Agosto 2].

Bolivia. Decreto Supremo (N° 28699) (2006, mayo 1°). [Transcripción en Línea]. Disponible en: https://www.derechoteca.com/gacetabolivia/decreto-supremo-28699-del-01-mayo-2006 [Consulta: 2019, Agosto 2].

Bolivia. Ley General del Trabajo (1939, mayo 24).[Transcripción en Línea]. Disponible en: https://www.ilo.org/dyn/natlex/docs/SERIAL/46218/38399/F-707688237/BOL46218.pdf [Consulta: 2019, Agosto 2].

Brasil. Codificación de las Leyes del Trabajo (Decreto-ley N° 5452) (1943, mayo 1°) . [Transcripción en Línea] [Traducción libre]. Disponible en: http://www.planalto.gov.br/ccivil_03/Decreto-Lei/Del5452.htm [Consulta: 2019, Agosto 2].

Brasil. Código Civil (Ley núm. 10.406) (2002, enero 10) (Código Civil) [Traducción libre] Disponible en: https://wipolex.wipo.int/en/text/226198 [Consulta: 2020, octubre 10].

Brasil. Ley N° 13.640, sobre las Directrices de Politica de Movilidad Urbana (2018, marzo 26). [Transcripción en Línea] [Traducción libre] Disponible en: http://www.planalto.gov.br/ccivil_03/_ato2015-2018/2018/lei/l13640.htm [Consulta: 2019, septiembre 15].

Chile. Código del Trabajo (N° 37460)(2002, julio 31). [Transcripción en Línea]. Disponible en: https://www.ilo.org/dyn/natlex/docs/ELECTRONIC/63555/108891/F844337218/ CHL63555.pdf [Consulta: 2019, Agosto 3].

Chile. Proyecto de Ley que modifica el Código del Trabajo regulando el contrato de trabajadores de empresas de plataformas digitales de servicios. Boletín N° 13.496-13. [Transcripción en línea] Disponible en: https://www.camara.cl/legislacion/ProyectosDeLey/tramitacion.aspx?prmID=14038&prmBOLETIN=13496-13 [Consulta: 2021, mayo 21].

Colombia. Código Civil. (N° 84) (1873, mayo 26). [Transcripción en Línea]. Disponible en: http://www.secretariasenado.gov.co/senado/basedoc/codigo_civil.html [Consulta: 2019, Agosto 3].

Colombia. Código Sustantivo del Trabajo (1951, junio 7). Diario Oficial N° 27.622. [Transcripción en Línea]. Disponible en: https://www.ilo.org/dyn/travail/

docs/1539/Codigo%20Sustantivo%20del%20Trabajo%20Colombia.pdf [Consulta: 2019, Agosto 3].

Colombia. Constitución Política de la República de Colombia (1991, julio 4) Gaceta Constitucional N° 114 (2° ed publicada en Gaceta Constitucional N° 116, del 20 de julio de 1991).[Transcripción en Línea]. Disponible en: http://servicios.infoleg.gob.ar/ infolegInternet/anexos/25000-29999/25552/texact.htm [Consulta: 2019, agosto 2].

Colombia. Decreto 1833 de 2016. Sistema General de Pensiones. (2016, noviembre 10) (Actualizado 2021, julio 26) [Transcripción en línea] Disponible en: https://www.funcionpublica.gov.co/eva/gestornormativo/norma.php?i=85319 [Consulta: 2021, julio 26].

Colombia. Ley 1341 de 2009 (2009, julio 30). Diario Oficial N° 47.426 del 30 de julio de 2009.

Colombia. Ley 1712 (2012). Diario Oficial N° 49.084 del 6 de marzo de 2014.

Colombia. Ley 1955 por el cual se expide el Plan Nacional de Desarrollo 2018-2022 "Pacto por Colombia, Pacto por la Equidad" (2019, mayo 25). Diario Oficial N° 50964 del 25 de mayo de 2019.

Colombia. Ley 1978 de 2019, por la cual se moderniza el sector de las Tecnologías de la Información y las Comunicaciones (TIC) (2019, julio 25). Diario Oficial N° 51.025 del 25 de julio 2019.

Colombia. Ley 80 de 1993, por la cual se expide el Estatuto General de Contratación de la Administración Pública (1993, octubre 28). Diario Oficial N° 41.094 del 28 de octubre de 1993.

Colombia. Ley Estatutaria 1266 de 2008 (2008, diciembre 31) Diario Oficial N° 47.219 del 31 de diciembre de 2008.

Colombia. Ley Estatutaria 1581 de 2012 (2012, octubre 18). Diario Oficial N° 48.587 de 18 de octubre de 2012.

Costa Rica. Código de Trabajo (1943, septiembre 15). [Transcripción en Línea]. Disponible en: https://www.ilo.org/dyn/natlex/docs/WEBTEXT/44102/65002/s95cri02.htm [Consulta: 2019, agosto 3].

Cuba. Código de Trabajo (2014, junio 17). [Transcripción en Línea]. Disponible en: https://www.ilo.org/dyn/natlex/docs/ELECTRONIC/96404/113996/F288013741/CUB96404.pdf [Consulta: 2019, agosto 2]

Ecuador. Código de Trabajo (2005, diciembre 16) (Codificación de fecha 16 de diciembre de 2005) [Transcripción en Línea]. Disponible en: http://www.oas.org/juridico/spanish/mesicic2_ecu_anexo12.pdf [Consulta: 2019, Julio 15].

Ecuador. Constitución de la República de Ecuador (1997, enero 16) (1997, febrero 13).[Transcripción en Línea]. Disponible en: https://www.ilo.org/dyn/natlex/docs/SERIAL/82263/89945/F253880992/Constitucion%20de%20Ecuador%202008.pdf [Consulta: 2020, junio 9].

El Salvador. Código de Trabajo (Decreto N° 15) (1972, junio 23) [Transcripción en Línea]. Disponible en: https://www.ilo.org/dyn/travail/docs/ 1742/Cod_Trab_ElSalv%5B1%5D.pdf [Consulta: 2019, agosto 2].

España. Estatuto del Trabajo Autónomo (Ley N° 20/2007) (2007, julio 11). [Transcripción en línea]. Disponible en: https://www.boe.es/buscar/pdf/2007/BOE-A-2007-13409-consolidado.pdf [Consulta: 2019, agosto 10].

España. Real Decreto-ley 9/2021, de 11 de mayo, por el que se modifica el texto refundido de la Ley del Estatuto de los Trabajadores, aprobado por el Real Decreto Legislativo 2/2015, de 23 de octubre, para garantizar los derechos laborales de las personas dedicadas al reparto en el ámbito de plataformas digitales (2021, mayo 12). Noticias Jurídicas. Disponible en: https://noticias.juridicas.com/base_datos/Laboral/ 697401-rd-ley-9-2021-de-11-may-modifica-el-texto-refundido-de-la-ley-del-estatuto.html [Consulta: 2021, mayo 20].

Francia. Code Napoléonien (1804, marzo 21) [Transcripción en Línea] [Traducción libre]. Disponible en: http://data.legilux.public.lu/file/eli-etat-leg-memorial-1804-5-fr-pdf.pdf [Consulta: 2021, febrero 2].

Francia. Código del Trabajo (Code du Travail) (1910, con varias reformas) (última reforma Decreto N° 2019-1509 del 30 de diciembre de 2019) [Transcripción en Línea] [Traducción libre]. Disponible en: https://www.legifrance.gouv.fr/codes/texte_lc/ LEGITEXT000006072050/2020-09-30/ [Consulta: 2020, septiembre 29].

Francia. Declaración de los Derechos del Hombre y del Ciudadano (1971, septiembre 3) [Transcripción en Línea]. Disponible en: http://aajc.com.ar/home/wp-content/uploads/2016/07/Constituci%C3%B3n-Francesa-de-1791.pdf [Consulta: 2019, agosto 3].

Francia. Loi N° 2016-1088 du 8 août 2016 relative au travail, à la modernisation du dialogue social et à la sécurisation des parcours professionnels (2016, agosto 8). [Transcripción en Línea] [Traducción libre] Disponible en: https://www.legifrance.gouv.fr/affichTexte.do?cidTexte=JORFTEXT000032983213&categorieLien=id [Consulta: 2020, noviembre 10].

Francia. Loi N° 2019-1428 du 24 décembre 2019 d'orientation des mobilités (2019, diciembre 24). [Transcripción en Línea] [Traducción libre] Disponible en: https://www.ilo.org/dyn/natlex/natlex4.detail?p_lang=es&p_isn=110399&p_classification=01 [Consulta: 2021, febrero 6].

Francia. Tratado de Versalles (1919, junio 28) [Transcripción en Línea]. Disponible en: https://www.dipublico.org/1729/tratado-de-paz-de-versalles-1919-en-espanol/ [Consulta: 2019, diciembre 10]..

Guatemala. Código de Trabajo (1961, mayo 5). [Transcripción en Línea]. Disponible en: https://www.ilo.org/dyn/natlex/docs/ELECTRONIC/29402/107974/F1633513795/GTM29402.pdf [Consulta: 2019, agosto 2]

Honduras. Código del Trabajo (Decreto N° 189)(1959, juio 23) [Transcripción en Línea]. Disponible en: https://www.ilo.org/dyn/eplex/docs/8/Labour [Consulta: 2019, agosto 2]

Italia. Código Civil (Real Decreto N° 262) (1942, marzo 16) [Transcripción en línea] [Traducción libre] Disponible en: http://www.notarfor.com.ar/codigo-civil-italia/index.php [Consulta: 2020, octubre 3]..

Italia. Disegno di legge N° 2934 (2007). Senado de la República.[Traducción libre] Disponible en: http://www.senato.it/japp/bgt/showdoc/17/DDL-PRES/0/1059435/ index.html?stampa=si&spart=si&toc=no&part=ddlpres_ddlpres1-articolato_articolato1 [Consulta: 2020, octubre 7].

Nicaragua. Código del Trabajo (1994, octubre 28) [Transcripción en Línea]. Disponible en: https://www.ilo.org/dyn/natlex/docs/WEBTEXT/ 45784/65050/S96NIC01.htm [Consulta: 2019, agosto 2].

OIT. R202 - Social Protection Floors Recommendation, 2012 (N° 202) (2012, junio 14) [Transcripción en línea]. Disponible en: https://www.ilo.org/dyn/normlex/en/ f?p=NORMLEXPUB:12100:0::NO::P12100_INSTRUMENT_ID,P12100_LANG_CODE:3065524,es [Consulta: 2021, julio 19].

OIT. R198 Recomendación sobre la relación de trabajo [núm. 198] (2006, junio 15) [Transcripción en línea]. Disponible en: https://www.ilo.org/dyn/normlex/es/f?p=NORMLEXPUB:55:0::NO::P55_TYPE,P55_LANG,P55_DOCUMENT,P55_NODE:REC,es,R198,%2FDocument [Consulta: 2019, abril 19].

Panamá. Código de Trabajo (1972, abril 2) [Transcripción en Línea]. Disponible en: https://www.ilo.org/dyn/natlex/docs/WEBTEXT/42679/67564/S9 [Consulta: 2019, agosto 2].

Paraguay. Código del Trabajo (Ley núm. 213) (1993, octubre 29) [Transcripción en Línea]. Disponible en: https://www.ilo.org/dyn/natlex/docs/WEBTEXT/35443/64905/S93PRY01.htm [Consulta: 2019, agosto 2].

Perú. Ley de Productividad y Competitividad Laboral (Decreto Supremo N° 003-97-TR) (1997, marzo 27) [Transcripción en Línea]. Disponible en: https://www.ilo.org/dyn/natlex/docs/ELECTRONIC/95420/112319/F-253524255/PER95420.pdf [Consulta: 2019, agosto 2].

Portugal. Lei N° 7/2009, Código do Trabalho (2009, febrero 12) [Transcripción en Línea] [Traducción libre]. Disponible en: https://dre.pt/application/dir/pdf1sdip/ 2009/02/03000/0092601029.pdf [Consulta: 2020, mayo 31].

Puerto Rico. Ley de Transformación y Flexibilidad Laboral (Ley N° 4) (2017, enero 26) [Transcripción en Línea]. Disponible en: http://www.lexjuris.com/LexLex/ Leyes2017/lexl2017004.pdf [Consulta: 2019, agosto 2].

Reino Unido. Ley de Derechos Laborales (Employment Rights Act ERA) (1996, con reformas del 2012) [Transcripción en Línea] [Traducción libre]. Disponible en: https://www.legislation.gov.uk/ukpga/1996/18 [Consulta: 2020, septiembre 30].

República Dominicana. Código de Trabajo (Ley 16-92) (1992, mayo 29) [Transcripción en Línea]. Disponible en: https://www.ilo.org/dyn/natlex/docs/ELECTRONIC/29744/ 61886/F1357132319/DOM29744.pdf [Consulta: 2019, agosto 3].

Unión Europea. Acuerdo Marco Europeo sobre Teletrabajo (2002, julio 16) [Transcripción en línea] Disponible en: http://www.informatica-juridica.com/legislacion/acuerdo-marco-europeo-sobre-teletrabajo-de-16-de-julio-de-2002/ [Consulta: 2021, abril 20].

Unión Europea. Agenda Europea para la economía colaborativa (2017/2003(INI)) (2017, junio 15). Resolución del Parlamento Europeo. [Transcripción en línea] Disponible en: http://www.europarl.europa.eu/doceo/document/TA-8-2017-0271_ES.pdf [Consulta: 2019, septiembre 16].

Unión Europea. Directiva (UE) 2015/1535 del Parlamento Europeo y del Consejo Europeo, por la que se establece un procedimiento de información en materia de reglamentaciones técnicas y de reglas relativas a los servicios de la sociedad de la información (2015, septiembre 9). [Transcripción en Línea]. Disponible en: https://eur-lex.europa.eu/legal-content/ES/TXT/PDF/?uri=CELEX:32015L1535&from=DA [Consulta: 2019, Julio 20].

Unión Europea. Directiva (UE) 2019/1152 del Parlamento Europeo y del Consejo, relativa a unas condiciones laborales transparentes y previsibles en la Unión Europea (2019, junio 20) [Transcripción en Línea]. Disponible en: https://eur-lex.europa.eu/legal-content/ES/TXT/?uri=CELEX:32019L1152 [Consulta: 2019, noviembre 26].

Unión Europea. Directiva 2003/88/CE del Parlamento Europeo y del Consejo, del 4 de noviembre de 2003, relativa a determinados aspectos de la organización del tiempo de trabajo (2003, noviembre 4) [Transcripción en línea]. Disponible en: https://eur-lex.europa.eu/legal-content/es/ALL/?uri=CELEX:32003L0088 [Consulta: 2021, junio 6]..

Unión Europea. Pilar Europeo de Derechos Sociales (2017). Parlamento Europeo. [Transcripción en línea] Disponible en: https://ec.europa.eu/info/sites/default/files/ social-summit-european-pillar-social-rights-booklet_es.pdf [Consulta: 2019, septiembre 16].

Unión Europea. Reglamento (UE) 2016/679 del Parlamento Europeo y del Consejo del 27 de abril de 2016, relativo a la Protección de las Personas Físicas en lo que respecta al tratamiento de datos personales y a la libre circulación de estos datos (2016, abril 27) [Transcripción en línea]. Disponible en: https://www.

ugr.es/universidad/normativa/ reglamento-ue-2016679-parlamento-europeo-consejo-27-abril-2016-relativo-proteccion-personas-fisicas-lo-que-respecta-tratamiento-datos-personales-libre-circulacion-estos-datos [Consulta: 2021, junio 10].

Uruguay. Constitución de la República Oriental del Uruguay (1967) [Con modificaciones de 2004]. Disponible en: https://parlamento.gub.uy/documentosyleyes/constitucion [Consulta: 2019, agosto 10].

Venezuela. Decreto con Rango, Valor y Fuerza de Ley Orgánica del Trabajo, los Trabajadores y las Trabajadoras [DLOTTT](2012, mayo 7) (Gaceta Oficial N° 6.076 Extraordinario). [Transcripción en Línea]. Disponible en: https://oig.cepal.org/sites/default/files/2012_leyorgtrabajoven.pdf [Consulta: 2019, agosto 7].

Venezuela. Reglamento de la Ley Orgánica del Trabajo (2006, abril 25) Decreto N° 4.447 (Gaceta Oficial N° N° 38.426 de fecha 28 de abril de 2006). [Transcripción en Línea]. Disponible en: http://www.contraloriaestadofalcon.gob.ve/leyes/regleyorgtrab.pdf [Consulta: 2021, julio 1].

SENTENCIAS

Alemania. Tribunal Superior Laboral Regional de Múnich (2019, diciembre 4). Sentencia N° 146/19 [Traducción libre] Disponible en: https://www.gesetze-bayern.de/Content/Document/Y-300-Z-BECKRS-B-2019-N-30311?hl=-true&AspxAutoDetectCookieSupport=1 [Consulta: 2020, octubre 13].

Australia. Fair Work Commission (2017, diciembre 21). N° U2017/9452. Mr Michail Kaseris v Rasier Pacific V.O.F [Traducción libre] Disponible en: https://www.fwc.gov.au/documents/decisionssigned/html/2017fwc6610.htm [Consulta: 2020, noviembre 4].

Australia. Fair Work Commission (2018, noviembre 16). N° U2018/2625. Joshua Klooger vs Foodora Australia Pty Ltd [Traducción Libre]. Disponible en: https://www.fwc.gov.au/documents/decisionssigned/html/2018fwc6836.htm [Consulta: 2020, noviembre 20].

Brasil. Tribunal Regional Do Trabalho da 3ª Região (2017, mayo 23). Processo nº 0011359-34.2016.5.03.0112 [Traducción libre] Disponible en: https://www.conjur.com.br/dl/trt-reforma-decisao-uberizacao.pdf [Consulta: 2020, noviembre 17].

Brasil. Superior Tribunal de Justiça (2019, septiembre 3). Processo N° 164.544 (2019/0079952-0). [Traducción libre] Disponible en: https://www.jusbrasil.com.br/diarios/documentos/752154457/andamento-do-processo-n-164544-conflito-de-competencia-03-09-2019-do-stj?ref=feed [Consulta: 2019, septiembre de 15].

Brasil. Tribunal Superior do Trabalho (2020, febrero 5). Processo Nº 1000123-89.2017.5.02.0038. [Traducción libre] Disponible en: https://www.jusbrasil.

com.br/processos/159805748/processo-n-1000123-8920175020038-do-trt-2 [Consulta: 2020, noviembre 17].

Canadá. Ontario Labour Relations Board (2020, febrero 25). N° 1346-19-R. Canadian Union of Postal Workers v Foodora Inc. [Traducción libre] Parr. 99. Disponible en: https://www.canlii.org/en/on/onlrb/doc/2020/2020canlii16750/2020canlii16750.html?autocompleteStr=Canadian%20Union%20of%20Postal%20Workers%20v%20Foodora%20Inc.%20d.b.a%20Foodora&autocompletePos=7 [Consulta: 2021, junio 20].

Canadá. Supreme Court of Canada (2001, septiembre 28) N° 671122. Ontario Ltd. contra Sagaz Industries Canada Inc. [Traducción libre] Disponible en: https://scc-csc.lexum.com/scc-csc/scc-csc/en/item/1898/index.do [Consulta: 2021, abril 20].

Chile. Juzgado de Letras del Trabajo de Santiago (2015, julio 14). Sentencia N° O-1388-2015 de 2°. R.A.T. CUÑADO contra Uber Chile Spa. Disponible en: https://jurisprudencia.vlex.cl/vid/581981886 [Consulta: 2020, noviembre 2].

Chile. Primer Juzgado de Letras del Trabajo de Santiago (2021, mayo 17). Sentencia N° T-980-2020. R.A.T. Escalante contra PedidosYa Chile Spa. Disponible en: https://oficinajudicialvirtual.pjud.cl/ADIR_871/laboral/documentos/docReformadoLaboral.php?valorRef=eyJ0eXAiOiJKV1QiLCJhbGciOiJIUzI1NiJ9.eyJpc3MiOiJodHRwczpcL1wvb2ZpY2luYWp1ZGljaWFsdmlydHVhbC5wanVkLmNsIiwiYXVkIjoiaHR0cHM6XC9cL29maWNpbmFqdWRpY2lhbHZpcnR1YWwucGp1ZC5jbCIsImlhdCI6MTYyMTYxMzY3OCwiZXhwIjoxNjIxNjE3Mjc4LCJkYXRhIjp7ImlkX2RvYyI6IjExMjMyODk2IiwiY29kX3RyaWJ1bmFsIjoiMTM0OCIsInRpcG9BcmNoaXZvIjoiMyIsImVzdF9maXJtYSI6IjEifX0.ViweDbWKpqNeOuQoah4TkxOFOd4Jg2STpgI GNlIXZdg [Consulta: 2021, mayo 21].

Colombia. Consejo de Estado, Sala de lo Contencioso Administrativo, Sección Segunda [CE-SCA] (2018). Sentencia 04117/18. [MP: Rafael Suárez Vargas].

Colombia. Consejo de Estado, Sala de lo Contencioso Administrativo, Sección Segunda [CE-SCA]. (2001, octubre 12). Sentencia Rad. 05001-23-31-000-2004-00724-01(2570-07). [MP: Luis Rafael Vergara Quintero].

Colombia. Corte Constitucional (1992, junio 24). Sentencia T-426/92. [MP: Eduardo Cifuentes Muñoz].

Colombia. Corte Constitucional (1992, mayo 29). Sentencia C-221/92 [MP: Alejandro Martínez Caballero].

Colombia. Corte Constitucional (1992, mayo 29). Sentencia C-221-92. [MP: Alejandro Martínez Caballero].

Colombia. Corte Constitucional (1997, marzo 19). Sentencia C-154/97. [MP: Hernando Herrera].

Colombia. Corte Constitucional (1998, noviembre 12). Sentencia C-665/98 [MP: Hernando Herrera].

Colombia. Corte Constitucional (1999, agosto 10). Sentencia T-568/99. [MP: Carlos Gaviria Díaz].

Colombia. Corte Constitucional (1999, febrero 10). Sentencia C-067/99. [MP: Martha Sachica].

Colombia. Corte Constitucional (1999, septiembre 2). Sentencia T-648/99. [MP: Carlos Gaviria Díaz].

Colombia. Corte Constitucional (2003, julio 23). Sentencia T-603/03. [MP: Jaime Araujo Renteria].

Colombia. Corte Constitucional (2004, enero 22). Sentencia T-025-04 [MP: Manuel José Cepeda Espinosa].

Colombia. Corte Constitucional (2004, febrero 3). Sentencia C-071/04 [MP: Álvaro Tafur Galvis].

Colombia. Corte Constitucional (2009, agosto 6) Sentencia T-537/2009 [MP: Humberto Antonio Sierra Porto].

Colombia. Corte Constitucional (2009, mayo 5). Sentencia C-314/09. [MP: Nilson Pidilla].

Colombia. Corte Constitucional (2018, marzo 7). Sentencia C-010/2018. [MP: Gloria Stella Ortíz Delgado].

Colombia. Corte Suprema de Justicia, Sala de Casación Laboral [CSJ-SCL] (1986, junio 16). Sentencia SL 0159. [MP: Germán Valdés Sánchez].

Colombia. Corte Suprema de Justicia, Sala de Casación Laboral [CSJ-SCL] (2002, mayo 21). Sentencia Rad. 17690. [MP: Germán Valdés Sánchez].

Colombia. Corte Suprema de Justicia, Sala de Casación Laboral [CSJ-SCL] (2004, agosto 2) Sentencia Rad. 22259. [MP: Luis Osorio López].

Colombia. Corte Suprema de Justicia, Sala de Casación Laboral [CSJ-SCL] (2005, abril 13). Sentencia Rad. 23721. [MP: Carlos Isaac Nader].

Colombia. Corte Suprema de Justicia, Sala de Casación Laboral [CSJ-SCL] (2006, diciembre 6). Sentencia Rad. 25713. [MP: Gustavo José Gnecco Mendoza]

Colombia. Corte Suprema de Justicia, Sala de Casación Laboral [CSJ-SCL] (2009, abril 28). Sentencia Rad. 33849. [MP: Luis Javier Osorio López].

Colombia. Corte Suprema de Justicia, Sala de Casación Laboral [CSJ-SCL] (2009, diciembre 1). Sentencia Rad. 33816 [MP: Francisco Ricaurte Gómez].

Colombia. Corte Suprema de Justicia, Sala de Casación Laboral [CSJ-SCL] (2009, julio 22) Sentencia Rad. 35501. [MP: Eduardo López Vilegas].

Colombia. Corte Suprema de Justicia, Sala de Casación Laboral [CSJ-SCL] (2010, agosto 24). Sentencia Rad. 34393. [MP: Luis Javier Osorio López]..

Colombia. Corte Suprema de Justicia, Sala de Casación Laboral [CSJ-SCL] (2010, mayo 25) Sentencia Rad. 35790. [MP: Gustavo José Gnecco Mendoza].

Colombia. Corte Suprema de Justicia, Sala de Casación Laboral [CSJ-SCL] (2012, abril 24). Sentencia Rad. 39600. [MP: Jorge Burgos Ruiz].

Colombia. Corte Suprema de Justicia, Sala de Casación Laboral [CSJ-SCL] (2014, junio 18). Sentencia Rad. 44.191, 8434-2014

Colombia. Corte Suprema de Justicia, Sala de Casación Laboral [CSJ-SCL] (2014, junio 18). Sentencia SL8434-2014. [MP: Clara Cecilia Dueñas Quevedo].

Colombia. Corte Suprema de Justicia, Sala de Casación Laboral [CSJ-SCL] (2014, octubre 22). Sentencia SL 14481-2014. [MP: Rigoberto Echeverri].

Colombia. Corte Suprema de Justicia, Sala de Casación Laboral [CSJ-SCL] (2015, abril 15). Sentencia SL6441-2015. Rad 46289. [MP: Clara Dueñas Quevedo].

Colombia. Corte Suprema de Justicia, Sala de Casación Laboral [CSJ-SCL] (2016). Sentencia SL6528-2016. [MP: Jorge Burgos Ruiz].

Colombia. Corte Suprema de Justicia, Sala de Casación Laboral [CSJ-SCL] (2017, agosto 16). Sentencia SL13020-2017. [MP: Clara Dueñas Quevedo].

Colombia. Corte Suprema de Justicia, Sala de Casación Laboral [CSJ-SCL] (2018, mayo 9). Sentencia SL1655-2018. [MP: Giovanni Francisco Rodríguez].

Colombia. Corte Suprema de Justicia, Sala de Casación Laboral [CSJ-SCL] (2020). Sentencia SL753-2020. [MP: Jorge Prada Sánchez].

Colombia. Juzgado Sexto Laboral de Pequeñas Causas de Bogotá (2020, septiembre 18). Audiencia de sentencia laboral sobre Mercadoni [Video en línea]. Disponible en: https://www.youtube.com/watch?v=TOTUMOITG38 [Consulta: 2021, marzo 6].

Costa Rica. Corte Suprema de Justicia, Sala Segunda (2018, mayo 23). Sentencia N° 2018-000850. Disponible en: https://salasegunda.poder-judicial.go.cr/revista/ Revista_N16/contenido/pdfs/27_existencia_relacion_laboral.pdf [Consulta: 2019, septiembre 16].

España. Tribunal Superior de Justicia de Madrid, Sala de lo Social (2019, noviembre 27). Recurso N° 588/2019. Resolución N° 1155/2019. Disponible en: https://vlex.es/vid/830291221 [Consulta: 2021, marzo 12].

España. Juzgado de lo Social N° 24 de Barcelona (2020, noviembre 18). Sentencia N° 259/2020. Recurso N° 810/2018. Disponible en: http://www.poderjudicial.es/search/AN/openDocument/133f2e370bd095e8/20210115 [Consulta: 2021, enero 21].

España. Juzgado de lo Social N° 39 de Madrid (2018. septiembre 3). Sentencia 284/2018. Disponible en: https://www.laboral-social.com/sites/laboral-social.com/files/NSJ058832.pdf [Consulta: 2019, septiembre 16].

España. Juzgado de lo Social N° 6 de Valencia (2018, junio 1°). Sentencia N° ° 244/2018. Recurso N° 633/2017. Disponible en: http://www.poderjudicial.es/ search/contenidos.action?action=contentpdf&databasematch=AN&reference=8406292&links=deliveroo&optimize=20180604&publicinterface=true [Consulta: 2019, septiembre 10].

España. Tribunal Superior de Justicia de Madrid, Sala de lo Social (2019, diciembre 18). Recurso N° 714/2019. Resolución N° 1223/2019. Disponible en: https://www.poderjudicial.es/search/AN/openDocument/0e0bfe8544e08358/20200129 [Consulta: 2021, marzo 12].

España. Tribunal Superior de Justicia de Madrid, Sala de lo Social (2019, septiembre 19). Recurso N° 195/2019. Resolución N° 715/2019. Disponible en: http://www.poderjudicial.es/search/AN/openCDocument/53b1b1721a75d34ad-4b27000bc7b56141d55ee66fa1efa57 [Consulta: 2019, diciembre 12].

España. Tribunal Superior de Justicia de Madrid, Sala de lo Social (2020, enero 17). Recurso N° 1323/2019. Disponible en: http://www.poderjudicial.es/ search/AN/openCDocument/53b1b1721a75d34a10b129baa45c19bf179e3f439af7b2cc [Consulta: 2020, octubre 30].

España. Tribunal Superior de Justicia de Madrid, Sala de lo Social (2020, febrero 3). Recurso de Suplicación N° 749/2019. Disponible en: https://ignasibeltran.com/wp-content/uploads/2018/12/Sentencia-TSJ-Madrid-3.2.2020.-Desestimatoria-Glovo.pdf [Consulta: 2020, octubre 29].

España. Tribunal Supremo de Justicia de España (2020, septiembre 23). Recurso N° 4746/2019. Disponible en: https://drive.google.com/file/ d/1EDfop5btBk-BrJni38HgMamJiCkCUIJTi/view?s=03 [Consulta: 2020, octubre 1°].

Estados Unidos. Court of Appeals [State Of New York] (2020, marzo 26). N° 02094. Vega 2020 NY Slip Op. Disponible en: https://law.justia.com/cases/new-york/court-of-appeals/2020/13.html [Consulta: 2020, octubre 28].

Estados Unidos. Distric Court for the Eastern District of Pennsylvania (2018, abril 11). N° 16-573. Razal v. UberBlack. [Traducción libre] Disponible en: https://www.isdc.ch/media/1591/14-razak-v-uber.pdf [Consulta: 2020, octubre 24].

Estados Unidos. National Labor Relations Board. (2019, abril 16). Advice Memorandum (April 16, 2019) [Traducción libre]. Disponible en: https://src.bna.com/Ibt [Consulta: 2020, noviembre 12].

Estados Unidos. Superior Court of California, County of San Francisco, Labor Commision Appeal (2015, junio 16). N° CGC-15-546378. Uber Technologies, Inc. A. Delaware Corporation vs Barbara Berwick. [Traducción libre] Disponible en:

https://digitalcommons.law.scu.edu/cgi/viewcontent.cgi?article=1988&context=historical [Consulta: 2020, septiembre 30].

Estados Unidos. Supreme Court of California (2018, abril 30). N° S222732. Dynamex Operations West, Inc. v. Superior Court. [Traducción Libre] Disponible en: https://scocal.stanford.edu/opinion/dynamex-operations-west-inc-v-superior-court-34584 [Consulta: 2019, septiembre 25].

Estados Unidos. Unemployment Insurance Appeal Board [State Of New York] (2018, julio 12). Appeal Board No. 596722. Uber Technologies Inc. [Traducción libre] Disponible en: https://www.nyctaxinews.com/Uber%20AB%20Decision-redacted.pdf [Consulta: 2020, noviembre 4].

Francia. Conseil Constitutionnel (2019, diciembre 20). N° 2019-794 (Loi d'orientation des mobilités) [Traducción libre] Disponible en: https://www.conseil-constitutionnel.fr/decision/2019/2019794DC.htm [Consulta: 2021, febrero 6].

Francia. Conseil de Prud'Hommes de París (2018, febrero 1°). N° 16/11460. Disponible en: http://www.diritto-lavoro.com/wp-content/uploads/2018/02/sentenza-del-29-gennaio-2018.pdf [Consulta: 2019, octubre 8].

Francia. Cour d'appel de Paris, Pôle 6 (2017, noviembre 9). N° 16/12875. Disponible en: https://www.doctrine.fr/d/CA/Paris/2017/C125532D4DDC78DA11AE2 [Consulta: 2019, octubre 8].

Francia. Cour de Cassation - Chambre sociale (2018, noviembre 28). N°1737 (17-20.079). Disponible en: https://www.courdecassation.fr/jurisprudence _2/chambre_sociale_576/1737_28_40778.html [Consulta: 2019, octubre 10].

Francia. Cour de Cassation - Chambre sociale (2020, marzo 4). N° 374 (19-13.316) [Traducción Libre]. Disponible en: https://www.courdecassation.fr/ jurisprudence_2/chambre_sociale_576/374_4_44522.html [Consulta: 2020, octubre 24].

Italia. Corte D' Appello Di Torino.(2019, enero 11) R.G.L. N° 468/2018 [Traducción libre]. Disponible en: https://www.wikilabour.it/wp-content/uploads/2021/02/ 20190111_CdA-Torino.pdf [Consulta: 2021: enero 12].

Italia. Corte Suprema di Cassazione, Sezione Lavoro (2020, enero 24). N° 1663. [Traducción libre]. Disponible en: http://dirittifondamentali.it/wp-content/uploads/2020/03/cass.-lavoro-rider-3.pdf [Consulta: 2020, octubre 13].

Italia. Tribunale Ordinario di Bologna (2020, diciembre 31). N° 2949/2019. [Traducción libre]. Disponible en: http://www.bollettinoadapt.it/wp-content/uploads/ 2021/01/Ordinanza-Bologna.pdf [Consulta: 2021, enero 21].

Italia. Tribunale Ordinario di Torino - Quinta Sezione Lav.oro (2018, mayo 7). N° 778/2018. [Traducción libre]. Disponible en: http://www.lavorosi.it/fileadmin/user_upload/GIURISPRUDENZA_2018/Trib._Torino-sent.-n.-778-2018.pdf [Consulta: 2019, octubre 10]

Reino Unido. Central Arbitration Committee (2017, noviembre 14). Independent Workers' Union of Great Britain (IWGB) vs Deliveroo. N° TUR1/985(2016). [Traducción libre] Disponible en: https://assets.publishing.service.gov.uk/government/ uploads/system/uploads/attachment_data/file/663126/Acceptance_Decision.pdf [Consulta: 2019, octubre 8]..

Reino Unido. Employment Appeal Tribunal (2017, noviembre 10). Mr Aslam & others vs Uber. N° UKEAT/0056/17/DA. [Traducción libre]. Disponible en: https://assets.publishing.service.gov.uk/media/5a046b06e5274a0ee5a1f171/Uber_B.V._and_Others_v_Mr_Y_Aslam_and_Others_UKEAT_0056_17_DA.pdf [Consulta: 2019, septiembre 30].

Reino Unido. Employment Tribunals (2016, octubre 28). Mr Aslam & others vs Uber. N° 2202550/2015. [Traducción libre]. Disponible en: https://www.judiciary.gov.uk/wp-content/uploads/2016/10/aslam-and-farrar-v-uber-reasons-20161028.pdf (Consulta: 2019, septiembre 30).

Reino Unido. London Labor Court (2017, agosto 2). Mr C Gascoigne v Addison Lee Ltd: 2200436/2016. [Traducción libre] Disponible en: https://www.gov.uk/employment-tribunal-decisions/mr-c-gascoigne-v-addison-lee-ltd-2200436-2016 [Consulta: 2020, octubre 8].

Reino Unido. The High Court of Justice (2018, diciembre 5). Independent Workers' Union of Great Britain (IWGB) vs Deliveroo. N° CO/810/2018. [Traducción libre] Disponible en: http://www.bailii.org/ew/cases/EWHC/Admin/2018/3342.htm [Consulta: 2019, octubre 8].

Reino Unido. The Supreme Court (2018, junio 13). Pimlico Plumbers Ltd and another (Appeal) against Smith (Respondent). [Traducción libre] Disponible en: https://www.supremecourt.uk/cases/uksc-2017-0053.html [Consulta: 2020, noviembre 16].

Reino Unido. The Supreme Court (2021, Febrero 19). Uber BV and others (Appellants) v Aslam and others (Respondents). [2021] UKSC 5 [Traducción libre] Disponible en: https://www.supremecourt.uk/cases/docs/uksc-2019-0029-judgment.pdf [Consulta: 2021, febrero 22].

Unión Europea (UE). Sentencia del Tribunal de Justicia de la Unión Europea, Gran Sala (2017, diciembre 20). Asunto C-434/15. Disponible en: http://curia.europa.eu/juris/document/document.jsf;jsessionid=8F55D7F710A85CCA0374CDD52632AB23?text=&docid=198047&pageIndex=0&doclang=ES&mode=lst&dir=&occ=first&part=1&cid=8610378 [Consulta: 2020, octubre 13].

Unión Europea (UE). Sentencia del Tribunal de Justicia de la Unión Europea, Gran Sala (2019, diciembre 19). Asunto C-390/18. Disponible en: http://curia.europa.eu/juris/document/document.jsf?docid=221791&doclang=es [Consulta: 2020, octubre 13].

Unión Europea (UE). Sentencia del Tribunal de Justicia de la Unión Europea, Sala Octava. (2020, abril 22). Asunto C-692/19. Disponible en: http://curia.europa.eu/juris/document/document.jsf?text=&docid=225922&pageIndex=0&doclang=EN&mode=lst&dir=&occ=first&part=1&cid=5390470 [Consulta: 2020, octubre 13].

Union Europea (UE). Tribunal de Justicia de la Unión Europea, Gran Sala (2019, diciembre 19) Asunto C-390/18. Disponible en: http://curia.europa.eu/juris/document/document.jsf?docid=221791&doclang=es [Consulta: 2020, octubre 13].

Uruguay. Juzgado Letrado del Trabajo de la Capital de 6° Turno (2019, noviembre 11). Sentencia 77, Queimada, Esteban C/ Uber Technologies Uruguay S.A. y otro. Disponible en: https://drive.google.com/file/d/1qKQJz8hSvdpKOr-vQYghbGHzSZ7uSeY15/view [Consulta: 2020, junio 6].

Uruguay. Sentencia del Tribunal de Apelaciones del Trabajo de 1er Turno (2020, junio 3). Los choferes de Uber son trabajadores dependientes. Sentencia de Segunda Instancia confirmatoria [Blog Hugo Barretto Ghione]. Disponible en: https://hugobarrettoghione.blogspot.com/2020/06/los-choferes-de-uber-son-trabajadores.html [Consulta: 2021, junio 7].

Uruguay. Tribunal de Apelaciones de Trabajo de Primer Turno (2020, junio 3). Sentencia DFA-0012-000111/2020020. Disponible en: https://drive.google.com/file/d/1G4aPoe2ml88gedRnPI937qRdN-7SvaAE/view [Consulta: 2020, junio 6].

Venezuela. Juzgado Tercero Superior del Trabajo, Circuito Judicial del Trabajo de la Circunscripción Judicial del Área Metropolitana del Trabajo (2004, diciembre 22). Asunto AP21-R-2004-000782. Caso Luis Alberto Azuaje contra Fomento de Servicios Públicos C.A. (FOSPUCA).

Venezuela. Sala Constitucional del Tribunal Supremo de Justicia (2006, diciembre 12). Sentencia N° 2234. Exp. 05-2073. Caso Rafael Agustín Valera Rodríguez vs Distribuidora Polar S.A. (Recurso de Revisión). Disponible en: http://historico.tsj.gob.ve/ decisiones/scon/diciembre/2234-121206-05-2073.HTM [Consulta: 2021, julio 10].

Venezuela. Sala de Casación Social del Tribunal Supremo de Justicia (2000, marzo 16). Sentencia N° 61. Exp. N° 98-546. Caso Rafael Agustín Valera Rodríguez y otros vs Distribuidora Polar S.A. (Diposa). Disponible en: http://historico.tsj.gob.ve/decisiones/scs/marzo/61-160300-98546.HTM [Consulta: 2021, julio 10]..

Venezuela. Sala de Casación Social del Tribunal Supremo de Justicia (2004, noviembre 23). Sentencia N° 1448. Caso Rafael Agustín Valera Rodríguez vs Distribuidora Polar S.A. Disponible en: http://historico.tsj.gob.ve/decisiones/scs/marzo/61-160300-98546.HTM [Consulta: 2021, julio 10].

Venezuela. Sala de Casación Social del Tribunal Supremo de Justicia (2018, junio 1°). Sentencia N° 447. Caso Gustavo Arzola Mejías contra Administración Condominio Centro Comercial Concresa y otro. Disponible en: http://historico.tsj.gob.ve/decisiones/scs/junio/211877-0447-1618-2018-17-663.HTML [Consulta: 2021, junio 29].

El trabajo a través de Plataformas Digitales
¿Autónomos o subordinados?
Una visión de Derecho Comparado
de
RAMÓN ALFREDO AGUILAR
se imprimió en noviembre de 2021.

www.ingramcontent.com/pod-product-compliance
Lightning Source LLC
LaVergne TN
LVHW090215051026
849517LV00001B/69
* 9 7 8 9 5 6 4 0 7 0 7 1 1 *